Säuglinge, Kleinkinder und ihre Betreuung, Erziehung und Pflege

Ein Curriculum für respektvolle Pflege und Erziehung

Janet Gonzalez-Mena
Dianne Widmeyer-Eyer

Säuglinge, Kleinkinder und ihre Betreuung, Erziehung und Pflege

Ein Curriculum für
respektvolle Pflege und Erziehung

Aus dem Amerikanischen übersetzt
von Christine Sadler

Arbor Verlag
Freiamt im Schwarzwald

Für Magda Gerber, Emmi Pikler und Anna Tardos

Copyright © 2007, 2004 by The McGraw-Hill Companies, Inc.,
Copyright © der deutschen Ausgabe: 2008 Arbor Verlag GmbH, Freiamt
Titel der amerikanischen Originalausgabe:
Infants, Toddlers and Caregivers

2. Auflage 2014

Lektorat: Dr. Richard Reschika
Copyright © 2008 des Titelbildes: Tilo Pichler-Bogner
Druck und Bindung: Westermann, Zwickau

Dieses Buch wurde auf 100% Altpapier gedruckt und ist alterungsbeständig.
Weitere Informationen über unser Umweltengagement
finden Sie unter www.arbor-verlag,de/umwelt

Alle Rechte vorbehalten
www.arbor-verlag.de

ISBN 978-3-936855-34-0

Inhalt

Vorwort zur deutschen Ausgabe   11
Zum Geleit   13
Einleitung   15
    Die Philosophie dieses Buches   15
    Die zehn Prinzipien: Eine Philosophie des Respekts   17
    Terminologie   18
    Aufbau des Buches   19
    Fokus auf Vielfalt und Integration   20
    Fokus auf Anwendung und Praxis   21
    Neu an der siebten Auflage   22
    Pädagogik   25

1. Im Blickpunkt: die Betreuerin

Kapitel 1   Prinzipien, ihre praktische Anwendung und das Curriculum

Beziehungen, Interaktionen und „die drei Rs"   31
Zehn auf einer Philosophie des Respekts
basierende Prinzipien   33
Der Entwicklung angemessenes praktisches Vorgehen   55

Kapitel 2   Die Säuglings- und Kleinkinderziehung

Was Säuglings- und Kleinkinderziehung nicht ist   65
Was Säuglings- und Kleinkinderziehung ist   68

Kapitel 3   Pflege als Curriculum

    Das Curriculum für Säuglinge und Kleinkinder –
    weitere Überlegungen   98
    Regelmäßige Pflegeaktivitäten   104
    Andere Bedürfnisse und Perspektiven   118

Kapitel 4   Spiel als Curriculum

    Die Rollen Erwachsener beim Spiel   140
    Umgebungsfaktoren, die Einfluss auf das Spiel haben   148

2. Im Blickpunkt: das Kind

Kapitel 5   Bindung

    Gehirnforschung   169
    Meilensteine der Bindung   174
    Bindung messen   180
    Bindungsprobleme   182
    Kinder mit besonderen Bedürfnissen: Säuglinge
    unter den Auswirkungen von Drogen und Alkohol   186

Kapitel 6   Wahrnehmung

    Sensorische Integration   196
    Hören   201
    Riechen und Schmecken   204
    Berühren   205
    Sehen   209
    Kinder mit besonderen Bedürfnissen:
    Sinnesbehinderungen   212

Kapitel 7 Motorische Fähigkeiten

Körperwachstum und motorische Fähigkeiten	225
Gehirnwachstum und motorische Entwicklung	226
Grobmotorische Fähigkeiten und Lokomotion	233
Feinmotorische Fähigkeiten und Handgeschicklichkeit	237
Förderung der motorischen Entwicklung	242
Kinder mit besonderen Bedürfnissen: Entwicklungsverzögerungen	247

Kapitel 8 Kognition

Die kognitive Erfahrung	259
Sensumotorische Erfahrung: Piaget	260
Soziokulturelle Einflüsse: Vygotskij und Piaget	264
Gehirngerechtes Lernen	280
Kinder mit besonderen Bedürfnissen: Kognitive Verzögerung	282

Kapitel 9 Sprache

Die Sprachentwicklung	295
Was die Sprache einem Kind ermöglicht: die kognitive Verbindung	300
Das Gehirn und die frühe Sprachentwicklung	302
Förderung der Sprachentwicklung	305
Die Anfänge der Lese- und Schreibkompetenz	310
Kulturelle Unterschiede und Zweisprachigkeit	313
Kinder mit besonderen Bedürfnissen: Kommunikationsstörungen	318

Kapitel 10 Emotionen

Die Entwicklung von Emotionen und Gefühlen	331
Temperament und Resilienz	333

Säuglingen und Kleinkindern helfen, mit Angst umzugehen	338
Säuglingen und Kleinkindern helfen, mit Ärger umzugehen	344
Selbstberuhigungstechniken	350
Selbststeuerung entwickeln	352
Das emotionale Gehirn	355
Kinder mit besonderen Bedürfnissen: emotionale Störungen	358

Kapitel 11 Soziale Fähigkeiten

Frühe soziale Verhaltensweisen	373
Stufen psychosozialer Entwicklung	374
Führung und Disziplin	384
Grenzen für Kleinkinder	384
Positives soziales Verhalten beibringen	388
Gesundes Gehirnwachstum fördern	392
Das besondere Bedürfnis aller Kinder: Selbstwertgefühl	394

3. Im Blickpunkt: das Programm

Kapitel 12 Die physische Umgebung

Eine sichere Umgebung	407
Eine gesunde Umgebung	409
Die Lernumgebung	416
Raumaufteilung	421
Angemessenheit im Hinblick auf die Entwicklung	423
Beurteilung der Qualität einer Umgebung für Säuglinge und Kleinkinder	435

Kapitel 13   Die soziale Umgebung
    Identitätsbildung   450
    Selbstwertgefühl modellhaft vorführen,
    indem Sie sich um sich selbst kümmern   473

Kapitel 14   Die Erwachsenenbeziehungen in
Programmen der Säuglings- und Kleinkindbetreuung
    Beziehungen zwischen Eltern und Betreuerinnen   482
    Elternbildung   498
    Beziehungen zwischen Betreuerinnen   503
    Die Grundlage der Erwachsenenbeziehungen: Respekt   507

Anhang A
    Säuglings- und Kleinkindprogramme von Qualität:
    eine Kontrollliste   515

Anhang B
    Die Umgebung: eine Übersicht   519

Anhang C
    Leitsätze des Parent Services Project   543
    Die Philosophie des Parent Services Projekt   543
    Anmerkungen   545
    Literaturverzeichnis   555
    Glossar   581
    Danksagungen   593
    Verzeichnis der Text- und Bildquellen   595

Vorwort zur deutschen Ausgabe

Dieses wichtige Buch kommt zur richtigen Zeit. In den vergangenen Jahren haben sich die Strukturen in Gesellschaft und Wirtschaft tiefgreifend verändert, was sich nachhaltig auf die Familien auswirkt. Immer mehr Mütter wollen und noch viel mehr Mütter müssen einer beruflichen Tätigkeit nachgehen. Die Arbeitsbelastung hat für die meisten Väter zu- und damit ihre Verfügbarkeit in der Familie abgenommen. Die meisten Eltern können ihre Kinder ohne Unterstützung nicht mehr ausreichend betreuen. Sie sind auf eine familienergänzende Kinderbetreuung angewiesen. Sie wünschen sich für ihre Kinder nicht irgendeine, sondern eine qualitativ gute Betreuung. Davon handelt dieses Buch.

Wodurch zeichnet sich eine gute Betreuungsqualität aus? Sehr wesentlich sind die Vorstellungen über das Kind und seine Entwicklung, von denen sich die Erzieherinnen leiten lassen. Dazu gehört auch die Wertschätzung der Familie und ihrer kulturellen Herkunft, welche die Erzieherinnen den Eltern entgegenbringen. Entscheidend sind organisatorische, personelle und räumliche Voraussetzungen wie ein kindergerechter Betreuungsschlüssel und eine hohe Kontinuität bezüglich der betreuenden Personen; sie machen eine qualitativ gute Kinderbetreuungsstätte erst ermöglich. Dieses Buch beschreibt mit großer Sorgfalt alle wesentlichen Aspekte, welche eine gute Betreuungsqualität ausmachen.

In den ersten fünf Lebensjahren werden die Grundlagen für die gesamte Entwicklung gelegt. Immer weniger Kinder können die für ihre Entwicklung notwendigen Erfahrungen machen. Wichtige Gründe sind die zunehmende soziale und räumliche Isolation der Familie. Eine gute familienergänzende Betreuung, wie sie in diesem Buch beschrieben wird, kann dem Kind Erfahrungen mit Kindern unterschiedlichen Alters und vertrauten Erwachsenen sowie vielfältige Entwicklungsanreize vermitteln.

Dies ist ein wichtiges Buch, weil es eine erzieherische Grundhaltung vermittelt, die dem Kind mit Respekt begegnet: Das Kind wird als ein eigenständiges Wesen mit individuellen körperlichen und psychischen Bedürfnissen wahrgenommen. Das Wichtigste in der familienergänzenden Betreuung ist und bleibt ein kindergerechter Umgang mit dem Kind, der in diesem Buch auf einfühlsame Weise beschrieben wird. Das Buch trägt damit ein erzieherisches Credo weiter, das von Emmi Pikler begründet, von Anna Tardos und Magda Gerber fortentwickelt und nun von Janet Gonzalez-Mena und Dianne Widmeyer Eyer weitergetragen wird.

Remo H. Largo
Dezember 2007

Zum Geleit

Dieses Buch, nun schon in siebter Auflage, beruht auf den von Magda Gerber formulierten Grundsätzen eines achtsamen und respektvollen Umgangs mit Säuglingen und Kleinkindern. Die Autorinnen, langjährige Schülerinnen von Magda Gerber, machen diesen Ansatz für die Betreuung in Kinderkrippen und die Zusammenarbeit mit Eltern nutzbar.

Bereits 1956 verließ Magda Gerber mit ihrer Familie Budapest und ließ sich in den USA nieder. In Los Angeles engagierte sie sich im Bereich der Säuglings- und Kleinkinderziehung. Als Schülerin von Dr. Emmi Pikler gründete sie 1972 in Kalifornien das *Demonstrative Programm* für Säuglinge und 1978 die Organisation RIE, die auch heute noch erfolgreich tätig ist. Vermittels der Grundsätze und Erfahrungen von Emmi Pikler eröffnete sie eine neue Perspektive in der Pflege und Versorgung von Säuglingen und Kleinkindern. Die von ihr sehr anschaulich verfassten Grundsätze werden nun auch in der angelsächsischen Fachliteratur zunehmend anerkannt. Beispielsweise der Respekt gegenüber dem Säugling und das grundsätzliche Vertrauen in seine Fähigkeit, aus eigenem Antrieb zu lernen und die Welt zu erforschen, das Erkennen der Bedeutung ungestörten Spielens sowie die Akzeptanz des Kindes im Sinne eines aktiven Partners und nicht bloß eines passiven Objekts während des Zusammenseins und der Pflege.

Magda Gerbers Herangehensweise ist klar, einfach und nachvollziehbar. In den von ihr und später von ihren Schülerinnen geleiteten Eltern-Kind-Gruppen konnten die Teilnehmer auch in der Praxis erleben, was ihre pädagogischen Grundsätze bedeuten.

Das vorliegende Buch von Janet Gonzalez-Mena und Dianne Widmeyer Eyer bereichert die Fachliteratur zum respektvollen Umgang mit Säuglingen und Kleinkindern durch plastische Formulierungen und konkrete Situationsbeschreibungen. Gleichzeitig inspiriert das Buch die Leser dazu, über zahlreiche pädagogische Detailfragen nachzudenken und mit den Kolleginnen und Kollegen zu besprechen, wie dieser Ansatz, der die Säuglinge und Kleinkinder als Partner betrachtet und sie als aktive Initiatoren ihrer Entwicklung sieht, in der alltäglichen Praxis tatsächlich aussehen kann. Die Autoren erörtern desgleichen ausführlich die Bedeutung der Zusammenarbeit mit den Eltern. Neben der Beschreibung der allgemeinen Grundlagen erleichtern die ausführlich beschriebenen Situationen das Verständnis, die Analyse und die Diskussion.

Das Buch wendet sich vor allem an Krippenerzieherinnen und Tagesmütter. Dies verleiht ihm eine besondere Aktualität, denn in der deutschen Öffentlichkeit wird zurzeit verstärkt über die Tagesbetreuung und die Notwendigkeit einer qualitativ hochwertigen Krippenbetreuung diskutiert. Immer mehr Einrichtungen werden gegründet und auch die bereits existierenden Krippen versuchen ihr Arbeitsniveau zu verbessern. *

Eines ist sicher: Wenn der Säugling oder das Kleinkind eine Krippe besucht, ist es nicht einerlei, wie sich das Kind dort fühlt, wie es behandelt wird, welche Umstände es erwarten. Dieses Buch kann einen wertvollen Beitrag dazu leisten, dass das Kleinkind, das einen Teil des Tages von seiner Mutter getrennt in einer Einrichtung verbringt, dort eine taktvolle, seine selbstständigen Bestrebungen fördernde, verständnisvolle und persönliche Pflege und Betreuung erfährt.

ANNA TARDOS
BUDAPEST, IM AUGUST 2007

---

* Eine Liste deutschsprachiger Literatur über/von Emmi Pikler und Magda Gerber finden Sie im Anhang auf Seite 578.

Einleitung

Die Philosophie dieses Buches

Die vorherigen Auflagen dieses Buches basierten hauptsächlich auf der Philosophie Magda Gerbers, einer ursprünglich aus Ungarn stammenden und heute in Los Angeles lebenden Expertin für die frühe Kindheit. Die vorliegende, neue Auflage basiert hingegen auf einer Kombination der Philosophien Magda Gerbers und ihrer Kollegin Emmi Pikler. Pikler war eine Kinderärztin, die Gerber in den 1930er-Jahren kennen lernte, als die Kinder beider Frauen noch sehr klein waren. Emmi Pikler wurde Magda Gerbers Kinderärztin, und später wurde Gerber Piklers Kollegin. Nach dem Zweiten Weltkrieg gründete Pikler im Auftrag der ungarischen Regierung eine Institution für Kriegswaisen. In diesem „Lóczy" genannten Kinderheim arbeitete Magda Gerber. Mitte der 1950er-Jahre, zur Zeit des Volksaufstands in Ungarn, brachte Gerber die in Lóczy angewandte Philosophie und Ausbildung sowie die dort gewonnenen Forschungsergebnisse in die USA. Dort gründete sie letztendlich eine Organisation namens *Resources for Infant Educarers* (RIE), die Betreuerinnen, Eltern und Ausbilderinnen in der Gerber-Methode schult. Das Pikler-Institut, wie es mittlerweile heißt, setzt bis heute seine ausgezeichnete Arbeit der Pflege von Säuglingen und Kleinkindern fort, deren Familien diese Aufgabe nicht übernehmen können. Es ist ebenfalls weiterhin eine Forschungs- und Ausbildungseinrichtung. Ein großer Teil der Untersuchungsergebnisse wurde nicht in Englisch, sondern in anderen Sprachen publiziert. Der von Gerber geleistete Beitrag war und ist deshalb für uns, die wir in den USA im Bereich frühkindlicher Pflege und Erziehung arbeiten, von enormem Nutzen.

Gerber ist dafür bekannt, das Wort *Respekt* in die Terminologie der Säuglings- und Kleinkindpflege eingeführt zu haben. Respekt ist eines der Themen, die sich durch das gesamte Buch ziehen, und eine Schlüsselkomponente des

Curriculums. Gerber hatte ein Curriculum, aber sie bezeichnete es nie so. Niemand sprach über Curricula für Säuglinge und Kleinkinder, als Gerber begann, ihre Philosophie zu verbreiten. Mittlerweile aber ist das Wort *Curriculum* zu einem wichtigen Begriff im Bereich der frühkindlichen Pflege und Erziehung geworden, und das vorliegende Buch spiegelt diesen Wandel wider. Bei der neuesten Auflage wurde das Wort *Curriculum* in den Untertitel mit aufgenommen, außerdem findet sich der Begriff in drei Kapitelüberschriften. Tatsächlich aber ist es im gesamten Buch immer schon um das Thema „Curriculum" gegangen. Wir meinen mit dem Wort „einen Lernplan", aber wir meinen keinen Unterricht! Unsere Vorstellung von einem Curriculum ist die, dass es ganzheitlich ist und sich auf Bindungen und Beziehungen konzentriert. Kurzum, beim Curriculum geht es um Erziehung, aber in der Welt von Säuglingen und Kleinkindern sind Pflege und Erziehung ein und dasselbe. Es geht darum, die Bedürfnisse eines jeden Kindes zu respektieren und auf eine warmherzige, respektvolle und einfühlsame Art, die Bindung fördert, auf sie einzugehen. Der Begriff „Curriculum" umfasst all die einfühlsamen Interaktionen, die im Laufe des Tages stattfinden. Diese Interaktionen können Teil von Aktivitäten sein, geplanten wie ungeplanten. Doch dies ist längst nicht alles. Auch die Interaktionen, die während der regelmäßigen Pflegeaktivitäten stattfinden, sind ein wichtiger Bestandteil des Curriculums. Selbst die freien Zeiten am Tag, wenn Betreuerinnen einfach nur mit den Kleinen zusammen sind, können Interaktionen der Art beinhalten, die ein Curriculum ausmachen. Jedes Kapitel spiegelt wider, was J. Ronald Lally, einer der Initiatoren des *Program for Infant/Toddler Caregivers*, ein respektvolles, auf Beziehungen basierendes Curriculum nennt, das eine Betreuung zur Folge hat, bei der einfühlsam auf das Kind eingegangen wird.

Das wichtigste Merkmal dieses Buches ist vielleicht die schlüssige Art und Weise, wie es etablierte Methoden umreißt, die das gesamte Wohlergehen von Säuglingen und Kleinkindern fördern sollen. Dazu gehören Wachstum und Entwicklung auf körperlicher wie geistiger Ebene, psychische Gesundheit, emotionale Stabilität und menschliche Beziehungen. Um ein Gegengewicht zu einseitigen Abhandlungen zu bilden, die nicht alle Aspekte der Entwicklung eines Kindes berücksichtigen, blickt dieses Buch auch auf die Bedeutung, die einfühlsame Pflege und die richtige Planung von Programmen auf die Identitätsbildung von Säuglingen und Kleinkindern haben.

Die zehn Prinzipien:
Eine Philosophie des Respekts

Respekt ist die Grundlage der Philosophie, auf der dieses Buch aufbaut. Unterscheidet sich Respekt von Liebenswürdigkeit und Warmherzigkeit? Die Antwort ist: ja. Was bedeutet es, Säuglinge und Kleinkinder zu respektieren? Die Antwort auf diese Frage findet sich in den zehn Prinzipien, auf denen dieses Buch basiert. Sie werden in Kapitel 1 vorgestellt und sind in den gesamten Text integriert (für eine Auflistung der Prinzipien siehe S. 33). Warum werden diese Prinzipien benötigt? Bevor das Wort „Respekt" Eingang in das Vokabular der Menschen fand, die sich um Säuglinge kümmern, behandelten Eltern und Erzieherinnen gleichermaßen Babys häufig schlimmstenfalls wie Objekte und bestenfalls wie niedere Menschen. Denken Sie nur an die negative Konnotation von „jemanden wie ein Baby behandeln". Die Botschaft dieses Buches lautet, Babys als die Menschen zu behandeln, die sie sind. Was bedeutet es nun also, Babys zu respektieren? Respekt ist eine Haltung, wichtig aber ist, dass diese Haltung im Verhalten Ausdruck findet. Respektvolle Verhaltensweisen sind die Basis der zehn Prinzipien und können leicht am Beispiel Erwachsener erklärt werden. Wenn beispielsweise ein Erwachsener hinfällt, stürzt niemand herbei, hebt ihn auf, klopft ihn ab, tätschelt ihm den Kopf und sagt: „es ist alles in Ordnung", ganz gleich, ob es stimmt oder nicht. Wenn ein Erwachsener zu einer ärztlichen Untersuchung geht, erklären ihm die Beteiligten, was passieren wird, statt ihn mit unangenehmen Vorgehensweisen zu überraschen. Selbst die Aussage „dieses Instrument wird sich kalt anfühlen" ist ein Zeichen von Respekt gegenüber der jeweiligen Person. Die zehn Prinzipien zeigen, wie Babys durch respektvolles Verhalten als Menschen behandelt werden, wenn sie gewickelt werden, wenn mit ihnen kommuniziert wird und wenn ihr Wachstum, ihre Entwicklung und ihr Lernen gefördert werden. Das Buch verweist in jedem Kapitel auf die zehn Prinzipien. Zusätzlich werden die einzelnen Prinzipien in einer besonderen Rubrik, *Die Prinzipien in der Praxis*, anhand einer lebensnahen Szene genauer erklärt.

Terminologie

Im vorliegenden Buch werden die jüngsten Kinder – vom Neugeborenenalter bis zu dem Zeitpunkt, an dem sie zu laufen anfangen – als Säuglinge bezeichnet. Kinder, die laufen können (von etwa einem bis zu zwei Jahren), werden als junge Kleinkinder bezeichnet, Kinder zwischen zwei und drei Jahren als ältere Kleinkinder. Kinder von drei bis fünf Jahren werden Vorschüler genannt. Dabei ist zu beachten, dass diese Kategorien und Beschreibungen auf Kinder zutreffen, die sich auf typische Art und Weise entwickeln. Wenn die Entwicklung nicht typisch verläuft, treffen die Kategorien und Beschreibungen nicht zu. Beispielsweise kann ein Kind, das eine Phase erreicht hat, in der andere Kinder laufen können, selbst aber noch nicht läuft, trotzdem viele andere für diese Altersgruppe typische Merkmale aufweisen. Nicht alle Kleinkinder tapsen schon herum, dies heißt aber nicht, dass man sie für Säuglinge halten sollte.

Schwierigkeiten bereitete die Frage, mit welchem Begriff Erwachsene in diesem Buch bezeichnet werden sollten. Für als Erzieher/Betreuer arbeitende Erwachsene gibt es, abhängig von ihrem jeweiligen Arbeitsplatz, unterschiedliche Berufsbezeichnungen. Magda Gerber schuf den Begriff „educarer", der mittlerweile auch von anderen Leuten benutzt wird. „Educarer" nannte Gerber die Menschen, die sie für die Arbeit mit Kindern unter drei Jahre ausbildete. Ihre Nachfolger im Programm *Resources for Infant Educarers* (RIE) verwenden diesen Begriff weiterhin. Wir entschieden uns dafür, die Erwachsenen in diesem Buch der Einfachheit halber „Betreuerinnen" zu nennen. (Im englischen Original verwenden die Autorinnen den Begriff „caregiver(s)", um die Bedeutung hervorzuheben, die „care" (Pflege/Betreuung) in Programmen für die jüngsten Kinder hat. Im Deutschen gibt es kein Äquivalent, das ähnlich deutlich den Aspekt der Pflege *und* der Betreuung berücksichtigt. Das Wort „Betreuerin" erschien hier als die beste Lösung. Der Begriff „Caregiver" ist geschlechtsneutral, womit sich ein weiteres Problem ergab. Da die Mehrzahl der in der Kinderbetreuung Beschäftigten weiblich sind, entschied sich der Verlag dafür, in der deutschen Übersetzung die weibliche Form „Betreuerin" zu verwenden. *(Anm. d. Übers.)* Die Rolle der Betreuerin umfasst die der Pädagogin, der Erzieherin und der Vertreterin der Eltern.

Aufbau des Buches

Das Buch ist in drei Teile untergliedert und folgt einem besonderen Aufbau. Statt mit Standardwissen über Kindesentwicklung und dessen praktischer Anwendung zu beginnen, fokussiert Teil 1 auf die Handlungen und Beziehungen der Betreuerinnen mit den Kindern. Indem wir mit dem *interaktiven* Aspekt der Pflege beginnen, heben wir von den ersten Seiten des Buches an die Philosophie hervor, auf der es basiert. Teil 1 erklärt, auf welche Art die Handlungen und Interaktionen der Betreuerinnen mit den Kindern das Curriculum in Säuglings- und Kleinkindprogrammen bilden, sowohl in Kindertagesstätten wie auch in der Familientagespflege.

Teil 2 präsentiert grundlegende Informationen über Kindesentwicklung und beschreibt, welche Konsequenzen sich daraus für das Curriculum ergeben. Jedes Kapitel in Teil 2 hat zudem einen Extra-Abschnitt, in dem verschiedene, im Zusammenhang mit Kindern mit besonderen Bedürfnissen und Schwierigkeiten stehende Themen erläutert werden. Teil 2 bringt die grundlegende Philosophie zum Ausdruck, die sich im gesamten Buch wiederfindet.

Teil 3 betrachtet zusätzliche Komponenten, die bei der Säuglings- und Kleinkindpflege eine Rolle spielen, darunter unterschiedliche Umgebungen sowie die Beziehungen zwischen Erwachsenen. Diese Elemente werden im Hinblick auf die Programme für Kindertagesstätten wie für Einrichtungen der Familientagespflege untersucht.

Anhang A ist eine Kontrollliste, anhand derer sich die Qualität von Säuglings- und Kleinkindprogrammen ermitteln lässt. Anhang B besteht aus einer Übersicht, die Empfehlungen zur physischen und sozialen Umgebung gibt. Hier finden sich die Informationen aus allen drei Teilen des Buches in einer knappen, aber vollständigen tabellarischen Übersicht kombiniert, die bei der Erarbeitung von Programmen sowie bei deren Umsetzung von praktischem Nutzen sein soll. Auf der Grundlage der speziellen, mit der Entwicklungsstufe zusammenhängenden Entwicklungsbedürfnisse von Säuglingen und Kleinkindern gibt die Tabelle Auskunft darüber, was wann und womit zu tun ist. Anhang C bietet eine beispielhafte Sammlung an Leitsätzen für die partnerschaftliche Arbeit mit Eltern. Die als Beispiele genannten Prinzipien entstammen dem von Ethel Seidermann geleiteten *Parent Services Project* (PSP).

Fokus auf Vielfalt und Integration

Wie in den vorherigen Auflagen ist es uns wichtig, in den Kinderbetreuungs- und Früherziehungsprogrammen der Vielfalt Rechnung zu tragen und auf die Integration von Säuglingen und Kleinkindern mit besonderen Bedürfnissen zu achten. Wir fokussieren jetzt sogar noch stärker hierauf, da eine große Zahl neuer Immigranten und noch mehr Kinder mit Behinderungen und atypischer Entwicklung als zuvor in die Kindertagesstätten kommen. Das Ziel ist es, alle Kinder ungeachtet ihrer unterschiedlichen Fähigkeiten in „natürlichen Umgebungen" unterzubringen, was bedeutet, dass Kinder mit besonderen Bedürfnissen in derselben Umgebung sind wie ihre sich typisch entwickelnden Altersgenossen. Dass ein Schwerpunkt des Buches auf Integration liegt, ist zeitgerecht und nützlich. Die Kompetenz und Sensibilität, deren Bedeutung hier betont wird, können Betreuerinnen helfen, die Entwicklung aller Kinder zu beeinflussen, einschließlich derer mit besonderen Bedürfnissen.

Auf die Vielfalt zu reagieren ist eine Notwendigkeit, und wir fokussieren in jeder Auflage mehr auf kulturelle Unterschiede, auch wenn wir weiterhin eine in sich geschlossene Philosophie vorstellen und diese nicht durch vielfältige Ansichten zu jedem einzelnen Thema verworren machen. Dass wir einen besonderen Akzent auf Selbstbetrachtung legen, soll Betreuerinnen, die sich unwohl fühlen, wenn es Unterschiede gibt, helfen, herauszufinden, wo ihre „Problemzonen" liegen. Nur wenn Betreuerinnen sich selbst verstehen, können sie auch Säuglinge, Kleinkinder und deren Familien verstehen. Sensibilität ist eine wichtige Voraussetzung für jeden, der mit sehr kleinen Kindern arbeitet. Aus diesem Grund ist der Leser dazu aufgefordert, im gesamten Buch auf persönliche Erfahrung zu fokussieren.

Das Buch propagiert die Zweisprachigkeit. Sprachliche und kulturelle Unterschiede zu verstehen, zu akzeptieren und auf sie einzugehen macht einen wichtigen Teil der Ausbildung von Betreuerinnen aus. Es ist außerdem wichtig, zu wissen, wie man den Gebrauch der Muttersprache fördert, wenn diese nicht die Landessprache ist.

Fokus auf Anwendung und Praxis

Über etwas Bescheid zu wissen ist etwas anderes, als zu wissen, *wie* man etwas tut. *Über* etwas Bescheid zu wissen, bedeutet, es in der Theorie gelernt zu haben. Mit dem Wissen, *wie* man etwas tut, wird die Theorie in die Praxis umgesetzt. Wir haben dieses Buch bewusst so aufgebaut, dass die Betonung auf praktischer Anwendung liegt, weil wir wissen, dass selbst Menschen, die sehr viel von Säuglingen und Kleinkindern verstehen, Schwierigkeiten haben, sich gemäß dieses Verständnisses zu verhalten, wenn sie nicht ebenfalls gelernt haben, Theorien *anzuwenden*. Wissen baut nicht unbedingt Kompetenz auf.

Betreuerinnen, die über Wissen verfügen, denen es aber an Vertrauen in ihre eigene Fähigkeit mangelt, dieses auch zu nutzen, können unter der „Analyse-Paralyse" leiden, die sie daran hindert, schnelle Entscheidungen zu treffen, ihre Gefühle klar auszusprechen und bedarfsgerecht zu handeln. Ein übliches Verhaltensmuster beim Auftreten von Analyse-Paralyse ist erst Untätigkeit, dann Unschlüssigkeit, dann überemotionales oder anderweitig unangemessenes Reagieren, gefolgt von noch mehr Untätigkeit. Nehmen wir zum Beispiel eine unerfahrene Betreuerin in einer Kindertagesstätte für Säuglinge und Kleinkinder, die dabeisteht, als ein kleines Mädchen Sand in die Luft wirft, ihm zuschaut und unsicher ist, ob das offensichtliche Vergnügen des Kindes an seinem neuen Können wichtiger ist als die Gefahr, dass es (oder jemand anders) Sand in die Augen bekommt. Die Betreuerin hält sich zögernd zurück, tut eine Zeit lang gar nichts und sagt oder tut auch nichts, bis der innere Konflikt stark genug wird, um eine andere Reaktion auszulösen. Dann lacht sie und spielt mit dem Kind, freut sich mit ihm zusammen an dem Spaß, den ihm seine neue Entdeckung bereitet, bis jemand Sand in die Augen bekommt und die Betreuerin das Kind ärgerlich daran erinnert, dass sie ihm schon vor langer Zeit gesagt habe, es solle endlich damit aufhören.

Wenn Erwachsene eine Analyse-Paralyse haben und entweder nicht reagieren können oder widersprüchlich reagieren, können Säuglinge nicht lernen, vorherzusagen, was als Folge ihrer eigenen Handlungen passieren wird. Dieses Lernen, vorherzusagen, was für eine Auswirkung sie auf die Welt haben, ist die primäre Leistung von Säuglingen in ihrem frühen Leben. Ihnen dieses Lernen vorzuenthalten, wirkt sich auf ihre Entwicklung aus. Wegen innerer Konflikte dulden Erwachsene möglicherweise ein Verhalten, das sie stört. Säuglinge und Kleinkinder können die Konflikte der Erwachsenen spüren. Sie fahren dann mit einem Verhalten fort, das Erwachsene missbilligen – als Test, um zu sehen, was passieren wird. Sie bekommen keine klare Botschaft hinsichtlich der akzeptierten Verhaltensweise oder der Auswirkungen ihres Verhaltens.

Neu an der siebten Auflage

Diese Auflage enthält viele neue Informationen und mehrere neue Rubriken und Unterpunkte. Wenn Sie eine der früheren Auflagen gelesen haben, werden Sie sofort eine Ergänzung am Anfang jedes Kapitels bemerken – eine Rubrik mit der Überschrift „Was sehen Sie?" Diese kurzen Szenen präsentieren ein oder mehrere Kinder in einer Situation, die im Zusammenhang mit dem anschließend folgenden Stoff steht, und ziehen den Leser sofort in das Thema des Kapitels hinein. Wenigstens einmal in jedem Kapitel, manchmal auch mehrmals, wird der Leser dazu aufgefordert, noch einmal an diese Szenen zurück- und über sie nachzudenken. Ein weiterer neuer Punkt ist die Rubrik „Videobeobachtung" in jedem Kapitel. Diese Texte verweisen auf mit dem Stoff des Kapitels im Zusammenhang stehende Online-Videoclips und ermuntern die Leser dazu, über die dort präsentierten Themen und Konzepte nachzudenken. Im Online-Lerncenter des Buches können sich die Leser diese Live-Beispiele für das, worüber sie im Buch lesen, ansehen sowie Fragen beantworten und analysieren, was sie in jedem der Clips beobachten.

Bei der Arbeit an dieser neuen Auflage haben wir uns besonders bemüht, Verknüpfungen herzustellen, die den Lesern dabei helfen sollen, das Material durchzuarbeiten, zu verstehen, zu wiederholen und zu behalten. Beispielsweise haben wir die Rubriken „Prinzipien in der Praxis" durch ein wenig Umstrukturierung mit den Kästen „Angemessenes praktisches Vorgehen" verknüpft, indem wir in diese Kästen eine neue Überschrift, „Und jetzt Sie ...", eingefügt haben. Durch noch ein bisschen mehr Umstrukturierung sind die Schwerpunktfragen am Beginn eines jeden Kapitels jetzt auf die Unterkapitel abgestimmt, auf die auch die Zusammenfassungen am Ende der Kapitel abgestimmt sind.

Am Ende eines jeden Kapitels finden sich in den Leitlinien für angemessenes praktisches Vorgehen Angaben zu den Prinzipien der *National Association for the Education of Young Children* (NAEYC).

In der neuen Auflage finden sich an den Seitenrändern zudem Fragen, die zum Nachdenken ermuntern und darauf abzielen, eine Verbindung zwischen dem behandelten Stoff und der eigenen Lebenserfahrung des Lesers herzustellen.

Wir haben im gesamten Buch Informationen ergänzt und das Literaturverzeichnis sowie die Abschnitte mit weiterführender Literatur aktualisiert. Die neuen Informationen bringen das Buch auf den allerneuesten Stand und schließen ein:

- mehr Information über Magda Gerber und vor allem Emmi Pikler in Kapitel 1
- Informationen über das Emmi Pikler-Institut im gesamten Buch
- ein stärkeres Gewicht auf der Erklärung und Definition eines Curriculums in den Kapiteln 1 und 2 sowie darauf, wie man Verhalten beobachtet und aufzeichnet, in Kapitel 2
- eine genauere Erklärung dazu, warum Erziehung von Säuglingen und Kleinkindern nicht eingeschränkte Vorschulerziehung ist, in Kapitel 2
- zusätzliche Informationen zu Fragen der Ernährung und der Hygiene in Kapitel 3
- mehr zu Theorie und Forschung in Kapitel 4
- zusätzliche Informationen über Ainsworth in Kapitel 5, darunter einige Fragen zur allgemeinen Anwendbarkeit ihrer Forschungsergebnisse
- Informationen zu sensorischer Integration in Kapitel 6 und zum aktuellen Forschungsstand
- zusätzliche Information über den Ansatz dynamischer Systeme in Kapitel 7
- zusätzliche Anleitung dazu, wann wegen Entwicklungsverzögerungen Hilfe gesucht werden sollte, in Kapitel 7
- mehr Informationen über Jean Piaget in Kapitel 8
- neue Informationen zur schnellen Zuordnung („fast mapping") in Kapitel 9 und zum aktuellen Forschungsstand
- eine Untersuchung der Rolle der Eltern bei der Entwicklung sozialer Fähigkeiten sowie der Beziehung zwischen Eltern und Betreuerin in Kapitel 11
- mehr Details im Abschnitt über das Wickeln in Kapitel 12
- zusätzliche Informationen über Sicherheit (in Kapitel 12 und an anderen Stellen im Buch)

- eine Beschreibung des Konzepts der Umlenkung, eine Überarbeitung des Abschnitts über die „Auszeit" und das Hinzufügen von Information über die Arbeit von Marian Marion
- eine Umstrukturierung von Kapitel 14, wobei mehr Zwischenüberschriften eingefügt, der Abschnitt über Kommunikation erweitert und Aspekte wie aktives Zuhören, interkulturelle Konflikte und Beteiligung der Eltern hinzugefügt wurden
- im ganzen Buch vermehrt Beispiele aus anderen Regionen als Kalifornien, die dem Buch eine breitere Grundlage geben
- Eingliederung von Kernstücken aus der Zusammenfassung in Kapitel 14 und Streichung der gesonderten Zusammenfassung

Noch immer stellen wir Kinder mit besonderen Bedürfnissen deutlich heraus, ebenso kulturelle Unterschiede, Resilienz in Kindern, frühe Lese- und Schreibfähigkeit und die Identitätsentwicklung.

Die folgenden Rubriken aus früheren Auflagen wurden beibehalten und aktualisiert.

Angemessenes praktisches Vorgehen

Diese Rubrik führt in kurzer Form Punkte aus den Richtlinien der NAEYC für der Entwicklung angemessene Methoden auf, die im Zusammenhang mit den Themen des jeweiligen Kapitels stehen. Jede Rubrik besteht aus vier Abschnitten: „Überblick über die Entwicklung", „Der Entwicklung angemessenes praktisches Vorgehen", „Individuell angemessenes praktisches Vorgehen" und „Kulturell angemessenes praktisches Vorgehen". Die drei letztgenannten Abschnitte listen jeweils Punkte auf, die nicht vergessen werden sollten, und geben praktische Vorschläge für die Interaktion mit Säuglingen und Kleinkindern auf der Basis der NAEYC-Richtlinien.

Entwicklungswege

Die Rubrik *Entwicklungswege* ist Bestandteil eines jeden Kapitels zum Thema Entwicklung in Teil 2. Sie beginnt jedes Mal mit allgemeinen Aussagen zu einzelnen Entwicklungsstufen. Hierfür werden in einer Tabelle Verhaltensweisen aufgelistet, die im Zusammenhang mit dem Thema des Kapitels stehen. Anschließend werden am Beispiel zweier Kinder unterschiedliche Entwicklungswege aufgezeigt. Die Details eines jeden Beispiels werden unter einzelnen Überschriften untersucht.

Die Prinzipien in der Praxis

Eine Fallstudie, gefolgt von Fragen, die den Schüler/innen dabei helfen, die dargestellte Szene auf der Basis der zehn Prinzipien zu analysieren. Diese Rubrik ermöglicht es den Schüler/innen, den gelernten Inhalt in einer Situation aus dem „wahren Leben" anzuwenden.

Pädagogik

Jedes Kapitel ist nach einem pädagogischen System aufgebaut, das die Schüler/innen beim Lernen unterstützen und sie dazu ermutigen soll, über das, was sie lernen, zu reflektieren und es in der Praxis anzuwenden. Zu den pädagogischen Bausteinen des Buches gehören:

- **Schwerpunktfragen** zur Vorbereitung auf den anschließend folgenden Inhalt
- **Fettdruck von Schlüsselwörtern im Text** zur Hervorhebung der wichtigen Fachbegriffe, die jeweils im Absatz, in dem sie auftauchen, definiert werden
- **die Kästen** *Die Prinzipien in der Praxis*, die es dem Leser ermöglichen, die Prinzipien auf Szenen aus der Praxis anzuwenden
- **die Kästen** *Angemessenes praktisches Vorgehen* mit praktischen Vorschlägen, die mit den NAEYC-Richtlinien hinsichtlich der bei bestimmtem Entwicklungsstand angemessenen Methoden zusammenhängen. Hier wird gezeigt, wie die Richtlinien zu angemessenem praktischen Vorgehen auf die jeweils präsentierten Szenen angewendet werden können
- **die Kästen** *Entwicklungswege*, in denen typische Entwicklungsverläufe und Abweichungen aufgeführt werden
- **Randverweise auf Online-Material**, das den Schüler/innen als weiteres Lern- und Arbeitsmaterial im Online-Lerncenter zur Verfügung steht (nur auf Englisch)

- **Kapitelzusammenfassungen**, in denen die Hauptgedanken der Kapitel zusammengefasst sind
- **Abschnitte mit Schlüsselbegriffen**, in denen alle Schlüsselbegriffe des Kapitels mit den entsprechenden Seitenverweisen aufgelistet sind
- **Fragen und Aufgaben**, die Schüler/innen dazu ermuntern, das Material des Kapitels zu wiederholen, darüber nachzudenken und es anzuwenden
- **Listen mit weiterführender Literatur**, in denen zusätzlicher Lesestoff empfohlen wird
- **eine Rubrik „Videobeobachtung"** in jedem Kapitel, mit Fragen, die den Lesern beim Reflektieren über die Videoclips helfen sollen, die sie im Online-Lerncenter sehen
- **Fragen zum Reflektieren**, die den Lesern dabei helfen sollen, über ihre eigenen Gefühle und Erfahrungen im Zusammenhang mit dem, was sie gerade lesen, nachzudenken

Teil Eins

Im Blickpunkt: die Betreuerin

Kapitel 1
Prinzipien, ihre praktische Anwendung und das Curriculum

Kapitel 2
Die Säuglings- und Kleinkinderziehung

Kapitel 3
Pflege als Curriculum

Kapitel 4
Spiel als Curriculum

Kapitel 1

Prinzipien, ihre praktische Anwendung und das Curriculum

> **Schwerpunktfragen**
>
> Nachdem Sie dieses Kapitel gelesen haben,
> sollten Sie in der Lage sein, folgende Fragen zu beantworten:
>
> 1. Aus welchen Arten von Interaktion erwachsen die bei der Pflege und Erziehung von Säuglingen und Kleinkindern so wichtigen Beziehungen?
> 2. Nennen Sie mindestens ein Beispiel für ein Erwachsenenverhalten, mit dem einem Säugling oder Kleinkind Respekt erwiesen wird.
> 3. Nennen Sie Schlüsselwörter oder -ausdrücke für zumindest fünf der zehn Prinzipien der Pflege und Erziehung von Säuglingen und Kleinkindern.
> 4. Geben Sie eine Definition des Wortes „Curriculum", das für die Pflege und Erziehung von Säuglingen und Kleinkindern gilt.
> 5. Welche Rollen haben die Erwachsenen in Bezug auf das Curriculum für Säuglinge und Kleinkinder?
> 6. Welches sind gemäß der Definition der National Association for the Education of Young Children (NAEYC) die drei Wissensbasen für praktisches Vorgehen, das der Entwicklung angemessen ist?

Was sehen Sie?

Ein fünf Monate altes Mädchen liegt auf dem Boden, in Reichweite liegen einige Spielsachen verstreut. Sie betrachtet zufrieden die fünf anderen Säuglinge und Kleinkinder im Raum. Ab und zu langt sie nach einem Spielzeug, liebkost es erst mit den Blicken, dann mit den Händen. Wenn wir genauer hinschauen, können wir sehen, dass bei dem Baby im Bereich des Pos etwas Feuchtigkeit bis in die oberen Kleidungsstücke vorgedrungen ist. Das Mädchen hört Schritte, und seine Augen wandern in die Richtung, aus der das Geräusch kommt. Dann sehen wir ein Paar Beine und Füße, die sich auf das Kind zu bewegen. Eine Stimme sagt: „Caitlin, ich frage mich gerade, wie du wohl so zurechtkommst."

Die Beine kommen zur Decke herüber und Caitlin schaut zu den Knien hinauf. Ihre Augen beginnen zu leuchten, als der übrige Teil der Person in ihrem Blickfeld auftaucht. Ein freundliches Gesicht nähert sich ihr. Caitlin lächelt und macht ein gurrendes Geräusch. Die Betreuerin geht darauf ein, dann bemerkt sie, dass die Kleidung feucht ist. „Oh, Caitlin, deine Windel muss gewechselt werden", sagt sie. Caitlin antwortet mit Lächeln und Gurren.

Mit ausgestreckten Händen sagt die Betreuerin: „Ich werde dich jetzt hochnehmen." Caitlin reagiert auf die Geste und die Worte mit einer winzigen Bewegung des Körpers. Sie lächelt und gurrt weiter. Die Betreuerin nimmt sie hoch und geht hinüber in den Wickelbereich.

Haben Sie bemerkt, dass hier viel mehr ablief als nur das Wechseln einer Windel? Diese Szene veranschaulicht mehrere der Grundprinzipien dieses Buches. Denken Sie an sie zurück, während Sie weiterlesen. Wissen Sie, was es bedeutet, ein Baby als eine Person zu respektieren? Wir werden diese Frage beantworten, wenn wir später noch einmal auf diese Szene zurückkommen.

Dieses Buch basiert auf einer Philosophie der Säuglings- und Kleinkindpflege und -erziehung, die in einem zehn Prinzipien für die Praxis umfassenden Curriculum oder Rahmen zusammengefasst ist. Die Philosophie hat ihren Ursprung in der Arbeit von zwei Pionierinnen auf dem Gebiet der Säuglings- und Kleinkindpflege und -erziehung: Emmi Pikler und Magda Gerber. Pikler war eine ungarische Kinderärztin und Wissenschaftlerin, die 1946, nach dem Zweiten Weltkrieg, ein Waisenhaus für Kinder unter drei Jahren eröffnete und im Zuge dessen mit der Gruppenbetreuung begann. Der Betrieb des mittlerweile in Pikler-Institut umbenannten Kinderheims läuft bis heute weiter, nun unter der Leitung von Piklers Tochter Anna Tardos. Magda Gerber, eine Freundin und Kollegin von Emmi Pikler, brachte ihr Wissen 1956 in die USA und gründete dort letztendlich die Organisation *Resources for Infant Educarers* (RIE). Seit 1976 bilden ihre Schülerinnen in allen Teilen der USA und anderswo Betreuerinnen aus und schulen Eltern. Piklers und Gerbers Philosophien sind zwar nicht identisch, stehen aber miteinander im Einklang.

Beziehungen, Interaktionen und „die drei Rs"

Beziehung ist bei der Pflege und Erziehung von Säuglingen und Kleinkindern ein Schlüsselwort. In der das Kapitel einleitenden Szene sahen Sie ein Beispiel dafür, dass Interaktionen wie die, die zwischen Caitlin und der erwachsenen Betreuerin stattfand, zu einer engen, auf Respekt gründenden Beziehung führen können. Beziehungen zwischen Betreuerinnen[1] und sehr kleinen Kindern entstehen nicht einfach von selbst. Sie erwachsen aus einer Vielzahl von Interaktionen. **Interaktion** ist folglich ein weiterer Schlüsselbegriff. Aber Beziehungen erwachsen nicht einfach aus jeder Art von Interaktion, sie erwachsen aus denen, die durch *Respekt, einfühlsames und unmittelbares Reagieren* sowie durch *Reziprozität* gekennzeichnet sind. Man kann sich diese Verhaltensweisen als „die drei Rs" der Säuglings- und Kleinkindpflege und -erziehung vorstellen. Die Interaktion der Betreuerin mit Caitlin war ganz offensichtlich durch unmittelbares und einfühlsames Reagieren gekennzeichnet – die Betreuerin reagierte auf das Kind und das Kind auf die Betreuerin. Die Reaktionen waren reziprok miteinander verknüpft, sie bildeten eine Kette an Interaktionen, wobei jede Reaktion von der vorherigen ausgelöst wurde und wiederum zur nächsten Reaktion der anderen Person führte. Was aber war an ihnen respektvoll?

Verhaltensweisen, die Respekt ausdrücken, sind möglicherweise nicht so augenfällig wie diejenigen, die einfühlsames Reagieren und Reziprozität erkennen lassen. Haben Sie bemerkt, dass die Betreuerin auf eine Art auf Caitlin zuging, die es dem Kind ermöglichte, sie kommen zu sehen? Die Betreuerin verlangsamte bewusst ihren Schritt und sprach Caitlin an, bevor sie nachsah, ob das Mädchen eine neue Windel brauchte. Es ist nichts Ungewöhnliches, Betreuerinnen dabei zu beobachten, wie sie herbeieilen, ein Baby unerwartet hochnehmen und beginnen, die Windel zu befühlen, ohne ein einziges Wort, das der Person, die in der Windel steckt, Achtung zollt. Stellen Sie sich vor, wie Sie sich an der Stelle des Babys fühlen würden. Das ist respektlos. Caitlins Betreuerin initiierte stattdessen eine Unterhaltung, indem sie mit Caitlin sprach. Sie hielt sie aufrecht, indem sie auf Caitlins Lächeln und Gurren reagierte. Außerdem erzählte sie Caitlin, was sie tun würde, bevor sie es tat. Die in dieser Szene dargestellte, durch positives Reagieren aufeinander gekennzeichnete Kette von Interaktionen ist die Grundlage für effektive Pflege. Aus vielen Interaktionen nach Beispiel dieser Art des Wickelns entsteht eine Partnerschaft. Das Gefühl, Teil eines Teams statt ein Objekt zu sein, mit dem hantiert wird, ist für eine gesunde Entwicklung von entscheidender Bedeutung. Wechselseitige Interaktionen wie diese fördern die Bindung zwischen Betreuerin und Kind.

Regelmäßige Pflegeaktivitäten als Gelegenheiten für Interaktionen auf der Basis der „drei Rs"

Es ist kein Zufall, dass das erste Beispiel in diesem Buch eine Interaktion abbildet, in der es ums Wickeln geht. Darin steckt eine Botschaft. Beziehungen entwickeln sich durch alle möglichen Interaktionen, aber vor allem bei solchen, die stattfinden, wenn Erwachsene jene lebenswichtigen Aktivitäten des täglichen Lebens ausführen, die manchmal als regelmäßige Pflegeaktivitäten bezeichnet werden. Bedenken Sie, dass das Wickeln eine sehr persönliche, nur die Betreuungsperson und das Kind einbeziehende Eins-zu-eins-Situation ist. Zählt man alle Male zusammen, die ein Kind in seinem Leben gewickelt wird, ergibt sich wahrscheinlich eine Gesamtsumme von 4.000 bis 5.000. Stellen Sie sich einmal vor, wie viele Gelegenheiten verpasst werden, wenn Erwachsene sich lediglich auf die Handlung konzentrieren, sie als eine lästige Aufgabe betrachten und sich nicht die Mühe machen, mit dem Kind zu interagieren. Und das passiert oft, denn es ist eine übliche Methode des Wickelns, das Kind irgendwie abzulenken – oft mit einem Spielzeug oder etwas Interessantem zum Angucken. Dann konzentriert sich die Betreuerin ganz auf die Aufgabe, hantiert mit dem Körper des Kindes und beeilt sich, um fertig zu werden. Das ist das Gegenteil von dem, was wir befürworten.

Es mag so scheinen, als könne jeder, der warmherzig und freundlich ist, Säuglinge pflegen und jeder, der Geduld und erzieherische Qualitäten hat, mit Kleinkindern arbeiten. Mit Sicherheit sind dies wertvolle Eigenschaften für

> **Überlegen Sie ...**
>
> Wann waren Sie in eine respektvolle, wechselseitige Interaktion eingebunden, bei der beide Seiten aufmerksam aufeinander reagierten? Beschreiben Sie, wie das war. Stellen Sie diese Beschreibung dann einer Erfahrung gegenüber, die Sie mit einer respektlosen, nicht durch positives Reagieren und Wechselseitigkeit gekennzeichneten Interaktion gemacht haben. Welche Schlussfolgerungen lassen sich aus Ihren Erfahrungen für die Arbeit mit Säuglingen und Kleinkindern ziehen?

Betreuerinnen, aber die Pflege von Kindern unter drei Jahren umfasst mehr als nur das Handeln nach Instinkt oder danach, was zu funktionieren scheint.

Wenn Sie noch einmal zur Einleitungsszene des Kapitels zurückblättern, können Sie vielleicht sehen, dass die Betreuerin mehr tat als einfach so zu handeln, wie es ihrem Gefühl nach richtig zu sein schien. Sie war in einer speziellen Art der Säuglingspflege ausgebildet. Um genau zu sein, sahen Sie hier eine Betreuerin, deren Ausbildung von RIE beeinflusst war, dem Programm, das Magda Gerber ins Leben gerufen hat.

Zehn auf einer Philosophie des Respekts basierende Prinzipien

Lassen Sie uns nun die zehn Prinzipien ansehen, die diesem Buch zugrunde liegen.

1. Beteiligen Sie Säuglinge und Kleinkinder an Dingen, die sie betreffen. Arbeiten Sie nicht an ihnen vorbei und lenken Sie sie nicht ab, um die Aufgabe schneller zu erledigen.
2. Investieren Sie in Zeit von besonderer Qualität, in der Sie einzelnen Säuglingen oder Kleinkindern voll und ganz zur Verfügung stehen. Geben Sie sich nicht damit zufrieden, Gruppen zu beaufsichtigen, ohne sich (mehr als nur kurz) auf einzelne Kinder zu konzentrieren.
3. Lernen Sie die einzigartigen Kommunikationsformen eines jeden Kindes kennen (Schreie, Wörter, Bewegungen, Gesten, Gesichtsausdrücke, Körperstellungen) und vermitteln Sie Ihre eigenen. Unterschätzen Sie nicht die Fähigkeit von Kindern, zu kommunizieren, selbst wenn ihre verbale Sprachkompetenz vielleicht nicht vorhanden oder nur minimal ist.
4. Investieren Sie Zeit und Energie, um an der Entwicklung des vollständigen Menschen zu arbeiten (konzentrieren Sie sich auf das „ganze Kind"). Fokussieren Sie nicht alleine auf die kognitive Entwicklung oder betrachten Sie diese nicht als etwas, das getrennt von der Gesamtentwicklung abläuft.
5. Respektieren Sie Säuglinge und Kleinkinder als würdige Menschen. Behandeln Sie sie nicht wie Objekte oder niedliche kleine Menschen, die nichts im Kopf haben und manipuliert werden können.

6. Seien Sie hinsichtlich Ihrer Gefühle ehrlich, wenn Sie mit Säuglingen und Kleinkindern zusammen sind. Geben Sie nicht vor, etwas zu empfinden, das Sie gar nicht fühlen, oder etwas nicht zu empfinden, das Sie in Wirklichkeit fühlen.
7. Führen Sie das Verhalten, das Sie den Kindern beibringen möchten, modellhaft vor. Predigen Sie nicht.
8. Erkennen Sie Probleme als Lerngelegenheiten und lassen Sie Säuglinge und Kleinkinder versuchen, ihre Probleme selbst zu lösen. Erlösen Sie sie nicht, machen Sie ihnen nicht permanent das Leben leichter und versuchen Sie nicht, sie vor allen Problemen zu beschützen.
9. Bauen Sie Sicherheit auf, indem Sie Vertrauen vermitteln. Vermitteln Sie nicht dadurch, dass Sie unzuverlässig oder häufig inkonsequent sind, Misstrauen.
10. Kümmern Sie sich um die *Qualität* der Entwicklung in jeder einzelnen Phase. Drängen Sie Säuglinge und Kleinkinder nicht dazu, Meilensteine der Entwicklung zu erreichen.

Lassen Sie uns jedes dieser Prinzipien genauer betrachten.

Prinzip 1: Beteiligen Sie Säuglinge und Kleinkinder an Dingen, die sie betreffen

Caitlin nimmt das, was ihre Betreuerin tut, nicht bloß entgegen, sie nimmt teil an dem, was mit ihr geschieht. Sie und ihre Betreuerin führen Dinge gemeinsam aus. Wenn die Betreuerin Caitlin ein Spielzeug gegeben hätte, um sie mit Spielen beschäftigt zu halten, während sie ihre Windel wechselte, wäre die gesamte Qualität der Szene eine andere gewesen. Die partnerschaftliche Zusammenarbeit wäre verloren gegangen, und an ihre Stelle wären ein abgelenktes Kind und eine mit einem feuchten Po und einer nassen Windel statt mit einem ganzen Kind beschäftigte Betreuerin getreten. Und hätte die Betreuerin Caitlin mit Unterhaltung anderer Art abgelenkt, hätte sie zwar immer noch Caitlins Aufmerksamkeit gehabt, aber im Mittelpunkt hätte reines Vergnügen gestanden, nicht die zu erledigende Aufgabe.

Das Hauptziel der Betreuerin in dieser Szene war, dass Caitlin sich beständig an der Interaktion beteiligt und sich auf ihren eigenen Körper und das, was mit ihm geschah, konzentriert. Das Wickeln wurde so eine „lehrreiche

Erfahrung", durch die Caitlin ihr Konzentrationsvermögen, ihr Körperbewusstsein und ihre Kooperation verbesserte. Durch eine Reihe von Erfahrungen wie dieser erhält Caitlin eine Erziehung in Sachen menschliche Beziehungen, von der ausgehend sie ihre gesamte Haltung dem Leben und den Menschen gegenüber aufbauen kann.

Es gibt das Gerücht, dass Säuglinge und Kleinkinder sich nur kurz auf etwas konzentrieren können. Einige Menschen sagen, sie könnten nichts sehr lange ihre Aufmerksamkeit schenken. Sie können dieses Gerücht selbst überprüfen. Schauen Sie einem Baby oder Kleinkind zu, das mit etwas beschäftigt ist, zu dem es einen Bezug hat und das es interessiert. Messen Sie die Zeit, die es mit der Aufgabe oder dem Ereignis verbringt. Möglicherweise sind Sie erstaunt, wie lange sich Säuglinge und Kleinkinder konzentrieren können, wenn sie interessiert sind, weil sie beteiligt sind. Bedenken Sie, wie lange Caitlin dem Windelwechseln ihre Aufmerksamkeit schenkte, weil sie an der Aufgabe beteiligt war.

Reflektieren Sie über eine Zeit in Ihrem Leben, als Sie an einer respektvollen, durch einfühlsames, unmittelbares Reagieren aufeinander und Reziprozität gekennzeichneten Interaktion beteiligt waren. Man muss kein Säugling sein, um die konzentrierte Aufmerksamkeit eines anderen Menschen zu erleben. Diese Situation kann stattfinden, wenn Ihnen jemand etwas beibringt. Oder sie kann stattfinden, wenn Sie in einer Arztpraxis sind. Kann Ihnen Ihre eigene Erfahrung dabei helfen, zu verstehen, welchen Nutzen es für Babys hat, an den Dingen beteiligt zu werden, die sie betreffen?

Prinzip 2: Investieren Sie in Zeit von besonderer Qualität

Die Szene, die sich zwischen Caitlin und ihrer Betreuerin abspielte, war ein gutes Beispiel für eine Art von Zeit besonderer Qualität. Die Betreuerin war vollkommen präsent. Das heißt, sie achtete voll und ganz auf das, was gerade geschah; ihre Gedanken waren nicht irgendwo anders. Wie oft werden Pflegeaktivitäten routinemäßig ausgeführt und sind weder die Betreuungsperson noch der Säugling auf irgendeine andere Art und Weise präsent als der rein körperlichen!

Zwei Arten von Zeit besonderer Qualität Magda Gerber nennt die Art von Zeit besonderer Qualität, die mit der Wickelszene illustriert wurde, **Zeit**

besonderer Qualität, in der man etwas will („wants-something quality time"). Die Erwachsene und das Kind sind mit einer Aufgabe beschäftigt, die von der Betreuerin eingeleitet wurde. Das Wickeln, Füttern, Baden und Anziehen gehören in diese Kategorie von Zeit besonderer Qualität. Wenn die Betreuerin dem Kind ihre Aufmerksamkeit schenkt und im Gegenzug dafür um Aufmerksamkeit von Seiten des Kindes bittet, erhöht sich die Menge an dieser Art von Zeit besonderer Qualität. In Kinderbetreuungsprogrammen können hierfür die persönlichen, nur Betreuerin und Kind einbeziehenden Interaktionen dienen, die bei der Gruppenbetreuung schwer zu erreichen sind. Zeit besonderer Qualität, in der man etwas will, hat erzieherischen Charakter. Beispiele für diese Art von Zeit besonderer Qualität finden sich im gesamten Buch.

Eine andere Art ebenso wichtiger Zeit besonderer Qualität ist das, was Magda Gerber **Zeit besonderer Qualität, in der man nichts will** („wants-nothing quality time") nennt. Diese findet dann statt, wenn Betreuerinnen sich bereit- und zur Verfügung halten, aber ohne das Geschehen zu steuern – wenn sie zum Beispiel einfach bei den Babys sitzen, voll verfügbar und auf die Kinder eingehend, aber ohne die Regie zu führen. Einfach bei Kleinkindern zu sein, während sie spielen, zu reagieren statt zu initiieren, beschreibt diese Art von Zeit besonderer Qualität. (Siehe Kapitel 4 für Beispiele von Zeit besonderer Qualität, in der man nichts will).

Floor time, also auf dem Fußboden verbrachte Zeit, ist eine Variante der Zeit besonderer Qualität, in der man nichts will. Das *Child-Family Study Center* an der University of California in Davis wendet sie in seinem Kleinkindprogramm an. *Floor Time* ist ein Konzept, das der Arbeit von Stanley Greenspan zugeschrieben wird. Wenn ein Kleinkind ein schwieriges Verhalten an den Tag legt, verpassen die Betreuerinnen ihm keine Auszeit und versuchen nicht, es zu ignorieren, sondern tun genau das Gegenteil: Sie entziehen dem Kind nicht ihre Aufmerksamkeit; sie geben ihm mehr davon. Dem Kind wird eine halbe Stunde ganz persönlicher Zeit alleine mit einer Erwachsenen gegeben, deren einziges Ziel es ist, auf das Kind, und nur dieses Kind, einfühlsam *zu reagieren*. Die Erwachsene sitzt auf dem Boden und steht dem Kind zur Verfügung. Die Umgebung begünstigt das Spielen, da interessante Spielsachen in Reichweite liegen. Die Erwachsene hat keine Absicht und keine Erwartung, sondern wartet einfach ab und schaut, was das Kind tut, und reagiert dann. Dies ist das Gegenteil des in vielen Programmen üblichen Ansatzes, bei dem Erzieherinnen und Betreuerinnen Kinder eher noch mehr lenken statt weniger, wenn sie mit schwierigem Verhalten konfrontiert sind, und ihnen Anweisungen geben.

Die Erwachsenen des *Child-Family Study Center* geben nur dann eine Anweisung, wenn sie das Kind aus dem Raum nehmen. Sie erklären, wo sie hingehen, aber ohne einen Scham einflößenden oder strafenden Unterton. Es mag so aussehen, als sei *Floor Time* vergleichbar mit der Aufforderung, zur Direktorin ins Büro zu gehen, aber sie ist eher so etwas wie eine Spieltherapie. Die Mitarbeiterinnen sind jedoch keine Therapeuten, und *Floor Time* ist keine Therapie. Sie ist einfach Zeit von besonderer Qualität, in der man nichts vom Kind will. Eine halbe Stunde lang bekommt das Kind volle Aufmerksamkeit.

Wird das Kind durch dieses hohe Maß an Aufmerksamkeit „verzogen"? Nein. Berichten zufolge wirkt dieser Ansatz Wunder. Seine Wirksamkeit scheint darin begründet zu liegen, dass er die Bedürfnisse des Kindes befriedigt.

Viele Psychotherapeuten bestätigen, dass es von Vorteil ist, wenn eine Person für eine andere vollkommen präsent ist, ohne sie bestimmend zu lenken. Dennoch bekommen die meisten von uns nur selten diese Art von Aufmerksamkeit von den Menschen in unserem Leben. Denken Sie für einen Moment an die Freude, die

> **Überlegen Sie ...**
>
> Denken Sie über die Vorteile nach, die Zeit von besonderer Qualität für Säuglinge hat. Können Sie sich an ein Mal erinnern, als jemand Ihnen voll zur Verfügung stand, ohne die Regie zu übernehmen? Wie war das für Sie? Können Sie aufgrund Ihrer eigenen Erfahrung verstehen, wie so etwas einem Säugling nützen kann?

darin liegt, mehr als einen Augenblick in den Genuss der gesamten Aufmerksamkeit eines anderen Menschen zu kommen.

Diese Art von Zeit besonderer Qualität ist einfach zu geben, wird jedoch häufig nicht verstanden oder nicht wertgeschätzt. Manchmal haben Betreuerinnen, die einfach nur bei spielenden Babys und Kleinkindern auf dem Boden sitzen, das Gefühl, sie würden gar nicht ihre Arbeit verrichten. Sie wollen die Rolle der Erzieherin spielen, was nach ihrer Interpretation bedeutet, dass sie „etwas vermitteln" müssen. Es ist sehr schwer für die meisten Erwachsenen, mit kleinen Kindern zusammen zu sein und sie nicht anzuweisen. Offen und empfänglich zu sein und einfühlsam zu reagieren sind Fähigkeiten, die die meisten Erwachsenen lernen müssen; es scheinen keine natürlichen Verhaltensweisen zu sein. Probieren Sie es selbst aus. Wählen Sie einen Zeitpunkt, an dem Sie nicht initiieren, sondern nur reagieren. Beobachten Sie, wie lange Sie in der Lage sind, nach diesem empfänglichen, reagierenden Modus vorzugehen.

Eine weitere Art von Zeit besonderer Qualität – über die vielleicht am meisten Verständnis herrscht – ist die Zeit gemeinsamer Aktivitäten. In Zeiten des Spiels, wenn Erwachsene und Kind Freude daran haben, zusammen zu sein, wechselt die Aktion des Initiierens zwischen den beiden hin und her. Diese Zeiten sind für die Betreuerinnen häufig auf eine Art befriedigend, die für die anderen zwei Arten von Zeit besonderer Qualität nicht zutrifft.

Die richtige Menge an Zeit besonderer Qualität Es ist ein interessantes Merkmal von Zeit besonderer Qualität, dass schon ein wenig von ihr ausreicht. Niemand will immer intensive Interaktion (oder kann sie immer ertragen) – selbst wenn es dabei nur ums Vergnügen geht. Kinder (und Erwachsene) müssen auch mal alleine sein. Wenn die Möglichkeit, sich zurückzuziehen, auch nicht von allen Familien thematisiert wird, so ist sie doch für manche ein wichtiger kultureller Wert. In Säuglings- und Kleinkindprogrammen und in der Familientagespflege ist es schwierig, Zeit für sich alleine zu haben. Einige Kinder schaffen es nur dann, alleine zu sein, wenn sie schlafen. Andere können sich auf ihr Inneres konzentrieren und ignorieren, was um sie herum passiert. Erwachsene können jungen Kindern helfen, Zeit mit sich alleine zu verbringen, indem sie kleine Rückzugsräume schaffen (siehe Kapitel 12, „Eine sichere Umgebung").

Wenn Menschen niemals Zeit für sich alleine haben, bekommen sie sie dadurch, dass sie eindösen, nicht aufpassen und, wenn schon nicht körperlich, so doch geistig ganz woanders sind. Dieses Verhalten wird zur Gewohnheit, so dass diese Person, wenn sie Zeit mit anderen verbringt, nur „halb da ist". „Halb-da-Zeit", selbst wenn sie reichlich ist, ist nie dasselbe wie „Ganz-da-Zeit".

Sowohl Betreuerinnen als auch Säuglinge und Kleinkinder müssen in der Lage sein, innerlich abzuschalten. Von keinem Erwachsenen kann erwartet werden, dass er jeden Tag den ganzen Tag für andere vollkommen präsent ist und auf sie eingeht. Wenn es Erwachsenen möglich sein soll, gute Betreuungspersonen zu sein, muss in den Programmen sowohl ihren als auch den Bedürfnissen der Babys Rechnung getragen werden.

Natürlich ist das Leben eines jeden Menschen voller Zeit, die weder Zeit besonderer Qualität noch alleine verbrachte Zeit ist. Kinder müssen lernen, in einer geschäftigen Welt voller Menschen zu leben. Es passiert zwangsläufig, dass sie nicht beachtet werden, von einem Ort zum anderen gebracht werden oder dass manchmal an ihnen vorbeigearbeitet wird. Der Punkt ist der, dass es einen Unterschied gibt zwischen Zeit besonderer Qualität und anderen Arten von Zeit und dass alle Kinder etwas Zeit besonderer Qualität in ihrem Leben verdienen und brauchen.

Zeit besonderer Qualität ist dann in den täglichen Ablauf integriert, wenn Wickeln, Anziehen und Füttern zu Gelegenheiten für enge persönliche Interaktionen zu zweit werden. In der Gruppenbetreuung, in der eine Betreuerin die Verantwortung für mehrere Babys oder eine kleine Gruppe Kleinkinder trägt, kann es sich als schwierig darstellen, einem Kind allein seine Aufmerksamkeit zu schenken; es sei denn, die Betreuerinnen geben sich gegenseitig dadurch Freiraum, dass sie sich bei der Beaufsichtigung der restlichen Kinder abwechseln. Es ist Aufgabe der Leiterin, darauf zu achten, dass jede Betreuerin zeitweilig von der Verantwortung für andere Kinder als dem einen, das sie wickelt oder füttert, befreit wird. Das bedeutet, dass es einer Betreuerin gestattet sein muss, sich nur auf ein Kind zu konzentrieren, und dass dies sogar unterstützt werden muss.

In der Familientagespflege, wo keine weitere Erwachsene zur Verfügung steht, kann sich die Betreuerin an niemanden wenden, wenn sie ein Baby füttert oder wickelt. Dennoch kann sich die Betreuerin auf ein Kind allein konzentrieren. Voraussetzung hierfür ist die Einrichtung einer sicheren Umgebung, in der die restlichen Kinder dazu ermuntert werden, alleine zu spielen. Natürlich muss die Betreuerin trotzdem ein wachsames Auge auf die Gruppe haben – eine Fähigkeit, die sich mit zunehmender Praxis entwickeln lässt. Es ist beeindruckend, eine erfahrene Betreuerin dabei zu beobachten, wie sie einem Kind ihre volle Aufmerksamkeit widmet, es aber dennoch schafft, eine gefährliche oder verbotene Handlung zu bemerken, die in einem anderen Teil des Raumes abläuft.

> **Überlegen Sie ...**
>
> Denken Sie an jemanden, den Sie sehr gut kennen. Können Sie sich vorstellen, wie diese Person mit Ihnen kommuniziert, ohne Worte zu benutzen?

Prinzip 3: Lernen Sie die einzigartigen Kommunikationsformen eines jeden Kindes kennen und vermitteln Sie Ihre eigenen

Achten Sie darauf, wie die Kommunikation zwischen Caitlin und ihrer Betreuerin funktionierte. Die Betreuerin sagte Caitlin direkt, was sie tun würde, wobei sie Körperbewegungen machte, die zu ihren Worten passten. Caitlin benutzte ihren Körper, Gesichtsausdrücke und ihre Stimme, um ihre Antworten zu kommunizieren. Die Betreuerin ging auf ihre Antworten ein, indem sie interpretierte, antwortete und erklärte. Sie plauderte nicht unentwegt. Sie sagte wenig, aber was sie sagte, hatte große Bedeutung und wurde durch das, was sie tat, unterstützt. Auf diese Art bringt sie Caitlin bei, zuzuhören, nicht abzuschalten. Sie vermittelt, dass Reden Kommunikation bedeutet, nicht Ablenkung. Sie lehrt Wörter und Sprache im Kontext, indem sie ganz natürlich spricht und nicht Wörter immer und immer wieder aufs Neue wiederholt oder Babysprache benutzt. Sie kommunizierte zudem mit ihrem Körper und mit anderen Lauten als Wörtern, und sie ging auf Caitlins Kommunikation ein (Laute, Gesichtsausdrücke und Körperbewegungen). Die Kommunikation zwischen Caitlin und ihrer Betreuerin beinhaltete weit mehr als nur Worte.

Denken Sie an jemanden, den Sie sehr gut kennen. Können Sie sich einiger Kommunikationsformen entsinnen, mittels derer diese Person mit ihnen kommuniziert, ohne Worte zu benutzen? Gesichtsausdrücke sind augenfällige Möglichkeiten, aber jede Person macht bestimmte kleine Gesten oder Bewegungen, die Hinweise darauf geben, wie sie sich gerade fühlt. Wenn Sie eine Liste der nonverbalen Kommunikationsmittel anfertigen, die jemand benutzt, den Sie gut kennen, werden Sie sehen, dass jeder von uns sein besonderes System hat. Niemand kennt das System eines Babys oder Kleinkindes so gut wie die Menschen, an die das Kind gebunden ist. Deshalb (und aus anderen Gründen) sollten Programme für Säuglinge und Kleinkinder die Bindung zwischen den Kindern und den Betreuerinnen unterstützen.

Es ist in diesem Zusammenhang außerdem wichtig anzumerken, dass jeder von uns ein System der Körpersprache benutzt, das charakteristisch für unsere Kultur sowie, innerhalb der Kultur, geschlechts- und vielleicht sogar schichtspezifisch ist. Nur ein Beispiel ist die unterschiedliche Art und Weise, wie Männer und Frauen in der weißen nordamerikanischen Kultur, die auf die europäische zurückgeht, ihre Beine übereinanderschlagen. Ein weiteres Beispiel ist der Unterschied zwischen dem Gang afroamerikanischer Männer und dem afroamerikanischer Frauen. Hierbei handelt es sich um unbewusst ausgeführte Körperhaltungen und Bewegungen, aber wer der Kultur angehört, kennt sie gut. Kinder lernen die Grundlagen von auf Kultur basierender nonverbaler Kommunikation in ihrem Leben von Erwachsenen und entwickeln ihre eigene spezifische Körpersprache.

Irgendwann verlassen sich Babys schließlich, zusätzlich zu anderen Kommunikationsmitteln, mehr auf Worte, um sich auszudrücken. Sie lernen, Bedürfnisse, Wünsche, Absichten und Gefühle immer klarer auszudrücken. Sie lernen ebenso, sich an der Sprache selbst zu erfreuen – mit Wörtern, Sätzen und Lauten zu spielen. Dass Erwachsene darauf reagieren und sie dazu ermuntern, Sprache zu benutzen, fördert ihre Entwicklung. Im späten Kleinkindalter können sich die meisten Kinder in Worten ausdrücken, fahren aber selbstverständlich ihr gesamtes Leben damit fort, nonverbale Kommunikationsmittel zu benutzen.

Es ist wichtig, zu erkennen, dass einige Kulturen verbalen Austausch mehr wertschätzen und abhängiger von ihm sind als andere. Euro-Amerikaner neigen zur direkten Kommunikation. Weil Babys nicht sprechen können (der Ursprung des Wortes *Infant* [Säugling] kann tatsächlich über das Mittelenglisch bis zum Alt-Französisch zurückverfolgt werden, wo es eine Kombination aus „in" (nicht) und „fans" (sprechend) darstellt), stellten Wissenschaftler der University of California in Davis diesbezüglich Untersuchungen an; sie fanden heraus, dass sie direkte Kommunikation bei Babys dadurch einführen können, dass sie ihnen ein System an Gesten beibringen.[2] Betreuerinnen aus Kulturen, die in hohem Maße verbal kommunizieren, müssen besonders feinfühlig gegenüber Kindern sein, die statt Wörtern eine Menge nonverbaler Kommunikationsmittel benutzen.[3]

Kleine Kinder sollten sehen, dass die Erwachsenen Wörter benutzen, die mit ihrer nonverbalen Kommunikation im Einklang stehen. Wenn das Gesicht und die Körperbewegungen eine Sache sagen und die Wörter eine andere, bekommen die Kinder zweierlei Botschaften übermittelt, die wahrer Kommunikation im Wege stehen. Sie haben nicht nur Probleme mit der Entscheidung, welche Botschaft sie glauben sollen, sie nehmen die Erwachsenen auch als Modell für ihr eigenes Verhalten und lernen somit, selbst zweierlei Botschaften zu übermitteln. Klare Kommunikation ist wichtig.

Prinzip 4: Investieren Sie Zeit und Energie, um an der Entwicklung des vollständigen Menschen zu arbeiten

Jüngste Gehirnforschung belegt die Richtigkeit des Ziels, an der Entwicklung der ganzen Person zu arbeiten, statt sich allein auf die kognitive Entwicklung zu konzentrieren. In einem Artikel von J. Ronald Lally für die Zeitschrift *Exchange* („Brain Research, Infant Learning, and Child Care Curriculum", May 1998) werden die Verbindungen erklärt. Weil einige Eltern sich darüber im Klaren sind, dass die ersten Lebensjahre für das geistige Wachstum von Bedeutung sind – ganz gleich, ob sie von der Gehirnforschung gehört haben oder nicht –, erwarten sie möglicherweise, Beweise dafür zu sehen, dass die Betreuerinnen „kognitive Aktivitäten" anbieten. Ihre Vorstellung von kognitiven Aktivitäten kann darauf beruhen, was sie über die Vorschule wissen. Sie erwarten vielleicht von Betreuerinnen, dass sie den Kindern mittels eines auf Aktivitäten basierenden Ansatzes eine Vorstellung von Farben, Formen und sogar Zahlen und Buchstaben vermitteln.

Betreuerinnen wiederum, die sich ebenfalls mit der geistigen Entwicklung befassen, denken vielleicht, dass diese durch spezielle Ausstattungsgegenstände, Übungen oder Aktivitäten gefördert wird. Bücher und Programme sind ohne weiteres für entsprechendes Geld zu haben, um, wie sie versprechen, die „kognitive Entwicklung anzuregen". Kataloge und Geschäfte sind voll mit Spielsachen, Ausrüstungen und Geräten, mit denen Babys laut Werbung intelligenter werden. Natürlich ist es erstrebenswert, eine reich ausgestattete Umgebung zu bieten, in der es interessante Dinge zu tun gibt. Und natürlich kann diese Umgebung der kognitiven Entwicklung förderlich sein. Passen Sie jedoch auf, dass Sie nicht den Fehler machen, zu denken, Sie könnten die kognitive Entwicklung stimulieren, ohne gleichzeitig an der physischen, sozialen und emotionalen Entwicklung zu arbeiten. Es sind nicht die raffinierten kleinen Spielsachen, die Sie bereitstellen, oder die Aktivitäten, die Sie mit den Kindern durchführen, die etwas verändern. Es sind das alltägliche Leben, die Beziehungen, die Erfahrungen, das Wickeln und das Füttern, die Erziehung zur Sauberkeit und das Spielen, die zur geistigen Entwicklung beitragen. Und genau dieselben Erfahrungen helfen dem Kind, auch auf physischer, sozialer und emotionaler Ebene zu wachsen.

Denken Sie daran, wie wertvoll die Wickelerfahrung für Caitlin war. Sie war vertieft in **sensorischen Input** – visuellen, akustischen, taktilen, olfaktorischen. Wie oft wird Betreuerinnen und Eltern gesagt, sie sollten ein Mobile über

Videobeobachtung 1

Weinendes Baby

Schauen Sie sich die Videobeobachtung 1, „Baby Crying", an, die der Veranschaulichung einiger der in Kapitel 1 vorgestellten Prinzipien dient. Sie sehen ein Baby, das auf einer Decke liegt und weint. Das ist keine besondere Art der Kommunikation, aber es ist Kommunikation. Die Betreuerin kommt vorbei, um das Baby hochzunehmen. Beachten Sie, dass sie von vorne kommt, statt sich von der Seite oder von hinten zu nähern. Das ist ein Zeichen von Respekt, sie tut dies, um das Baby nicht zu überraschen.

Fragen

- Wie kommuniziert das Baby, dass es etwas braucht?
- Wie bereitet die Betreuerin das Baby darauf vor, dass es hochgenommen werden wird?
- Beachten Sie, dass das Baby auf dem Rücken liegt. Wissen Sie warum? Falls nicht, werden Sie es beim Weiterlesen dieses Buches herausfinden.

Diesen Videoclip können Sie unter www.mit-kindern-wachsen.de/videomaterial anschauen. Wählen Sie hier bitte Kapitel 1.

---

den Wickeltisch hängen, damit das Wickeln zu einer „lehrreichen Erfahrung" werden kann. Was für eine begrenzte Erfahrung ein Mobile doch bietet, verglichen mit dem, was Caitlin genießen konnte.

Bedenken Sie auch, dass manche Kulturen sich nicht so viele Gedanken um die kognitive Entwicklung machen wie andere. Einige setzen ihre Prioritäten in anderen Bereichen; so kann das Hauptanliegen zum Beispiel darin bestehen, einfach dafür zu sorgen, dass das Baby gesund bleibt. Solche Familien verbringen wenig Zeit damit, sich Sorgen darum zu machen, inwieweit frühe Erfahrungen im Säuglingsalter zu späterem schulischem Erfolg beitragen.

Prinzip 5: Respektieren Sie Säuglinge und Kleinkinder als würdige Menschen

„Respekt" gehört nicht zu den Wörtern, die normalerweise im Zusammenhang mit sehr kleinen Kindern benutzt werden. Magda Gerber stellte einen Bezug zwischen dem Begriff und Säuglingen und Kleinkindern her. Normalerweise gehen die Sorgen um Respekt in die andere Richtung, weil Erwachsene von Kindern verlangen (oder sich von ihnen wünschen), dass sie sie respektieren. Um Respekt für die eigene Person von der anderen Seite zu gewinnen, gibt es keinen besseren Weg, als ihn Kindern modellhaft vorzuführen.

Was bedeutet es, ein Kind zu respektieren? Die Wickelszene bietet ein Beispiel hierfür. Bevor die Betreuerin irgendetwas mit Caitlin tat, erklärte sie, was passieren würde. Genau wie eine respektvolle Krankenschwester uns warnt, bevor sie unsere Haut mit einem kalten Instrument in Kontakt bringt, bereitete die Betreuerin Caitlin darauf vor, was als Nächstes kommen würde. Bevor man den Unterschied begreift, ist der natürliche Impuls der, ein Kind hochzuheben, ohne etwas zu sagen. Babys werden häufig wie Gegenstände herumgetragen, selbst wenn sie alt genug sind, um zu laufen und zu reden. Oft heben Erwachsene ein Kind hoch und setzen es ohne ein Wort in einen Stuhl oder einen Kinderwagen. Diese Art der Handlung ist nicht respektvoll.

Versuchen Sie sich, damit die Idee vom respektvollen Umgang mit Säuglingen klarer wird, vorzustellen, wie eine Krankenschwester einen ziemlich hilflosen Patienten vom Bett zu einem Rollstuhl bringt. Wechseln Sie dann einfach nur die Figuren aus und stellen Sie sich vor, eine sei eine Betreuerin und eine ein Säugling. Abgesehen von Größe und Gewicht der Beteiligten, sollte die Szene ziemlich ähnlich aussehen, wenn die Erwachsene den Säugling mit Respekt behandelt.

Stellen Sie sich zum besseren Verständnis der Idee von Respekt für Kleinkinder einmal vor, Sie hätten gerade einen Mann von einer Leiter fallen sehen. Überlegen Sie, wie Sie reagieren würden. Selbst wenn Sie stark genug sind, würden Sie wahrscheinlich nicht hineilen und ihn wieder auf die Beine stellen. Sie würden erst mal anfangen zu reden, fragen, ob er verletzt sei oder Hilfe brauche. Sie würden wahrscheinlich eine Hand ausstrecken, wenn er Ihnen signalisiert, dass alles in Ordnung ist, und sich daran macht, aufzustehen. Sie würden ihn trösten, falls es angebracht wäre. Den meisten Menschen bereitet es keine Probleme, respektvoll auf einen Erwachsenen einzugehen.

Warum ist es dann so, dass Erwachsene herbeistürzen und ein Kleinkind aufheben, das hingefallen ist, ohne auch nur einen Moment zu zögern? Warum nicht erst einmal feststellen, was das Kleinkind braucht? Vielleicht ist es lediglich erforderlich, dass man ihm beruhigend zuredet, nicht aber physisch hilft. Möglicherweise ist das Kind wütend oder verlegen und braucht einen Erwachsenen, der diese Gefühle akzeptieren und es zulassen kann, dass sie gezeigt werden. Vielleicht braucht das Kleinkind gar nichts und wird aufstehen, ohne dass ein Erwachsener eingreift, und mit der Sache ganz alleine klarkommen. Weitere Merkmale von Respekt sind in der nächsten Szene zu sehen.

Der zwölf Monate alte Brian sitzt mit mehreren anderen Kindern an einem niedrigen Tisch und isst ein Stück Banane. Er findet an dieser Erfahrung offensichtlich in mehr als nur einer Hinsicht Vergnügen. Er hat die Banane in seiner Hand zerdrückt und sie sich in den Mund gestopft, und jetzt quillt sie zwischen seinen Zähnen heraus. Er genießt das. Er führt das allerletzte Stück an den Mund und – plumps, es fällt auf den Boden. Er streckt seine Hand nach ihm aus, aber die Betreuerin ist schneller. „Tut mir Leid, Brian, aber die Banane ist jetzt dreckig. Ich kann dich sie nicht essen lassen." Brians Augen weiten sich, ihm fallen die Mundwinkel herunter und ein trauriges Heulen setzt ein. „Das war die letzte Banane, die wir hatten", fügt die Betreuerin hinzu, als Brian die Hand nach ihr ausstreckt, um mehr zu bekommen. Sie setzt sich zurück an den Tisch, nachdem sie das heruntergefallene Stück beseitigt hat. Sie bietet ihm einen Cracker an und sagt dabei: „Wir haben keine Bananen mehr, aber du kannst stattdessen einen Cracker bekommen." Brian lehnt den ihm angebotenen Cracker ab. Jetzt, wo er sich der Tatsache bewusst ist, dass er keine mehr bekommen wird, beginnt er zu schreien. „Ich sehe, wie unglücklich du bist", sagt die Betreuerin ruhig, aber mit aufrichtigem Mitgefühl. „Ich wünschte, ich könnte dir noch mehr Banane geben", fügt sie hinzu.

Brians Schreien wird durchdringender und er beginnt mit seinen Füßen zu treten. Die Betreuerin bleibt ruhig und sieht ihn so an, als würden seine Gefühle sie wirklich betroffen machen. Die anderen Kinder am Tisch reagieren unterschiedlich auf diese Szene. Die Betreuerin wendet sich ihnen zu und sagt: „Brian hat seine Banane verloren und das gefiel ihm nicht". Sie dreht sich wieder zu Brian. Er weint weiter. Die Betreuerin wartet. Schluchzend steht er von seinem Stuhl auf, tapst zu ihr hinüber und begräbt seinen Kopf in ihrem Schoß. Sie berührt seinen Rücken, streichelt ihn besänftigend. Als er sich beruhigt hat, sagt sie: „Du musst dir jetzt deine Hände waschen, Brian", und fügt hinzu: „Ich komme mit dir". Sie übergibt den Tisch einer anderen Betreuungsperson, steht auf und geht langsam mit Brian durch den Raum. Brian leckt Bananenreste von seinen Fingern ab. Ein letztes Schluchzen kommt von seinen Lippen, als er das Waschbecken erreicht.

Die Betreuerin respektierte Brians Recht darauf, Gefühle zu haben und sie zum Ausdruck zu bringen.[4] Sie bot ihm Unterstützung, ohne übertriebenes Mitleid zu zeigen. Weil sie ihn nicht mit viel Wärme und Unterhaltung ablenkte, konnte er seine Aufmerksamkeit dem schenken, was sich in ihm abspielte. Er lernte, dass es in Ordnung war, auf die Situation ehrlich zu reagieren.

Manchmal ist die Aufmerksamkeit der Erwachsenen so befriedigend, dass Kinder Wut, Frustration oder Kummer mit Aufmerksamkeit in Verbindung bringen. Sie benutzen ihre Gefühle, um zu manipulieren. Es wäre für uns alle besser, direkt um das zu bitten, was wir brauchen, statt uns emotionaler Ausbrüche zu bedienen, um Umarmungen und Berührungen zu bekommen. Das ist der Grund, warum die Betreuerin Brian weiterhin zur Verfügung stand, ihn aber signalisieren ließ, was er brauchte. Sie nahm ihn nicht hoch, sondern ließ ihn zu ihr kommen. Als er bereit für Trost war, war sie da, um ihn zu geben, aber das geschah nicht so früh, dass er nicht in der Lage gewesen wäre, sich auszudrücken.

Es folgen Beispiele für weniger respektvolle Wege, auf Brian zu reagieren.

„Hör mit dem Schreien auf – das ist nichts, über das man sich so aufregen muss – du warst ohnehin fast fertig."

„Armer kleiner Brian, lass uns mit dem Hündchen spielen, das du so magst – guck, Brian, sieh, wie er bellt – wau, wau!"

Prinzip 6: Seien Sie hinsichtlich Ihrer Gefühle ehrlich

In der letzten Szene wurde das Kind dazu ermutigt, seine Gefühle zu akzeptieren. Brian war ärgerlich und wurde nicht dazu aufgefordert, so zu tun, als ginge es ihm anders. Wie ist es mit Erwachsenen? Ist es in Ordnung, wenn Betreuerinnen ihren Ärger kleinen Kindern gegenüber zum Ausdruck bringen? Ja. Kinder in der Kinderbetreuung müssen mit wahren Menschen zusammen sein, nicht mit warmherzigen, leeren Rollenspielern.

Es gehört zu einem wahren Menschen dazu, ab und an ärgerlich, ängstlich, nervös zu werden und sich aufzuregen. Hier kommt eine Szene, die eine Betreuerin zeigt, die ihren Ärger ausdrückt:

> Eine Betreuerin hat gerade zwei Kinder voneinander getrennt, die sich wegen eines Spielzeugs geschlagen haben. „Ich kann es nicht zulassen, dass du Amber weh tust", sagt sie zu Shawn, der 18 Monate alt ist. Sie hält bestimmt, aber behutsam seinen Arm fest, da dreht er sich zu ihr und spuckt ihr ins Gesicht. Ihr Ausdruck wechselt von Ruhe zu Ärger und sie nimmt auch seinen anderen Arm. Während sie ihm direkt in die Augen blickt, sagt sie deutlich, aber mit Emotion in der Stimme: „Das mag ich nicht, Shawn. Ich möchte nicht, dass du mich anspuckst". Sie lässt ihn los, steht auf, dreht ihm den Rücken zu und geht weg. Als sie sich ein paar Schritte entfernt hat, wirft sie einen kurzen Blick zurück, um zu sehen, was er tut. Er hat sich nicht von der Stelle bewegt, also geht sie zum Waschbecken und wäscht ihr Gesicht. Sie behält ihn im Auge, um sicherzugehen, dass er nicht wieder anfängt, Amber zu schlagen. Als sie zurückkommt, hat sie sich wieder beruhigt. Shawn klettert die Rutsche hinauf und die Dinge laufen wieder normal.

Die Betreuerin hat ehrlich gesagt, was für eine Wirkung Shawns Handlung auf sie hatte. Achten Sie darauf, wie sie ihren Gefühlen Ausdruck verliehen hat. Sie spielte die Sache nicht so hoch, dass es ihn ermuntert hätte, alles zu seiner Unterhaltung noch einmal zu wiederholen – ein Problem, das auftreten kann, wenn die Wutausbrüche Erwachsener dramatisch und lang sind. Sie beschuldigte oder beurteilte Shawn nicht und sagte nichts Herabsetzendes. Sie fasste lediglich ihre Gefühle in Worte und stellte eine klare Verbindung zwischen ihnen und der Situation her. Sie ließ Shawn wissen, was sie ärgerlich machte, und hielt ihn davon ab, mit seiner Handlung fortzufahren. Nachdem sie ihre Gefühle ausgedrückt hatte, verließ sie den Schauplatz. Kurz gesagt, weder verbarg sie ihre Gefühle, noch spielte sie diese hoch.

Und dass sie ihre Gefühle ausdrückte, schien auszureichen, um Shawn wissen zu lassen, dass sein Verhalten nicht akzeptabel war. Sie musste hierfür nicht noch mehr tun – zumindest dieses Mal nicht. Wenn die Situation erneut auftritt, muss sie möglicherweise mehr tun, als Shawn lediglich zu sagen, wie sie sich fühlt.

Vergleichen Sie die Reaktion dieser Betreuerin mit den Malen, die Sie Menschen gesehen haben, die wütend auf ein Kind waren, aber trotzdem lächelten und mit honigsüßer Stimme sprachen. Stellen Sie sich die Schwierigkeit vor, die ein Kind dabei hat, die zwei gleichzeitig übermittelten Botschaften miteinander in Einklang zu bringen.

Prinzip 7: Führen Sie das Verhalten, das sie den Kindern beibringen wollen, modellhaft vor

In den bisherigen Darstellungen haben alle Betreuerinnen modellhaft ein Verhalten vorgeführt, das sowohl für Kinder als auch für Erwachsene akzeptabel ist. Sie haben Beispiele von Kooperation, Respekt, ehrlichen Gefühlen und Kommunikation gesehen. Schauen Sie sich jetzt an, wie dieses Prinzip in einer schwierigeren Situation funktioniert – wenn Aggression im Spiel ist.

> Shawn und Amber kämpfen wieder um eine Stoffpuppe. Ein Betreuer nähert sich ihnen. Bevor er das Paar erreicht, streckt Shawn die Hand aus und gibt Amber einen Klaps auf den Arm. Sie heult auf. Der Betreuer kniet sich vor die zwei Kinder auf den Boden. Sein Gesicht ist ruhig, seine Bewegungen sind langsam und vorsichtig. Er streckt eine Hand aus und berührt Shawn, reibt seinen Arm an genau der Stelle, wo er Amber geschlagen hat. „Sachte, Shawn, sachte." Gleichzeitig streichelt er Amber. Shawn bleibt still. Amber heult weiter. Der Betreuer berührt sie noch einmal. „Du wurdest geschlagen, stimmt's, Amber? Das tat weh!" Amber hört auf zu weinen und guckt ihn an. Alle drei sind einen Moment lang still. Der Betreuer wartet. Shawn umklammert die Puppe und beginnt damit wegzugehen. Amber ergreift sie. Der Betreuer bleibt still, bis Shawn seinen Arm hebt, um wieder zuzuschlagen. „Ich kann es nicht zulassen, dass du Amber weh tust", sagt er und fängt den Arm in der Luft ab. Er berührt ihn sanft. „Sachte, sachte." Plötzlich zieht Amber mit einem Ruck an der Puppe und Shawn lässt unerwartet los. Sie nimmt triumphierend die Puppe und beginnt den Raum zu durchqueren. Shawn sieht traurig aus, bleibt aber an seinem Platz. Der Betreuer bleibt in der Nähe. „Sie hat die Puppe", bemerkt er. Amber sieht einen Ball zu ihren Füßen, lässt die Puppe fallen und hebt den Ball auf. Sie wirft ihn weg und läuft kichernd hinter ihm her. Shawn bewegt sich schnell hinüber zur Puppe, hebt sie auf, hält sie zärtlich und gurrt ihr etwas zu. Die Szene endet damit, dass beide Kinder zufrieden spielen und der Betreuer nicht länger gebraucht wird.

Achten Sie darauf, wie der Betreuer modellhaft Behutsamkeit vorführte – das Verhalten, das er Kindern beibringen wollte. Üblicher ist es, dass Erwachsene, wenn sie am Schauplatz eines Streits ankommen, die Kinder mit noch aggressiverem Verhalten behandeln, als sie es untereinander getan haben. „Ich werde euch beibringen, wie man sich benimmt", knurrt der Erwachsene, zieht das Kind ruckartig am Arm und schüttelt es. Diese Methode führt modellhaft genau das Verhalten vor, das der Erwachsene versucht zu eliminieren (und ein Kind zu schütteln ist gefährlich, weil das Gewicht des auf einem jungen Nacken schnell hin- und herschaukelnden Kopfes Schaden anrichten kann).

Der Betreuer in der Szene „Shawn gegen Amber" wusste, dass beide Kinder die Gewissheit brauchten, dass bei Bedarf für Sicherheit gesorgt werden würde. Es ist für den Angreifer wie für das Opfer beängstigend, wenn kein beschützender Erwachsener da ist, um die gewalttätige Aktion zu beenden. Mit dem Angreifer muss behutsam und unvoreingenommen umgegangen werden. Das Opfer muss einfühlsam, aber nicht teilnahmsvoll behandelt werden (das heißt, Kummer wird anerkannt, ohne dass das Kind einem Leid tut). Mit Mitleid und viel Aufmerksamkeit werden Opfer belohnt. Auf diese Art lernen sie, dass ungerechte Behandlung sich in Form von Liebe und Aufmerksamkeit durch Erwachsene bezahlt macht. Wie traurig, dass einige Kinder tatsächlich lernen, Opfer zu werden.

Prinzip 8: Erkennen Sie Probleme als Lerngelegenheiten und lassen Sie Säuglinge und Kleinkinder versuchen ihre Probleme selbst zu lösen

Dieselbe Szene veranschaulicht auch dieses Prinzip: Lassen Sie Kinder, auch Babys, mit ihren Problemen in dem Maße, wie es ihnen möglich ist, selbst fertig werden. Der Betreuer hätte einschreiten und sich um die Streitsituation kümmern können, indem er eine Lösung für den Konflikt findet. Er tat es aber nicht. Er ließ die Kinder selbst eine Entscheidung treffen (auch wenn er sie natürlich davon abhielt, einander noch weiter wehzutun). Sehr kleine Kinder können mehr Probleme lösen, als viele Menschen ihnen zutrauen. Die Rolle der Betreuungsperson ist es, ihnen die Zeit und Freiheit zu lassen, an ihren Problemen zu arbeiten. Das bedeutet, nicht auf jede Frustration umgehend zu reagieren. Manchmal bringt ein bisschen Unterstützung ein Kind voran, wenn es mit einem Problem festsitzt, doch sollte dabei nur so wenig Hilfe gegeben werden, wie nötig ist, und dem Kind die Freiheit gelassen werden, seiner eigenen Lösung entgegenzuarbeiten.

In einem Film mit dem Titel *On Their Own with Our Help* veranschaulicht Magda Gerber dieses Prinzip auf schöne Art und Weise.[5] Ein Baby krabbelt unter einen niedrigen Tisch und versucht dann, sich aufzusetzen. Als der Junge herausfindet, dass es nicht geht, beginnt er zu weinen. Er weiß nicht, wie er wieder unter dem Tisch hervorkrabbeln soll, und sieht sehr ängstlich aus. Anstatt ihn zu erlösen (es wäre ein Leichtes gewesen, einfach den Tisch anzuheben), leitet Magda Gerber ihn hinaus – indem sie ihn sowohl mit ihren Worten als auch mit ihren Händen bestärkt und führt.

> **Überlegen Sie ...**
>
> Sind Sie jemals von einem Problem auf eine Art erlöst worden, die Sie frustriert hat? Haben Sie jemals einen Säugling in derselben Situation erlebt? Wie fühlten Sie sich? Wie fühlte sich Ihrer Meinung nach der Säugling?

Magda Gerber gebraucht einen Ansatz, der *Scaffolding* („Gerüst") genannt wird. Der Begriff stammt von Jerome Bruner und passt zur Theorie von Lev Vygotskij. Beim *Scaffolding* behalten Erwachsene ein Kind kontinuierlich im Auge, das sich in einer Situation befindet, die Lernpotenzial bietet. Die oder der Erwachsene strukturiert die Situation auf einfühlsame Art, so dass Problemlösen gefördert und unterstützt wird. Manchmal muss beim *Scaffolding* eine kleine Vorlage gegeben werden, manchmal ist die Präsenz der oder des Erwachsenen alles, was ein Säugling oder Kleinkind an Unterstützung braucht.[6]

Probleme können wertvolle Lerngelegenheiten darstellen. Ein weiteres von Gerbers Videos, *See How They Move*, veranschaulicht dieses Prinzip. Dem Zuschauer ist es vergönnt, eine Szene nach der anderen zu sehen, in denen Kinder grobmotorische Probleme ganz alleine lösen. Die Erwachsenen halten sich zurück und lassen die Kinder arbeiten, ohne sich einzumischen. Das einzige Gerüst, das geboten wird, ist die Anwesenheit von Erwachsenen. Dies reicht aus, um den Kindern das ungehinderte Erfahren ihrer eigenen Wege, sich zu bewegen und Dinge zu erkunden, zu ermöglichen.[7]

Prinzip 9: Bauen Sie Sicherheit auf, indem Sie Vertrauen vermitteln

Damit Säuglinge lernen können, zu vertrauen, brauchen sie verlässliche Erwachsene. Sie müssen wissen, dass ihre Bedürfnisse zu angemessener Zeit befriedigt werden. Wenn es Nahrung ist, die gebraucht wird, kommt die Nahrung rechtzeitig. Wenn es Trost ist, ist eine Betreuerin da, um ihn auf die Art zu spenden, die bei dem bestimmten Kind am besten funktioniert. Wenn es Ruhe ist, die gebraucht wird, ist die Betreuerin da, um dem Kind zu helfen, es sich an einem Platz bequem zu machen, der sicher, friedlich und leise ist. Wenn es Bewegung ist, platziert die Erwachsene das Baby so, dass es sich bewegen kann. Wenn Säuglinge entdecken, dass sie ein Bedürfnis ausdrücken können und es befriedigt werden wird, entwickeln sie Vertrauen in die Erwachsenen, die sich um sie kümmern. In dieser Umgebung lernen sie, dass die Welt für sie ein sicherer Platz ist.

In den Beispielszenen wurden verlässliche Erwachsene gezeigt, die sowohl Bedürfnisse befriedigt als auch Stärke und Unterstützung geboten haben. Sie haben den Kindern nichts vorgemacht. Einer der Momente, in denen Erwachsene am meisten dazu neigen, Kinder zu täuschen, ist beim Abschiednehmen. Wenn jeder weiß, dass ein Kind lauthals mit Protesten und Geheul leiden wird, wenn seine Mutter weggeht, sind manche dazu bereit, das Kind zu täuschen, um zu verhindern, dass es eine Szene macht. Es ist jedoch viel besser, wenn die Mutter dem Kind klar auf Wiedersehen sagt, wenn sie es verlässt, und die Betreuerin Proteste und Klagen akzeptiert. Dadurch, dass sie Sicherheit, Unterstützung und Empathie bietet, kann sie zeigen, dass sie das Recht des Babys darauf, unglücklich zu sein, akzeptiert. Das Baby lernt, dass es vorhersagen kann, wann seine Mutter gehen wird, statt ständig Sorge zu haben, dass sie sich davongestohlen haben könnte, als es beschäftigt war. Es weiß, dass sie so lange da ist, wie sie sich nicht von ihm verabschiedet hat. Der Säugling verlässt sich schließlich auf sein Wissen, dass die Erwachsenen um ihn herum ihn nicht anlügen oder täuschen. Lernen, vorherzusagen, was passieren wird, spielt eine wichtige Rolle beim Aufbau von Vertrauen; immer glücklich zu sein hingegen nicht.

Prinzip 10:   Kümmern Sie sich um die Qualität der Entwicklung in jeder einzelnen Phase

Wir leben in der Zeit des gehetzten Kindes („hurried child", ein von David Elkind mit seinem gleichnamigen Buch geprägter Begriff). Der Druck geht gleich bei der Geburt los, denn viele Eltern warten ungeduldig darauf, dass ihr Kind die einzelnen Meilensteine erreicht. Hierbei vergleichen sie den Fortschritt ihres Kindes mit dem anderer Kinder oder mit Entwicklungstabellen. Überall hört man dieselbe Botschaft: „Schnell ist besser". Bücher raten: „Bringen Sie Ihrem Baby das Lesen bei". Institute versprechen Wunder. Kinder werden gedrängt, gedrängt, gedrängt. Wenn Erwachsene diese „Beeildich-Einstellung" haben, werden Babys abgestützt aufgesetzt, bevor sie alleine sitzen können, an der Hand herumgeführt, wenn sie noch nicht einmal alleine stehen können, und wird ihnen das Dreiradfahren beigebracht, wenn sie kaum laufen können.

Betreuerinnen fühlen den Druck von allen Seiten – von Eltern, manchmal sogar von Leiterinnen, und werden dazu gedrängt, die Entwicklung schneller voranzutreiben. Doch Entwicklung kann nicht beschleunigt werden. Jedes Kind hat einen ihm innewohnenden Zeitplan, der vorgibt, wann genau es krabbeln, sitzen und mit dem Laufen anfangen wird. Betreuerinnen können die Entwicklung dadurch unterstützen, dass sie jedes Baby darin bestärken, ausgiebig und gründlich zu tun, was es gerade tut. Das Lernen zählt, nicht das Unterrichten. Die bedeutenden Lernerfolge kommen, wenn das Baby hierzu bereit ist, nicht, wenn die Erwachsenen entscheiden, dass es hierfür an der Zeit sei.

In einigen Programmen werden für jedes Kind Zielvorgaben aufgeschrieben. Ein auf Eile ausgelegtes Programm wird Ziele nennen, die ausschließlich auf den nächsten Schritt fokussieren. Es ist jedoch möglich, Ziele aufzuschreiben, die dafür sorgen, dass das Kind seine Erfahrung in der Phase, in der es sich gerade befindet, vertieft. Etwas sehr gründlich zu tun ist die beste Vorbereitung dafür, voranzukommen.

Nehmen Sie als Beispiel das Krabbeln. Statt das Kind hinzustellen und es ständig dazu zu ermuntern, zu laufen, sollte das Krabbeln lieber gefeiert werden. Die einzige Zeit in seinem Leben, die das Kind Dingen auf dem Fußboden je so günstig nah sein wird, ist auch die Zeit in seinem Leben, in der es so außerordentlich neugierig auf alles ist, was in Reichweite oder gerade dahinter liegt. Betreuerinnen können für Erfahrungen und Gelegenheiten sorgen, die es ihm ermöglichen, nicht nur sein Krabbeln zu entwickeln, sondern auch seine Neugier.

Wenn Sie dazu beitragen möchten, dem auf Eile ausgerichteten Ansatz entgegenzuwirken, müssen Sie die Eltern für die Idee gewinnen, dass es wichtiger ist, Fähigkeiten zu vervollkommnen, als Kinder dazu zu drängen, neue zu entwickeln. Die neuen werden kommen, wenn das Kind die alten gründlich geübt hat. Das Alter, in dem ein Kind erstmals läuft, steht in keinster Weise damit in Beziehung, ob es später ein Olympialäufer wird oder nicht.

Die zehn Prinzipien für respektvolle Interaktionen zwischen Erwachsenen und Säuglingen implizieren Achtung vor dem Individuum. Das bedeutet, dass Unterschiede respektiert werden. Kinder sind nicht alle gleich, und dies möchten wir betonen. Gewiss könnte uns die Forschung zu Alter und Entwicklungsphasen, die Diagramme mit Meilensteinen der Entwicklung zur Folge hat, glauben machen, es sei das Ziel, dass alle Kinder „normal" sind. In diesem Buch sind wir jedoch darauf bedacht, solche Vorstellungen außer Acht zu lassen und jedes Kind als ein Kind zu sehen, dass sich auf einem einzigartigen Entwicklungsweg befindet. Jedes Kind hat Stärken und steht gleichzeitig aufgrund von Schwächen Herausforderungen gegenüber; wir wollen uns mehr auf Stärken als auf Schwächen konzentrieren und das Kind darin unterstützen, sich den Herausforderungen zu stellen. Wir wollen ebenso darauf hinweisen, dass das kleine Kind in einen kulturellen und familiären Hintergrund eingebettet ist, wenn es zu uns kommt. Wenn wir uns die Praxis ansehen (um die es in diesem Buch ja geht), können wir nicht ignorieren, dass es unterschiedliche Vorstellungen darüber gibt, was Kinder brauchen und wie sie aufwachsen. Wenn eine bestimmte Methode, die in diesem Buch befürwortet wird, nicht dem entspricht, was eine Familie für ihre Kinder, ihr Wertesystem oder ihre Ziele für gut hält, können Sie den Unterschied nicht außer Acht lassen. Dann müssen Sie mit der Familie sprechen. Es ist eines unserer Ziele, dass Betreuerinnen Vielfalt achten, selbst wenn andere Ansichten nicht den Überzeugungen der Betreuerin entsprechen oder mit den Grundsätzen des Programms im Konflikt stehen.

Eine Betrachtung des Wortes „Curriculum" Ein Wort, das jetzt öfter in Verbindung mit der Säuglings- und Kleinkindpflege benutzt wird, ist das Wort **Curriculum**. Wörtlich übersetzt bedeutet der Begriff „Verlauf" bzw., im Englischen, „course", ein Wort, das sich in „course of study" (Studium) wiederfindet. J. Ronald Lally verwendet die Vorstellung von "courses of study", um ein Curriculum für Säuglinge und Kleinkinder durch Benennung der Kurse zu definieren, die sie belegen – zum Beispiel „Körperliche Entwicklung 101", „Soziale Beziehungen 101", „Geistige Entwicklung 101".[8]

Dies ist eine Möglichkeit, wie den Menschen, die mit Säuglingen und Kleinkindern nicht vertraut sind, geholfen werden kann, ihr Curriculum zu verstehen und seine Legitimation zu erkennen. Eine andere Möglichkeit besteht darin, beim Curriculum für Säuglinge und Kleinkinder an einen Fluss zu denken, da das Wort „Verlauf" auch auf einen Fluss zutrifft. Wie ein Studium, so ist der Fluss ein Weg von einem Punkt zu einem anderen. Aber ein Fluss verläuft in Mäandern. Die Anwendung der Prinzipien, auf denen dieses Buch basiert, bedeutet, dass das Kind nicht nur seinen Beitrag zum Curriculum leistet, sondern tatsächlich für sein eigenes Curriculum verantwortlich ist – in Partnerschaft mit den Betreuerinnen (die wiederum Partner der Familie sind). Die Bewegung von Punkt A zu Punkt B ist also nicht etwas, das Erwachsene steuern, abgesehen von der Art und Weise, wie sie die Umgebung einrichten und an die Interessen und wechselnden Bedürfnisse eines jeden Kindes anpassen. Neben ihrer Aufgabe, Umgebungen zu planen, haben Betreuerinnen, die Curricula gestalten, auch die Funktion, das Lernen zu erleichtern, die Entwicklung zu unterstützen und beides zu begutachten.

Praktischem Vorgehen, das der Entwicklung angemessen ist, liegen drei Wissensbasen zugrunde, von denen aus ermittelt wird, welches Vorgehen angemessen ist. Die Richtlinien für das Treffen von Entscheidungen über Methoden, die der Entwicklung angemessen sind, weisen Kleinkindpädagogen an, Folgendes zu berücksichtigen:

1. Praktisches Vorgehen, das auf Forschung und auf Prinzipien der Kindesentwicklung bei typischer Entwicklung basiert. Der Entwicklung angemessenes praktisches Vorgehen („Developmentally Appropriate Practice") ist sowohl ein allgemeiner als auch, in Bezug auf diese bestimmte Wissensbasis, ein spezieller Begriff.
2. Praktisches Vorgehen, das dem entspricht, was über individuelle Unterschiede bekannt ist. Wir nennen diese Wissensbasis individuell angemessenes praktisches Vorgehen („Individually Appropriate Practice"). Sie bezieht sich auf alle möglichen Unterschiede, einschließlich Abweichung von den Normen, die der Entwicklung angemessenes Vorgehen bestimmen, und

Unterschieden, die möglicherweise, aber nicht gezwungenermaßen, mit Behinderungen oder anderen Arten von geistigen, physischen oder emotionalen Herausforderungen zusammenhängen.
3. Kulturell angemessenes praktisches Vorgehen („Culturally Appropriate Practices") umfasst Methoden, die aus Unterschieden in Wahrnehmung, Werten, Überzeugungen, Prioritäten und Traditionen herrühren, die von der Hauptrichtung der amerikanischen Kultur abweichen.

Es ist wichtig, zu erkennen, dass ein bestimmtes praktisches Vorgehen der Forschung und den Prinzipien der Kindesentwicklung entsprechen kann, sich aber möglicherweise für manche Kinder und ihre Familien nicht eignet. In so einem Fall können wir das Vorgehen nicht im weiteren Sinne als angemessen bezeichnen. Dies ist der Grund, warum wir uns nicht einfach an die Forschung und die Prinzipien der Kindesentwicklung halten können. Ein bestimmtes Vorgehen kann nicht als angemessen betrachtet werden, wenn es kulturell unangemessen ist. Brücken zwischen Kulturen zu schlagen ist eine Idee, die im gesamten Buch vertreten wird, und Betreuerinnen stehen ständig vor der Herausforderung, nach Wegen suchen zu müssen, mit der jeweiligen Kultur im Einklang stehende Umgebungen und Methoden für Säuglinge, Kleinkinder und ihre Familien zu entwerfen, ohne die ihrer eigenen Überzeugung nach besten Methoden aufzugeben.

Das Ziel ist nicht, Eltern zu einer anderen Einstellung zu erziehen, die sie von ihrer Kultur entfernt, sondern Brücken über Gräben zu errichten, die zwischen Familien aus unterschiedlichen Kulturen auf der einen und der Kultur des Programms oder der frühkindlichen Kultur im Allgemeinen auf der anderen Seite liegen können.

Der Entwicklung angemessenes praktisches Vorgehen

Die zehn Prinzipien respektvoller Pflege entsprechen dem Dokument des NAEYC mit dem Titel *Developmentally Appropriate Practice*. In jedem Kapitel werden wir Ihnen zeigen, wie weit die zwei Sammlungen von Vorstellungen miteinander übereinstimmen. Wir werden Ihnen außerdem einige Dilemmata in der Art des nun folgenden vorstellen.

Die Prinzipien in der Praxis

Prinzip 5: Respektieren Sie Säuglinge und Kleinkinder als würdige Menschen. Behandeln Sie sie nicht wie Objekte oder niedliche kleine Menschen, die nichts im Kopf haben und manipuliert werden können.

Die Betreuerin versteht, wie wichtig es ist, selbst den kleinsten Säugling zu respektieren. Sie spricht immer mit den Babys, um sie auf das vorzubereiten, was passieren wird; genau genommen tut sie nie irgendetwas mit ihnen, ohne es ihnen zuvor zu sagen. Sie sieht sie immer als Menschen. Das ist der Grund, warum sie die ganze Zeit mit ihnen spricht. In ihrer Kultur gelten Wörter als die optimale Form der Kommunikation. Eine zur Gruppe dieser Betreuerin gehörende Mutter, die aus einer anderen Kultur kommt, sagt ihrem Baby nie, was oder warum sie etwas tut. Außerdem trägt sie ihr Baby in der Babytrage, die in ihrer Kultur üblich ist, und setzt das Kind nie ab, bis sie es wickeln muss oder bis sie weggeht. Die Betreuerin hat der Mutter das Prinzip 5 erläutert. Die Mutter hat der Betreuerin erklärt, dass die Menschen in ihrer Kultur der Meinung sind, dass Babys jederzeit sehr engen Kontakt haben sollten. Dadurch würden sie sich sicher fühlen, sagt sie. In ihrer Kultur würden Erwachsene nicht mit Babys sprechen. Warum sollten sie auch? Bei all dem Körperkontakt würde die ganze Zeit Kommunikation stattfinden. Das Optimale sei es, ohne Worte zu kommunizieren. Wenn man hierzu in der Lage sei, würde dies ausdrücken, dass man jemandem sehr nahe ist. Sie gibt zu, dass die Betreuerin eine andere Vorstellung davon hat, was Babys brauchen. Die Betreuerin möchte für kulturelle Unterschiede offen sein, meint aber, sie müsse noch besser verstehen, was der Begriff Respekt für die Mutter bedeutet.

1. Sollte die Betreuerin versuchen, die Mutter über dieses Prinzip der Kindesentwicklung aufzuklären? Warum oder warum nicht?
2. Ist eine der zwei Perspektiven Ihrer Meinung nach sinnvoller als die andere? Falls ja, welche und warum?
3. Spüren Sie, dass Sie selbst in dieser Situation für eine Seite Partei ergreifen?
4. Wo liegen Ihrer Ansicht nach in dieser Situation die Probleme?
5. Was bedeutet die Idee, Babys zu respektieren, für Sie?

Angemessenes praktisches Vorgehen

Überblick über die Entwicklung

Der *National Association for the Education of Young Children* zufolge geht es bei hochwertiger Pflege um Beziehungen. Beziehungen sind Bestandteil eines jeden Aspekts frühkindlicher Entwicklung. Durch tägliche Interaktionen mit verlässlichen Erwachsenen lernen Babys zu vertrauen. Sie bauen ein Gefühl der Sicherheit auf, wenn sie feststellen, dass sie ihre Bedürfnisse kommunizieren können und mit einer einfühlsamen Reaktion belohnt werden. Sie werden mit der Zeit selbstsicher, wenn sie entdecken, dass sie mit den Herausforderungen, auf die sie treffen, zurechtkommen können. All dies ist von Beziehungen abhängig, die sich durch Kontinuität in der Pflege entwickeln und der Entwicklung, dem Individuum und der Kultur angemessen sind.

Quelle: J. Ronald Lally, Abbey Griffin, Emily Fenichel, Marilyn Segal, Eleanor Szanton und Bernice Weissbourd (1997): Development in the First Three Years of Life. In: *Developmentally Appropriate Practice in Early Childhood Programs* (überarb. Aufl.). Washington, D.C., National Association for the Education of Young Children, 55-69.

Der Entwicklung angemessenes praktisches Vorgehen

Das Folgende sind Beispiele für Methoden, die der Entwicklung angemessen sind:

- Die Erwachsenen bringen Säuglingen während der regelmäßigen Pflegeaktivitäten wie Wickeln, Füttern, An- und Ausziehen besondere Aufmerksamkeit entgegen. Die Betreuerin erklärt, was passieren wird, was gerade passiert und was als Nächstes passieren wird, bittet um und wartet auf die Kooperation und Beteiligung des Säuglings.
- Die Erwachsenen gewährleisten, dass jeder Säugling fürsorgliche, durch einfühlsames Reagieren gekennzeichnete Pflege erhält.
- Das Wickeln, das Füttern und andere regelmäßige Pflegeaktivitäten werden als unverzichtbare Lernerfahrungen betrachtet, sowohl für die Babys und für die Betreuerin.
- Die Erwachsenen bringen gesunde, anerkennende Einstellungen gegenüber den Körpern der Kinder und ihren Funktionen zum Ausdruck.
- Die Betreuerinnen fragen Eltern, welche Laute und Worte ihr Kleinkind benutzt, damit sie verstehen können, was das Kind sagt, wenn es gerade anfängt zu sprechen oder eine Sprache benutzt, die bei ihm zu Hause gesprochen wird, die die Betreuerin aber nicht versteht.
- Die Erwachsenen reagieren unmittelbar auf das Schreien von Kleinkindern oder auf andere Zeichen von Kummer und erkennen es an, dass Kleinkinder nur begrenzte Sprachfähigkeiten haben, um ihre Bedürfnisse zu kommunizieren.
- Die Erwachsenen erkennen in den Routineaufgaben des täglichen Lebens, wie essen, zur Toilette gehen oder an- und ausziehen,

bedeutende Gelegenheiten, Kindern dabei zu helfen, etwas über ihre Welt zu erfahren, Fähigkeiten zu erwerben und ihr eigenes Verhalten zu steuern. Mahlzeiten und Imbisse bestehen aus Häppchen bzw. werden mithilfe von Geschirr und Besteck eingenommen, das für Kleinkinder leichter zu benutzen ist. Dazu gehören zum Beispiel Schüsseln, Löffel und Trinkgefäße unterschiedlicher Größe und Art, von Flaschen bis zu Tassen. Die Erwachsenen unterstützen die Versuche der Kinder, sich Kleidung und Schuhe alleine anzuziehen, und ermutigen sie dazu.

Quelle: Bredekamp, S. und Copple, C. (Hg.) (1997): *Developmentally Appropriate Practice in Early Childhood Programs* (überarb. Aufl.). Washington, D.C., National Association for the Education of Young Children.

Individuell angemessenes praktisches Vorgehen

Im Bereich der Säuglings- und Kleinkindpflege zeigt sich der Trend, dass immer mehr Kinder mit abweichenden Fähigkeiten und mit Handicaps in Kinderbetreuungsprogrammen aufgenommen werden, die traditionell nur Kindern offen standen, die sich typisch entwickeln. Die Betreuerinnen müssen also allumfassende, integrative Umgebungen gestalten und darauf achten, dass die räumliche Anordnung, das Material und die Aktivitäten es allen Kindern ermöglichen, sich aktiv zu beteiligen. Wenn jedes Kind fördernde, einfühlsame Pflege erhalten soll, muss diese nach den individuellen Bedürfnissen ausgerichtet sein. Das benötigte Maß an Erwachsenenintervention variiert von Kind zu Kind.

Einige brauchen weniger und andere brauchen mehr. Für viele Kinder reicht es aus, wenn man eine vielfältige Umgebung gestaltet und sie darin unbeschränkt ihre Erfahrungen machen lässt. Erwachsene können mehr Zeit darauf verwenden, auf das einzugehen, was diese Kinder initiieren, als umgekehrt. Andere Kinder profitieren von gezieltem und einfühlsamem Eingreifen. Beispiele für unterschiedliche Entwicklungswege und für die Reaktionen von Erwachsenen hierauf finden Sie im gesamten Buch.

Kulturell angemessenes praktisches Vorgehen

Die Betreuerinnen achten kulturelle und familiäre Unterschiede, indem sie sich anhören, was Eltern sich für ihre Kinder wünschen, und bei ihrer Reaktion die jeweilige Kultur berücksichtigen. Weil sie einen partnerschaftlichen Ansatz wählen, besprechen die Betreuerinnen alle Entscheidungen darüber, wie die Entwicklung der Kinder bestmöglich zu unterstützen ist, mit den Eltern.

Die in diesem Kapitel erläuterten Prinzipien eignen sich möglicherweise nicht für jeden. Einige Familien finden die Erwachsenen bei den in diesem Kapitel und an anderen Stellen im Buch aufgezeigten Pflege- und Betreuungsmethoden vielleicht zu reserviert. Hiermit können sich Familien unwohl fühlen, in denen der Fokus stärker darauf liegt, dem Kind zu vermitteln, dass es Mitglied einer Gruppe ist, als dass es ein Individuum ist. Kindererziehungspraktiken spiegeln diesen Fokus wider. Einige Eltern spielen die Bedeutung von

Individualität möglicherweise herunter. Statt Unabhängigkeit zu fördern, können Familien auf wechselseitige Abhängigkeit fokussieren. Beides schließt einander nicht aus. In der Tat wollen alle Familien, dass ihre Kinder Beziehungen haben *und* zu Individuen heranwachsen, die auf ihren eigenen zwei Beinen stehen können. Der Unterschied liegt in der Einschätzung dessen, was Kinder am meisten brauchen, um zu lernen. Wir können diesen Unterschied nicht ignorieren, denn der Aspekt Unabhängigkeit/wechselseitige Abhängigkeit wirkt sich auf die Ergebnisse aus. Wir können keine Methoden dulden, die im Gegensatz dazu stehen, was Familien für ihre Kinder wollen. Es mag wie ein ernstes Dilemma aussehen, aber dadurch, dass Betreuerinnen und Eltern Beziehungen aufbauen, die durch Vertrauen und Verständnis gekennzeichnet sind, können sie gemeinsam herausfinden, was für dieses Kind in dieser Familie und in dieser Gesellschaft das Beste ist.

Und jetzt Sie ...

Denken Sie darüber nach, was sie soeben hier gelesen haben, und blättern Sie dann zurück und sehen Sie sich die „Prinzipien in der Praxis" auf S. 56 an. Sie werden im gesamten Buch auf Dilemmata dieser Art stoßen, aber immer dazu aufgefordert werden, Unterschiede zu achten. Hierfür bedarf es einer unvoreingenommenen Haltung.

Wären Sie bereit, zu versuchen zu verstehen, *wie* genau man die Erziehungspraktiken dieser Mutter achtet? Sie werden die Antwort darauf in diesem Buch nicht finden. Jeder Fall ist anders; der Ausgang des Dilemmas resultiert aus der zwischen den beteiligten Personen ablaufenden Interaktion und Kommunikation.

Zusammenfassung

Beziehungen, Interaktionen und die drei Rs

- Beziehung ist ein Schlüsselwort in der Pflege von Säuglingen und Kleinkindern, und Beziehungen entwickeln sich aus Interaktionen (ein weiteres Schlüsselwort).
- Die „drei Rs" der Pflege von Säuglingen und Kleinkindern beziehen sich auf die Arten von Interaktion, aus denen sich Beziehungen entwickeln. Die Interaktionen sind geprägt durch Respekt, einfühlsames und unmittelbares Reagieren und Reziprozität.
- Beispiele, die den Respekt der Betreuerin in der ersten Szene gegenüber Caitlin zum Ausdruck brachten:

- Sie näherte sich von vorne, so dass Caitlin sie kommen sehen konnte
- Sie verlangsamte ihren Schritt
- Sie nahm Kontakt auf, indem sie eine Unterhaltung initiierte, bevor sie die Windel kontrollierte
- Sie redete über das, was sie tun würde, bevor sie es tat, und ließ Caitlin Zeit, zu reagieren

Zehn auf einer Philosophie des Respekts basierende Prinzipien

- Schlüsselwörter oder -ausdrücke für die zehn Prinzipien könnten sein: (1) Beteiligung, (2) Zeit besonderer Qualität, (3) Kommunikation, (4) vollständiger Mensch, (5) Respekt, (6) ehrliche Gefühle, (7) modellhaft Verhalten vorführen, (8) Probleme als Gelegenheiten, (9) Sicherheit und Vertrauen, (10) Qualität der Entwicklung.

Eine Betrachtung des Wortes „Curriculum"

- Das Wort Curriculum, so wie es für Säuglinge und Kleinkinder gilt, kann definiert werden als der Verlauf eines Studiums, das weniger wie ein Kurs und mehr wie ein mäandrierender Fluss ist. Ein Curriculum ist ebenfalls ein Rahmen für das praktische Vorgehen oder ein Lernplan, der allumfassend ist und sich um Bindungen und Beziehungen dreht.
- Die Erwachsenen haben bei der Umsetzung von Säuglings- und Kleinkind-Curricula die Rollen von Partnern, Förderern, Unterstützern und Planern von Umgebungen.

Der Entwicklung angemessenes praktisches Vorgehen

- Die Richtlinien für das Treffen von Entscheidungen in Bezug auf praktisches Vorgehen, das der Entwicklung angemessen ist, weisen Kleinkindpädagogen dazu an, drei Wissensbasen zu berücksichtigen:
    - Prinzipien der Kindesentwicklung und diesbezügliche Forschung
    - individuell angemessenes praktisches Vorgehen oder was über individuelle Unterschiede bekannt ist
    - kulturell angemessenes praktisches Vorgehen oder was über bestimmte Gruppenunterschiede bekannt ist

Schlüsselbegriffe

Beziehung / Curriculum / Interaktion auf Basis der „drei-Rs" / *Floor Time* / Grobmotorisch / Interaktionen / *Scaffolding* / Sensorischer Input / Zeit besonderer Qualität, in der man nichts will / Zeit besonderer Qualität, in der man etwas will

Fragen und Aufgaben

1. Erklären Sie zwei der in diesem Kapitel vorgestellten Prinzipien.
2. Nennen Sie einige Themen, die sich durch alle Prinzipien zu ziehen scheinen.
3. Schauen Sie bei einem Säuglings- und Kleinkindprogramm zu und stellen Sie fest, ob Sie Anhaltspunkte dafür finden können, dass dort irgendeines der zehn Prinzipien angewendet wird.
4. Besuchen Sie eine Einrichtung für Säuglinge und Kleinkinder und bitten Sie darum, schriftliches Informationsmaterial sehen zu dürfen, zum Beispiel einen Prospekt, eine Informationsbroschüre für Eltern oder Anmeldungsunterlagen. Vergleichen Sie das, was Sie über das Programm der Einrichtung lesen, mit den Informationen in diesem Kapitel.

Weiterführende Literatur

Booke, Alexandra (2000): RIE: A Parent's Perspective. In: *Educaring 22*, 2, Spring, 2.
Butterfield, Perry M. (2002): Child Care Is Rich in Routines. In: *Zero to Three 22*, 4, February/March, 29-32.
Coughlin, Catherine (2005): Using the RIE Approach in a Family Day Care Home. In: Petrie, Stephanie und Owen, Sue (Hg.): *Authentic Relationships in Group Care for Infants and Toddlers: Resources for Infant Educarers (RIE) Principles into Practice*. London und Philadelphia, Jessica Kingsley Publishers, 69-82.
David, Miriam und Appell, Geneviève (2001): *Lóczy: An Unusual Approach To Mothering*. Übersetzung von *Lóczy Ou Le Maternage Isolite* von Jean Marie Clark; überarbeitete Übersetzung von Judit Falk. Budapest, Association Pikler-Loczy for Young Children.

Edwards, Carolyn Pope und Raikes, Helen (2002): Extending the Dance: Relationship-Based Approaches to Infant/Toddler Care and Education. In: *Young Children 57*, 4, July, 10-17.

Elam, Polly (2005): Gestaltung von hochwertigen Gruppenbetreuungsprogrammen für Säuglinge. In: Petrie, Stephanie und Owen, Sue (Hg.): *Authentische Beziehungen in der Gruppenbetreuung von Säuglingen und Kleinkindern.* Arbor Verlag, Freiamt, S. 119-133.

Gerber, Magda (2005): Die Prinzipien von RIE und ihre praktische Umsetzung. In: Petrie, Stephanie und Owen, Sue (Hg.): *Authentische Beziehungen in der Gruppenbetreuung von Säuglingen und Kleinkindern.* Arbor Verlag, Freiamt, S. 45-71.

Gerber, Magda und Johnson, Allison (1998): *Your Self-Confident Baby.* New York, John Wiley & Sons, 23.

Gonzalez-Mena, Janet (2004): *Diversity in Early Care and Education.* New York, Mc Graw-Hill.

Gonzalez-Mena, Janet (2004): What Can an Orphanage Teach Us? Lessons from Budapest. In: *Young Children*, September, 26-30.

Money, Ruth (2005): RIEs „Lehrplan" für die Früherziehung. In: Petrie, Stephanie und Owen, Sue (Hg.): *Authentische Beziehungen in der Gruppenbetreuung von Säuglingen und Kleinkindern.* Arbor Verlag, Freiamt, S. 71-101.

Petrie, Stephanie (2006): Die Arbeit von Emmi Pikler und Magda Gerber. In: Petrie, Stephanie und Owen, Sue (Hg.): *Authentische Beziehungen in der Gruppenbetreuung von Säuglingen und Kleinkindern.* Arbor Verlag, Freiamt, S. 19-45.

Kapitel 2

Die Säuglings- und Kleinkinderziehung

Schwerpunktfragen

Nachdem Sie dieses Kapitel gelesen haben,
sollten Sie in der Lage sein, folgende Fragen zu beantworten:

1. Wenn Sie jemandem den Erziehungsansatz dieses Buches beschreiben sollten, welche drei Wörter würde Ihre Definition für die Säuglings- und Kleinkinderziehung dann nicht beinhalten? Erklären Sie, warum diese drei Wörter für Säuglinge und Kleinkinder nicht angemessen sind.
2. Wie können Sie Säuglings- und Kleinkinderziehung beschreiben?
3. Was bedeutet das Wort Curriculum im Zusammenhang mit der Säuglings- und Kleinkinderziehung?
4. Was bedeutet es, in der Säuglings- und Kleinkinderziehung einen auf Problemlösen ausgerichteten Ansatz zu wählen?
5. Nennen und erklären Sie vier Rollen, die Erwachsene übernehmen, um Säuglinge und Kleinkinder beim Problemlösen zu unterstützen.

Was sehen Sie?

Emily sitzt auf einem weichen Teppich und erblickt einen großen, leuchtend bunten Ball. Sie rutscht auf dem Po zu ihm hinüber, indem sie sich mit einer Hand und einem Bein vorwärts schiebt. Sie streckt die Hand aus und berührt den Ball; er rollt von ihr weg. Sie sieht erregt aus, als sie sich aus der sitzenden Haltung auf alle Viere wirft und schnell hinter dem Ball herkrabbelt. Sie erreicht ihn und versucht ihn zu halten, aber er rutscht aus ihren Armen und rollt wieder weg. Sie folgt ihm bis zu einem kleinen Bett mit einer Puppe darauf, wo er zum

Stoppen gekommen ist. Sie streckt die eine Hand nach der Puppe aus, während sie sich auf der anderen Hand und ihren beiden Knien im Gleichgewicht hält. Sie hebt die Puppe an einem Fuß hoch und lässt sie fallen. Sie nimmt die Decken eine nach der anderen vom Bett, hält dabei jede an ihre Wange und vergleicht die Stoffe. Sie hebt die letzte Decke an einer Ecke des Saumes hoch und reibt sie sanft über ihre Lippen. Dann krabbelt sie wieder weg und hinüber zur Puppe. Dabei schaut sie auf und sieht auf ihrer Augenhöhe ein Bild an der Wand. Es ist ein Foto von dem Gesicht der Puppe. Sie setzt sich auf ihren Po, starrt das Bild an. Dann sieht sie zu der Puppe, die unter einem ihrer Beine liegt. „Ja, das ist dieselbe", sagt der Erwachsene, der schon länger nahebei auf dem Boden sitzt und sie beobachtet. Emily dreht sich um, lächelt ihn an, und dann ist sie wieder unterwegs, um zu sehen, was es noch alles für sie zu entdecken gibt.

Sie sahen gerade ein Beispiel für Säuglingserziehung. Wenn Sie den Eindruck haben, hier wäre nicht viel passiert, lesen Sie bitte weiter. Und während Sie das tun, denken Sie bitte an dieses Beispiel zurück. Wir werden in einem späteren Abschnitt des Kapitels wieder darauf zurückkommen.

Kinderbetreuungsprogramme für Säuglinge und Kleinkinder sind zwangsläufig erzieherisch, ganz gleich, ob dies ihr Hauptzweck ist oder nicht. Es ist unmöglich, Kinder jeden Tag für mehrere Stunden zu betreuen, ohne sie zu erziehen. Man kann sein Auto am Morgen in einem Parkhaus abstellen und davon ausgehen, dass man es im selben Zustand wiederfindet, wenn man am Abend kommt, um es zu holen. Aber Kinder sind keine Autos. Kinder verändern sich infolge der Erfahrungen, die sie in der Kinderbetreuung machen. Wie sie sich verändern und was sie lernen, kann sich ohne Überlegung und Planung ergeben, aber es können auch systematisch Vorkehrungen für die Veränderungen getroffen werden. Dieses Kapitel behandelt eine **Erziehungsphilosophie**, die für Säuglinge und Kleinkinder in der Kinderbetreuung angemessen ist. Unter einer Erziehungsphilosophie wird die Sammlung von Theorien oder Konzepten verstanden, die mit der Entwicklung und dem Erwerb von Wissen und Fähigkeiten im Zusammenhang stehen. In den Kapiteln 3 und 4 wird betrachtet, wie Sie Vorkehrungen für diese Art der Erziehung treffen.

Was Säuglings- und Kleinkinderziehung *nicht* ist

Stimulierung der Säuglinge

Das Wort *Stimulierung* ist in den Köpfen vieler zu einem Synonym für Erziehung geworden, wenn es um Säuglinge geht. Die Stimulierung von Säuglingen ist als ein Erziehungsansatz definiert, der die fünf Sinne anregen oder beeinflussen soll, um Entwicklung und Lernen auszulösen oder zu steigern. Auch wenn die Stimulierung von Säuglingen eher ein spezielles Erziehungskonzept ist, das für Säuglinge mit besonderen Bedürfnissen oder für gefährdete Säuglinge verwendet wird, fühlen sich viele Gruppenbetreuungsprogramme unter Druck, es in ihren eigenen Ansatz mit aufzunehmen. Niemand hat je bewiesen, dass ein Programm sorgfältig konzipierter Stimulierung einen besonderen Nutzen für die Entwicklung eines sich typisch entwickelnden Kindes hätte. Es ist bewiesen, dass Ratten, denen man einen Schock versetzt hat, schneller durch ein Labyrinth laufen. Der Ansatz der Stimulierung von Säuglingen basiert unter anderem auf solchen Forschungsergebnissen.

In diesem Buch bedeutet das Wort *Erziehung* nicht „Stimulierung". Natürlich ist die richtige Menge an Stimulation für uns alle wichtig und stärker noch für Babys. Wenn Sie aber Stimulierung als etwas betrachten, dass Sie mit Babys tun, statt etwas, das aufgrund einer Beziehung geschieht sowie wegen der Art, wie Sie eine Reihe von Bedürfnissen befriedigen, dann können Sie genauso gut Ratten darin trainieren, durch Labyrinthe zu laufen.

Wenn Sie sich hauptsächlich um die Stimulierung kümmern – darum, etwas mit dem Baby zu tun – ignorieren Sie eine unerlässliche Voraussetzung für Lernen und Entwicklung: Babys müssen entdecken, dass sie die Menschen und Dinge um sie herum beeinflussen können. Ja, sie brauchen die Stimulierung, die sie von Gegenständen und, wichtiger noch, von Menschen bekommen. Aber sie müssen merken, dass sie an diesen stimulierenden Erlebnissen selbst beteiligt sind. Zu einer Beteiligung ihrerseits kommt es, wenn sie in der Lage sind, eine Wirkung auf die Menschen und Dinge, die Teil der Erfahrungen sind, zu haben – das heißt, mit ihnen zu interagieren. Wenn Stimulierung ohne Rücksicht auf die Reaktion des Babys erfolgt, wird das Baby wie ein Objekt behandelt.

Das Interesse an der Stimulierung von Säuglingen entstand teilweise als Reaktion auf die Beobachtung, dass mehrere im Heim untergebrachte, an ihr

Gitterbett gebundene Babys nicht gediehen. Alleine gelassen, ohne viel sensorischen Input und vor allem ohne Bindung konnten sie natürlich nicht gedeihen. Aber die Lösung liegt nicht darin, Mobiles, Spieluhren oder Aquarien zum Kinderbettchen zu hängen bzw. zu stellen. Es muss dafür gesorgt werden, dass jemand die Bedürfnisse des Babys befriedigt – nicht bloß Stimulierung bietet.

In der Gruppenbetreuung für Säuglinge ist das Problem normalerweise eher Überstimulierung denn das Gegenteil, weil die Babys mit Anblicken und Geräuschen bombardiert werden. Die Befriedigung individueller Bedürfnisse kann deshalb in einigen Fällen bedeuten, dass die Stimulierung – der sensorische Input – eingeschränkt werden muss, statt dass das, was bereits in der Umgebung vorhanden ist, noch verstärkt wird.

Babysitting

Im Gegensatz zu der Ansicht, dass die Stimulierung von Säuglingen Säuglingserziehung sei, steht die Meinung, dass man mit Babys nichts weiter zu tun habe, als auf sie aufzupassen und ihre Sicherheit zu gewährleisten; sie würden sich von selbst gut entwickeln. Dieser Einschätzung nach sind Babys wie Rosenknospen, die lediglich Wasser, Luft, gute Erde, Dünger und Sonnenschein brauchen, um ihr volles Potenzial zu entfalten. Die Vorstellung von professionell ausgebildeten Betreuungspersonen erscheint überflüssig. Eine von gutem Instinkt geleitete Säuglingspflegerin, die sich um ein unkompliziertes Baby kümmert, mag das alles für zutreffend halten. Wenn Betreuerinnen aber mit einem Baby konfrontiert sind, dessen Bedürfnisse schwer zu bestimmen sind – eines, das nicht positiv auf Versuche der Betreuerin reagiert, sich ihm zu nähern, oder dem es an Verhaltensweisen mangelt, die Erwachsene anziehen – dann wird deutlich, dass diese Einstellung überprüft werden muss. Stellen wir uns diese Betreuerinnen dann in einer Situation vor, in der jede mit mehreren Babys zurechtkommen muss, von denen einige recht anspruchsvoll sind. Hier reicht es möglicherweise nicht aus, wenn unausgebildete Betreuerinnen, die ohnehin alle Hände voll zu tun haben, sich lediglich auf ihren Instinkt verlassen. Zudem kann es in so einer Situation schnell passieren, dass diejenigen Babys, die leicht zu handhaben sind, ignoriert werden, wodurch ihre Entwicklung Schaden nehmen kann. Säuglingserziehung ist sehr viel mehr als nur Babysitting.

Videobeobachtung 2

Mit einer Röhre und einem Ball spielendes Kleinkind

Schauen Sie sich die Videobeobachtung 2, „Toddler Playing with a Tube and a Ball", an. Hier sehen Sie ein Beispiel dafür, wie Problemlösen ablaufen kann. Dies ist ein weiteres einfaches Beispiel für die erzieherischen Erfahrungen, die Kinder sich selbst aussuchen. Dieser Junge ist älter als Emily, die in der Szene zu Beginn des Kapitels auftritt. Er erkundet und experimentiert ebenfalls, konzentriert sich aber lediglich auf ein Problem.

Fragen
- Welches Problem versucht der Junge zu lösen?
- Wie beurteilen Sie seine Beharrlichkeit? Erstaunt es Sie, dass er sich so lange konzentrieren kann?
- Was bewegte den Jungen Ihrer Meinung nach dazu, dieses spezielle Problem auszuwählen, um es zu lösen?

Diesen Videoclip können Sie unter www.mit-kindern-wachsen.de/videomaterial anschauen. Wählen Sie hier bitte Kapitel 2.

Vorschule

In Kinderbetreuungseinrichtungen basiert die Erziehung von Säuglingen und Kleinkindern häufig auf dem Modell von Teilzeit-Vorschulen, in denen die Kinder ein paar Stunden des Vormittags verbringen und wo sie an verschiedenen Aktivitäten teilnehmen, die speziell dazu dienen sollen, dass sie etwas lernen. Säuglinge sind von derlei Aktivitäten oft so lange ausgeschlossen, bis sie zumindest aufrecht sitzen können, auch wenn es schon fast allgemein üblich geworden ist, sie in den Morgenkreis mit einzubeziehen, wobei eine Erwachsene sie festhält. Wenn also der Schwerpunkt der Erziehung auf Aktivitäten liegt, bedeutet Vorschule für Säuglinge, dass der einzige so genannte erzieherische Teil der Morgenkreis ist. Kleinkinder wiederum sitzen während des Morgenkreises nicht still, und auch wenn sie sich an den Aktivitäten, die für sie vorbereitet worden sind, beteiligen, erkunden sie die Gegenstände, Spielsachen und Materialien doch auf eine von niemandem vorgesehene Art und Weise. Sie schleudern Puzzleteile herum, bemalen sich selbst statt das Papier und stecken sich Bohnen in den Mund, statt sie auf die kleinen Kleckse auf dem Papier zu kleben, die sie mithilfe von Klebstoffflaschen produziert haben. Wenn sie nicht genau im Auge behalten werden, lecken sie wahrscheinlich die Farbpinsel ab und experimentieren mit Scheren herum, indem sie statt Papier ihre Kleidung zerschneiden. Sie wirken unfähig, weil sie nicht mit den Erwartungen konform gehen, die Erwachsene entweder in Bezug auf den Ablauf oder auf das Ergebnis haben.

Statt eine angemessenere Methode zu finden, scheinen die Mitarbeiterinnen mancher Programme, die sich diesem Modell verschrieben haben, einfach darauf zu warten, dass die Kleinkinder heranwachsen, und versuchen in der Zwischenzeit, sie zu tolerieren. Während sie aber warten, verbringen sie viel Zeit damit, die Kinder einzuschränken und ihnen beizubringen, die Materialien auf eine bestimmte Art und Weise zu benutzen, statt sie erkunden zu lassen. Das aber ist es, was Kleinkinder tun sollen! Den Erkundungsdrang von Säuglingen und Kleinkindern zu hemmen, hat schädliche Auswirkungen auf ihre Erziehung.

Was Säuglings- und Kleinkinderziehung ist

Achten Sie in der Szene am Beginn des Kapitels darauf, wie Emily ihre Umgebung erkundet und aus ihren Erkundungen gelernt hat. Sie hat ihre Sinne selbst stimuliert. Niemand hat das für sie getan. Ein Erwachsener war in der Nähe, um zu schätzen, was sie tat, ohne sich einzumischen. Er fügte ein paar Worte hinzu, um Emilys Erfahrung zu unterstützen, als sie das Bild mit der Puppe verglich. Diese Szene, in der keine besonderen Aktivitäten geboten oder vorherbestimmte Ergebnisse festgesetzt wurden, war ein perfektes Beispiel für Säuglingserziehung. Was wir hier nicht sahen, aber in den kommenden Kapiteln sehen werden, war, wie die Pflegekomponente zum Gesamtbild passt. Wenn die Säuglings- und Kleinkinderziehung mit Pflege einhergeht, kann alles, was in dem Programm passiert, erzieherisch sein. Voraussetzung hierfür ist, dass hinter dem Programm eine Philosophie und eine Ausbildung stehen, damit die Handlungen der Erwachsenen mit der Art, wie Säuglinge und Kleinkinder sich entwickeln und wie sie lernen, im Einklang sind.

Die Mitarbeiterinnen von Programmen, in denen Säuglinge und Kleinkinder als unreife Vorschüler gesehen werden und die einen auf Aktivitäten basierenden Ansatz verfolgen, werden frustriert ob all der mit Pflege und Übergangszeiten verbrachten, „nichterzieherischen" Zeit. Im Gegensatz dazu sieht das Pikler-Institut in Budapest, das von Emmi Pikler gegründete Kinderheim, Pflege und Erziehung als ein Gesamtpaket an und ist der Meinung, dass Lernen in jeder einzelnen Minute des Tages stattfindet.[1] *Resources for Infant Educarers* (RIE), Magda Gerbers Programm in Los Angeles, lehnt es ebenfalls ab, Pflege und Erziehung voneinander zu trennen.[2] Emmi Pikler und Magda Gerber stehen beide, ebenso wie ihre jeweiligen Programme, im Einklang mit Nel Noddings Arbeit an der Stanford University zur Ethik der Pflege. Obwohl Nodding sich nicht auf die ersten Lebensjahre konzentriert, bringt er doch starke Argumente dafür vor, dass die Pflege einen essenziellen Bestandteil von Erziehung auf allen Ebenen darstellt.[3] Alle diese drei Ansätze sind der Meinung, dass der Hauptschwerpunkt in den ersten drei Lebensjahren darauf liegen sollte, eine enge und fortlaufende Beziehung aufzubauen. Dies passt auch zu den Schlüssen, die aus der Gehirnforschung gezogen wurden.[4] Erziehung entwickelt sich also aus der Beziehung, die wiederum aus der Pflege resultiert. Kapitel 5 enthält mehr Information zu diesem Thema.

Das Curriculum als Grundlage für die Säuglings- und Kleinkinderziehung

Damit ein Pflegeprogramm erzieherische Wirkung haben kann, muss es ein Curriculum geben. Wir haben das Wort *Curriculum* bereits in Kapitel 1 untersucht. An dieser Stelle werden wir unsere Definition präzisieren und weiter ausführen. Das angemessene Curriculum sollte ein auf Lernen und Entwicklung ausgerichteter, ganzheitlicher Plan sein, der sich innerhalb eines Programms zur frühkindlichen Pflege und Erziehung – in einer Kindertagesstätte oder

Familientagespflegestelle angewendet – auf Verbindungen und Beziehungen mit einem Säugling oder Kleinkind konzentriert. Ausgebildete Betreuerinnen, die die Bedürfnisse eines jeden Kindes respektieren und auf eine warmherzige, einfühlsame, Bindung fördernde Art auf sie eingehen, fokussieren sowohl auf Erziehung als auf Pflege. Ein durch Respekt und aufmerksames, einfühlsames Reagieren gekennzeichnetes Curriculum basiert auf Beziehungen, die im Rahmen von geplanten und ungeplanten Aktivitäten, Erfahrungen und Erlebnissen stattfinden. Ein Curriculum ist nicht einfach ein Buch mit Stundenplänen oder Aktivitäten für einen Tag, einen Monat oder ein Jahr. Es ist kein Paket aus Postern, Büchern, Spielsachen und Materialien, die zu bestimmten Themen des Monats passen. Es ist kein Satz Formulare mit Lücken, in die eingetragen wird, was an jedem einzelnen Tag oder in einer bestimmten Jahreszeit getan werden soll. Ein Curriculum ist viel komplexer als all diese Dinge. Es kann einfach als ein Lernplan definiert werden, aber um zu verstehen, was das für Säuglings- und Kleinkindprogramme bedeutet, braucht man ein ganzes Buch. Das ist es, worum es in diesem Buch geht. Wir werden in diesem Kapitel einen Anfang machen und uns dann in den folgenden zwei Kapiteln auf zwei Aspekte des Curriculums konzentrieren: auf regelmäßige Pflegeaktivitäten und das Spiel.

Denken Sie daran, dass es sich beim Curriculum um Beziehungen dreht. Das *WestEd Program for Infant-Toddler Caregivers* – das größte Ausbildungsprogramm in den Vereinigten Staaten, das die ersten drei Lebensjahre behandelt – nennt das Curriculum, das es vermittelt, sogar ein „durch einfühlsames, unmittelbares Reagieren gekennzeichnetes, auf Beziehungen basierendes Curriculum". Dieses Curriculum ist in vielen Ratgebern, Handbüchern und Videos sowie in den Begleittexten zu den Videos erklärt. Die zu diesem Curriculum gehörende Ausbildung ist umfangreich.

Ein Curriculum muss zwar nicht aufgeschrieben und etikettiert und eigentlich auch nicht einmal besprochen werden, doch gibt es einen Rahmen für das Treffen von Entscheidungen. Dieser basiert auf einer Philosophie, die bestimmt, wie gehandelt wird. Der Rahmen und die Philosophie sind möglicherweise lediglich in den Köpfen der Gründer des jeweiligen Programms zu finden, müssen aber irgendwie jedem vermittelt werden, der mit den Säuglingen und Kleinkindern in diesem Programm arbeitet. Dabei ist es hilfreich, wenn der Rahmen oder das Curriculum in schriftlicher Form existieren, aber am effektivsten wird der Rahmen den Menschen, die mit den Kindern arbeiten, durch

Schulung vermittelt. Um das Curriculum in die Tat umzusetzen, brauchen Säuglingspflegerinnen, Betreuerinnen, *educarer,* Tagespflegepersonen, oder wie immer sie genannt werden, die Fähigkeit, typische Entwicklung, atypische Entwicklung und Vielfalt zu verstehen. Zusätzlich müssen sie über Beobachtungsfähigkeiten verfügen, damit sie auf angemessene Art reagieren können, Minute für Minute und über einen längeren Zeitraum. Auch in diesem Zusammenhang ist es wichtig, dass etwas aufgeschrieben wird. Damit für jedes Kind und für die Gruppe Vorkehrungen getroffen werden können, sind detaillierte Aufzeichnungen unerlässlich. Nur mit ihnen sind Betreuerinnen in der Lage, effektiv über das nachzudenken, was sie sehen, einzuschätzen, was jedes Kind braucht, und maßgeschneiderte Umgebungen und Erfahrungen für einzelne Kinder sowie für die Gruppe zu planen. Sie müssen zudem in der Lage sein, die Umgebungen und Erfahrungen, die für sich typisch entwickelnde Kinder geeignet sind, zu adaptieren, damit sie sich auf *alle* Kinder günstig auswirken, ganz gleich, mit welchen körperlichen, geistigen oder emotionalen Schwächen sie in das Programm kommen.

Um ein Curriculum umzusetzen, muss eine Betreuerin Ziele haben oder bestimmte Resultate wünschen. Diese sind häufig ungeschrieben und sogar unausgesprochen, aber zumeist ganzheitlich ausgerichtet und haben mit der Vorstellung von Kindern zu tun, die in jeder Hinsicht gesund und in der Lage sind, ihr volles, einmaliges Potenzial als Individuen und als Gruppenmitglieder auszuschöpfen. Wenn sie ausgesprochen oder aufgeschrieben werden, stehen die Ziele (die manchmal als Ergebnisse bezeichnet werden) normalerweise im Zusammenhang mit Entwicklungsbereichen – das heißt, das Kind wird in drei Bereiche unterteilt, die man sich als Geist, Körper und Gefühle vorstellen kann. Gefühle schließen die Fähigkeit mit ein, Zugang zu anderen Menschen zu finden. Um es in der Fachsprache auszudrücken: Ziele oder Ergebnisse werden normalerweise durch den kognitiven, physischen und sozial-emotionalen Bereich bestimmt. Einige Programme haben zusätzlich separate spirituelle und/oder kreative Ziele. Auf ein höheres Erziehungsniveau ausgerichtete Curricula können auf den Geist alleine fokussieren, aber bei Säuglingen und Kleinkindern funktioniert das nicht. Es ist auf diesem Anfangsniveau nicht möglich, geistige Bedürfnisse und Interessen von anderen Bedürfnissen und Interessen zu trennen.

Beurteilung der Effektivität des Curriculums: Beobachtung und Aufzeichnung

Jedes Curriculum hängt davon ab, dass die Betreuerinnen die Bedürfnisse und Interessen von Kindern als Individuen und in der Gruppe ermitteln. Das ist ein Evaluierungsprozess. Zwei Bestandteile des Evaluierungsprozesses werden hier erörtert: das Beobachten und das Aufzeichnen des Verhaltens der Kinder.

Die Bedeutung der Beobachtung im Evaluierungsprozess kann gar nicht stark genug betont werden. Betreuerinnen sollten das Beobachten jeden Tag praktizieren und verbessern. Informelles Beobachten sollte zu einer täglichen Gewohnheit, ja zu einem Seinsmodus werden. Es gibt zahlreiche Möglichkeiten, Beobachtungen festzuhalten, zum Beispiel als anekdotische Aufzeichnungen, formelle schriftliche Beobachtungen oder Tagesprotokolle. **Anekdotische Aufzeichnungen** sind Beschreibungen von allem, was Ihre Aufmerksamkeit erregt. Entweder machen Sie sich gleich an Ort und Stelle Notizen oder Sie schreiben, falls Sie Ihre Beobachtungen erst später festhalten, alles auf, was Ihnen in Erinnerung geblieben ist. Wenn Sie anekdotische Aufzeichnungen machen, stellen Sie vielleicht fest, dass einige Kinder Ihre Aufmerksamkeit nicht sehr oft oder nicht auf dieselbe Art erregen wie andere. Diese Kinder müssen Sie gewissenhafter beobachten und darüber Buch führen, was sie beobachten.

Formelle schriftliche Beobachtungen werden **fortlaufende Aufzeichnungen** genannt. Alles, was passiert, wird in eben dem Moment aufmerksam und objektiv zur Kenntnis genommen. Die Beobachtungen können aufgenommen und später niedergeschrieben werden oder in Form von Notizen festgehalten und später noch einmal abgeschrieben werden. Auch der Einsatz von Video ist möglich, wobei die Beobachtende das, was sie beobachtet, mit sachlicher, wertfreier Wortwahl kommentiert. Fotografien, Videos ohne Kommentar, Tonaufnahmen der Laute von Babys und der Gespräche von Kleinkindern sind ebenfalls Aufzeichnungsmethoden, die Lernprozesse und Entwicklung visuell und akustisch abbilden. Sie werden manchmal **Dokumentationsmaterial** genannt. Sorgfältig angefertigte Aufzeichnungen und Dokumentationsmaterial jeder Art können wichtige Informationen liefern, die Muster aufzeigen, die für die Einschätzung individueller Entwicklungswege genutzt werden.

Die laufende Beurteilung gibt Ihnen Auskunft darüber, wie es dem Kind geht, welches der aktuelle Stand in Bezug auf Lernen, Wachstum und Entwicklung ist und was als Nächstes gebraucht werden könnte. Der russische Wissenschaftler Lev Vygotskij nannte diesen aktuellen Stand die **Zone der nächsten Entwicklung**. Die Tabelle mit Informationen zur physischen und sozialen Umgebung in Anhang B kann als Richtschnur für den zu erwartenden Ablauf der Entwicklung und für die Verhaltensweisen, die Fortschritt signalisieren, genutzt werden. Teil 2 dieses Buches kann Ihnen ebenfalls dabei helfen, Entwicklungsverläufe und diesbezügliche Erwartungen zu verstehen.

Wenn Sie über Ihre Beobachtungen gut Buch führen, entsteht ein Entwicklungsprofil, das Ihnen ein Bild von der Entwicklung eines jeden Kindes gibt. Damit können Betreuerinnen ein an individuellen Bedürfnissen ausgerichtetes Programm planen. Dieses Bild sollte die ganze Palette an allgemeinen wie speziellen Interessen und Bedürfnissen eines jeden Kindes sowie die entwicklungsbezogenen Aufgaben, an denen es gerade arbeitet, beinhalten. Es sollte zudem die Ziele und Erwartungen der Familie mit einschließen. Indem sie Entwicklungsprofile nutzt, kann die Betreuerin das Curriculum so individuell gestalten, dass es die spezifischen und speziellen Bedürfnisse eines jeden Kindes befriedigt. Dieses die Entwicklung darstellende Bild kann der Betreuerin auch dabei helfen, jedwede besonderen Probleme zu bemerken, die möglicherweise mit der Familie oder vielleicht sogar mit Spezialisten besprochen werden müssen. Einige Probleme verlangen nach professionellen Beobachtungen, Tests und anderen Arten der Evaluation. In Abhängigkeit davon, was die Beurteilung ergibt, können bestimmte Formen der Intervention angebracht sein. Für die Durchführung dieser anspruchsvolleren Beurteilungen ist eine spezielle Ausbildung nötig, informelle Beurteilungen führen Betreuerinnen jedoch tagtäglich durch, wenn sie mit Kindern arbeiten und dabei lernen, was diese wissen und in der Lage sind zu tun. Magda Gerber pflegte zu sagen, Betreuerinnen sollten das Kind den Erzieher sein lassen, und tatsächlich besteht ein großer Teil der Beurteilung daraus, etwas über das Kind und das, was es uns über seine Interessen, Fertigkeiten, Kenntnisse, Fähigkeiten und Bedürfnisse zu vermitteln hat, zu lernen. Natürlich lernen Betreuerinnen auch von der Familie, nicht *nur* vom Kind.

Wenn man Entwicklungsprofile aufbaut, ist es verlockend, ein bestimmtes Kind mit einer Tabelle oder, schlimmer noch, mit einem anderen Kind zu vergleichen. Tabellen haben nichts damit zu tun, was richtig oder falsch oder gut oder schlecht ist; sie sollten lediglich verwendet werden, damit man die

Muster eines bestimmten Kindes versteht und sieht, in welchem Verhältnis sie zur Norm stehen. Aber denken Sie daran, dass Kinder ihren jeweils eigenen Entwicklungsweg haben, der sich stark von dem typischen, in den Tabellen dargestellten unterscheiden kann. Respektieren Sie Unterschiede und denken Sie daran, dass „normal" nicht unbedingt ein Ziel ist! Es gibt ein breites Spektrum an typischer Entwicklung, und jedes Kind ist ein Individuum. Die Rubrik mit dem Titel Unterschiedliche Entwicklungswege in Teil 2 wurde eingerichtet, um diesen Standpunkt zu verdeutlichen und Betreuerinnen dabei zu helfen, das Fällen von Urteilen zu vermeiden. Bitte nutzen Sie die Beurteilungsverfahren *nicht* dazu, den Kindern Entwicklungszeugnisse auszustellen oder sie zu etikettieren! Vermeiden Sie ebenfalls die Vorstellung, dass Entwicklung ein Rennen ist, in dem einige Kinder vorne liegen und andere hinten. Bei Entwicklung geht es nicht um gewinnen und verlieren; es geht darum, zu wachsen, zu lernen und sich unter Nutzung seines vollen Potenzials zu entwickeln. Kinder bekommen es mit, wenn schon früh Botschaften über ihre Fähigkeiten vermittelt werden; negative Botschaften können sich selbst erfüllende Prophezeiungen hervorrufen, bei denen die Erwartungen die Ergebnisse beeinflussen.

Die Mitarbeiterinnen müssen auch in der Lage sein, zu Eltern und anderen Familienmitgliedern eine Beziehung zu finden, die einen guten Informationsaustausch ermöglicht. Nur so kann das, was außerhalb des Elternhauses passiert, zu dem passen und das ergänzen, was zu Hause passiert, und damit harmonisieren.

Eine Art der Aufzeichnung, die bisher nur kurz erwähnt worden ist, sind von der Hauptbetreuerin geführte Tagesprotokolle. Das Tagesprotokoll hat vielfachen Nutzen. Für Eltern kann es eine Möglichkeit darstellen, einen umfassenden und detaillierten Bericht zu erhalten, wenn sie kommen, um ihre Kinder abzuholen. Einige Aufzeichnungen beziehen sich auf die verschiedenen Pflegeaktivitäten und enthalten spezielle Information, die mit dem, was zu Hause passiert, in Verbindung steht. Das Wechseln der Windeln, Ausscheidungsmuster, die angebotene und verzehrte Nahrung, die Länge der Schlafenszeit und sämtliche außergewöhnlichen Ereignisse sind alles interessante Informationen, die Eltern dabei helfen, zu wissen, was ihre Babys brauchen oder wollen könnten, wenn sie mit ihnen nach Hause gegangen sind. Diese Informationen sind besonders im Hinblick auf Säuglinge wichtig, die noch nicht sprechen und deshalb ihre Bedürfnisse und Interessen nicht bekannt geben können. In einigen Programmen ist das Führen eines Tagebuches als wechselseitiges System organisiert; hier bringen die Eltern ein Tagebuch mit, in das sie eingetragen haben, was die Betreuerin vielleicht über den Ablauf der Nacht und des Morgens wissen muss. Die Betreuerin benutzt dasselbe Tagebuch, um die Ereignisse und Einzelheiten des Tages darin festzuhalten, und dann nehmen die Mutter und das Kind das Buch wieder mit nach Hause.

Weil es so schwierig ist, das Curriculum exakt zu definieren oder zu erklären, was Säuglings- und Kleinkinderziehung genau ist (wie bereits gesagt, geht es im gesamten Buch um Säuglings- und Kleinkinderziehung), wird sich der Rest des Kapitels auf ein spezielles Thema konzentrieren – auf Säuglinge und Kleinkinder, die lernen, Probleme zu lösen, und darauf, wie Erwachsene ihnen beim Lernen helfen können.

Mit der Erziehung das Problemlösen unterstützen

Ein Schwerpunkt des Curriculums für Säuglinge und Kleinkinder kann so beschrieben werden, dass auf die Entwicklung der Problemlösefähigkeiten von Kindern geachtet werden muss. Diese Sichtweise von Curricula unterscheidet sich sowohl von der Einstellung, dass Säuglinge stimuliert werden sollten, als auch von dem auf Aktivitäten ausgerichteten Ansatz. Ein wichtiger Aspekt der in diesem Buch vorgestellten Erziehungsmethode basiert auf dem *Ansatz des Problemlösens*, bei dem Babys und Kleinkinder lernen, wie sie in ihrer Welt Dinge bewirken können. Sensorischer Input ist selbstverständlich ein wichtiger Bestandteil dieser Strategie, er ergibt sich aber zumeist als ein Resultat aus den Handlungen der Kinder. Die Kinder haben das Sagen. Die Erwachsenen unterstützen eher, als dass sie *stimulieren*. Dem Alter angemessene Aktivitäten sind ebenfalls Teil dieses Ansatzes, spielen jedoch nur einen kleinen Part und machen nicht das ganze Curriculum aus.

Vor welchen Problemen stehen Säuglinge und Kleinkinder? Schauen Sie einem Säugling oder Kleinkind nur eine Stunde lang zu, und Sie werden der Antwort auf diese Frage schon sehr viel näher gekommen sein. Sie werden bemerken, dass Säuglinge und Kleinkinder sich mit einer Vielzahl an Problemen unterschiedlicher Art befassen. Dazu gehören körperliche, wie Hunger oder Unwohlsein; auf das Hantieren mit Dingen bezogene, gleich denen, wie man ein Spielzeug von einer Hand in die andere wechselt oder wie man es schafft, einen Bauklotz auf einem anderen auszubalancieren; und soziale und emotionale Probleme, wie die, mit der Trennung von Mutter, Vater oder Betreuerin zurechtzukommen oder zu versuchen, mit einem Gleichaltrigen zu interagieren, der kein Interesse an Interaktion hat. Einige Probleme sind für bestimmte Entwicklungsstufen charakteristisch und werden letztendlich gelöst. Andere beschränken sich auf die bestimmte Situation und werden vielleicht, vielleicht aber auch nicht gelöst. Wieder andere sind Probleme, mit denen das Kind auf die ein oder andere Art sein ganzes Leben lang zu tun haben wird. Für Kinder unter drei Jahren bedeutet Erziehung, dass sie lernen, mit dieser enormen Vielzahl an Problemen umzugehen, unterschiedliche Wege lernen, sie anzugehen, und lernen, wann Probleme gelöst werden können und wann es gilt, aufzugeben. Weil Babys kontinuierlich die Probleme erleben, die das tägliche Leben mit sich bringt, die Probleme, auf die sie beim Spielen stoßen und dann, wenn sie gefüttert, gewickelt, angezogen, gebadet und zu Bett gebracht werden, werden aus ihnen schließlich Kleinkinder, die sich selbst als Problemlöser sehen. Wenn sie sich selbst als gute Problemlöser sehen und dies auch tatsächlich sind, dann sind sie, nach der Definition dieses Buches, gut erzogen worden.

Die Prinzipien in der Praxis

Prinzip 8: Erkennen Sie Probleme als Lerngelegenheiten und lassen Sie Säuglinge und Kleinkinder versuchen, ihre Probleme selbst zu lösen. Erlösen Sie sie nicht, machen Sie ihnen nicht permanent das Leben leichter und versuchen Sie nicht, sie vor allen Problemen zu beschützen.

Jasmine fährt auf einem kleinen Dreirad den Weg auf dem Spielplatz im Hof hinunter, wobei sie sich mit den Füßen vom Boden abstößt, anstatt die Pedale zu benutzen. Sie fährt über den Rand des Asphaltwegs und das Dreirad kippt um, wirft sie ab in den Sand. Sie stößt einen lauten Schrei aus und fällt auf den Rücken, das Dreirad liegt neben ihr auf der Seite. Eine Betreuerin kommt herbeigeeilt und hockt sich neben Jasmine, berührt sie aber nicht. Sie schaut ihr ins Gesicht und fragt: „Ist alles in Ordnung?" Jasmine weint lauter. Die Betreuerin sagt: „Du bist hingefallen." Jasmine hört auf zu weinen und sieht sie an und nickt. „Du bist genau über die Kante gefallen." Jasmine nickt erneut. Sie macht Anstalten, sich auf die Seite zu rollen. Ihre Betreuerin reicht ihr eine Hand, um ihr zu helfen. Sie lehnt ab und steht auf, klopft sich ab. Die Betreuerin inspiziert sie sorgfältig und sieht keine Schrammen oder roten Stellen, fragt aber noch einmal: „Ist alles okay?" „Okay", antwortet Jasmine. Sie greift nach dem Dreiradlenker. Die Betreuerin geht ihr aus dem Weg. Jasmine müht sich ein bisschen ab, macht aber weiter, bis sie das Dreirad aufgerichtet hat. Die Betreuerin hilft ihr nicht. Die Betreuerin sagt: „Das hast du ganz alleine gemacht." Jasmine strahlt und schiebt das Dreirad wieder auf den Asphalt. Sie hat ein breites Lächeln auf dem Gesicht, als sie losfährt.

1. Sehen Sie hier ein Beispiel für Kleinkinderziehung? Erläutern Sie Ihre Meinung.
2. Stellen Sie sich vor, ein Elternteil hätte die Situation beobachtet und sich unwohl damit gefühlt, dass die Betreuerin sich so reserviert verhielt. Was hätten Sie dem Vater oder der Mutter gesagt, wenn Sie die Betreuerin gewesen wären?
3. Warum hätte der Vater oder die Mutter sich unwohl fühlen können?
4. Haben Sie eine andere Vorstellung davon, wie die Betreuerin mit der Situation hätte umgehen sollen?
5. Was hätten Sie getan? Warum?
6. Ist dies ein Problem, das Sie versuchen würden zu verhindern, wenn Sie die Betreuungsperson wären? Falls ja, wie? Falls nein, warum nicht?

Die Erwachsenenrolle bei der Unterstützung des Problemlösens

Die Hauptfunktion der Erwachsenen bei der Säuglings- und Kleinkinderziehung besteht darin, das Lernen zu erleichtern, statt zu lehren oder den Kindern etwas beizubringen. Beginnen Sie damit, die Probleme zu verstehen, auf die Babys stoßen. Ermöglichen Sie es ihnen, daran zu arbeiten, diese Probleme selbst zu lösen. Außerdem werden Sie als Betreuerin oder Betreuer die Babys vor Probleme stellen, wenn Sie sich um ihre Bedürfnisse kümmern und ihre Spielumgebung einrichten. Sie unterstützen die Säuglingserziehung mit der Art, wie Sie das Baby, das Probleme löst, leiten und auf es eingehen, sowohl in Zeiten besonderer Qualität, in denen sie etwas von ihm wollen, als auch in solchen, in denen Sie nichts von ihm wollen.

Die zwei Arten von Zeit besonderer Qualität stehen im Zusammenhang mit zwei Arten des erzieherischen Umgangs mit einem Säugling oder Kleinkind, die wir **Präsenz der Betreuerin** nennen. Um eine Vorstellung von diesen zwei Seinsweisen zu bekommen, versuchen Sie einmal die folgende Übung: Suchen Sie sich jemanden, der bereit ist, Ihr Spiegelbild zu sein. Stellen Sie sich dieser Person gegenüber und bitten Sie sie, jede Ihrer Bewegungen nachzumachen. Tun Sie dann unter Einsatz Ihres Körpers, Ihrer Hände und unterschiedlicher Gesichtsausdrücke etwas, das der „Spiegel" nachahmen muss. Vielleicht möchten Sie sich umherbewegen. Nachdem Sie erlebt haben, wie es ist, der Macher zu sein, versuchen Sie, der Spiegel zu sein. Am Ende besprechen Sie die Erfahrung mit Ihrem Partner oder Ihrer Partnerin. Welche Rolle haben Sie vorgezogen – tun oder spiegeln (führen oder folgen)? Was war an jeder Rolle jeweils schwierig? Welches sind die Vor- und Nachteile einer jeden Rolle?

Diese Spiegelübung zeigt die Art wechselseitiger Interaktionen, die eine durch aufmerksames Reagieren aufeinander gekennzeichnete Beziehung ausmachen, wie sie erstmals in Kapitel 1 erläutert wurde. Sie veranschaulicht außerdem die zwei Formen von Präsenz der Betreuerin – aktiv und empfänglich. Vielleicht ziehen Sie den aktiven Modus vor – Führer bzw. Führerin zu sein und das Geschehen zu dirigieren. Oder vielleicht ziehen Sie den empfänglichen Modus vor – der Führung des Kindes zu folgen und auf das Kind zu reagieren. Um eine gute Säuglings- und Kleinkinderzieherin zu sein, müssen Sie beide Modi weiterentwickeln, unabhängig davon, welchen Sie vorziehen. Zu wissen, welchen Sie bevorzugen, kann Ihnen helfen, sich darauf zu konzentrieren, den anderen zu verbessern.

Beachten Sie in der folgenden Szene, wie das Empfänglich- oder Aktivsein eines Erwachsenen funktioniert, wenn ein Kind ein Problem zu lösen hat.

> Jason tapst laut weinend herein und streckt die Finger vor.
> „Oh Jason, dir ist etwas passiert", sagt der Betreuer.
> Jason weint weiter und hält seine Finger hoch, damit sie untersucht werden können. Der Betreuer berührt sanft seine Finger. „Sieht so aus, als hättest du dir deine Finger weh getan", sagt er mit ruhiger, aber verständnisvoller Stimme.
> Jason zieht seine Finger zurück und zieht an der Hose des Betreuers, um ihm zu signalisieren, dass er ihm etwas zeigen will.
> „Du möchtest, dass ich mitkomme", fasst dieser Jasons Wunsch in Worte und

folgt ihm zu einem Raum hinter einer Trennwand, wo eine andere Betreuungsperson mit mehreren Kindern auf dem Boden sitzt. Jason führt ihn schluchzend direkt zu einem Schrank, dessen Tür einen Spalt offen steht. Sein Geschrei ändert sich ein klein wenig, als er sich dem Ort nähert, wo das Unglück passiert ist.

„Du hast dir deine Finger in der Tür geklemmt?", vermutet der Betreuer.

Jason, jetzt wütend, hebt einen hölzernen Klotz auf und macht sich bereit, um ihn gegen die Schranktür zu werfen.

„Ich verstehe, dass du sauer bist, aber ich werde dich den Klotz nicht werfen lassen. Du könntest Schaden anrichten", sagt der Betreuer bestimmt und hält Jasons Arm fest.

Jason scheint es sich noch einmal zu überlegen. Er legt den Klotz hin und geht zum Schrank. Noch immer weinend, schließt er die Tür und öffnet sie wieder. Er tut dies sehr vorsichtig.

„Ja, jetzt kannst du es, ohne dich zu klemmen." Der Betreuer fasst Jasons Taten in Worte.

Jason ignoriert die Worte und fährt damit fort, die Tür zu öffnen und zu schließen. Die wütenden Schreie lassen nach und gequältes Wimmern tritt an ihre Stelle. Er setzt sich neben den Schrank und bleibt weinend dort sitzen.

„Lass uns gehen und deine Finger unter kaltes Wasser halten", sagt der Betreuer und beugt sich mit ausgestreckten Armen zu ihm vor.

Diese Szene zeigt sowohl aktive als auch empfängliche Präsenz, wobei die Betonung auf der empfänglichen liegt. Lediglich zweimal übernahm der Betreuer die Führung. Beachten Sie, dass der Betreuer ruhig und nicht übertrieben emotional war, obwohl er sich in Jason hineinfühlen (seinen Schmerz nachempfinden) konnte. Weil er nicht in die Situation hineingezogen wurde und Jason in seinem Schmerz Unterstützung bieten konnte, förderte er Jasons Problemlösefähigkeiten. Die Szene hätte ganz anders ablaufen können, wenn der Betreuer Jason einen Rat gegeben oder „ihm eine Lektion erteilt" hätte. Die Szene hätte ebenfalls ganz anders ablaufen können, wenn der Betreuer Mitleid gezeigt hätte. Stellen Sie sich vor, er hätte Jason hochgenommen und Sätze gemurmelt wie: „Oh, armer Jason, du hast dir weh getan, armer, armer kleiner Junge." Aber der Betreuer gab weder Ratschläge, noch zeigte er Mitleid. Stattdessen schenkte er Jason seine volle, ruhige, sowohl aktive als auch empfängliche Aufmerksamkeit und damit die Unterstützung, die Kraft und die Anerkennung, die Jason brauchte, um dem Problem nachzugehen, auf das er gestoßen war. Diese Szene zeigt Säuglings- und Kleinkinderziehung in Aktion.

Die Erwachsenenrolle, die daraus besteht, das Problemlösen von Säuglingen und Kleinkindern zu leiten und darauf zu reagieren, umfasst vier Fähigkeiten. Die oder der Erwachsene muss in der Lage sein, den optimalen Stresslevel für das mit dem Problem konfrontierte Kind herauszufinden, muss angemessen auf das Bedürfnis des Kindes nach Aufmerksamkeit eingehen, muss Feedback geben und gewünschtes Verhalten modellhaft vorführen. Diese vier Funktionen sind in Abbildung 2.1 zusammengefasst.

Abbildung 2.1. Die vier Rollen der Erwachsenen bei der Erziehung von Säuglingen und Kleinkindern

1. **Den optimalen Stresslevel bestimmen:** beobachten und entscheiden, wie viel Stress zu viel, zu wenig und genau richtig ist.

2. **Aufmerksamkeit schenken:** die Bedürfnisse der Kinder nach Aufmerksamkeit befriedigen, ohne manipulative Motive zu haben.

3. **Feedback geben:** klares Feedback geben, damit Säuglinge und Kleinkinder lernen, welche Konsequenzen ihr Handeln hat.

4. **Verhalten modellhaft vorführen:** den Säuglingen und Kleinkindern als gutes Vorbild dienen

Den optimalen Stresslevel bestimmen Eine Art, wie Erwachsene Kindern das Lernen erleichtern, besteht darin, dass sie sensibel für den jeweiligen Stresslevel von Babys und Kleinkindern sind. Diese Feinfühligkeit ist wichtig, wenn das Lernen durch *Scaffolding* unterstützt werden soll. Wenn die Frustration eines kleinen Kindes, das sich einem Problem gegenübersieht, über ein erträgliches Niveau hinausgeht, kann ein kleiner Anstoß der Erwachsenen die Frustration in ausreichendem Maße reduzieren, so dass das Kind weiter an der Lösung des Problems arbeiten kann.

Wenn eine einfühlsame Erwachsene *Scaffolding* als Teil der Säuglings- und Kleinkinderziehung nutzt, bietet sie so wenig Hilfe wie möglich, um das Kind nicht von seiner Frustration zu befreien, sondern dafür zu sorgen, dass es weiter an dem Problem arbeitet. Diese Art der Hilfe verbessert das Konzentrationsvermögen und vermittelt Kindern, dass sie fähige Problemlöser sind.

Die meisten Erwachsenen wollen ihre Schützlinge vor unbehaglichen Gefühlen beschützen. Sie sind sich nicht darüber im Klaren, dass Stress und Frustration ein wichtiger Teil der Säuglings- und Kleinkinderziehung sind und selbstverständlich mit Problemlösen einhergehen. Um sich körperlich, seelisch und geistig zu entwickeln, brauchen Kinder gelegentlich etwas, gegen das sie kämpfen und an dem sie ihren Willen und ihre Stärke messen können. Auf diese Weise können sie entdecken, dass sie kompetente Problemlöser sind. Ohne Stress, Frustration und Probleme haben Kinder keine Möglichkeit, zu versuchen, sich gegenüber der Welt zu beweisen. Folglich ist ihre Erziehung enorm begrenzt. Eine junge Mutter, die über Stress als Teil der Säuglingserziehung nachdachte, schrieb Folgendes:

Neulich sprengte ich meinen Garten und fand dabei mehr über Stress und Entwicklung heraus. Ich hatte einige Zeit lang jeden Tag gesprengt und merkte, dass einige meiner Setzlinge keine tiefen Wurzeln bildeten. Ich dachte darüber nach – wenn eine Pflanze nicht ein paar Stressfaktoren hat, aufgrund derer sie nach Nahrung und Wasser suchen muss, werden ihre Wurzeln nicht so tief wachsen und darum wird sie nicht so fest in der Welt stehen. Ihre Basis wird zu flach sein.[5]

Optimaler Stress ist die richtige Menge Stress – nicht zu viel und nicht zu wenig. Die richtige Menge Stress bedeutet, dass er ausreicht, um dem Kind Energie zu geben und es zu Aktivität, einschließlich Problemlösen, anzuspornen, aber nicht so viel, dass er die Fähigkeit des Kindes, zu handeln oder ein Problem zu lösen, behindert oder hemmt. Ob Sie es glauben oder nicht, Stress kann Lernen und Entwicklung fördern, aber es muss die richtige Menge sein. Es ist Aufgabe der Betreuerin, zu entscheiden, welches der optimale Stress für jedes Kind ist, und dann zu versuchen, diesem gerecht zu werden. Gelegenheiten hierzu werden sich ganz natürlich im täglichen Leben ergeben.

Wie können Sie entscheiden, wie viel Stress genug ist? Sie können den optimalen Stresslevel feststellen, indem Sie die Handlungen des Kindes beobachten. Kinder, die unter zu viel Stress stehen, sind nicht in der Lage, Probleme effektiv zu lösen; sie können sehr emotional werden oder sich zurückziehen.

Wie viel Stress genug ist, können Sie bestimmen, indem Sie einfühlsam sind (sich vorstellen, was ein Kind eigentlich gerade fühlt) und ruhig bleiben, sich nicht von den Emotionen des Kindes oder Ihren eigenen beeinflussen lassen. Ruhig zu sein gibt Ihnen eine Perspektive, die gute Entscheidungsfindung erleichtert.

Was sollten Sie tun, wenn Kinder entweder zu viel oder zu wenig Stress haben? Sehen Sie sich die Probleme an, mit denen jedes einzelne Kind konfrontiert ist. Vielleicht gibt es ihrer zu viele, dann müssen einige Veränderungen vorgenommen werden, um die Zahl der Probleme zu senken. Möglicherweise sind sie zu schwer zu lösen, dann könnte das Kind mehr Hilfe benötigen.

Wenn Kinder zu wenig Stress haben, stoßen sie in ihrem Leben vielleicht nicht auf genügend Probleme – es kann sein, dass nicht genug passiert, dass es der Umgebung an Vielfalt fehlt oder sie nicht interessant genug ist, oder dass jemand anders die Probleme der Kinder löst.

Überlegen Sie ...

Denken Sie an eine Zeit in Ihrem Leben, in der Stress Ihnen gut getan hat. Können Sie Ihre Erfahrung zu der eines Säuglings oder Kleinkinds in der Gruppenbetreuung in Beziehung setzen? Wie gut sind Sie darin, in Ihrem eigenen Leben den Unterschied zwischen optimalem Stress und zu viel Stress zu erkennen? Steht diese Fähigkeit damit im Zusammenhang, inwieweit Sie bemerken, wann ein Kind zu viel oder zu wenig Stress hat?

Aufmerksamkeit schenken Die Art, wie Erwachsene auf die Handlungen eines Kindes reagieren, macht einen wichtigen Teil der Säuglings- und Kleinkindererziehung aus. Die Reaktion Erwachsener hat großen Einfluss, weil Säuglinge und Kleinkinder hauptsächlich von der Aufmerksamkeit anderer Menschen, vor allem derer, die ihnen wichtig sind, leben. Für jedes Individuum gibt es ein optimales Maß an Aufmerksamkeit – auch hier wieder ein optimales Maß, nicht ein maximales. Bekommt die Person genug Aufmerksamkeit, ist die Folge Zufriedenheit. Ein Individuum, das nicht genug Aufmerksamkeit bekommt, sucht sich diese auf unterschiedlichen Wegen.

Einige typische Mittel und Wege, Aufmerksamkeit zu erlangen, die Menschen schon früh im Leben lernen:

- indem man attraktiv aussieht
- indem man lieb und nett ist
- indem man klug, geschickt, fähig, kompetent oder talentiert ist
- indem man sich schlecht benimmt bzw. ungezogen ist
- indem man laut ist
- indem man viel redet

- indem man wenig redet
- indem man kontaktfreudig ist
- indem man schüchtern ist
- indem man krank ist
- indem man hilflos ist

Sind Sie sich der Tatsache bewusst, dass die Wahrscheinlichkeit größer ist, dass Mädchen wegen ihres Aussehens beachtet werden, als dass sie wegen ihrer Fähigkeiten beachtet werden? Wie lange, meinen Sie, brauchen Kinder, bis sie in Verhaltensmuster verfallen, bei denen sie gewöhnlich dadurch, dass sie einengende Geschlechterrollen übernehmen, Aufmerksamkeit bekommen?

> **Überlegen Sie ...**
>
> Denken Sie darüber nach, wie Sie Ihre eigenen Bedürfnisse nach Aufmerksamkeit befriedigen. Inwieweit sind Sie sich der Mittel und Wege bewusst, die sie einsetzen, damit Menschen Ihnen Aufmerksamkeit schenken? Führen Sie einige Wege auf, wie Sie andere Menschen auf sich aufmerksam machen. Sind Sie zufrieden mit Ihrer Art, Aufmerksamkeit zu bekommen? Würden Sie wünschen, dass Säuglinge und Kleinkinder auf dieselbe Art auf sich aufmerksam machen?

Wenn Babys merken, dass es nicht reicht, zu lächeln, zu gurren und friedlich zu sein, oder Kleinkinder feststellen, dass es ihnen keine Aufmerksamkeit einbringt, zu spielen und sich zurückzuhalten, dann werden sie andere Verhaltensweisen ausprobieren. Kinder, die wirklich Aufmerksamkeit benötigen, werden herausfinden, wie sie die wichtigen Menschen um sie herum „auf die Palme bringen" können. Erwachsene müssen erkennen, wann Kinder damit, dass sie sie aus der Fassung bringen, versuchen, auf sich aufmerksam zu machen, und wann sie hiermit auf direkte Art ihre wahren Bedürfnisse kommunizieren. Es ist nicht immer einfach, den Unterschied zu erkennen. Schauen Sie sich die folgende Szene an:

> Eine Betreuerin sitzt in einem bequemen Stuhl und gibt einem 6 Monate alten Baby die Flasche. Ein 17 Monate alter Junge zu ihren Füßen, Mike, zerrt pausenlos an ihrem Arm und versucht, an die Flasche heranzukommen. Eine andere Erwachsene holt Mike dort weg und versucht ihn ins Spiel zu verwickeln, während sie ihm erklärt, dass seine Betreuerin im Moment gerade beschäftigt ist. Als

sie ihm den Rücken zudreht, um einen Streit in einem anderen Teil des Raumes beizulegen, geht Mike hinüber zu einem anderen Kind und schnappt sich das Spielzeug, mit dem es spielt. Beide Betreuerinnen ermahnen Mike, der ob der Aufmerksamkeit strahlt. Sobald sie sich wieder ihren verschiedenen Beschäftigungen zuwenden, geht Mike zur Tür, die das Spielzimmer von der Küche trennt. Er klammert sich an das Gitter in der Türöffnung und quengelt.

„Du hast gerade gegessen!", reagiert die Betreuerin von ihrem Stuhl aus. „Es ist schwer vorstellbar, dass du noch Hunger hast, aber ich werde dir einen Snack holen, wenn ich Sierra gefüttert habe", sagt sie ihm und lässt ihren Blick dann wieder auf dem Baby ruhen, das sie füttert. Mike geht augenblicklich hinüber zum Regal, reißt alle Spielsachen herunter und tritt auf ihnen herum. Beide Betreuerinnen ermahnen ihn. Wieder strahlt er wegen der ihm zuteil gewordenen Aufmerksamkeit. Aber als beide Betreuerinnen ihn nicht mehr beachten, beginnt er Spielsachen über das Gitter in der offenen Küchentür zu werfen. Wieder hat er die volle Aufmerksamkeit der beiden Erwachsenen. Die freie Betreuerin hilft ihm, die Spielsachen zurückzuholen und wieder auf das Regal zu stellen, während die auf dem Stuhl sitzende Betreuerin zusieht und von Zeit zu Zeit einen Kommentar abgibt. Als die Ordnung wieder hergestellt ist, wendet sie ihre Aufmerksamkeit erneut dem Füttern zu, während die andere Betreuerin eine Windel zu wechseln beginnt. Die Szene endet damit, dass Mike hinübergeht und ein Kind schlägt, das die ganze Zeit still in der Ecke gespielt hat.

In dieser Szene wird Mike die ganze Zeit wegen unerwünschten Verhaltens Aufmerksamkeit zuteil. Es ist leicht zu sehen, dass er weiß, wie er Aufmerksamkeit bekommt, wenn er sie braucht, selbst wenn beide Betreuerinnen beschäftigt sind. Für dieses Problem gibt es keine leichte Lösung. Wenn sich beide Betreuerinnen darüber im Klaren sind, dass er Aufmerksamkeit braucht, können sie sich darauf konzentrieren, sie ihm dann zu geben, wenn er nicht ungezogen ist. Vielleicht hat er dadurch in den Zeiten, in denen es für die Erwachsenen schwierig ist, ihm Aufmerksamkeit zu schenken, ein weniger großes Bedürfnis danach. Die Erwachsenen können zudem in Worte fassen, was er braucht, indem sie so etwas sagen wie: „Ich weiß, dass du genau jetzt meine Aufmerksamkeit brauchst, Mike."

Wenn Sie mit Ihrer Aufmerksamkeit in der Zeit, in der Sie mit Pflegeaktivitäten beschäftigt sind, großzügig sind, können die meisten Kinder in der mit

Spielen verbrachten Zeit einfach ihren Aktivitäten nachgehen, wenn Sie nicht auf eine spielgerechte Art auf sie eingehen können. Sie hungern dann nicht nach der Aufmerksamkeit Erwachsener. Wenn aber ein Kind gelernt hat, dass Ungezogenheit im Hinblick auf die Belohnung, die sie einbringt, befriedigend ist, müssen Sie Ihren Ansatz ändern.

Fangen Sie damit so an, dass Sie unerwünschtes Verhalten, das Ihre Aufmerksamkeit erregen soll, ignorieren (natürlich ohne Bedürfnisse oder Sicherheit zu missachten). Schenken Sie parallel dazu Verhalten, das erwünscht ist, viel Beachtung. Drücken Sie sich genau aus, wenn Sie über gutes Verhalten sprechen – äußern Sie nicht einfach unbestimmte allgemeine Urteile wie „guter Junge". Sagen Sie stattdessen Dinge wie: „Ich finde es richtig gut, wie du mit dem Spielzeug spielst, Mike. Du bringst das Spielzeug zurück, wenn du fertig bist. Gut machst du das, Mike. Du lässt mich Sierra füttern, ohne zu stören. Es ist toll, wie du wartest. Du gehst sanft mit Jacob um."

Wenn das Verhalten geändert werden muss, kann **positive Verstärkung** recht wirksam sein. Positive Verstärkung wird definiert als eine Reaktion auf ein Verhalten, mit der die Wahrscheinlichkeit auf Wiederholung des Verhaltens erhöht wird – mit anderen Worten handelt es sich um eine Belohnung. Belohnungen funktionieren, insbesondere, wenn man gelernte Verhaltensweisen ändert – das heißt solche, die in der Vergangenheit aus Unachtsamkeit belohnt worden sind, so wie Mikes Bemühungen um Aufmerksamkeit.

Aber übertreiben Sie den Einsatz positiver Verstärkung nicht. Aufmerksamkeit und Lob funktionieren und sind einflussreiche Motivatoren. Sie können jedoch süchtig machen. Viele Aktivitäten sind von sich aus lohnend. Sie verlieren dieses Lohnende, wenn Erwachsene den immanenten Belohnungen äußere hinzufügen. Wenn also ein kleines Mädchen spielt und eine Erwachsene sie ständig unterbricht, um sie zu loben, ist die Botschaft die, dass die Aktivität an sich nicht so toll ist und das Kind deshalb motiviert werden muss. Schließlich versteht das Kind und verhält sich von nun an dementsprechend. Es ist leicht, ein Kind zu erkennen, das es gewohnt ist, beim Spielen viel gelobt zu werden. Es ist das Kind, das beim Spielen ständig, nach jeder kleinen Leistung, zu der Erwachsenen schaut. Es scheint kontinuierlich jemanden zu brauchen, der sagt: „Wunderbar! Du hast den Klotz auf den anderen gesetzt." Die Leistung an sich ist ohne das Lob der Erwachsenen bedeutungslos.

Wenn Kinder zu sehr gelobt werden, können sie ihr Gespür für ihre eigenen Gefühle und Beweggründe verlieren. Nach jeder Handlung schauen sie sich um, um zu sehen, ob sie sie richtig ausgeführt haben. Für alles, was sie tun, holen sie sich Zustimmung. Aktivitäten und Leistungen erfreuen nur wegen der Belohnung von außen, die sie einbringen. Kurzum, diese Kinder hören auf, Freude und Befriedigung aus den Aktivitäten selbst zu ziehen.

In *Toward a Psychology of Being* erklärt Abraham Maslow, dass ein Kind, das mit einem Konflikt zwischen innerer Freude an seiner eigenen Leistung und den von anderen gebotenen Belohnungen konfrontiert ist, „sich normalerweise für die Anerkennung von anderen entscheiden und dann mit seiner Freude fertig werden muss, indem es sie verdrängt, sterben lässt, nicht wahrnimmt oder durch seine Willenskraft unter Kontrolle hält. Im Allgemeinen wird sich damit eine Missbilligung der Erfahrung von Freude oder diesbezügliche Scham, Verlegenheit und Geheimnistuerei entwickeln, was letztendlich zu der Unfähigkeit führt, sie überhaupt zu empfinden."[6]

Maslow übermittelt eine gewichtige Botschaft über den Einsatz von Lob in der Säuglings- und Kleinkinderziehung. Seine Botschaft unterscheidet sich stark von dem allgemein üblichen Vorgehen vieler Betreuerinnen, die Kinder mit Lob überschütten, damit sie mit sich selbst zufrieden sind. Kinder sind generell eher mit sich selber zufrieden, wenn Erwachsene ihr Lob beschränken und auf Erfolge mit Worten reagieren wie: „Du musst dich gut damit fühlen, dass du endlich diesen Schuh ausgezogen bekommen hast", womit sie die eigene innere Freude des Kindes anerkennen.

Feedback geben Eng verknüpft mit dem Thema Lob und Aufmerksamkeit ist das Thema Feedback. Säuglings- und Kleinkinderziehung hängt zum Teil davon ab, dass das Kind klares Feedback oder deutliche Antworten bekommt. Feedback kommt sowohl von der Umgebung als auch von Menschen. Kinder müssen lernen, was für eine Wirkung das, was sie tun, auf die Welt und auf andere hat. Wenn sie ein Glas Milch fallen lassen, schwappt die Milch heraus. Das ist Feedback zu den Eigenschaften von Flüssigkeiten. Das Kind braucht kein weiteres Feedback zu Milch. Was jetzt gebraucht wird, ist eine Antwort auf die Frage, wie die Situation wieder in Ordnung gebracht wird. „Die Milch ist übergeschwappt. Du brauchst einen Lappen, um sie aufzuwischen", ist eine gute Antwort.

Einige Dinge, die Kinder tun, haben zur Folge, dass Betreuerinnen Schmerz oder Ärger zeigen. Dieser Ausdruck von Gefühlen ist ebenfalls Feedback. Zum Beispiel kann einem Kind, das eine Betreuerin kratzt, gesagt werden: „Es tut mir weh, wenn du mich kratzt. Ich mag das nicht." Die Botschaft sollte klar sein, wenn das Feedback für das Kind von Nutzen sein soll. Wenn die Betreuerin auf ein Kratzen mit honigsüßer Stimme antwortet und die ganze Zeit lächelt, das Kind aber so fest hält, als wäre sie ärgerlich, bekommt das Kind zweierlei Botschaften und kein klares Feedback.

Erwachsene können auch dabei helfen, Feedback über die Umgebung zu liefern, und die Reaktion verbalisieren, die sie bei dem Kind sehen. Auf diese Art lernen Kinder, sich selbst klares Feedback zu geben. Hier ist ein Beispiel für dieses Prinzip:

> Jamal spielt gerade mit mehreren anderen Kleinkindern, als sein Betreuer zur Tür hereinkommt. Als Jamal hinüberstürmt, knallt er mit seinem Ellbogen gegen einen Tisch. Weinend geht er auf seinen Betreuer zu.
>
> Sein Betreuer sagt: „Oh, Jamal, ich habe das gesehen. Du bist mit deinem Ellbogen gegen den Tisch gestoßen." Jamal bestätigt die Aussage des Betreuers, indem er seinen Ellbogen hoch hält.
>
> „Ich!", ruft er aus.
>
> „Ja", antwortet der Betreuer. „Genau hier hast du dich gestoßen." Er berührt die Stelle sanft.
>
> Jamal geht zurück zu dem Tisch, an dem er sich gestoßen hat. „Tisch!".
>
> „Ja", bestätigt der Betreuer. „Genau da – du hast dir deinen Ellbogen genau da am Tisch gestoßen.". Er klopft auf den Tisch. „Der ist hart."
>
> Jamal berührt den Tisch. „Es hat weh getan, als du dir deinen Ellbogen an ihm gestoßen hast", fährt der Betreuer fort.
>
> „Hart", wiederholt Jamal. Er weint jetzt weniger. Er konzentriert sich auf seinen Ellbogen, dann auf den Tisch, dann wieder auf seinen Ellbogen.

Jamals Betreuer half ihm, sich auf das zu konzentrieren, was gerade passierte, und Jamal lernte etwas über Ursache und Wirkung. Jamal wurde gezeigt, woran er sich weh

Überlegen Sie ...

Denken Sie an eine Zeit in Ihrem Leben, als Feedback Ihnen in einer Situation genützt hat, in der es ein Problem zu lösen galt. Können Sie Ihre eigene Erfahrung auf die eines Säuglings oder Kleinkinds übertragen?

getan hatte, und er gewann ein Verständnis für die Beziehung zwischen dem Schmerz und dessen Ursprung. Sein Betreuer half ihm, die ganze Erfahrung zu verstehen, statt zuzulassen, dass er sich in dem Schmerz verliert; dennoch bestritt er Jamals Schmerz nicht und lenkte ihn nicht vom Schmerz ab.

Um einem Kind dabei zu helfen, Feedback zu bekommen, muss man manchmal einfach tatenlos danebenstehen und sehen, ob das Kind realisiert, was gerade passiert, und herausfinden kann, wie es damit umgehen soll. Bei anderen Malen hilft es, die Situation in Worte zu fassen. Die Eigenschaften von Gegenständen sind etwas, das Säuglinge und Kleinkinder in den ersten drei Lebensjahren intensiv erforschen. Sie wollen über fast jeden Gegenstand, auf den sie stoßen, alles wissen. Sie lernen durch Erfahrung, indem sie mit allem hantieren, das sie in die Hände bekommen können. Deshalb ist es wichtig, dass sie in einer Umgebung sind, die für sie mit einer Vielzahl zu erforschender Gegenstände ausgestattet wurde. Durch ihre Erkundungen bekommen sie Feedback. Sprechen Sie zu ihnen über das, was sie möglicherweise gerade empfinden. „Das ist schwer, stimmt's?" „Du magst es, dass der Ball sich so glatt anfühlt." In der ersten Szene dieses Kapitels fasste der Erwachsene die Beziehung, die das Kind zwischen der Puppe und dem Bild herzustellen schien, in Worte. Sprache gibt den Kindern Bezeichnungen für ihre Wahrnehmungen, hilft ihnen, zu analysieren, zu sortieren und zu vergleichen, und gibt ihnen die Möglichkeit, ihre Wahrnehmung eines Gegenstands zum Zwecke späterer Verwendung zu speichern. Passen Sie jedoch auf, dass Sie die Konzentration eines Kindes nicht unterbrechen. Setzen Sie Sprache feinfühlig ein, damit die Erfahrung hierdurch vergrößert statt gestört wird. Setzen Sie Sprache ein, um beim Problemlösen zu helfen, wenn das Kind das physische Feedback nicht versteht. Zu sagen: „Das Puzzleteil wird nicht hineinpassen, wenn du es so anlegst", ist bedeutsamer, wenn das Kind da sitzt und das Puzzleteil hinknallt, als wenn es das Teil hin und her dreht, um eine Möglichkeit zu finden, wie es passt. Warten Sie aber, bis es Anzeichen dafür gibt, dass das Kind kurz davor ist, seine Versuche aufzugeben. Das ist der Zeitpunkt, um *Scaffolding* zu betreiben, also etwas Unterstützung zu bieten. Geben Sie dem Kind einen kleinen Tipp, was es tun könnte. Sagen Sie zum Beispiel: „Versuch, es umzudrehen." Das Feedback Erwachsener ist nicht nur nützlich, um Kindern dabei zu helfen, zu verstehen, wie Gegenstände funktionieren. Es ist auch gut geeignet, um Kindern dabei zu helfen, das Verhalten anderer Kinder zu verstehen. „Er mochte es nicht, dass du ihm das Buch weggeschnappt hast." Oder: „Er ist weggelaufen, weil du ihn angeschrieen hast." Achten Sie beim Durchlesen der vielen Beispiele in diesem Buch darauf, wie oft Erwachsene Kindern Feedback dazu geben, wie sie auf andere wirken.

Verhalten modellhaft vorführen Predigen Sie nicht, leben Sie vor! Zeigen Sie modellhaft das Verhalten, das Sie vom Kind sehen möchten.[7] Etwas **modellhaft vorzuführen** bedeutet, mit seinen Verhaltensweisen, Handlungen und Interaktionsstilen, welche die Kinder beobachten und nachahmen, als Vorbild zu dienen. Taten sprechen lauter als Worte. Wenn Sie zum Beispiel möchten, dass ein Kind teilt, müssen Sie selbst eine Person *sein*, die teilt. Sie müssen ihren eigenen Besitz mit anderen teilen, wenn Sie dies von einem Kind erwarten. Sie können Kindern mit Belohnungen und Bestrafungen beibringen, die Handlung des Teilens auszuführen, oder Sie können sie dazu *veranlassen*, zu teilen, indem Sie hierfür Ihre Größe und Macht einsetzen. Aber keine dieser beiden Methoden wird aus Kindern Menschen machen, die teilen. Sie werden erst dann (nach viel modellhaftem Vorführen) zu teilenden Menschen werden, wenn sie das Konzept von Besitz begriffen haben. Kleinkinder müssen dieses Konzept lernen (deshalb all die Ausrufe wie „Ich!" und „Meins!", die Sie zu hören bekommen, wenn Sie mit Kindern dieser Altersgruppe arbeiten).

Kinder nehmen sich auch andere Eigenschaften ihrer Betreuungspersonen zum Vorbild – Eigenschaften wie zum Beispiel Behutsamkeit. Kinder, mit denen behutsam umgegangen wird, behandeln andere Kinder mit größerer Wahrscheinlichkeit ebenfalls behutsam. Ein weiteres Beispiel ist Respekt. Die Wahrscheinlichkeit, dass Kinder anderen gegenüber respektvoll sind, ist bei den Kindern, die selbst respektvoll behandelt werden, größer als bei solchen, bei denen das nicht der Fall ist.

Ein weiteres Beispiel für Verhalten, das als Modell genommen wird, ist die Äußerung von Ärger. Wenn Sie jeden Tag den ganzen Tag in einer Einrichtung für Säuglinge und Kleinkinder arbeiten, ist eigener Ärger zwangsläufig ein Gefühl, mit dem Sie sich zumindest gelegentlich auseinander setzen werden. Die Kinder nehmen es wahr, wie Sie ihn bewältigen. Wenn Sie lächeln und singen und leugnen, dass Sie wütend sind, lernen sie, ihre Gefühle ebenfalls zu verbergen (und sie lernen, dieselben zweideutigen Botschaften zu übermitteln wie Sie). Wenn Sie aber Ihre Energie dafür nutzen, der Quelle des Problems und dem Problemlösen zu begegnen, lernen sie diese Art, mit Konflikten umzugehen. Oder sie können, falls eine solche Auseinandersetzung nicht angemessen ist, Ihre Bewältigungsmechanismen lernen, wie zum Beispiel, dass Sie Ihre Gefühle dadurch verarbeiten, dass Sie über sie sprechen, dass Sie sie in körperliche Bewegung oder körperlichen Ausdruck umlenken oder beruhigende Aktivitäten ausführen (für einige Erwachsene ist das Geschirrspülen genauso beruhigend wie für Kinder das Spiel mit Wasser).

Kurzum, Verhalten modellhaft vorzuleben ist effektiver, als es zu lehren. Denken Sie nur an Ihre eigenen Gewohnheiten, Eigenarten, Einstellungen, Gesten und Ausdrucksweisen, die direkt von Ihren Eltern bzw. einem Elternteil stammen. Wir übernehmen Verhaltensweisen und Eigenarten, ohne uns dessen überhaupt bewusst zu sein und ohne dass sie uns beigebracht wurden. Als Betreuerin oder Betreuer müssen Sie sich des Verhaltens, das Sie modellhaft vorleben, bewusst sein, damit das, was Sie tun, mit dem übereinstimmt, was Sie sagen.

Natürlich kann niemand die ganze Zeit Modell sein. Jeder hat Verhaltensweisen, von denen er lieber nicht möchte, dass Kinder sie nachahmen. Wenn Sie von sich erwarten, ein perfektes Modell zu sein, schaffen Sie die Voraussetzung für Enttäuschung. Ihr Umgang mit Ihren eigenen Schwächen, Ihren eigenen Unzulänglichkeiten und Ihrem Menschsein ist jedoch auch modellhaftes Verhalten. Wenn Sie zum Beispiel einen Fehler machen, können Sie den Kindern dadurch, dass Sie sich selbst vergeben, zeigen, dass Fehler vergeben werden können. Wenn Sie nach etwas Bedarf haben, können Sie sich um Ihre Bedürfnisse kümmern und den Kindern damit modellhaft vorführen, dass es wichtig ist, auf Bedürfnisse zu reagieren.

Wenn Sie das modellhafte Vorleben von Verhalten auf die bewusste Wahrnehmungsebene heben, können Sie darüber Entscheidungen treffen. Weil die Kinderpflege bereits eine schwierige Aufgabe ist, sollten Sie besser alle Mittel, die Sie haben, für sich arbeiten lassen.

Zusammenfassend lässt sich sagen, dass es zur Erwachsenenrolle bei der Säuglings- und Kleinkinderziehung gehört, eine angemessene Menge an Stress zuzulassen, wenn ein Kind versucht, ein Problem zu lösen; angemessen auf das Verlangen nach Aufmerksamkeit zu reagieren; Feedback zu geben und erwünschtes Verhalten modellhaft vorzuführen. Die Rolle der Säuglings- und Kleinkindzieherin kann zu jeder Zeit ausgeführt werden – während der Ausführung von Pflegeaktivitäten oder wenn die Kinder ohne Anleitung spielen.

Die Säuglings- und Kleinkinderziehung

Das Schwerste an der Säuglings- und Kleinkinderziehung ist es, sie Menschen zu erklären zu versuchen, die denken, dass Lernen nur bei Aktivitäten schulischer Art stattfindet. Sich auf folgende Frage eine Antwort zu überlegen, ist eine gute Aufgabe zur Vorbereitung auf Ihre Arbeit als Betreuerin oder Betreuer von Säuglingen und Kleinkindern: „Lernen Kinder etwas in ihrem Programm oder spielen sie nur?" Diese Frage wird Ihnen ganz bestimmt zu irgendeinem Zeitpunkt in Ihrem Berufsleben gestellt werden. Oder Sie werden vielleicht gefragt: „Dient Ihr Programm der Erziehung oder ist es nur Babysitting?" Eine kurze, überzeugende Antwort sollten Sie dann parat haben.

Angemessenes praktisches Vorgehen

Überblick über die Entwicklung

Der *National Association for the Education of Young Children (NAEYC)* zufolge ist qualitativ hochwertige Pflege eine Kombination aus Pflege und Erziehung. Qualitativ hochwertige Pflege setzt unter anderem voraus, dass erkannt wird, dass es in der Altersstufe von 0 bis 3 Jahre eine große Spannweite an entwicklungsmäßigen Unterschieden gibt und deshalb eine Aufgliederung in drei Stufen notwendig ist: in junge Säuglinge (Geburt bis 9 Monate), mobile Säuglinge (8 bis 18 Monate) und Kleinkinder (16 bis 36 Monate). Jede Altersgruppe braucht eine speziell an ihre Entwicklung angepasste Umgebung und ganz bestimmte Reaktionen der Betreuerinnen. Damit ein Programm erzieherisch wirken kann, muss die Betreuerin eine sichere, interessante, der Entwicklung angemessene und geregelte Welt schaffen. Hierfür ist es erforderlich, dass die Pflege individuell abgestimmt ist, in kleinen Gruppen und durch Hauptbetreuerinnen erfolgt. Kontinuität in der Pflege ist ebenfalls wichtig, damit Säuglinge und Kleinkinder für die Zeit von (idealerweise) drei Jahren bei derselben Betreuerin sind. Pflege wirkt erzieherisch, wenn sie der Entwicklung und der Kultur angemessen ist und wenn die Betreuerinnen beim Interagieren einfühlsam auf die Kinder reagieren.

Quelle: J. Ronald Lally, Abbey Griffin, Emily Fenichel, Marilyn Segal, Eleanor Szanton und Bernice Weissbourd (1997): Development in the First Three Years of Life. In: *Developmentally Appropriate Practice in Early Childhood Programs* (überarb. Aufl.). Washington, D.C., National Association for the Education of Young Children.

Der Entwicklung angemessenes praktisches Vorgehen

Das Folgende sind Beispiele für der Entwicklung angemessene Methoden, die mit der Säuglings- und Kleinkinderziehung zusammenhängen:

- Kontinuität in der Pflege ist in einem ausreichenden Maß vorhanden, um zu gewährleisten, dass jeder Säugling (und dessen Familie) eine Beziehung mit einer Hauptbetreuerin aufbauen kann. Weil die Betreuerin einige Säuglinge mit der Zeit sehr gut kennen lernt, ist sie in der Lage, auf das Temperament und die Bedürfnisse eines jeden Babys sowie die von ihm ausgehenden Signale einzugehen und gemeinsam mit jedem Kind und jeder Familie ein wechselseitig befriedigendes Kommunikationsmuster zu entwickeln.
- Die Erwachsenen haben mit den Säuglingen viele persönliche Interaktionen zu zweit und von Angesicht zu Angesicht. Die Erwachsenen sprechen mit einer angenehmen, ruhigen Stimme, benutzen eine einfache Sprache und stellen häufig Augenkontakt her, während sie auf die Zeichen, die das Baby ihnen gibt, reagieren und eingehen.
- Den ganzen Tag über finden warme, durch einfühlsames Reagieren gekennzeichnete Interaktionen mit Säuglingen statt. Indem die Erwachsene die Signale des Babys beobachtet, ist sie in der Lage, zu beurteilen, wann das Baby gehalten, an einen anderen Platz oder in eine andere Stellung gebracht werden möchte. Die Erwachsenen sprechen viel mit den Babys über das, was gerade passiert, insbesondere mit älteren Säuglingen.
- Kinder werden für ihre Leistungen gewürdigt und ihnen wird geholfen, sich immer kompetenter zu fühlen und immer stärker das Gefühl zu haben, sich selbst unter Kontrolle zu haben.

Quelle: Bredekamp, S. und Copple, C. (Hg.) (1997): *Developmentally Appropriate Practice in Early Childhood Programs* (überarb. Aufl.). Washington, D.C., National Association for the Education of Young Children.

Individuell angemessenes praktisches Vorgehen

Die regelmäßigen Pflegeaktivitäten müssen individuell auf jedes Kind zugeschnitten werden, um dessen spezielle Bedürfnisse zu befriedigen. Ein Säugling muss vielleicht in einer ganz bestimmten Stellung auf dem Wickeltisch platziert werden, um sich nicht zu versteifen, ein anderer vielleicht auf ein Kissen gelegt werden, weil er keinen direkten Hautkontakt mag. Wieder ein anderer könnte eine zusätzliche Stütze brauchen, um aufrecht sitzen und alleine ein paar Häppchen essen zu können.

Kulturell angemessenes praktisches Vorgehen

Betreuerinnen und Eltern haben möglicherweise unterschiedliche Ansichten darüber, ob Kinder alleine essen oder gefüttert werden sollen. In Familien, in denen Kinder die ersten paar Jahre mit dem Löffel gefüttert werden, ist die Vorstellung vielleicht beunruhigend, dass es den Kindern in den ersten zwei Jahren selbst überlassen wird, sich das Essen zu nehmen und in den Mund zu schieben. Wie eine Mutter sagte: „Ich liebe es, mein Baby zu füttern. Ich möchte nicht damit aufhören, nur weil er jetzt alleine essen kann. Das Füttern ist etwas, mit dem ich ihm zeige, dass ich ihn liebe." Denken Sie daran, dass angemessenes Vorgehen bedeutet, dass

Betreuerinnen und Eltern sich beraten, wenn Entscheidungen darüber zu treffen sind, wie die Entwicklung des Kindes am besten unterstützt oder wie mit Problemen oder Meinungsunterschieden umgegangen wird, wenn sie auftreten.

Und jetzt Sie ...
Sehen Sie sich noch einmal die Szene „Prinzipien in der Praxis" auf S. 76 an und überdenken Sie Ihre Antworten. Würden Sie nun, nachdem Sie dieses Kapitel gelesen haben, einige Fragen anders beantworten? Analysieren Sie jetzt die Szene anhand der Information im letzten Gliederungspunkt von „Der Entwicklung angemessenes praktisches Vorgehen".

- Hat die Betreuerin Jasmines Leistung gewürdigt? Hat Sie Jasmine Ihrer Meinung nach geholfen, sich immer kompetenter zu fühlen und verstärkt das Gefühl zu haben, die Kontrolle über sich selbst zu haben?

Sehen Sie sich jetzt den Abschnitt „Kulturell angemessenes praktisches Vorgehen" an.

- Wie hätte diese Szene anders ablaufen können, wenn es in der Kultur, aus der Jasmine stammt, als Aufgabe der Erwachsenen angesehen würde, das Problem für sie zu lösen, statt sie das Problem selbst lösen zu lassen?
- Was könnten Sie tun, wenn sich der Ansatz der Betreuerin und der Ansatz der Familie unterschieden?

Zusammenfassung

Säuglings- und Kleinkinderziehung ist nicht ...
- die Stimulierung von Säuglingen bzw., dass mit Babys etwas in der Absicht getan wird, ihre Sinne zu stimulieren. Dies gehört nicht zu den Schwerpunkten des in diesem Buch vertretenen Ansatzes der Säuglings- und Kleinkindererziehung.
- Babysitting oder bloßes Aufpassen auf sehr kleine Kinder zur Wahrung ihrer Sicherheit. Solch ein Ansatz ignoriert die Tatsache, dass ausgebildete Kinderpflegerinnen gebraucht werden, die verstehen, dass Pflege und Erziehung zusammengehören.
- ein Vorschulmodell, insbesondere eines, bei dem nur während des täglichen Morgenkreises sowie zu Zeiten, wenn spezielle Aktivitäten für die Kinder angeboten werden, der Schwerpunkt auf das Erzieherische gelegt wird.

Im Blickpunkt: Die Betreuerin

Säuglings- und Kleinkinderziehung ist ...
- auf einer Grundlage aufgebaut, die Curriculum genannt wird. Ein Curriculum ist ein Lernplan.
- die Art und Weise, wie ausgebildete Erwachsene sich in einer interessanten, auf Bedürfnisse und Entwicklung der Kinder abgestimmten Umgebung auf die Probleme konzentrieren, denen Säuglinge im täglichen Leben begegnen, und sie verstehen.
- die Art und Weise, wie ausgebildete Erwachsene Vorkehrungen für das Problemlösen treffen, es unterstützen und gelegentlich erleichtern, jedoch nur dann, wenn Säuglinge zeigen, dass sie Hilfe brauchen.
- die Aufgaben, die ausgebildete Erwachsene übernehmen, um Säuglinge beim Problemlösen zu unterstützen: Sie bestimmen optimale Stresslevels, bringen jedem Kind angemessene Aufmerksamkeit entgegen, geben angemessenes Feedback und leben modellhaft das Verhalten vor, das sie sich von den Kindern wünschen.

Schlüsselbegriffe

Anekdotische Aufzeichnungen / Dokumentationsmaterial / Erziehungsphilosophie / Fortlaufende Aufzeichnungen / Modellhaftes Vorführen / Optimaler Stress / Positive Verstärkung / Präsenz der Betreuerin / Stimulierung von Säuglingen / Zone der nächsten Entwicklung

Fragen und Aufgaben

1. Wodurch unterscheidet sich ein Betreuungsprogramm, das mit der Stimulierung von Säuglingen arbeitet, von einem, das auf Säuglingserziehung fokussiert?
2. Welche vier Rollen können Erwachsene bei der Säuglings- und Kleinkinderziehung übernehmen?
3. Wie würden Sie den Begriff „Curriculum" im Zusammenhang mit einem Säuglings- und Kleinkindprogramm in einer Kindertagesstätte definieren? Würde die Definition bei einer Familientagespflegestelle anders lauten?

4. Überlegen Sie sich eine Antwort, die Sie einer Mutter oder einem Vater geben würden, wenn sie oder er fragt: „Lernen die Kinder in Ihrem Programm etwas oder spielen sie nur?" Wie können Sie erklären, dass Ihr Programm erzieherisch wirkt und nicht „nur Babysitting" ist?

Weiterführende Literatur

Brazelton, T. Berry und Greenspan, Stanley (2000): *The Irreducible Needs of Children.* Cambridge, Mass., Perseus.

Carlebach, Diane und Tate, Beverly (2002): *Creating Caring Children: The First Three Years.* Miami, Peace Education Foundation.

Cook, Ruth E., Tessier, Annette und Kleine, Diane M. (2000): *Adapting Early Childhood Curricula for Children in Inclusive Settings.* Columbus, Ohio, Merrill.

David, Miriam und Appell, Geneviève (2001): *Lóczy: An Unusual Approach To Mothering.* Übersetzung von *Lóczy Ou Le Maternage Isolite* von Jean Marie Clark; überarbeitete Übersetzung von Judit Falk. Budapest, Association Pikler-Loczy for Young Children.

DeJong, Lorraine und Hansen Cottrell, Barbara (1999): Designing Infant Child Care Programs to Meet the Needs of Children Born to Teenage Parents. In: *Young Children 54,* 1, January, 37-45.

Gandini, Lella und Edwards, Carolyn Pope (Hg.) (2001): *Bambini: The Italian Approach to Infant/Toddler Care.* New York, Teachers College Press.

Gerber, Magda (1998): *Dear Parent: Caring for Infants with Respect.* Los Angeles, Resources for Infant Educarers.

Gonzalez-Mena, Janet (2004): What Can an Orphanage Teach Us? Lessons from Budapest. In: *Young Children,* September, 27-30.

Kohn, Alfie (2001): Five Reasons to Stop Saying 'Good Job'. In: *Young Children 56,* 5, September, 24-28.

Petersen, Sandy, Bair, Katherine und Sullivan, Anita (2004): Emotional Well-being and Mental Health Services: Lessons Learned by Early Head Start Region VIII Programs. In: *Zero to Three 24,* 6, 47-53.

Rofrano, Frances (2002): I Care for You: A Reflection of Caring as Infant Curriculum. In: *Young Children 57,* 1, January, 49-51.

Segal, Marilyn, Masi, Wendy und Leiderman, Roni (2001): *In Time and With Love: Caring for Infants and Toddlers with Special Needs.* New York, New Market Press.

Kapitel 3

Pflege als Curriculum

Schwerpunktfragen

Nachdem Sie dieses Kapitel gelesen haben,
sollten Sie in der Lage sein, folgende Fragen zu beantworten:

1. Wie werden bei der Pflege die Beziehungen aufgebaut, auf die das Curriculum angewiesen ist?
2. Zum Curriculum gehört, dass Vorkehrungen dafür getroffen werden, dass Lernen stattfinden kann und Lernen steht im Zusammenhang mit Bindung. Nennen Sie Möglichkeiten, wie Programme für Bindung sorgen können.
3. Wie können Betreuerinnen die langfristigen und unmittelbaren Bedürfnisse von Säuglingen und Kleinkindern ermitteln und die Entwicklung der Kinder einschätzen?
4. Was sind regelmäßige Pflegeaktivitäten? Nennen Sie sechs.

Was sehen Sie?

Vier Kleinkinder sitzen an einem niedrigen Tisch und beobachten aufmerksam einen Betreuer, der mehrere Plastikbecher in der Hand hält. Er dreht sich zu dem Kind zu seiner Rechten und hält ihm zwei Becher hin. „Möchtest du den grünen oder den blauen, Aiesha?", fragt er, wobei er erst den einen und dann den anderen Becher vorstreckt. Aiesha greift nach dem blauen. Der Betreuer stellt den anderen Becher auf einen Tisch hinter ihm, nimmt von dort einen Krug und stellt ihn vor sich.

„Jetzt hat jeder einen Becher", sagt er und sieht die erwartungsvollen Kinder an. „Hier ist der Saft – es ist Apfelsaft", sagt er und gießt etwas Saft in einen winzigen Krug. Er reicht ihn Xian, der den Krug greift, ganz aufgeregt gießt und dabei seinen Becher verfehlt.

Der Betreuer gibt ihm einen Lappen. „Hier ist ein Lappen für den verschütteten Saft", sagt er ruhig. Xian schlägt schnell nach der Saftpfütze und betrachtet dann gewissenhaft den Saft, der noch im Krug ist. Mit präziser Bewegung gießt er den kleinen Rest in seinen Becher. Er stellt den Krug ab und konzentriert sich dann mit einem zufriedenen Gesichtsausdruck auf seinen Becher.

„Du bist dran, Nicole", sagt der Betreuer, füllt den Krug wieder auf und reicht ihn ihr. Sie nimmt den Krug, schenkt sich etwas Saft ein und schiebt den Krug dann weiter zum nächsten Kind, das ihn dankbar in Empfang nimmt. Das Kind daneben schlägt mit seinem Becher auf den Tisch und schreit: „Ich!"

„Du willst deinen Saft, Yei Hoon", sagt der Betreuer.

„Nein!", sagt Yei Hoon mit Nachdruck.

„Müsli?", fragt der Betreuer und greift nach einer Schüssel mit trockenen Feldfrüchten.

„Nein", wiederholt Yei Hoon und zeigt mit dem Finger auf eine Dose mit Rosinen.

„Oh, du möchtest Rosinen", sagt der Betreuer.

„Rosinen!", wiederholt Yei Hoon vorsichtig. Er nimmt sie mit Freude in Empfang und macht mit Daumen und Zeigefinger eine Zangenbewegung, um vorsichtig zwei Rosinen aufzunehmen und in den Mund zu stecken. Zufrieden sitzt er da, kaut und lutscht an den Rosinen, ohne seine Finger wieder aus dem Mund zu nehmen.

Behalten Sie diese Szene im Gedächtnis, wenn Sie dieses Kapitel lesen, und beginnen Sie über Pflege als Curriculum nachzudenken. Wir werden später noch einmal zu dieser Szene zurückkehren.

Das Curriculum für Säuglinge und Kleinkinder – weitere Überlegungen

Wie bereits gesagt, können auf ein höheres Erziehungsniveau ausgerichtete Curricula auf den Geist alleine fokussieren, doch funktioniert dies für Säuglinge und Kleinkinder nicht. Es ist auf diesem Anfangsniveau nicht möglich, geistige und andere Bedürfnisse voneinander zu trennen. In Kapitel 2 wurde erklärt, dass ein Schwerpunkt des Curriculums auf Problemlösen liegt. Dieses Kapitel sowie das nächste, in dem es ums Spielen geht, bieten zahlreiche Beispiele für

Gelegenheiten, bei denen Säuglinge lernen, wie sie alle möglichen Probleme lösen können. Säuglinge werden gute Problemlöser, wenn sie in einer vertrauensvollen Beziehung stehen. Dieses Kapitel fokussiert darauf, wie diese Art von Beziehung durch die bei regelmäßigen Pflegeaktivitäten wie Wickeln und Füttern stattfindenden Interaktionen zwischen Erwachsenen und Säuglingen oder Kleinkindern ihren Anfang nimmt und sich entwickelt.

Wie andere curriculare Ansätze, so stützt sich auch der hier vorgestellte auf Aktivitäten; jedoch sind die Aktivitäten, die wir als die wichtigsten ansehen, *nicht* diejenigen, die Erwachsene speziell in die Wege leiten, damit Kinder etwas lernen, sondern diejenigen, die den Tag lang stattfinden, *jeden Tag* – die essenziellen Aktivitäten des täglichen Lebens oder regelmäßigen Pflegeaktivitäten. Wenn das Wort *Aktivität* in diesem Buch vorkommt, bezieht es sich also normalerweise, anders als in anderen Büchern, auf regelmäßige Pflegeaktivitäten. Wir möchten ebenfalls klar zum Ausdruck bringen, dass das Wort *Curriculum* nicht einfach für jeden althergebrachten Ansatz des Wickelns, Anziehens, Pflegens, Waschens oder Fütterns gilt, sondern für einen bewusst durchdachten, wohl überlegten Ansatz. Darum geht es in diesem Kapitel – wie man die Methoden anwendet, die aus alltäglichen Routineaktivitäten ein Curriculum machen. Wir basieren diesen curricularen Ansatz auf Emmi Piklers Arbeit in Ungarn sowie darauf, was Magda Gerber und Kolleginnen von *Ressources for Infant Educarers* (RIE) in den USA lehren.

Lassen Sie uns einen Blick auf die Merkmale von Pflegeaktivitäten werfen, die Lernen und Entwicklung fördern. Wie in Kapitel 1 erklärt wurde, sind die Interaktionen durch Respekt, aufmerksames Reagieren und Reziprozität gekennzeichnet. Die von Betreuerinnen benötigten Fähigkeiten schließen das Vermögen mit ein, laufend zu beobachten und zu beurteilen, damit die Interaktionen eine jede für sich effektiv sind und eine enge, warme, einfühlsame Beziehung zwischen dem Kind und der Erwachsenen fördern.

Bindung

Ein wichtiges Element des bei Pflegeaktivitäten zur Anwendung kommenden Curriculums ist **Bindung** – eine enge Verbindung zu einer besonderen Person. Durch einfühlsame Interaktionen bei der Pflege wächst die Bindung, insbesondere, wenn Beständigkeit gegeben ist und Kinder die Person, die sie versorgt, mit der Zeit kennen. Entwicklung, Lernen und Bindung sind in höchstem Maße miteinander verknüpft. In der Bindung wurzeln Gefühle von Vertrauen und Sicherheit. Lebenslanges Lernen und bestimmte Einstellungen können auf dem Wickeltisch initiiert werden, wenn die Babys gewaschen, angezogen und gepflegt werden, sowie beim Füttern. Die essenziellen Aktivitäten des täglichen Lebens bieten vielfache sensorische Erfahrungen, viel Freude und Befriedigung und eine Gelegenheit, soziale und physische Fähigkeiten zu erlernen – die alle zusammen die Basis für den Intellekt bilden. Durch Interaktionen mit immer denselben Betreuerin werden tatsächlich Strukturen im Gehirn aufgebaut, die nachhaltige kognitive Wirkung haben. Dies stützt unseren Standpunkt, dass Pflege ein Curriculum ist.

Kleine Kinder brauchen eine Bindung zu jemandem, der ihnen wiederum das Gefühl gibt, dass sie wichtig sind – dass sie etwas bedeuten. Auch wenn die meisten in der Kinderbetreuung untergebrachten Säuglinge und Kleinkinder eine Bindung zu ihren Eltern bzw. zu einem Elternteil haben, ist eine Bindung zu Betreuerinnen von zusätzlichem Vorteil, wenn sie viele Stunden von ihren Eltern getrennt verbringen sollen. Betreuerinnen und Kinder profitieren beide von der Bindung, da hierdurch die Kommunikation verbessert wird und Bedürfnisse verstanden werden. Die Betreuerin wird mit den Gefühlen belohnt, die das Kind ihr entgegenbringt, und das Kind bekommt das Gefühl, wichtig zu sein. Durch Bindung weiß das Kind, dass man sich etwas aus ihm macht und es versorgt.

Grundsätze, die dazu beitragen, dass Pflege zum Curriculum wird

Drei Grundsätze müssen gelten, damit aus Pflegeaktivitäten ein Curriculum wird.[1]

- Prinzip der Hauptbetreuung
- Beständigkeit
- Kontinuität in der Pflege

Lassen Sie uns jeden dieser Grundsätze genauer untersuchen. Bindung wird dadurch gefördert, dass jeder Betreuerin im Rahmen eines **Systems aus Hauptbetreuerinnen** eine kleine Anzahl Säuglinge oder junger Kleinkinder zugeteilt wird. Dahinter steht die Idee, dass Betreuerinnen, die drei oder vier Kinder als ihre eigenen speziellen Schützlinge ansehen, eine stärkere Bindung fördern können, als es möglich wäre, wenn die Bindung dem Zufall überlassen bliebe oder alle Betreuerinnen ohne Unterschied mit der gesamten Gruppe zu tun hätten. Einige Menschen machen sich, wenn sie von einem System aus Hauptbetreuerinnen hören, Sorgen, dass die Kinder eine zu starke Bindung an die Hauptbetreuerin entwickeln könnten und dann leiden, wenn diese Person in Urlaub geht oder krank ist. Diese Bedenken sind legitim. Deshalb ist es wichtig, ein System aus Teams zu schaffen, damit immer eine vertraute Erwachsene anwesend ist, selbst wenn die Hauptbetreuerin nicht da ist. In einem reibungslos funktionierenden System aus Hauptbetreuerinnen interagieren Betreuerinnen auch mit anderen Kindern als ihren speziellen Schützlingen.

Es ist wichtig, Beständigkeit in der Betreuung anzustreben. Wenn Veränderungen sorgfältig durchdacht und auf ein Minimum beschränkt werden, lernen Säuglinge und Kleinkinder, dass sie vorhersagen können, was passieren wird. Ihre Gefühle der Machtlosigkeit werden minimiert und es wächst ein Gefühl der Sicherheit. Magda Gerber hat klar gesagt, dass die Dinge auf die Art getan werden sollten, die das Kind gewohnt ist, damit es nicht immer dadurch aus dem Gleichgewicht geworfen wird, dass es versucht, sich ständig an etwas Neues zu gewöhnen. In den Vereinigten Staaten, wo Neues hochgeschätzt wird, bereitet es Eltern möglicherweise Probleme, dieser Idee von Beständigkeit zuzustimmen.

Das Pikler-Institut hat feste Grundsätze im Hinblick auf Vorhersagbarkeit.[2] Babys werden von jeder Betreuerin auf dieselbe Art hochgenommen. Ihre regelmäßigen Pflegeaktivitäten werden jeden Tag auf dieselbe Art ausgeführt. Junge Babys werden immer in derselben Reihenfolge gefüttert, damit sie mit der Zeit wissen, wann sie an der Reihe sind. Menschen, die die Abläufe im Pikler-Institut beobachten, sind beeindruckt von dem Maß an Vorhersehbarkeit, das sie dort erleben. Dass immer dieselbe Person für einen da ist, mit der man auf vorhersehbare Art zu tun hat, ist Teil von Beständigkeit. Die Betreuerinnen sind zudem darin geschult, keine extrem gute oder schlechte Stimmung zu zeigen, damit die Kinder nicht dadurch verwirrt werden, dass sie an einem Tag überschwängliche Umarmungen und Küsse bekommen und am nächsten Tag überhaupt nichts. Emmi Pikler hat im Übrigen klar gemacht, dass Betreuerinnen niemals mehr versprechen sollten, als sie in der Lage sind einzulösen, damit die Beziehung, die

die Betreuerin mit dem Kind aufbaut, eine ganz besondere ist. Die Beziehung sollte eng sein, aber sie sollte distanziert genug sein, um zu ermöglichen, dass das Kind die Einrichtung verlassen und Teil einer Familie sein kann, ohne durch die Trennung von der Betreuerin am Boden zerstört zu sein.

Kontinuität in der Betreuung – d. h., dass ein Kind jahrelang bei derselben Betreuerin bleibt – fehlt in Programmen, in denen Kinder jedes Mal, wenn sie eine andere Entwicklungsstufe erreichen, „aufsteigen" und dabei ihren alten Raum und ihre Erzieherin sowie manchmal, abhängig von den Grundsätzen des Programms, sogar ihre Gefährten zurücklassen. In einigen Programmen, die Babys in der Zeit der ersten drei Lebensmonate aufnehmen, wechseln die Kinder vor ihrem ersten Geburtstag mehrmals die Umgebung. Andere Programme folgen dem Schulmodell und weisen den Kindern jedes Jahr einen neuen Raum und eine neue Erzieherin zu. Ein Programm, das Kontinuität in der Betreuung wertschätzt, findet Wege, um die Gruppe mit denselben Erwachsenen zusammenzulassen und entweder die Umgebung anzupassen oder die Gruppe in einen neuen Raum umziehen zu lassen, wenn die Kinder für den alten zu groß geworden sind.

Einschätzung

Jedes Curriculum hängt davon ab, dass die Betreuerinnen die Bedürfnisse und Interessen von Kindern als Individuen und in der Gruppe ermitteln. In Kapitel 2 ging es um die Einschätzung der Bedürfnisse durch Beobachtungen, Aufzeichnungen und Entwicklungsprofile. Hier betrachten wir die Einschätzung in Bezug darauf, wie festgestellt wird, was ein Kind zu einem bestimmten Zeitpunkt braucht. Dies ist der erste Schritt bei der Ausführung von Pflegeaufgaben. Säuglinge und Kleinkinder können Ihnen nicht immer zu verstehen geben, was sie brauchen, deshalb müssen Sie lernen, Zeichen zu deuten. Bindung ist hierbei eine Hilfe, weil Sie Kinder gut genug kennen lernen, um, wie es Prinzip 3 sagt, ihre einzigartigen Kommunikationsformen zu verstehen.

> **Überlegen Sie ...**
>
> Wie ermitteln Sie Ihre eigenen Bedürfnisse und wie erreichen Sie es, dass sie befriedigt werden? Können Sie sich an ein Mal erinnern, als Sie etwas brauchten, das Sie sich nicht selbst beschaffen konnten? Wie haben Sie dieses Bedürfnis kommuniziert? Waren Sie dabei offen und ehrlich? Wurde Ihre Botschaft angenommen? Haben Sie erreicht, was sie wollten?

Wenn Sie Zeichen dafür wahrnehmen, dass ein Kind oder eine Gruppe ein Bedürfnis hat, fassen Sie das, was Sie bemerken, in Worte. Wenn Sie nicht sicher sind, was die Zeichen bedeuten, fragen Sie laut und deutlich – mit Worten – auch bei sehr jungen Säuglingen. Suchen Sie mit Ihren Blicken, Ihrem Gehör und Ihrem Gefühl nach der Antwort. Wenn Sie beginnen, das Kommunikationssystem des Kindes zu begreifen, bekommen Sie ihre Antwort möglicherweise direkt vom Kind. Dadurch, dass Sie diesen Ansatz wählen, beginnen sie damit, ein wechselseitiges Kommunikationsmuster aufzubauen, das dem Kind für den Rest seines Lebens eine Hilfe sein wird. Kinder (selbst die jüngsten), die dazu ermuntert werden, ihre Bedürfnisse und Interessen zum Ausdruck zu bringen, können recht geschickt darin werden, genau dies zu tun. Seien Sie sich aber auch der Tatsache bewusst, dass es nicht in allen Kulturen angemessen ist, Bedürfnisse direkt zu äußern, seien Sie also sensibel dafür, was die Eltern für ihre Kinder wünschen.

Erwachsene entwickeln zuweilen eine eigenartige Methode, auf die Signale eines Kindes zu reagieren, mit denen es ausdrückt, dass es etwas braucht. „Oh, er ist müde, er muss ein bisschen schlafen", kann die Standardreaktion einer Betreuerin sein. Eine andere Betreuerin will vielleicht alle missgestimmten Kinder füttern. Oder eine Betreuerin richtet sich nach ihrem eigenen Bedürfnis. Die Betreuerin, die meint, dass die Heizung zu niedrig eingestellt ist, sagt vielleicht: „Ihm ist kalt", trotz der Tatsache, dass das Kind sich sehr warm anfühlt. Kinder, denen etwas zu essen gegeben wird, wenn sie keinen Hunger haben, oder die warm eingepackt werden, wenn ihnen nicht kalt ist, können die Fähigkeit verlieren, zu ermitteln, was sie brauchen, oder sie können lernen, ein Bedürfnis durch ein anderes zu ersetzen. Gewiss funktioniert es oft, ein Kind mit der Flasche zu trösten, auch wenn es gar keine Nahrung braucht. So kann die Flasche ein Ersatz für Liebkosung oder Aufmerksamkeit werden. Wie viele Erwachsene greifen nicht automatisch nach Essen, wenn sie irgendein ganz anderes Bedürfnis haben? Dieses Verhalten kann schon in den ersten Lebensjahren gelernt werden.

Bei der Betreuung von Säuglingen und Kleinkindern passiert es manchmal, dass die Bedürfnisse oder Interessen einer Erwachsenen oder der Gruppe mit den Bedürfnissen oder Interessen eines einzelnen Kindes im Konflikt liegen. Ein Kind muss aus einem Mittagsschlaf aufgeweckt werden, weil es Zeit ist, nach Hause zu gehen, oder ein Kind muss aus irgendeinem Grund frühzeitig gefüttert werden bzw. länger darauf warten, gefüttert zu werden. Am Pikler-Institut werden die Säuglinge in einer bestimmten Reihenfolge gefüttert, welche die Kinder mit der Zeit gut kennen. Auch wenn sie möglicherweise protestieren, wenn sie warten müssen, wissen die Kinder doch, dass sie bald gefüttert werden. Sie lernen, darauf zu vertrauen, dass sie an die Reihe kommen werden, und sie lernen, vorherzusagen. Wenn Dinge sich ständig ändern, sind die Kinder verwirrt. Wenn Beständigkeit vorherrscht, wissen sie, was passieren wird, und fühlen sich gestärkter, als wenn sie Dinge weder vorhersehen noch steuern können.

Ein paar Worte über das Weinen: Weinen ist eine Form der Kommunikation. Wenn Erwachsene es als solche betrachten, denken sie anders darüber, als wenn sie es als etwas Störendes und Lästiges wahrnehmen, von dem sie einfach möchten, dass es verschwindet. Das hungrige Baby, das weint, muss wahrgenommen werden, auch wenn Sie seine Bedürfnisse nicht sofort befriedigen können. Es kommuniziert.

Kinder können damit fertig werden, wenn ihre individuellen Bedürfnisse vorläufig auf Eis gelegt werden. Sie sind **resilient** oder widerstandsfähig – das bedeutet, dass sie sich auf Entbehrungen einstellen oder von ihnen erholen können. Jedoch kann es dauerhaften Schaden anrichten, wenn sehr junge Kinder ständig warten müssen und keine Möglichkeit haben, vorherzusehen, wann sie an die Reihe kommen werden. Wenn die Bedürfnisse und Interessen der Erwachsenen und des Programms immer Priorität vor den Bedürfnissen und Interessen von Säuglingen und Kleinkindern haben oder wenn die Befriedigung von Bedürfnissen völlig unüberlegt erfolgt, kann dies für die Kinder langfristig negative Auswirkungen haben.

Regelmäßige Pflegeaktivitäten

Denken Sie beim Lesen der folgenden Seiten an die in Kapitel 1 vorgestellten Prinzipien. Sie sind ein integrales Thema in diesem Abschnitt. Damit regelmäßige Pflegeaktivitäten zum Curriculum werden können, dürfen sie nicht mechanisch ausgeführt werden. Jedes Mal, wenn eine Betreuungsperson auf eine Art interagiert, bei der sie sich während der Durchführung einer dieser essenziellen Aktivitäten des täglichen Lebens vollkommen auf das individuelle Kind konzentriert, werden mit der derart verbrachten Zeit Bindungen gefördert. Wenn Betreuungspersonen mit dem Körper eines Kindes hantieren, aber ihre Aufmerksamkeit derweil auf etwas anderes richten, verpassen sie die Gelegenheit, das Kind eine intime menschliche Interaktion erfahren zu lassen. Es ist die bei diesen zahlreichen Interaktionen entstehende Akkumulation von Vertrautheit, die aus ganz gewöhnlichen Aufgaben ein auf Beziehungen basierendes Curriculum macht.

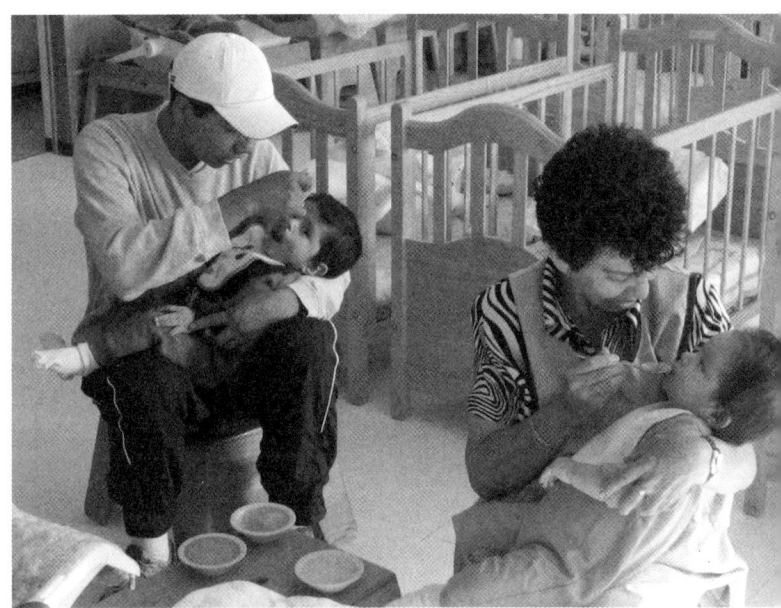

Beim Füttern entstehen Bindungen.

Füttern

In Säuglings- und Kleinkindprogrammen, sowohl in Kindertagesstätten als auch bei der Familientagespflege, sollten bestmögliche Vorkehrungen für stillende Mütter getroffen werden. Hiervon profitieren Mütter wie Säuglinge, auch wenn es den Betreuerinnen vielleicht weniger gelegen kommt. Helfen Sie der Mutter dabei, sich willkommen zu fühlen, und stellen Sie einen Platz bereit, an dem sie und ihr Säugling es ruhig und bequem haben.

Säuglinge, die mit der Flasche gefüttert werden, verdienen dieselbe Art von ungeteilter Aufmerksamkeit und körperlicher Nähe, die Säuglinge erhalten, die gestellt werden. Eine gut organisierte Einrichtung wird Wege finden, eine Betreuerin übergangsweise von ihrer sonstigen Arbeit freizustellen, damit sie sich hinsetzen, einen Säugling halten und füttern kann, ohne immer wieder aufspringen zu müssen, um sich um die Bedürfnisse anderer Kinder zu kümmern. Diese **freigestellte Zeit** ist in der Familientagespflege schwerer zu bekommen, jedoch können Betreuerinnen, die es sich zu einer Priorität machen, jedes Baby zu halten, während sie es füttern, auch Möglichkeiten hierfür finden.

Stellen Sie sich vor, Sie wären ein Säugling mit einem Lätzchen um den Hals.

Hören Sie, wie eine vertraute Stimme zu Ihnen sagt: „Hier ist etwas Apfelmus für dich." Schauen Sie sich um und erblicken Sie einen Löffel, eine Hand und dahinter einen kleinen Teller mit Apfelmus. Nehmen Sie sich die Zeit, alles wirklich wahrzunehmen. Spüren Sie die Behaglichkeit und die Vorfreude. Hören Sie, wie dieselbe Stimme sagt: „Bist du bereit?" Sehen Sie, wie sich der Löffel Ihrem Gesicht nähert. Sie haben reichlich Zeit, um Ihren Mund für den Löffel Apfelmus zu öffnen. Sie fühlen das Apfelmus in Ihrem Mund. Sie schmecken es. Sie nehmen die Konsistenz und die Temperatur wahr. Sie erforschen diese kleine Portion Apfelmus gründlich, bevor Sie sie hinunterschlucken. Ein bisschen läuft Ihre Kehle hinab, ein bisschen läuft an Ihrem Kinn hinunter. Sie sehen auf und finden das vertraute Gesicht. Das Gesicht zu sehen, trägt zu Ihrem Vergnügen bei. Sie öffnen erneut Ihren Mund. Sie fühlen ein behutsames Streichen an Ihrem Kinn und der nächste Löffel Apfelmus wandert in Ihren Mund. Sie erforschen ihn. Sie vergleichen ihn mit dem ersten. Sie lassen sich Zeit und holen so viel wie nur möglich aus ihm heraus, bevor Sie ihn herunterschlucken. Als Sie schlucken, werden Sie aus Vorfreude auf den nächsten Löffel ganz aufgeregt. Sie sehen wieder zu dem Gesicht. Sie strecken die Hand aus, und Ihre Finger berühren etwas Zartes und Weiches. All diese Gefühle sind präsent, wenn Sie Ihren Mund für den nächsten Löffel öffnen.

Vergleichen Sie Ihre Erfahrung aus dieser Fütterszene damit, was Anne Morrow Lindbergh in ihrem Buch *Gift from the Sea* beschreibt:

Eine gute Beziehung ist strukturiert wie ein Tanz und baut auf einigen derselben Regeln auf. Die Partner müssen sich nicht eng festhalten, weil sie sich vertrauens-

voll nach demselben Muster bewegen, kompliziert, aber heiter und schnell und frei, wie ein Volkstanz von Mozart. Sich stark zu berühren würde bedeuten, das Muster zum Stillstand zu bringen und den Augenblick festzuhalten, die sich unaufhörlich verändernde Schönheit seiner Entwicklung aufzuhalten ... jetzt Arm in Arm, jetzt Angesicht zu Angesicht, jetzt Rücken an Rücken – welches, spielt keine Rolle. Weil sie wissen, dass sie Partner sind, die sich zu demselben Rhythmus bewegen, zusammen ein Muster schaffen und hierdurch sichtlich gestärkt werden.
Die Freude eines solchen Musters ist nicht nur die Freude, zu schaffen, oder die Freude, teilzunehmen, es ist ebenfalls die Freude, im jeweiligen Moment zu leben. Leichtigkeit in der Berührung und das Leben im gegenwärtigen Augenblick sind miteinander verknüpft. Man kann nur dann gut tanzen, wenn man vollkommen im Gleichklang mit der Musik ist, nicht zum letzten Schritt zurücktendiert oder zum nächsten vorwärtsdrängt, sondern für den gegenwärtigen Schritt bereit ist, genau dann, wenn er kommt.[3]

Können Sie sehen, dass dieses Zitat auf das zuvor beschriebene Füttern zutrifft? Der Schlüssel zu effektiver Pflege ist eine gute Beziehung.

Vergleichen Sie das erste Füttern mit dem nun folgenden:

Sie merken, dass Sie in einen Hochstuhl plumpsen, ohne dass ein Wort fällt. Ein Gurt wird um Ihren Bauch gelegt und Sie werden mit einem leeren Ablagebrett allein gelassen. Sie hämmern auf das Brett. Es ist kalt und hart, so wie die Rückenlehne Ihres Stuhls. Sie fühlen Ungeduld aufkommen. Es scheint schon eine Ewigkeit zu sein, dass Sie dort sitzen. Sie winden und drehen sich. Plötzlich ist da ein Löffel zwischen Ihren Lippen und öffnet sie mit Gewalt. Sie schauen in Richtung des Löffels und schmecken zur selben Zeit Apfelmus. Sie bewegen Ihre Zunge hin und her und schlucken die Portion. Der Löffel kommt wieder zwischen Ihre Lippen und Ihr Mund wird gewaltsam geöffnet. Sie nehmen einen weiteren Löffel Mus und schauen dabei in ein ausdrucksloses Gesicht einer Person, die mit ihren Gedanken ganz woanders zu sein scheint. Sie genießen den Geschmack und das Gefühl des Apfelmuses, wenn Sie es im Mund herumschieben, es zwischen ihren Zähnen hindurch nach draußen und das Kinn hinunterläuft. Sie fühlen, wie Metall schroff an ihrem Kinn schabt. Mehr Apfelmus wandert in Ihren Mund. Sie sind gerade dabei, diese Portion zu schlucken, als der Löffel erneut kommt. Sie nehmen einen weiteren Löffel, zusätzlich zu dem vorherigen, den sie noch nicht

Videobeobachtung 3

Selbstständig essende Kinder

Schauen Sie sich die Videobeobachtung für Kapitel 3, „Children Feeding Themselves", an, um eine Mahlzeit und die dabei stattfindende Interaktion zwischen einer Erwachsenen und einem Kind zu sehen

Fragen
- Was in dieser Szene sorgt dafür, dass aus dem Essen ein „Curriculum" wird?
- Inwiefern profitiert das Kind von dieser Erfahrung, abgesehen davon, dass es Nahrung bekommt?
- Was können Sie dadurch, dass Sie diese Szene gesehen habe, über die Philosophie dieses Programms sagen?

Diesen Videoclip können Sie unter www.mit-kindern-wachsen.de/videomaterial anschauen. Wählen Sie hier bitte Kapitel 3.

hinuntergeschluckt haben. Sie sind damit beschäftigt, zu schlucken, während sie das Schaben auf Ihrem Kinn hören und der Löffel auffängt, was hinunterläuft. Mehr Apfelmus wandert in Ihren Mund. Sie schlucken ein bisschen von der großen Ladung und bereiten sich darauf vor, mehr zu schlucken. Bevor Sie es schaffen, findet der Löffel wieder seinen Weg zwischen Ihre Zähne. Jetzt ist Ihr Mund noch voller als vorher. Sie spüren, dass es ein bisschen drängt, dies alles herunterzubekommen, bevor die nächste Ladung kommt. Sie versuchen sich zu beeilen, wodurch Sie nur langsamer werden. Mehr Apfelmus quillt heraus und läuft Ihr Kinn hinunter. Sie fühlen den Löffel – schab, schab, schab – und noch mehr Apfelmus wandert in Ihren Mund. Behalten Sie jetzt dieses Gefühl bei und hören Sie damit auf, sich etwas vorzustellen.

Die Zeit des Fütterns sollte eine Zeit besonderer Qualität sein. Ein Grund dafür ist der, dass während des Fütterns Bindungen zwischen Betreuerinnen und den Kindern, die sie füttern, hergestellt werden. Deshalb sollte, wenn möglich, jeden Tag dieselbe Betreuerin dieselben Babys füttern.

Wenn Säuglinge damit beginnen, selbstständig zu essen, verursacht dies eine erheblich größere Sauerei. Die meisten Betreuungspersonen sind gewillt, sich damit abzufinden, weil sie Unabhängigkeit wertschätzen. Sie wollen, dass die Kinder, die sich in Ihrer Obhut befinden, **Selbsthilfefähigkeiten** erlernen. Es ist in den USA anerkannte Praxis, die Kinder selbstständig essen zu lassen, sobald sie dazu in der Lage sind, oder sie sogar dazu zu ermutigen. Wenn ein Baby nach dem Löffel greift, wird er ihm normalerweise auch gegeben und es darf versuchen, ihn an den Mund zu führen.

Abbildung 3.1. gibt ein paar Empfehlungen, wie man Kindern dabei helfen kann, selbstständig zu essen.

Abbildung 3.1 Tipps zur Förderung der Selbsthilfefähigkeiten bei Mahlzeiten

1. Verwenden Sie Kindergeschirr und -besteck.

2. Bieten Sie Häppchen wie zum Beispiel Bananenstücke an (außer wenn eine Familie ausdrücklich dagegen ist).

3. Geben Sie den Kindern nur kleine Portionen. Es ist besser, sie um mehr bitten zu lassen, als sie mit einer zu großen Portion zu entmutigen. Eine kleine Portion erleichtert zudem das Saubermachen.

4. Erlauben Sie es den Kindern, das Essen zu erforschen und mit ihm herumzuexperimentieren (außer wenn eine Familie ausdrücklich dagegen ist), aber seien Sie sich Ihrer eigenen Grenzen bewusst. Beenden Sie die Mahlzeit, bevor Sie sich unwohl fühlen. Eine spannungsfreie Atmosphäre fördert eine gute Verdauung.

Essen ist ein emotionaler Vorgang. Die Erwachsenen bringen Gefühle, Vorstellungen und Traditionen zur Füttersituation mit, die nichts mit der augenblicklichen Erfahrung zu tun haben, sondern in ihrer persönlichen Geschichte und Kultur wurzeln. Die Menschen haben strenge Ansichten darüber, was sich am Tisch abspielen oder nicht abspielen sollte. Bei einigen sind die Tabus hinsichtlich bestimmter Dinge, die nicht getan werden dürfen, fest verankert und von großer Bedeutung. Die Art, wie sie essen, scheint zu bestimmen, wer sie sind. Ebenso stark ist der Ärger anderer über diese Tabus. Der Punkt ist der, dass das Essen mit starken Gefühlen und strengen Ansichten verbunden ist, und diese haben Einfluss auf die Art, wie eine Erwachsene mit essenden Kindern umgeht oder auf sie reagiert.

Es ist ebenfalls wichtig, zu erkennen, dass nicht alle Kulturen frühe Unabhängigkeit, selbstständiges Essen und große Sauerei auf dieselbe Art sehen. Auch wenn Sie es vielleicht selbst nicht tun würden, sollten Sie doch die Tatsache respektieren, dass eine Mutter oder ein Vater ein Kind möglicherweise weit über das von Ihnen hierfür gutgeheißene Alter hinaus mit dem Löffel füttert.

Um angenehme Esserfahrungen zu ermöglichen, muss man die Zeichen eines Kindes verstehen, ihm ein paar Entscheidungsmöglichkeiten geben, Grenzen klar festlegen, ehrlich reagieren und auf einfühlsame, angemessene Art interagieren. Es ist wichtig, die Mahlzeit der Kinder zu beenden, wenn ihr Hunger gestillt ist. Von Kindern kann nicht erwartet werden, dass sie es unterlassen, mit ihrem Essen zu spielen, wenn sie gesättigt sind und es immer noch vor ihnen steht.

Sehen Sie sich noch einmal die Szene zu Beginn dieses Kapitels an und denken Sie darüber nach, inwiefern es die Prinzipien, auf denen dieses Buch basiert, und die Themen dieses Kapitels abbildet. Der Betreuer war respektvoll, reagierte einfühlsam und unmittelbar auf die Kinder und hatte wechselseitige Interaktionen mit ihnen. Das Resultat war eine angenehme Atmosphäre am Tisch. Der Betreuer bemühte sich, die Signale eines jeden Kindes zu verstehen, und antwortete, indem er ihre Wünsche in Worte fasste. Er gab ihnen ein paar Entscheidungsmöglichkeiten, ohne eine große Auswahl zu bieten. Er setzte einige Grenzen.

Vielleicht haben Sie noch keine Kleinkinder gesehen, die statt in Hochstühlen an einem niedrigen Tisch essen. Sie zusammen zu setzen, verschafft ihnen eine sozialere Erfahrung, als sie hoch oben Seite an Seite und in Reihen zu setzen. Sie können so eher entscheiden, ob sie aufstehen und weggehen, wenn sie fertig sind. Sie müssen nicht darauf warten, dass eine Erwachsene sie herunterholt. Wenn Unabhängigkeit als Wert gilt, lässt sich mit dieser einfachen Methode viel zu ihrer Förderung beitragen.

Auch wenn die Szene am Beginn des Kapitels nicht im Pikler-Institut stattfand, so gibt es doch einige Ähnlichkeiten, weil Kleinkinder dort gemeinsam an niedrigen Tischen essen. Was in dieser Szene nicht gezeigt wurde, ist, was passiert, wenn ein Kind nicht in der Lage ist, am Tisch zu essen und dabei die am Pikler-Institut gesetzten Grenzen einzuhalten. Die Mitarbeiterinnen dort sagen sich dann, dass das Kind einfach noch nicht bereit ist, und holen es deshalb zurück auf eine frühere Stufe und füttern es mit dem Löffel, bevor die anderen Kinder essen. Dies ist keine Bestrafung, sondern lediglich Ausdruck der Erkenntnis, dass das Kind mehr Erwachsenenhilfe benötigt. Am Pikler-Institut wird ein Kind niemals vorangetrieben oder -gedrängt. Wann ein Kind bereit ist, ist nichts, worum man sich Sorgen macht, sondern etwas, das man als Tatsache akzeptiert. Die Betreuerin ist da, um das Bedürfnis des Kindes nach Abhängigkeit bei den regelmäßigen Pflegeaktivitäten so lange zu befriedigen, wie es existiert. Sie denken vielleicht, dass Kinder bei dieser Strategie lange Zeit hilflos bleiben; doch haben Kinder ein starkes Verlangen nach Unabhängigkeit. Diese Tatsache zeigt sich am Pikler-Institut, wo Kinder in einem früheren Alter lernen, überraschend gut alleine zu essen und sich selbst anzuziehen, als viele Kinder in den Vereinigten Staaten, wo auf frühe Unabhängigkeit häufig großer Wert gelegt wird.

Natürlich gehört zum Füttern von Säuglingen und Kleinkindern mehr, als lediglich darauf zu achten, dass Nahrung in ihre Münder gelangt. Es müssen Sorgfalt und Aufmerksamkeit darauf verwendet werden, sicherzustellen, dass auch Hygiene eine Rolle spielt. Die Zubereitung der Nahrung, das Füttern, die Aufbewahrung der Lebensmittel und das Saubermachen – alles sollte im Einklang mit den regionalen und nationalen Gesundheitsstandards stehen. Die Vorgehensweisen sollten durch Aushang bekannt gegeben und kontrolliert werden. Füttern und Wickeln sollten komplett voneinander getrennt gehalten werden und für die zwei Aufgaben sollten unterschiedliche Waschbecken benutzt werden. Zu den gefährlichen Fehlern, die es zu vermeiden gilt, gehören folgende:

- Flaschen oder Gläschen mit Babynahrung in Mikrowellen aufzuwärmen, weil es dadurch zu heißen Stellen kommen kann, an denen sich das Baby den Mund verbrennt.
- Halb aufgebrauchte Flaschen mit Muttermilch oder Babymilchpulver auf-

zubewahren, um sie später zu verfüttern, denn die Milch kann dann mit Keimen verunreinigt und deshalb ungesund sein.
- Babyfertignahrung aus dem Glas zu füttern und das Glas zurück in den Kühlschrank zu stellen, weil es auch in diesem Fall zu Verunreinigung kommen kann.

Wie sieht es mit fester Nahrung aus? Bei der Entscheidung, zu welchem Zeitpunkt und mit welcher Art von fester Nahrung begonnen wird, sollte man sich nach den Eltern richten. Auch wenn es viele Jahre lang und in vielen Kulturen für manche Eltern üblich war, Kindern schon feste Nahrung zu geben, bevor sie vier Monate alt waren, lautet die Standardempfehlung nun, mit fester Nahrung nicht vor dem Alter von vier bis sechs Monaten zu beginnen. Traditionelle erste Beikost sind Reis oder Gerstenzerealien, die speziell für Babys hergestellt und mit Babymilchpulver oder Muttermilch vermischt werden. Die Nahrungsmittel sollten nacheinander und jeweils nur in kleinen Portion eingeführt werden; die Menge sollte allmählich gesteigert werden. Nahrungsmittel, die in den ersten sechs Monaten gemieden werden sollten, da sie allergische Reaktionen hervorrufen können, sind Weizenzerealien, Weißmehl (einschließlich Brot), Eier und Zitrusfrüchte. Nüsse und Erdnussbutter sollten noch sehr viel länger gemieden werden, nicht nur wegen der Allergiegefahr, sondern wegen der Gefahr des Verschluckens. Weitere Nahrungsmittel, die noch während der Kleinkindjahre vermieden werden sollten, sind in Scheiben geschnittene Würstchen, Marshmallows, Popcorn, Weintrauben und alles andere, das im Hals stecken bleiben könnte.

Ernährung, die mit Fettleibigkeit im Zusammenhang steht, ist zu einem Problem geworden; die Zahl fettleibiger Kinder nimmt zu. Laut der Zeitschrift *Journal of the American Dietetic Association* hat sich die Zahl fettleibiger Amerikaner seit Mitte der 1980er-Jahre verdoppelt.[4] Das Problem beginnt im Säuglingsalter; warum das so ist, wird Ihnen klar, wenn Sie sich anschauen, was die Studie „Feeding Infants and Toddlers Study", über die in dieser Zeitschrift berichtet wird, noch ergeben hat. Kinder zwischen einem und zwei Jahren nehmen hiernach 30 Prozent mehr Kalorien auf, als sie brauchen, und viele dieser Kalorien stammen von Pommes Frites, Pizza, Bonbons und Limonade. Bis zu einem Drittel der Kinder, deren Essgewohnheiten untersucht wurden, aßen kein Obst und Gemüse. Bei dem Gemüse, das diejenigen, die Gemüse aßen, zu sich nahmen, handelte es sich oft um Kartoffeln in Form von Pommes Frites.

Tatsächlich aßen 9 Prozent der untersuchten Kinder, die zwischen neun und elf Monaten alt waren, wenigstens einmal pro Tag und 20 Prozent der Kinder zwischen 19 Monaten und zwei Jahren täglich Pommes Frites.

Wickeln

Betrachten Sie die folgende Wickelszene. Achten Sie darauf, wie vollkommen die Erwachsene ihr Verhalten auf das Baby abstimmt.

> Die Erwachsene beugt sich über das Baby auf dem Wickeltisch. Die beiden sind Angesicht zu Angesicht und die Erwachsene hat die volle Aufmerksamkeit des Babys, als sie ihm erzählt, dass und wie sie seine Windel wechseln wird. Das Baby liegt nicht seitwärts, so dass es seinen Kopf drehen müsste, um das Gesicht der Erwachsenen zu sehen; der Wickeltisch ist so gebaut, dass es mit seinen Füßen an ihrem Bauch liegt. Die Erwachsene wartet nun, dass die Spannung aus seinen Muskeln weicht, bevor sie anfängt. Sie gibt auf sanfte Art Anweisungen und geht auf das Baby ein. Sie sagt ihm, dass es etwas tun soll, und wartet auf eine Reaktion im Gesicht oder am Körper, bevor sie mit der Arbeit fortfährt. Sie redet mit ihm bei jedem Schritt, der zu tun ist, und sorgt immer dafür, dass es sich auf die Aufgabe selbst und auf die diesbezüglich zwischen ihnen stattfindende Interaktion konzentriert. Die Art, wie sie das Wickeln ausführt, baut die Beziehung zwischen ihnen auf. Als sie fertig ist, streckt sie ihren Arm aus und sagt: „Ich werde dich jetzt hochnehmen." Das Baby reagiert in Erwartung dieser Handlung mit einer leichten Vorwärtsbewegung von Kopf und Körper und lässt sich bereitwillig und mit einem kleinen Lächeln auf dem Gesicht von ihr in die Arme nehmen.[5]

Diese Wickelszene basierte auf einer Beobachtung, die eine der Autorinnen am Pikler-Institut in Budapest angestellt hat. Auch wenn dieses Windelnwechseln reibungslos ablief, so ist dies doch nicht immer der Fall, nicht einmal am Pikler-Institut. Kinder durchlaufen Phasen, in denen sie unkooperativ sind. Es ist wichtig, dass sie dies tun, auch wenn es für die Betreuerinnen schwierig ist. Sich zu widersetzen ist ein Zeichen von Wachstum; indem sie sich widersetzen, behaupten Kinder ihre Individualität und Unabhängigkeit. Trotzdem bleiben die Prinzipien dieselben – versuchen Sie, die Aufmerksamkeit des Babys zu bekommen und es dazu zu bringen, zu kooperieren. Geben Sie den Versuch nicht auf, es an der Durchführung der Aufgabe zu beteiligen. Würdigen Sie seine Gefühle und verbalisieren sie diese für das Kind. Dies ist der Zeitpunkt, an dem viele Betreuerinnen sich für die Ablenkungstechnik entscheiden – sie finden etwas Unterhaltsames, um das Baby von dem abzulenken, was gerade mit ihm passiert. Wenn es auch verlockend sein mag, so raten wir doch dazu, diesen Weg nicht zu gehen. Babys zu vermitteln, dass sie unterhalten werden müssen, ist eine der großen Gefahren in den ersten Lebensjahren. Unterhaltung macht süchtig, und wenn Babys diese Gewohnheit erst einmal angenommen haben, ist es schwierig, sie ihnen abzugewöhnen. Ebenso wichtig ist die Warnung, dass das Wickeln nicht länger eine intime menschliche Erfahrung darstellen kann, die Beziehungen fördert, wenn es ohne das volle Bewusstsein des Babys und ohne seine Beteiligung ausgeführt wird. Es fällt dann nicht mehr in den Bereich „Curriculum".

Die Anwendung von Hygieneverfahren ist auch beim Wickeln von großer Bedeutung, um die Ausbreitung von Krankheiten zu verhindern. Diese Verfahren sollten mit regionalen Bestimmungen und Gesundheitsanforderungen konform gehen, die im Wickelbereich für alle sichtbar ausgehängt werden sollten. Der Wickelbereich muss weit von dem Bereich entfernt liegen, wo die Nahrung zubereitet wird, sowie speziell für das Wickeln und nicht zusätzlich noch für andere Dinge genutzt werden. Das folgende Wickelverfahren ist WestEd's *Program for Infant-Toddler Caregivers Guide to Routines* (2. Aufl.) entliehen:

- Kontrollieren Sie den Wickelbereich, um sicherzugehen, dass er nach dem letzten Mal Wickeln desinfiziert worden ist. Ist das nicht der Fall, werfen Sie das benutzte Papier weg, sprühen mit einer desinfizierenden Reinigungslösung und legen sauberes Papier hin.
- Entfernen Sie die dreckige Windel und werfen Sie sie in einen Behälter mit Deckel.
- Wischen Sie das Kind mit einem sauberen, feuchten Lappen oder einem Feuchttuch ab. Wischen Sie Mädchen von vorne nach hinten ab, um Harnwegs- und vaginale Infektionen zu vermeiden. Werfen Sie den benutzen Lappen oder das Tüchlein in den hierfür zur Verfügung stehenden Abfallbehälter. Wenn Sie Handschuhe benutzen, ziehen Sie diese aus und werfen sie ebenfalls weg. Um die Ausbreitung von Keimen zu verhindern, ziehen Sie die Handschuhe aus, nachdem Sie den schmutzigen Teil des Wickelns erledigt haben und bevor Sie mit dem sauberen Teil beginnen.
- Ziehen Sie dem Kind eine saubere Windel und saubere Kleidungsstücke an.

- Waschen Sie die Hände des Kindes unter fließendem Wasser. Babys berühren häufig ihren Po und den Wickeltisch, die beide mit Keimen überladen sind. Ihnen nach dem Wickeln die Hände zu waschen, beugt der Verbreitung der beim Wickeln freigesetzten Keime vor. Es ist zudem der erste Schritt, um den Kindern zu vermitteln, dass es für sie zur lebenslangen Gewohnheit werden sollte, sich aus hygienischen Gründen die Hände zu waschen, wenn sie zur Toilette gegangen sind. Bringen Sie das Kind dann zurück in den Spielbereich.
- Säubern und desinfizieren Sie den Wickelbereich, indem Sie benutztes Papier in den hierfür zur Verfügung stehenden Abfallbehälter werfen, den Bereich mit einer desinfizierenden Reinigungslösung absprühen, leicht mit einem Papiertuch wischen, um die Lösung zu verteilen, und das Papiertuch wegwerfen. Legen Sie ein sauberes Papier hin, wenn das Desinfektionsmittel an der Luft getrocknet ist.
- Waschen Sie sich gründlich die Hände.

Auch wenn die Grundsätze eines Programms oder regionale Bestimmungen die Benutzung von Handschuhen möglicherweise erforderlich machen, sind sie doch nicht für jedes Wickeln nötig. Handschuhe sind erforderlich, wenn das Kind Durchfall oder Blut im Stuhl hat oder wenn Betreuerinnen offene Stellen an den Händen haben.

Sauberkeitserziehung und das Erlernen von Sauberkeit

Was vormals **Sauberkeitserziehung** („toilet training") genannt wurde, wird heute in den USA von den Menschen, die den Ansatz vertreten, dass jedes Kind zu einem individuellen Zeitpunkt für bestimmte Dinge bereit ist, und die das Kind in den Prozess einbeziehen, als **Erlernen von Sauberkeit** („toilet learning") bezeichnet. Am Pikler-Institut wird die Sauberkeitserziehung Schließmuskelkontrolle genannt – also Kontrolle über die Muskeln, die speziell mit der Ausscheidung im Zusammenhang stehen. Die am Pikler-Institut vorherrschenden Vorstellungen stimmen eher mit der Idee des Erlernens von Sauberkeit als mit der Sauberkeitserziehung überein, weil der Weg hin zur Sauberkeit als ein Entwicklungsprozess gesehen wird und nicht als eine Art der Erziehung. Auf jeden Fall wird dieser Weg von der Windel zur Toilette als ein natürlicher Fortschritt in der mit dem Wickeln verbundenen Partnerschaft gesehen. Wenn Kinder im Rahmen der Kinderbetreuung mit anderen Kindern zusammen sind, fangen sie häufig dann an, die Toilette zu benutzen, wenn sie alt genug sind, um es den anderen Kindern nachmachen zu wollen, die sie sehen und die bereits aus den Windeln sind.

Hier sind Hinweise, wie sich das Erlernen von Sauberkeit erleichtern lässt.

1. Helfen Sie Kindern, sich physisch sicher zu fühlen, indem Sie Töpfchen bereitstellen (wenn hierfür eine Genehmigung vorliegt) oder, falls möglich, sehr niedrige Toiletten. Je einfacher es für die Kinder ist, alleine auf die Toilette und wieder von ihr herunter zu kommen, umso mehr wird ihre Unabhängigkeit gefördert.
2. Bitten Sie die Eltern, falls angebracht, ihren Kindern weite, locker sitzende und einfache Kleidung anzuziehen, die sie sich selbst ausziehen können (zum Beispiel lieber Hosen mit Gummizügen als Latzhosen).
3. Seien Sie behutsam und verständnisvoll, wenn ein Malheur passiert.
4. Vermeiden Sie Machtkämpfe. Sie können sie nicht gewinnen, und auf Kinder kann es lang anhaltende Auswirkungen haben, wenn das Erlernen von Sauberkeit eine höchst emotionale Angelegenheit gewesen ist.

Die meisten Programme versuchen im Hinblick auf das Erlernen von Sauberkeit, mit den Familien zu kooperieren. In vielen Programmen gibt es den Grundsatz, dass nicht damit begonnen wird, ein Kind an die Toilettenbenutzung heranzuführen, bis die Eltern dieses vorschlagen. Dann haben die Mitarbeiterinnen die Gewissheit, dass die Bedingungen, die das Kind zu Hause antrifft, mit denen im Programm übereinstimmen. Diese Übereinstimmung kann schwerer zu erzielen sein, wenn die Eltern aus einer Kultur stammen, in der an Sauberkeitserziehung geglaubt und diese als Aufgabe für das erste Lebensjahr gesehen wird. Auch wenn die Mitarbeiterinnen vielleicht nicht gewillt sind, zu versuchen, Kinder zu „fangen" und schon in einem jungen Alter auf das Töpfchen zu setzen, ist es doch wichtig, eine andere Meinung zu respektieren. In den Vereinigten Staaten und anderen westlichen Ländern ausgebildete Betreuerinnen haben möglicherweise Sorge, dass Sauberkeitserziehung ein schädlicher Ansatz ist, besonders, wenn er vor dem dritten Lebensjahr durchgeführt wird. Es ist wichtig, zu verstehen, dass dies keine weltweit vorherrschende Sichtweise ist. In der ganzen

Welt, und ebenso in den Vereinigten Staaten, wenden Familien die Methode der Sauberkeitserziehung an und ihre Kinder lassen nicht erkennen, dass dies auf sie schädliche Auswirkungen hätte. Sauberkeitserziehung unterscheidet sich völlig von den Ansätzen, bei denen es um das Erlernen von Sauberkeit oder die Schließmuskelkontrolle geht. Wir werden dies hier nicht erläutern, sollten aber akzeptieren, dass es Unterschiede gibt. Wir legen Betreuungspersonen eindringlich nahe, die Vielfalt zu respektieren, die es hinsichtlich der Art, wie Kinder sauber werden, der diesbezüglichen Auffassungen und des hierfür gewählten Zeitpunktes gibt.

Waschen, Baden und Pflege

Die meisten Einrichtungen überlassen das Baden, außer bei ganz speziellen Bedingungen, den Eltern. Einige Eltern fühlen sich beleidigt, wenn ihre Kinder sauberer nach Hause geschickt werden, als sie gekommen sind. Sauberkeit kann ein großer Streitpunkt zwischen den Eltern und den Betreuerinnen sein, wenn sie unterschiedliche Maßstäbe anlegen. Eltern ärgern sich möglicherweise, wenn ein Kind, dessen Haare schwer zu waschen sind, mit einem Kopf voller Sand nach Hause kommt. Durch verschiedene kulturelle Hintergründe können Menschen unterschiedliche Perspektiven zum Thema Sauberkeit haben, respektieren Sie also Vorstellungen, die sich von Ihren unterscheiden.

Das Händewaschen vor dem Essen ist ein nicht so heikles Thema wie das Baden. Bei den meisten Kindern ist das Händewaschen beliebt, und bei einigen Kleinkindern kann es sogar der Höhepunkt des Tages sein. Kleinkinder, die sich sonst nur kurz auf etwas konzentrieren können, haben ein deutlich längeres Konzentrationsvermögen, wenn sie zum Händewaschen geschickt werden. Wenn niedrige Waschbecken zur Verfügung stehen und die Kleinkinder sie in aller Ruhe benutzen dürfen, kann das Händewaschen die schönste Selbsthilfefähigkeit sein, die es zu lernen gilt. Das Händewaschen kann sogar zu einer Hauptaktivität werden, weil Kleinkinder großen Gefallen an den sensorischen Eigenschaften von Seife und Wasser finden.

Die Pflege kann ein weiteres heikles Thema darstellen. Wie gepflegt Kinder während des Tages und zu dem Zeitpunkt, wenn die Familien kommen, um sie abzuholen, aussehen sollten, ist eine Frage der Einstellung. Eine Familie kommt, um ihre kleine Tochter abzuholen, deren Haare ungekämmt sind und deren Kleidungsstücke über alles Auskunft geben, was sie am Tag getan hat. Die Familie freut sich sehr, zu sehen, dass sie einen ereignisreichen Tag verlebt hat. Eine andere Familie könnte unglücklich sein, dass ihr Baby nicht sauber und gekämmt ist. Sie betrachtet das Baby dann aus einem anderen Blickwinkel. Wieder eine andere Familie, deren Tochter im selben Zustand ist wie das erste Kleinkind, ist entsetzt, dass sie nicht richtig gepflegt ist. Weniger regen sich die Eltern über ihren Sohn auf, dessen Kleidung noch stärker mit Flecken, Spritzern, Fingerfarbe und Dreck übersät ist als die der Tochter. Haare können, wie bereits erwähnt, ein großer Streitpunkt sein. Die meisten Betreuerinnen haben nicht das umfassende Wissen, das nötig wäre, um zu verstehen, wie die unterschiedlichsten Haartypen zu pflegen sind. Manche Betreuerinnen machen sich nichts aus Frisuren und manche Kinder machen sich sogar noch weniger daraus. Einige dieser Betreuerinnen stehen Eltern äußerst kritisch gegenüber, die viel Zeit darauf verwenden, kunstvolle Frisuren an ihren Kleinkindern zu kreieren. Ziehen Sie, wenn Sie sich Gedanken über das Respektieren von Vielfalt machen, unterschiedliche Ansichten über Haare in Ihre Überlegungen mit ein!

Andere Bedürfnisse und Perspektiven

Kommen Kinder mit gesundheitlichen Problemen oder Behinderungen in die Einrichtung oder sind sie mit anderen körperlichen Herausforderungen konfrontiert, muss diesem bei den regelmäßigen Pflegeaktivitäten Rechnung getragen werden. Ihre Bedürfnisse können sich von denen der anderen Kinder unterscheiden. Möglicherweise sind spezielle Anweisungen durch die Eltern oder durch Experten von außen nötig. Beispielsweise könnte eine Asthmabehandlung erforderlich sein. Oder das Kind hat vielleicht eine Magensonde, die besonderer Pflege bedarf. Eltern oder Spezialisten können vielleicht Auskunft darüber geben, in welche Stellungen Kinder gebracht werden sollten, um größtmögliche Bewegungsfreiheit zu haben. Es ist wichtig, dass Betreuerinnen diese Information haben. Durch Ausprobieren finden sie möglicherweise selbst heraus, was am besten funktioniert, doch sollte dies nur zusätzlich zu dem geschehen, was die Eltern und Spezialisten bereits wissen. Zum Beispiel reagieren einige Säuglinge hypersensibel auf Berührungen und weinen, wenn sie hochgenommen werden. Dieses Weinen lässt sich möglicherweise dadurch verringern, dass das Baby auf ein Kissen gelegt und auf diese Weise hochgenommen wird. Aber lassen sie Babys niemals allein, wenn sie auf einem Kissen liegen, da sonst Erstickungsgefahr besteht.

Es würde den Rahmen dieses Buches (oder jeden Buches) sprengen, Ihnen all das mitzuteilen, was sie über jedes einzelne Kind wissen müssen, das mit gesundheitlichen Problemen oder Behinderungen in die Säuglings- und Kleinkindbetreuung kommen könnte. Was Sie allerdings wissen müssen, ist, dass es Informationsquellen gibt, wo sie all dies in Erfahrung bringen können. Schauen Sie sich in der Bücherei um. Die Bücher dort könnten eine Hilfe sein. Die erste Informationsquelle ist die Familie des Kindes. Es ist gut möglich, dass die Eltern Kontakt zu Spezialisten haben, die Ihnen ebenfalls helfen können, das Leiden des Kindes und diesbezügliche Bedürfnisse zu verstehen. Und selbstverständlich können Sie, wie bei anderen Kindern auch, darauf vertrauen, dass das jeweilige Kind Ihnen etwas über sich selbst vermittelt. Sorgfältiges Beobachten wird Ihnen helfen, die Botschaften, die das Kind übermittelt, zu verstehen. Suchen Sie nach Anzeichen für Beschwerden und stellen Sie fest, was das Kind quält. Finden Sie Wege, wie Sie das Leid des Kindes lindern und dafür sorgen können, dass es ihm besser geht. *Denken Sie an Prinzip 3: Lernen Sie die einzigartigen Kommunikationsformen eines jeden Kindes kennen (Schreie, Wörter, Bewegungen, Gesten, Gesichtsausdrücke, Körperstellungen) und vermitteln Sie Ihre eigenen.* Selbst Kinder, die kein einziges Wort sagen können, haben Möglichkeiten, Sie wissen zu lassen, was sie brauchen. Sie müssen nur lernen, ihre Zeichen zu interpretieren. Unterschätzen Sie nicht die Fähigkeit der Kinder, zu kommunizieren, selbst wenn sie vielleicht keine verbale Sprachkompetenz haben oder diese nur minimal ist.

Ganz genau auf die Babys zu achten erfordert manchmal so viel Energie, dass die Betreuerinnen die Zeichen, die sie von Familien bekommen, nicht bemerken. Es ist möglich, dass sich die Vorstellungen der Familie darüber, was mit ihrem Kind geschehen sollte, von den Grundsätzen der Betreuerin oder des Programms unterscheidet. Mit den regelmäßigen Pflegeaktivitäten im Zusammenhang stehende kulturelle Gewohnheiten stimmen möglicherweise nicht mit dem überein, was sich die Betreuerinnen vorstellen. Nehmen wir zum Beispiel das Füttern. Was und wie gefüttert wird, ist eine Frage der Kultur. Wann mit fester Nahrung begonnen werden sollte, mag auf der Grundlage der jüngsten Forschungsergebnisse eindeutig erscheinen, aber kulturelle und familiäre Traditionen gehen vielleicht nicht nach dem, was die Forschung ergibt. Überdies ändern sich die Forschungsergebnisse im Laufe der Zeit. Nehmen wir zum Beispiel das Schlafen. In den Vereinigten Staaten bekamen Generationen um Generationen an Eltern von ihren Kinderärzten zu hören, dass sie ihre Babys zum Schlafen auf den Bauch legen sollten. Seit den 1990er-Jahren jedoch raten Kinderärzte genau das Gegenteil – dass Babys auf dem Rücken schlafen sollten. Der Grund ist der, dass auf diese Weise das Risiko des plötzlichen Kindstods gemindert werden soll. Die Zeiten ändern sich.

> **Überlegen Sie...**
>
> Was wissen Sie über kulturelle Unterschiede bei regelmäßigen Pflegeaktivitäten? Inwiefern unterscheidet sich das, was Sie wissen, von dem, was in diesem Kapitel aufgezeigt wird? Was würden Sie tun, wenn Sie dazu aufgefordert würden, „sich nach dem Buch zu richten", und das Buch würde nicht Ihren Überzeugungen entsprechen? Was würden Sie tun, wenn die Ansichten einer Mutter darüber, wie eine bestimmte Pflegeaktivität auszuführen sei, sich von den Ihren unterscheiden?

Eine der gewichtigen Botschaften dieses Buches ist die, dass Selbsthilfefähigkeiten gefördert werden sollten. Der Grund für diese Botschaft ist das zuweilen unausgesprochene Ziel, ein selbstständiges Individuum zu schaffen. Nicht alle Eltern haben ein Interesse daran, dass aus ihren Kindern selbstständige Individuen werden, weil sie möchten, dass die Kinder starke und dauerhafte Familienbande fühlen. Betreuerinnen müssen respektieren, was Familien für ihre Kinder wünschen, und Vielfalt würdigen. Sie werden sehen, dass dies im gesamten Buch ein ständiges Thema ist. Wir können Ihnen für den Fall, dass Sie auf ein kulturelles Problem stoßen, keinen anderen Ratschlag geben als den, darüber zu sprechen. Wenn Betreuerinnen und Familien eine enge Kommunikation pflegen, können sie ihre Differenzen auf eine Art lösen, die gut für die Kinder, die Familien und die Betreuerinnen ist. Für jede Situation gibt es eine spezielle Lösung, deshalb können wir Ihnen hier nicht einfach Lösungen auflisten. Menschliche Beziehungen sind komplexe Angelegenheiten, und unser Thema sind menschliche Beziehungen.

An- und Ausziehen

Betreuerinnen können Autonomie fördern, indem sie Aufgaben auf eine Art und Weise konzipieren, die es Kindern ermöglicht, sich in höchstem Maße an ihrer Ausführung zu beteiligen.[6] Beispiele für dieses Prinzip lassen sich leicht bei

Aktivitäten finden, die mit An- und Ausziehen des Kindes zu tun haben. Wenn Sie zum Beispiel einem Säugling die Socken oder Babyschuhe ausziehen, ist es möglich, dass Sie sie sogar bei einem ganz jungen Baby nur halb ausziehen und das Kind dann einladen, den Rest der Aufgabe zu übernehmen. Wenn die Aufgabe auf diese Art konzipiert ist, ist nur wenig Koordination nötig. Selbst jungen Babys bereitet es wahre Freude und Befriedigung, wenn sie helfen können. Die Idee besteht darin, die Aufgabe um genau das richtige Maß zu vereinfachen, so dass das Kind Übung im Prozess des An- und Auskleidens bekommt. Am Anfang dauert es länger, gemeinsam zu arbeiten, aber wenn das Kind und die Betreuerin sich erst als ein Team ansehen, macht sich die anfängliche Geduld bezahlt. Bis zum Kleinkindalter beherrschen Kinder, die dazu ermuntert wurden, beim An- und Ausziehen mitzuhelfen, diese Tätigkeiten und brauchen nur noch sehr wenig Hilfe, einmal abgesehen von Dingen wie Knöpfen und dem ersten Schritt beim Öffnen und Schließen von Reißverschlüssen.

Die Prinzipien in der Praxis

Prinzip 1: Beteiligen Sie Säuglinge und Kleinkinder an Dingen, die sie betreffen. Arbeiten Sie nicht an ihnen vorbei und lenken Sie sie nicht ab, um die Aufgabe schneller zu erledigen.

Die Betreuerin versucht Nicky, der an zerebraler Lähmung leidet, anzuziehen. Weil das Baby neu bei dieser Betreuerin ist, muss sie noch viel lernen, nicht nur über zerebrale Lähmung, sondern auch über Nicky als Mensch. Die Betreuerin versucht immer, Nicky am An- und Auskleiden zu beteiligen, doch ist dies schwierig, weil es für ihn eine Herausforderung darstellt, seine Muskeln zu kontrollieren. Außerdem versucht die Betreuerin, ihm einen einteiligen Stretch-Pyjama anzuziehen, und der ist etwas eng. Sie fängt mit einem Fuß an und er krümmt die Zehen. Es ist schwierig, sie in das Hosenbein des Pyjamas zu stecken.

Sie möchte, dass Nicky sich entspannt, weiß aber nicht, wie sie ihm dabei helfen soll. Als sie endlich einen Fuß in den Pyjama bekommt, nimmt sie ein Bein hoch; das andere folgt und überkreuzt sich mit dem ersten. Und dann bekommt Nicky einen Krampf am Knöchel. Sie spricht mit Nicky, wird aber immer frustrierter. Letztendlich gibt sie auf und geht weg, um einen weiten, zweiteiligen Anzug zu holen, der sich sehr viel leichter anziehen lässt. Sie ist froh, dass sie in der Lage war, ihr Verhalten an diese Situation anzupassen, und gelobt, mit der Mutter darüber zu sprechen, was sie tun kann, um es für sie und für Nicky leichter zu machen.

1. Was hätten Sie getan, wenn Sie die Betreuungsperson gewesen wären?
2. Gibt es irgendwelche anderen Methoden, die das Ankleiden dieses Baby erleichtern würden?
3. Könnte die Betreuerin einige Strategien erlernen, die sie beim Ankleiden dieses Babys nutzen könnte?
4. Hat Prinzip 1 funktioniert oder ist das ein Fall, bei dem es nicht funktioniert hat?

Beachten Sie, dass die Betreuerin in der unter „Die Prinzipien in der Praxis" dargestellten Szene versuchte, das Baby zu beteiligen, jedoch Schwierigkeiten damit hatte, weil das Baby, auch wenn es vielleicht zu kooperieren versuchte, seine Muskeln nicht kontrollieren konnte. Manchmal benötigt eine Betreuerin mehr Wissen, als sie tatsächlich hat. Diese Szene ist ein Beispiel für solch eine Situation. Hier ist eine Szene, die zeigt, wie es wäre, wenn die Betreuerin sich nicht um Teamarbeit bemühen würde.

Stellen Sie sich vor, Sie wären ein junges Kleinkind. Gleich soll mit Ihnen draußen ein Spaziergang gemacht werden. Ohne dass Ihnen irgendetwas gesagt wird, spüren Sie, wie Ihr Arm ergriffen wird. Sie verlieren das Gleichgewicht. Dann werden Sie zu einer Garderobe gezogen. Ihr Arm wird festgehalten und dann in einen Ärmel gesteckt. Ihr Daumen verhakt sich und biegt sich nach hinten, als der Ärmel ihren Arm hinaufwandert. Dann merken Sie, wie Sie schnell umgedreht werden. Sie ärgern sich. Als der andere Ärmel ihren Arm heraufkommt, halten Sie ihren Daumen absichtlich heraus. Dann werden Sie ganz schlaff.

Sie fühlen einen festeren Griff an sich, und von den Händen, die Sie halten, geht etwas Spannung aus. Sie werden noch schlaffer. Schließlich taucht ein Gesicht nah bei Ihnen auf, aber die Augen blicken nur auf den Reißverschluss, der klemmt und sich nicht schließen lässt. Sie spüren, wie die Hände mit dem Metallstück kämpfen, dann bewegt sich der Schieber des Reißverschlusses plötzlich nach oben. Er stoppt erst, als er Ihren Hals berührt, und fühlt sich kalt und unbehaglich an. Der Reißverschluss schnürt. Das Gesicht verschwindet und Sie bleiben alleine da stehen, während das Kind neben Ihnen auf dieselbe unpersönliche Art für den Spaziergang fertig gemacht wird.

Keine sehr angenehme Erfahrung, nicht wahr? Das Kind wurde mehr wie ein Objekt als wie ein Mensch behandelt.

Schlafen

Es ist wichtig, dass Säuglinge die Möglichkeit haben, sich gemäß ihrer individuellen Bedürfnisse auszuruhen, statt sich nach dem Zeitplan eines anderen Menschen richten zu müssen. Die Schlafmuster von Säuglingen verändern sich – manchmal sowohl von Tag zu Tag als auch über einen längeren Zeitraum. Kein Schlafplan wird allen Babys in einer Einrichtung gerecht, und der persönliche Zeitplan eines jeden Babys ändert sich von Zeit zu Zeit.

> **Überlegen Sie ...**
>
> Können Sie sich an ein Mal in ihrem eigenen Leben erinnern, als Sie wie ein Objekt behandelt wurden? Falls dies der Fall ist, dann wissen Sie, warum es wichtig ist, ein Kind (jeden Alters) nicht auf diese Weise zu behandeln.

Babys bringen ihr Bedürfnis nach einer Ruhepause nicht alle auf dieselbe Art zum Ausdruck. Erfahrene, sensible Betreuungspersonen lernen, die Signale eines jeden Kindes zu interpretieren, die von Langsamerwerden und Gähnen bis zu verstärkter Aktivität und niedriger Frustrationsschwelle reichen können.

Die Eltern sind die beste Informationsquelle, wenn es um die Schlafmuster und Bedürfnisse ihres Babys geht. Erfahrene Betreuerinnen sind sich darüber im Klaren, wie nützlich es ist, zu wissen, dass das Baby an einem bestimmten Tag außergewöhnlich früh aufgewacht ist oder über das Wochenende weniger Schlaf bekommen hat als normalerweise. Sie sehen das quengelige Verhalten eines Kindes aus einer anderen Perspektive und verstehen es, wenn sie die Ursache kennen.

Um ein Schläfchen zu halten, sollten Babys so gebettet werden, wie es ihnen am vertrautesten ist. Es ist jedoch ebenfalls wichtig, dass jede Betreuerin die neuesten Forschungsergebnisse im Hinblick auf den Zusammenhang zwischen Schlafposition und plötzlichem Kindstod kennt. Mit plötzlichem Kindstod wird der unerklärliche Tod bezeichnet, der normalerweise, aber nicht immer, eintritt, während ein Baby schläft. Plötzlicher Kindstod ist nicht dasselbe wie Tod durch Ersticken, Verschlucken oder eine Krankheit. Der Tod eines Säuglings wird nur dann als plötzlicher Kindstod bezeichnet, wenn für ihn keine Ursache gefunden werden kann. Jahrelang haben nordamerikanische Kinderärzte Eltern und Betreuerinnen gesagt, sie sollten Babys zum Schlafen auf den Bauch legen. Heute zeigt die Forschung, dass das *Schlafen auf dem Rücken* mit einem niedrigeren Risiko für plötzlichen Kindstod in Verbindung steht. Die Beweise sind zwingend.[7] Abbildung 3.2 nennt einige konkrete Schritte zur Verringerung des Risikos, dass Babys an plötzlichem Kindstod sterben.

Jedes Baby sollte sein eigenes Gitterbett haben, das jeden Tag am selben Platz steht. Diese Art von Beständigkeit und Sicherheit kann dem Baby helfen, sich schneller zu Hause zu fühlen. Die Entscheidungen darüber, wann ein Baby ins Bett gelegt und wie lange es dort liegen gelassen werden soll, hängen davon ab, wie die oder der Erwachsene die Bedürfnisse eines speziellen Kindes wahrnimmt. Einige Kinder brauchen etwas Zeit in ihrem Gitterbett, bevor sie einschlafen können, selbst wenn sie sehr müde sind. Sie spielen oder weinen vielleicht vor dem Schlafen. Andere Kinder schlafen sofort ein. Für die Aufwachphase ist ebenfalls Urteilsvermögen vonseiten des Erwachsenen nötig. Wacht das Kind voller Energie auf, aktiv und zum Spielen bereit, oder gibt es eine lange Übergangszeit zwischen Schlafen und Aufwachen, während der das Kind möglicherweise in seinem Bettchen liegen bleiben muss? Es ist nicht immer einfach, die Signale eines kleinen Kindes bezüglich seiner mit Ruhepausen verbundenen Bedürfnisse zu deuten. Auch hier sind die Mutter oder der Vater eine gute Informationsquelle. Finden Sie heraus, welche Verhaltensweisen ein Kind hat, um sich selbst zu beruhigen, und unterstützen sie diese. Manche Kinder schmusen mit einer Decke, andere drehen sich mit dem Finger im Haar. Das häufigste Selbstberuhigungsverhalten ist das Lutschen am Daumen. Fragen Sie, wie das Kind zu Hause schläft. Können Sie einige der Mittel oder Rituale übernehmen, die Eltern anwenden? Vielleicht findet das Kind Trost in einem Lieblingstier oder einer Lieblingsdecke.

Abbildung 3.2 Maßnahmen zur Verringerung des Risikos des plötzlichen Kindstods

1. Legen Sie das Baby immer auf den Rücken, auch wenn es nur ein kleines Schläfchen halten soll.
2. Legen Sie das Baby auf feste Matratzen, wie sie zum Beispiel in TÜV-geprüften Gitterbetten zu finden sind.
3. Entfernen Sie weiches, flauschiges Bettzeug und Stofftiere aus dem Schlafbereich des Babys.
4. Achten Sie darauf, dass der Kopf und das Gesicht des Babys beim Schlafen unbedeckt bleiben.
5. Lassen Sie es nicht zu, dass in der Nähe des Babys geraucht wird.
6. Verhindern Sie, dass dem Baby während des Schlafens zu warm wird.

Quelle: The Back to Sleep Campaign, 31 Center Drive, Room 2A32, Betheseda MD 20892-2425. Tel. 1-800-505-CRIB.

Wieder einmal können kulturelle Faktoren in die Einstellungen zum Schlafen hineinspielen. In einigen Kulturen wird es als ein Weg zur Förderung der Selbstständigkeit angesehen, das Kind in einem dunklen Raum alleine zu lassen. In anderen Kulturen herrscht die Meinung vor, dass Babys nicht alleine schlafen sollten. Sie stimmen einer Einstellung, die sich von Ihrer eigenen unterscheidet, vielleicht nicht zu, achten Sie aber darauf, sie zu respektieren. Wenn Sie nicht tun können, was die Mutter oder der Vater möchte, sprechen Sie darüber mit ihr oder ihm. Verhandeln Sie, diskutieren Sie und tauschen Sie Standpunkte aus. Ignorieren Sie nicht einfach die Wünsche einer Mutter oder eines Vaters, um zu tun, was Sie für das Beste halten.

Wenn Kinder das Kleinkindalter durchlaufen und nur noch einmal am Tag schlafen, können sie lernen, sich bei der Ruhezeit nach einem für die ganze Gruppe geltenden Zeitplan zu richten. Individuelle Bedürfnisse sind jedoch weiterhin von Bedeutung und es sollten Vorkehrungen für dasjenige Kleinkind getroffen werden, das zu einem früheren Zeitpunkt am Tag ruhen, wenn nicht gar richtig schlafen muss.

Kleinkinder, die nervös, ängstlich oder misstrauisch sind, können Schlafprobleme haben, die Beständigkeit zu verringern helfen würde. Ein Lieblingsspielzeug oder eine favorisierte Decke können ebenfalls für die benötigte Sicherheit sorgen. Manchmal kann eine Betreuerin im entscheidenden Moment nichts tun, um das Gefühl von Sicherheit zu fördern, sondern muss akzeptieren, dass das Kind sich unsicher fühlt, und darauf warten, dass es schließlich lernt, dass es sich an einem sicheren Ort befindet. In einigen Einrichtungen wird Kindern bei Bedarf der Rücken gerieben, damit es ihnen leichter fällt, einzuschlafen. Hier sind einige weitere Hinweise dazu, wie man Kleinkindern das Einschlafen erleichtern kann.

1. Sorgen Sie dafür, dass die Kinder, die hiernach bedürfen, einen Sichtschutz haben. Manche Kleinkinder stimuliert es viel zu sehr, nahe bei einem anderen Kind zu sein, um einschlafen zu können.
2. Sorgen Sie für eine ruhige, friedliche Atmosphäre. In einigen Programmen wird als Hilfe sanfte Musik eingesetzt. Lassen Sie die Kinder schon vor der Schlafenszeit etwas zur Ruhe kommen.
3. Achten Sie darauf, dass alle Kinder viel frische Luft und Bewegung bekommen. Müdigkeit ist der beste Beweggrund, um zu schlafen.
4. Verhindern Sie, dass die Kinder übermüdet werden. Manchen Kindern fällt es schwer, sich auf das Schlafen einzurichten, wenn sie erschöpft sind.

Betreuerin Lynne versteht, wie wichtig es ist, aus dem Zubettgehen ein Ritual zu machen. Die Kleinkinder, die sie betreut, sind alt genug, um als Gruppe einen festen Zeitpunkt für den Mittagsschlaf zu haben. Nach dem Mittagessen beginnt sie das Ritual damit, als Erstes den Raum so umzugestalten, dass er an Schlafen statt an Spielen denken lässt. Das Spielzeug wird weggeräumt, das Licht heruntergedreht, vor den Fenstern werden die Rollläden heruntergelassen, und den Kinder, die auf diese Art zur Ruhe kommen, wird noch leise eine Geschichte vorgelesen. Die Atmosphäre ist ruhig und gedämpft, damit die Kinder den Übergang zur Schlafenszeit spüren. Wenn die Stimulation reduziert wird und die Umgebung den Kindern vermittelt, was sie zu erwarten haben, sinkt auch das Aktivitätsniveau der Kinder ab und sie kommen leichter zur Ruhe, als wenn der Übergang abrupt erfolgt und sie nicht behutsam auf die Schlafenszeit eingestimmt werden.

Wenn Erwachsene die Pflegeaufgaben als essenzielle Lernerfahrungen ansehen, ist die Wahrscheinlichkeit höher, dass sie diese mit Geduld und

Aufmerksamkeit angehen. In der Gruppenbetreuung, selbst bei einem guten Zahlenverhältnis von Erwachsenen zu Kindern, hat ein Säugling hauptsächlich während der mit Pflegeaufgaben wie Füttern, Wickeln und Anziehen verbrachten Zeit Gelegenheit, eine lang andauernde persönliche Interaktion unter vier Augen zu genießen. Wenn diese Zeiten gut genutzt werden, benötigen Babys während der anderen Abschnitte, die ihr Tag beinhaltet, weit weniger Aufmerksamkeit von Erwachsenen. Babys können ihrem Spiel (der Interaktion mit der Umgebung und mit den anderen Babys) nachgehen, ohne dass eine Erwachsene, die möglicherweise auf viele Babys aufpasst, mehr als nur allgemeine Aufsicht über sie führt.

Wenn Kleinkinder Selbsthilfefähigkeiten entwickeln, geht diese zwangsläufig erfolgende, ganz persönliche Zeit der Interaktion zwischen zwei Menschen verloren. Deshalb müssen Betreuerinnen dafür sorgen, dass die Kinder, selbst die ältesten Kleinkinder, sie auf andere Art und Weise bekommen. Die Tatsache, dass das vorgeschriebene Zahlenverhältnis von Erwachsenen zu Kindern sich ändern kann, wenn die Kinder etwa zwei Jahre alt sind, verstärkt die Schwierigkeit, jedem Kind die Art individueller Aufmerksamkeit zu geben, die es benötigt. Einige Kinder bekommen sie dadurch, dass sie auf Erwachsene bezaubernd und reizend wirken. Andere bekommen sie dadurch, dass sie inakzeptables Verhalten an den Tag legen. Einige bekommen sie überhaupt nicht. Eine Möglichkeit, sicherzustellen, dass alle Kinder individuelle Aufmerksamkeit erhalten, wenn die Pflegeaufgaben nicht mehr ausgeprägter Schwerpunkt des in der Einrichtung verbrachten Tages sind, besteht darin, anekdotische Aufzeichnungen zu führen. Wenn Sie während des Mittagschlafs über jedes Kind, das sie an dem Tag betreuen, einen einzigen Satz schreiben, werden sie schnell Muster erkennen. Sie werden sehen, dass einige Kinder sich wegen ihres Verhaltens von den anderen abheben. Manche Kinder sind praktisch unsichtbar und es fällt schwer, auf irgendetwas zu kommen, das man über diese Kleinen schreiben könnte. Wenn Sie diese Muster erst einmal sehen, können Sie bessere, bewusstere Entscheidungen darüber fällen, wie Sie darauf achten können, dass alle Kinder an jedem Tag individuelle Aufmerksamkeit bekommen.

Wenn Säuglinge und Kleinkinder mit Respekt behandelt werden und für die Ausführung der Pflegeaktivitäten ein auf Teamwork basierender Ansatz gewählt wird, wachsen Beziehungen – Beziehungen, die Kindern dabei helfen, etwas über sich selbst und die Welt zu lernen. Mit der Zeit können sie voraussagen, was mit ihnen passieren wird, und erkennen, dass es in der Welt eine gewisse Vorhersagbarkeit gibt. Sie lernen, dass sie etwas Macht haben, die Welt und die Menschen in ihr zu beeinflussen. Sie beginnen, das Leben zu verstehen. Wenn diese Zeiten individueller Aufmerksamkeit in höchstem Maße genutzt werden, können sie für die Kinder zum Mittelpunkt ihrer Tage werden – zu etwas, auf das sie sich freuen, zu ihrer Gelegenheit, mit ihrem Partner zu „tanzen"!

Angemessenes praktisches Vorgehen

Überblick über die Entwicklung

Der National Association for the Education of Young Children zufolge erfordert es die Einzigartigkeit eines jeden kleinen Babys, dass Betreuerinnen die Rhythmen von Babys lernen: wann sie essen, wie sie beim Füttern oder Trösten gehalten werden möchten und wann sie schlafen. Die Fähigkeiten der Betreuerinnen, die Zeichen, mit denen Babys ihre Bedürfnisse ausdrücken, zu deuten und angemessen darauf zu reagieren, helfen kleinen Babys, ein Gefühl der Sicherheit zu entwickeln. Dieselbe Sensibilität ist nötig, wenn sich die kleinen Säuglinge zu mobilen Babys entwickeln und zu Forschern werden. Das Erkunden hört während der regelmäßigen Pflegeaktivitäten nicht auf, deshalb ist es Aufgabe der Betreuerinnen, das Beste daraus zu machen, wenn das Kind alles anzufassen versucht und darum kämpft, vom Wickeltisch herunterzukommen. Kleinkinder machen sich Gedanken darüber, wer sie sind und wer das Sagen hat, und testen Situationen beständig aus, um dies herauszufinden. Unabhängigkeit und Kontrolle sind primäre Themen, und während der regelmäßigen Pflegeaktivitäten können diese Themen auftauchen.

Quelle: J. Ronald Lally, Abbey Griffin, Emily Fenichel, Marilyn Segal, Eleanor Szanton und Bernice Weissbourd (1997): Development in the First Three Years of Life. In: *Developmentally Appropriate Practice in Early Childhood Programs* (überarb. Aufl.). Washington, D.C., National Association for the Education of Young Children, 55-69.

Der Entwicklung angemessenes praktisches Vorgehen

Das Folgende ist eine Auswahl an beispielhaften Vorgehensweisen, die Pflege als Curriculum mit der Entwicklung eines angemessenen praktischen Vorgehens zu verbinden:

- Die Erwachsenen passen sich an die individuellen Essens- und Schlafzeiten der Säuglinge an. Die Nahrungsvorlieben und Essweisen der Säuglinge werden respektiert.
- Der Schlafbereich der Säuglinge ist von dem Bereich, in dem aktiv gespielt wird, sowie vom Essbereich getrennt. Die Babys haben

ihre eigenen Gitterbetten und von zu Hause mitgebrachtes Bettzeug. Familienmitglieder bringen spezielle Gegenstände, die ihr Baby beruhigen und trösten, um seinem Gitterbett eine persönliche Note zu geben. Jeder persönliche Gegenstand wird mit dem Namen bezeichnet, den er bei dem Säugling hat, dem er gehört.
- Die Säuglinge haben ihre eigenen Wickelutensilien sowie Ersatzkleidung, die sich in Reichweite des Wickeltischs befindet.
- Die Erwachsenen respektieren die Ess- und Schlafzeiten der Kinder. Kleinkinder bekommen öfter einen Imbiss als ältere Kinder und kleinere Portionen. Getränke werden häufig angeboten.
- Die Erwachsenen arbeiten gemeinsam mit den Familien daran, Kinder dazu zu ermuntern, zu lernen, die Toilette zu benutzen. Wenn Kleinkinder ein Alter erreichen, in dem sie davon überzeugt sind, dass sie auf einem Toilettensitz sitzen können, und hiervor keine Angst haben, laden Betreuerinnen sie ein, die Toilette zu benutzen, helfen ihnen nach Bedarf, stellen Kleidung zur Verfügung, mit der sie zurechtkommen können, und bieten ihnen positive Verstärkung. Die Toilette, mit einem Tritt versehen, befindet sich an einem gut beleuchteten, einladenden und relativ ungestörten Ort. Die Kinder werden häufig und regelmäßig, in Abstimmung auf ihre biologischen Bedürfnisse, zur Toilette gebracht.
- Die Betreuerinnen planen einen Übergang zur Schlafenszeit, der aus einer vorsehbaren Abfolge von Ereignissen besteht. Sie wählen eine ruhige Aktivität, wie das Vorlesen einer Geschichte. Kleinkinder bekommen ihre eigenen Stofftiere oder Decken und gehen in ihr Kinderbett; für die Kleinkinder, die noch wach sind, kann leise Musik oder eine Geschichte auf Band oder CD abgespielt werden.
- Die Erzieherinnen arbeiten partnerschaftlich mit den Eltern zusammen, kommunizieren täglich mit ihnen, um gegenseitiges Verständnis und Vertrauen aufzubauen und das Wohlergehen und die bestmögliche Entwicklung des Kindes sicherzustellen. Betreuerinnen hören sich aufmerksam an, was Eltern über ihre Kinder sagen, versuchen, die Ziele und Prioritäten der Eltern zu verstehen, und respektieren kulturelle und familiäre Unterschiede.

Quelle: Bredekamp, S. und Copple, C. (Hg.) (1997): *Developmentally Appropriate Practice in Early Childhood Programs* (überarb. Aufl.). Washington, D.C., National Association for the Education of Young Children.

Individuell angemessenes praktisches Vorgehen

- Bei der Sauberkeitserziehung kann es, je nach körperlichem und geistigem Vermögen der Kinder, große Unterschiede geben. Wann immer sie beginnt und wie lange sie auch immer dauern mag, Strenge sollte hierbei vermieden werden.
- Manche Kinder brauchen im Hinblick auf das Füttern mehr Aufmerksamkeit als andere. Sorgfältig darauf zu achten, wie die

Kinder, die alt genug sind, um alleine zu essen, sitzen, kann großen Einfluss darauf haben, dass sie ihre Hände geschickt benutzen. Wenn sie dazu neigen, von ihrem Stuhl zu rutschen, kann ein rutschfester Stoff auf der Sitzfläche eine Hilfe darstellen. Bei Kindern mit neurologischen Störungen kann die Konsistenz von Nahrungsmitteln Probleme bereiten. Maßnahmen wie das Massieren des Halses, um beim Schlucken zu helfen, oder das „Aufwecken des Mundes" mithilfe eines Lappens oder einer Zahnbürste können die Kontrolle über die Muskeln erleichtern.

Kulturell angemessenes praktisches Vorgehen

Nicht alle Familien schätzen Unabhängigkeit und Individualismus gleichermaßen, und viele haben eine andere Liste an Prioritäten für ihre Kinder. Familien, die das Ziel verfolgen, die Bedeutung von Unabhängigkeit herunterzuspielen, um den Kindern dabei zu helfen, sich vor allem als Mitglieder der Familie oder der Gruppe im Allgemeinen zu betrachten, verfolgen bei den regelmäßigen Pflegeaktivitäten möglicherweise einen anderen Ansatz. Es ist in einigen Kulturen allgemein üblich, Kinder noch über das Kleinkindalter hinaus mit dem Löffel zu füttern. Mit der Sauberkeitserziehung wird andererseits vielleicht schon im ersten Lebensjahr begonnen. Beide Methoden legen größeres Gewicht auf Abhängigkeit als auf Unabhängigkeit. Erziehungspraktiken dieser Art erschrecken möglicherweise Betreuerinnen, die in Familien großgeworden sind, in denen solche Dinge missbilligt werden. Denken Sie daran, dass der Entwicklung angemessenes praktisches Vorgehen Betreuerinnen dazu verpflichtet, in Partnerschaft mit den Eltern zu arbeiten, um wechselseitiges Verständnis und Vertrauen aufzubauen. Das Ziel besteht darin, Wohlergehen und bestmögliche Entwicklung des Kindes sicherzustellen. In Kapitel 13 wird die Identitätsentwicklung behandelt, ein Thema, das mit diesem Problem unterschiedlicher Ansichten über Pflegemethoden im Zusammenhang steht.

Und jetzt Sie ...

Sehen Sie sich noch einmal die Szene „Prinzipien in der Praxis" auf S. 121 an und überdenken Sie Ihre Antworten. Würden Sie nun, nachdem Sie dieses Kapitel gelesen haben, einige Fragen anders beantworten? Analysieren Sie jetzt die Szene anhand der Information im letzten Gliederungspunkt von „Der Entwicklung angemessenes praktisches Vorgehen".

- Was war Ihrer Meinung nach die Einstellung dieser Betreuerin zu mit den Eltern? Glauben Sie, dass Sie vorhat, etwas von den Eltern zu lernen?
- Was wissen Sie darüber, wie man ein Kind mit zerebraler Lähmung so platziert, dass es mehr Kontrolle über seine Muskeln hat? Wie könnten Sie mehr darüber lernen? Sehen Sie sich nun den Abschnitt „Kulturell angemessenes praktisches Vorgehen" an.
- Hat die Betreuerin Betonung auf Selbsthilfefähigkeiten gelegt?

- Was wäre, wenn es das Hauptziel dieser Betreuerin ist, Nickys Selbsthilfefähigkeiten zu fördern, und die Mutter eine andere Vorstellung davon hat, was ihr Sohn braucht? Wie würde die Betreuerin dies herausfinden? Was sollten die zwei tun, wenn sie unterschiedliche Ziele hätten?

- Was sind – selbst wenn das Fördern von Unabhängigkeit kulturell unangemessen ist – Ihre Gedanken und Gefühle in Bezug auf das Herunterspielen von Unabhängigkeit bei Kindern, die vor solchen Herausforderungen stehen wie Nicky?

Zusammenfassung

Ein Curriculum für Säuglinge und Kleinkinder bedeutet, dass Vorkehrungen getroffen werden, damit Kinder lernen können. Dies beinhaltet:

- dass dafür gesorgt wird, dass Bindung entstehen kann
- dass Grundsätze aufgestellt werden, die es unterstützen, dass Pflege zum Curriculum wird
- dass ermittelt wird, was die Kinder brauchen

Regelmäßige Pflegeaktivitäten sind Zeiten, in denen die Betreuerin genau auf jedes einzelne Kind achtet. Hierzu gehören so essenzielle Aktivitäten des täglichen Lebens wie

- Füttern
- Wickeln
- Sauberkeitserziehung und das Erlernen von Sauberkeit
- Waschen, Baden und Pflege
- An- und Ausziehen
- Schlafen

Schlüsselbegriffe

Bindung / Erlernen von Sauberkeit / Freigestellte Zeit / Kontinuität in der Betreuung / Resilient / Sauberkeitserziehung / Selbsthilfefähigkeiten / System aus Hauptbetreuerinnen

Fragen und Aufgaben

1. Was hat Bindung mit Pflege als Curriculum zu tun?
2. Nennen Sie einige Möglichkeiten, wie Programme Bindung fördern können.
3. Kommt Bindung normalerweise in Familientagespflegestätten einfacher zustande? Warum oder warum nicht?
4. Welche regelmäßigen Pflegeaktivitäten führt eine Betreuerin im Laufe des Tages aus und was ist ein Beispiel dafür, wie aus ihnen ein Curriculum gemacht wird?
5. Was wissen Sie über kulturelle Unterschiede bei regelmäßigen Pflegeaktivitäten? Inwiefern unterscheidet sich das, was Sie wissen, von dem, was in diesem Kapitel gezeigt wurde? Was würden Sie tun, wenn Ihnen gesagt würde, „sich an das Buch zu halten", und Sie wären nicht von ihm überzeugt? Was würden Sie tun, wenn die Ansichten einer Mutter oder eines Vaters darüber, wie eine bestimmte Pflegeaktivität auszuführen ist, sich von Ihren eigenen unterscheiden?

Weiterführende Literatur

Bergen, Doris, Reid, R. und Torelli, Louis (2001): *Educating and Caring for Very Young Children: The Infant/Toddler Curriculum.* New York, Teachers College Press.

Bernhardt, Jennifer (2000): A Primary Caregiving System for Infants and Toddlers: Best for Everyone Involved. In: *Young Children 55,* 2, March, 74-80.

Butterfield, Perry M. (2002): Child Care Is Rich in Routines. In: *Zero to Three 22,* 4, February/March, 29-32.

Cook, Ruth E., Tessier, Annette und Klein, M. Diane (2000): *Adapting Early Childhood*

Curricula for Children in Inclusive Settings (5. Aufl.). Columbus, Ohio, Merrill.

David, Miriam und Appell, Geneviève (2001): *Lóczy: An Unusual Approach To Mothering*. Übersetzung von *Lóczy Ou Le Maternage Isolite* von Jean Marie Clark; überarbeitete Übersetzung von Judit Falk. Budapest, Association Pikler-Loczy for Young Children.

Gerber, Magda (2005): Die Prinzipien von RIE und ihre praktische Umsetzung. In: Petrie, Stephanie und Owen, Sue (Hg.): *Authentische Beziehungen in der Gruppenbetreuung von Säuglingen und Kleinkindern*. Arbor Verlag, Freiamt, S. 45-71.

Gerber, Magda und Johnson, Allison (1998): *Your Self-Confident Baby*. New York, John Wiley & Sons.

Gonzalez-Mena, Janet (2004): *Diversity in Early Care and Education*. New York, McGraw-Hill.

Gonzalez-Mena, Janet (2000): *Infant-Toddler Caregiving: A Guide to Routines*. Sacramento, Calif., Far West Laboratory and California Department of Education.

Gonzalez-Mena, Janet und Bhavnagri, Navaz (2003): Diversity and Infant/Toddler Caregiving. In: *Young Children 55*, 4, July, 31-35.

Kaiser, Barbara und Rasminsky, Judy S. (2003): Opening the Culture Door. In: *Young Children 58*, 4, July, 53-56.

Martini, Mary (2002): How Mothers in Four American Cultural Groups Shape Infant Learning During Mealtimes. In: *Zero to Three 22*, 4, February/March, 14-20.

O'Brien, Marion (1997): *Inclusive Child Care for Infants and Toddlers: Meeting Individual and Special Needs*. Baltimore, Brookes.

Petrie, Stephanie (2005): Die Arbeit von Emmi Pikler und Magda Gerber. In: Petrie, Stephanie und Owen, Sue (Hg.): *Authentische Beziehungen in der Gruppenbetreuung von Säuglingen und Kleinkindern*. Arbor Verlag, Freiamt, S. 19-45.

Phillips, Carol Brunson und Cooper, Renatta M. (1992): Cultural Dimensions of Feeding Relationships. In: *Zero to Three 7*, 5, June, 10-13.

Rofrano, Frances (2002): A Reflection on Caring as Infant Curriculum. In: *Young Children 57*, 1, January, 49-51.

Segal, Marilyn, Masi, Wendy und Leiderman, Roni (2001): *In Time and With Love: Caring for Infants and Toddlers with Special Needs* (2. Aufl.). New York, New Market Press.

Kapitel 4

Spiel als Curriculum

Schwerpunktfragen

Nachdem Sie dieses Kapitel gelesen haben,
sollten Sie in der Lage sein, folgende Fragen zu beantworten:

1. Welches sind die vier in diesem Kapitel beschriebenen Erwachsenenrollen, die das Spiel von Säuglingen und Kleinkindern erleichtern?
2. Welches ist ein Hauptfaktor, der bei der Gestaltung einer Spielumgebung berücksichtigt werden muss, und warum ist er so wichtig?
3. Warum sollten Sie zurücktreten und beobachten, nachdem Sie zu Interaktionen ermuntert haben?
4. Welches sind fünf Umgebungsfaktoren, die das Spiel in einem Pflege- und Erziehungsprogramm für Säuglinge und Kleinkinder beeinflussen?
5. Inwiefern unterscheidet sich ein *Ereignis* von einer *Aktivität*?

Was sehen Sie?

Tyler sitzt auf dem Boden, mit einem einfachen Holzpuzzle zur einen und Stapelbechern aus Plastik zur anderen Seite. Neben ihm ist Kevin, der hinüberlangt und zwei der Puzzleteile wegnimmt. Tyler nimmt das Puzzlebrett hoch und lässt es fallen. Die Teile klappern aneinander, als sie auf dem Teppich landen, was Tyler zum Lächeln bringt. Kevin schaut erst zum Puzzle und dann zu Tyler. Tyler nimmt das Puzzleteil, das Kevin in der Hand hält. Kevin sieht überrascht aus. Dann nimmt Tyler ein anderes Teil vom Boden auf und schlägt die zwei Teile aneinander. Er lässt beide Teile fallen und Kevin hebt sie auf. Tyler hebt die Stapelbecher auf, geht hinüber zu einem niedrigen Podest und steigt darauf. Er streckt seine Arme in die Luft, dann setzt er sich schnell hin und fängt an, die

Stapelbecher auseinander zu nehmen. Zuerst nimmt er den kleinen heraus; er klopft damit auf den Holzboden des Podests und legt den Kopf auf die Seite, um dem Geräusch zu lauschen. Seine Finger arbeiten an dem zweiten – befühlen die Form, greifen den Rand – und dann ist er draußen. Er klopft auch mit diesem auf den Boden, bevor er ihn neben den ersten stellt. Einen nach dem anderen nimmt er die Becher heraus und klopft mit jedem auf den Boden. Als er beim Letzten angelangt ist, stellt er ihn ans Ende der Reihe und sieht zufrieden aus. Dann steckt er die Becher wieder ineinander, genauso langsam und sorgfältig, wie er sie auseinander genommen hat.

Was Sie in dieser Eröffnungsszene gesehen haben, sah für Sie vielleicht unbedeutend aus. Säuglinge und Kleinkinder spielen nicht auf dieselbe Art wie ältere Kinder. Man muss ein Verständnis dafür haben, wer Kleinkinder sind und was sie interessiert, um eine Szene wie diese wertzuschätzen. Man braucht außerdem gute Beobachtungsfähigkeiten, um die Details zu bemerken. Wir werden später zu dieser Szene zurückkehren, um sie zu besprechen.

Das Spiel sollte ein Hauptbestandteil eines jeden Säuglings- oder Kleinkindprogramms sein. Kleinkindpädagogen haben schon lange erkannt, dass das Spiel für Wachstum und Lernen von entscheidender Bedeutung ist. Für kleine Kinder ist es etwas ganz Natürliches und sollte als ein *wichtige* Aktivität angesehen werden, nicht als etwas Zweitrangiges oder Optionales.

Der Nutzen des Spiels ist enorm und geht weit über die Dinge hinaus, über die sich so einfach reden lässt, wie die Entwicklung von Fähigkeiten und das Lernen von Konzepten. Spiel kann zum Beispiel ein Weg zu früher Schreibkompetenz sein. Laut einer Untersuchung kommen beim Spiel viele Wege zusammen, auf denen Lese- und Schreibfähigkeit erlangt wird, und „das hierbei auftretende Verständnis wird integriert, umgesetzt und in einer sicheren Umgebung getestet".[1] Wenn Sie sich das Spiel aufmerksam anschauen, können Sie dort genau genommen alle Merkmale von Fähigkeiten der Art, wie Kinder sie für die Grundlagen des Lesens und Schreibens brauchen, finden. Das Spiel bietet Kindern Möglichkeiten, die sie nirgendwo anders bekommen. Durch das Spielen beschäftigen sich die Kinder mit Erkundungen, deren Ausgang offen ist. Sie werden nicht durch Regeln, Vorgehensweisen oder Ergebnisse eingeschränkt. Kinder, die spielen, tun dies in Eigenregie. Sie haben Macht. Dadurch, dass sie sich vollkommen in das Spiel vertiefen, machen sie Entdeckungen, die sie ansonsten vielleicht niemals machen würden, arbeiten an Problemen, treffen Entscheidungen und finden heraus, was sie interessiert.

Im seinem Vorwort zu *Mindstorms* spricht Seymour Papert über ein Spielthema, das begann, als er gerade laufen konnte, die ganze Kindheit hindurch andauerte und sein gesamtes Leben lang einen wichtigen Einfluss ausgeübt hat.[2] Er schreibt darüber, wie er sich als kleiner Junge in Autoteile verliebte und die Namen aller Teile wissen wollte. Schließlich konzentrierte sich sein Interesse hauptsächlich auf Zahnradgetriebe, und er verbrachte Stunden damit, mit runden Gegenständen zu spielen und sie so zu drehen, als wären sie Zahnräder. Viel später veranlasste ihn dies dazu, im Geiste Getriebe rotieren zu lassen und Ketten aus Ursache und Wirkung zu konstruieren. Papert nutzte Zahnradgetriebe als sein Modell, um Mathematik zu lernen, und ist heute bekannt für seine Arbeit mit Computern, der Theorie von Jean Piaget und künstlicher Intelligenz. Zwei Punkte sind an Paperts Geschichte von Bedeutung. Der eine ist der, dass Kinder, wenn sie auf dieselbe Art mit konkreten Gegenständen spielen, wie Papert es mit Getrieben tat, Modelle konstruieren, mittels derer das, was sie lernen, über ihre Sinne an den Verstand weitergegeben wird. Dies ermöglicht es ihnen dann, Vorstellungen geistig zu manipulieren, um zu weiterem Verständnis zu gelangen. Der andere Punkt ist der, dass niemand Papert dazu anwies, etwas über Getriebe zu lernen. „Ich verliebte mich in Getriebe", sagt er über sich selbst. Natürlich unterstützte und ermutigte ihn jemand und stellte ihm Materialien zur Verfügung. Papert aber war derjenige, der die Entscheidung traf, sie zu benutzen. In Paperts Leben (so wie im Leben aller Kinder) lieferte das frühe Spiel eine wichtige Grundlage für späteres Lernen und Verstehen.

Wenn wir auf spielende Säuglinge und Kleinkinder reagieren, indem wir ihnen Freiheit lassen, ihnen helfen, ihren speziellen Interessen nachzugehen, und ihnen Material bereitstellen, kann dies dazu führen, dass Kinder lebenslange Modelle in der Art von Paperts Zahnradgetrieben erlangen (siehe Abbildung 4.1).

> **Überlegen Sie ...**
>
> Welches sind die Modelle aus Ihrer eigenen Kindheit, die Sie bis heute in Ihrem Kopf behalten haben? Können Sie Ihre eigene Erfahrung mit Paperts „Getrieben" in Verbindung setzen?

Abbildung 4.1 Drei Wege, wie Betreuerinnen das Spiel zum Curriculum machen

Betreuerinnen machen aus dem Spiel auf diese drei Arten ein Curriculum:
1. indem sie Kindern Freiheit lassen
2. indem sie ihnen helfen, ihren speziellen Interessen nachzugehen
3. indem sie Material bereitstellen

In ihrem Buch *Tools of the Mind: The Vygotskian Approach to Early Childhood Education*[3] erläutern Elena Bodrova und Deborah Leong, welchen Einfluss Spielen auf die Entwicklung hat. Sie erklären, dass Vygotskij eine integrative Sicht von Spiel gehabt habe, als er über dessen Beitrag zur kognitiven, emotionalen und sozialen Entwicklung schrieb. Er habe das Spiel als ein Werkzeug des Verstandes gesehen, dessen Wurzeln im Hantieren und Erforschen im Säuglings- und Kleinkindalter lägen.

Freies Spiel ist ein Thema dieses Kapitels. Mit freiem Spiel meinen wir Spiel ohne Anleitung, aber unter Aufsicht, bei dem Kinder Entscheidungsmöglichkeiten haben, um ihren speziellen Interessen nachzugehen, ohne dass ständig eine Erwachsene Kontrolle ausübt oder bestimmte Ergebnisse erwartet werden. Das freie Spiel ein freies bleiben zu lassen, bereitet einigen Erwachsenen Schwierigkeiten, wenn sie erst einmal erkennen, wie wichtig das Spielen für Säuglinge und Kleinkinder ist. Sie wollen Aktivitäten initiieren, die ein Ziel haben, Vorkehrungen dafür treffen, dass bestimmte Ergebnisse eintreten, und diese steuern. Dies trifft insbesondere auf Einrichtungen mit Kindern aus einkommensschwachen Familien zu, da dort die Dringlichkeit gesehen wird, dass die Kinder auf die spätere Schullaufbahn vorbereitet werden müssen. Wir fordern diejenigen Erwachsenen, die Aktivitäten und Zielsetzungen – Lehrstunden – initiieren wollen, eindringlich dazu auf, durch Beobachten der Kinder den Nutzen schätzen zu lernen, den ihnen das freie Spiel bringt. Sie werden sehen, dass sie sich ihre eigenen Ziele und Lehrstunden schaffen, die weit effektiver sind als Ihre.

In einer Einrichtung für Säuglinge und Kleinkinder kamen am Morgen einige Besucher und sahen, wie die Kinder ungehindert mit verschiedenen Spielsachen spielten. Sie waren beeindruckt davon, wie involviert und interessiert die Kinder waren. Aber dann erschien die Leiterin ganz außer Atem, entschuldigte sich dafür, dass an dem Morgen alles etwas später beginnen würde, und schickte sich an, Gruppen zu bilden, Material für „Aktivitäten" hervorzuholen und die Kleinkinder zusammenzutreiben, damit sie sich um die Tische herum auf Stühle setzten. Dann wurden ihnen die Namen von auf Bildern dargestellten Gegenständen eingebläut, sie sollten Formen zuordnen und ihnen wurde gezeigt, wie sie aus Knetmasse Kreise und Quadrate formen. Die Erzieherinnen, die sich zuvor im Hintergrund gehalten hatten, außer wenn es Veranlassung gab, auf etwas zu reagieren und einzugehen, kümmerten sich plötzlich um alles. Die Perspektive wurde sehr zielorientiert. Als die Besucher sich später die individuellen Bildungspläne ansahen, stellten sie fest, dass kognitive Ziele peinlich genau definiert waren (zum Beispiel „Bilder eines Hundes, eines Pferdes und einer Katze zeigen; das Kind identifiziert zwei von drei"). Kein Wunder, dass die „Spielzeit" so zielorientiert war. Es ist nicht so, dass Erwachsene keine Ergebnisse beabsichtigen würden (siehe Kapitel 2). Aber statt Ziele hinsichtlich der Art und Weise zu setzen, wie ein Kind mit Materialien interagieren soll, sollte die Erwachsene beobachten, was das Kind eigentlich tut, und den Nutzen schätzen, den es daraus ziehen wird, selbst wenn dieser nicht sofort offensichtlich ist. Wenn beispielsweise jemand Papert dabei beobachtet hätte, wie er Gegenstände rotieren ließ, hätte er gut übersehen können, dass Papert in seinem Kopf ein Zahnradgetriebemodell entwarf. Wie anders wäre das Ergebnis für ihn gewesen, wenn er ständig in eine andere Richtung gelenkt und dazu angewiesen worden wäre, irgendeine Aktivität mit einer bestimmten Zielsetzung auszuführen, die eine Erwachsene im Kopf hatte.

Ein Grund, warum Erwachsene zuweilen das Spiel der Kleinkinder steuern möchten, ist der, dass sie es nicht verstehen. Blättern Sie zurück und sehen Sie sich noch einmal die Szene am Anfang des Kapitels an. Haben Sie bemerkt, dass Tyler mit seinen Sinnen erforschte? Er legte das Puzzle nicht, er erfreute sich daran, wie sich die Puzzleteile und die Stapelbecher anfühlten und anhörten. Er hat kein Interesse daran, das Material „auf die richtige Art" zu nutzen. Tyler hat seine eigene Art, die Eigenschaften eines

> **Überlegen Sie …**
>
> Erinnern Sie sich an eine eigene Spielerfahrung. Durchleben Sie sie noch einmal, wenn Sie können. Denken Sie darüber nach, was Ihnen diese Erfahrung gebracht hat. Wie können Sie Ihre eigene Erfahrung nutzen, um zu verstehen, welche Bedeutung freies Spiel für Säuglinge und Kleinkinder hat?

jeden Materials herauszufinden. So einfach diese Szene auch ist, sie ist ein gutes Beispiel für ein junges, spielendes Kleinkind. Das Spiel von Kindern im Vorschulalter ist einfacher zu verstehen, weil es komplex und sinnvoll aussehen und in Kategorien wie „Rollenspiel", „Kunst" oder „Bauen mit Klötzen" eingeordnet werden kann. Das Spiel von Kleinkindern sieht vielleicht unbedeutend aus; Kleinkinder scheinen sich lediglich ein bisschen an Dingen zu versuchen. Manchmal scheinen sie einfach nur herumzustreifen, wobei sie häufig Gegenstände bei sich tragen. Wenn Sie aber aufmerksam hinschauen, sehen Sie, dass sie weder unbeteiligt noch in einer Übergangsphase sind. Sie laufen und tragen. Sie treffen Entscheidungen. Zusätzlich erfreuen sie sich beim Herumlaufen vielleicht an den wechselnden sensorischen Wahrnehmungen. Manchmal bleiben sie in Kontakt mit der Person, zu der sie die stärkste Bindung haben (also in Fühlung mit der sicheren Basis), während sie die Umgebung erkunden.

Kleinkinder sind leicht zufrieden zu stellen, solange sie Platz haben, sich zu bewegen, und Dinge, die sie untersuchen und mit denen sie hantieren können. Es mag so aussehen, als könnten sie sich nicht lange auf etwas konzentrieren, weil ihr Fokus auf der Grobmotorik liegt und sie das Bedürfnis haben, immer wieder den Ort zu wechseln. Sie können sich jedoch auch intensiv mit Dingen befassen, vor allem mit dem Lösen von Problemen oder mit einer selbstgewählten sensorischen Aktivität. Kleinkinder können bis zu einer halben Stunde damit verbringen, an einem Waschbecken mit Wasser, Seife und Papierhandtüchern herumzuspielen (das ist keine kurze Aufmerksamkeitsspanne).

Die Rollen Erwachsener beim Spiel

Die Betreuerin übernimmt bei der Unterstützung des Spiels von Säuglingen und Kleinkindern viele Rollen und Funktionen. Wenn wir sie hier auch getrennt auflisten, um sie zu beschreiben, so sind sie doch in Wirklichkeit alle miteinander verbunden – mit Sicherheit als einem übergeordneten Thema und Lernen durch Interaktion als einem weiteren.

Umgebungen für das Spiel gestalten

Sicherheit ist von höchster Wichtigkeit. Das bedeutet, dass eine gesunde Umgebung geschaffen werden muss, die frei von Gefahren ist, und dann sorgfältig beobachtet werden muss, was in ihr geschieht. Auch wenn einige Kinder risikobereiter sind als andere, so fühlen sich doch die meisten Kinder nur dann wohl, wenn sie sich geborgen fühlen und wissen, dass niemand es zulassen wird, dass sie sich verletzen. Es muss über das Alter und die individuelle Entwicklungsstufe eines jeden Kindes sowie der Gruppe als Ganzes nachgedacht werden. Gefährdungen der Sicherheit und Gesundheit können entweder einzelne Kinder oder auch die Gruppe betreffen. Bei Kindern mit körperlichen oder anderen Behinderungen muss ganz genau auf Sicherheit geachtet werden. Sicherheit ist für alle Kinder der Schlüssel zum **Erforschen**. Mit Erforschen (oder Erkunden) meinen wir das Entdecken und Untersuchen dessen, was sich um das Kind herum befindet – die Menschen und Gegenstände sowie die Eigenschaften dieser Gegenstände – durch Berühren, In-den-Mund-nehmen, Riechen, Schauen und Hören. Nur in einer sicheren, der Entwicklung angemessenen und interessanten Umgebung haben Kinder Gelegenheit, die Arten von Entdeckungen zu machen, die ihre Entwicklung und das Lernen fördern. Betrachten Sie, wenn Sie sich Gedanken über das Erforschen machen, noch einmal das Alter und den Entwicklungsstand eines jeden Kindes. Berücksichtigen Sie bei Ihren Überlegungen auch Kinder, die vor besonderen Herausforderungen stehen, damit diese gleichermaßen Gelegenheit haben, auf sichere Art und Weise bestmöglich mit der Umgebung zu interagieren. Bedenken Sie beispielsweise, dass Kinder durch das Hantieren mit Spielsachen ihre Auge-Hand-Koordination entwickeln; denken Sie dann an das Kind, das stark sehbehindert ist. Achten Sie darauf, dass das Kind sich sicher genug fühlt, um zum Spielzeugregal zu gelangen, dass es weiß, dass dort Spielsachen sind, und in der Lage ist, herauszufinden, dass diese Spielsachen Eigenschaften haben (zum Beispiel ein Geräusch machen), die dem Kind Erfahrungen mit der Auge-Hand-Koordination verschaffen könnten. Wir werden dieses Thema genauer in Kapitel 12 behandeln.

142   Im Blickpunkt: Die Betreuerin

Durch das Hantieren mit Spielsachen entwickeln Kinder ihre Auge-Hand-Koordination.

Interaktionen fördern und anschließend zurücktreten

Kinder lernen von anderen Kindern. Dadurch, dass sie mit ihren Altersgenossen interagieren, lernen Säuglinge und Kleinkinder viel über die Welt, über die Macht, die sie in ihr haben, und über die Wirkung, die sie auf andere haben. Durch die verschiedenen Situationen des Problemlösens, die sich bei Interaktionen zwischen Kindern bieten, lernen die Kleinen so wertvolle Fähigkeiten wie das Lösen von Konflikten. Die Erwachsene hat bei diesen Interaktionen zwischen Kindern die Funktion, sie zu ermuntern und dann so lange Abstand zu halten, bis sie gebraucht wird. Einfühlsame Betreuerinnen wissen, wann sie eingreifen müssen. Die Wahl des richtigen Zeitpunktes ist äußerst wichtig. Wenn Sie zu früh einschreiten, geht das wertvolle Lernen verloren. Wenn Sie aber zu spät einschreiten, können Kinder einander weh tun. Die Wahl des richtigen Zeitpunktes und **gezieltes Eingreifen** sind wichtige Kompetenzen, die Betreuerinnen sich aneignen müssen, um das soziale Spiel von Säuglingen und Kleinkindern zu erleichtern. Was meinen wir mit gezieltem Eingreifen? Einzugreifen bedeutet, sich einzumischen oder etwas zu unterbrechen, und es verläuft gezielt, wenn es auf die Male beschränkt wird, bei denen es eine positive Auswirkung haben wird. Gezieltes Eingreifen sollte angewandt werden, um zu schützen (zum Beispiel in einer unsicheren Situation) oder um bei Bedarf dazu beizutragen, das Lernen zu erleichtern. Zu wissen, wann man einfühlsam auf angemessene Weise eingreifen sollte, ist eine Fähigkeit Erwachsener, die wichtig für das Erleichtern des Spiels ist. Denken Sie aber daran, dass es ein wichtiger Bestandteil der Erziehung von Kindern ist, sie dazu zu ermuntern, ihre Probleme selbst zu lösen. Zurückzutreten und nicht einzugreifen ist deshalb eine weitere Fähigkeit Erwachsener, die anzuwenden ebenso wichtig ist. Erwachsene sollten sich zur Verfügung halten, während Säuglinge und Kleinkinder spielen, und ihnen Zeit besonderer Qualität geben, in der sie nichts wollen. Sie sollten es unterlassen, ein Kind zu stören, das wirklich in sein Spiel vertieft ist. Vertieft zu sein ist etwas, das wir wertschätzen sollten.

Erwachsene können am Spiel teilnehmen, sie müssen aber in spielerischer Laune bleiben, offen für das, was passiert, ohne Ziele zu setzen oder zu spielen, um bestimmte Resultate zu erreichen. Ansonsten hört das Spiel auf, Spiel zu sein, und wird zu einer vom Erwachsenen geleiteten „Aktivität". Sie werden im gesamten Buch Beispiele für Erwachsene finden, die in einem Seinsmodus sind, in dem sie nichts wollen, und mit Kindern spielen.

> **Überlegen Sie ...**
>
> Haben Sie es jemals erlebt, dass Spiel nicht spielerisch war? Was passierte da? Wie war das?

Erwachsene beteiligen sich auch zu ihrem eigenen Vergnügen an einem wechselseitigen Spiel mit Kindern. Achten Sie aber darauf, dass Sie nicht zum Unterhaltungsmittel eines Kindes werden. Manche Kinder werden davon abhängig, dass Erwachsene mit ihnen spielen, und sind nicht in der Lage, mit anderen Kindern oder mit sich alleine zu spielen, wenn die oder der Erwachsene sich zurückzieht. In einigen Einrichtungen, wie dem Pikler-Institut, sind die Betreuerinnen darin ausgebildet, Kindern ungestörtes Spiel zu ermöglichen. Sie spielen nicht mit ihnen. Als Folge davon ist die Qualität des dortigen Spiels außergewöhnlich. Die Kinder brauchen keine Unterhaltung durch Erwachsene und nur wenig Intervention. Dies resultiert daraus, dass während der Pflege-

Videobeobachtung 4

Draußen spielende Kinder

Schauen Sie sich die Videobeobachtung 4, „Toddlers Playing Outside", als ein Beispiel für Kleinkinder beim Als-ob-Spiel an.

Fragen

- Wie könnten Sie die Szene jemandem erklären, der zu Ihnen sagt: „Sie tun nichts Wichtiges – spielen nur so herum"?
- Inwiefern ist das Spiel dieser Kinder genauso wie das Spiel der zwei Jungen in der Einleitungsszene zu diesem Kapitel und inwiefern ist es anders?
- Was macht diese Szene zum „Curriculum"? Was bringt sie den Kindern? Berücksichtigen Sie die Entwicklungsbereiche Verstand, Körper und Gefühle.

Diesen Videoclip können Sie unter www.mit-kindern-wachsen.de/videomaterial anschauen. Wählen Sie hier bitte Kapitel 4.

aktivitäten die Betonung auf die Erwachsenen-Kind-Interaktion und -Kooperation gelegt wird, so dass die Kinder in einer engen, vertrauensvollen Beziehung stehen und sich sicher genug fühlen, um für sich alleine sowie miteinander zu erkunden und zu spielen.[4]

Problemlösen unterstützen

Erwachsene unterstützen das Problemlösen. Die Betreuerin muss die Sensibilität haben, den intellektuellen Wert der vielen Probleme zu erkennen, die sich beim freien Spiel ergeben. Maria bekommt den Ring nicht auf den Stock; Blakes

Turm aus Bauklötzen fällt immer wieder um; Jamal kann nicht an das Spielzeug herankommen, das gerade außerhalb seiner Reichweite liegt. Die aus dieser Art von Problemen entstehende Frustration scheint das freie Spiel zu stören, und es ist verlockend, das Problem eben schnell für das Kind zu lösen. Aber das Kind zu erlösen bedeutet, ihm eine potenziell wertvolle Lernerfahrung zu nehmen.

Erwachsene bieten den Kindern in Form von *Scaffolding* Unterstützung für ihr Problemlösen. Man braucht Geschick, um zu wissen, wann man helfen muss. Häufig tun Erwachsene zu viel und behindern die Fähigkeit eines Kindes, das Problem zu lösen. Sie enthalten dem Kind die Möglichkeit vor, seine eigene Methode herauszufinden. Um effektiv *Scaffolding* betreiben zu können, muss man den Zeitpunkt erkennen, an dem das Kind kurz davor steht, aufzugeben.

Eine kleine Vorlage zu genau der richtigen Zeit sorgt dafür, dass das Kind weiterhin an dem Problem arbeitet. Wenn es zu früh oder zu spät dafür ist, verliert das Kind sein Interesse. Das bedeutet nicht, dass Betreuungspersonen Kinder „motivieren" müssten. Vielmehr ist die Vorlage die Art von Unterstützung, die Kindern hilft, lange genug bei der Sache zu bleiben, um ein Gefühl von Befriedigung zu erlangen. Befriedigung ist die Art von Belohnung, die lange anhält und an die sich das Kind erinnert, wenn das nächste Mal ein Problem auftaucht. Abbildung 4.2 bietet einen Überblick über acht Erwachsenenrollen beim Spiel von Säuglingen und Kleinkindern. Magda Gerber gibt einige Ratschläge in Bezug auf *Scaffolding*:

> *Ermöglichen Sie es Kindern, alleine zu lernen, ohne dass Sie sich einmischen. Wenn Sie abwarten, werden Sie herausfinden, dass sich viele Dinge von alleine lösen; obwohl Sie dachten, dass Sie helfen müssten, brauchte das Kind nicht wirklich Ihre Hilfe. Wir sind kinderliebe Menschen – zu eifrig, und deshalb denken wir: „Oh, das arme Baby würde gerne das Spielzeug bekommen, kann es aber nicht erreichen", und schieben es näher heran. Aber die Botschaft, die wir damit übermitteln, ist die: „Du brauchst uns. Wir sind allwissende Riesen und du bist ein hilfloses kleines Wesen." Das ist nicht die Botschaft, die ich übermitteln möchte. Ich warte ab, bis das Kind mich wirklich wissen lässt: „Ich kann nicht mehr."*[5]

Abbildung 4.2 Die Rollen Erwachsener beim Spiel von Säuglingen und Kleinkindern

1. Zu Interaktionen ermuntern und dann zurücktreten
2. Gezieltes Eingreifen praktizieren
3. Zeit, Platz und Material zur Verfügung stellen
4. Zur Verfügung stehen, aber nicht stören
5. Für Sicherheit sorgen
6. Problemlösen unterstützen
7. Unterstützung in Form von *Scaffolding* bieten
8. Beobachten

Beobachten

In einem Kinderbetreuungsprogramm, in dem die Betonung auf freiem Spiel liegt, sieht es manchmal so aus, als würden die Erwachsenen nichts tun. Es gibt Menschen, die meinen, dass Erwachsene, die sich in einem Seinsmodus befinden, in dem sie nichts wollen – in dem sie zur Verfügung stehen, aber das Geschehen nicht dirigieren – zu passiv aussehen. Sie mögen passiv aussehen, aber sie sind damit beschäftigt, zu beobachten. Das Beobachten spielt eine Schlüsselrolle, wenn eine Betreuerin verstehen will, was geschieht, und herausfinden will, wie sie Lernen fördern kann. Eine scharfe Beobachtungsgabe ist für alle Betreuerinnen von größter Wichtigkeit. Still zu sitzen, seine Aufmerksamkeit auf etwas zu konzentrieren und einfach aufzunehmen, was passiert, fällt einigen Erwachsenen leicht, doch muss diese Fertigkeit von denen, die sie nicht von Natur aus besitzen, gelernt werden. Wenn Erwachsene in der Beobachterrolle sind, verlangsamen die Kinder normalerweise ihr Tempo, weil die Energie der Erwachsenen Einfluss darauf hat, was um sie herum geschieht. Durch ein langsames Tempo bekommen Säuglinge und Kleinkinder eine Chance, ihre Aufmerksamkeit auf etwas zu konzentrieren. *Denken Sie an Prinzip 7: Führen Sie das Verhalten, das sie den Kindern beibringen wollen, modellhaft vor.* Während Sie beobachten, führen Sie diesen Seinsmodus modellhaft vor, was den Kindern auf mehr als nur eine Weise nützt.

Lesen Sie die folgende Szene, die zeigt, wie Erwachsene freies Spiel erleichtern, und entscheiden Sie selbst, ob die Erwachsenen zu passiv sind.

Der Spielbereich ist für ältere Kleinkinder gestaltet, die das, was für sie hingestellt worden ist, geschäftig erkunden. Zwei Erwachsene sitzen auf dem Boden an einander gegenüberliegenden Enden des Spielbereichs. An einem Ende des Raums tragen vier Kinder große Kunststoffblöcke herum. Eins von ihnen scheint einen Plan im Kopf zu haben; eins trägt einfach einen Block und es scheint dem Mädchen egal zu sein, wo es hingeht. Ein drittes Kind hat mit vier Blöcken einen Bereich abgegrenzt und sitzt mitten darin. Ein weiteres Kind steigt über die Blöcke, die flach auf dem Teppich liegen. Das erste Kind legt einen weiteren Block hin und gesellt sich zu dem Kind, das auf den Blöcken läuft. Das Kind, das herumgelaufen war, kommt herüber und nimmt den Block, den das Kind soeben abgesetzt hat, und eine Zankerei beginnt. Die Erzieherin, die alles aus der Entfernung beobachtet hat, kommt, um sich zu den zwei Kindern zu setzen, bereit, einzugreifen, aber ein Kind lässt los und geht weg und das andere lässt den Block einfach liegen, um den es gekämpft hatte, deshalb geht die Erzieherin zurück an ihren ursprünglichen Platz. Am anderen Ende des Raumes spielt eine Gruppe Kinder rund um einen mit Plastikgeschirr gedeckten Tisch. Ein Kind bringt „eine Tasse Kaffee" vom Tisch herüber zu dem auf dem Boden sitzenden Erwachsenen. Er tut so, als würde er sie trinken. Das Kind nimmt die leere Tasse und geht hinüber zum Spielwaschbecken, um sie zu spülen. Ein anderes Kind, das gerade eine Puppe gebadet hat, bekommt die leere Tasse von dem ersten Kind und gibt dem „Baby" einen Schluck daraus zu trinken.

Vergleichen Sie die Szene mit der folgenden:

Eine Gruppe Kleinkinder sitzt mit einer Erwachsenen, die einen Morgenkreis anleitet, auf einem Teppich. Sie singt ein Lied, das von einem Fingerspiel begleitet wird. Einige der Kleinkinder versuchen ihre Finger dazu zu bringen, die Bewegungen zu machen, und andere sitzen einfach da und beobachten die Erwachsene. Keines der Kinder singt. Sie beendet das Lied und beginnt ein neues. Zwei Kinder fangen an zu hampeln, aber die meisten schauen und hören zu. Ein Kind steht auf und geht weg und das zweite folgt ihm. Eine andere Erwachsene fängt die beiden Ausreißer ein und treibt sie zurück zur Gruppe, wobei sie sagt: „Der Morgenkreis ist noch nicht vorbei." Beim dritten Lied sind alle Kinder außer einem zappelig und machen Versuche, zu entkommen. Die Erwachsene, die die Kinder zurücktreibt, hat Probleme, sie alle zusammenzuhalten. Die andere Erwachsene holt eine Flanneltafel hervor und beginnt eine Geschichte zu erzählen. Kurzfristig erregt sie die Aufmerksamkeit des größten Teils der Gruppe, aber dann geht ein Kind vor und versucht, die Figuren von der Flanneltafel zu nehmen. Die anderen können nichts sehen, also fangen sie wieder an zu zappeln, und zwei beginnen miteinander zu kämpfen. Als wir diese Szene verlassen, holen die zwei Erwachsenen Stühle und platzieren jedes Kind mit Entschiedenheit auf einen Stuhl. Es ist klar, *dass* sie lernen werden, beim Morgenkreis still zu sitzen.

In der zweiten Szene *tun* die Erwachsenen etwas. Es ist in dieser Szene offensichtlicher als in der ersten Szene, was sie tun. Sie sind Erzieherinnen. Sie spielen die Rolle, die die meisten Menschen von ihnen erwarten.
    Welche Szene sprach Sie mehr an?
    Haben Sie bemerkt, dass die Kleinkinder in beiden Szenen Entscheidungen treffen, so wie es im Spielmodus angemessen ist, dass die Entscheidungen in der zweiten Szene aber nicht zum Plan gehörten? Haben Sie bemerkt, wie stark es die Erwachsenen in Anspruch nahm, die Kinder anzuleiten?
    Erwachsene, die nicht in die Prinzipien der frühen Kindheit und deren praktische Umsetzung eingeweiht sind, können ein Programm verstehen, in dem Kinder sich mit „Lernaktivitäten" befassen, die von Erwachsenen geleitet werden, stehen aber vielleicht einem Programm kritisch gegenüber, in dem Erwachsene nur auf dem Boden sitzen und reagieren. Eltern ziehen es möglicherweise vor, dass Betreuerinnen den Kindern etwas *beibringen* und so aussehen, als hätten sie das, was passiert, unter Kontrolle. Es kann sein, dass sie die Rolle der Erwachsenen, durch selbstgesteuertes freies Spiel Lernen zu erleichtern, nicht verstehen. Außerdem fühlen sich die Betreuerinnen selbst möglicherweise wie Babysitter, wenn sie während der Zeit des freien Spiels in einem Seinsmodus sind, in dem sie nichts wollen. Vielleicht widersetzen sie sich dieser Rolle. All diese Faktoren arbeiten gegen ein Curriculum, in dem freies Spiel ein Hauptbestandteil ist. Betreuerinnen müssen Wege finden, zu artikulieren, was sie tun, damit sie dem Druck entgegenwirken können, der von allen Seiten ausgeübt wird, dem Druck, Säuglingen und Kleinkindern etwas *beizubringen*, statt sie spielen zu lassen. Was die Erwachsene aber tut und was wichtiger ist als etwas beizubringen, ist, dass sie die Umgebung so gestaltet, dass sie das Spielen begünstigt.

Umgebungsfaktoren, die Einfluss auf das Spiel haben

Sie können Säuglinge und Kleinkinder nicht einfach in einen Raum geben und erwarten, dass großartige Dinge passieren. Die Größe des zur Verfügung stehenden Platzes und die Frage, wie dieser zur Größe der Gruppe und der Altersspanne der Kinder in ihr passt, erfordern sorgfältige Überlegung. Dann muss die Erwachsene darüber nachdenken, was in dem Raum vorhanden ist und wie geeignet dies für Säuglinge und Kleinkinder ist. Im Hinblick auf den Raum, die Einrichtung und die Ausstattung gibt es einige unveränderbare Grundmerkmale. Hinzu kommt das, was die Erwachsenen an beweglicher Ausstattung, an Spielzeug und Materialien mitbringen. Ein Faktor bei der Entscheidung, wie der Raum gestaltet wird und was mit ihm geschehen muss, ist die Frage, was in ihm passieren soll. Bei der Gestaltung der Umgebung gilt eine Überlegung der Frage, zu wie viel Entscheidungsfreiheit ermuntert werden soll. Das Maß an Entscheidungsmöglichkeit, das den Kindern gegeben wird, hängt von der Philosophie des jeweilgen Programms und dem Alter der Kinder ab; kulturelle Aspekte können ebenfalls einen Einfluss haben.

Die Prinzipien in der Praxis

Prinzip 2: Investieren Sie in Zeit von besonderer Qualität, in der Sie voll und ganz für einzelne Säuglinge oder Kleinkinder zur Verfügung stehen. Geben Sie sich nicht damit zufrieden, Gruppen zu beaufsichtigen, ohne sich (mehr als nur kurz) auf einzelne Kinder zu konzentrieren.

Mike arbeitet schon seit einiger Zeit als Betreuer in einer kleinen Betreuungsstätte für Säuglinge und Kleinkinder. Fiona ist eine neue Betreuerin in der Einrichtung. Heute arbeiten die zwei Betreuer gemeinsam mit einer Gruppe von sechs Säuglingen. Abgesehen von einem Baby, das schläft, befinden sich alle auf einem weichen Teppich, der von Spielzeugregalen umgeben ist. Ein Baby, das noch nicht krabbelt, schmiegt sich an Mike und hat mehrere Spielsachen in Reichweite. Die anderen krabbeln zwischen den Spielzeugregalen herum; sie nehmen Kontakt mit Mike und Fiona als sicherer Basis auf. Fiona steht auf, geht in den Küchenbereich und fängt an, eine Schublade auszuräumen und sauber zu machen. Dann geht sie dorthin, wo die Waschmaschine und der Trockner stehen, und faltet Laken zusammen. Mike streckt derweil seine Arme in Richtung eines Jungen aus, der mit einem Buch zu ihm herübergekrabbelt ist. Er nimmt das Buch und liest es dem Jungen sowie einem Mädchen, das ebenfalls zu ihm herübergekrabbelt ist, vor. Das Baby auf dem Boden greift nach dem Buch und Mike reicht ihm eines aus Plastik, welches es in den Mund nimmt. Mike bemerkt, dass Fiona noch immer im Waschbereich ist. „Was machst du, Fiona?" „Na ja", antwortet sie, „ich sehe, dass du mit den Kindern alleine klarkommst, darum dachte ich, ich sollte lieber beschäftigt aussehen, falls der Leiter hereinkommt. Wir wollen ja nicht, dass er sieht, wie wir beide einfach herumsitzen und mit den Kindern spielen!" Mike versteht, dass Fiona noch ein paar Dinge zu lernen hat – darüber, wie das Betreuungsprogramm funktioniert, und über den Wert von Zeit besonderer Qualität, in der man nichts will. Der Leiter weiß, dass das, was Mike tut, ein wichtiger Bestandteil des Curriculums dieser Betreuungsstätte ist. Er wird von Fiona erwarten, sich ebenso zu verhalten.

1. Stimmen Sie mit dem überein, was Mike tut und denkt?
2. Würden alle Leiter so sein wie der von Mike und Fiona?
3. Was wäre, wenn Fiona eine der Personen ist, die es nicht ertragen, einfach herumzusitzen und auf Kinder einzugehen, sondern gerne die ganze Zeit beschäftigt sind?
4. Wenn eine Mutter oder ein Vater hereinkäme und sich beschwerte, dass die Kinder gar nichts lernen würden, was würden Sie dann über das sagen, was Mike tut?

Gruppengröße und Altersspanne

Ein wichtiger Umgebungsfaktor ist die Größe der Gruppe. Größere Gruppen sind häufig überstimulierend, und stillere Kinder werden nicht beachtet. In einer großen Gruppe ist es für Kinder sehr viel schwieriger, sich wirklich in ihr Spiel zu vertiefen, als in einer kleinen, selbst bei einem guten Zahlenverhältnis von Erwachsenen zu Kindern.

Die Altersmischung ist ein weiterer Umgebungsfaktor. Erwachsene haben unterschiedliche Präferenzen im Hinblick auf die Altersmischung in Gruppen.

Einige Programme arbeiten mit Kindern unterschiedlichsten Alters, andere arbeiten ebenso erfolgreich mit Kindern, die fast alle etwa dasselbe Alter haben.

Seien Sie sich, wenn Sie Kinder unterschiedlichen Alters in einer Gruppe haben, bewusst, dass Sie die kleinsten Kinder schützen müssen. Sollten Sie Säuglinge mit Kleinkindern zusammen in einer Gruppe haben, müssen Sie die Kinder, die sich nicht umherbewegen können, vor denen schützen, die dazu in der Lage sind. Eine Möglichkeit, dies zu tun, wenn die Kinder im selben Raum sind, besteht darin, einen Teil des Raumes für die immobilen Kinder abzugrenzen. Lassen Sie sie nicht einfach in Laufställen und Gitterbetten liegen. Sie brauchen Platz auf dem Boden, genug Raum, um sich zu strecken und zu bewegen, sowie die Interaktionen, zu denen es kommt, wenn mehrere Säuglinge und Erwachsene sich den Platz auf dem Boden teilen.

Manchmal sind Kleinkinder und Vorschüler zusammen in einer Gruppe. In diesem Fall müssen die Kleinkinder vor Spielgeräten geschützt werden, für deren Nutzung sie noch nicht reif sind, sowie vor Konflikten, die sie nicht gewinnen können. Sie können nicht einfach danebenstehen und die Kinder ihre eigenen Probleme lösen lassen, wenn eins zwei und das andere fast fünf Jahre alt ist. Das Zweijährige wird wahrscheinlich etwas Hilfe benötigen, um sich zu behaupten.

Die Umgebung so gestalten, dass sie das Spiel unterstützt

Betreuerinnen sorgen nicht dadurch für Struktur, dass sie das Spiel an sich leiten; sie strukturieren vielmehr die Spielumgebung. Wenn Sie die Umgebung so gestalten, dass unerwünschtes Verhalten zum großen Teil gar nicht möglich ist, können Sie die meisten Regeln abschaffen. Wenn also beispielsweise die Kinder nicht in der Küche spielen dürfen, stellen Sie ein Gitter vor den Eingang. Abbildung 4.3 fasst zusammen, was die Gestaltung einer Umgebung, die das Spiel unterstützt, alles beinhaltet.

Abbildung 4.3 Die Umgebung so gestalten, dass sie das Spiel unterstützt

1. Halten Sie Spielbereich und Pflegebereiche voneinander getrennt.
2. Achten Sie darauf, dass alles angefasst werden darf, was sich im Spielbereich befindet.
3. Treffen Sie Vorkehrungen für fein- und grobmotorische Aktivitäten.
4. Sorgen Sie sowohl für weiche als auch für harte Materialien und Spieloberflächen.
5. Lassen Sie die Kinder besondere Wege finden, Spielsachen und Materialien zu kombinieren.
6. Stellen Sie eine angemessene Menge an Spielsachen zur Verfügung.
7. Bieten Sie angemessene Entscheidungsmöglichkeiten.

Achten Sie darauf, dass die Kinder alles in der Umgebung anfassen und sogar **in den Mund nehmen** dürfen. Letzteres ist selbstverständlich dann gegeben, wenn ein Gegenstand sauber ist und es für einen Säugling keine Gefahr bedeutet, ihn in den Mund zu nehmen. Von älteren Kindern können Sie erwarten, Dinge nicht in den Mund zu stecken, Säuglinge und Kleinkinder aber lernen dadurch, dass sie Dinge mit dem Mund befühlen. Desinfizieren Sie Spielsachen lieber in regelmäßigen Abständen, statt den Kinder etwas zu verbieten, wonach sie einen ganz natürlichen Drang haben.

Treffen Sie drinnen wie draußen Vorkehrungen für **grobmotorische Aktivitäten.** Eine grobmotorische Aktivität ist eine Aktivität, bei der die großen Muskeln der Arme, Beine und des Rumpfes eingesetzt werden, zum Beispiel Klettern, Rollen, Rutschen und Laufen. Kleinkinder laufen, klettern, rollen und springen die ganze Zeit – nicht nur, wenn sie dazu aufgefordert werden. Sie sollten sich Ihren Spielbereich für Kleinkinder mehr als eine Turnhalle denn als einen Gruppenraum vorstellen und ihn für aktives Spielen herrichten.

Sorgen Sie für viel Weiches, sowohl für das aktive Spiel als auch für die Ruhezeiten. Kissen, Polster, Matratzen und Schaumgummiblöcke auf dem Boden laden Kinder dazu ein, zu hüpfen, zu rollen und sich hinfallen zu lassen sowie sich mit Büchern oder Stofftieren hinzukuscheln.

Stellen Sie auch harte Oberflächen zur Verfügung. Ein Vinylboden bietet einen Kontrast zu Teppichboden und ist sowohl für Krabbelkinder interessant als auch für Kinder, die gerade anfangen zu laufen. Harte Oberflächen erleichtern auch das Saubermachen, wenn Sie Aktivitäten wie Kochen oder vielleicht Wasserspiele veranstalten (eine dicke Badematte unter einer großen Plastikschüssel gibt Kleinkindern Gelegenheit, im Wasser zu spielen, ohne dass sie zu viel Sauerei machen können).

Stellen Sie Spielsachen zur Verfügung, die auf vielerlei Weise benutzt werden können, statt Spielsachen, die nur für eine einzige Art der Verwendung gedacht sind. Ein Beispiel sind große Schaumstoffblöcke. Sie können herumgeschleppt und aufeinander gestapelt werden, mit ihnen können Bauwerke errichtet und auf ihnen kann gesessen werden. Mit großen Schaumstoffblöcken ist viel mehr anzufangen als beispielsweise mit einem batteriebetriebenen oder aufziehbaren Spielzeug, das das Kind in die Rolle eines Zuschauers versetzt.

> **Überlegen Sie...**
>
> An welchem Platz haben Sie am liebsten gespielt, als Sie Kind waren? Wie können Sie Ihre eigene Erfahrung bei der Gestaltung einer Spielumgebung für Säuglinge und Kleinkinder nutzen?

Lassen Sie die Kinder Spielsachen und Materialien so viel wie möglich miteinander kombinieren. Wenn sie Stofftiere in ein aus Blöcken gebautes Haus schleppen wollen, lassen Sie sie. Wenn sie Töpfe und Pfannen aus dem Spielofen herausnehmen, um die Knetmasse hineinzutun, lassen Sie sie.

Natürlich können Sie nicht zulassen, dass alles miteinander kombiniert wird. Knetmasse auf dem Tisch, auf dem mit Wasser gespielt wird, verursacht eine Sauerei, die niemand gerne saubermachen möchte. Wenn Sie nicht möchten, dass etwas kombiniert wird, setzen Sie eine klare **Umweltgrenze**. Eine Umweltgrenze ist eine physische Barriere, die dafür sorgt, dass ein Kind oder ein Material außerhalb oder innerhalb eines bestimmten Raumes bleibt. Als Ergänzung wird häufig auch verbal eine Grenze gesetzt. Das Absperren von Stufen sorgt für eine Umweltgrenze. Die Knetmasse im Haus zu behalten, wenn draußen der Wassertisch aufgebaut wird, ist eine andere Form von Umweltgrenze. Ein weiteres Beispiel: die Knetmasse im Schrank zu lassen, wenn drinnen mit Wasser gespielt werden darf. Beim Fehlen einer Umweltgrenze oder als Zusatz zu ihr ist es wichtig, dass Grenzen verbal geäußert werden. „Das Wasser bleibt im Wassertisch" ist eine klare und positive Erklärung einer Grenze.

Sorgen Sie für eine angemessene Menge Spielzeug, die Sie den Kindern zur Verfügung gestellt werden sollte. Stellen Sie nicht mehr hin, als Sie selbst ertragen können aufzuheben. Nehmen Sie sich mit **Überstimulation** oder zu viel sensorischem Input in Acht. Die Wahrscheinlichkeit, dass aufgeregte Kleinkinder sich selbst und alle anderen unglücklich machen, ist größer, wenn sie zu viele Entscheidungsmöglichkeiten haben, als wenn sie gerade eben genug zu tun haben. Andererseits kommt es bei Kleinkindern, die sich in einem fast leeren Raum langweilen, zu ebenso vielen Verhaltensproblemen wie bei solchen, die in einem mit Spielzeug und Menschen vollgestopften Raum sind. Seien Sie sich über die optimale Zahl an Dingen, die Kinder tun können sollten, im Klaren. Sie können die richtige Zahl anhand des Verhaltens der Kinder einschätzen. Die optimale Zahl ändert sich mit dem Tag, mit der Gruppe und sogar mit der Jahreszeit.

Ereignisse

Wir vermeiden den Begriff *Aktivitäten*, wenn wir auf das Spiel fokussieren, weil wir davon abkommen wollen, ein für Vorschüler konzipiertes Modell auf Säuglinge und Kleinkinder anzuwenden. Stattdessen benutzen wir den Begriff **Ereignisse** („Happenings"), der die Vorstellung davon, womit sich Kinder beschäftigen und wodurch sie lernen, ausweitet. Der Begriff Ereignisse soll das einfachste Ereignis ebenso umfassen wie länger andauernde und kompliziertere Erfahrungen. Wir haben den Begriff von James Hymes übernommen, Pionier auf dem Gebiet der frühkindlichen Pflege und Erziehung und über lange Zeit eine führende Person in unserem Arbeitsfeld. Im Laufe der Jahre sind wir darum gebeten worden, Ideen für Aktivitäten in das Buch mit aufzunehmen, aber wir haben dem widerstanden. Stattdessen finden sich im gesamten Buch in den verschiedenen Szenen zahlreiche Beispiele. Wir machen nicht darauf aufmerksam, dass es sich bei ihnen um Ereignisse handelt. Wir überlassen es dem Leser, dies festzustellen. Wir vermeiden es zudem, Lernziele und andere Ziele für Ereignisse aufzustellen, denn sobald eine Erwachsene ein bestimmtes Ergebnis im Kopf hat, verlässt das Ereignis den Bereich des freien Spiels und wird zu etwas anderem.

Ereignisse können sehr einfach und trotzdem zutiefst befriedigend sein. Sie geschehen nicht immer durch Zufall. Einige Dinge aber passieren zufällig, und wenn sie sich ergeben, ist es Aufgabe des oder der Erwachsenen, sie sich zunutze zu machen. Am ersten Herbsttag nach einem Sturm kann ein Ereignis darin bestehen, Blätter im Hof zusammenzuharken, in dem ansonsten gespielt wird.

Andere Ereignisse werden vorbereitet, indem sie absichtlich in die Umgebung gebracht werden. Das Lieblingsereignis in einer bestimmten Einrichtung ist eine Collage, an der über längere Zeit gearbeitet wird. Ein großes an einer Wand aufgehängtes Stück Klebefolie (mit der klebrigen Seite nach außen) lädt Kinder dazu ein, verschiedene Dinge aufzukleben. Die kontinuierliche Neuanordnung der Elemente dieser Collage zeigt deutlich, dass der Prozess in diesem Alter viel wichtiger ist als das Ergebnis. Dieses bestimmte Ereignis dauerte Wochen. Wir glauben oft, dass Säuglinge und Kleinkinder sich nur ziemlich kurz auf eine Sache konzentrieren können, aber die Art dieses Ereignisses und die Fähigkeit der Betreuerin, die Kinder zu unterstützen und zu ermutigen, bewiesen das Gegenteil. Wenn das Interesse älterer Kinder an einem bestimmten Thema lange Zeit anhält, spricht man häufig von einem Projekt. Die klebrige Collage war eigentlich kein Projekt. Wir betrachten sie gerne als erweitertes Ereignis.

Einige Ereignisse, an denen Kleinkinder Freude haben, sind abgeänderte Versionen von Vorschulaktivitäten. Das Malen an der Staffelei kann bei ihnen zum Beispiel so aussehen, dass sie an Staffeleien aus Plexiglas mit Leitungswasser oder dichtem Seifenschaum (gefärbt mit Lebensmittelfarbe) auf Tafeln malen. Und statt wie Vorschüler mit einem Schwamm zu malen, können sie Schwämme über Tabletts ausdrücken, deren Boden mit ein wenig Wasser bedeckt ist.

Eine clevere Betreuerin, die wusste, wie viel Spaß Säuglinge und Kleinkinder daran haben, aus einer Box mit Papiertaschentüchern eben diese herauszuziehen, baute ein Spielzeug, das aus einer Papiertücherbox bestand, die mit aneinandergebundenen Halstüchern gefüllt war. Ein weiteres einfaches Ereignis, an dem die ganz Kleinen ihre Freude haben, ist das Zerknüllen von Papiertüchern.

Auch an einfachen Aufgaben der Essenszubereitung (Bananen zerdrücken oder hartgekochte Eier pellen) haben Kleinkinder Vergnügen. Schon am Durchbrechen von Spaghettis können Kleinkinder beteiligt werden und haben eine befriedigende Erfahrung.

Freie Wahl

Die Umgebung sollte so gestaltet sein, dass sie Wahlmöglichkeiten bietet. Die freie Wahl zu haben, ist eine wichtige Voraussetzung für das Spielen. Hier kommt eine Szene, die einen Spielraum zeigt, der darauf ausgerichtet ist, freies, zahlreiche Wahlmöglichkeiten bietendes Spiel zu unterstützen.

Ein Ende des Raumes ist abgegrenzt. Hier liegen drei Säuglinge auf dem Rücken, strampeln mit den Armen und blicken um sich. Eine Betreuerin sitzt bei ihnen und platziert strahlend bunte Tücher so, dass sie in Reichweite eines jeden Kindes liegen. Ein weicher Ball steht ebenfalls zur Verfügung. Einer der Säuglinge ergreift ihn, schwenkt ihn in der Luft herum und lässt ihn los. Er landet nahe bei einem anderen Säugling, der ihn kurz ansieht, sich dann wieder zurückdreht, um das rote Tuch zu fixieren, das aufgebauscht neben seinem Gesicht liegt.

Jenseits des eingegrenzten Bereiches ist eine größere Fläche, in der neun kleine Kleinkinder spielen. Zwei sind eifrig damit beschäftigt, in die Räume zwischen den Sprossen der flach auf dem Boden liegenden Leiter hinein- und wieder herauszukrabbeln. Eines geht weg, um sich in einen leeren Wäschekorb zu setzen, der in der Nähe steht. Der Junge klettert heraus, dreht ihn um, krabbelt dann unter ihn. Er hebt ihn hoch, um herauszugucken und zwei Kindern dabei zuzusehen, wie sie Hüte aus einer Sammlung ausprobieren, die sie in einer Kiste bei einem Spielzeugregal gefunden haben. Eines dieser Kinder, ein Junge, setzt sich drei Hüte auf den Kopf, nimmt dann zwei in die Hände und läuft hinüber zum Gitter, wirft die Hüte einen nach dem anderen in den Bereich, in dem die Säuglinge liegen. Er kichert erfreut über die Reaktion, die er von den überraschten Säuglingen bekommt. Der andere mit Hüten spielende Junge hat mittlerweile mehrere von ihnen hinten auf ein kleines Dreirad geladen und fährt im Raum herum. Er hält an einem niedrigen Tisch an, wo mehrere Kinder Gefrierbeutel mit Zip-Verschluss, die mit den unterschiedlichsten Substanzen gefüllt sind, in ihren Händen drücken. Er sieht zu der Betreuerin, die dort sitzt, als sie zu einem der Beutel knetenden Kinder sagt: „Den weichen magst du besonders gerne, stimmt's?" Er haut kurz auf einen der Beutel. Weil er das interessant findet, lässt er die Hüte und das Dreirad stehen und setzt sich an den Tisch, um die anderen Beutel zu erforschen.

In einem anderen Bereich des Raumes schleppt ein Mädchen große, mit Kunststoff überzogene Schaumstoffblöcke aus einer Ecke und stapelt sie auf dem Sofa, das etwa einen Meter vorgerückt vor der Wand steht. Dann klettert sie auf das Sofa und beginnt die Blöcke nach hinten zu werfen, bis sie den Zwischenraum fast gefüllt hat. Sie steigt herunter, geht ums Sofa herum und springt auf den Stapel, den sie gebaut hat.

In einem anderen Teil des Raumes sitzt ein Kind mit einem Erwachsenen auf einer großen Matratze (eigentlich zwei zusammengenähte, mit Schaumgummistückchen gefüllte Laken). Die zwei „lesen" zusammen ein Buch. Eines der Kinder, die Beutel befühlt haben, gesellt sich zu ihnen, lässt sich in den Schoß des Erwachsenen plumpsen und nimmt das Buch weg. Das andere Kind, das einen Stapel Bücher neben sich auf der Matratze stehen hat, sorgt schnell für Ersatz.

In dieser Szene haben die Kinder viele Wahlmöglichkeiten. Die freie Wahl zu haben, ist eine wichtige Komponente des Spiels und eine wesentliche Vorbedingung dafür, dass Lernen stattfinden kann.

Das Problem der Stimmigkeit

J. McVicker Hunt spricht über die Beziehung zwischen Lernen und Wahlmöglichkeiten als, wie er es nennt, „Problem der Stimmigkeit" („Problem of the match"). Er meint, dass Lernen dann stattfinde, wenn die Umwelt Kindern Erfahrungen bietet, die ihnen gerade vertraut genug sind, dass sie sie mit ihrer bereits gewonnenen geistigen Fähigkeit verstehen können, aber gerade neu genug, um interessante Herausforderungen zu bieten.[6]

Lernen findet statt, wenn zwischen dem, was bereits bekannt ist, und einer neuen Situation eine optimale Ungereimtheit besteht. Wenn die Situation zu neu und anders ist, ziehen sich Kinder zurück, werden ängstlich, ignorieren sie oder reagieren auf irgendeine andere Art als durch Lernen. Wenn sie nicht neuartig genug ist, beachten Kinder sie nicht. Sie schenken nicht etwas ihre Aufmerksamkeit, das bereits so sehr ein Teil von ihnen geworden ist, dass es gar nicht mehr registriert wird.

McVicker Hunt bezieht sich auf Jean Piagets Theorie der Assimilation und Akkomodation. Das Denken entwickelt sich durch Anpassung, die stattfindet, wenn Kinder versuchen, sich auf ihre Umwelt einen Reim zu machen, indem sie diese so modifizieren, dass sie persönlichen Bedürfnissen entspricht, und zugleich die Art ihres Denkens in Erwiderung auf etwas Neues in der Umwelt modifizieren. Piaget sah Anpassung als einen aus zwei Teilen bestehenden Prozess – einen Teil nannte er Assimilation und den anderen Akkomodation. Assimilation bedeutet, dass die neuen Elemente der Erfahrung in bereits bestehende Denkstrukturen eingebunden werden. Wenn sie nicht passen, kommt es zu

Spannung. Hier wird dann die Akkomodation wichtig – neue geistige Muster werden geschaffen und alte umgewandelt, damit die neue Information aufgenommen und eingepasst werden kann.[7] Dies ist eine andere Möglichkeit, McVicker Hunts „Problem der Stimmigkeit" zu erklären.

Die Frage ist, wie man eine Umgebung so gestalten kann, dass sie über Elemente optimaler Ungereimtheit verfügt. Wie kann jemand genau wissen, was für ein jedes Kind, das er in seiner Obhut hat, das jeweils Stimmige ist? Die eine Antwort lautet, dass man gewisse Kenntnisse über Alter und Entwicklungsstufen besitzen muss (siehe die Tabelle zum Thema Umgebung in Anhang B). Die Informationen zur Kindesentwicklung in Teil 2 sollten ebenfalls eine Hilfe darstellen.

Die andere Antwort lautet *Beobachtung*. Wenn Sie Kinder beobachten, haben Sie eine gute Vorstellung davon, mit welcher Art von Dingen Sie die Umgebung für Ihre bestimmte Gruppe ausstatten sollten. Indem Sie eine Auswahl an angemessenen Spielsachen, Gegenständen und Ereignissen bieten und die Kinder spielen lassen, geben Sie ihnen die Möglichkeit, zu neuartigen Situationen und neuen Arten, Materialien zu nutzen, vorzustoßen. Wenn es um erfinderische Verwendungen von Materialien und Gegenständen geht, ist niemand kreativer als Säuglinge und Kleinkinder. Sie haben das Bedürfnis, zu lernen, und den Wunsch, zu verstehen. Betreuerinnen können aus diesem Bedürfnis einen Vorteil ziehen, indem sie die Kinder selbst entscheiden lassen, wie sie die Umgebung nutzen wollen (natürlich innerhalb eines vernünftigen Rahmens). Wenn wir Kinder leiten, sei es durch Lob oder durch Druck, lenken wir sie von den tiefen Freuden ab, von denen Abraham Maslow sprach und die in Kapitel 2 erwähnt werden. Kinder erlangen diese tiefen Freuden dadurch, dass sie sich mit einem Problem auseinander setzen, das ihrem Lernniveau entspricht.

Früher oder später finden Kinder in einer interessanten, herausfordernden Umgebung mit Sicherheit ein Problem, das sie lösen wollen, aber nicht können. Sie „sitzen fest". Wenn sie nicht dahinterkommen können, welchen Schritt sie als Nächstes tun sollten, kann die Erwachsene eingreifen, indem sie ein klein wenig hilft. Manchmal ist es schwer für Erwachsene, einfach abzuwarten, wenn sie ein Problem so mühelos lösen können. Jedoch verschaffen sie Kindern die besten Lerngelegenheiten, wenn sie warten. Erlösen Sie Kinder nicht von Problemen, helfen Sie ihnen, Probleme zu lösen.

Und drängen Sie Kinder nicht. Es gibt noch eine andere Art des „Festsitzens". Manchmal kommt es dadurch, dass Kinder einer Sache überdrüssig werden, dazu, dass sie festsitzen. Sie haben genug von einer Aktivität. *Erwachsene* entscheiden, dass Kinder sich langweilen, und sie wollen etwas dagegen tun – sofort! Viele Erwachsene haben große Angst vor Langeweile, sowohl für ihre Säuglinge als auch für sich selbst. Diese Angst wird möglicherweise durch den Trend, Säuglinge zu stimulieren, und den Druck, ihnen noch vor der Vorschule Schulwissen zu vermitteln, verstärkt. Jedoch dient Langeweile der Erziehung und kann als Teil des Curriculums oder Lernplans eines jeden Programms betrachtet werden. Maslow sagt hierzu:

> *Das einzige holistische Prinzip, das die Vielzahl menschlicher Motive miteinander verbindet, ist die Tendenz, dass ein neues und höheres Bedürfnis entsteht, wenn das niedrigere Bedürfnis sich selbst erfüllt, indem es ausreichend befriedigt wird. Das Kind, das glücklich genug ist, normal und gut aufzuwachsen, wird satt und* gelangweilt *von den Freuden, die es genügend ausgekostet hat, und schreitet eifrig (ohne gedrängt zu werden) zu höheren, komplexeren Freuden weiter, wenn sie ohne Gefahr oder Bedrohung greifbar werden. ... Es muss nicht „nach oben getreten" oder zur Reife gezwungen werden, wie es so häufig vorausgesetzt wird. Es entscheidet, Gefallen an höheren Freuden zu finden und sich an älteren zu langweilen.* [8]

Kinder können sich nicht vorwärtsbewegen, bevor sie das, was sie tun müssen, sehr gründlich getan haben. Bis sie das Stadium der Langeweile erreicht haben, sind sie immer noch durch offene Fragen motiviert und können sich nicht weiterentwickeln. Langeweile, wenn sie sie schließlich haben, gibt den Anstoß zur Weiterentwicklung – aber der Anstoß kommt von innen, nicht von außen. Dann können sie das alte Niveau, die alten Bedürfnisse hinter sich lassen und sich um die neuen kümmern, ihnen ihre volle Aufmerksamkeit schenken. Wenn der Anstoß, sich weiterzubewegen, von außen kommt – von der Erwachsenen oder von der Umgebung – befriedigen die Kinder ihre Bedürfnisse nie vollständig. Wenn sie zur nächsten Stufe, Aufgabe oder Aktivität übergehen, können Restgefühle aus der vorherigen zurückbleiben und die Kinder sind möglicherweise nicht in der Lage, der neuen ihre volle Aufmerksamkeit zu schenken.

Die Idee, dass Kinder selbst entscheiden, wann sie sich weiterentwickeln, bildet die Basis für das originelle Spielplatzdesign von Jerry Ferguson, Architektin und Kleinkindpädagogin.[9] Ferguson gestaltet Umgebungen, die sich auf besondere Art dazu eignen, Säuglingen und kleinen Kleinkindern die Entscheidung zu ermöglichen, wann und ob sie alt genug sind, einen Entwicklungsbereich zu verlassen. Zum Beispiel entwarf sie einen Spielplatz für das *Pacific Oaks Infant-Toddler Program* in Pasadena, Kalifornien, bei dem sich die kleinsten Säuglinge in der Mitte des Platzes, aber durch eine Vielzahl von Barrieren vom Rest abgetrennt, in einem nur wenig Stimulation bietenden Bereich befanden. In diesem Bereich gab es eine Grasfläche, vollkommen sicher für winzige Babys. Hinter dem Gras war eine Sandfläche, mit einem Tunnel am Ende, der den Sand mit einem Spielplatz verband, der eine noch größere Herausforderung darstellte. Zwischen dem Gras und dem Sand gab es auch einen niedrigen Laufsteg aus Holz, der für die Säuglinge, die noch nicht dazu bereit waren, ihn zu überqueren, eine ausreichende Barriere darstellen sollte. Kinder, die gerade begannen, sich umherzubewegen, mussten erst den erhöhten Steg bezwingen, bevor sie zum Sand gelangen konnten. Sie konnten den Sand von der Sicherheit des Wegs aus erkunden, bevor sie sich entschieden, in ihn hineinzugehen, und sie taten dies auch, manchmal eine Woche lang, bevor sie dazu bereit waren. Bis sie sich entschieden, in den Sand zu gehen, waren sie in der Lage, mit den Risiken umzugehen, vor die er sie stellte, und der Sand wurde dann für sie eine sichere Umgebung. Der Tunnel am anderen Ende stellte, obwohl er ganz augenfällig offen war, ein schwieriges Hindernis dar, und nur wenige Kinder entschieden sich dafür, ihn zu durchqueren, bevor sie beinah laufen konnten.

Auf diese Weise waren die Säuglinge zu dem Zeitpunkt, an dem sie in der Lage waren, den sicheren Platz in der Mitte zu verlassen (freiwillig), von ihrer Entwicklung her bereit für die größeren Herausforderungen des Platzes dahinter. Dieser Platz war für die Kinder gestaltet, die gerade begannen zu laufen oder gut krabbelten, und er war interessant und sicher, jedoch herausfordernd (das heißt auf optimale Weise riskant). Dahinter lag der Platz, der mit Klettergerüsten und Spielzeug auf Rädern für die Kleinkinder die größte Herausforderung darstellte. Auch wenn alle Kinder, die den Platz in der Mitte verlassen hatten, zu ihm zurückkehren konnten, taten dies nur wenige, abgesehen von gelegentlichen Besuchen. Sie entschieden sich dafür, dort zu spielen, wo die Umgebung ihnen mehr zu bieten hatte.

Jerry Ferguson betont, dass ihre Methode nur deshalb funktioniere, weil die Säuglinge gelernt hätten, etwas Verantwortung für ihr eigenes Wohlbefinden zu übernehmen. Sie verlassen sich allmählich auf ihre Fähigkeit, Entscheidungen zu treffen, was bedeutet, dass sie die Gelegenheit gehabt haben, Erfahrung im Fällen von Entscheidungen zu sammeln.

Angemessenes praktisches Vorgehen

Überblick über die Entwicklung

Der *National Association for the Education of Young Children* zufolge lieben Säuglinge und Kleinkinder Herausforderungen und interessieren sich für alles. Wenn sie die Freiheit haben, zu erkunden, weil warmherzige Erwachsene ihre Interessen und Fähigkeiten unterstützen und Freude an ihnen finden, wachsen sie, entwickeln sich und lernen. Kleine Säuglinge spielen, wenn sie sich in einer Beziehung sicher fühlen. Sie spielen mit Menschen und Gegenständen und gebrauchen dabei sämtliche Sinne. Sie haben Freude daran, eine neue Fähigkeit zu üben und Gegenstände und Menschen dadurch zu erforschen, dass sie zufassen, treten, greifen, ziehen. In einer Umgebung, die einfühlsam auf die Kinder reagiert, sie anregt und ihnen viel Zeit lässt, die Menschen und Dinge in ihr vollständig zu erforschen, erleben kleine Säuglinge die Freuden des Interagierens und Kommunizierens. Mobile Säuglinge mit ihren größeren Fähigkeiten steigern ihr Vergnügen am Spiel dadurch, dass sie neben Gegenständen und Menschen auch den Raum erkunden. Durch diese Erkundungen entwickeln sie ihre Muskeln. Außerdem entwickeln sie sich auf kognitiver Ebene, wenn sie erleben, was sie umgibt, und etwas darüber lernen. Ein Gefühl der Sicherheit erlaubt es Säuglingen und Kleinkindern, ihre Fähigkeiten zu nutzen, um kontinuierlich Entdeckungen zu machen und durch das Spielen zu lernen.

Quelle: J. Ronald Lally, Abbey Griffin, Emily Fenichel, Marilyn Segal, Eleanor Szanton und Bernice Weissbourd (1997): Development in the First Three Years of Life. In: *Developmentally Appropriate Practice in Early Childhood Programs* (überarb. Aufl.). Washington, D.C., National Association for the Education of Young Children, 55-69.

Der Entwicklung angemessenes praktisches Vorgehen

Das Folgende sind beispielhafte Vorgehensweisen, die eine Verbindung zwischen Spiel als Curriculum und einem der Entwicklung angemessenen praktischen Vorgehen herstellen:

- Spielerische Interaktionen mit Babys werden unter Berücksichtigung der Interessen des Kindes und seiner Toleranzschwelle für körperliche Bewegung, laute Geräusche oder andere Veränderungen ausgeführt.
- Die Erwachsenen bringen ihren Respekt für das Spiel eines Säuglings dadurch zum Ausdruck, dass sie die Aktivitäten des Kindes beobachten, sich verbal dazu äußern und eine sichere Umgebung bereitstellen. Der Erwachsene, der das Kind ruhig unterstützt, fördert dessen aktive Beschäftigung.
- Die Erwachsenen beobachten den Säugling häufig beim Spielen. Mit Säuglingen, die Interesse daran haben, werden angemessene Spiele wie das Guck-Guck-Spiel gespielt, wobei der Erwachsene darauf achtet, die Art, wie das Kind spielen möchte, nicht zu stören.
- Die Erwachsenen beteiligen sich am wech-

selseitigen Spiel mit Kleinkindern und führen den Kindern modellhaft vor, wie man fantasievoll spielt – zum Beispiel „Kaffeetrinken". Betreuerinnen unterstützen das Spiel der Kleinkinder auch, damit das Interesse der Kinder an einem Gegenstand oder einer Aktivität länger andauert und ihr Spiel komplexer wird und sich von dem einfachen bewussten Wahrnehmen und Erforschen von Gegenständen weiterentwickelt zu komplizierterem Spiel wie dem Als-ob-Spiel.
- Die Kinder haben täglich Gelegenheit für erforschende Aktivität wie das Spiel mit Wasser und Sand, Malen oder das Bearbeiten von Ton oder Knetmasse.

Quelle: Bredekamp, S. und Copple, C. (Hg.) (1997): *Developmentally Appropriate Practice in Early Childhood Programs* (überarb. Aufl.). Washington, D.C., National Association for the Education of Young Children.

Individuell angemessenes praktisches Vorgehen

Für ältere Säuglinge und Kleinkinder, die sich nicht alleine fortbewegen können, brauchen Betreuerinnen einen durch aktiveres Eingreifen gekennzeichneten Ansatz als für die sich typisch entwickelnden, mobilen Säuglinge und Kleinkinder. Die Kinder können das, was sie an explorativen Fähigkeiten besitzen, nutzen, wenn die Betreuerinnen sie von einem Platz im Raum zum anderen bringen, Möglichkeiten finden, wie die Kinder sich alleine bewegen können, und in der Umgebung Anpassungen vornehmen, die es ihnen leichter machen, sich zu beteiligen und zu spielen.

Kulturell angemessenes praktisches Vorgehen

Manche Familien schätzen das Spiel nicht so wie andere. Manche haben zu Hause möglicherweise keine Umgebung, die sicheres Spielen und Erforschen zulässt. Bei anderen hat das freie Spiel von Kindern vielleicht keine Tradition. Es ist wichtig, dass Betreuerinnen Unterschiede respektieren und versuchen, sie zu verstehen.

Und jetzt Sie ...

Sehen Sie sich noch einmal die „Prinzipien in der Praxis" auf S. 149 an.

- Können Sie den Zusammenhang zwischen der Zeit besonderer Qualität (Prinzip 2), die Mike den Kindern in seiner Obhut zuteil werden lässt, und den Punkten sehen, die im Abschnitt „Der Entwicklung angemessenes praktisches Vorgehen" angesprochen werden?
- Denken Sie über kulturell angemessenes praktisches Vorgehen nach. Was könnten Mike oder Fiona tun, wenn die am Programm teilnehmenden Familien zu Hause keine sichere Spielumgebung hätten und/oder wenn das freie Spiel für Kinder in ihrer Kultur keine Tradition hätte?

Zusammenfassung

- Die vier Erwachsenenrollen, die wichtig sind, um das Spiel von Säuglingen und Kleinkindern zu erleichtern, sind folgende:
  - Umgebungen für das Spiel herzurichten und Sicherheit hierbei zum Hauptfaktor zu machen, damit Kinder die Möglichkeit haben, zu erforschen und zu entdecken;
  - Interaktionen zu fördern und dann zurückzutreten, damit die Kinder nicht gestört werden;
  - das Lösen von Problemen zu unterstützen, damit Kinder mit der Zeit Selbstkompetenz entwickeln;
  - zu beobachten, um ein jedes Kind in jeder Situation zu verstehen und um das Lernen zu fördern.

- Die fünf Faktoren, die berücksichtigt werden müssen, wenn Umgebungen für das Spiel hergerichtet werden, sind folgende:
  - Gruppengröße und Altersspanne, damit Kinder die Aufmerksamkeit bekommen, die sie brauchen, und sich in ihr Spiel vertiefen können;
  - auf welche Weise die Gestaltung der Umgebung das Spiel unterstützt;
  - dass von dem Begriff Aktivitäten zum Begriff Ereignisse übergegangen wird, da so die Vorstellung davon, wie Säuglinge und Kleinkinder lernen, erweitert wird. Zu Ereignissen gehören geplante wie ungeplante Vorkommnisse;
  - in welchem Maße die Kinder freie Wahl haben;
  - das Problem der Stimmigkeit; es sollte Kindern ermöglicht werden, Ereignisse zu wählen, die zu ihrem Interessenstand im Hinblick auf das Lernen passen.

Schlüsselbegriffe

Ereignisse / Erforschen/Erkunden / Freies Spiel / Gezieltes Eingreifen / Grobmotorische Aktivität / In den Mund nehmen / Überstimulation / Umweltgrenze

Fragen und Aufgaben

1. Wie wird der Begriff *modellhaft* in diesem Kapitel verwendet?
2. Wenn Spielen so wichtig ist, sollten Erwachsene Kinder dann frei spielen lassen? Warum oder warum nicht?
3. Die meisten Bücher über die Säuglings- und Kleinkindpflege und -erziehung benutzen den Begriff *Aktivität*. Warum ziehen wir einen anderen Begriff vor?
4. Was ist *Scaffolding* und was hat es mit Spielen zu tun?
5. Was ist das Problem der Stimmigkeit und worin besteht der Zusammenhang zu Piagets Theorie der Assimilation und Akkomodation?
6. Welche Vorteile hat es, wenn die Betreuerin sich im Beobachtungsmodus befindet?

Weiterführende Literatur

Bergen, Doris, Reid, Rebecca und Torelli, Louis (2001): *Educating and Caring for Very Young Children: The Infant-Toddler Curriculum.* New York, Teachers College Press.

Elkind, David (2004): Thanks for the Memory: The Lasting Value of True Play. In: Koralek, D. (Hg.): *Spotlight on Young Children and Play.* Washington D.C., National Association for the Education of Young Children, 36-41.

Hatcher, B. und Petty, K. (2004): Visible Thought in Dramatic Play. In: *Young Children,* November, 79-82.

Isenberg, J. und Jalong, M. (2001): Creative Expression and Play in Early Childhood (3. Aufl.). Columbus, OH, Merrill-Prentice Hall.

Money, Ruth (2005): RIEs „Lehrplan" für die Früherziehung. In: Petrie, Stephanie und Owen, Sue (Hg.): *Authentische Beziehungen in der Gruppenbetreuung von Säuglingen und Kleinkindern.* Arbor Verlag, Freiamt, S. 71-101.

Rosenkoetter, Sharon und Knapp-Philo, Joanne (Hg.) (2005): *Learning to Read the World: Language and Literacy in the First Three Years.* Washington D.C., Zero to Three.

Sandall, S. R. (2004): Play Modifications for Children with Disabilities. In: Koralek, D. (Hg.): *Spotlight on Young Children and Play.* Washington D.C., National Association for the Education of Young Children, 44.

Teil 2
Im Blickpunkt: das Kind

Kapitel 5
Bindung

Kapitel 6
Wahrnehmung

Kapitel 7
Motorische Fähigkeiten

Kapitel 8
Kognition

Kapitel 9
Sprache

Kapitel 10
Gefühle

Kapitel 11
Soziale Kompetenzen

Kapitel 5

Bindung

> **Schwerpunktfragen**
>
> Nachdem Sie dieses Kapitel gelesen haben,
> sollten Sie in der Lage sein, folgende Fragen zu beantworten:
>
> 1. Definieren Sie Bindung. Welche Faktoren beeinflussen ihre Entwicklung?
> 2. Inwiefern hat Bindung Einfluss auf die Gehirnentwicklung?
> 3. Warum ist es wichtig, etwas über *Meilensteine der Bindung* zu wissen?
> 4. Welches sind Umstände, unter denen Ainsworths Muster fragwürdig sein könnten, wenn es darum geht, den Grad oder die Art der Bindung zu verstehen und zu benennen?
> 5. Was können Erwachsene tun, um die Bindung kleiner Kinder zu fördern? Schließen Sie in Ihre Überlegungen auch spezielle Probleme im Zusammenhang mit Kindern mit besonderen Bedürfnissen ein.

Was sehen Sie?

Ein kleines Baby, das auf einer Decke im Spielzimmer des Hauses liegt, in dem es gepflegt und betreut wird, weint. Eine beruhigende Stimme kommt aus dem anderen Zimmer. „Ich weiß, dass du Hunger hast! Ich komme!" Beim Klang der Stimme hört das Weinen auf, beginnt aber von Neuem, als nicht sofort jemand auftaucht. Die Tagesmutter kommt ins Zimmer geeilt. Sie hält eine warme Flasche in der Hand. „Es tut mir Leid, dass du warten musstest." Das Weinen hält an. „Ich weiß, ich weiß. Ich werde dich jetzt hochheben, damit du essen kannst." Sie beugt sich mit ausgestreckten Armen hinunter und hebt das Baby sanft hoch. Das Weinen lässt nach; die Betreuerin durchquert den Raum, um sich in einen weichen Stuhl zu setzen.

Als der Junge auf dem Arm der Tagesmutter ist, bringt sein ganzer Körper die freudige Erwartung auf das, was nun kommen wird, zum Ausdruck. Er versteift sich und seine Arme gestikulieren vor Aufregung. Er schaut intensiv in das Gesicht seiner Betreuerin. Sobald die beiden es sich im Stuhl gemütlich gemacht haben, beginnt er sich wie wild zu winden, während sein Mund nach dem Sauger sucht. Als dieser in seinen Mund kommt, schließt er die Augen, ballt die Fäuste und saugt heftig. „Na siehst du. So ist es besser, nicht wahr?", sagt die Betreuerin sanft. Nach einigen Minuten beginnt er sich zu entspannen, und die Erwachsene und das Kind lehnen sich beide zurück, bewegen sich hin und her, bis es bequem ist. „Du hattest richtig großen Hunger, stimmt's?" Das Baby saugt ohne Unterbrechung weiter; nach einigen Augenblicken beginnt es sich noch weiter zu entspannen. Seine Fäuste öffnen sich und es streckt eine Hand aus, tastend. Die Betreuerin streichelt seine Hand mit ihrem Finger; der Junge schlingt seinen Finger um ihren Finger und klammert sich fest. Die Betreuerin drückt ihn ein bisschen fester an sich und küsst ihn auf den Kopf. Er öffnet seine Augen und schaut zu ihr auf. Sie schaut zurück, mit einem warmen Lächeln auf dem Gesicht. Er hört auf zu saugen und lässt den Sauger los. Während sein Blick das Gesicht der Betreuerin fixiert, verzieht sich sein Mund zu einem breiten Grinsen. Dann drückt er sich noch fester an sie und saugt zufrieden weiter. Seine kleine Faust bleibt um ihren Finger geschlungen, seine Augen blicken in ihre.

So sieht **Bindung** aus! Es handelt sich hierbei um einen komplexen, fortlaufenden Prozess. Es mag unterschiedliche Definitionen von Bindung geben, aber im Wesentlichen beinhaltet Bindung *Nähe* und ein durch *einfühlsames, unmittelbares Reagieren* gekennzeichnetes Verhalten einem Kind gegenüber. Dieses Kapitel erörtert diese wichtige und wechselseitige Beziehung zwischen einem Säugling und einem oder einer Erwachsenen und beschreibt, wie die Gehirnentwicklung von hochwertigen frühen Pflegeerfahrungen beeinflusst wird. Verhaltensmeilensteine, die mit Bindung im Zusammenhang stehen, werden ebenso untersucht wie das Messen von sicheren und unsicheren Bindungsmustern und damit zusammenhängende aktuelle Themen. Beschrieben wird außerdem, was passieren kann, wenn ein Kind keine Bindung herstellen kann, und welche besonderen Bedürfnisse sich aus solch einem Scheitern ergeben. Von Kontinuität in der Pflege und der Bedeutung von Beziehungen, die durch einfühlsames und empfängliches Reagieren gekennzeichnet sind, ist im Kapitel mehrfach die Rede, denn beides ist wesentlich für die Entwicklung früher gesunder Bindungen.

Tabelle 5.1 Das Gehirn neu überdenken

Frühere Denkweise	Heutige Denkweise
Wie ein Gehirn sich entwickelt, hängt von den *Genen* ab, mit denen ein Mensch geboren wird.	Wie ein Gehirn sich entwickelt, hängt ab von komplexen *Wechselwirkungen* zwischen den Genen, mit denen ein Mensch geboren wird, und den Erfahrungen, die er macht.
Die Erfahrungen, die man vor dem Alter von drei Jahren macht, haben nur *begrenzt Auswirkung* auf die spätere Entwicklung.	Erfahrungen der frühen Kindheit haben eine *entscheidende Auswirkung* auf die Architektur des Gehirns und auf die Natur und den Umfang der Fähigkeiten, die man als Erwachsener hat.
Eine *sichere Beziehung* mit einer Hauptbetreuungsperson schafft einen günstigen Kontext für frühe Entwicklung und frühes Lernen.	Frühe Interaktionen schaffen nicht nur einen Kontext; sie haben *direkten* Einfluss auf die Art, wie das Gehirn „vernetzt" ist.
Die Gehirnentwicklung verläuft *linear:* Die Fähigkeit des Gehirns, zu lernen und sich zu ändern, nimmt auf dem Weg des Säuglings zum Erwachsenenalter stetig zu.	Die Gehirnentwicklung verläuft *nicht linear:* Es gibt Zeiten, die für den Erwerb verschiedener Kenntnisse und Fähigkeiten am besten geeignet sind.
Das Gehirn eines Kleinkinds ist *viel weniger aktiv* als das Gehirn eines College-Studenten.	Zu dem Zeitpunkt, an dem Kinder drei Jahre alt werden, sind ihre Gehirne *zweimal so aktiv* wie die von Erwachsenen. Das Aktivitätsniveau sinkt in der Jugend ab.

Quelle: Rima Shore, *Rethinking the Brain: New Insights into Early Development.* Copyright © 1997, Families and Work Institute, 330 Seventh Avenue, New York 10001. Tel. (212) 465-2044. Website: http://www.familiesandwork.org. Alle Rechte vorbehalten.

Gehirnforschung

In den vergangenen zehn Jahren haben wir mehr über das menschliche Gehirn gelernt als in den letzten hundert Jahren! Tabelle 5.1 fasst zusammen, inwiefern sich unser Verständnis der Hirnentwicklung geändert hat.

Heute ermöglichen neurobiologische Technologien, die nicht invasiv sind (die natürliche Funktion des Gehirns nicht stören), eine detaillierte Erforschung des Gehirns. Es existieren beeindruckende Instrumente, mit denen das Gehirn kartiert und die chemische Zusammensetzung des Gehirns sowie der Einfluss von Umweltfaktoren verstanden werden können. Diese Informationen haben uns viele wertvolle Lehren darüber erteilt, wie Säuglinge lernen und warum frühkindliche Erfahrungen so entscheidend für die Entwicklung sind. Eine kurze Übersicht über die Funktion des Gehirns kann das Verständnis dafür fördern, warum gerade besonders positive, durch einfühlsames Reagieren gekennzeichnete Erfahrungen für die frühe Entwicklung eines Säuglings so wichtig sind.

Die Grundbausteine des Gehirns sind spezielle Nervenzellen, die **Neurone** genannt werden. Jedes Neuron hat ein **Axon**, oder einen aussendenden Fortsatz, das Energie oder Impulse an andere Neurone sendet. Neurone besitzen auch viele **Dendriten**, empfangende Fortsätze, die Impulse von anderen Neuronen in Empfang nehmen. Die Dendriten wachsen und verzweigen sich, wobei sie „Dendritenbäume" bilden, die Signale von anderen Neuronen empfangen. Diese Verbindungsstellen, oder **Synapsen**, bilden sich, wenn ein Säugling die Welt erlebt und Erfahrungen macht. Die Verbindungsstellen, die im Alltagsleben regelmäßig genutzt werden, werden bestärkt – oder geschützt – und zu einem Teil des ständigen „Schaltkreises" des Gehirns. Zum Zeitpunkt der Geburt ist das menschliche Gehirn noch sehr unreif, deshalb können die frühen Erfahrungen über die Zeit einen dramatischen Effekt auf das Wachstum des Säuglings und auf sein Lernen haben.[1]

In den ersten Jahren produzieren junge Gehirne fast zweimal so viele Synapsen, wie sie brauchen werden. Die Dendritenbäume wachsen und werden sehr dicht. Bis zum Alter von zwei Jahren hat ein Kleinkind ähnlich viele Synapsen wie ein Erwachsener. Mit drei Jahren hat das Kind zweimal so viele Synapsen wie ein Erwachsener. Diese hohe Anzahl bleibt während der ersten zehn Jahre stabil, bis zum Jugendalter aber ist die Hälfte dieser Synapsen entfernt, ist ihre Zahl „reduziert" worden. Das Gehirn reduziert die Synapsen bzw. sorgt für selektive Eliminierung und beseitigt so unnötige Synapsen.

Die Schlüsselfrage ist: Wie *weiß* das Gehirn, welche Synapsen – oder Verbindungsstellen – es behalten und welche es entfernen soll? Frühe Erfahrungen scheinen viel entscheidender zu sein, als es zunächst erkannt wurde. Erfahrungen aktivieren Nervenbahnen, und entlang der Wege werden Informationen in Form von chemischen Signalen gespeichert. Wiederholte Erfahrungen stärken spezielle Wege. Ein bestimmter Weg bekommt einen „geschützten" Status; er wird nicht entfernt, weil er wiederholt genutzt wurde. Diese geschützten, starken Nervenbahnen bleiben bis ins Erwachsenenalter bestehen. Das Sprichwort „Use it or lose it" (Nutze es, oder es geht verloren) trifft auf die frühe Hirnentwicklung zu.

In diesem Buch ist schon viele Male betont worden, welche Bedeutung hochwertige Erfahrungen und eine Pflege, die durch einfühlsames, unmittelbares Reagieren gekennzeichnet ist, für sehr junge Kinder haben. Nun deutet die Forschung zur Gehirnentwicklung darauf hin, dass diese frühen Erfahrungen, wenn sie wiederholt stattfinden, in der Tat stabile Nervenbahnen bilden. Die Art, wie wir denken und lernen, hat viel mit dem Ausmaß und der Natur dieser Bahnen zu tun. Wenn ein sehr kleines Kind etwas Neues oder ein Problem kennen lernt, wird die Gehirnaktivität gesteigert. Wenn die Nervenbahnen stark sind, bewegen sich Signale schnell und das Kind kann Probleme leicht lösen.

Halten Sie einen Moment inne und denken Sie an einen zehn Monate alten Jungen, der von seiner Mutter, bevor sie zur Arbeit geht, zu seiner Kinderpflegerin gebracht wird. Er erfährt möglicherweise ein gewisses Maß an Stress (das „Fremdeln" genannt und später in diesem Kapitel genauer erörtert wird). Wenn seine Betreuerin jedoch mit seinen Stresssignalen vertraut ist und einfühlsam auf sie reagieren kann, *weiß* er mit der Zeit, dass es ihm gut gehen wird (die Betreuerin ist eine vertraute Freundin und heute sind der Geruch seiner Decke und das Kuscheln mit ihr besonders tröstlich). Seine Mutter wird zurückkommen. In seinem Gehirn haben sich Verbindungsstellen gebildet, die es ihm erlauben, sich mit relativ wenig Mühe von seiner Mutter zu trennen. Durch seine Erfahrungen hat er bereits effiziente Nervenbahnen entwickelt. Durch einfühlsames Reagieren gekennzeichnete, positive Erfahrungen stabilisieren Verbindungsstellen in seinem Gehirn. Diese sehr frühen Verbindungsstellen im Gehirn hängen mit Bindungserfahrungen zusammen. *Denken Sie an Prinzip 2: Investieren Sie in Zeit von besonderer Qualität, in der Sie voll und ganz für einzelne Säuglinge und Kleinkinder zur Verfügung stehen. Geben Sie sich nicht damit zufrieden, Gruppen zu beaufsichtigen, ohne sich (mehr als nur kurz) auf einzelne Kinder zu konzentrieren.*

Durch Bindung kommen zwei Individuen zusammen und bleiben zusammen. John Kennell definiert Bindung als „liebevolle Bande zwischen zwei Individuen, die über Raum und Zeit hinweg Bestand haben und dazu dienen, sie emotional zu verbinden."[2] Normalerweise entwickelt das Baby die erste und primäre Bindung zu seiner Mutter, jedoch stellen Babys verstärkt Bindung zu ihren Vätern her, was vor allem mit der zunehmenden Berufstätigkeit von Müttern zusammenhängt. Wenn Säuglinge schon in jungem Alter Erfahrung mit Kinderbetreuung machen, werden diese sekundären Bindungen (zu anderen Personen als ihren Eltern) sehr wichtig.

Die Bindung zu Betreuerinnen unterscheidet sich auf vielerlei Art und Weise von der zu den Eltern. Eine augenfällige Art ist die Dauer. Eine Mutter oder ein Vater hat eine lang andauernde, sogar lebenslange Bindung zu ihrem Kind; Betreuerinnen steht eine viel kürzere Zeitspanne zur Verfügung. Vom ersten Tag an wissen die Betreuerinnen, dass die Kinder aus ihrer Obhut fortgehen werden, lange bevor sie erwachsen sind. Weil das Leben von Eltern und ihr Bedarf nach Kinderbetreuung sich mitunter ganz plötzlich ändern, erfolgt der Abschied möglicherweise ohne Vorankündigung. In Bezug auf die Aussicht auf Beständigkeit der Erwachsenen-Kind-Beziehung gibt es einen großen Unterschied zwischen Eltern und Betreuungspersonen.

Die elterliche Bindung, dieses Gefühl der Nähe, setzt bei einigen Menschen sofort bei der Geburt ein. In der Idealsituation, in der den Eltern und dem wachen Säugling Zeit miteinander gelassen wird, damit sie sich kennen lernen können, kann das so genannte „Bonding" (die emotionale Bindung) stattfinden, weil die beiden sich in kürzester Zeit ineinander verlieben. Es könnte sogar „Liebe auf den ersten Blick" genannt werden. Diese Liebe auf den ersten Blick kann auch zwischen Betreuerinnen und Kindern stattfinden, wenn eine Erwachsene und ein Kind sich von der ersten Begegnung an zueinander hingezogen fühlen. Häufiger aber wächst Bindung langsam im Laufe der Zeit, wenn Menschen sich kennen lernen und die speziellen Kommunikationsformen des anderen lernen. Diese speziellen Kommunikationsformen entwickeln und ändern sich, wenn die Kinder Meilensteine der Entwicklung erreichen. Die Gehirnforschung, die Eltern und Betreuerinnen heute zur Verfügung steht, bestätigt, dass warmherzige, positive Interaktionen Verbindungsstellen im Gehirn stabilisieren. Es muss hochwertige, durch einfühlsames, unmittelbares Reagieren gekennzeichnete Pflege geboten werden, damit dieser entscheidende Prozess, der *Bindung* genannt wird, gedeihen kann.

Die Prinzipien in der Praxis

Prinzip 9: Bauen Sie Sicherheit auf, indem Sie Vertrauen vermitteln. Vermitteln Sie nicht dadurch, dass Sie unzuverlässig sind, Misstrauen.

„Sieh dir dieses Püppchen an, Cameron", sagt die Mutter, während sie versucht, das Interesse der zwölf Monate alten Cameron für die Verkleidungsecke zu wecken. Die zwei sind gerade gekommen, und dies ist der erste Tag, an dem die Mutter ihre Tochter alleine zurücklassen wird. Die Betreuerin kommt auf sie zu, sagt Hallo und geht in die Knie, um mit Cameron auf einer Höhe zu sein. Das Baby schaut sie an. Cameron hat das Kinderzentrum schon mehrmals besucht und erkennt die Betreuerin, aber sie ist nie ohne ihre Mutter dort geblieben. Sie lächelt glücklich und hält der Betreuerin eine Puppe hin, um sie ihr zu zeigen. Als die Betreuerin aufsteht, um mit der Mutter zu sprechen, bemerkt sie, dass diese gegangen ist. Sie hatte früher bereits gesagt, dass sie es nicht ertragen könne, ihre Tochter weinen zu sehen, also hat sie sich anscheinend einfach dazu entschieden, sich davonzustehlen. Cameron hält weiterhin die Puppe, aber dann blickt sie sich um und kann ihre Mutter nicht finden. Sie sieht verwirrt aus und beginnt dann zu weinen. Am Ende wird sie von Schluchzern geschüttelt, und die Betreuerin hat große Mühe, sie zu trösten. Die Betreuerin beschließt, am Ende des Tages mit der Mutter zu sprechen und ihr zu sagen, wie wichtig es ist, dass sie ihrer Tochter auf Wiedersehen sagt, damit diese vorhersehen kann, wann sie gehen wird. Ihrer Erfahrung nach können Kinder, die kein Abschiedsritual haben, sich nicht entspannen, weil sie niemals wissen, wann Menschen in ihrem Leben kommen und gehen. Sie weiß, dass Vertrauen ein wichtiges Thema für Cameron ist, und sie weiß, dass es Zeit brauchen wird. Der erste Schritt besteht darin, die Mutter dazu zu bringen, sich zu verabschieden. Stellen Sie sich vor, Sie wären die Betreuerin.

1. Wie denken Sie über das Verhalten der Mutter?
2. Wie denken Sie über Cameron?
3. Wie denken Sie über die Situation?
4. Stimmen Sie dem zu, dass die Betreuerin mit der Mutter sprechen sollte? Warum oder warum nicht?
5. Könnte der Grund für das Verhalten der Mutter darin liegen, dass sie aus einer anderen Kultur stammt?
6. Was könnten Sie noch tun, um Cameron dabei zu helfen, Vertrauen aufzubauen?

Meilensteine der Bindung

Wichtige Meilensteine der Bindung beeinflussen die geistige, soziale und emotionale Entwicklung. Das Weinen eines Babys, sein Zurückweichen vor Fremden und sein Versuch, der fortgehenden Mutter zu folgen, zeigen, wie die Bindung sich verändert. Eine genauere Betrachtung dieser Verhaltensweisen verdeutlicht, wie kompetent ein Säugling ist.

Im Verhalten der Babys ist die Förderung der Bindung angelegt. Denken Sie einen Moment an die vielen Verhaltensweisen, die bewirken, dass Erwachsene sich zu Babys hingezogen fühlen. Das Weinen eines Neugeborenen ruft in den Menschen, die es hören, Gefühle hervor. Es ist schwer zu ignorieren. Das Weinen ist eines der stärksten Signale, das der Säugling an die Menschen aussendet, die für seine Pflege verantwortlich sind.

Ein weiteres starkes Bindungsverhalten, über das die meisten Babys bei ihrer Geburt verfügen, ist die Fähigkeit, Blickkontakt aufzunehmen. Die meisten Erwachsenen schmelzen dahin, wenn ein Neugeborenes ihnen direkt in die Augen sieht. Und streichelt man die kleinen Finger, schlingen sie sich wahrscheinlich um den eigenen großen Finger. Wenn Sie zu wachen Neugeborenen sprechen, wenden sie sich wahrscheinlich dem Klang Ihrer Stimme zu. Und wenn Sie sich ein wenig von ihnen wegbewegen, werden ihre Augen Ihrem Gesicht folgen. All diese Verhaltensweisen fördern Bindung.

Untersuchungen deuten darauf hin, dass Babys anders auf die Menschen reagieren, zu denen sie gleich von Anfang an eine Bindung haben. Später wird diese Präferenzen ausdrückende Reaktion offensichtlich, weil Babys weinen, wenn das Bindungsobjekt den Raum verlässt. Dies ist ein wichtiges Anzeichen dafür, dass sich **Vertrauen** entwickelt. Sie folgen der Person, mit der sie die Bindung haben, zuerst nur mit ihren Blicken, dann, wenn sie mobil sind, indem sie ihnen hinterherkrabbeln.

Halten Sie inne und überdenken Sie noch einmal die Szene am Beginn dieses Kapitels, in der es um die Füttererfahrung und die Interaktion zwischen dem Baby und der Betreuerin ging. Dies ist eine besondere Beziehung. Die beiden sind eine Einheit. Beide fühlen, dass dies ein intimer Moment einer engen Beziehung ist. Diese spezielle Form der Kommunikation – **wechselseitige Synchronie** – ist wie ein „Tanz der Gefühle". Die Betreuerin und das Baby übermitteln sich gegenseitig wichtige Signale. Beide Partner geben Gefühle weiter, vor allem positive.³ Der Säugling hat die Fähigkeit, bei jemand anderem Freude hervorzurufen; dies wiederum bereitet ihm Freude. Das Beispiel der Füttererfahrung bildet etwas von dem Repertoire an Verhaltensweisen ab, die mit Bindung zu tun haben. Durch diese Verhaltensweisen, bei denen beide Partner wechselseitig liebevoll aufeinander reagieren und zu denen Berühren, Streicheln und Blickkontakt sowie Füttern gehören, gehen Säuglinge und Erwachsene eine extrem enge Beziehung ein. Denken Sie auch daran, dass die neuen Informationen über das Gehirn darauf hindeuten, dass durch dieses frühe Verhalten die Bildung von Nervenbahnen im Gehirn beginnt. Diese Nervenbahnen bilden die *physische Grundlage* von Vertrauen. Positive Erfahrungen stabilisieren die Verbindungsstellen im Gehirn. Säuglinge brauchen diese Beziehung, weil sie sich nicht physisch an Menschen binden können, um ernährt und versorgt zu werden. Sie sind abhängig. Mit Bindung stellt die Natur sicher, dass jemand Zuneigung empfinden und sich um das Kind kümmern wird. *Denken Sie an Prinzip 1: Beteiligen Sie Säuglinge und Kleinkinder an Dingen, die sie betreffen.* Arbeiten Sie nicht an ihnen vorbei und lenken Sie sie nicht ab, um die Aufgabe schneller zu erledigen.

Sobald Babys ihre Mutter oder Betreuerin von anderen Menschen unterscheiden können, beginnen für sie zwei neue Sorgen. Erstens fangen sie im Alter von etwa acht bis zehn Monaten an, sich vor Fremden zu fürchten. Zweitens machen sie sich nun, da sie wissen, wer ihre Mutter ist, Sorgen darum, sie zu verlieren. Diese letztgenannte Angst tritt normalerweise im Alter von zehn bis zwölf Monaten in Erscheinung. Beide Ängste deuten auf die Fähigkeit des Säuglings hin, zu unterscheiden und Unterschiede zu erkennen, und sind deshalb offensichtliche Zeichen geistigen Wachstums. Mit dieser zweiten Entwicklungsangst korrespondiert die Unfähigkeit des Babys, zu verstehen, dass Objekte, die außer Sichtweite verschwunden sind, weiterhin existieren. Jean Piaget nannte dies „Objektpermanenz"; sie wird in Kapitel 8 genauer erläutert. Die Sorge der Säuglinge, ihre Mutter zu verlieren, ist verständlich. Sie können nicht vorhersehen, dass eine Trennung nur vorübergehend ist. Wenn Betreuerinnen dies wissen, fällt es ihnen leichter, den verzweifelten Protest eines Babys zu verstehen, wenn seine Mutter durch die Tür verschwindet und es zurückgelassen wird.

Es kann hilfreich sein, das in diesem Bindungsprozess stattfindende Wechselspiel zwischen Abhängigkeit, geistiger Entwicklung und Vertrauen hervorzuheben. Wenn ein achtzehn Monate altes Kind sich an seine Mutter klammert und weint, damit sie nicht geht (ein offensichtlich abhängiges Verhalten), sagt es auch: „Ich *weiß*, dass ich dich brauche" (eine geistige Funktion). Während seine geistigen Fähigkeiten zunehmen und seine Erfahrungen es lehren, dass es darauf vertrauen kann, dass seine Mutter zurückkommt, entsteht durch die Bindung Vertrauen, weil es lernt, dass die Welt im Grunde ein freundlicher Ort ist, an dem seine Bedürfnisse befriedigt werden können. Aus Bindung resultiert auch **Autonomie**, oder Unabhängigkeit, wenn die Babys heranwachsen und durch das Erlernen von Selbsthilfefähigkeiten damit beginnen, sich selbst um ihre Bedürfnisse zu kümmern. Sie finden es außerdem immer einfacher, loszulassen, weil sie wissen, dass die Mutter zurückkommen wird. Diese Fähigkeit, einer Beziehung zu vertrauen, ist das Fundament für Unabhängigkeit – einem Schwerpunkt des Kleinkindalters.

> **Überlegen Sie...**
>
> Erinnern Sie sich noch an Cameron aus der Szene im Kasten „Die Prinzipien in der Praxis" auf Seite 173? Was würden Sie ihrer Mutter über die Entwicklungsmeilensteine der Bindung sagen? Wie können Sie dieser Mutter helfen, das Weinen ihres Kindes besser zu verstehen?

Die Sorge, die das Baby hat, wenn es sich von seiner Mutter oder Hauptbetreuerin trennt, wird „Trennungsangst" genannt. Sie erreicht normalerweise gegen Ende des ersten Lebensjahres ihren Höhepunkt. Wenn das Kind genau zu dieser Zeit in die Kinderbetreuung kommt, kann der Anfang sehr schwer sein. Es geht Kindern besser, wenn sie in die Betreuung kommen, bevor oder nachdem die Trennungsangst ihren Höhepunkt erreicht hat.

In einem hochwertigen Kinderbetreuungsprogramm für Säuglinge und Kleinkinder (ob in einer Kindertagesstätte oder bei einer Tagesmutter), gewinnen Kinder den Mut, Dinge zu erforschen und sich zu beteiligen (was geistige Fähigkeiten und soziale Kompetenz fördert), indem sie ihre Mutter oder ihre vertraute Betreuerin als Ausgangs- oder Vertrauensbasis nutzen. In regelmäßigen Abständen mit dieser Person Kontakt aufzunehmen, gibt ihnen neue Energie, um sich aufzumachen und weiterzuforschen. Es ist wichtig, dass die Mutter oder der Vater sich nicht davonstiehlt, wenn sie oder er weggeht. Indem sie sich verabschieden, helfen die Eltern dem Kind, zu verstehen, dass der Abschied vorhersehbar ist. Allmählich lernt das Kind, dass zum Abschiednehmen auch das Zurückkommen gehört. Eine einfühlsame Betreuerin kann in Worte fassen, was ein möglicherweise bestürztes Kind ihrer Wahrnehmung nach fühlt. Das Akzeptieren dieser Gefühle, nicht das Ablenken von ihnen, gibt einem kleinen Kind eine sichere Basis für die emotionale Entwicklung.

Videobeobachtung 5

Kleinkind, das „Kontakt aufnimmt", während es mit Stühlen spielt

Schauen Sie sich die Videobeobachtung 5, „Toddler ‚Checking in' While Playing with Chairs", an, die veranschaulicht, wie Kleinkinder sich während des freien Spiels „mit ihrer Ausgangsbasis in Verbindung setzen". Sie werden ein Kind sehen, das sein Spiel unterbricht und hinüber zur Betreuerin geht, fast so, als ob es seine Batterien aufladen wollte. Dieses Verhalten ist ein Zeichen für Bindung.

Fragen

- Wie würden Sie diese Szene beschreiben, wenn Sie versuchen würden, Verhaltensweisen zu erklären, die zeigen, dass das Kind sich an eine Betreuerin gebunden fühlt?
- Haben Sie jemals ein Kleinkind so „Kontakt aufnehmen" sehen, wie es dieses Kleinkind tat? Falls ja, denken Sie darüber nach, inwiefern die von Ihnen erlebte Szene dieser glich oder sich von ihr unterschied. Falls nein, denken Sie darüber nach, inwiefern es anders *sein könnte*. Zum Beispiel sieht ein Kind manchmal lediglich zu der Erwachsenen hinüber, statt körperlichen Kontakt herzustellen.

Diesen Videoclip können Sie unter www.mit-kindern-wachsen.de/videomaterial anschauen. Wählen Sie hier bitte Kapitel 5.

Die folgenden Vorschläge können Betreuerinnen dabei unterstützen, Eltern zu helfen, deren Kleinkind unter Trennungsangst leidet:

1. Helfen Sie der Mutter oder dem Vater zu verstehen, dass der Abschied umgehend erfolgen sollte, wenn auf Wiedersehen gesagt worden ist. Einige Eltern haben genauso viele oder noch mehr Schwierigkeiten als ihre Kinder, sich zu trennen. Helfen Sie der Mutter oder dem Vater, zu erkennen, dass Sie verstehen, wie schwer es ist, zu gehen, dass es aber einfacher für das Kind ist, wenn der Abschied schnell erfolgt, sobald man sich voneinander verabschiedet hat.
2. Gestatten Sie dem Kind seine Gefühle, aber lassen Sie sich nicht selbst in sie hineinziehen. Trennungsgefühle sind für einige Erwachsene schwierig, weil sie Angelegenheiten hochkommen lassen, die sie möglicherweise vergessen möchten. Eine Art, wie Betreuerinnen auf diese Situation reagieren, besteht darin, dass sie versuchen, die Gefühle des Kindes loszuwerden. Dies geschieht dadurch, dass sie von ihnen ablenken oder sie herunterspielen („Komm, ist doch nicht so schlimm. Ehe du dich versiehst, wird sie zurück sein").
3. Sorgen Sie für eine interessante oder sogar verlockende Umgebung, die Kinder anspricht, damit sie sich, wenn sie hierzu bereit sind, leicht von etwas fesseln lassen.

Bindung ist für die Entwicklung von Säuglingen und Kleinkindern von entscheidender Bedeutung und sollte in Betreuungsprogrammen gefördert werden. Gleichzeitig sollten Betreuerinnen sich darüber im Klaren sein, dass Eltern möglicherweise befürchten, ihre Kinder könnten außerhalb des Hauses auf Kosten ihrer primären Bindungen mit den Eltern sekundäre Bindungen aufbauen. Betreuerinnen können dazu beitragen, diese Furcht der Eltern zu mindern, indem sie sie wissen lassen, dass sie unbegründet ist. Die sekundären Bindungen sind kein Ersatz der primären, sondern existieren zusätzlich zu ihnen. Trennungsangst und all die Gefühle, die mit dem Alleingelassenwerden in der Kinderbetreuung einhergehen, sind außerdem für beide von Belang, für Eltern und Betreuerinnen, die den Kindern dabei helfen müssen, zurechtzukommen, bis sie sich wohl fühlen. Es mag Eltern trösten, zu wissen, dass diese Gefühle ein Zeichen dafür sind, dass die Bindung stark ist und halten wird. Kinder lernen, mit Trennung zurechtzukommen, und diese Fähigkeit wird ihnen ihr ganzes Leben lang von Nutzen sein.

Die verschiedenen Bindungsverhaltensweisen und die Bewältigungsfähigkeiten, die sich in Kindern entwickeln, deuten darauf hin, dass sie dabei sind, Vertrauen in andere aufzubauen und gleichzeitig selbstsicher zu werden.

ENTWICKLUNGSWEGE
Bindung

Vorphase der Bindung: unterschiedslose Reaktionen
(Geburt bis etwa 12 Wochen)

Frühe Verhaltensweisen – Weinen, Schauen, Greifen – sorgen dafür, dass Erwachsene sich zu Säuglingen hingezogen fühlen und ihnen Fürsorge und Trost bieten. Der Säugling ist noch nicht an eine spezifische Person *gebunden*, denn diese Pflege kann von irgendeinem Erwachsenen ausgeführt werden.

Einläuten von Bindung: Konzentration auf vertraute Personen
(10 Wochen bis 6-8 Monate)

Säuglinge beginnen jetzt, auf unterschiedliche Personen unterschiedlich zu reagieren. Soziale Reaktionen – Gurren, Lächeln, Plappern – werden gegenüber vertrauten Betreuerinnen bereitwillig gezeigt. Ein Fremder wird möglicherweise unverwandt angestarrt und kann Angst oder Sorge auslösen. In dieser Phase beginnt sich Vertrauen zu entwickeln.

Eindeutige Bindung: Suchen von aktiver Nähe
(8 Monate bis 18-24 Monate)

Jetzt ist die Bindung an vertraute Personen eindeutig. Kleine Kinder zeigen Trennungsangst, werden verzweifelt, wenn bekannte Personen, denen sie vertrauen, sie verlassen. Jetzt *wissen* kleine Kinder, dass sie jemanden *brauchen* (eine kognitive Funktion) und übermitteln bewusst soziale Signale, klammern sich zum Beispiel fest oder leisten einer Trennung Widerstand, um vertraute Personen in ihrer Nähe zu halten. Das Kind benutzt seine Betreuerin als *sichere Basis,* von der aus es allmählich eine neue Umgebung erforscht; dann kommt es zurück, um sich emotionale Unterstützung zu holen.

Wechselseitige Beziehung: partnerschaftliches Verhalten
(24 Monate und älter)

Kleine Kinder beginnen jetzt, das Kommen und Gehen eines Erwachsenen zu verstehen. Sie sind eher dazu in der Lage, loszulassen, und können flexibler sein. Sprache hilft ihnen, die Trennungserfahrung zu verarbeiten (zum Beispiel: „Ich werde nach deinem Mittagsschlaf zurück sein").

Bindung messen

Was geschieht mit dem Kind, das von den Menschen in seiner Umgebung keine fürsorglichen Reaktionen bekommen kann? Und was ist mit dem Kind, bei dem es scheint, als seien ihm die Menschen in seiner Umgebung gleichgültig oder als lehnte es sie ab? Entwicklungspsychologin Mary Ainsworth entwickelte den Test **„Fremde Situation"**, eine Abfolge von acht inszenierten Situationen, um derartige Fragen zu beantworten und um die Stärke der Bindung zwischen einer Mutter und einem Kind zu messen. In diesem Experiment kommen die Mutter und der Säugling in eine neue Umgebung und das Baby kann spielen. Dann kommt eine Fremde herein und die Mutter verlässt den Raum. Schließlich geht die Fremde und die Mutter kommt zurück. Bei dieser Serie von Abschieden und Wiedersehen können Säuglinge ganz unterschiedliche Reaktionen zeigen, die als Hinweise auf ein *Muster* im Bindungsverhalten genutzt werden.

Sicher gebundene Säuglinge und Kleinkinder scheinen sich in der neuen Umgebung wohl zu fühlen und erforschen selbstständig, solange die Mutter anwesend ist. Ihr Ausmaß an Kummer, wenn die Mutter weggeht, kann mehr oder minder stark sein, doch gehen sie sofort zur Mutter, wenn sie zurückkommt, und suchen Kontakt und Trost. Kleine Kinder mit einem unsicher-vermeidenden Bindungsstil suchen nicht die Nähe zur Mutter, und es scheint sie nicht zu bekümmern, wenn sie fortgeht. Sie scheinen die Mutter außerdem zu meiden, wenn sie zurückkommt – sie scheinen dem Verhalten der Mutter gegenüber gleichgültig zu sein. Kleine Kinder mit einem ambivalent-unsicheren (ablehnenden) Bindungsstil zeigen letztendlich gegenüber ihrer Mutter positive und negative Reaktionen. Anfangs erscheinen sie sehr besorgt, sträuben sich dagegen, sich von ihrer Mutter zu trennen, und sind in so engem Kontakt mit ihr, dass sie kaum die neue Umgebung erforschen. Sie zeigen großen Kummer, wenn ihre Mutter fortgeht, und ambivalente Reaktionen, wenn sie wiederkommt (sie suchen Nähe, schlagen und treten die Mutter aber auch wütend und lassen sich nicht trösten). Sichere Bindungsstile wurden mit Müttern in Zusammenhang gebracht, die rasch und positiv auf ihre Babys reagieren. Im Gegensatz dazu wurden unsicher gebundene Säuglinge nicht beachtet oder abgelehnt oder ihnen wurden von ihren Müttern widersprüchliche Reaktionen entgegengebracht.[4]

Eine Ausweitung von Ainsworths Forschung (vor allem die Arbeit mit missbrauchten und vernachlässigten Kindern) gibt Hinweise auf einen vierten Bindungsstil, der desorganisiert-desorientiert genannt wird. Kleine Kinder, die dieses Bindungsmuster aufweisen, zeigen ein widersprüchliches Verhalten, weil sie sich der Mutter/Betreuerin nähern, aber auch wegschauen. Sie zeigen zudem Zeichen von Angst, Verwirrung und Desorientierung und sind vielleicht von allen Kindern die am wenigsten sicher gebundenen.[5]

Der größte Teil der frühen Bindungsforschung (insbesondere die von John Bowlby 1951 und von Mary Ainsworth 1978) konzentrierte sich auf Mütter und Bindung. Seither hat sich vieles verändert. Die fürsorgliche, einfühlsame und unterstützende Rolle von Männern ist stärker in den Mittelpunkt gerückt. Aus diesen Verhaltensweisen resultiert die Bindung, die früher ausschließlich als Terrain der Mütter betrachtet wurde. Väter sind nicht unbedingt nur der *andere* Elternteil; in einigen Fällen sind sie der *einzige* Elternteil. Die Kinderbetreuung hat die Bindungsmuster verändert, ebenso das stärkere Bewusstsein für kulturelle Vielfalt. Einige Kinder leben in Großfamilien oder Verwandschaftsnetzen und haben statt einer einzigen starken Bindung zu ihrer Mutter vielfache Bindungen. Die Mutter oder auch der Vater sind möglicherweise nicht die Hauptbindungsperson eines Kindes. Heute sind viel mehr Kinder ganz unterschiedlicher Herkunft in Einrichtungen der frühen Pflege und Erziehung untergebracht, und dies schon ab dem Alter von ein paar Wochen.

> **Überlegen Sie …**
>
> Haben Sie einmal ein Kind beobachtet, das sich in einer neuen Situation befand und nicht auf eine der Arten reagierte, die Ainsworth beschrieb? Was könnte diese andere Reaktion erklären?

Stellen Sie sich ein Kind vor, das fast drei Jahre alt ist und kaum aus der Sandkiste aufsieht, wenn seine Mutter kommt, um es abzuholen. Ist diese Gleichgültigkeit der Mutter gegenüber wirklich ein Zeichen für unsichere Bindung? Könnte es sein, dass es sich in der Kinderbetreuungseinrichtung zu Hause fühlt, in der es den größten Teil seines Lebens verbracht hat? Vielleicht ist es in dem Moment, in dem sie kommt, gerade mit etwas Interessantem beschäftigt. Wenn dieses Kind in Ainsworths Fremde-Situation-Test getestet wird, ist es vielleicht so daran gewöhnt, sich von seiner Mutter zu *trennen* und zu anderen Personen zu gehen, dass es einfach die Spielsachen im Raum ausnutzt. Es reagiert nicht wie Ainsworths „sicher gebundenes" Kind, wenn seine Mutter fortgeht oder wiederkommt. Wir müssen vorsichtig damit sein, aus einer Forschung allgemeine Schlussfolgerungen abzuleiten, die zu einer bestimmten Zeit, unter anderen Umständen und mit einer Versuchsgruppe, die sich von den Kindern, die heute in der Kinderbetreuung sind, unterscheidet, durchgeführt wurde. Das Ausmaß oder die Art der Bindung zu beurteilen, ohne die Gesamtsituation zu verstehen – einschließlich Vielfalt, kulturellem Bewusstsein und unterschiedlichen familiären Lebensstilen –, kann schädliche Folgen haben!

Bindungsprobleme

Nicht alle Babys kommen in den Genuss einer idealen Beziehung, die sichere Bindung fördert. Der Säugling und die Betreuerin reagieren möglicherweise nicht auf eine Art und Weise aufeinander, die wechselseitige Freude sowie die für den Säugling nötige hochwertige Pflege bringt.

Manchmal werden Säuglinge ohne ein gutes Repertoire an Bindungsverhaltensweisen geboren. Möglicherweise reagieren sie nicht empfänglich auf Eindrücke und Einwirkungen, oder sie sind nicht anziehend. Erwachsene mögen es weder lohnend noch befriedigend finden, mit solchen Babys zu interagieren oder ihre Bedürfnisse zu befriedigen. Nicht nur kann es diesen Säuglingen an einem Repertoire angenehmer Verhaltensweisen fehlen, sie können sogar jegliche Annäherungsversuche zurückweisen. Vielleicht versteifen sie sich jedes Mal, wenn sie liebkost werden, oder weinen, wenn sie berührt werden. Einige Babys reagieren einfach nicht empfänglich. Sie können zu aktiv sein, um mitzumachen, oder zu passiv. In diesen Fällen ist es Aufgabe der Erwachsenen, Bindung zu fördern.

Betreuerinnen können eine sichere Bindung fördern, indem sie beharrlich sind, das Baby unterstützen, sich nicht von ihm abschrecken lassen. Einfühlsame Betreuerinnen finden Wege, abweisende Babys zu halten, die diesen weniger Unbehagen verursachen. Sie fahren trotz der Ablehnung damit fort, diese Babys zu berühren und mit ihnen zu sprechen. Sie nutzen die Zeiten der Pflege, um mit dem Kind zu interagieren, und schenken ihm auch zu anderen Zeiten Aufmerksamkeit. Manchmal wird schon das regelmäßige und gründliche Beobachten solcher Babys den Betreuerinnen helfen, positivere und respektvollere Gefühle für sie zu entwickeln.

Betreuerinnen finden ebenfalls Möglichkeiten, den zu aktiven und zu passiven Babys zu helfen, sich zu beteiligen. Sie entdecken Wege, wie sich die Stimulation reduzieren oder der sensorische Input erhöhen lässt, je nachdem, was benötigt wird.

In Kindertagesstätten angewendete Programme können durch ein System aus Hauptbetreuerinnen, in dem Babys einer bestimmten Betreuerin zugeteilt werden, dafür sorgen, dass Bindungsbedürfnisse entstehen. Die Gruppengröße ist wichtig, wenn auf die Kinder beständig und einfühlsam reagiert und damit die Bindung gefördert werden soll. Die Zahl von mehr als etwa zwölf Babys wirkt sich negativ auf solch eine Bindung aus.

Manchmal liegen die Bindungsprobleme bei den Eltern. Das Kind kann vollständig mit Bindungsverhalten ausgestattet sein, aber die Mutter kann es versäumen, hierauf zu reagieren. Gleichgültigkeit, was immer der Grund für sie sein mag, kann für einen Säugling verheerend sein. Lange Zeit gibt der Säugling nicht auf, und er entwickelt möglicherweise ein Repertoire an Verhaltensweisen, die bei der Erwachsenen eine negative Reaktion hervorrufen, was immer noch besser ist als überhaupt keine Reaktion.

Wenn das Baby keine Bindung oder eine negative Bindung hat, ist dies ein Grund zur Sorge. Es bedarf der Hilfe von außen. Betreuerinnen mögen das Problem erkennen und die Familien an eine andere Stelle weiterleiten, aber es gehört nicht zu ihrem Verantwortungsbereich, das Problem zu lösen.

Sie können vermuten, dass dieses Problem vorliegt, wenn ein Baby, das Sie betreuen, nicht auf dieselbe Art gedeiht wie die anderen Babys. Es nimmt möglicherweise nicht zu oder erreicht Meilensteine nicht innerhalb eines hierfür angebrachten Zeitraumes. Dieses Bindungsproblem und das Unvermögen, zu gedeihen, können mit verschiedenen anderen Ursachen zusammenhängen. Vielleicht sehen Sie, dass das Baby jedem gegenüber abweisend ist und bei keinem empfänglich reagiert. Oder vielleicht sehen Sie, dass es auf jeden – Mutter, Betreuerin und Fremde – auf genau dieselbe Art reagiert.

Was geschieht, wenn keine Bindung existiert? Eine bedeutsame Antwort hierauf kam von Harry Harlow, der etwas über Bindung lernte, ohne überhaupt die Absicht zu haben, diese zu untersuchen. Er war daran interessiert, Rhesusaffen zu isolieren, damit sie in einer Umgebung leben könnten, die frei von Krankheiten ist, und sich nicht gegenseitig infizieren. Er zog 56 neugeborene Affen in separaten Käfigen auf, voneinander sowie von ihren Müttern getrennt.

Er war überrascht, festzustellen, dass sie sich zu ganz anderen Erwachsenen entwickelten als der Rest ihrer Spezies. Sie waren unsozialer, gleichgültiger und aggressiver als die anderen Rhesusaffen, die normalerweise sozial und kooperativ sind. Keiner der Affen, die in der Isolation aufgezogen wurden, paarte sich.[6]

Lassen Sie uns untersuchen, welche Schlüsse sich hieraus für das Aufziehen von Kindern ergeben. Obwohl praktisch niemand versucht, ein Kind in totaler Isolation großzuziehen, wachsen Kinder zu häufig ohne genug menschlichen Kontakt auf, ohne Möglichkeiten zur Interaktion und ohne Beständigkeit in der Art, wie sie behandelt werden. In solch einer Situation sind die Probleme zahlreich. Zwar haben die Säuglinge Kontakt mit Erwachsenen, die sie füttern und wickeln, jedoch können die Erwachsenen von Tag zu Tag wechseln. Die Säuglinge sind möglicherweise nicht in der Lage, eine von der anderen zu unterscheiden, oder stellen fest, dass ihr Bindungsverhalten keine beständige Reaktion hinsichtlich der ihnen zuteil werdenden Pflege auslöst. Sie finden niemanden, den sie ihr Eigen nennen können – niemanden, den sie beeinflussen können. Irgendwann geben diese Kinder auf und versuchen nicht länger, irgendjemanden zu beeinflussen. Weil ihnen nicht nur Bindung fehlt, sondern ebenfalls adäquater körperlicher Kontakt, wird diesen Kindern die mit einer gesunden Beziehung einhergehende Vielfalt an sensorischen Inputs vorenthalten. Sie werden passiv und beklagen sich nicht mehr, ihre Entwicklung verlangsamt sich und sie schaffen es möglicherweise nicht, zu gedeihen. Forscher glauben, dass es für Babys wichtig ist, vor dem Alter von vier bis sechs Monaten zu wenigstens einer Person eine beständige Bindung aufzubauen.[7] *Denken Sie an Prinzip 9: Bauen Sie Sicherheit auf, indem Sie Vertrauen vermitteln.* Vermitteln Sie nicht dadurch, dass Sie unzuverlässig oder häufig inkonsequent sind, Misstrauen.

Betreuerinnen und zu Hause arbeitende Tagesmütter, die ein gewisses Verständnis von dem Bindungsprozess haben, können eine Menge tun, um Eltern zu helfen, ihre Bedeutung und den Einfluss, den sie auf ihren Säugling haben, zu erkennen. Gesichtsausdrücke und Laute des Babys zu bezeichnen und Eltern dazu zu ermuntern, langsamer zu werden und die wachsende Kompetenz ihres Kindes zu beobachten, kann viel dazu beitragen, die essenzielle sichere Bindungsbeziehung zwischen einem Säugling und einer Mutter zu fördern.

Welche Bedeutung diese beständige und einfühlsame Pflege hat, zeigt die Forschung zur Hirnentwicklung, die weiter vorne im Kapitel erwähnt wurde.

Wenn Säuglinge diese sicheren Bindungen erfahren, werden Hormone freigesetzt, die **Neurotransmitter** genannt werden und ein Gefühl des Wohlbefindens hervorrufen. Positive, durch Fürsorge geprägte Erfahrungen scheinen gewisse Bahnen im Gehirn zu verstärken. Es herrscht eine dynamische Beziehung zwischen der *Pflege*, die ein Säuglinge empfängt, und dem *Wachstum* seines Gehirns. Gesunde Bindung entwickelt sich, wenn Betreuerinnen Beständigkeit zeigen und einfühlsam und unmittelbar reagieren; Beziehungen spielen für die Entwicklung eine primäre Rolle.[8]

Untersuchungen über Kinder, die in Institutionen untergebracht sind, haben viele Menschen davon abgehalten, die Gruppenbetreuung für Säuglinge in Betracht zu ziehen. Jedoch unterscheiden sich Säuglinge, die in der Kinderbetreuung sind, von Säuglingen, die in Waisenhäusern leben. Sie haben Eltern (mindestens einen Elternteil). Die meisten von ihnen kommen gebunden in die Kinderbetreuung, und sie bleiben gebunden. Aber wir haben von jenen traurigen Waisenhäusern der Vergangenheit gelernt. Wir wissen jetzt, wie lebenswichtig Bindungsbedürfnisse sind. Wir wissen auch, dass Säuglinge ständige, wechselseitige, durch einfühlsames und unmittelbares Reagieren gekennzeichnete Interaktionen brauchen, wenn sie für eine beträchtliche Zeit des Tages von zu Hause fort sind. Wir wissen, dass Säuglinge, die in der Kinderbetreuung sind, die Bindung zu ihren Eltern beibehalten.

Überlegen Sie...

Denken Sie über das nach, was Sie über Bindung gelesen haben, und vielleicht auch über etwas, das Sie die Möglichkeit hatten zu beobachten. Was können Betreuerinnen tun, um kleinen Kindern ihre Feinfühligkeit zu demonstrieren? Was tun Säuglinge und Kleinkinder, um ihrer Betreuerin ihre Bedürfnisse zu zeigen?

Das Wissen über liebevolle Beziehungen verändert die Arbeit von Betreuerinnen, die sich um sehr kleine Kinder kümmern. Positive Beziehungen aufzubauen und aufrechtzuerhalten, die eine ganze Zeit, manchmal mehrere Jahre, andauern, ist ein entscheidendes Prinzip in Programmen, die „auf Bindung basieren". Diese Kontinuität in der Pflege beginnt mit der Einrichtung kleiner Säuglingsgruppen, von denen eine jede ihre eigene, qualifizierte Betreuerin hat. Die Betreuerinnen treffen für jedes Kind individuell Vorkehrungen und legen Mappen mit Informationsmaterial an (Notizen über beobachtetes Verhalten, Videos usw.), das die Entwicklung jedes einzelnen

Kindes dokumentiert. Sie treffen auch für die Eltern Vorkehrungen und ermuntern sie, dem Programm zuzuschauen und häufig zu Besuch zu kommen. Die Beziehung zwischen Betreuerin und Kind wird zum verlängerten Arm der Mutter-Kind-Beziehung. Selbst die Aufteilung der Umgebung geschieht mit dem Gedanken an Kontinuität in der Beziehung und an sichere Bindung; jede Gruppe hat ihren eigenen Raum oder Platz, und dieser wird ausschließlich von der einen Gruppe genutzt.[9] Untersuchungen zeigen, dass die Säuglingspflege für die Entwicklung und sichere Bindung eines Kindes nicht von Schaden ist, wenn die *Qualität* der Pflege vorbildlich ist. In Programmen, die auf Beziehung basieren, wird verstanden, dass hochwertige Pflege lebenswichtig ist. Säuglinge verdienen ausgezeichnete Pflege nicht nur, sie *müssen sie haben*, nicht einfach nur Pflege, die gut genug ist.

Kinder mit besonderen Bedürfnissen:
Säuglinge unter den Auswirkungen von Drogen und Alkohol

Heute haben einige Säuglinge gravierende Bindungsprobleme, weil ihre Mütter während der Schwangerschaft Drogen genommen haben (die Drogen variieren, aber Kokain und Crack gehören zu den häufigsten). Diese Babys haben normalerweise Gesundheits- und Verhaltensprobleme. Die folgende Szene zeigt das typische Porträt eines Säuglings, der Drogenmissbrauch ausgesetzt war, und schlägt Wege vor, wie man sich um solch ein Baby kümmern kann. Ein besonderer Dank geht an David Kaplan, Kinderarzt, für seine Informationen, seine spezialisierte Arbeit mit crackabhängigen Säuglingen und seine fortlaufende Unterstützung von Pflegeeltern.[10]

> Jenny ist sechs Monate alt. Sie wird gerade von Kathy, ihrer Pflegemutter, im Sprechzimmer des Arztes ausgezogen, damit dieser die übliche wöchentliche medizinische Untersuchung durchführen kann. Jennys Mutter nahm Crack, als sie mit Jenny schwanger war, und obwohl sie Kathy regelmäßig kontaktiert, hat sie Jenny nur dreimal gesehen und ist weiterhin emotional und physisch nicht in der Lage, für ihr Baby zu sorgen. Jenny war bei ihrer Geburt voll ausgetragen, wog aber nur viereinhalb Pfund. Kathy stand keine andere Information über die Zeit vor der Geburt zur Verfügung.

Kathy zieht Jenny langsam aus und spricht leise mit ihr. Sie versucht, unnötige Stimulation zu vermeiden, weil Jenny noch immer dazu neigt, heftig und verzweifelt zu weinen. Als der Arzt hereinkommt, überprüft er Jennys Farbe, ihre Reflexe und ihr Gewicht. Während der Untersuchung stellt Jenny *keinen* Blickkontakt mit dem Arzt her. Er geht ebenfalls mit sanfter Entschlossenheit vor, um es zu vermeiden, Jenny überzustimulieren. Der übrige Teil der Bewertung erfolgt durch ein Gespräch mit Kathy. Jenny wird, die Schultern und Armen nach vorne gerichtet, auf eine weiche Flanelldecke auf Kathys Schoß gesetzt.

Arzt: Ich sehe, dass Jenny diese Woche ein bisschen zugenommen hat, obwohl sie weiterhin unter dem für ihr Alter normalen Gewicht bleibt. Hat sich die Lage hinsichtlich des Fütterns verbessert?
Kathy: Ich glaube ja. Ich versuche, sie immer an einem ruhigen Platz zu füttern, und es ist nicht länger nötig, sie stramm zu wickeln. Ich glaube, sie saugt stärker, und sie spuckt weniger. Sie mag mich weiterhin nicht ansehen, aber im Allgemeinen ist sie ruhiger als vor einem Monat.
Arzt: Das ist ein sehr gutes Zeichen. Denken Sie daran, sie in sitzender oder halb liegender Position zu füttern, um dazu beizutragen, das Spucken zu verhindern. Füttern Sie sie langsam, lassen Sie sie aufstoßen und vermeiden Sie es, sie zu überfüttern. Halten Sie Jenny nach dem Füttern noch ein paar Minuten aufrecht. Sie scheinen mehr als jede andere dazu in der Lage zu sein, sie zu beruhigen.
Kathy: Ja, das glaube ich auch. Sie in senkrechter Position sanft zu schaukeln hat wirklich geholfen. Wenn sie steif ist, haben auch das warme Bad und die sanfte Massage, die Sie empfohlen haben, geholfen.
Arzt: Gut, freut mich, das zu hören. Achten Sie nur weiterhin auf ihre Warnsignale, die auf Überstimulation hinweisen – Gähnen, Stirnrunzeln, Wegsehen, heftiges Gestikulieren mit Armen und Beinen, Wimmern. Ich weiß, wenn sie einmal zu weinen anfängt, ist es schwierig, sie dazu zu bringen, aufzuhören, und längeres Weinen kann ihre Atemprobleme verschlimmern.

Jennys Bewegungen auf Kathys Schoß sind während dieses kurzen Gesprächs zwischen Kathy und dem Arzt allmählich immer stärker geworden. Sie beginnt ihre Beine nach vorne und ihre Arme nach hinten zu strecken. Kathy bemerkt ihre Unruhe und schiebt sie auf ihrem Schoß ein wenig vor, um ein Krümmen des Rückens und ein potenzielles Verkrampfen der Muskeln zu vermeiden.

Kathy: Ich denke, wir machen uns jetzt fertig, um zu gehen. (Der Arzt und die Pflegemutter halten beide inne, um Jenny zu beobachten.)
Arzt: Ja, das ist wohl das Beste. Jenny hat Glück, bei jemandem zu sein, der ihre Signale so schnell deuten kann. Ich glaube, es geht ihr gut. Kathy, Sie wissen, dass ich keine langfristigen Prognosen über sie abgeben kann, aber wir bleiben in engem Kontakt. Es ist für Jenny wichtig, zu spielen. Meiden Sie jegliche Hilfsgeräte – Lauflerngeräte oder Türhopser. In zehn Tagen sehen wir uns wieder, machen Sie so gut weiter wie bisher!
Kathy: Danke! Bis dann also.

Kathy beginnt Jenny anzuziehen. Jennys Muskeltonus ist entspannt geblieben. Sie unternimmt jedoch keinen Versuch, zu kuscheln oder Kathy festzuhalten. Und obwohl sie glucksende Geräusche macht, entwickelt sich kein Weinen.

Es ist, selbst in dieser kurzen Szene, offensichtlich, dass einem Kind, das Drogenmissbrauch ausgesetzt war, Bindungsverhalten fehlt und dass mit ihm langsamer und vorsichtiger umgegangen werden muss. Es ist auch hier *sehr* wichtig, dass einfühlsam und unmittelbar reagiert wird und dass die Zeichen der Säuglinge beobachtet werden. Wenige Spezialisten und Ärzte sind gewillt, bezüglich solcher Babys langfristige Einschätzungen zu geben, weil jedes Kind und jede Situation einmalig sind. *Denken Sie an Prinzip 3: Lernen Sie die einzigartigen Kommunikationsformen eines jeden Kindes kennen (Schreie, Wörter, Bewegungen, Gesten, Gesichtsausdrücke, Körperstellungen), und vermitteln Sie Ihre eigenen.* Unterschätzen Sie nicht die Fähigkeit von Kindern, zu kommunizieren, selbst wenn ihre verbale Sprachkompetenz vielleicht nicht vorhanden oder nur minimal ist.

Es ist wichtig zu erkennen, dass auch Mütter, die während der Schwangerschaft große Mengen Alkohol trinken, Säuglinge haben können, die einige der oben erläuterten Verhaltensweisen aufweisen. Das Körperwachstum dieser Säuglinge kann zudem langsamer ablaufen und es können bestimmte Gesichtsanomalien auftreten (weit auseinanderstehende Augen, dünne Unterlippe, kleiner Kopf). Das Gehirn ist möglicherweise nicht vollständig entwickelt, und geistige Retardation ist häufig. Beim Testen des Gehirns wird oft aufgedeckt, dass es einen strukturellen Schaden und Abnormalitäten in der Gehirnfunktion gibt (vor allem in der Weiterleitung von Botschaften aus einem Teil des Gehirns zu einem anderen).[11] Es ist schwierig, die Trennlinie zwischen sicherem und gefährlichem Alkoholkonsum in der Schwangerschaft festzulegen. Es ist ohne Zweifel für schwangere Frauen am besten, Alkohol vollständig zu meiden.

Denken Sie daran, dass der Bindungsprozess unter dem Einfluss des einfühlsamen und unmittelbaren Reagierens der Betreuerin *und* der charakteristischen Merkmale des Kindes steht. Dies ist bei Kindern mit Behinderungen oder solchen, die als „gefährdet" gelten, von besonderer Bedeutung. Beispielsweise kann es sein, dass taube oder blinde Kinder langsamer sichere Bindungen zu ihren Eltern oder Betreuerinnen entwickeln. Wenn sie spezielle Geräusche, die mit den Pflegeaktivitäten verbunden sind, nicht hören können oder die für sie wichtigsten Personen nicht fixieren und keinen deutlichen Blickkontakt mit ihnen aufnehmen können, reagieren sie möglicherweise nicht auf eine Art und Weise, die sensible Interaktionen fördert. Auch zu früh geborene (oder gefährdete) Babys, die mit niedrigem Gewicht zur Welt kommen, können unsicher gebunden scheinen, weil sie möglicherweise schwieriger zu besänftigen sind und auf Sozialverhalten weniger empfänglich reagieren. Gefährdete und behinderte Säuglinge können gesunde Bindungen aufbauen und tun dies auch, aber ihre Verhaltensweisen ermuntern Eltern und Betreuerinnen möglicherweise nicht in demselben Maße wie die anderer Babys zu einfühlsamen, unmittelbaren Reaktionen.

Zögern Sie nicht, sich mehr Information und Unterstützung zu holen, wenn Sie Fragen zu irgendeinem Kind haben, das Sie betreuen. Das Entscheidende bei Säuglingen mit besonderen Bedürfnissen ist, wie bei allen Säuglingen, dass sie die Möglichkeit haben müssen, eine sichere Bindung aufzubauen. Einfühlsam reagierende Betreuerinnen, die den Bindungsprozess fördern, können einige der negativen Effekte der Umgebung eines Kindes und sogar einige der prädisponierten (weniger als idealen) Eigenschaften eines Kindes dämpfen.

ENTWICKLUNGSWEGE
Bindungsverhaltensweisen

Junge Säuglinge (bis 8 Monate)	• zeigen innerhalb der ersten zwei Lebenswochen, dass sie ihre Hauptbetreuerinnen anhand von Aussehen, Stimme und Geruch erkennen • reagieren lebhafter und mit größerem Vergnügen auf die Hauptbetreuerin als auf andere • reagieren auf Fremde um die zweite Hälfte des ersten Lebensjahres mit Ernst oder Angst
Mobile Säuglinge (bis 18 Monate)	• verhalten sich möglicherweise ängstlich, wenn sie mit unbekannten Erwachsenen zusammen sind • zeigen aktiv ihre Zuneigung zu einer vertrauten Person • zeigen möglicherweise Angst bei der Trennung von der Hauptbetreuerin • zeigen intensive Gefühle für ihre Eltern
Kleinkinder (bis 3 Jahre)	• zeigen möglicherweise dieselben Bindungsverhaltensweisen wie mobile Säuglinge, sind sich aber ihrer eigenen Gefühle und der Gefühle anderer immer stärker bewusst • bringen Gefühle mit immer stärkerer Kontrolle zum Ausdruck • verbalisieren möglicherweise ihre Gefühle, wenn sie zu sprechen anfangen

Unterschiedliche Entwicklungswege

Was Sie sehen	Die 14 Monate alte Opal ist seit 7 Monaten in der Kinderbetreuung. Noch immer sieht sie ängstlich aus, wenn sie ins das Säuglings- und Kleinkindprogramm kommt, und klammert sich an ihre Mutter, Joyce. Opal **spielt** nicht wirklich mit den Spielsachen und zeigt abgesehen von Angst nur wenige Gefühle. Joyce scheint nicht in der Lage zu sein, Opal zu trösten; sie sehen sich nur selten direkt an.
Was Sie denken mögen	Das wirkt wie unsichere Bindung, aber Opal kann auch einfach lange dafür brauchen, mit anderen Menschen warm zu werden. Ihre Mutter wirkt sehr distanziert und scheint sich unwohl zu fühlen.
Was Sie vielleicht nicht wissen	Joyce, Opals Mutter, erlebte vier verschiedene Pflegefamilien, bevor sie fünf Jahre alt war. Schließlich wurde sie mit sechs Jahren ihrer Großmutter mütterlicherseits zur dauerhaften Pflege gegeben. Joyce weiß, dass sie Schwierigkeiten hat, Opals Signale in Bezug auf Pflege und Fürsorge zu deuten, und sie scheint oft von der Erfahrung des Mutterseins überwältigt zu sein.

Was Sie tun können	Ermuntern Sie Joyce dazu, ins Programm zu kommen, und schaffen Sie, wenn Sie können, einen ruhigen, einfachen Bereich, in dem alle drei zusammen spielen können. Beobachten Sie Opals Gesichtsausdrücke und versuchen Sie, diese für Joyce zu bezeichnen (vor allem die positiven!). Joyce muss genauso Vertrauen in Sie und in das Programm entwickeln wie Opal.
Was Sie sehen	Die meisten Vormittage wird die 22 Monate alte Kyoko noch von ihrer Mutter in die Kinderbetreuungseinrichtung getragen (obwohl sie ziemlich gut alleine laufen kann). Sie klammert sich an ihre Mutter, wenn diese ihre Jacke und verschiedene Spielsachen in ihr Fach legt. Sie weint häufig lange Zeit, nachdem ihre Mutter sie (widerwillig) verlassen hat, und sie hat nur wenig Kontakt zu den anderen Kindern.
Was Sie denken mögen	Kyoko wirkt passiv und zu abhängig von ihrer Mutter. Sie sollte mehr Dinge selbst tun. Sie ist seit fast 8 Monaten in diesem Programm. Warum fällt die Trennung immer noch so schwer?
Was Sie vielleicht nicht wissen	Es war sehr schwierig für die Mutter, Kyoko in die Kinderbetreuung zu geben. Als sie selber großgezogen wurde, wurde ihr beigebracht, engen Körperkontakt und Intimität zwischen Säuglingen und Müttern wertzuschätzen; in ihrer Kultur ist dies von großer Bedeutung für enge Familienbeziehungen. Kyokos Vater glaubt, dass dieses Programm ihr helfen wird, unabhängiger zu werden. Seit die Familie vor vier Jahren in dieses Land gezogen ist, sucht er nach Möglichkeiten, sicherzustellen, dass seine Kinder „erfolgreich" werden.
Was Sie tun können	Sie haben sich zwar schon mit Kyokos Mutter unterhalten, versuchen Sie aber, noch mehr Kontakt zu ihr aufzunehmen. Versuchen Sie, mehr über ihre Erwartungen an das Programm zu erfahren. und teilen Sie ihr Ihre eigenen mit. Hören Sie aufmerksam zu, bevor Sie Urteile über Bindung und Abhängigkeit fällen.

Quelle: Bredekamp, S. und Copple, C. (Hg.) (1997): *Developmentally Appropriate Practice in Early Childhood Programs* (überarb. Aufl.). Washington, D.C., National Association for the Education of Young Children.

Zusammenfassung

Bindung ist ein ständiger, interaktiver Prozess, der durch das einfühlsame, unmittelbare Reagieren der Betreuerinnen und die charakteristischen Merkmale des Säuglings oder Kleinkinds beeinflusst wird.

Gehirnforschung

- Moderne Technologie hat Aufschluss darüber gegeben, wie das Gehirn funktioniert und wie wichtig hochwertige frühe Pflege ist.
- Durch sichere Bindung gekennzeichnete Beziehungen haben direkte Auswirkungen auf die Art, wie das Gehirn „vernetzt" wird, und positive, warmherzige Interaktionen stabilisieren Verbindungsstellen im Gehirn.
- Starke Nervenbahnen unterstützen alle Wachstumsbereiche, insbesondere die kognitive und soziale Entwicklung.

Meilensteine der Bindung

- Ein Säugling verfügt bereits bei der Geburt über Verhaltensweisen, die die Bindungserfahrung fördern – darunter Weinen, Blickkontakt und Greifen.
- In der zweiten Hälfte des ersten Lebensjahres zeigen Säuglinge normalerweise Angst vor Fremden (8 bis 10 Monate) und Trennungsangst (10-12 Monate).
- Sensible Betreuerinnen können Kleinkindern und ihren Eltern/Familien dabei helfen, Vertrauen aufzubauen. Diese unterstützende Betreuung fördert das Selbstvertrauen sowie den Mut der Kinder, eine größere Umgebung zu erkunden.

Bindung messen

- Die Forschungsarbeit der Entwicklungspsychologin Mary Ainsworth hat für die Messung der Qualität der Bindung zwischen einer Mutter und einem Säugling oder Kleinkind Standards gesetzt.
- Sicher gebundene Säuglinge reagieren mit Stress, wenn die Mutter sie in einer fremden Umgebung allein lässt, suchen aber ihre Nähe und sind getröstet, wenn sie zurückkommt. Unsicher gebundene Säuglinge reagieren

auf das Weggehen der Mutter, vielleicht aber auch nicht, und können beim Wiedersehen auf vermeidende oder ambivalente Art reagieren.
- Denken Sie daran, dass Mütter, ebenso wie Väter, die ihren Säuglingen einfühlsame, durch aufmerksames, unmittelbares Reagieren gekennzeichnete Pflege zukommen lassen, die sichere Basis schaffen können, die für eine gesunde Bindung notwendig ist. Es ist ebenfalls wichtig, kulturelle Werte zu respektieren und aufmerksam zuzuhören, bevor man über Bindung und Abhängigkeit urteilt.

Bindungsprobleme und Kinder mit besonderen Bedürfnissen
- Manchmal werden Kinder ohne ein gutes Repertoire an Bindungsverhaltensweisen geboren, und Betreuerinnen müssen möglicherweise auf besonders unterstützende und beharrliche Art und Weise sichere Bindung und Vertrauen *fördern*.
- Wenn ein Bindungsproblem fortbesteht oder keine Bindung zu erkennen ist, sollte Hilfe von außen gesucht werden.
- Kinder mit besonderen Bedürfnissen, denen im Bindungsprozess Hindernisse im Weg stehen, haben ein besonderes Bedürfnis nach kenntnisreichen, sensiblen Betreuerinnen, die ihnen dabei helfen, jene gesunden Beziehungen aufzubauen, die für ihre fortlaufende Entwicklung so unerlässlich sind.

Schlüsselbegriffe

Autonomie / Axon / Bindung / Dendriten / Fremde Situation / Neurone / Neurotransmitter / Synapsen / Vertrauen / wechselseitige Synchronie

Fragen und Aufgaben

1. Stellen Sie sich ein Gespräch mit einer neuen Mutter über das Thema Bindung vor. Was würden Sie ihr über diesen Prozess mitteilen? Inwiefern wären ihre Bemerkungen beim Gespräch mit der Mutter eines Zweijährigen anders?
2. Sehen Sie sich noch einmal die Tabelle 5.1, „Das Gehirn neu überdenken",

auf S. 169 an. Welches sind die wichtigsten Punkte? Warum? Wie könnten Sie diese Information an eine Mutter oder einen Vater weitergeben?
3. Was geschieht mit der Entwicklung, wenn nur wenig oder gar keine Bindung aufgebaut wird? Betrachten Sie vor allem das emotionale, soziale und geistige/kognitive Wachstum.
4. Schauen Sie in einer Einrichtung für Säuglinge und Kleinkinder zu, wenn die Mutter oder der Vater eines Kleinkinds gerade im Begriff ist, zu gehen. Welche Bindungsverhaltensweisen erkennen Sie beim Kind? Wie reagiert die Mutter oder der Vater hierauf? Überlegen Sie, was sie vielleicht gerne anders oder noch zusätzlich sehen würden.
5. Beschreiben Sie die Arten der Interaktion, durch die eine sichere Bindung aufgebaut wird. Welche Hindernisse könnten zu Bindungsproblemen beitragen?

Weiterführende Literatur

Beginnings Workshop (1992): Working with Parents of Children with Differing Abilites. In: *Child Care Information Exchange 88*, November.

Cunningham, B. und Dorsey, B. (2004): Out of Sight but Not Out of Mind: The Harmful Absence of Men. In: *Child Care Information Exchange 156*, March/April, 42-43.

Gopnik, A., Metzoff, A. und Kuhl, P. (1999): *The Scientist in the Crib: What Early Learning Tells Us About the Mind*. New York, HarperCollins.

Gray, H. (2004): You Go Away and You Come Back – Supporting Separations and Reunions in an Infant/Toddler Classroom. In: *Young Children 59*, 5, September, 100-107.

Honig, A. S. (2002): *Secure Relationships: Nurturing Infant/Toddler Attachment in Early Child Care Settings*. Washington, D.C., National Association for the Education of Young Children.

Szamreta, J. (2003): Peekaboo Power – To Ease Separation and Build Secure Relationships. In: *Young Children 55*, 3, January, 88-94.

Watson, M. (2003): Attachment Theory and Challenging Behaviors: Reconstructing the Nature of Relationships. In: *Young Children 58*, 4, July, S. 12-20.

Wesley, P. (2002): Early Intervention Consultants in the Classroom. In: *Young Children 57*, 4, July, 30-36.

Kapitel 6

Wahrnehmung

Schwerpunktfragen

Nachdem Sie dieses Kapitel gelesen haben,
sollten Sie in der Lage sein, folgende Fragen zu beantworten:

1. Was ist die Wahrnehmungsentwicklung? Wie wird sie von der Gehirnentwicklung beeinflusst?
2. Welche Fähigkeiten haben Neugeborene in den Bereichen Hören, Schmecken, Riechen, Berühren und Sehen?
3. Was können Betreuerinnen tun, um die Wahrnehmungsentwicklung bei kleinen Kindern zu fördern?
4. Wie kann eine Betreuerin die Umgebung für ein Kind mit einer Sinnesbehinderung anpassen? Was muss sie wissen, um die Anpassung angemessen vorzunehmen?

Was sehen Sie?

Bea erforscht ein paar Perlen. Sie sieht sie an, nimmt vielleicht die unterschiedlichen Farben wahr. Sie schaut zu ihrer Betreuerin, während sie die Perlen befühlt und ihre Form und Beschaffenheit erkundet. Sie nimmt sie in den Mund und lächelt dann ihre Betreuerin an, als sie hört: „Du scheinst diese Perlen ja wirklich zu mögen Bea. Wie schmecken sie?" Sie sieht weiterhin die Betreuerin an, wendet sich dann aber zur Mitte des Raumes, als sie hört, dass eine andere Betreuerin bemerkt, die Kinder sollten sich für einen kleinen Imbiss fertig machen. Sie schnuppert ein wenig und scheint den Geruch des Maisbrotes im Backofen wahrzunehmen – den Geruch, der bereits seit zehn Minuten im Raum liegt. Sie lässt die Perlen fallen und krabbelt hinüber in den Bereich des Raumes, in dem alles für den Imbiss vorbereitet worden ist.

Haben Sie bemerkt, wie viele unterschiedliche Sinne Bea einsetzte, um die Perlen zu erforschen? Zudem schien sie die Worte der Betreuerin, die Gerüche aus der Küche und die Vorbereitungen im Essbereich zu nutzen, um zu der Vorausahnung zu kommen, dass es bald Essen geben würde.

Sehr kleine Kinder sind im Leben sofort damit beschäftigt, Informationen zu sammeln und zu nutzen. Unter Sinnesempfindung versteht man die Stimulation der Sinnesorgane (zum Beispiel der Augen, Ohren und Geschmackszellen), und **Wahrnehmung** ist die Fähigkeit, diese sensorische Information aufzunehmen und zu organisieren. Von Natur aus neigen wir dazu, in der Welt nach Ordnung und Stabilität zu suchen, und tun dies auf immer differenziertere Art und Weise, wenn wir älter werden.[1]

Sensorische Information sorgt für eine wichtige Verbindung zu allen anderen Entwicklungsbereichen. Das in diesem Bereich stattfindende Lernen kann als ein *dynamisches System* angesehen werden – „dynamisch" insofern, als es ein sich im Zuge unseres Wachsens und Reifens ständig wandelnder Prozess ist, und „System", weil es permanent andere Wachstumsbereiche beeinflusst. Denken Sie an Bea in der Eingangsszene dieses Kapitels; sie war offensichtlich in der Lage, eine ziemlich große Menge an sensorischer Information zu koordinieren! Wenn Säuglinge und Kleinkinder Erfahrungen wiederholen, beginnen sie, daraus bedeutsame Schlüsse über die Menschen und Objekte in ihrer Welt zu ziehen. **Nervenbahnen**, oder die Dendritenverbindungen zwischen Gehirnzellen, werden gestärkt, wenn die Kinder Sinneseindrücke sammeln, nutzen und von ihnen profitieren. Dieses Kapitel untersucht diese perzeptorischen oder sensorischen Fähigkeiten. Es erläutert außerdem einige frühe Warnsignale, anhand derer festgestellt werden kann, ob ein Kind eine Sinnesbehinderung haben könnte, und beschreibt mögliche Interventionen und Anpassungen.

Sensorische Integration

Das zunehmende öffentliche Bewusstsein für frühe Gehirnentwicklung bestätigt, was viele Eltern und Betreuerinnen schon lange wissen – das Lernen von Säuglingen und Kleinkindern hängt mit anderen Bereichen zusammen, und das Wachstum in einem Bereich hat Einfluss auf das Wachstum in einem anderen. **Sensorische Integration** ist der Prozess des Kombinierens und Integrierens von

Informationen sämtlicher Sinne und von entscheidender Bedeutung für die Entwicklung der Wahrnehmung. Wenn Säuglinge sich ihrer Sinneserfahrung bewusst werden, können sie Menschen voneinander unterscheiden und Bindungen entwickeln. Sie lernen, ihre Körper auf bestimmte Art zu bewegen, um neuer sensorischer Information Rechnung zu tragen. Sie beginnen einen Zusammenhang zwischen dem, was sie durch einen Sinn (beispielsweise Sehen) über ein Objekt oder eine Person gelernt haben, und dem, was sie durch einen anderen Sinn gelernt haben (vielleicht Berühren), herzustellen. Diese Wechselbeziehung zwischen Sinneserfahrung und motorischer Erfahrung ist stark und liefert die Basis für die kognitive Entwicklung. Kleine Kinder brauchen Sinneserfahrungen und viel Gelegenheit, um sie zu wiederholen, wenn sie die Möglichkeit haben sollen, gesunde Lernwege im Gehirn zu entwickeln. *Denken Sie an Prinzip 4: Investieren Sie Zeit, um an der Entwicklung des vollständigen Menschen zu arbeiten.*

Versuchen Sie einmal die folgende Übung, damit Sie sich Ihrer eigenen Wahrnehmung bewusster werden und auf diese Weise die eines Säuglings besser verstehen können:

Wählen Sie etwas zu essen aus, dessen Geschmack und Geruch Sie mögen (ein Minzezweig, ein Stück Apfel), und nehmen Sie es mit an einen Ort, an dem Sie ungestört sind.

Schalten Sie außer Riechen und Schmecken alle Sinne aus. Richten Sie Ihre Aufmerksamkeit dann auf das, was sie sich zum Riechen und Schmecken mitgebracht haben. Konzentrieren Sie sich zuerst nur auf Ihren Geruchssinn, dann auf Ihren Geschmackssinn. Wenn Sie diese vollständig erforscht haben, legen Sie das Stück weg. Achten Sie darauf, wie die Sinnesempfindung nachlässt. Machen Sie erst weiter, wenn das Aroma verflogen ist.

Werden Sie sich Ihres Körpers bewusst. Spüren Sie die Stellen an Ihrem Körper, an denen Ihre Kleidung Sie berührt, an denen Sie Druck fühlen. Schenken Sie diesen Sinnesempfindungen Ihre Aufmerksamkeit. Wechseln Sie Ihre Stellung und achten Sie auf die Veränderungen, die Sie fühlen.

Seien Sie sich Ihres Körpers in Bezug auf den Raum, den er einnimmt, bewusst. Fühlen Sie den Raum um Sie herum. „Spüren Sie", ohne etwas zu berühren, wo Ihr Körper aufhört und der Raum beginnt. Erkunden Sie die Beziehung zwischen Ihrem Körper und diesem Raum. Versuchen Sie Ihren Körper auszudehnen und zusammenzuziehen; ändern Sie den Raum, den er einnimmt.

Wenden Sie Ihre Aufmerksamkeit nun von Ihrem ganzen Körper zu Ihren Händen. Erkunden Sie Ihre Umgebung mit den Händen und achten Sie dabei auf die Beschaffenheiten der Oberflächen und auf die Formen, auf die Ihre Hände treffen. Achten Sie nur auf das, was Ihre Fingerspitzen fühlen.

Wenden Sie Ihre Konzentration von Ihren Händen zu Ihren Ohren. Schenken Sie allem Ihre Aufmerksamkeit, das durch Ihre Ohren in Sie hineinströmt. Suchen Sie nun das Geräusch aus, das Ihnen am nahesten ist, und hören Sie es sich aufmerksam an. Wenden Sie Ihre Aufmerksamkeit als Nächstes dem Geräusch zu, das am weitesten von Ihnen entfernt ist. Stellen Sie nun fest, ob Sie sich auf Geräusche konzentrieren können, die aus Ihrem Inneren kommen. Wenden Sie sich schließlich im Geiste allen Geräuschen auf einmal zu und nehmen Sie sie auf, ohne sie zu ordnen.

Wenden Sie Ihre Aufmerksamkeit nun Ihren Augen zu. Öffnen Sie Ihre Augen. Sehen Sie sich um. Fokussieren Sie auf ein Objekt in Ihrer Nähe. Stellen Sie fest, ob Sie das Objekt zum Verschwinden bringen können, indem Sie nur auf die Zwischenräume um den Gegenstand herum- und zwischen seinen einzelnen Teilen hindurchsehen. Konzentrieren Sie sich für etwa eine Minute auf diese negativen Räume. Beziehen Sie dann mehr Objekte mit ein. Sehen Sie sie sich aufmerksam an. Konzentrieren Sich sich anschließend auf den Raum um die Objekte herum und zwischen ihnen. Wenden Sie Ihre Konzentration vom Raum zurück auf die Objekte und wieder zurück auf den Raum. Versuchen Sie, sich nur auf den Hintergrund zu konzentrieren, dann auf den Vordergrund, dann auf ein einzelnes Objekt. Lassen Sie Ihren Blick dann verschwimmen.

Kehren Sie zurück in Ihren normalen Wahrnehmungszustand.

Reflektieren Sie jetzt über die Reihenfolge, in der Sie Ihre Sinne erlebt haben. Wenn Sie die Übung wie vorgesehen durchgeführt haben, gingen Sie von der Wahrnehmung mittels eines örtlich genau definierten physischen Kontakts (Ihren Geschmackszellen) über zu ganzkörperlichem Kontakt (Ihrer Haut). Anschließend nahmen Sie mit zwei Sinnen wahr, die über den physischen Kontakt hinausgehen – Hören und Sehen. Mit diesen beiden erfassten Sie aus der Entfernung Ereignisse oder Objekte.

Säuglinge lernen ihre Sinne in fast derselben Reihenfolge zu nutzen. Als Erstes sind sie am meisten auf Wahrnehmungen angewiesen, die direkt und körperlich sind, insbesondere auf solche, die durch ihren Mund einströmen. Der Mund eines Säuglings ist in den ersten fünf Lebensmonaten sein wichtigstes Lernwerkzeug. Wenn Säuglinge heranwachsen, lernen sie, sich „auszudehnen", indem sie auf die Sinne schalten, die Informationen aus der Entfernung überbringen. Schauen Sie sich Abbildung 6.1 an, auf der zusammengefasst ist, wie und wann sich die Sinne im Gehirn entwickeln.

Diese Fähigkeit, sensibel auf Erfahrung zu reagieren und sich auf bestimmte Aspekte von ihr zu konzentrieren, ermöglicht die Entwicklung eines Organisationsprozesses. Dieser Prozess ist ein neurologischer – er kann nicht gesehen werden. Aber wir können sehen, wie Säuglinge sich auf ihre Erfahrungen einstellen. Obwohl alle Sinne in Funktion sind, erkennen Säuglinge anfangs nicht, dass die Information, die sie von diesen Sinnen empfangen, Kontinuität besitzt. Sie können noch nicht wahrnehmen, dass sich Ereignisse wiederholen, oder sie interpretieren. In kurzer Zeit jedoch werden Verbindungen zwischen einzelnen Ereignissen klar. Zum Beispiel werden sich weinende Säuglinge beruhigen, wenn sie realisieren, dass das Hören einer bestimmten Stimme oder der Anblick eines bestimmten Gesichts bedeuten, dass es nun Nahrung gibt oder die betreffende Person sich um sie kümmern wird.

Dieses Buch behandelt nur **fünf Sinne** (Hören, Schmecken, Riechen, Berühren und Sehen), doch ist es interessant, über mögliche weitere Sinne zu spekulieren sowie darüber, ob Säuglinge möglicherweise viel mehr sensorische Fähigkeiten haben als die, die uns als Erwachsene bleiben. Betrachten Sie die folgende Passage aus dem Buch *The Metaphoric Mind*, das behauptet, dass wir nicht fünf oder sechs, sondern zwanzig oder mehr Sinne haben.

> **Überlegen Sie ...**
>
> Denken Sie an Bea, das Baby, das sie am Beginn dieses Kapitels kennen gelert haben. Wie demonstriert sie **sensorische Integration?** Wie können ihre Betreuerinnen ihr bei der Koordination ihrer sensorischen Erkundung helfen?

Manche Menschen nehmen deutlich winzige Veränderungen in Gravitations- und Magnetfeldern wahr. Andere können die Energie wahrnehmen, die durch den Fluss feinstofflicher Teilchen in Leitungen hervorgerufen wird, Bewegungen im Erdboden oder elektrostatische Ströme in der Luft. Sind sie erwachsen, gelten diese Menschen als einzigartig, als mystisch oder auf irgendeine andere Art deviant. Es könnte gut sein, dass diese Menschen lediglich ein Bewusstsein für Sinne beibehalten haben, die sie als Kinder besaßen.[2]

Abbildung 6.1 Die Welt erfassen. Nach: Raymond, Joan (2000): World of Senses. In: Newsweek Special Issue, Fall/Winter, 18.

Wenn Säuglinge auf die Welt kommen, sind sie mit einem Netzwerk ausgestattet, das es ihnen ermöglicht, die Welt wahrzunehmen. Dieses Netzwerk im Gehirn wird durch die frühkindlichen Erfahrungen komplettiert.

Berühren: Der primäre sensorische Kortex ist für Berührungen zuständig. Dieser entscheidende Bereich des Gehirns kann vom vierten Schwangerschaftsmonat an taktile Wahrnehmungen verarbeiten. Bis zur zehnten Woche erscheinen Hautnerven.

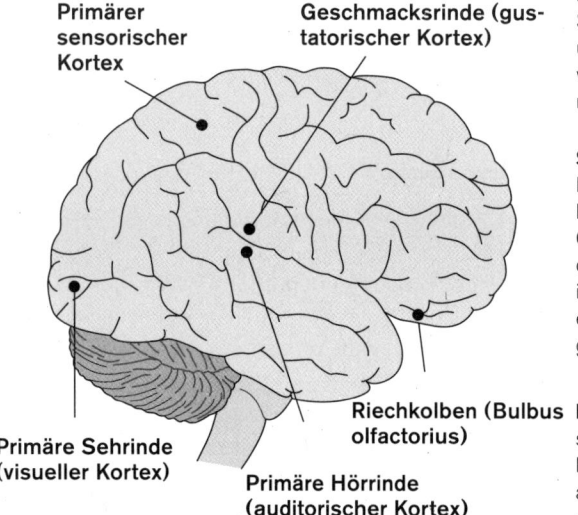

Sehen: Im siebten Schwangerschaftsmonat kann das Auge des Fötus von der primären Sehrinde einige einfache Signale empfangen. Dieser Sinn entwickelt sich jedoch am langsamsten, und die Neuronen in der für das Sehen verantwortlichen Leitungsbahn bleiben bis mehrere Monate nach der Geburt unreif.

Schmecken: Schon sieben Wochen nach der Empfängnis beginnen 10.000 Geschmacksknospen auf der Zunge sowie ein weicher Gaumen aufzutauchen. Die speziellen Geschmäcker, denen der Fötus vor der Geburt ausgesetzt ist (je nachdem, was die Mutter isst), können einen Einfluss auf spätere Vorlieben und Abneigungen im Säuglingsalter haben.

Hören: Vorgeburtlicher Kontakt mit Geräuschen kann dauerhafte Auswirkungen haben. Nach 28 Wochen Schwangerschaft kann der auditorische Kortex laute Geräusche empfangen. Ein Neugeborenes kann normalerweise die Stimme seiner Mutter erkennen und zieht sie allen anderen Stimmen vor.

Geruch: Bei der Geburt können Säuglinge den Geruch ihrer Mutter erkennen. Bereits in der Gebärmutter sind sie in der Lage, den Geruch von Fruchtwasser wahrzunehmen. Die Geruchswahrnehmung scheint eng mit Gefühlen und Erinnerungen verknüpft zu sein.

Hören

Neugeborene können bei der Geburt (und sogar schon zuvor) hören. Sie können wahrnehmen, aus welcher Richtung ein Geräusch kommt, wie häufig es auftritt und wie lange es andauert. Forscher haben herausgefunden, dass Geräusche mit einer Dauer von fünf bis fünfzehn Sekunden den größten Effekt auf das Aktivitätsniveau und die Herzfrequenz (die zwei am häufigsten genutzten Messwerte, wenn es darum geht, zu zeigen, wie stark sich ein Säugling einer Veränderung einer Situation bewusst ist) des Säuglings haben. Wenn das Geräusch länger als einige Minuten andauert, reagiert der Säugling weniger empfänglich. Mit anderen Worten, ein Säugling ist aufmerksamer, wenn man spricht und anschließend still ist, als wenn man lange Reden hält.[3]

Neugeborene erkennen den Klang der Stimme ihrer Mutter. Experimente haben gezeigt, dass nur zwanzig Wochen alte Säuglinge zwischen den Silben „ba" und „pa" unterscheiden können. Menschlichen Stimmen zu lauschen und Unterschiede zu bemerken scheint eine frühe Fähigkeit zu sein. Kleine Babys reagieren besonders empfänglich auf eine hohe, ausdrucksstarke Stimme, die am Satzende mit der Betonung hochgeht. Dies beschreibt ein Sprachmuster, das im Englischen heute als „Parentese" (kindgerechte Sprache) bezeichnet wird (als Ersatz für „baby talk", der so genannten Ammensprache). Dass Säuglinge schon früh empfänglich auf solche Klänge und Muster reagieren, scheint Eltern und Betreuerinnen dazu zu ermuntern, mit ihnen zu sprechen. Diese Interaktion stärkt sowohl das emotionale Band zwischen ihnen als auch die Bereitschaft des Säuglings für die komplexe Aufgabe der Sprachentwicklung.[4] Die Art, wie Säuglinge auf Laute oder jedwede andere sensorische Stimulation reagieren, hängt jedoch sehr stark von der Situation ab, in der sie diese erleben. Ein lautes oder fremdes Geräusch kann beängstigend sein, aber die Anwesenheit einer vertrauten, Trost spendenden Betreuerin vermittelt ein Gefühl der Sicherheit und ermöglicht es dem Kind, ruhig zu bleiben und offen dafür, etwas zu lernen. Junge Säuglinge sind auch in der Lage, bestimmte Laute zu hören, die eine Sprache von einer anderen unterscheiden. Mit viereinhalb Monaten können sie ihren eigenen Namen von ähnlich klingenden Worten unterscheiden. Mit fünf Monaten können sie den Unterschied zwischen englischen und spanischen Textpassagen hören.[5]

Videobeobachtung 6

Junge, der durch Berühren und Hören ein Spielzeugauto erforscht

Schauen Sie sich die Videobeobachtung 6, „Boy Exploring Toy Car Using Touch and Sound", an, die veranschaulicht, wie Kinder lernen, Sinnesinformationen zu koordinieren. Sie sehen einen Jungen, dem dabei geholfen wird, die Sinne Hören und Berühren (Fühlen) einzusetzen, um etwas über ein Spielzeugauto zu lernen, das er nicht sehen kann.

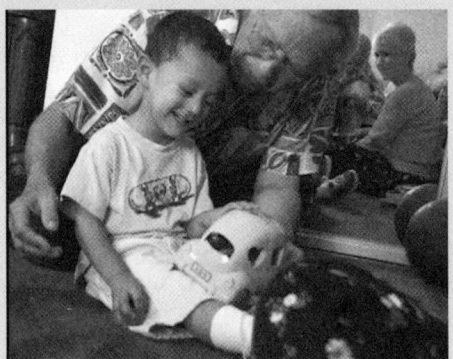

Fragen

- Was meinen Sie, warum der Mann sich entschieden hat, dem Jungen dieses spezielle Spielzeug zu geben?
- Wissen Sie, wie viele Sinne Sie gleichzeitig benutzen, um ein neues Objekt zu erforschen? Welcher, meinen Sie, ist Ihr stärkster, nützlichster Sinn?
- In diesem Beispiel hat der Erwachsene stärker die Rolle eines Lehrers inne als in den meisten anderen Beispielen. Warum, meinen Sie, ist dies so und was halten Sie davon? Würden Sie anders darüber denken, wenn Sie wüssten, dass dieses Kind nicht lange, bevor das Video gedreht wurde, blind wurde?

Diesen Videoclip können Sie unter www.mit-kindern-wachsen.de/videomaterial anschauen. Wählen Sie hier bitte Kapitel 6.

Säuglinge brauchen die Möglichkeit, eine Vielzahl an Lauten und Geräuschen kennen zu lernen, und sie brauchen ruhige Zeiten, um sich der Unterschiede zwischen ihnen bewusst zu werden. Wenn der Lärmpegel in der Umgebung zu hoch ist, verwendet der Säugling viel Energie darauf, abzuschalten und sich zu konzentrieren. Der optimale Lärmpegel variiert von Kind zu Kind. Einfühlsame

Betreuungspersonen sind in der Lage zu entscheiden, was für ein Kind mehr oder weniger richtig ist, nachdem sie es kennen gelernt haben. Dieses Bewusstsein rührt teilweise daher, dass man seinen eigenen optimalen Lärmpegel kennt.

Einige Erwachsene mögen es, wenn im Hintergrund Musik läuft, und andere nicht. Ein Punkt, den Sie jedoch berücksichtigen müssen, ist dieser: Wenn Sie möchten, dass ein Säugling sich auf ein Geräusch konzentriert, sollte dieses Geräusch von anderen isoliert werden und einen Anfang und ein Ende haben. Wenn beispielsweise eine Spieluhr oder ein CD-Player ständig gespielt wird, hört der Säugling letztendlich auf, zuzuhören, weil der Klang nicht länger interessant ist. Betreuerinnen sollten darauf achten, dass automatisches Spielzeug und andere Krachmacher kein Ersatz für die menschliche Stimme werden. Säuglinge können aus der Veränderung des Klangs und Tonfalls einer menschlichen Stimme vieles schließen, und damit, dass auf die menschliche Stimme und ihre Modulation geachtet wird, beginnt die Sprachentwicklung.

Kleinkinder können höhere Lärmpegel besser tolerieren, weshalb ihre Gruppen etwas größer sein können als die von Säuglingen. Jedoch gibt es auch bei Kleinkindern individuelle Unterschiede, und einige Kinder werden durch viele Geräusche stark überstimuliert. Diese Kinder sind möglicherweise nicht in der Lage, sich zu konzentrieren, wenn sie von Lärm umgeben sind. Eine Möglichkeit, dieses Problem zu lösen, besteht darin, ruhige Plätze zur Verfügung zu stellen, an die sich ein oder zwei überstimulierte Kinder zurückziehen können, wenn ihnen danach zumute ist. Wir haben mit Kissen ausgelegte Schränke, Zelte und sogar große Holzkisten gesehen, die für diesen Zweck bereitstanden.

Kleinkinder, ebenso wie Säuglinge, profitieren davon, wenn die Geräusche, die sie am meisten hören, lebendige menschliche Stimmen sind, die sich persönlich an sie richten. Zu anderen angemessenen Geräuschen in der Umgebung gehören Stimmen jeder Art (von Kindern und Erwachsenen), Musik (sowohl live als auch aufgenommen) und die Geräusche, die ganz natürlich mit freiem Spiel in einer reich bestückten Umgebung einhergehen. Das Ziel, Kindern dabei zu helfen, auf die Klänge der Natur zu achten – eine lobenswerte Aktivität – wird häufig auf kurzen Spaziergängen erreicht, je nachdem, in welcher Umgebung sich die Kindertagesstätte oder Familientagespflegestätte befindet.

Achten Sie darauf, nicht mit einem Geschlecht mehr zu reden als mit dem anderen. Jungen und Mädchen müssen dieselbe Behandlung erfahren, wenn sie mit dem Gefühl aufwachsen sollen, gleich zu sein.

Riechen und Schmecken

Durch die Forschung wissen wir, dass der Geruchs- und der Geschmackssinn bei der Geburt vorhanden sind. Beide entwickeln sich rasch innerhalb der ersten paar Wochen. Neugeborene können den Geruch ihrer eigenen Mutter von dem anderer Frauen unterscheiden, die ebenfalls gerade ein Kind zur Welt gebracht haben, also spielt der Geruch offensichtlich bei der Bindung eine Rolle (Mütter berichten ebenfalls häufig, dass sie es als angenehm empfänden, wie ihre Babys riechen).

Neugeborene reagieren auf unangenehm starke Gerüche wie den von Ammoniak oder Essigsäure, indem sie sich abwenden, aber sie scheinen unempfindlich gegenüber weniger interessanten, schwächeren Gerüchen zu sein. Sie reagieren positiv auf den Geruch von Bananen, ein wenig negativ auf Fischgeruch und mit Ekel auf verfaulte Eier.[6] Wenn Gerüche in der Luft liegen, kann eine Zunahme der Atemfrequenz und des Aktivitätsniveaus beobachtet werden, und je stärker die Luft mit Gerüchen gesättigt ist, umso stärker sind die Herzfrequenz und das Aktivitätsniveau.

Eine von Gerüchen erfüllte Umgebung bereichert ein Kleinkindprogramm. Die Gerüche können Teil des täglichen Programms sein, wie die des Essenkochens, oder sie können von den Betreuerinnen durch Methoden wie das „Riechen an Flaschen" eingeführt werden. Seien Sie vorsichtig damit, Dinge, die nicht essbar sind, zum köstlichen Duften zu bringen – wie Schokoladen-Rasierschaum oder Pfefferminzaroma in Knetmasse –, es sei denn, die Kleinkinder sind an den Gedanken gewöhnt worden, dass Knetmasse und Rasierschaum nicht zum Essen da sind.

Einige Reaktionen auf Geschmäcker sind bei der Geburt eindeutig entwickelt. Säuglinge zeigen Abscheu vor bitterem Geschmack und scheinen eine angeborene Vorliebe für Süßes zu haben.[7] Da Brustmilch ziemlich süß ist, ist das Schmecken ein weiterer Sinn, der zu Bindung beitragen kann. Salziger Geschmack wird bald darauf erkannt und akzeptiert, wenn der Säugling Hunger hat. Ein zehn Tage alter Säugling kann sich überrascht zeigen, wenn Wasser die erwartete Milch ersetzt. Es scheint jedoch ein Zusammenhang damit zu bestehen, ob das Baby gut gefüttert worden ist; Säuglinge, deren Ernährung inadäquat gewesen ist, scheinen Geschmacksunterschiede nicht so schnell zu bemerken.

Denken Sie daran, Säuglinge nicht an den Geschmack von Salz und anderen Zusätzen zu gewöhnen. Es gibt keinen Grund, Essen für die ganz Kleinen zu würzen; sie schätzen und genießen die natürlichen Aromen, wenn sie nicht überdeckt werden. Die meisten von uns haben gelernt, dass Nahrung in ihrem Naturzustand „etwas fehlt". Wir müssen für diesen Geschmack, den wir uns angewöhnt haben, büßen: Viele Menschen leiden unter rapide ansteigendem Blutdruck und viele müssen eine salzreduzierte Diät einhalten.

Bei Kleinkindern kann das Schmecken einen wichtigen Bestandteil des Tages darstellen, da sie bei den Mahlzeiten und Snacks mit einer Vielfalt an Nahrungsmitteln in Berührung kommen. Selbstverständlich sollte bei der Auswahl der Nahrungsmittel darauf geachtet werden, dass bei ihnen keine Gefahr des Verschluckens besteht. Wir werden in Kapitel 12 mehr zu diesem Thema sagen.

Berühren

Die **Sensibilität**, oder das empfindliche Reagieren auf Unbehagen und Schmerz, steigert sich rasch nach der Geburt. Einige Körperteile sind sensibler als andere. Der Kopf ist beispielsweise

> **Überlegen Sie ...**
>
> Was halten Sie davon, wenn Säuglinge und Kleinkinder mit ihrem Essen spielen? Welchen Nutzen könnten sie hieraus ziehen? Welche möglichen kulturellen Belange – und sogar Gender-Aspekte – müssen berücksichtigt werden?

empfindlicher als die Arme und Beine. Die einzelnen Babys reagieren unterschiedlich sensibel auf Berührung, und einige mögen nicht berührt werden. Betreuerinnen müssen lernen, mit diesen „Berührung abwehrenden" Babys auf eine Art umzugehen, die minimales Unbehagen verursacht. Eine Möglichkeit besteht darin, diese jungen Säuglinge auf einem Kissen hochzuheben, statt sie so hochzunehmen, wie man es mit anderen Babys tun würde. Einige Babys und Kleinkinder sprechen besser auf starke als auf leichte Berührung an, die ihnen weh zu tun scheint.

Wo und wie wir berühren, hängt mit unserer Kultur zusammen. Wenn Sie Kinder aus anderen Kulturen als Ihrer eigenen im Programm haben, ist es eine gute Idee, herauszufinden, was in anderen Kulturen verboten ist oder als respektlos gilt. Zum Beispiel werden Kinder in einigen Kulturen niemals am Kopf berührt, und die Eltern sind bestürzt, wenn man dies tut. Denken Sie daran, was es für den Großteil der Amerikaner bedeutet, wenn eine Person den Kopf einer anderen berührt oder tätschelt. Wie würden Sie sich fühlen, wenn Ihr Chef Ihnen über den Kopf streichen würde? Es ist den ganz Kleinen oder Hunden vorbehalten, zu erleben, dass ihnen der Kopf getätschelt wird, nicht Ebenbürtigen oder Höhergestellten. Auch wenn es den meisten Erwachsenen ganz natürlich erscheint, wäre es vielleicht respektvoller, davon abzusehen, Babys und kleinen Kindern über den Kopf zu streichen.

Seien Sie sich darüber im Klaren, ob Sie bei der Art und Weise, wie Sie die Kinder berühren, die Sie betreuen, einen Unterschied zwischen Jungen und Mädchen machen. Manchmal berühren Menschen ein Geschlecht unbewusst mehr als das andere. Versuchen Sie, beide Geschlechter gleich zu behandeln.

Die **taktile Wahrnehmung** (Berührung) hat mit motorischen Fähigkeiten (Bewegungskompetenz) zu tun. Wenn die Fähigkeiten der Babys, sich umherzubewegen, zunehmen, gewinnen sie durch das Berühren immer mehr Informationen über die Welt. Und sie suchen diese Information fast emphatisch. Alles in der Umgebung für Säuglinge und Kleinkinder sollte berührt und mit dem Mund in Kontakt gebracht werden dürfen (der Mund gibt den ganz Kleinen ebenfalls eine Menge Information). Und vergessen Sie, wenn Sie die Umgebung mit Spielsachen aus Plastik bestücken (die sowohl berührt als auch in den Mund genommen werden dürfen und können), nicht, auch einige natürliche Stoffe, wie Holz oder Wolle, zur Verfügung zu stellen, die die Kinder erforschen können. (Ein Erziehungsansatz, die Waldorfpädagogik, vertritt die Ansicht, dass Kinder ausschließlich Objekte [Spielsachen] erforschen sollten, die aus natürlichen Materialien hergestellt sind, da künstliche Objekte – Dinge, die nach etwas anderem aussehen, als sie sind – die Sinne täuschen.)

Geben Sie den Kleinkindern Worte für das, was sie fühlen – weich, warm, flaumig, rau, glatt. Stellen Sie sicher, dass sie viele weiche Objekte in ihrer Umgebung haben. Einige Programme finden in Umgebungen statt, die überwiegend hart sind, weil harte Oberflächen und Objekte länger halten und hygienischer sind. An weichen Objekten zu sparen steigert jedoch nicht die Kosteneffizienz, weil eine harte Umgebung das gesamte Programm verändert. Das Verhalten von Kindern pflegt sich zu verbessern, wenn eine Umgebung weicher gemacht wird.

Bieten Sie Kleinkindern eine Vielzahl an taktilen (Berührungs-) Erfahrungen. Auch wenn sie auf ihren Beinen stehen, sind sie ihrem Bedürfnis, die Welt mit ihrer Haut zu erforschen, noch nicht entwachsen. Hier sind einige

Vorschläge, wie Kleinkindern taktile, den ganzen Körper einbeziehende Erfahrungen geboten werden können:

1. Eine Verkleidungsecke mit Kleidungsstücken aus unterschiedlichen Stoffen, zum Beispiel seidigen, dehnbaren, pelzigen usw.
2. Eine Wanne für die Sinne, die mit Dingen wie Plastikbällen oder Wollknäueln (fest zusammengebunden, damit die Kinder sich nicht in losen Fadenenden verfangen) gefüllt ist und in die die Kinder hineinklettern können
3. Im Sommer Baden in Planschbecken aus Kunststoff
4. Sandkisten, in denen die Kinder sitzen können
5. Schlammbäder (hierfür wird nicht mehr benötigt als ein warmer Tag, ein Wasserschlauch, etwas Sand oder Erde und die Bereitschaft, hinterher sauberzumachen. Die Kleinkinder wissen selbst, was sie mit dem Schlamm anstellen können.)

Wenn Sie bereit sind zu akzeptieren, dass die Kinder sich im Dreck herumwälzen, um ganzkörperliche taktile Erfahrungen zu machen, achten Sie darauf, dass Sie keine kulturellen Werte verletzen. In einigen Kulturen gibt es starke Vorbehalte dagegen, dass Kinder sich schmutzig machen oder nicht ordentlich aussehen.

Andere Arten von taktilen Erfahrungen sind hauptsächlich für die Hände (oder Hände und Arme) gedacht. Einfaches, in einem Schritt erfolgendes Kochen ermöglicht Kindern ein taktiles Erlebnis. Zu anderen Möglichkeiten gehören das Spiel mit Wasser, mit Sand oder mit Knetmasse und das Malen mit Fingerfarben (bei dem es mehrere Varianten gibt, zum Beispiel das Malen mit Rasierschaum [nicht für die jügsten Kleinkinder], Stärkemehl und Wasser oder Schokoladenpudding [nicht, wenn Essen als Spielmedium missbilligt wird]). Achten Sie darauf, die Betonung auf den Vorgang zu legen und nicht auf das Ergebnis. Der Sinn des Malens mit Fingerfarben besteht darin, die Farbe zu fühlen und mit ihr herumzupanschen, nicht darin, ein hübsches Bild anzufertigen, das man mit nach Hause nehmen kann.

Achten Sie darauf, dass Sie Mädchen nicht von diesen taktilen Aktivitäten ausschließen, weil sie dreckig werden könnten. (Einige Menschen können dreckige Jungen leichter tolerieren als dreckige Mädchen.) Und seien Sie sich darüber im Klaren, dass einige Kleinkinder nicht dreckig werden wollen. Machen

Sie nicht die Eltern dafür verantwortlich. Es kann sein, dass die Mutter oder der Vater dem Kind gesagt hat, dass es sich nicht dreckig machen soll (aus persönlichen oder kulturellen Gründen). Manchmal aber wurzelt der Widerwille in der Persönlichkeit des Kindes oder in seiner Entwicklungsstufe. Viele Kleinkinder durchlaufen eine Zeit, in der sie es ablehnen, schmutzige Hände zu bekommen.

Nicht alle taktilen Erfahrungen müssen damit verbunden sein, dass die Kinder schmutzig oder unordentlich werden. Viele ausgezeichnete Kleinkindprogramme bieten nur sehr begrenzt Erfahrungen, bei denen die Kinder dreckig werden. Niemand erwartet von Ihnen, dass Sie Kinder dazu ermuntern, sich in Schlamm oder Wackelpudding zu vergnügen, wenn Sie ein Erlebnis dieser Art nicht wirklich durchführen wollen. Einfachere, aber ebenfalls wertvolle Erfahrungen bieten zum Beispiel eine Pfanne Maismehl mit Löffeln und Sieben; eine Pfanne mit Vogelfutter (nur zum Befühlen) oder Vogelfutter mitsamt Krügen, Löffeln und Tassen; und ein Tablett mit Salz zum Befühlen (und vielleicht ein paar kleine Autos, die im Salz herumgefahren werden können). Schon wenn man die Kinder einfach nur barfuß laufen lässt, bieten sich ihnen vielfältige Erfahrungen, weil sie unter ihren Füßen auf Oberflächen unterschiedlicher Beschaffenheit treffen.

Die Prinzipien in der Praxis

Prinzip 7: Führen Sie das Verhalten, das Sie den Kindern beibringen wollen, modellhaft vor. Predigen Sie nicht.

Tyler sitzt auf dem Teppich und sieht seine Betreuerin an, die in seiner Nähe ist. Sie lächelt. Er lächelt zurück. Er begibt sich auf alle Viere und macht sich davon, hält einen Moment inne, als er bemerkt, dass er den weichen, dicken Teppich verlassen hat. Er krabbelt zurück und setzt sich wieder hin. Er sieht seine Betreuerin an, die einfach so ihre Finger in den Teppich bohrt. Er bohrt seine Finger ebenfalls in den Teppich. „Sanft", sagt sie, und er legt den Kopf auf die Seite, um ihr zuzuhören. Dann begibt sich Tyler wieder auf alle Viere und steuert auf ein Spielzeugregal zu. Unterwegs trifft er auf ein Baby, das kleiner ist als er und auf dem Rücken auf einer Decke liegt. Er hält an, um Untersuchungen anzustellen, und als er sich herüberbeugt, um sich das Mädchen genauer anzusehen, merkt er, dass eine Betreuerin sich neben ihn gesetzt hat. Er greift nach dem Gesicht des Babys, berührt die sanfte Haut und tätschelt die Haare. Er drückt seine Lippen auf den Kopf des Babys, sieht zur Betreuerin auf und lächelt. Sie lächelt zurück. Er wird heftiger mit seinen Untersuchungen und eine Hand legt sich auf seine, berührt ihn leicht. „Sachte, sachte", sagt die Betreuerin. Er geht wieder dazu über, so sanft zu streicheln wie am Anfang.

1. Sind dies erzieherische Interaktionen?
2. Was tut die Betreuerin, um das Kind dazu zu ermutigen, zu berühren und zu erforschen?
3. Welcher Bezug besteht zwischen all dem Berühren und der Wahrnehmungsentwicklung?
4. Können Sie sagen, wie alt dieses Kind ist? Welche Anhaltspunkte nutzen Sie dafür?
5. Können Sie sagen, ob sich dieses Kind typisch entwickelt? An welchen Punkten machen Sie dies fest?
6. Wenn das Kind nicht auf das modellhafte Vorführen von Sanftheit der Betreuerin angesprochen, sondern herübergelangt hätte, um dem Baby ins Haar zu greifen, was hätte die Betreuerin dann als Nächstes tun können?

Sehen

Wir wissen mehr über das Sehen als über die anderen Sinne – wahrscheinlich, weil die meisten Menschen so stark darauf angewiesen sind. Säuglinge können bei der Geburt zwischen hell und dunkel unterscheiden. Der Pupillenreflex (die automatische Verengung der Pupille bei hellem und ihre Erweiterung bei schwachem Licht) lässt sich schon bei der Geburt sehen, selbst bei zu früh geborenen Säuglingen. Innerhalb weniger Stunden sind Säuglinge in der Lage, etwas visuell zu verfolgen. Ihr Fokus scheint auf eine Entfernung von etwa 30 cm fixiert zu sein. Mit anderen Worten, Säuglinge verfügen über die Fähigkeit, das Gesicht der Mutter zu sehen, wenn sie gestillt werden.

Innerhalb einiger Wochen können Säuglinge zwischen Farben unterscheiden und ziehen warme (Rot, Orange, Gelb) kalten (Blau, Grün) vor. Die Augenbewegungen sind am Anfang noch etwas unregelmäßig, werden aber schnell zielgerichteter. Am Ende des zweiten Lebensmonats können Säuglinge beide Augen fokussieren, um ein einzelnes, wenn auch wahrscheinlich verschwommenes Bild herzustellen. Bis zum vierten Monat können sie Gegenstände scharf sehen und bis zum sechsten Monat beträgt das durchschnittliche Sehvermögen fast 20/20.[8] Die Sehfähigkeit ist nun mit der eines Erwachsenen vergleichbar, auch wenn die Säuglinge noch lernen müssen, das, was sie sehen, auch wahrzunehmen und zu interpretieren.

Die meisten Neugeborenen finden alle Menschen und Objekte, die sie vor sich sehen, interessant – auch wenn einige interessanter sind als andere. Das Gesicht ist von allem am interessantesten (weil die visuellen Fähigkeiten Neugeborener eindeutig dafür geschaffen sind, Bindung zu fördern).

Säuglinge jeden Alters müssen in der Lage sein, interessante Dinge zu sehen. In den ersten Wochen liefern jedoch die Aktivitäten Essen und Wickeln genügend visuellen Input. Wenn Säuglinge älter werden, ist vielfältiges visuelles Material angebrachter, weil es sie dazu ermuntert, sich in ihrer Welt umherzubewegen. Etwas, das interessant anzusehen ist, veranlasst, danach zu greifen und sich schließlich darauf zu zu bewegen. Zu viel visuelle Stimulation kann jedoch zu einem „Zirkuseffekt" führen. Säuglinge werden zu Zuschauern, die unterhalten werden, statt zu aktiven Teilnehmern, und sie entwickeln sich zu passiven Kleinkindern, die Unterhaltung fordern, statt sie sich selbst auszudenken. Kinder, die es gewohnt sind, von außen unterhalten zu werden, fühlen sich zum Fernseher hingezogen – der in höchstem Maße unterhaltenden visuellen Erfahrung.

Ein unterhaltener Beobachter unterscheidet sich völlig von einem forschenden Beobachter. Unterhaltene Beobachter sind auf einen fortwährenden Strom neuer visueller Anregung angewiesen. Sie langweilen sich schnell und fordern ständig visuelle Veränderung. Sie können fernsehsüchtig werden. Weil sie solch einen starken Angriff auf einen Sinn erfahren (den visuellen), ignorieren sie die Tatsache, dass sie gar nicht körperlich oder sozial mit der Welt zu tun haben. Diese letztendliche Gewohnheit, zu beobachten und sich nicht zu beteiligen, wirkt sich schädlich auf die Entwicklung eines breiten Spektrums an Fähigkeiten aus.

Lassen Sie sich von den Signalen der Säuglinge inspirieren, wenn Sie eine Umgebung herrichten, in der sich die visuellen Fähigkeiten entwickeln sollen.

Sonst ist es schwer zu wissen, wie viel sensorischer Input zu viel ist und wann interessante neue visuelle Erfahrungen willkommen sind. Wenn Säuglinge bei gewissen Dingen weinen, passiert möglicherweise gerade zu viel oder sie sind noch nicht bereit, sich von dem abzuwenden, dem sie gerade ihre Aufmerksamkeit geschenkt haben. Wenn sie sehr still sind, konzentrieren sie sich vielleicht auf etwas Bestimmtes oder haben wegen zu vieler Ereignisse um sie herum sämtliches Interesse verloren. Wenn Säuglinge ihre Welt interessant finden und sie in ihrem eigenen Tempo erkunden dürfen, lernen sie, sich im Prozess des Entdeckens selbst zu unterhalten. *Denken Sie an Prinzip 7: Führen Sie das Verhalten, das Sie Kindern beibringen wollen, modellhaft vor.*

Die visuellen Welten von Kleinkindern sind größer, weil sie sich mehr umherbewegen. Sie haben auch ein besseres Verständnis von dem, was sie sehen. Um eine Vorstellung davon zu bekommen, wie die visuellen Umgebungen von Kleinkindern aussehen, begeben Sie sich auf ihre Ebene herunter und schauen sich um. Von da unten sehen die Dinge ganz anders aus.

Um die visuelle Stimulation für Kleinkinder zu beschränken, stellen Sie niedrige Barrieren auf, die bestimmte Bereiche des Raumes abgrenzen. Erwachsene können über die Barrieren hinwegsehen, um die Kinder zu beaufsichtigen, diese aber erleben einen in visueller Hinsicht beruhigenden Raum. (Barrieren können bis zu einem gewissen Grad auch Geräusche dämpfen.) Einige Räume laden Kinder dazu ein, sich wirklich auf das zu konzentrieren, was ihnen zur Verfügung steht; in anderen werden Kleinkinder ganz aufgeregt und es fällt ihnen schwer, sich zu konzentrieren.

Bilder tragen dazu bei, dass eine Kleinkindumgebung visuell interessant ist (obwohl Bilder selbstverständlich auch in eine Säuglingsumgebung gehören). Hängen Sie sie tief genug auf, damit die Kleinkinder sie auf ihrer Augenhöhe haben und sehen können. Tauschen Sie sie in regelmäßigen Abständen aus, jedoch nicht ständig, weil Kleinkinder es schätzen, das ihnen Vertraute regelmäßig zu sehen. Wählen Sie Bilder aus, die ganz deutlich bekannte Objekte oder andere Kinder in Aktion darstellen. Stellen Sie sicher, dass in Ihren ausgehängten Bildern unterschiedliche Rassen repräsentiert sind. Seien Sie sich auch der Geschlechter der Kinder auf den Bildern, die sie aufhängen, bewusst. Zeigen Sie keine Bilder, bei denen die Motive überwiegend kleine Mädchen sind, die hübsch aussehen und nichts tun, und kleine Jungen, die mit interessanten Aktivitäten beschäftigt sind. Wir sind alle mit Büchern aufgewachsen, die diese spezielle Verzerrung abbildeten. Lassen Sie uns diese nicht an die Kinder, die wir in unserer Obhut haben, weitergeben.

Die Bilder können zum Beispiel mit transparenter, selbstklebender Folie aufhängt werden, die das ganze Bild bedeckt und über die Ränder hinausgeht, so dass sie auf der Wand haften kann. Auf diese Weise ist das Bild versiegelt und es gibt keine losen Ecken, an denen herumgezupft werden kann und die einreißen können. Ebenso wenig braucht man Reißzwecken, die verschluckt werden können.

Ästhetik – oder das, was als schön gewertet wird – ist ein lobenswertes Ziel, das aber bei der Gestaltung einer visuellen Umgebung für Säuglinge und Kleinkinder häufig keine Berücksichtigung erfährt. Die Wahrscheinlichkeit, dass Kinder mit einem Sinn für Schönheit aufwachsen, ist größer, wenn die Erwachsenen um sie herum ihnen zeigen, dass sie Ästhetik wertschätzen.

Kinder mit besonderen Bedürfnissen: *Sinnesbehinderungen*

Es ist klar, dass Säuglinge und Kleinkinder viel durch ihre Sinne lernen und dass sensorische Information (Wahrnehmung) für eine wichtige Verbindung zwischen allen anderen Entwicklungsbereichen sorgt. Wenn ein kleines Kind ein bekanntes sensorisches Problem oder eine Sinnesbehinderung hat, sollte man an mehrere Dinge denken, die in diesem Fall hilfreich sein können. Fragen Sie nach Informationen über den Grad der Behinderung, das Alter, in dem sie begann, die Ursache usw. Vielleicht war das Kind bereits bei einem Säuglingsspezialisten oder in einem Sozialpädiatrischen Zentrum. Durch Information von außen können Sie möglicherweise Ideen für Ihr Curriculum bekommen. Helfen Sie einem Kind immer, das Beste aus den Fähigkeiten zu machen, die es hat, und fokussieren Sie nicht auf die Behinderung. Denken Sie außerdem daran, dass auch ein Kind, bei dem eine Sinnesbehinderung vorliegt, normalerweise immer noch eine Restfähigkeit in diesem Bereich hat. Beispielsweise können die meisten Babys mit Sehbehinderung einige Dinge sehen und ist es sehr selten, dass ein Säugling mit einer Hörbehinderung überhaupt nichts hört.

Eltern können Ihre hilfreichste Informationsquelle sein. Die Zusammenarbeit von Betreuerinnen und Eltern ist ein entscheidendes Element bei der Versorgung von Säuglingen oder Kleinkindern mit besonderen Bedürfnissen. Sie verfügen beide über wertvolle Information, über die sie sich austauschen können. Wenn Sie den Verdacht haben, dass bei einem kleinen Kind eine Sinnesbehinderung vorliegt, besprechen Sie Ihre speziellen Beobachtungen so schnell wie möglich mit der Mutter oder dem Vater (siehe Tabelle 6.1 für Frühwarnsignale).

Tabelle 6.1 Frühwarnsignale für eine Sinnesbehinderung

Bedenken Sie, dass ein Kind manche dieser Verhaltensweisen zeigen und keine Probleme haben kann. Gewisse Verhaltensweisen können Teil der Persönlichkeit oder des Temperaments eines bestimmten Kindes sein und sollten aus einer das ganze Kind berücksichtigenden Perspektive betrachtet werden. Das Kind ...

- reibt sich häufig die Augen oder klagt, dass seine Augen weh tun
- vermeidet Blickkontakt
- ist leicht durch visuelle oder akustische Stimuli abzulenken
- stößt oft irgendwo gegen oder fällt häufig hin
- dreht sich mit sechs Monaten noch nicht zur Geräuschquelle um
- redet/kommuniziert mit sehr lauter oder sehr leiser Stimme
- scheut Berührung
- benutzt eine Körperhälfte mehr als die andere
- dreht normalerweise immer dasselbe Ohr in Richtung eines Klangs, um zu hören
- reagiert heftig auf das Gefühl von bestimmten Stoffen oder Strukturen

Nach: *California Department of Education, California Child Care Health Program* und *Portage Project TEACH*, Region 5 Regional Access Project, 1999.

Häufig ist in diesem Buch von früher Intervention und von Bewusstsein die Rede. Je länger Kinder Entbehrungen, oder das Nichterkennen einer Behinderung, erleiden, umso stärkere Auswirkungen wird dies auf ihre Entwicklung haben.

Versuchen Sie, sich auch Ihrer eigenen falschen Vorstellungen und Mythen, denen Sie möglicherweise unterliegen, bewusst zu sein. Ein blindes Baby ist nicht zwangsläufig geistig zurückgeblieben; ein taubes Kleinkind ist nicht unbedingt verschlossen. Kinder lernen schnell, kompensatorische Fähigkeiten zu nutzen. Es wäre aber falsch, davon auszugehen, dass ein blindes Baby ein feineres Gehör hat als ein sehendes Kind oder dass ein taubes Baby schärfere

Augen haben wird als ein Säugling mit normalem Gehör. Manchmal möchten Personen das „ausgleichen", von dem sie meinen, dass es einem Kind fehlt. Bedauern Sie Kinder mit besonderen Bedürfnissen nicht. Bieten Sie ihnen eine sichere Umgebung, treffen Sie Vorkehrungen für ihre speziellen Spielbedürfnisse und unterstützen Sie (ohne zu drängen) ihre besonderen Strategien oder Adaptationen, um ihnen zu helfen, sich notwendige Fähigkeiten anzueignen. *Denken Sie an Prinzip 10: Kümmern Sie sich um die Qualität der Entwicklung in jeder einzelnen Phase.*

Der folgende Leitfaden gibt Ihnen weitere Informationen. Der Schwerpunkt liegt hauptsächlich auf kleinen Kindern mit Seh- oder Hörbehinderung oder mit beidem. Diese Liste erhebt keinen Anspruch auf Vollständigkeit, kann aber eine Hilfe für Betreuerinnen sein, die Kinder mit besonderen Bedürfnissen in ihrem Programm haben.

1. Achten Sie auf Signale, die auf eine Sinnesbehinderung hindeuten könnten. Zum Beispiel kann ein Kind mit einer Hörbehinderung „überrascht" sein, wenn Sie auftauchen (es hat nicht gehört, dass Sie sich genähert haben); oder es kann anfangen zu babbeln (mit etwa vier Monaten) und dann wieder verstummen. Ein Säugling mit einer Sehbehinderung kann vielleicht nicht nach interessanten Spielsachen greifen (er kann sie nicht klar sehen) oder braucht lange, bis er kriecht. Um Signale, die Hinweise auf die Entwicklung geben, interpretieren zu können, muss eine Betreuerin die übliche Abfolge der Entwicklung kennen.
2. Machen Sie sich mit speziellen Geräten vertraut, auf die ein kleines Kind angewiesen sein könnte. Hörgeräte nützen nicht viel, wenn sie falsch eingesetzt werden. Eine Brille, die in einem ungeeigneten Winkel auf den Ohren sitzt, kann bei einem sehbehinderten Kleinkind zusätzliche Ermüdung hervorrufen.
3. Stellen Sie, wenn Sie mit einem Kind mit Sinnesbehinderung kommunizieren, erst einmal sicher, dass Sie seine Aufmerksamkeit haben. Das ist bei jedem Kind angebracht, doch müssen Sie möglicherweise bei einem Kind, das besondere Bedürfnisse hat, bedächtiger vorgehen. Achten Sie beispielsweise darauf, dass ein Kind mit einer Hörbehinderung Sie sehen kann, bevor Sie anfangen zu sprechen. Für ein Kind mit Sehbehinderung kann es eine Hilfe sein, wenn Sie den Namen des Kindes deutlich aussprechen, dann

innehalten (um dem Kind die Möglichkeit zu geben, sich dem Geräusch zuzuwenden) und erst dann weitersprechen. Diese Fokussierungstechniken helfen dabei, sinnesbehinderte Kinder auf die Bedeutung von Sprechen und Sprache als einer Möglichkeit aufmerksam zu machen, Informationen einzuholen und zu klären.

4. Die Leitlinien zur Förderung von Sprechen und Sprache bei einem Kind mit Sinnesbehinderung hängen von den besonderen Stärken und Behinderungen dieses Kindes ab. Denken Sie daran, dass die Sprachentwicklung eine komplexe Aufgabe ist (Genaueres dazu in Kapitel 9). Wenn die sensorischen Fähigkeiten eines Kindes nicht intakt sind, ist das Kind dem Risiko der unvollständigen oder verzögerten Bildung von Konzepten ausgesetzt. Es ist für ein sehbehindertes Kind schwierig, die Bezeichnung für ein Objekt völlig zu verstehen, das es vielleicht noch nie gesehen hat. Ein Kind mit Hörproblemen kann durch Gesten und Gesichtsausdrücke verwirrt werden, die jemand in dem Versuch macht, Sprache zu kommunizieren, die es nicht klar hören kann. Es ist wichtig, dass Sie die Information, die Sie dem Kind geben, nicht überdramatisieren und dass Sie sie häufig wiederholen, damit das Kind Zeit hat, wichtige Details auf seine eigene Art zu organisieren.

5. Kleine Kinder mit Sinnesbehinderung können schneller ermüden als ihre Altersgenossen. Achten Sie auf Stresssignale und sorgen Sie für häufige Ruhezeiten. Möglicherweise reichen eine in der Nähe liegende Decke und ein Kissen aus, um ein eifrig beschäftigtes Kleinkind dazu zu ermuntern, eine Ruhepause einzulegen. Ein ausgeruhtes Kind ist eher dazu bereit, Erfahrungen, von denen es lernen wird, fortzusetzen und zu wiederholen.

6. Sorgen Sie für angemessenes Spiel. Unterstützen und fördern Sie alle Bereiche sensorischen Lernens. Schränken Sie die Erfahrungen eines Kindes nicht ein, weil Sie denken, es wird etwas nicht sehen oder hören. Ein sehbehindertes Kind kann von den Konturen eines bestimmten Spielzeugs, die es sieht, fasziniert sein. Ein Kind, das schwer hört, genießt möglicherweise ausgiebig das Lied einer Spieluhr, wie gedämpft der Klang auch sein mag.

Die meisten der in diesem Kapitel vorgestellten Aktivitäten sind bestens für Kinder mit Sinnesbehinderungen geeignet. Beraten Sie sich mit Eltern und Spezialisten für Programme, wenn Sie meinen, dass eine Aktivität angepasst werden muss, damit sie die Fähigkeiten eines bestimmten Kindes fördern kann.

Betreuerinnen müssen sensibel für die sensorischen Bedürfnisse eines jeden Kindes sein und Vorkehrungen für die Entwicklung aller Sinne des Kindes treffen. Die Aufgabe des Säuglings ist es, zu lernen, die durch die Sinne einströmenden Empfindungen zu interpretieren. Kinder nehmen Informationen nicht einfach auf; sie lernen, sie wahrzunehmen und zu organisieren. Sie lernen, zu hören und schließlich zuzuhören. Sie lernen, die Gefühle auf ihrer Haut, die verschiedenen Geschmäcker in ihrem Mund, die Gerüche in ihrer Umgebung und die Anblicke, die sie aufnehmen, zu unterscheiden. Sie lernen, die sensorischen Informationen zu verstehen. Die Antworten oder Reaktionen auf diese Informationen hängen von den Muskeln, oder den motorischen Fähigkeiten, ab, die Thema von Kapitel 7 sind.

Überlegen Sie ...

Wohin würden Sie in Ihrer Stadt oder Gemeinde gehen, um Informationen zu Kindern mit Sinnesbehinderungen einzuholen? Wie würden Sie diese organisieren – in Themenmappen? Einem Notizbuch? Einem Aktenordner? Wie würden Sie diese Informationen an Ihre Mitarbeiterinnen weitergeben? Welche Richtlinien würden Sie Ihnen für die Einschätzung von Kindern geben, die Sie betreuen?

ENTWICKLUNGSWEGE
Typische Verhaltensweisen für frühe Phasen der Wahrnehmungsentwicklung

Junge Säuglinge (bis 8 Monate)	• zeigen innerhalb der ersten zwei Lebenswochen, dass sie ihre Hauptbetreuerinnen durch Sehen, Hören und Riechen erkennen • schauen zu der Stelle an ihrem Körper, an der sie berührt werden • fangen an, Freunde von Fremden zu unterscheiden • schlagen oder treten ein Objekt, weil sie möchten, dass ein angenehmer Anblick oder ein schönes Geräusch andauern soll
Mobile Säuglinge (bis 18 Monate)	• schieben ihren Fuß in einen Schuh und ihren Arm in einen Ärmel • zeigen aktiv ihre Zuneigung zu einer vertrauten Person, indem sie diese umarmen, anlächeln und auf sie zu laufen • verstehen mehr Worte, als sie selbst sagen können • zeigen ein erhöhtes Bewusstsein für Gelegenheiten, etwas zu bewirken
Kleinkinder (bis 3 Jahre)	• identifizieren sich mit Kindern desselben Alters oder Geschlechts • klassifizieren, kategorisieren und sortieren Objekte nach Gruppen (hart versus weich, groß versus klein) • erkennen ein bekanntes Objekt durch Berühren, wenn es mit zwei anderen Objekten in einer Tasche liegt • ignorieren, wenn sie mit einer Stapelpyramide spielen, alle Formen, die kein Loch haben. Sie stapeln lediglich Ringe oder andere Objekte mit Löchern.

Unterschiedliche Entwicklungswege

Was Sie sehen	Zyana ist ein Krabbelkind. Sie sitzt mehr, als dass sie herumkrabbelt. Sie ist häufig ruhig und bewegt sich nicht, aber es gehört nicht viel dazu, sie zu unterhalten: hierfür reicht ein Sonnenstrahl auf dem Fußboden, ein Papierfetzen auf dem Fußboden, der leichte Wind, der durchs offene Fenster strömt. Sie scheint in der Lage zu sein, über dem Chaos zu stehen, das manchmal in dem Säuglingsraum herrscht. Sie fordert selten Aufmerksamkeit.
Was Sie denken mögen	Sie muss aktiver sein. Einige andere Kinder in ihrem Alter sind zehnmal so aktiv wie sie. Vielleicht ist sie depriemiert.
Was Sie vielleicht nicht wissen	Zyana ist sehr aufmerksam und freut sich an dem, was sie wahrnimmt. Sie ist sich ihrer Sinne bewusst und findet sie unendlich unterhaltsam. Ihr Temperament ist derart, dass sie nur wenig Forderungen stellt. Sie ist unkompliziert und in der Lage, sich auf das zu konzentrieren, was in ihrer Nähe stattfindet, ohne sich durch das ablenken zu lassen, was sonst noch im Raum passiert.

Was Sie tun können	Schätzen Sie ihre Persönlichkeit. Stellen Sie sicher, dass sie genügend Aufmerksamkeit bekommt. Dass man einfach mit ihr klarkommt, heißt nicht, dass sie nicht beachtet werden sollte. Erkundigen Sie sich bei ihrer Familie darüber, wie sie zu Hause ist und ob ihre Eltern sie so zu schätzen wissen, wie sie ist, oder ob sie finden, dass es ihr an etwas fehlt.
Was Sie sehen	Seth, ein Kleinkind, weint ziemlich viel. Viele Dinge stören ihn. Beispielsweise quengelt er, wenn Sie ihn an- und ausziehen. Er schrickt zurück, wenn Sie ihn berühren.
Was Sie denken mögen	Das ist einfach sein Temperament. Oder vielleicht wird er zu Hause „verzogen". Oder vielleicht mag er Sie nicht. Oder vielleicht vermisst er seine Mutter.
Was Sie vielleicht nicht wissen	Seth ist hypersensibel. Er ist schnell überstimuliert und er ist taktil-defensiv (berührungsablehnend). Einige Kleidungsstücke fühlen sich für ihn unangenehm an, und er mag es nicht, Luft an seinen Armen und Beinen zu spüren. Die Etiketten in den Kleidungsstücken sorgen für Hautirritationen. Sogar Ihre Berührung stört ihn.
Was Sie tun können	Finden Sie durch Gespräche mit der Familie so viel wie möglich darüber heraus, wie man dafür sorgt, dass er sich wohlfühlt. Beobachten Sie ihn genau, um zu sehen, ob Sie feststellen können, was ihn stört und was nicht. Schneiden Sie die Etiketten aus den Kleidungsstücken oder ziehen Sie ihm diese verkehrt herum an. Reduzieren Sie überschüssige Stimulation. Hören Sie nicht auf, ihn zu berühren, aber finden Sie heraus, welche Art von Berührung er am ehesten akzeptiert. Probieren Sie verschiedene Dinge aus und achten Sie auf die Wirkungen.

Quelle: Bredekamp, S. und Copple, C. (Hg.) (1997): *Developmentally Appropriate Practice in Early Childhood Programs* (überarb. Aufl.). Washington, D.C., National Association for the Education of Young Children.

Zusammenfassung

Wahrnehmung ist die Fähigkeit, Sinneserfahrungen aufzunehmen und zu organisieren.

Sensorische Integration

- Sinneserfahrungen werden kombiniert und integriert und beeinflussen andere wichtige Wachstumsbereiche.

- Für die speziellen Sinne sind jeweils bestimmte Bereiche des Gehirns zuständig, und während das Gehirn sich weiterentwickelt, findet ein ständiger Austausch von Aktion und Reaktion statt.

Hören

- Neugeborene können bei der Geburt hören und reagieren besonders empfänglich auf hohe Stimmen und Klänge.
- Betreuerinnen müssen sich der besonderen Vorlieben kleiner Kinder bewusst sein; der optimale Lärmpegel variiert von Kind zu Kind.

Riechen und Schmecken

- Neugeborene können zahlreiche Gerüche und Geschmäcke unterscheiden und bevorzugen angenehme Gerüche und süße Geschmacksrichtungen.
- Eine Umgebung, die reich an Gerüchen ist, erhöht die Qualität eines Säuglings- und Kleinkindprogramms; seien Sie vorsichtig damit, Dingen, die nicht essbar sind, einen herrlichen Duft zu verleihen.

Berühren

- Neugeborene haben einen gut entwickelten Berührungssinn; die Sensibilität gegenüber Unwohlsein und Schmerz nimmt nach der Geburt schnell zu.
- Betreuerinnen sollten sich der möglichen, aus Kultur und Gender herrührenden, Probleme im Zusammenhang mit Berührung bewusst sein.

Sehen

- Neugeborene sehen (verglichen mit Erwachsenen) verschwommen; sie können helle und dunkle Bereiche voneinander unterscheiden und innerhalb weniger Wochen Farben erkennen.
- Nutzen Sie für die Planung einer Umgebung, welche die Sehfähigkeit fördern soll, von den Säuglingen ausgehende Signale. Vermeiden Sie den „Zirkuseffekt" – ein Mehr ist nicht unbedingt besser.

Kinder mit besonderen Bedürfnissen: Sinnesbehinderungen

- Helfen Sie einem Kind, das Beste aus den sensorischen Fähigkeiten zu machen, die es bereits hat; legen Sie den Schwerpunkt nicht auf die Behinderung. Treffen Sie Vorkehrungen für die Entwicklung sämtlicher Sinne.

- Frühe Warnsignale können darauf hindeuten, dass ein Kind einer weiteren Einschätzung bedarf. Suchen Sie sich sofort professionelle Hilfe, wenn Sie vermuten, dass ein Kind, das Sie betreuen, besondere Bedürfnisse haben könnte.

Schlüsselbegriffe

Ästhetik / Fünf Sinne / Sensibilität / Nervenbahnen / Sensorische Integration / Taktile Wahrnehmung / Wahrnehmung

Fragen und Aufgaben

1. Schauen Sie sich in einer Einrichtung für Säuglinge und Kleinkinder um. Listen Sie die Erfahrungen auf, die Kinder dort machen können, die Ihrer Meinung nach die Wahrnehmungsentwicklung fördern. Wie können Sie herausfinden, ob es vielleicht „zu viel des Guten" gibt?
2. Fokussieren Sie auf einen Aspekt der Wahrnehmungsentwicklung (auf einen der Sinne). Entwerfen Sie ein Spielzeug, das diesen Wachstumsbereich unterstützt. Was müssen Sie bedenken?
3. Beobachten Sie ein Kind, das eine Sinnesbehinderung hat. Welche Adaptationen nimmt das Kind vor? Wie unterstützt die Umgebung seine Bemühungen?
4. Stellen Sie sich, nachdem Sie dieses Kapitel gelesen haben, vor, Sie würden einen Elternabend für Ihr Säuglings- und Kleinkindprogramm planen. Das Thema wäre die Wahrnehmungsentwicklung. Was wären für jeden einzelnen Sinn die entscheidenden Punkte, die Sie den Eltern mitteilen würden?
5. Denken Sie über Ihre eigene Wahrnehmungsentwicklung nach – darüber, wie sensibel ihre eigenen Sinne reagieren. Welchen Sinn nutzen Sie am meisten? Welchen am wenigsten? Welcher löst die meisten Erinnerungen aus? Hat dies irgendwelche Auswirkungen auf Ihre Interaktionen mit sehr jungen Kindern?

Weiterführende Literatur

Abott, C. F. und Gold, S. (1991): Confering with Parents When You're Concerned That Their Child Needs Special Services. In: *Young Children 46*, 4, May, 10-15.

Bakley, Sue (2001): Through the Lens of Sensory Integration: A Different Way of Analyzing Challenging Behavior. In: *Young Children*, November, 70-76.

Buchanan, M. und Cooney, M. (2000): Play at Home, Play in the Classroom. In: *Young Exceptional Children 3*, 4, 9-15.

Davis, M., Kilgo, J. und Gamel-McCormick, M. (1998): *Young Children with Special Needs: A Developmentally Appropriate Approach*. Boston, Allyn & Bacon.

Flynn, L. und Kieff, J. (2002): Including Everyone in Outdoor Play. In: *Young Children 57*, 3, May, 20-26.

Schiller, Pam (2003): Bright Beginnings for Babies. In: *Child Care Information Exchange*, March, 8-12.

Kapitel 7

Motorische Fähigkeiten

Schwerpunktfragen

Nachdem Sie dieses Kapitel gelesen haben,
sollten Sie in der Lage sein, folgende Fragen zu beantworten:

1. Wie beeinflusst das heranreifende Gehirn die Entwicklung motorischer Fähigkeiten?
2. Was ist die Funktion von Reflexen und warum **ändern** sich diese in den ersten Lebensmonaten?
3. Beschreiben Sie die innerhalb der ersten zwei Lebensjahre ablaufenden Wachstumsmuster, die mit grobmotorischen und feinmotorischen Fähigkeiten im Zusammenhang stehen.
4. Was können Betreuerinnen tun, um das Wachstum von Kindern mit Entwicklungsverzögerungen zu fördern?

Was sehen Sie?

Anthony steht in der Sandkiste und schaut sich auf dem Spielplatz um. Er beugt sich vor und hebt ein Sieb und einen Löffel auf, die zu seinen Füßen liegen. Er lässt sich mit ausgestreckten Beinen hinplumpsen, beginnt Sand in das Sieb zu löffeln und sieht zu, wie er auf seine Knie rieselt. Nach einigen Minuten bemerkt er ein Laufrad, das am Rand der Sandkiste steht. Er steht auf und wackelt auf das Rad zu. Als er den Rand der Sandkiste erreicht, konzentriert er seine ganze Anstrengung darauf, seine Füße – erst den einen, dann den anderen – über das Brett zu bekommen, das die Sandkiste einrahmt. Als Anthony das Rad erreicht hat, beginnt er es von der Sandkiste wegzufahren. Mal steht er und schiebt das Rad, mal sitzt er drauf, stößt sich mit den Füßen ab und rollt. Er bleibt auf dem

Weg aus holperigem Asphalt, der ein wenig ansteigt. Dann rollt er mit dem Rad den sanften Abhang hinunter und kommt schließlich beim Tor an. Er beginnt am Tor hinaufzuklettern, aber eine in der Nähe stehende Erwachsene kommt herbei und leitet ihn sanft zu einem einige Meter entfernt stehenden Klettergerüst um. Als sie dann zu einer Gruppe Kinder geht, die auf einem niedrigen Tisch Puppen in Spülschüsseln baden, folgt Anthony ihr. Er ergreift einen auf dem Tisch liegenden Schwamm und drückt ihn aus, betrachtet das heraustropfende Seifenwasser. Er legt den Schwamm in die Schüssel, hält ihn tropfend in die Höhe und drückt ihn erneut auf der Tischplatte aus. Er schrubbt kurz die Tischplatte, legt den Schwamm dann wieder ins Wasser. Er nimmt eine Puppe aus einer anderen Wanne und legt sie auf den Schwamm in der vor ihm stehenden Schüssel. Ein anderes Kind langt herüber und holt sich die Puppe zurück, und es gibt ein kleines Gerangel, weil Anthony versucht, die Puppe zu behalten. Er lässt los, als er hört, dass zu einem Imbiss gerufen wird. Er gibt dem Schwamm in der Wanne einen Klaps, woraufhin ihm Wasser ins Gesicht spritzt. Er lächelt, klatscht noch einmal auf den Schwamm und trippelt dann, so schnell er kann, über den Hof zum Imbisstisch, an dem er gerade zur rechten Zeit ankommt, um sich aus einem kleinen, zur Hälfte gefüllten Krug seinen Saft einzuschenken.

Bewegung ist die natürliche, gesunde Erfahrung der Kindheit. Die meisten Säuglinge und Kleinkinder bewegen sich sehr viel. Anthony zeigte zweifellos ziemlich viel Bewegung! Durch Bewegung, Muskelkoordination und die Organisation ihrer Wahrnehmungen finden kleine Kinder etwas über ihre Welt heraus und begreifen sie. Die motorischen Fähigkeiten von Säuglingen mögen begrenzt erscheinen, doch lassen sich bei sensibler Beobachtung recht gute Fähigkeiten erkennen. Innerhalb von eineinhalb Jahren haben die meisten Säuglinge viele der grundlegenden motorischen Fähigkeiten erlernt – Arm-/ Handkoordination, Laufen – die sie ihr ganzes Leben lang brauchen werden. Ihre sensorische Erfahrung hat ihnen wichtiges Feedback gegeben. Die nächsten Jahre verbringen sie damit, die ursprünglichen, früh gelernten Körperhaltungen und Bewegungen zu perfektionieren, zu erweitern und zu verfeinern.

Dieses Kapitel bietet einen Überblick über die Entwicklung der Motorik. Es beschreibt wichtige Wachstumsmuster, untersucht die Entwicklung des Gehirns und betrachtet, wie sich Reflexe, grob- und feinmotorische Fähigkeiten alle in den ersten zweieinhalb Lebensjahren verändern und verfeinern. Es enthält Leitlinien zur Förderung der motorischen Entwicklung sowie Informationen zu Kindern mit motorischen Verzögerungen.

Körperwachstum und motorische Fähigkeiten

Das durchschnittliche Neugeborene wiegt eben über sieben Pfund und ist etwa 50 cm lang. Es ist hilflos und könnte alleine nicht überleben. Aber in einer gesunden, fürsorglichen Umgebung findet schnell Wachstum statt. Wenn der Säugling fünf Monate alt ist, hat sich sein Geburtsgewicht verdoppelt, bis zu seinem ersten Geburtstag hat es sich verdreifacht. Auch wenn das Tempo der Gewichtszunahme innerhalb des zweiten Jahres abnimmt, hat sich das Gewicht seit der Geburt dann doch fast vervierfacht.[1] Die Körperlänge nimmt ebenfalls zu, und bis zum Ende des zweiten Lebensjahres sind die meisten Kinder etwa 90 cm groß. Das körperliche Wachstum ist normalerweise vorhersehbar. In Büchern und Arztpraxen sind zahlreiche Wachstumstabellen zu finden, doch ist jedes Kind einzigartig und es ist nichts Ungewöhnliches, wenn das Wachstum in dieser Zeit in Schüben verläuft. Hinsichtlich des Zeitpunkts, wann spezielle motorische Fähigkeiten auftauchen, kann es in dieser Zeit große Unterschiede geben.

Während die Gesamtgröße eines kleinen Kindes zunimmt, wachsen einzelne Körperteile unterschiedlich schnell. Bei der Geburt macht der Kopf des Neugeborenen ein Viertel seiner Gesamtgröße aus, machen die Beine nur etwa ein Drittel aus. Im Alter von zwei Jahren macht der Kopf des Säuglings nur noch für ein Fünftel der Körperlänge aus, und seine Beine machen fast die Hälfte der Gesamtgröße aus. Dieses schnelle Wachstum stellt eine Herausforderung dar; sehr junge Kinder müssen lernen, die Bewegungen eines Körpers zu koordinieren, der sich kontinuierlich verändert. Beobachtet man, wie Säuglinge lernen, ihre Körper zu koordinieren und ihre Bewegungen zu verbessern, zeigen sich erstaunlich gut organisierte Wachstumsmuster.

Die *Stabilität* der motorischen Entwicklung kann mit zwei wichtigen Wachstumsprinzipien erklärt werden. Das erste ist das **cephalocaudale** Prinzip, der lateinische Ausdruck für „vom Kopf zum Fuß". Dieses Prinzip sagt aus, dass Wachstum einem Muster folgt, das mit dem Kopf beginnt und den übrigen Körper hinunterwandert. Beispielsweise heben Kinder normalerweise ihren

Kopf, bevor sie sich aufsetzen und bevor sie stehen. Das zweite Prinzip ist das **proximodistale** Prinzip, ein ebenfalls aus dem Lateinischen stammender Begriff, der „nah" und „fern" bedeutet. Dieses Prinzip deutet darauf hin, dass die Entwicklung von der Mitte des Körpers nach außen wandert. Zum Beispiel machen kleine Kinder normalerweise große, weite Bewegungen mit ihren Armen, bevor sie ihre Hände und Finger benutzen. Allgemein kann man sehen, dass kleine Kinder ihre Köpfe (und ihre sensorischen Fähigkeiten, wie das Sehen) benutzen, bevor sie laufen. Und man kann sehen, dass sie ihre Arme in kreisenden Mustern bewegen, bevor sie die Fähigkeit besitzen, den Kartoffelkäfer aufzuheben, der sich in der Ecke der Sandkiste versteckt (Pinzettengriff)!

Das Wachstum ist nicht einfach ein Prozess des Größerwerdens, auch wenn dies, wie oben erläutert, zweifellos geschieht. Das Gehirn reift, und das in ihm stattfindende Wachstum wandert vom Hirnstamm an der Basis des Genicks zur Hirnrinde (Kortex) im vorderen Bereich. Bei der Bewegung nehmen die Reflexbewegungen ab und die willkürlichen Bewegungen zu. Das Wachstum ist auch der Prozess, in dem motorische Fähigkeiten, grob- wie feinmotorische, verbessert werden. Wenn die motorischen Fähigkeiten sich entwickeln und zunehmen, sind kleine Kinder besser dazu in der Lage, ihre Bedürfnisse deutlich zu machen und die Welt zu erkunden.

Gehirnwachstum und motorische Entwicklung

Die motorische Entwicklung ist größtenteils wahrnehmbar; wir können sehen, wie Säuglinge willkürliche Bewegungen machen und ihre körperlichen Fertigkeiten verfeinern. Dank neurobiologischer Technologie können wir nun auch sehen, wie sich das Gehirn verändert, wenn kleine Kinder sich entwickeln. Bei der Geburt wiegt das Gehirn nur etwa 25 Prozent seines letztendlichen Gewichts von dreieinhalb Pfund bei Erwachsenen. Bis zum Alter von drei Jahren erreicht es fast 90 Prozent dieses Gewichts. Bis zum Alter von sechs Jahren hat das Gehirn fast dieselbe Größe wie bei einem Erwachsenen, auch wenn sich spezielle Fähigkeiten bis ins Erwachsenenalter hinein weiterentwickeln.[2] Alltägliche, wahrnehmbare Verhaltensweisen geben uns auch Aufschluss über das Gehirnwachstum. Die Entwicklung von Reflexen ist hierfür ein gutes Beispiel (siehe Tabelle 7.1).

Erst einmal ist es wichtig zu erkennen, dass die Zahl der Neuronen (Gehirnzellen), mit denen ein Kind geboren wird, im Laufe des Lebens nicht zunimmt. Was sich ändert, ist die Zahl der Verbindungsstellen zwischen den Gehirnzellen. Außerdem geschieht etwas, das **Myelinisierung** genannt wird: ein Prozess, bei dem eine lipidhaltige Substanz im Gehirn (Myelin) die Nervenfasern umhüllt und isoliert. Er erklärt die rapide Zunahme der Gesamtgröße des Gehirns nach der Geburt. Diese Nervenfasern, oder Axone, sind dann besser dazu in der Lage, elektrische Impulse (Synapsen) zu übermitteln und stabile „Lernverbindungen" herzustellen.[3] Im ersten Lebensjahr ist das Gehirnwachstum vor allem ein Prozess, in dem Nervenfasern isoliert und Dendritenbäume erweitert oder entwickelt werden. Außerdem bewegen sich die Neuronen im Gehirn umher und werden nach ihrer Funktion geordnet. Einige wandern in die obere Schicht des Gehirns – die **Hirnrinde** – und andere wandern unterhalb dieser Region zu subkortikalen Bereichen. Diese Bereiche unter dem Kortex sind bei der Geburt voll entwickelt und steuern die meisten Reflexe und so grundlegende Aktivitäten wie das Atmen und die Herzfrequenz. Bei fortschreitendem Wachstum werden die Zellen in der Hirnrinde reifer und ihre Verknüpfung nimmt zu. Diese Zellen werden später für komplexe motorische Fähigkeiten und Prozesse höherer Ordnung, wie Kognition und Sprache, verantwortlich.

Diese Aktivität kann mit einem EEG-Gerät, oder Elektroenzephalografen, gemessen werden, das Gehirnwellenaktivität wahrnimmt und misst. Das Wachstum im ersten Lebensjahr lässt sich in Form von Anstiegen in der Gehirntätigkeit erkennen. Beispielsweise gibt es im Alter von drei bis vier Monaten einen Anstieg in der Aktivität, wenn Säuglinge willkürlich nach etwas greifen, im Alter von acht Monaten, wenn sie krabbeln und nach Gegenständen suchen, und auch im Alter von zwölf Monaten, wenn sie laufen.[4] Anstiege in der Aktivität stehen im Zusammenhang mit der massiven Produktion von synaptischen Verbindungsstellen; das Gehirn ist damit beschäftigt, Erfahrungen zu begreifen. Es scheint nun eindeutige Beweise dafür zu geben, dass es die *Erfahrung* ist, die im frühen Leben den „Schaltkreis" des Gehirns formt.

Die Gehirnforschung hat ebenfalls deutliche Hinweise darauf gegeben, dass es für die Entwicklung *sensible Phasen* gibt (dies wird in Kapitel 8 über Kognition und in Kapitel 9 über Sprache näher erläutert). Aber es gibt auch eine enorme **Gehirnplastizität** – dies ist die Eigenschaft des Gehirns, flexibel zu bleiben. Die Plastizität ist vor dem Alter von zwei Jahren am größten, wenn die neuen Synapsen noch zunehmen und noch nicht abgebaut worden sind. Das Gehirn ist unglaublich anpassungsfähig. In einigen Fällen von frühem Trauma übernehmen Regionen des Gehirns die Funktion eines beschädigten Gehirnbereiches. Zwar sind wir noch dabei, die entscheidenden „Zeitfenster" oder sensiblen Phasen für Lerngelegenheiten besser zu verstehen; vergessen Sie aber trotzdem nicht, dass es nie zu spät ist, einem kleinen Kind hochwertige Erfahrungen zu bieten.

Reflexe

Neugeborene können neben unwillkürlichen, undifferenzierten Arm- und Beinbewegungen nur wenige willkürliche Bewegungen ausführen. Die meisten dieser ersten Bewegungen sind **Reflexe**, ungelernte, organisierte, unwillkürliche Reaktionen, die bei Reizen unterschiedlicher Art auftreten. Die Muskeln scheinen automatisch zu reagieren.

> **Überlegen Sie ...**
>
> Meinen Sie, dass das Säuglingsalter eine ideale Zeit ist, um Kindern das Schwimmen beizubringen? Warum oder warum nicht? Warum könnten manche Menschen denken, dass es eine ideale Zeit hierfür wäre? Welches sind Gründe dafür, warum Säuglingen **nicht** das Schwimmen beigebracht werden sollte?

Reflexe haben mehrere Funktionen. Einige, wie das Blinzeln, das Schlucken oder das Freihalten der Atemwege durch Drehung des Kopfes, dienen dem Schutz. Andere, wie das Treten der Beine im Wechsel (alternierendes Strampeln), sind Vorläufer späterer Fähigkeiten – in diesem Fall des Laufens. Kinderärzte und andere Säuglingsspezialisten schenken Reflexen deshalb ihre Aufmerksamkeit, weil sie auf Gehirnwachstum hindeuten. Wenn das Gehirnwachstum sich vom Hirnstamm zur Hirnrinde verlagert, ändern sich die Reflexe oder verschwinden. Gesunde Babys haben denselben Atemreflex wie Erwachsene sowie einen Hust- und Würgreflex, der die Atemwege freihält. Sie blinzeln mit den Augen, kneifen sie zusammen und ihre Pupillen verengen sich genau wie bei Erwachsenen. Sie koordinieren das Saugen und Schlucken und sie weichen vor schmerzvollen Stimuli zurück. Dieses sind alles normale Reflexe, die bei der Geburt vorhanden sind und das ganze Leben lang andauern.

Einige Reflexe sind typisch für Neugeborene und ändern sich oder verschwinden, wenn das Kind heranwächst. Andere Reflexe treten in den ersten paar Lebensmonaten auf. Wenn die neuen Reflexe auftauchen, beginnen einige derer, die schon bei der Geburt vorhanden waren, zu verschwinden. Einige der am deutlichsten sichtbaren Reflexe – und jene, die am häufigsten von Ärzten überprüft werden – sind in Tabelle 7.1 zusammengefasst und in Abbildung 7.1 dargestellt. Die Reflexe sind unterteilt in solche, die bei der Geburt vorhanden sind, und solche, die nach der Geburt auftauchen.

Nicht nur ist es interessant zu sehen, dass Reflexe als Basis für spätere Bewegung dienen, es ist für Betreuerinnen nützlich zu wissen, was Reflexe über das Verhalten und die Entwicklung von Säuglingen aussagen. Es ist manchmal nützlich zu wissen, dass Babys nicht entschieden haben, sich auf eine bestimmte Art zu bewegen (zum Beispiel den Kopf zur Berührungsquelle zu wenden, bevor sie anfangen zu saugen), sondern dass sie dies tun müssen.

Das Auftreten bestimmter Reflexe, das Fortbestehen mancher Reflexe und die Abwesenheit anderer kann auf Abweichungen in der Entwicklung hindeuten. Die Motorik ist ein komplexer Aspekt der Entwicklung. Wenn Eltern oder Betreuerinnen bemerken, dass ein Baby ein Verhalten zeigt, das ein unangemessenes Reflexverhalten zu sein scheint, sollten sie ihre Beobachtungen vielleicht mit einem Entwicklungsexperten oder einem Arzt besprechen.

Tabelle 7.1 Einige wesentliche frühkindliche Reflexe

Reflexe bei der Geburt	
Suchreflex	der Kopf dreht sich zu Dingen, welche die Wange berühren
Saugreflex	die Säuglinge neigen dazu, an Dingen zu saugen, welche die Lippen berühren
Schreitreflex	die Beine bewegen sich, wenn das Baby aufrecht gehalten wird und seine Füße den Boden berühren
Handgreifreflex	die Hände schließen sich fest um etwas, das die Handinnenflächen berührt
Babinski-Reflex	die Zehen spreizen sich, wenn über die Fußsohle gestrichen wird
Moro-Reflex	bei plötzlichem Verlust der Unterstützung des Kopfes werden die Arme vom Körper weggestreckt und die Finger scheinen etwas zu greifen
Schreckreflex	die Arme werden in Reaktion auf ein plötzliches Geräusch vom Körper weggestreckt
Tonischer Nackenreflex (Fechterstellung)	bei Drehung des Kopfes zu einer Seite wird der Arm auf dieser Seite gestreckt, während der andere Arm sich beugt.
Schwimmen	wird der Säugling ins Wasser gelegt, werden Schwimmbewegungen ausgeführt
Reflexe nach der Geburt	
Alternierendes Strampeln	liegen die Beine in Außenrotation, treten sie abwechselnd (Rad fahren)
Halsstellreflex	dreht sich der Kopf zur Seite, folgt der ganze Körper nach
Sprungbereitschaft	beim Fallen werde die Arme nach vorne gestreckt
Landau-Reflex	wird der Säugling horizontal unter dem Bauch gehalten, streckt er Arme und Beine so, dass sich eine „U-förmige" Haltung ergibt.

Motorische Fähigkeiten 231

Abbildung 7.1 Reflexe bei und nach der Geburt

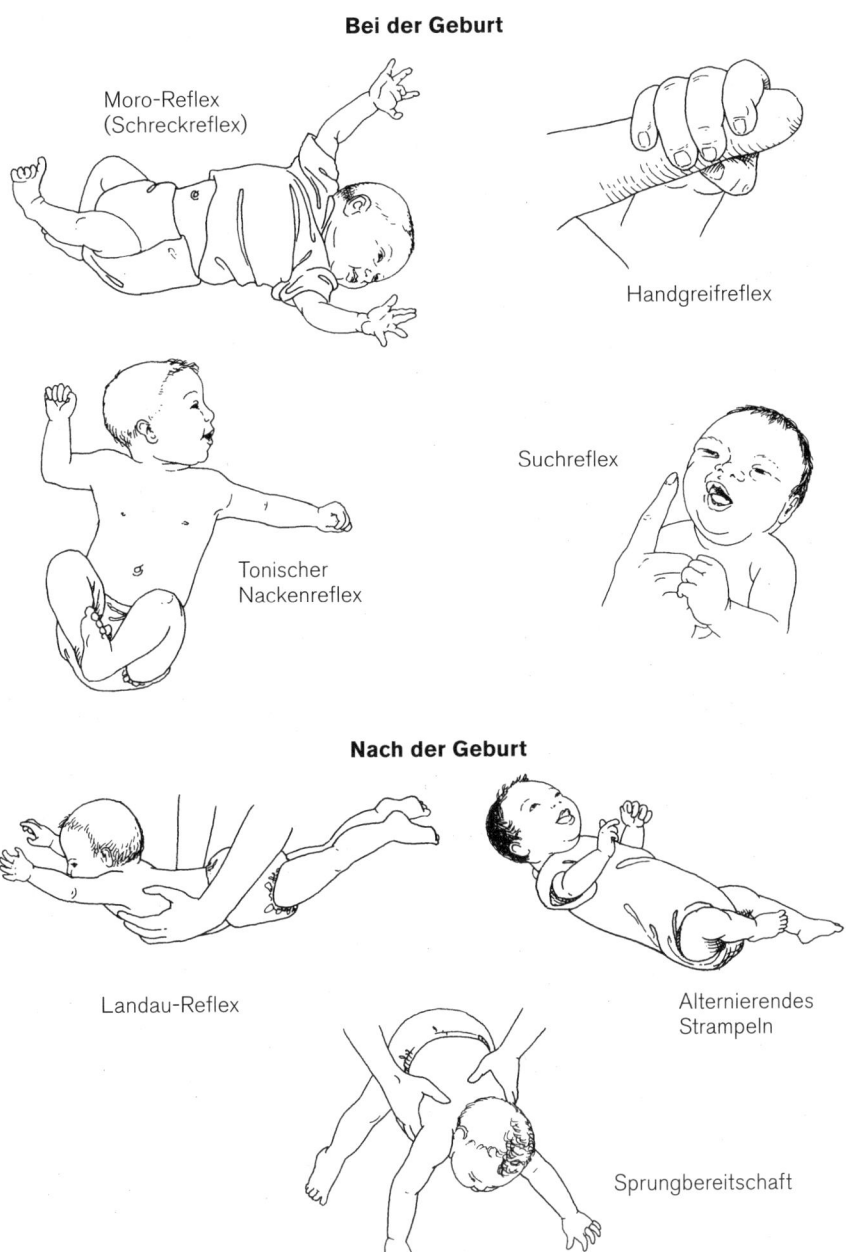

Die Prinzipien in der Praxis

Prinzip 10: Kümmern Sie sich um die Qualität der Entwicklung in jeder Phase. Drängen Sie Säuglinge und Kleinkinder nicht dazu, Meilensteine der Entwicklung zu erreichen.

In einem Kinderzentrum für Säuglinge und Kleinkinder werden alle Kinder als Individuen behandelt. Ihre Entwicklung wird nie vorangetrieben, stattdessen sehen die Mitarbeiterinnen den Babys dabei zu, wie sie, jedes nach seinem eigenen Zeitplan, ihre Entwicklungsmeilensteine erreichen. Ein Kind, das an dem Programm teilnimmt, wurde zu früh geboren, und bei einem anderen wurde eine Retardation festgestellt; deshalb kommt der Idee, dass sich jedes Kind nach seinem eigenen Zeitplan entwickeln soll, in diesem Programm noch mehr Bedeutung zu. Das Kind mit Entwicklungsverzögerungen wird sorgfältig von einem Säuglingsspezialisten beobachtet und hat einen gründlich durchdachten Leistungsplan. Alle Kinder gehen regelmäßig zum Kinderarzt. Kürzlich erhielt die Einrichtung eine Benachrichtigung, dass ihre weitere Finanzierung davon abhängen würde, ob sie in der Lage ist, dafür zu sorgen, dass alle am Programm teilnehmenden Kinder – mit Ausnahme derer, bei denen offiziell bestätigt ist, dass sie besondere Bedürfnisse haben – Meilensteine der Entwicklung pünktlich erreichen. Die Mitarbeiterinnen wurden dazu aufgefordert, sich in einer Methode („diagnosis and prescription") schulen zu lassen, bei der mithilfe von Aktivitäten und Übungen dafür gesorgt werden soll, dass alle Kinder sich im Hinblick auf ihre Fähigkeiten, die Meilensteine zu erreichen, einander annähern. Das Team und die Direktorin sind entsetzt. Ihr Motto (das sie von Magda Gerbers Arbeit übernommen haben) lautet *„zeit*gerecht; nicht *termin*gerecht".

1. Wie lautet Ihre Reaktion auf diese Situation?
2. Ist es von Wert, zuzulassen, dass Kinder sich in ihrem eigenen Tempo entwickeln? Erläutern Sie Ihre Antwort.
3. Hat es Nachteile, wenn Kinder sich in ihrem eigenen Tempo entwickeln dürfen? Wenn ja, welche?
4. Glauben Sie, dass die Aktivitäten und Übungen etwas ändern? Erläutern Sie.
5. Haben Sie Erfahrung damit, zu einer Leistung gedrängt zu werden? Falls ja, hat Ihr Erlebnis mit Säuglingen und Kleinkindern zu tun? Wenn ja, inwiefern?

Grobmotorische Fähigkeiten und Lokomotion

Nach und nach machen Säuglinge willkürlich gesteuerte Bewegungen anstelle von Reflexbewegungen. Diese willkürlichen Bewegungen werden normalerweise in zwei grobe Kategorien unterteilt: in grobmotorische Fähigkeiten, die mit großen Muskeln und großräumigen Bewegungen zu tun haben, und in feinmotorische Fähigkeiten, die mit kleinen Muskeln und feineren Bewegungen zu tun haben.

Das Gehirn, der Körper und die Umwelt leisten alle ihren Beitrag auf dem Weg des Säuglings zu mehr Kraft und **Lokomotion**, oder der Fähigkeit, sich von einem Ort an einen anderen zu bewegen. Verschiedene Entwicklungsbereiche arbeiten zusammen, um ein Kind zu komplexeren und höheren Wachstumsebenen voranzubringen.

Grobmotorik tragen zur Fähigkeit des Säuglings bei, sich in zwei Richtungen zu bewegen: nach oben (in eine aufrechte Haltung) und herum (auf einer horizontalen Fläche). Die zwei sind miteinander verknüpft, da das Kind aufstehen muss, um sich herumzubewegen, und sich herumbewegen muss, um aufzustehen. Nach und nach gewinnen Babys die Kontrolle über diese Muskeln. Die ersten Muskeln, die sich entwickeln, sind die, die Bewegungen des Kopfes kontrollieren. Wenn Babys die mit dem Drehen des Kopfes von einer Seite zur anderen und mit dem Anheben des Kopfes verbundenen Fähigkeiten vervollkommnen, kräftigen sie die Schultermuskeln. Wenn sie beginnen, sich umherzubewegen und zu räkeln, und dabei ihre Arme und Beine hochheben, stärken sie die Rumpfmuskeln. All dies dient als Vorbereitung für das Umdrehen, genau wie das Umdrehen die Vorbereitung für das aufrechte Sitzen ist (indem es die hierfür erforderlichen Muskeln kräftigt). Ein Kind lernt, sich aufzusetzen, ohne dass es jemals abgestützt worden ist. Die Fähigkeit, zu sitzen, wurzelt in der Entwicklung derjenigen Muskeln, die Voraussetzung für die aufrechte Haltung sind. Säuglinge werden dadurch zum Sitzen bereit, dass sie lernen, den Kopf zu bewegen und sich umzudrehen. Der Aufbau des Muskelsystems ist unverzichtbar; Übung im Sitzen zu haben hingegen nicht.

Gemäß der Forschung von Emmi Pikler am Pikler-Institut in Budapest und ihren dort gewonnenen Erfahrungen entwickeln Kinder Bewegungsfähigkeiten in einer erwartungsgemäßen Abfolge, wenn niemand sich einmischt, indem er die Kinder lobt oder auf andere Weise motiviert. Wenn Kinder von Beginn ihres

Videobeobachtung 7

Stufen hinauf- und hinuntersteigende Kinder

Schauen Sie sich die Videobeobachtung 7, „Children Climbing Stairs", an, um Beispiele dafür zu sehen, wie Kinder beim Üben des Treppensteigens ihre grobmotorischen Fähigkeiten nutzen. Achten Sie darauf, wie jedes Kind die Aufgabe ein bisschen anders angeht.

Fragen

- Von wie vielen verschiedenen Methoden machten die Kinder Gebrauch, um auf dieses niedrige Podest und von ihm herunter zu kommen? Beschreiben Sie jede Methode.
- Welche anderen Besonderheiten in der Umgebung könnten Kindern Gelegenheit dazu geben, sicher das Hoch- und Hinuntersteigen zu üben?
- Was sagt Ihnen diese Szene über die Philosophie der Einrichtung?

Diesen Videoclip können Sie unter www.mit-kindern-wachsen.de/videomaterial anschauen. Wählen Sie hier bitte Kapitel 7.

Lebens an auf den Rücken gelegt werden und niemand sie manipuliert, indem er sie in Stellungen bringt, die sie von sich aus nicht einnehmen können, lernen sie von alleine, sich umzudrehen, zu rollen, zu kriechen, zu krabbeln, zu sitzen, zu stehen und zu laufen. Sie schaffen all dies, indem sie mit jeder Bewegung wieder und wieder spielen und sich in jedes kleine Detail vertiefen. Sie sind Forscher, die Bewegungen untersuchen und geduldig experimentieren. Säuglinge werden mit der Bereitschaft geboren, zu lernen. Durch ihre Faszination für ihren Körper und ihre starke Motivation, Bewegung zu erlernen, beweisen sie ihre Fähigkeit für höchst kompetentes und selbstständiges Lernen. Ihr beharrliches Bestreben, die Bewegungsfähigkeiten zu verbessern, hat prägende Auswirkung auf das spätere Lernen. Im Gegensatz zu Emmi Piklers Ansatz, bei dem ein Kind nicht eingeengt wird, damit es sich frei bewegen kann, setzen viele Eltern Babys einen großen Teil der Zeit, die sie wach sind, in einen Babysitz. Statt es dem Baby zu ermöglichen, sich auf seinen eigenen Körper und seine innere Motivation zu konzentrieren, platzieren sie es zusätzlich vor einen Fernseher oder ein anderes Unterhaltungsgerät, weil sie meinen, dass Babys sonst langweilig wird. Diesen Babys, die sowohl in ihrer Bewegungsfreiheit eingeschränkt als auch unterhalten werden, wird auf diese Weise das wichtige motorische Spiel vorenthalten. Anstatt dass sie ihre eigenen Körper enorm interessant finden, lernen sie, nach Unterhaltung außerhalb ihrer selbst zu suchen. Diese Art von früher Erfahrung kann sich das ganze Leben lang prägend auswirken.

Es ist ein generelles, zur motorischen Entwicklung gehörendes Prinzip, dass *Stabilität der Weg zu Mobilität ist.* Säuglinge können sich nicht bewegen, bevor sie eine gute, solide Basis gewinnen, von der aus sie sich bewegen können – ganz gleich, ob die Bewegung vertikal ist, wie beim Sitzen und Stehen, oder horizontal, wie beim Krabbeln und Laufen. Dasselbe Prinzip findet auch auf einer anderen Ebene Anwendung. Kapitel 5 machte deutlich, dass das Erforschen (Mobilität) im Zusammenhang mit psychologischer Stabilität steht (Vertrauen in Bindung).

Das Programm zur Entwicklung von Muskelstabilität gehört zur Anlage des Säuglings – ebenso wie das Programm für Mobilität. Niemand muss ihm das Sitzen oder Laufen „beibringen". Wenn normale Babys die erforderliche Muskelentwicklung hinter sich gebracht haben, werden sie ohne jegliche Anleitung oder Übung in der Lage sein, zu sitzen und zu laufen.

Frühe motorische Erfahrungen können unter Zuhilfenahme des in Kapitel 6 zum Thema Wahrnehmung erwähnten Ansatzes dynamischer Systeme beschrieben werden. Jede Bewegung besteht aus Teilstücken an Erfahrung, und die motorischen Fähigkeiten ändern sich jedes Mal, da sie genutzt werden.[5] Wenn die Muskeln der Säuglinge wachsen, werden die Babys kräftiger und entwickeln ihren Gleichgewichtssinn, ihr Gehirn reift und sie kombinieren die Fähigkeiten, die für ausgereifte Bewegung und Laufen erforderlich sind. Jede Fähigkeit ist notwendig, und sie alle arbeiten zusammen, um effektive Wege für die Erkundung der Umgebung zu schaffen. Abbildung 7.2 stellt die wichtigsten

Abbildung 7.2 Meilensteine der grobmotorischen Entwicklung: Geburt bis 30 Monate

Quelle: Teile dieser Grafik wurden den Bayley Scales of Infant Development entnommen. Copyright © Psychological Corporation, a Hartcourt Assessment Company, 1969. Nachdruck mit Genehmigung. Alle Rechte vorbehalten.

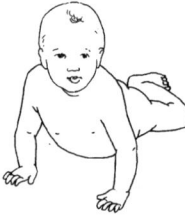

Hebt in der Bauchlage den Kopf, indem es sich auf seine Arme stützt
2,1 Monate
(Spanne 0,7-5 Monate)

Fortbewegung vor dem Laufen
7,1 Monate
(Spanne 5-11 Monate)

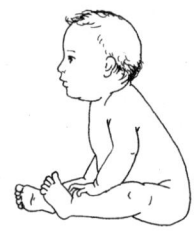

Zieht sich hoch in Sitzposition
7,3 Monate
(Spanne 6-8 Monate)

Zieht sich an Möbelstücken hoch
8,6 Monate
(Spanne 6-12 Monate)

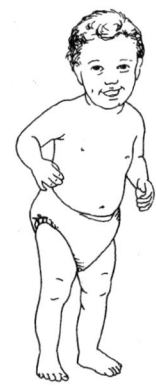

Steht alleine
11 Monate
(Spanne 9-16 Monate)

Läuft alleine
11,7 Monate
(Spanne 9-17 Monate)

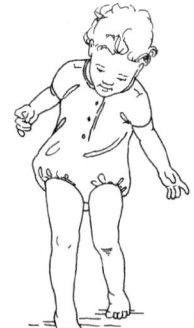

Geht rückwärts
14,6 Monate
(Spanne 11-20 Monate)

Hüpft auf dem Boden
23,4 Monate
(Spanne 17-30 Monate)

Meilensteine der grobmotorischen Entwicklung und Lokomotion dar. Seien Sie bei ihrer Verwendung vorsichtig. Derartige Schaubilder basieren auf Durchschnittswerten, und kein Baby ist durchschnittlich. Die motorische Entwicklung geschieht normalerweise nach der beschriebenen Abfolge, aber es gibt innerhalb dieses Rahmens viel Raum für individuelle Unterschiede in Bezug auf das Timing und den Stil. *Denken Sie an Prinzip 10: Kümmern Sie sich um die Qualität der Entwicklung in jeder einzelnen Phase. Drängen Sie Säuglinge und Kleinkinder nicht dazu, Meilensteine der Entwicklung zu erreichen.*

> **Überlegen Sie ...**
>
> Welche Erfahrung haben Sie mit Entwicklungsdiagrammen? Haben Sie irgendeine Meinung über diese Diagramme?

Feinmotorische Fähigkeiten und Handgeschicklichkeit

Zu den kleinen Muskeln, die ein Säugling allmählich zu kontrollieren beginnt, gehören die der Augen, des Mundes, der Sprechorgane, der Blase, des Mastdarms, der Füße, Zehen, Hände und Finger. Dieser Abschnitt fokussiert auf die Entwicklung der Hände und Finger, die als **Handgeschicklichkeit** bezeichnet wird. Die Leistungen in diesem Bereich sind keine isolierten Kompetenzen; sie sind koordiniert und verbinden sich auf immer differenziertere Art miteinander.

Die Abfolge, in der Säuglinge lernen, mit Gegenständen zu hantieren, zeigt, wie komplex diese Fähigkeit ist. Abbildung 7.3 illustriert diesen Entwicklungsabschnitt. Zuerst haben Neugeborene ihre Hände im Allgemeinen zu festen Fäusten geschlossen (allerdings haben die Babys, denen es gegönnt war, einen nicht allzu anstrengenden Geburtsvorgang zu erleben, die Faust lockerer geballt). Sie halten jeden Gegenstand fest, der ihnen in die Hände gelegt wird, und greifen dabei so fest zu, dass sie, wenn sie hochgezogen werden, ihr eigenes Gewicht tragen können. Sie haben jedoch keine Kontrolle über ihren Griff und können nicht loslassen, ganz gleich, wie sehr sie dies möchten. Bevor sie sechs Monate alt sind (gewöhnlich mit etwas mehr als zweieinhalb Monaten), sind die geballten Fäuste die meiste Zeit locker und die Hände bleiben geöffnet.

Abbildung 7.3 Feinmotorische Entwicklung: Handgeschicklichkeit, Geburt bis 30 Monate

Quelle: Teile dieser Grafik wurden den Bayley Scales of Infant Development entnommen. Copyright [x] Psychological Corporation, a Hartcourt Assessment Company, 1969. Genehmigter Nachdruck. Alle Rechte vorbehalten.

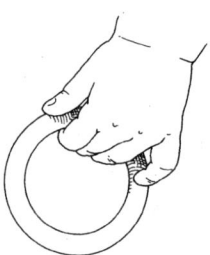

Greift den Ring und hält ihn
0,8 Monate
(Spanne 0,3-3 Monate)

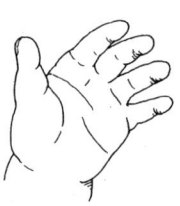

Die Hände sind überwiegend
geöffnet und locker
2,7 Monate
(Spanne 0,7-6 Monate)

Greift nach dem
herabhängenden Ring
3,1 Monate
(Spanne 1-5 Monate)

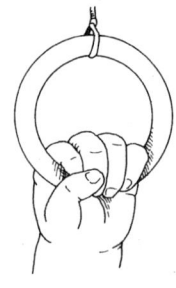

Umschließt den herabhängenden
Ring mit der Hand
3,8 Monate
(Spanne 2-6 Monate)

Befingert aus Vergnügen die Hand
3,2 Monate
(Spanne 1-6 Monate)

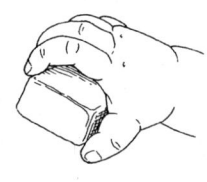

Palmares Greifen
3,7 Monate
(Spanne 2-7 Monate)

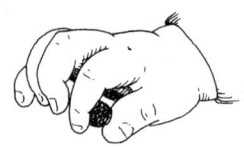

Gezielter Pinzettengriff
8,9 Monate
(Spanne 7-12 Monate)

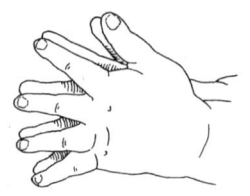

„Backe, backe Kuchen"
(Hände kommen in der
Körpermittellinie zusammen)
9,7 Monate
(Spanne 7-15 Monate)

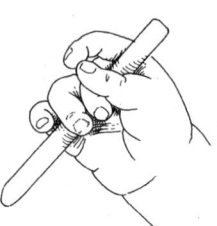

Kritzelt spontan
14 Monate
(Spanne 10-21 Monate)

Motorische Fähigkeiten 239

Ein großer Teil der feinmotorischen Entwicklung rührt daher, dass die Selbsthilfefähigkeiten der Kinder unterstützt werden.

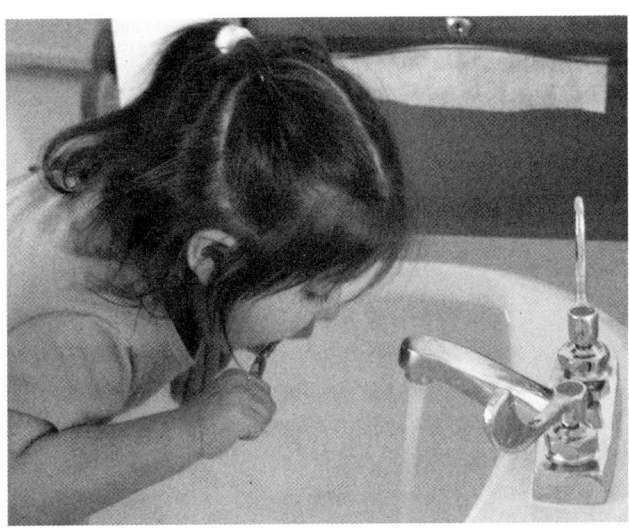

Während der ersten drei Monate wird ein größerer Teil der Hand- und Armbewegungen willkürlich. Die Säuglinge beginnen nach Gegenständen zu greifen, erfassen sie zuerst mit ihren Augen, dann mit geöffneten Händen. Mit etwa dreieinhalb Monaten können sie häufig einen Gegenstand, der sich in Reichweite befindet, mit der Hand umschließen. Ungefähr zu dieser Zeit beginnen sie auch, mit ihren eigenen Händen zu spielen. Am Anfang greifen sie auf eine unverwechselbare Art: Sie benutzen alle Finger gemeinsam, als ob sie einen Fausthandschuh anhätten, und ziehen die Gegenstände in ihre Handfläche. Diese Bewegung wird palmares Greifen genannt. Auch wenn das palmare Greifen in diesem Stadium eine willkürliche Bewegung ist, rührt es von dem früheren Handgreifreflex her, der bei der Geburt vorhanden war. Nachdem sie gelernt haben, Gegenstände mit einer Hand zu ergreifen, beginnen Säuglinge bald damit, sie von einer Hand in die andere zu wechseln. Bis zum sechsten Monat haben sie damit begonnen, zu versuchen, Daumen und Zeigefinger für den so genannten „Pinzettengriff" einzusetzen. Sie können dann mit mehr Geschick und unter Nutzung verschiedener Bewegungen mit Gegenständen hantieren.

Bis zum Alter von etwa neun Monaten haben Säuglinge den Pinzettengriff perfektioniert und können kleine Gegenstände sehr geschickt ergreifen. Mit den Händen zu spielen – Gegenstände aufzuheben und fallenzulassen, damit ein hilfsbereiter Erwachsener sie wieder aufhebt, und „Backe, backe Kuchen" zu spielen – bereitet Vergnügen. Das aus dem Fallenlassen von Gegenständen bestehende Spiel bringt die Freude der Säuglinge darüber, dass sie nun in der Lage sind loszulassen, und ihr Bewusstsein dieser Kompetenz zum Ausdruck. Bis zum neunten Monat können Säuglinge möglicherweise auch ihren Zeigefinger einzeln benutzen – mit ihm piksen, ihn um etwas haken, mit ihm bohren. Schließlich können sie die Hände unabhängig voneinander benutzen und dann zwei verschiedene Tätigkeiten gleichzeitig ausführen (zum Beispiel mit der einen Hand etwas halten und mit der anderen etwas herummanövrieren).

Mit elf Monaten können Säuglinge Buntstifte halten und auf zur Verfügung stehenden Oberflächen malen. Wahrscheinlich können sie auch einen Löffel zum Mund bewegen. Wenn sie ein Jahr alt werden, haben sie es angesichts der nun vorhandenen Vielfalt an Bewegungen schon weit gebracht, bedenkt man, dass der Ausgangspunkt das zwanghafte Greifen nach der Geburt war. Säuglinge können dann Abdeckungen von Gegenständen herunternehmen, sich bis zu

Motorische Fähigkeiten 241

einem gewissen Grad selbst auszuziehen, ein Objekt aus einem anderen nehmen sowie Dinge auseinander nehmen und sie hin- und herräumen. Sie fahren damit fort, ihre Hantierfähigkeiten zu erweitern sowie ihre Bewegungen zu verfeinern und zu vervollkommnen. Von hier an gibt es große Unterschiede zwischen den einzelnen Kindern.

Ein großer Teil der feinmotorischen Entwicklung von Kleinkindern findet statt, wenn sie dazu ermutigt werden, Aufgaben selbst zu erledigen. Während sie geschickter im Essen mit Besteck, im Einschenken ihrer Milch, Ausziehen ihrer Schuhe und Zuziehen des Reißverschlusses ihrer Jacke werden (wobei ein Erwachsener den Anfang macht), nimmt ihre Fähigkeit, ihre Hände und Finger zu benutzen, zu.

Grobmotorische Aktivitäten können nicht alleine der Zeit im Freien vorbehalten sein. Auch drinnen müssen sie erlaubt sein und muss zu ihnen ermuntert werden.

Spielzeug und andere Gegenstände tragen dazu bei, dass sie beim Spielen Gelegenheit haben, zu üben (mit dem, was Sie ihnen bereitstellen, wie Sachen zum Verkleiden, Puppen und Puppenkleider, Knetmasse, Tafeln mit Knöpfen und Reißverschlüssen, Tafeln mit Riegeln, Schlössern und Schaltern, Perlen zum Auffädeln, Stapelspielzeug, einfache Formsortierer, Legosteine, Telefone, Farben und Pinsel oder Wasser und Pinsel, Buntstifte, Filzstifte, Scheren, einfache Puzzles aus Pappe, Klötze, kleine Figuren, Autos und Lastwagen). Die taktilen Erfahrungen, die in Kapitel 6 im Abschnitt „Berühren" erwähnt wurden, fördern ebenfalls die feinmotorische Entwicklung. In Anhang B finden Sie einen Überblick über altersgemäße, die Entwicklung der Feinmotorik unterstützende Spielsachen, Materialien und Aktivitäten. Achten Sie darauf, Jungen und Mädchen gleichermaßen dazu zu ermuntern, sich mit feinmotorischen Aktivitäten zu beschäftigen.

Erinnern Sie sich an Anthony zu Beginn dieses Kapitels. Er stieß einfach dadurch, dass er sich in einer Umgebung befand, die gut ausgestattet war und Wahlmöglichkeiten bot, auf viele Gelegenheiten, seine Fähigkeiten im Laufen, Rennen, Klettern und Ausbalancieren auszubauen. Auch als er sich darin übte, die Spielsachen und Materialien, die ihm zur Verfügung standen, zu greifen, halten, löffeln, schütten und drücken, baute er feinmotorische Fähigkeiten auf. Diese Erfahrungen halfen ihm nicht nur dabei, seine Wahrnehmungsfähigkeiten zu entwickeln, sondern trugen auch zur kognitiven Entwicklung bei. *Denken Sie an Prinzip 8: Erkennen Sie Probleme als Lerngelegenheiten und lassen Sie Säuglinge und Kleinkinder versuchen, ihre Probleme selbst zu lösen. Erlösen Sie sie nicht, machen Sie ihnen nicht permanent das Leben leichter und versuchen Sie nicht, sie vor allen Problemen zu beschützen.*

Förderung der motorischen Entwicklung

Betreuerinnen können mehrerlei tun, um die motorische Entwicklung von Säuglingen zu fördern. Versuchen Sie, Kinder in den Stunden, in denen sie wach sind, in der Körperstellung sein zu lassen, in der sie am freiesten und am wenigsten hilflos sind. Emmi Piklers Forschung zeigt, dass selbst die kleinsten Babys ihre Stellung durchschnittlich einmal in der Minute ändern.[6] Wenn sie also in einem Babysitz oder einer Schaukel festgeschnallt werden, sind sie nicht in der Lage zu tun, was sie von Natur aus tun würden, wenn sie die Freiheit dazu hätten. Vermeiden Sie Geräte, die Kinder einschränken (Autositze sind hierbei natürlich eine notwendige Ausnahme).

Versuchen Sie, motorische Fähigkeiten nicht „beizubringen". Ermuntern Sie Säuglinge dazu, zu üben, was sie bereits können. Dadurch, dass Babys das, was sie im gegenwärtigen Entwicklungsstadium tun – was immer es sein mag –, gründlich tun, werden sie bereit für das nächste Stadium. Der Versuch, Babys beizubringen, sich umzudrehen oder zu laufen, hält sie davon ab, ihre bereits vorhandenen Fähigkeiten vollständig zu erforschen und zu perfektionieren. Sie erreichen jeden Meilenstein genau dann, wenn sie hierzu bereit sind, und ihr eigener innerer Zeitplan diktiert ihnen den Zeitpunkt.

Bringen Sie Babys nicht in Stellungen, die sie alleine nicht einnehmen können. Der Prozess des *Einnehmens* einer Stellung ist wichtiger als das *Sein* in dieser Stellung – der Prozess fördert die Entwicklung. Babys werden dadurch bereit, zu stehen, dass sie sitzen und krabbeln können, nicht dadurch, dass sie hingestellt werden.

Schützen Sie Babys nicht vor jedem körperlichen Stress. Der Körper braucht ein gewisses Maß an Stress, um zu wachsen. *Erlösen* Sie Babys nicht, wenn sie in eine unangenehme Stellung kommen, sondern warten Sie ab und schauen Sie, ob sie alleine wieder aus ihr herauskommen können. Natürlich lassen Sie Babys, die starkem „Distress" ausgesetzt sind, nicht allein und ohne jede Unterstützung; Sie sollten ihnen jedoch ebenso wenig immer alles leicht machen. Sinnvoller oder optimaler Stress stimuliert das Wachstum, erhöht die Motivation und stärkt den Körper sowie die Psyche.

Am wichtigsten ist, dass Sie die Entwicklung in allen motorischen Bereichen *erleichtern*, aber nicht *vorantreiben*. Weil wir in einer zur Eile antreibenden Kultur leben, warten einige Menschen äußerst ungeduldig darauf, dass Babys Meilensteine „termingerecht" oder sogar noch früher erreichen. „Zeitgerecht" ist eine bessere Richtschnur für das Erreichen der Meilensteine. Jedes Baby hat seinen eigenen Zeitplan. Es gibt keinen Grund, den eines anderen Menschen durchzusetzen. Die Frage, die es zu stellen gilt, ist nicht: „Macht dieses Baby schnelle Fortschritte in seiner Entwicklung?" Achten Sie darauf, wie gut Babys die Fähigkeiten einsetzen, die sie besitzen, und ob sie in der Nutzung dieser Fähigkeiten Fortschritte machen. Wenn Sie diese zwei Dinge im Kopf haben, werden Sie sich nicht so viele Gedanken darum machen müssen, wo die Kinder auf der Entwicklungstabelle einzuordnen sind. *Denken Sie an Prinzip 2: Investie-*

Abbildung 7.4 Die Bewegungen eines Zweijährigen im Raum

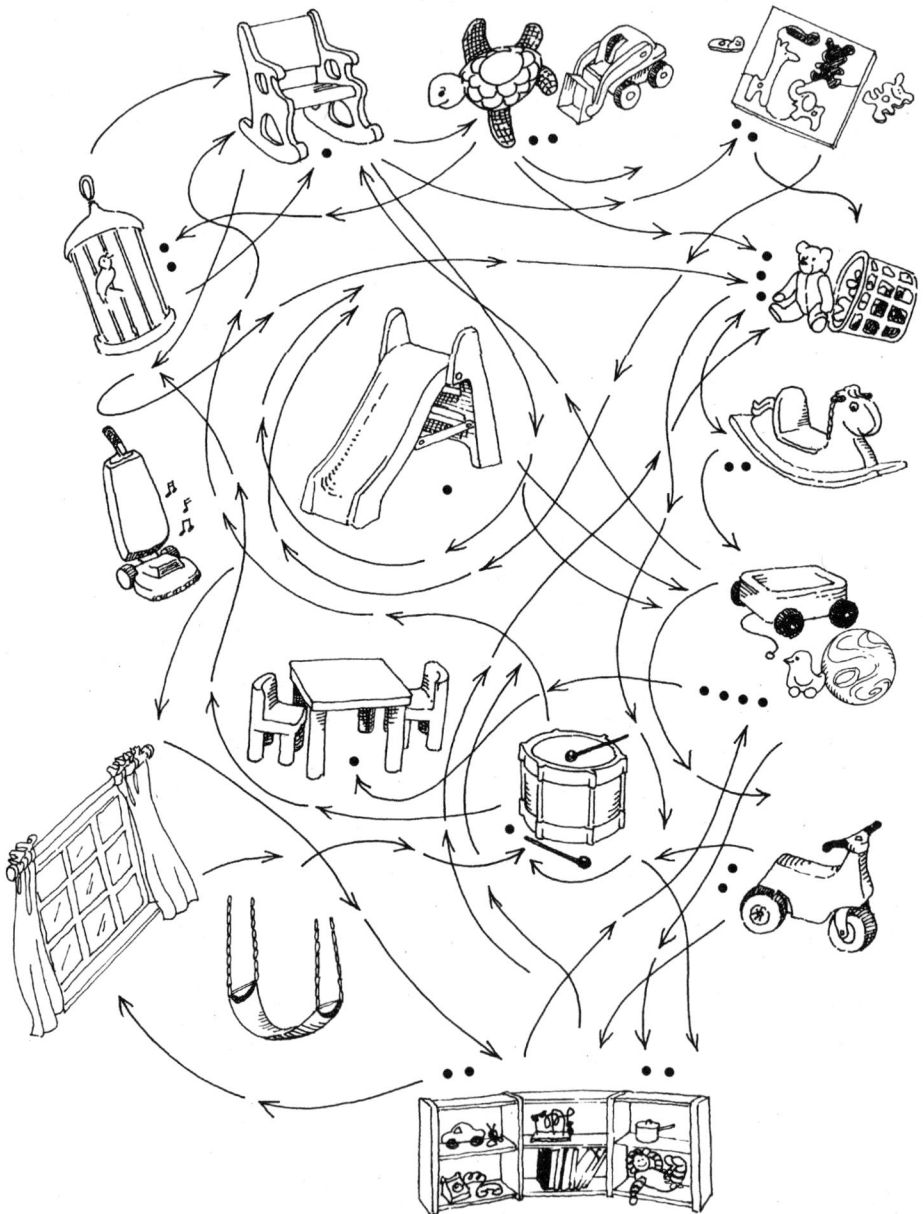

ren Sie in Zeit von besonderer Qualität, in der Sie voll und ganz für einzelne Säuglinge oder Kleinkinder zur Verfügung stehen. Geben Sie sich nicht damit zufrieden, Gruppen zu beaufsichtigen, ohne sich (mehr als nur kurz) auf einzelne Kinder zu konzentrieren.

Die Förderung der motorischen Entwicklung von Kleinkindern folgt denselben Prinzipien wie die von Säuglingen. Kleinkinder brauchen die Freiheit, sich zu bewegen und verschiedene Möglichkeiten kennen zu lernen, wie sie die Fähigkeiten nutzen können, die sie besitzen. Grobmotorische Aktivitäten können nicht alleine der Zeit im Freien vorbehalten sein; sie müssen drinnen erlaubt sein und unterstützt werden. Eine weiche Umgebung – Kissen, Matratzen, Schaumstoffblöcke und dicke Teppiche (drinnen) sowie Gras, Sand, weiche und harte Matten (draußen) – hilft Kleinkindern, zu rollen, zu fallen und herumzuspringen. Verschiedene Arten von kleinen Kletter- und Rutschgeräten (für drinnen wie draußen) ermöglichen es dem Kleinkind, Erfahrungen mit einer Vielzahl an Fähigkeiten zu machen. Spielsachen auf Rädern (deren Nutzung älteren Kleinkindern für das Spiel im Freien vorbehalten sein kann) ermöglichen eine ganz andere Art der Erfahrung, weil Kleinkinder erst lernen, sie zu schieben, und später, mit ihnen zu fahren. Große, leichtgewichtige Blöcke unterstützen die Fähigkeiten, etwas zu bauen, weil Kleinkinder sie herumtragen können, aus ihnen Wege, Häuser und abstrakte Strukturen bauen und dann auf diesen ihre grobmotorischen Fähigkeiten trainieren können.

Das Herumwandern und das Tragen und Hinwerfen von Gegenständen sind grobmotorische Fähigkeiten, die Kleinkinder in hohem Maße üben. Anstatt sie als negativ anzusehen, können Betreuerinnen sie ins Curriculum aufnehmen und Vorkehrungen für sie treffen. In einigen Einrichtungen stehen Dinge zur Verfügung, die hingeworfen (und wieder an ihren Platz gestellt) werden können. Ein Zentrum lässt sogar einen Eimer mit Gegenständen von der Decke hängen, dessen einziger Zweck es ist, hingeworfen (und wieder gefüllt) zu werden. Zum Herumwandern gehört normalerweise, dass Gegenstände aufgehoben, an einen anderen Platz gebracht und dort abgesetzt werden. Manchmal werden sie aktiv weggeworfen und manchmal einfach fallengelassen – zurückgelassen, als seien sie vergessen worden. Abbildung 7.4 zeigt den Weg, den ein Zweijähriger über einen Zeitraum von zwanzig Minuten zurückgelegt hat. Die schwarzen Punkte stehen für jedes Mal, dass das Kind einen Gegenstand aufgehoben oder hingelegt hat. Achten Sie darauf, was für eine Strecke der Junge zurückgelegt hat und wie viele Male er Gegenstände aufhob und hinlegte. Dies ist kein ungewöhnliches Verhalten für einen Zweijährigen. Normalerweise sind Kinder, wenn sie älter werden, in der Lage, mehr und mehr Zeit mit speziellen Aktivitäten zu verbringen. Je näher Kleinkinder dem Alter von drei Jahren kommen, umso unwahrscheinlicher ist es, dass sie große Teile des Tages damit verbringen, sich von einem Ort zum anderen zu bewegen. Aber im frühen Kleinkindalter ist diese ständige Bewegung Teil der grobmotorischen Entwicklung, und die Umgebung, sowohl drinnen wie draußen, sollte so ausgestattet sein, dass sie diesem Bedürfnis entgegenkommt.

Eine Warnung im Zusammenhang mit den neuen Informationen zur Gehirnentwicklung: Nehmen Sie sich vor jeglicher Werbung in Acht, bei der sich jemand die Gehirnforschung zunutze macht, um Spielwaren und Materialien zu verkaufen. Natürliche Erfahrungen und Interaktionen des Alltags sind der beste Weg, um wichtige neuronale Verbindungen zu fördern. Die Interpretation der Forschungsergebnisse muss mit Sorgfalt und Sensibilität erfolgen, und die Einzigartigkeit eines jeden Kindes sollte immer bewahrt bleiben.

Überlegen Sie ...

Wie beeinflusst die Umgebung Ihrer Meinung nach die motorische Entwicklung?

Achten Sie darauf, ob Sie grobmotorische Bewegung bei Jungen stärker unterstützen als bei Mädchen. Genau wie Jungen brauchen auch Mädchen kräftige, geschickte Körper. Im Kleinkindalter haben beide Geschlechter Vergnügen an Lauf- und Fangspielen. Die Freiheit, auf dem Boden herumzurollen, auf Kissenberge zu springen, zu ringen und Purzelbäume zu schlagen, ist für Mädchen genauso angemessen wie für Jungen. Musik und Bewegung, Tanz und Kreisspiele ermuntern alle kleinen Kinder dazu, sich zu bewegen und Spaß zu haben. Hier können auch Ideen aus unterschiedlichen Kulturen wunderbar ihren Platz finden. Machen Sie Spaziergänge und untersuchen Sie unterwegs interessante Dinge. Denken Sie nur daran, Kindern die Wahl zu lassen, und halten Sie die Gruppengröße klein.

Kinder mit besonderen Bedürfnissen:
Entwicklungsverzögerungen

Die motorische Entwicklung kann bei einem Kind mit besonderen Bedürfnissen oder Entwicklungsverzögerungen langsamer verlaufen, ihr Ablauf größere Abweichungen aufweisen. In diesem Kapitel wurde über Reflexe gesprochen. Sie sind für Eltern und Betreuerinnen eine wichtige Richtschnur, weil sie auf die Gehirnentwicklung und mögliche Gehirnschäden hindeuten. Während des ersten Lebensjahres eines Kindes ist es besonders wichtig, dass seiner Entwicklung sorgfältige Beachtung geschenkt wird.

Die motorische Entwicklung kann durch vielerlei behindernde Umstände beeinflusst werden. Ein Säugling mit Sehbehinderung ist vielleicht in seiner motorischen Entwicklung langsamer, weil die begrenzte visuelle Information seine Erkundung der Welt einschränkt. Ein Säuglinge mit zerebraler Lähmung zeigt wegen des hiermit zusammenhängenden Gehirnschadens möglicherweise nur eine schlechte oder eingeschränkte Kontrolle über seine Muskeln. Säuglinge mit atypischer motorischer Entwicklung zeigen eine stetige, aber sehr viel langsamer verlaufende Weiterentwicklung oder Abfolge motorischer Fähigkeiten.

Häufig wird nicht vollständig verstanden, warum ein Kind eine motorische Verzögerung erfährt. Die Geburtsvorbereitung, eine zu frühe Geburt oder ein Trauma bei oder nach der Geburt können die motorische Entwicklung beeinflussen. Frühe Intervention bleibt weiterhin das entscheidende Mittel, um einem Kind mit besonderen Bedürfnissen zu helfen, sein volles Entwicklungspotenzial zu nutzen. Die folgende Auflistung an Symptomen, erkennbaren Zeichen oder Beschwerden könnte Betreuerinnen und Eltern helfen, zu entscheiden, wann weiterführende Gespräche mit einem Spezialisten notwendig sind (*Anmerkung*: Das Vorhandensein von einem oder zwei Symptomen bedeutet nicht, dass ein Kind ein Problem hat). Suchen Sie Hilfe von außen, wenn ein Kind:

- steife Arme oder Beine hat, oder das Gegenteil der Fall ist, und wenn es eine schlaffe oder lasche Körperhaltung hat
- ein schlechtes Koordinationsgefühl besitzt oder sich, verglichen mit anderen Kindern desselben Alters, unbeholfen bewegt
- die eine Seite des Körpers mehr benutzt als die andere
- bei körperlicher Bewegung Zeichen von Schmerz zeigt

- im Alter von etwa drei Monaten noch immer Schwierigkeiten hat, den Kopf oben zu halten
- mit einem Jahr Schwierigkeiten hat, ohne Hilfe zu sitzen, aufzustehen, nach Gegenständen zu greifen oder Gegenstände aufzuheben
- mit zwei Jahren Schwierigkeiten dabei hat, ohne Hilfe zu laufen, einen großen Ball zu schießen oder mit zwei oder drei Klötzen einen Turm zu bauen
- mit drei Jahren keine Treppen hinauf- oder heruntergeht, nicht rennt, ohne häufig hinzufallen, oder die Seiten eines Buches nicht umblättert.[7]

Frühe Intervention basiert auf einem Verständnis davon, was (im Hinblick auf die Entwicklung) gewöhnlich zu welcher Zeit passiert. Von entscheidender Bedeutung ist ein Verhalten vonseiten der Erwachsenen, das retardierte Säuglinge dazu ermutigt, die Welt auf eine für sie angemessene Art zu erleben und zu erforschen.

Betreuerinnen und Eltern sollten daran denken,
- einfache Spielerfahrungen zu ermöglichen, bei denen die Nutzung der Sinne betont wird
- kleinen Kindern sich typisch entwickelnde, als Rollenmodelle dienende Kinder als Spielkameraden zu geben
- Kindern einige direkte Anweisungen zu geben oder sie dazu zu veranlassen, eine Aktivität zu Ende zu führen
- das Kind weniger zu etwas zu veranlassen, wenn es durch Erfahrung an Fähigkeiten gewinnt,
- dem Kind bei seinen Bemühungen Fürsorge und Unterstützung zu bieten.[8]

Denken Sie an diese Leitlinien, wenn Sie im Folgenden etwas über Peter lesen, ein retardiertes Kleinkind. Er ist 18 Monate alt. Er krabbelt noch und hat noch keinen Versuch unternommen, zu stehen. Aus unbekannten Gründen erlitt er bei der Geburt Anoxie (Sauerstoffmangel). Drei Vormittage in der Woche besucht er ein Säuglings- und Kleinkindprogramm zur frühen Intervention.

> Peter sitzt auf dem Boden und beobachtet, wie zwei andere Kleinkinder und eine Erwachsene einen Ball zwischen sich hin- und herrollen. Er interessiert sich schon seit einigen Minuten für dieses Ballspiel. Seine Augen folgen aufmerksam

dem Ball, wenn er von einer Person zur anderen rollt, und wenn der Ball den Kreis verlässt, dreht er seinen Kopf, um eines der Kleinkinder dabei zu beobachten, wie es läuft, um ihn zurückzuholen. Anderweitig beteiligt er sich nicht.

„Peter, würdest du gerne bei unserem Ballspiel mitmachen?", fragt die Betreuerin. Er sieht sie nicht an, sondern beobachtet weiterhin den Ball.

„Wir können näher zu dir heranrücken, damit du mitspielen kannst." Die Erwachsene rollt den Ball langsam auf Peter zu. Er bleibt am Rand seines Fußes liegen. Peter macht keine Bewegung zum Ball hin, hat ihn aber beständig mit seinen Blicken verfolgt.

„Der Ball hat dich berührt, stimmt's, Peter? Würdest du ihn gerne berühren?", fragt die Erwachsene ermunternd. Er sieht langsam zu ihr hoch und dann zum Ball. Peter zeigt mit einem Finger auf den Ball und „stößt" ihn an. Dieser bewegt sich ein wenig und Peter lächelt vergnügt.

Plötzlich langt das neben Peter sitzende Kleinkind über seinen Schoß und versetzt dem Ball einen Schlag. Er rollt zurück zu der Erwachsenen.

„David will offensichtlich, dass wir mit unserem Ballspiel weitermachen. Er hat den Ball zu mir zurückgerollt", kommentiert die Erzieherin. „Marissa, öffne deine Hand diesmal ein bisschen mehr, wenn der Ball zu dir kommt." Die Erzieherin demonstriert dies, indem sie ihre Hand nach oben hält und die Finger krümmt. „Peter, schau zu, wie Marissa den Ball wegstößt." Marissa rollt den Ball zu Peter. Dieser stoppt bei seinem Knie. Peter sieht den Ball an. Dieses Mal stößt er ihn nicht mit dem Finger, sondern versucht, ihn mit der erhobenen Hand zu schlagen. Obwohl diese Bewegung langsam und bedächtig ist, trifft er den Ball nicht.

„Das war schon gut, Peter. Mach es noch einmal", sagt die Kinderpflegerin. Nach zwei weiteren Schlägen trifft Peter den Ball, und er rollt aus dem Kreis. Peter verfolgt ihn mit seinen Augen, macht aber keinen Versuch, hinter ihm herzukrabbeln.

David springt auf, um den Ball zu holen. Auf seinem Weg zurück bemerkt er in der Nähe einen Käfer auf dem Boden und lässt den Ball fallen. Marissa ist zu diesem Zeitpunkt bereits in die Ecke mit den Klötzen gewandert. Die Erwachsene greift den Ball. „Peter, möchtest du, dass ich dir den Ball zurolle?" Peter, der David und den Käfer beobachtet hat, sieht wieder zu ihr und öffnet und schließt und öffnet seine Hände.

„Du scheinst bereit zu sein. Hier kommt er." Der Ball rollt zu Peter. Er stoppt ihn und hält ihn ganz fest. Er hebt ihn nicht hoch oder versucht nicht, ihn zurück zur Erzieherin zu rollen. Allmählich bewegt er den Ball zwischen seinen Händen hin und her. Nach einigen Minuten lässt er den Ball wegrollen und dreht sich um, um David zu beobachten, der sich zu Marissa und den Klötzen gesellt hat. „Möchtest du mit David und Marissa weiterspielen? Du kannst zu den Klötzen krabbeln." Peter sieht die Erzieherin an. Dann geht er langsam in die Krabbelstellung und bewegt sich weiter in den Teil des Raumes, wo die Klötze liegen.

Peter wird zweifellos reichlich Gelegenheit dazu haben, mit dem Ball zu spielen – und mit David und Marissa. Die Erwachsene ermutigt ihn und zeigt ihm ein paar Dinge, aber sie drängt ihn nicht. Wie andere Kinder, so brauchen Kinder mit besonderen Bedürfnissen Zeit und die Gelegenheit, Aktivitäten zu üben.

Es könnte an dieser Stelle hilfreich sein, einige Informationen über fein- und grobmotorische Koordination mit einem kurzen Überblick – „Stufe/Alter" – über die körperliche Entwicklung zu kombinieren. Dieser soll allen Betreuerinnen und Betreuern als unterstützender Leitfaden dienen (ganz gleich, ob Sie Kinder mit besonderen Bedürfnissen in Ihrem Programm haben oder nicht).

Magda Gerber spricht von den motorischen Fähigkeiten als der zunehmenden **„Weisheit des Körpers"** eines Säuglings. Von der Geburt bis zum Alter von ungefähr acht Monaten müssen die grundlegenden Bedürfnisse eines Kindes (Nahrung und Fürsorge) befriedigt werden, damit es sich auf gesunde Weise entwickeln kann. *Vertrauen und Sicherheit* nehmen zu, wenn ein Kind sich Hilfe suchend an seine Umwelt wendet. Die Auswirkungen auf die Bindung sind klar. Zwischen dem Alter von acht und vierzehn Monaten haben die motorischen Fähigkeiten zugenommen, so dass das Handeln des kleinen Kindes beinah durch *Erkunden* bestimmt zu sein scheint. In dieser Zeit bestehen die wichtigsten Aufgaben von Betreuerinnen und Eltern darin, den Kindern Entscheidungsmöglichkeiten zu geben, für Sicherheit zu sorgen und Spiel zu ermöglichen. Bei den kleinen Forschern arbeiten die motorische Entwicklung und das Problemlösen zusammen, und die Erwachsenen müssen Grenzen setzen und eine kindersichere Umgebung gewährleisten. Wenn die Kinder zwischen achtzehn und dreißig Monaten alt sind, haben sie das Gefühl, ihnen gehört die Welt und sie können alles tun. Natürlich ist ihr Urteilsvermögen begrenzt, und Eltern und Betreuerinnen brauchen viel Energie, um mit den Kleinkindern mitzuhalten! „Freiheit mit Führung" ist die Devise.

ENTWICKLUNGSWEGE
Typische Verhaltensweisen für frühe Phasen der motorischen Entwicklung

Junge Säuglinge (bis 8 Monate)	• haben viele komplexe Reflexe: Sie suchen nach etwas zum Saugen; halten sich fest, wenn sie fallen; drehen ihren Kopf, wenn sie am Atmen gehindert werden; vermeiden Helligkeit, starke Gerüche und Schmerzen • greifen und ergreifen • heben den Kopf, halten den Kopf oben, drehen sich herum, hantieren mit Gegenständen und geben sie von einer Hand in die andere
Mobile Säuglinge (bis 18 Monate)	• setzen sich auf • krabbeln und ziehen sich hoch in den Stand • gehen, bücken sich, laufen, gehen rückwärts • werfen Gegenstände • hantieren mit Filzstiften
Kleinkinder (bis 3 Jahre)	• steigen Treppen hinauf und hinab, können von einer Stufe springen • schießen einen Ball, stehen auf einem Bein • fädeln Perlen auf, kritzeln mit Filzstiften, können mit der Schere umgehen • zeichnen einen Kreis

Unterschiedliche Entwicklungswege

Was Sie sehen	Morgan läuft noch nicht lange, aber sie ist immer in Bewegung. Sie läuft nicht nur, sie klettert auch auf alles, was sie sieht. Das Kind ist nie auch nur eine Minute still, außer wenn sie schläft, und sie schläft gut. Kein Wunder. Bei all ihrer Bewegung verbraucht sie viel Energie.
Was Sie denken mögen	Das ist ein hyperaktives Kind. Sie ist eine von denen, die Medikamente bekommen, wenn sie in die Schule kommen.
Was Sie vielleicht nicht wissen	Morgan ähnelt sehr ihrem Vater. Beide haben ziemlich viel Energie. Ihr Vater ist Athlet und hat einen Beruf, der ihn körperlich fordert, deshalb ist er froh, so viel Energie zu haben. Er freut sich, dass auch seine Tochter diese Energie hat. Er macht sich keine Sorgen, dass sie hyperaktiv sein könnte, denn er hat hyperaktive Kinder gesehen und die waren anders als Morgan. Zum Beispiel scheinen sie nicht viel zu schlafen, und Morgan schläft sehr gut.

Was Sie tun können	Geben Sie ihr Platz zum Bewegen und gewährleisten Sie, dass alles sicher ist. Strukturieren Sie die Umgebung so, dass sie auf nichts klettern kann, das nicht sicher ist. Stellen Sie sicher, dass sie genug Zeit draußen verbringt, damit sie frische Luft bekommt und viel Platz hat. Dies ermöglicht es ihr, ihre Energie weiterhin auf positive Art zu nutzen. Helfen Sie ihr, auch ruhige Aktivitäten zu schätzen. Auch wenn die Bücherecke sie nicht anzieht, können Sie wahrscheinlich Wege finden, sie dafür zu interessieren
Was Sie sehen	Vincent ist immer ganz fein angezogen, wenn er kommt, und offensichtlich behindern ihn seine Kleidungsstücke. Seine Schuhe haben rutschige Ledersohlen, weshalb er Angst hat zu laufen. Draußen klettert er nie. Auch drinnen ist er eingeschränkt, denn er meidet alle sensorischen Erfahrungen (wie Wasser, Sand, Knetmasse und sogar Filzstifte), die seine Kleidung dreckig machen könnten.
Was Sie denken mögen	Diese Familie stellt die äußere Erscheinung des Kindes über seine Entwicklungsbedürfnisse. Die Eltern schränken Vincents Fähigkeit, sich körperlich zu entwickeln, ein und verstehen offensichtlich nicht, wie wichtig Bewegungsfreiheit und sensorische Erfahrungen sind.
Was Sie vielleicht nicht wissen	Diese Familie kommt aus einem anderen Land, in dem es ein großes Privileg ist, zur Schule zu gehen, und die Eltern betrachten Ihr Programm als Schule. Sie sind der festen Ansicht, dass Kinder anständig angezogen sein sollten, und sie fragen sich, warum die anderen Kinder Jeans und alte Kleidungsstücke tragen. Für sie drückt Vincents Äußeres aus, dass sich die Familie um ihn kümmert und dass er ihr wichtig ist.
Was Sie tun können	Lernen Sie diese Familie und ihre Auffassungen kennen. Bauen Sie eine auf Vertrauen basierende Beziehung auf. Drängen Sie sie nicht zu Veränderungen, aber helfen Sie Vincent dabei, innerhalb der durch die Situation gegebenen Grenzen seine körperlichen Fähigkeiten zu entwickeln. Letztendlich wird es vielleicht möglich sein, dass Sie gemeinsam mit den Eltern einen Weg finden, wie das Kind mehr Freiheit bekommen kann, um bei körperlichen Aktivitäten mitzumachen, und trotzdem auf positive Art seine Herkunft widerspiegelt.

Quelle: Bredekamp, S. und Copple, C. (Hg.) (1997): *Developmentally Appropriate Practice in Early Childhood Programs* (überarb. Aufl.). Washington, D.C., National Association for the Education of Young Children.

Zusammenfassung

Das Voranschreiten des Körperwachstums und die Entwicklung der motorischen Fähigkeiten folgen im Allgemeinen einem stabilen Entwicklungsmuster.

Körperwachstum und motorische Fähigkeiten

- Säuglinge lernen, ihre sich ständig ändernden Körperbewegungen zu koordinieren; zahlreiche Faktoren beeinflussen das *Tempo* der motorischen Entwicklung.
- Die Stabilität der motorischen Entwicklung wird durch das cephalocaudale und das proximodistale Prinzip gefördert.

Gehirnwachstum und motorische Entwicklung

- Myelinisierung und zunehmende Dendritenverbindungen sind für das Gehirnwachstum nach der Geburt verantwortlich.
- Die motorische Entwicklung wird von Neuronen beeinflusst, die in die Hirnrinde und den umliegenden Bereich des Gehirns wandern.

Reflexe

- Reflexe sind ungelernte, unwillkürliche Reaktionen auf unterschiedliche Reize; einige sind bei der Geburt vorhanden, andere tauchen mehrere Wochen oder Monate später auf.
- Reflexe ändern sich und/oder verschwinden, wenn das Gehirn wächst.

Grobmotorische Fähigkeiten und Lokomotion

- Grobmotorische Fähigkeiten entwickeln sich, wenn ein Säugling Bewegungen übt, die den ganzen Körper einbeziehen.
- Es existieren Meilensteine für die grobmotorische Entwicklung, jedoch sollten sie mit Vorsicht für Beurteilungen herangezogen werden; jedes Kind ist einzigartig, und das Wachstumstempo kann variieren.

Feinmotorische Fähigkeiten und Handgeschicklichkeit

- Feinmotorische, mit Bewegungen der Hände und Finger zusammenhängende Fähigkeiten schreiten in den ersten achtzehn Monaten schnell voran.
- Aufgaben, bei denen die Säuglinge sich selbst helfen müssen, gehören zu den bestgeeigneten Aktivitäten für die Förderung feinmotorischer Fähigkeiten.

Förderung der motorischen Entwicklung

- Ermuntern Sie Säuglinge und Kleinkinder dazu, zu üben, was sie bereits können; vermeiden Sie es, motorische Fähigkeiten „beizubringen".
- Die tagtäglichen Erfahrungen und Interaktionen unterstützen Gehirnwachstum und neuronale Verbindungen am besten und haben folglich Auswirkungen auf die motorische Entwicklung.

Kinder mit besonderen Bedürfnissen: Entwicklungsverzögerungen

- Frühe Intervention bei einer Entwicklungsverzögerung basiert auf einem Verständnis von gesunder Kindesentwicklung.
- Um ein Kind mit motorischen Verzögerungen zu unterstützen, kann es am hilfreichsten sein, ihm einfache Spielerfahrungen und mehr Zeit zum Üben mit einem fürsorglichen Erwachsenen zu bieten.

Schlüsselbegriffe

Cephalocaudal / Gehirnplastizität / Handgeschicklichkeit / Hirnrinde / Lokomotion / Myelinisierung / Proximodistal / Reflexe / Weisheit des Körpers

Fragen und Aufgaben

1 Sehen Sie sich noch einmal Abbildung 7.2 an. Nehmen Sie an, die Mutter eines Kindes, das Sie betreuen, hat dieses oder ein ähnliches Schaubild in einer viel gelesenen Zeitschrift gefunden. Sie möchte mit Ihnen über seine Bedeutung sprechen. Berücksichtigen Sie die folgenden Aspekte und überlegen Sie, was Sie sagen würden:
   A. Das Kind der Mutter ist gesund und die motorische Entwicklung scheint ganz normal zu verlaufen. Was würden Sie sagen?
   B. Sie machen sich wegen Verzögerungen in der motorischen Entwicklung des Kindes ein wenig Sorgen und haben auf so eine Gelegenheit gewartet. Was würden Sie sagen?
   C. Statt der Mutter bringt Ihnen der Vater dieses Schaubild. Was würden Sie sagen?

2. Erfinden Sie ein Spielzeug, das die motorische Entwicklung von Säuglingen fördern soll. Denken Sie darüber nach, wie dieses Spielzeug das körperliche Wachstum unterstützt, und erläutern Sie dies.
3. Stellen Sie sich vor, Sie würden Sie in Kürze einen Elternabend abhalten. Überlegen Sie sich Stichpunkte für ein Gespräch darüber, wie eine Umgebung gestaltet werden muss, um die grobmotorische Entwicklung zu fördern. Berücksichtigen Sie die folgenden Aspekte:
   A. Sicherheit fördern
   B. Entwicklung unterstützen, *nicht* vorantreiben
   C. Den Eltern etwas über Umgebungen vermitteln, die der Entwicklung angemessen sind
4. Erläutern Sie, wie Sie eine Umgebung für Säuglinge und Kleinkinder anpassen könnten, damit sie den Bedürfnissen eines retardierten Säuglings gerecht wird. Was müssten Sie hierbei bedenken?

Weiterführende Literatur

Chandler, P. A. (1994): *A Place for Me: Including Children with Special Needs in Early Care and Education Seetings.*, National Association for the Education of Young Children.

Dichtelmiller, M. L. (2004): New Insights into Infant/Toddler Assessment. In: *Young Children 59*, 1, January, 30-33.

Koralek, D. (Hg.) (2004): *Young Children at Play.* Washington, D.C., National Association for the Education of Young Children.

McMullen, Mary Benson (1999): Achieving Best Practices in Infant and Toddler Care. In: *Young Children 54*, 4, July, 69-76.

O'Donnell, Nina Sazer (1999): Using Early Childhood Brain Development Research. In: *Child Care Information Exchange 126*, March, 58-62.

Pikler, Emmi (1972): Data on Gross Motor Development. In: *Early Childhood Development and Care 1*, 1972, 297-310.

Sanders, S. W. (2002): *Active for Life: Developmentally Appropriate Movement Programs for Young Children.* Washington, D.C., National Association for the Education of Young Children.

Tardos, Anna (1986): The Pikler/Loczy Philosophy. In: *Educaring 7*, 2, Spring, 1-7.

Weikart, Phyllis S. (1998): Facing the Challenge of Motor Development. In: *Child Care Information Exchange 121*, May, 60-62.

Kapitel 8

Kognition

Schwerpunktfragen

Nachdem Sie dieses Kapitel gelesen haben,
sollten Sie in der Lage sein, folgende Fragen zu beantworten:

1. Beschreiben Sie, was mit „der kognitiven Erfahrung" gemeint ist. Inwiefern verändert sie sich, wenn aus dem Säugling ein Kleinkind wird?
2. Worin gleichen und worin unterscheiden sich die Theorien von Piaget und Vygotskij?
3. Welches sind angemessene Leitlinien für Erwachsene, die die kognitive Entwicklung kleiner Kinder fördern wollen?
4. Wie unterstützen Prinzipien gehirngerechten Lernens die Kognition bei Säuglingen und Kleinkindern?
5. Nennen Sie einige wirksame Methoden, wie Kindern mit kognitiven Verzögerungen geholfen werden kann.

Was sehen Sie?

Nick steht da und hält einen leeren Krug in der Hand. Er geht hinüber zu einem Kasten mit Spielzeug, greift hinein und holt eine kleine Plastikschüssel, einen Eierkarton und den Deckel eines Marmeladenglases heraus. Er stellt alles in einer Reihe auf einen niedrigen Tisch und tut so, als würde er aus seinem Krug etwas in die Gefäße hineingießen. Er geht behutsam vor und füllt sorgfältig jedes Behältnis, einschließlich jeder einzelnen Aushöhlung im Eierkarton. Dann, scheinbar zufrieden, dass die Aufgabe erledigt ist, schleudert er den Krug mit einem fröhlichen Schrei zur Seite. Er macht sich in eine andere Richtung auf den Weg quer durch den Raum, da bemerkt er auf einem Tisch eine Pflanze.

Sofort rennt er dorthin zurück, wo er den Krug gelassen hat, und durchwühlt den Haufen aus Puppen und Decken, die ihn vor seinen Blicken verbergen. Er findet ihn, trägt ihn hinüber zur Pflanze und tut sogfältig so, als würde er Wasser in den Topf gießen. Dann lässt er den Krug erneut liegen und hebt eine Puppe auf. Er schimpft mit der Puppe, schlägt sie mehrmals auf den Boden, wickelt sie in eine Decke und bringt sie dann liebevoll zu Bett, indem er sie in einen Kasten mit Spielzeug legt. Als er sich über den Kasten beugt, entdeckt er ein Bilderbuch mit Feuerwehrwagen auf dem Umschlag. Einen Moment schaut er sich die Bilder an, dann legt er das Buch auf seinen Kopf und rennt mit einem Heulen, das wohl eine Sirene nachmachen soll, durch den Raum. Als er an einem Spielzeugregal vorbeikommt, sieht er ein Löschfahrzeug aus Holz. Er zieht es heraus und schiebt es dann auf dem Boden herum. Er hält inne und betrachtet die Löcher im Wagen, in denen die kleinen Feuerwehrmänner sitzen sollen. Weit und breit sind keine kleinen Feuerwehrmänner zu sehen. Er zögert einen Augenblick, blickt sich um und geht noch einmal zurück zum Krug. Sorgfältig tut Nick so, als würde er jedes Loch im Löschfahrzeug mit irgendeiner Flüssigkeit aus dem Krug füllen.

Das Kennen und Verstehen der Welt resultiert aus einer aktiven Beschäftigung mit Menschen und Dingen. Säuglinge und Kleinkinder sind von Natur aus aktiv und interagieren. Nick ist ein gutes Beispiel für ein kleines Kind, das sich aktiv mit seiner Welt beschäftigt. Seine bisher gewonnenen Erfahrungen finden deutlich in seiner Fähigkeit Ausdruck, bekannte Dinge auf neue Weise miteinander zu kombinieren. Er sucht nach Erfahrungen, die für ihn interessant sind, und er zeigt, dass er Anpassungen vornehmen kann, die zur Lösung von Problemen führen. Auf diesen und anderen Fähigkeiten, die mit der Kognition oder der geistigen Entwicklung zusammenhängen, liegt der Schwerpunkt dieses Kapitels. Erläutert werden Teile der Arbeit von Jean Piaget, dem auf dem Gebiet der Kognition führenden Schweizer Psychologen, und von Lew Vygotskij, dem russischen Entwicklungspsychologen. Die Information über die frühe Gehirnentwicklung bestätigt, wie kleine Kinder lernen. Welche Folgerungen sich aus diesem Verständnis ableiten, wird ebenfalls behandelt. Das Kapitel schließt mit Leitlinien zur Förderung der kognitiven Entwicklung von Kindern, einschließlich solcher mit besonderen Bedürfnissen.

Die kognitive Erfahrung

Der aus dem Sammeln, Organisieren und schließlich auch Anwenden von Information bestehende Prozess, der es Kindern ermöglicht, sich an die Welt anzupassen, ist der Kern der **kognitiven Erfahrung**. Immer wenn ein Thema wie Kognition oder geistiges Wachstum behandelt wird, werden leicht Begriffe wie *Intellekt, Lernen* und schließlich vielleicht *Schulstoff* als damit zusammenhängende Konzepte mit einbezogen. Die meisten Menschen denken beim kognitiven Prozess an IQ-Werte und Erfahrungen schulischer Art (einschließlich Noten!). Ein hochwertiges Säuglings- und Kleinkindprogramm fördert die kognitive und intellektuelle Entwicklung kleiner Kinder, sieht jedoch anders aus als ein traditionelles Gruppenraumprogramm. Für die Planung eines der Entwicklung angemessenen Rahmens, der die kognitive Entwicklung fördert, muss verstanden werden, *wie* Kinder wachsen und lernen.

Wie entwickeln Säuglinge Erkenntnis und Verstand? Anfangs nehmen sie Erfahrungen direkt mit den Sinnen wahr. Damit Säuglinge die Fähigkeit erwerben können, diese sensorische Information zu verstehen, müssen sie in der Lage sein, zwischen Vertrautem und Unbekanntem zu unterscheiden; später werden sie anfangen, in diesem Prozess des Erlebens und Erfassens der Umwelt geistige Bilder zu berücksichtigen, zu formulieren und schließlich auch zu bilden.

Dieser Prozess verläuft größtenteils ungesehen. Deshalb müssen bestimmte Mutmaßungen im Hinblick auf die Kognition angestellt werden, wenn eindeutige Körperbewegungen beobachtet werden. Säuglinge erforschen die Welt zuerst mit ihren Körpern. Sie verinnerlichen das, was sie mit ihren Sinnen aufnehmen, und bringen es in ihren Körperbewegungen zum Ausdruck. Durch so einfache Handlungen wie dem Greifen nach etwas, dem Ergreifen und In-den-Mund-Nehmen sammeln Säuglinge wesentliche Informationen. Man kann Säuglinge dabei beobachten, wie sie diese Handlungen üben, sie immer wieder wiederholen und recht schnell verbessern. Wenn beispielsweise Neugeborene ihren Mund zu einem Sauger wenden, öffnet sich ihr Mund weit. Sie brauchen nur wenige Versuche, um zu lernen, wie weit der Mund geöffnet sein muss, um den Sauger zu aktivieren, und passen ihren Mund daran an, in freudiger Erwartung dessen, was nun in ihn hineinfließen wird. Sie haben dann eine einfache Handlung verbessert. Bald werden sie einschätzen können, wie weit sie greifen und wie sie die Finger halten müssen, um eine Tasse hoch- oder ein Spielzeug aufzuheben. Viel später, als Erwachsene, verbessern sie ihre Handlungen vielleicht noch weiter, um zu greifen, ohne hinzusehen, und eine bestimmte Taste auf dem Klavier anzuschlagen oder Daten in eine Computertastatur einzugeben. Die Anfänge all dieser Muskelverbesserungen lagen in dem winzigen Mund, der sich darauf einstellte, wie weit er für den Sauger geöffnet sein musste. In diesem Beispiel war die Kognition mit der feinmotorischen Entwicklung verknüpft. Man könnte sich andere Beispiele überlegen, in denen eine Verbindung zwischen Kognition und grobmotorischer Entwicklung, sozialer Entwicklung und emotionaler Entwicklung besteht. Alle Entwicklungsbereiche werden durch das Lernen und Denken unterstützt.

Zum Erkenntnisprozess – der Kognition – gehören auch die Sprachfähigkeiten. Wenn kleine Kinder ihre Sinne einsetzen, um die Welt zu erleben, brauchen sie Bezeichnungen, um ihre Erfahrungen in Kategorien einzuordnen und sich an sie zu erinnern. Indem sie diese Bezeichnungen schaffen, steigern Kinder ihre Fähigkeit, zu kommunizieren, und beginnen ihr eigenes Verhalten zu steuern. Diese erweiterten Fähigkeiten geben kleinen Kindern zusätzliche Möglichkeiten, die Welt zu verstehen.

Sensumotorische Erfahrung: Piaget

Jean Piaget ist der Theoretiker, der am meisten zu unserem Verständnis der kognitiven Entwicklung von Säuglingen und Kleinkindern beigetragen hat. Er interessierte sich in höchstem Maße dafür, wie Kinder Wissen über ihre Welt erwerben. Ihn interessierte nicht so sehr, wie viel ein Kind weiß (also die Quantität des Wissens oder der IQ), sondern eher die Qualität der Erkenntnis, die ein Kind besitzt, und wie sich diese letztendlich begründen oder erklären lässt. Er nannte die erste Phase – von der Geburt bis zum Alter von zwei Jahren – das **sensumotorische Stadium**. Dieser Begriff, mit dem die Koordination von Sinneswahrnehmung und Muskelbewegungen gemeint ist, ist deshalb zutreffend, weil diese Koordination den Anfang des Denkens bildet. Tabelle 8.1 enthält eine Liste der im sensumotorischen Stadium auftretenden Verhaltensweisen.

Tabelle 8.1 Das sensumotorische Stadium

Alter	Sensumotorische Verhaltensweisen	Beispiele
Geburt bis 1 Monat	Reflexe, einfache angeborene Verhaltensweisen	Weinen, Saugen, Ergreifen
1-4 Monate	Verbessert einfache Verhaltensweisen, wiederholt und kombiniert sie	Greifen, Ergreifen, Saugen an den Händen/Fingern
4-8 Monate	Wiederholt Handlungen, bei denen es Objekte benutzt, beginnt eingeschränkt nachzuahmen	Setzt zufällig ein Mobile in der Wiege in Bewegung, bemerkt es, versucht dasselbe noch einmal zu bewirken
8-12 Monate	Intentionalität: Plant eine Bewegung, um etwas zu bewirken	Zieht an einer Schnur, um ein Spielzeug näher an sich heranzubekommen
12-18 Monate	Experimentiert mit Objekten, um neue Ereignisse zu schaffen	Wenn ein Ball, der vom Tisch gerollt ist, vom Boden aufspringt, was tut dann ein Buch?
18-24 Monate	Stellt sich Ereignisse vor und löst Probleme, erfindet durch geistige Kombination, beginnt Wörter zu benutzen	Tut so, als würde es einen Ball werfen, ruft einer Betreuerin oder der Mutter bzw. dem Vater zu: „Hier Ball"

Allmählich kommen Säuglinge zu dem Wissen, dass sie die zwischen ihnen und Objekten stattfindende Interaktion steuern können. Sie mögen dieses neue Stück Wissen und fahren damit fort, es zu überprüfen. Diesen Prozess der Aufnahme neuer Information und ihrer Verarbeitung (oder des *Spielens* mit ihr) nannte Piaget **Assimilation**. Dieser Prozess ermöglicht es Säuglingen, sich Information einzuverleiben und neue Erfahrungen in zuvor entwickelte geistige Konzepte oder Kategorien einzugliedern. Piaget benutzte den Begriff **Akkomodation**, um zu beschreiben, was passiert, wenn diese neue Information vorherige geistige Kategorien verbessert oder erweitert. Anfangs assimilieren die Sinne alles, dann aber beginnen sie, sich auf bestimmte Anblicke und Laute einzustellen (sie konzentrieren sich beispielsweise auf ein Gesicht und ignorieren das helle Licht). Durch dieses ständige dynamische System der Assimilation (Aufnahme von Erfahrung) und Akkomodation (Anpassung an die Erfahrung) passen sich Kinder an die Welt an. Dieser Prozess dauert ein Leben lang.

Wenn Babys diese ersten Handlungen üben und kombinieren, sind sie in ihren eigenen Körper verliebt – fasziniert davon, was sie fühlen und tun. Nach und nach wandert diese Faszination weg von ihren Körpern und hin zu den Auswirkungen ihrer Handlungen auf die Umwelt. Sie beginnen sich dafür zu interessieren, was passiert, wenn sie ihren Arm vorschieben und auf ein Spielzeug schlagen. Im Zuge dieser Verlagerung der Aufmerksamkeit vom Selbst zur Umgebung, von der Handlung zur Auswirkung, entwickelt sich ein neues Verständnis. Babys beginnen zu erkennen, dass sie und die Objekte in der Welt etwas Verschiedenes sind.

Dasselbe Fortschreiten der Entwicklung lässt sich ein wenig später bei Kleinkindern beobachten, die Erfahrungen mit kreativem Ausdruck machen. Zuerst sind Kinder äußerst interessiert daran, wie es sich anfühlt, wenn sie etwas kritzeln oder mit einem Farbpinsel auf Papier tuschen. Später fangen sie an, sich das Ergebnis ihrer Handlung anzusehen – die Zeichnung oder das gemalte Bild. Einige Kinder konzentrieren sich solange nicht auf das Produkt, bis sie älter als drei Jahre sind.

Zu wissen, dass sie sich in einer Welt voller Objekte befinden und Teil derselben sind, bedeutet für Säuglinge im Hinblick auf ihre Erkenntnis einen großen Schritt nach vorne. Jedoch unterscheiden sich ihre Vorstellungen von Objekten stark von denen Erwachsener. Für Säuglinge existieren nur die Dinge, die sie sehen, berühren oder anderweitig mit ihren Sinnen erleben können. Versteckt man das Lieblingsspielzeug eines Säuglings, sucht er nicht nach ihm, weil er glaubt, dass es nicht länger existiert. Der sehr junge Säugling denkt: „Aus den Augen, aus dem Sinn". Holt man das Spielzeug wieder hervor, glaubt er, dass es neu erschaffen wurde. Mit diesem Verständnis der Welt wird das Guck-Guck-Spiel extrem aufregend: Was für eine Macht – einen Menschen innerhalb eines Augenblicks zu erschaffen und verschwinden zu lassen. Es ist kein Wunder, dass das Guck-Guck-Spiel allgemein für Faszination sorgt. Was dem kleinen Säugling fehlt, ist das, was Piaget **Objektpermanenz** nannte, also die Fähigkeit, sich auch dann an ein Objekt oder einen Menschen zu erinnern, wenn sie nicht gesehen, berührt oder gehört werden können. Letztendlich werden sich Säuglinge der Tatsache bewusst, dass Objekte auch dann noch existieren, wenn sie diese nicht sehen können. Dieses Bewusstseins zu erlangen ist jedoch ein allmählicher Prozess.

Im Alter von etwa einem Jahr beginnen Kinder, komplexer zu denken und Werkzeuge zu benutzen. Gibt man ihnen einen Stock, benutzen sie ihn, um ein außer Reichweite liegendes Spielzeug zu bekommen. Gibt man ihnen eine Schnur, an deren Ende sich etwas befindet, das sie haben möchten, wissen sie genau, was zu tun ist. Das Neuartige wird zum Selbstzweck. Kinder manipulieren absichtlich die Umwelt, um herauszufinden, was dann passiert.

Bei all diesem Experimentieren entwickeln Kinder einige neue Fähigkeiten: die Fähigkeit, vorauszuahnen, wo ein Objekt sein wird, wenn sie es fallen lassen, die Fähigkeit, sich nach einer kurzen Unterbrechung an eine Handlung zu erinnern, und die Fähigkeit, etwas vorherzusehen. Beobachten Sie einen 18 Monate alten Jungen, der bereits Erfahrung mit einem Ball gemacht hat. Vielleicht rollt er den Ball von einem Tisch und dreht seinen Kopf zu der Stelle, wo er landen wird. Oder er sucht, wenn der Ball unter einen Stuhl rollt, nach einem Weg, ihn wieder herauszubekommen. Oder er rennt, wenn der Ball auf ein Loch zurollt, zum Loch, um zuzusehen, wie der Ball hineinfällt.

Der nächste Schritt in der Entwicklung von Erkenntnis findet dann statt, wenn Säuglinge durch Denken Lösungen finden können. Wenn sie genügend Erfahrung damit haben, ihre Sinneswahrnehmungen und Muskeln zu nutzen, können sie anfangen, sich Handlungsweisen zu überlegen, und diese, bevor sie sie ausführen, in ihrem Kopf ausprobieren. Sie können an zurückliegende und bevorstehende Ereignisse denken. Man kann sehen, dass sie geistige Bilder benutzen und Gedanken mit Erfahrungen und Objekten, die gerade nicht präsent sind, in Zusammenhang bringen. Sie können einen imaginären Ball werfen oder über die Lösung eines Problems nachdenken, bevor sie beginnen, dieses anzugehen.

Tabelle 8.2 bietet einen kurzen Überblick über Piagets vier Stadien der kognitiven Entwicklung. In diesem Kapitel liegt der Schwerpunkt auf dem ersten – dem sensumotorischen – und zu einem kleinen Teil auf dem zweiten – dem präoperationalen – Stadium.

Tabelle 8.2 Piagets Stadien der kognitiven Entwicklung	
Stadium	Allgemeine Beschreibung
Sensumotorisches Stadium (0-2 Jahre)	Das Verhalten des Kindes nimmt den Weg von Reflexen zu symbolischen Aktivitäten; das Kind ist in der Lage, das Selbst von Objekten zu unterscheiden; es hat ein begrenztes Bewusstsein von Ursache und Wirkung.
Präoperationales Stadium (2-7 Jahre)	Das Kind ist in der Lage, Symbole, wie zum Beispiel Wörter, zu gebrauchen; es hat ein besseres logisches Denkvermögen, ist aber weiterhin durch seine **Wahrnehmung** an das Hier und Jetzt gebunden.
Konkret-operationales Stadium (7-11 Jahre)	Das Kind denkt logisch, jedoch nur in Bezug auf konkrete Objekte; es hat die Fähigkeit, Dinge nach Zahl, Größe oder Klasse zu ordnen; es kann außerdem einen Zusammenhang zwischen Zeit und Raum herstellen.
Formal-operationales Stadium (11 Jahre und älter)	Das Kind denkt abstrakt und logisch; es ist in der Lage, beim Problemlösen über Alternativen nachzudenken.

Soziokulturelle Einflüsse: Vygotskij und Piaget

Der Beginn der Sprachkompetenz und die Fähigkeit zum Fiktionsspiel (Als-ob-Spiel) signalisieren das Ende des sensumotorischen Stadiums und den Anfang der Phase, die Piaget das **präoperationale Stadium** nannte. Piaget stand mit seinem Interesse für das Denken und die Sprache und deren Einfluss darauf, wie Kinder allmählich ihre Welt begreifen, nicht alleine da. In letzter Zeit haben zahlreiche Entwicklungspsychologen einen genaueren Blick auf die kognitive Entwicklung von Säuglingen und Kleinkindern geworfen. Die Arbeit von Lew Vygotskij beleuchtet die Bedeutung der Sprache und die Art, wie kleine Kinder Problemlösefähigkeiten erwerben, aus einer anderen Perspektive.

Die Ergebnisse von Piaget und Vygotskij deuten darauf hin, dass Säuglinge und Kleinkinder kompetente Problemlöser sind und dass sich ihre kognitiven Fähigkeiten rasch entwickeln. Ein Vergleich der Theorien von Piaget und Vygotskij kann Betreuerinnen und Eltern helfen, die kognitive Entwicklung und der Entwicklung angemessene Methoden zu verstehen, und zwar insbesondere im Hinblick auf ihren Bezug zur soziokulturellen Welt eines Kindes. Wir stellen die Fähigkeiten von Kindern im präoperationalen Stadium heraus und untersuchen die Ideen von Piaget und Vygotskij, um ein besseres Verständnis davon zu ermöglichen, wie kleine Kinder zu selbstständigen, selbst gesteuerten Lernenden werden.

Präoperationale Kinder können bei ihren Denkprozessen geistige Bilder verwenden. Das Denken, auch wenn noch immer an das Konkrete gebunden, ist nicht mehr auf Sinneswahrnehmungen und Körperbewegungen beschränkt. Auch wenn sie es nicht sehr oft tun, *können* Kleinkinder denken, während sie stehen oder gar stillsitzen (sie müssen dabei jedoch weiterhin viele konkrete Erfahrungen sammeln, *über die sie nachdenken können*; lassen Sie sich also von niemandem unter Druck setzen, Kleinkinder hinzusetzen, um sie zu erziehen).

> **Überlegen Sie...**
>
> Welche Fähigkeiten des Problemlösens haben Sie bei Säuglingen beobachtet? Inwiefern nehmen diese Fähigkeiten im Kleinkindalter zu?

Aufgrund ihrer erhöhten Fähigkeit, geistige Bilder festzuhalten und zu speichern, haben Kleinkinder beim Übergang in das präoperationale Stadium ein besseres **Gedächtnis**, können sich also besser an zurückliegende Ereignisse erinnern. Auch wenn das Wort „gestern" noch nicht Bestandteil ihres Wortschatzes sein mag, *können* sie sich an gestern erinnern – und an den Tag davor.

Ihr Gefühl für die Zukunft nimmt ebenfalls zu, wenn im Zuge ihrer wachsenden Erfahrung mit der Welt auch ihre **Fähigkeit, Dinge vorherzusagen**, ansteigt. Das Ausprobieren bleibt ihre Methode, diese Fähigkeit zu verbessern, nicht nur in der konkreten Welt („Ich frage mich, was wohl passieren wird, wenn ich Sand ins Waschbecken schütte."), sondern auch in der sozialen („Ich frage mich, was wohl passieren wird, wenn ich Jamie Sand ins Haar schütte."). Manchmal sind diese Experimente zugleich sozial und physisch und resultieren aus einer bewussten Überlegung („Ob das Baby wohl weint, wenn ich es kneife?"). Manchmal treffen Kinder keine so eindeutigen Entscheidungen, sie lösen ihre Probleme aber trotzdem, indem sie ausprobieren („Ich frage mich, ob ein Erwachsener herüberkommt und mir Aufmerksamkeit schenkt, wenn ich Erin schlage." Oder: „Wenn ich genug Grenzen überschreite, kann ich dann meine Betreuerin und meine Mutter dazu bringen, dass sie aufhören miteinander zu reden, so dass wir nach Hause gehen können?"). Was wie ungezogenes Verhalten aussieht, kann in Wirklichkeit dieses systematische Testen sein.

Gehen Sie noch einmal (mental) zurück und überdenken Sie einige von Piagets Hauptpunkten. Piaget glaubte, dass Wissen *funktional* sei – es führt zu etwas. Information (durch Erfahrung gewonnene) habe den Zweck, die Anpassung des Menschen an die Welt zu unterstützen. Das bedeutendste Wissen sei jenes, das ein Mensch in seinem Verhalten anwenden kann, um etwas zu erreichen. (Dies ist von besonderer Bedeutung, wenn man sich über die *Spielerfahrung* von Kindern Gedanken macht.) Piagets Sicht des kognitiven Wachstums eines kleinen Kindes enthält vier wichtige Annahmen.

Erstens ist nach Piaget die Interaktion mit Menschen und der Umwelt unverzichtbar. Wenn kleine Kinder wachsen und heranreifen, nutzen sie ihre Erfahrung, um **neues Wissen zu konstruieren** oder aufzubauen. Die Handlungen des Kindes mit und an Objekten (Saugen, Ziehen, Schieben) sind der zentrale Faktor für die kognitive Entwicklung.

Zweitens sah Piaget das Wachstum des kleinen Kindes als ein graduelles und kontinuierliches an. Die Vorstellung, dass ein Objekt permanent ist, nimmt von den ersten Lebenstagen eines Kindes an langsam zu. Wenn die „Qualität" dieser Vorstellung wächst, schafft sie die Basis für das Gedächtnis und sorgt für Sprache. Davon ausgehend kann das Kleinkind sich Erfahrungen mit dem Fiktionsspiel schaffen.

Piaget nahm an, dass es eine Verbindung zwischen aufeinanderfolgenden Entwicklungsstufen gibt. Diese dritte Annahme deutet auf die Bedeutung der *Qualität* der Entwicklung in *jeder* Phase im Leben eines Kindes hin. Eine Kompetenz oder Fähigkeit des späteren Lebens ist darauf angewiesen, dass frühere Leistungen ausreifen konnten und verbessert wurden. Mit anderen Worten, Säuglinge und Kleinkinder sollten nicht dazu gedrängt werden, „schlauer" zu werden. Das „Wachstum mentaler Strukturen" werde, so Piaget, natürliches (angemessenes) Lernen fördern.

In Piagets vierter grundlegender Annahme geht es um die Fähigkeit eines kleinen Kindes, *einen Plan zu entwickeln*. Er hielt dies für eine der wichtigsten Fähigkeiten, die sich in den ersten zwei Lebensjahren entwickeln, und sprach von ihr als **Intentionalität**. Intentionalität entsteht schrittweise, wenn ein Kind Objekte auswählt, mit ihnen spielt, seine Handlungen mit und an ihnen wiederholt und einen Plan macht. Bei dieser Erfahrung vertieft sich das kleine Kind oft sehr in seine Beschäftigung; es kann so wirken, als sei es „völlig in Gedanken versunken"[1].

Nehmen Sie sich einen Moment Zeit, um über die Komplexität des Erschaffens und Nutzens geistiger Bilder und die Fähigkeit, einen Denkplan zu konstruieren, nachzudenken. Das Denken ist nicht auf Sinneswahrnehmungen und Körperbewegungen begrenzt. Es ist ebenso eine soziale Erfahrung. Wenn Säuglinge und Kleinkinder aktiv Dinge in ihrer Welt erforschen, interagieren sie auch häufig mit anderen Menschen.

Für Vygotskij lag der Ursprung der kognitiven Aktivitäten in diesen sozialen Interaktionen. Seine Arbeit betont die Bedeutung sozialer Interaktion und ergänzt Piagets Sicht, dass die mentale Entwicklung ausschließlich in Stufen abläuft (das Kind nur deshalb zu etwas in der Lage ist, weil biologisches Wachstum stattgefunden hat), um ein bedeutendes Element. Ein Vergleich der Perspektiven Piagets und Vygotskijs erleichtert das Verständnis der Entwicklung des Denkens von Säuglingen und Kleinkindern (siehe Tabelle 8.3).

Tabelle 8.3 Piaget und Vygotskij – ein Vergleich

Gemeinsamkeiten

- Beide glaubten, dass kleine Kinder ihr Wissen *konstruieren* – dass sie ihre Informationsbasis auf Erfahrungen aufbauen.
- Beide glaubten, dass kleine Kinder Fähigkeiten erwerben, wenn sie hierzu *bereit* sind – vorherige Fähigkeiten dienen als Grundlage für neues Lernen.
- Beide glaubten, dass das *Spiel* eine wichtige Gelegenheit dazu bietet, für das Leben nötige Fähigkeiten zu lernen und zu üben.
- Beide glaubten, dass Sprache wichtig dafür ist, dass die kognitive Entwicklung voranschreiten kann.
- Beide glaubten, dass die Kognition durch natürliche Anlagen und Erziehung („nature and nurture") gefördert wird.

Unterschiede

- Piaget glaubte, dass Wissen vornehmlich *selbst konstruiert* ist und sich an Entdeckungen orientiert.
- Vygotskij betonte die Bedeutung von *in Zusammenarbeit konstruiertem* Wissen und von Entdeckung unter Anleitung.

• Piaget glaubte, dass die *Reifung* (das Durchlaufen von Stadien) ein Fortschreiten der kognitiven Entwicklung ermöglicht; Entwicklung führt zu Lernen.	• Vygotskij glaubte, dass das Lernen *mit Hilfe eines Experten* (Erwachsener oder Gleichaltriger) „vorangebracht" (nicht vorangetrieben) werden kann; Lernen kann zu Entwicklung führen.
• Piaget glaubte, dass praktisches, in hohem Maße die *Sinne einbeziehendes Spiel* eine wertvolle Übung für späteres vernünftiges Verhalten ist.	• Vygotskij war genauer und hob die Bedeutung des *Fiktionsspiels* hervor, das es Kindern ermöglicht, zwischen Objekten und ihrer Bedeutung zu unterscheiden und mit neuen Beziehungen zwischen Ursache und Wirkung zu experimentieren.
• Piaget glaubte, dass die Sprache Bezeichnungen für viele vorherige Erfahrungen liefert (egozentrisches Sprechen) und dass sie das Hauptmittel ist, das Kinder zum Interagieren nutzen.	• Vygotskij glaubte, dass die Sprache für geistiges Wachstum absolut unverzichtbar ist; das *eigene Sprechen* würde letztendlich internalisiert und in höhere Ebenen geistiger Entwicklung und selbst gesteuerten Verhaltens eingebunden.
• Piagets Stufen sind universal und gelten für Kinder in der ganzen Welt; die Natur des Denkens ist weitgehend unabhängig vom kulturellen Kontext.	• Vygotskij betonte, dass Kultur und Gesellschaft bei der Förderung des geistigen Wachstums eine wichtige Rolle spielen würden; Kulturen würden den Verlauf der kognitiven Entwicklung beeinflussen (die Fähigkeit, logisch zu denken, tauche in unterschiedlichen Kulturen möglicherweise nicht im selben Alter auf).

Wie Piaget, so ging auch Vygotskij davon aus, dass Kinder ihr Verständnis der Welt *konstruieren*. Säuglinge und Kleinkinder sammeln kontinuierlich wichtiges Wissen an und lernen permanent. Vygotskij würde Piaget darin zustimmen, dass Wissen insofern funktional ist, als es Menschen bei ihrer Anpassung an die Wirklichkeit hilft. Vygotskij würde jedoch betonen, dass dieses Lernen *in Zusammenarbeit konstruiert* sei. Kleine Kinder erwürben wichtige Fähigkeiten (insbesondere solche, über die ausschließlich Menschen verfügen, wie ein spezielles Gedächtnis und das symbolische Denken) mit Hilfe eines anderen, erfahreneren Lernenden. Diese Hilfe erfolgt sicher nicht immer in Form von Unterricht. Betreuerinnen, die mit Säuglingen und Kleinkindern arbeiten, geben diesen häufig passende Stichworte, um sie darin zu unterstützen, über ihre eigenen Erfahrungen nachzudenken. In Teil 1, insbesondere in den Kapiteln 1 und 4, finden Sie zahlreiche Beispiele für Erwachsene, die Lernerfahrungen von Kindern unterstützen. Wie dort erwähnt wurde, ist die Wahl des richtigen Zeitpunktes („Timing") äußerst wichtig. Wenn Betreuerinnen zu früh oder zu spät einschreiten, kann eine wertvolle Lerngelegenheit verpasst werden. Vygotskijs Ansichten über das **Lernen mit Hilfestellung** und unter Anleitung sowie darüber, wie Lernen zu Entwicklung führen kann, unterscheiden sich von denen Piagets. Den Schwerpunkt von Vygotskijs Theorie bildet die Annahme, dass soziale Interaktion die Voraussetzung dafür sei, dass Kinder Problemlösefähigkeiten entwickeln können, und dass frühe Spracherfahrung in diesem Prozess eine entscheidende Rolle spiele. Vygotskij glaubte, dass Kinder durch Lernen in Zusammenarbeit kontinuierlich von anderen lernen und sich das Gelernte dann durch Spiel zu Eigen machen. Nach Piaget *entdecken* Kinder das Lernen durch ihre Spielerfahrung und bringen das Gelernte dann in ihren sozialen Interaktionen mit anderen ein. Piaget glaubte, dass Entwicklung dem Lernen vorausgehe („dass mentale Strukturen" reifen und das Lernen fördern). Vygotskij gebrauchte den Ausdruck **„Zone der nächsten Entwicklung"**, um zu beschreiben, wie Erwachsene Kindern angemessen beim Lernen helfen können. Die Zone der nächsten Entwicklung ist der Unterschied zwischen dem, was Kinder alleine tun können (selbstständige Leistung), und dem, was sie unter Anleitung tun können (Leistung mit Hilfestellung).

Stellen Sie sich einen Säugling vor, der, nachdem er unter einen niedrigen Tisch gekrabbelt ist, versucht, sich aufzusetzen. Es ist kein Platz da. Er hört nicht auf zu versuchen, seinen Kopf anzuheben, bis er bemerkt, dass er festsitzt. Er beginnt zu schreien. Seine Betreuerin guckt unter den Tisch und ist mit ruhiger Art für den Säugling da. Während sie seinen Kopf lotst, spricht sie mit ihm, damit er unten und in der Krabbelhaltung bleibt. Sie gibt dem Säugling verbale und physische Zeichen, um ihn unter dem Tisch hervorzuleiten.

Vygotskij würde das Stoßen des Kopfes und das Winden des Kindes als die „Ebene selbstständiger Leistung" des Kindes bezeichnen. Die Art und Weise, wie das Kind unter dem Tisch herauskam, war, was Vygotskij die „Ebene der Leistung mit Hilfestellung" nennen würde. Vielleicht fragen Sie sich, was all diese Mühe soll? Warum kann man den Tisch nicht einfach hochheben? Laut Vygotskij verweilen Kinder, die von ihren Betreuerinnen angemessene Hilfe beim Problemlösen bekommen, länger in einer Situation und lernen mehr. (Anmerkung: Die mit der Reggio-Emilia-Pädagogik arbeitenden Schulen beweisen die Richtigkeit dessen, was Magda Gerber schon seit Jahren über das Problemlösen sagt. Problemlösen und Lernen funktionieren am besten in einer positiven, einfühlsam auf die Kinder eingehenden Umgebung, die zu Interaktionen ermuntert. Der Erwachsene, der vom Kind Signale erhält, hilft dem Kind nur so lange, bis es selbstständig weitermachen kann. Wenn das Kind keine Hilfe braucht oder möchte, zieht sich der Erwachsene zurück.)

Angemessen ist ein Schlüsselwort, wenn es darum geht, das Konzept des Unterstützens und Anleitens von Kindern zu verstehen. Angemessene Hilfe bedeutet, dass man respektvoll ist, einfühlsam und unmittelbar auf das Kind reagiert und immer berücksichtigt, was das Beste für das Kind ist. Bei dem in diesem Buch vorgestellten Ansatz, der Vygotskijs Theorie folgt, wird Lernen nie vorangetrieben. *Denken Sie an Prinzip 8: Erkennen Sie Probleme als Lerngelegenheiten und lassen Sie Säuglinge und Kleinkinder versuchen, ihre Probleme selbst zu lösen. Erlösen Sie sie nicht, machen Sie ihnen nicht permanent das Leben leichter und versuchen Sie nicht, sie vor allen Problemen zu beschützen.*

Eine „angeleitete" Kognition bildet den Kern von Vygotskijs Theorie zur geistigen Entwicklung von Kindern. Wenn Betreuerinnen und Eltern auf eine Art und Weise mit Kindern interagieren, die durch Zusammenarbeit gekennzeichnet ist, liefern sie ihnen für ihr geistiges Wachstum die Mittel, die entscheidend für die Sprachentwicklung sind. Die Sprache spielt laut Vygotskij bei der kognitiven Entwicklung eine zentrale Rolle. Sie ist die erste Form der Kommunikation zwischen Säuglingen und Erwachsenen. Pflegeerfahrungen bieten Säuglingen und Erwachsenen Gelegenheit, diese Kommunikationsmöglichkeiten zu erleben. Während der Säuglingszeit und des Kleinkindalters werden all die Gesten, Worte und Symbole sozialer Interaktion, die ein kleines Kind erlebt, allmählich verinnerlicht. Es ist diese letztendliche Kommunikation mit dem Selbst (internalisierte Sprache), der Vygotskijs Ansicht nach eine so große Bedeutung für die Kognition zukommt. Wenngleich die Sprachentwicklung gründlicher in Kapitel 9 erörtert wird, ist es an dieser Stelle wichtig, auf ihre Verbindung zum geistigen Wachstum hinzuweisen. Vygotskijs Theorie erkennt die Tatsache an, dass sich Kognition und Sprache getrennt voneinander entwickeln, in einem Kontext sozialer Kommunikation jedoch anfangen zu verschmelzen. Die Sprache anderer hilft einem kleinen Kind, sein eigenes Verhalten verbal zu organisieren.[2] Wie viele Male haben Sie schon gehört, wie ein kleines Kind wiederholt (vielleicht in verkürzter Form), was es gerade gehört hat oder was ihm gerade gesagt wurde? Vygotskij betonte die Bedeutung, die dieses Sprechen mit sich selbst (und das spätere Fiktionsspiel) für die kognitive Entwicklung hat, in stärkerem Maße, als Piaget es tat.

Heute wird viel über die Bedeutung des kulturellen Hintergrundes eines Kindes nachgedacht sowie darüber, wie diese frühen sozialen Interaktionen zur geistigen Entwicklung beitragen. In seiner soziokulturellen Theorie konzentrierte sich Vygotskij darauf, wie soziale Interaktion Kindern hilft, die wichtigen Fertigkeiten und Verhaltensweisen zu erwerben, die ihrer Kultur eigen sind. Er glaubte, dass das gemeinsame Ausführen kultureller Aktivitäten (beispielsweise Kochen) durch Kinder und Erwachsene signifikant zum Verständnis des Kindes von seiner Welt beitrage. Auch wenn einige von Vygotskijs Vorstellungen den meisten Eltern und Betreuerinnen eindeutig erscheinen mögen, kommt es doch zu Fehlinterpretationen. Manche Menschen zwingen Kinder dazu, Dinge zu lernen, die ihrem Alter unangemessen sind – konfrontieren sie zum Beispiel im Alter von drei Jahren mit Rechenkarten! – und bedienen sich der Arbeit von Vygotskij, um dieses Vorgehen zu rechtfertigen. Nachdem wir einige von Vygotskijs Konzepten überdacht haben, können wir nur zu schätzen wissen, wie sehr er die Einzigartigkeit eines jeden Kindes und seine kulturelle Geschichte zu würdigen wusste.

Piaget und Vygotskij haben beide ihren Beitrag zu unserem Wissen über das mentale Wachstum kleiner Kinder geleistet. Piaget fokussierte auf die biologischen Veränderungen, die zur Kognition beitragen. Vygotskij betonte, dass soziale Interaktion das Denken und die Problemlösefähigkeiten eines Kindes verändern könnte. Heute würde keine der zwei Theorien alleine ausreichen, um die kognitive Entwicklung vollständig zu erklären. Während die Kinder wachsen und reifen, brauchen sie die Unterstützung einfühlsamer Erwachsener.

Sehen Sie sich nun das Verhalten dreier Kinder an und schauen Sie, inwiefern die biologische Perspektive Piagets und die soziale Vygotskijs auf sie zutreffen. Versuchen Sie herauszufinden, was bei jedem Kind wohl gerade passiert und welchen Einfluss die Umwelt auf sein Verhalten haben könnte. Wenn wir in der Lage sind, die Ideen von Piaget und Vygotskij zu erläutern, können wir uns dem Druck widersetzen, bei der Erziehung von Säuglingen und Kleinkindern mit unangemessenen, schulähnlichen Unterrichtserfahrungen zu arbeiten. Denken Sie daran, dass Piaget und Vygotskij beide davon überzeugt waren, dass Spiel extrem wichtig für das Lernen des Kindes ist und dass es sein wirkliches Verständnis der Welt nicht fördert, wenn man es drängt.

Das erste Kind, ein Junge, liegt auf dem Rücken auf einem Teppich, umgeben von ein paar Spielsachen. Er dreht sich ein wenig zu einem Ball, der bei seinem Arm liegt. Er streckt sich, und durch diese Bewegung berührt er zufällig den Ball. Dieser bewegt sich, macht ein Geräusch. Das Geräusch erschrickt den Jungen und er sieht zum Ball. Dann liegt er wieder ruhig da; sein Blick wandert herum. Dann bewegt er erneut seine Arme – eine große, schwungvolle Bewegung – und der Ball bewegt sich wieder und macht dabei dasselbe klingelnde Geräusch. Wieder erschrickt der Junge, und ein Ausdruck von Überraschung macht sich auf seinem Gesicht breit. Man kann fast seine Frage hören: „Wer hat das getan?" Er sieht den Ball an, schaut umher und sieht wieder den Ball an. Dann liegt er ruhig da. Einige Augenblicke später nimmt er seine Arme wieder hoch und spreizt sie vom Körper weg, wobei er diesmal zögerlich mit ihnen strampelt. Er verpasst den Ball. Nichts passiert. Er liegt wieder ruhig da. Er wiederholt seine Handlung, wieder zögerlich. Dieses Mal kommt seine Hand an seinen Augen vorbei und eine Spur von Interesse zeigt sich auf seinem Gesicht. Er betrachtet aufmerksam seine Hand und man kann ihn fast sagen hören: „Was ist denn das für ein Ding? Wo kommt das her?" Er bewegt seine Finger, und seine Augen strahlen vor Freude. „Hey, es funktioniert!", scheint er zu sagen. Seine Arme strampeln weiter, wodurch die faszinierenden Finger aus seinem Sichtfeld verschwinden. Er kommt wieder an den Ball, verursacht nur einen Hauch von Geräusch. Seine Augen suchen nach der Geräuschquelle.

Das zweite Kind, ein Mädchen, sitzt auf einem Teppich in der Nähe des Jungen, aber die beiden sind durch ein niedriges Gitter voneinander getrennt. Das Mädchen hat ein Gummispielzeug in der Hand und haut es auf den Fußboden, auf und nieder, und kichert über das quietschende Geräusch, das es macht. Das Spielzeug hüpft über den Teppich weg, als sie es loslässt, und fröhlich krabbelt sie hinterher. Sie hält an, um einen Faden zu erforschen, an dessen Ende eine große Perle befestigt ist. Sie schaut, wo das andere Ende ist. Der Faden verschwindet in einem Haufen Spielzeug auf dem niedrigsten Regal am Rand des Teppichs. Sie zieht erwartungsvoll am Faden und lacht vergnügt. Dann bemerkt sie einen leuchtend roten Ball, der aus dem Haufen Spielzeug herausgerollt ist, welcher wiederum aus dem Regal gefallen ist. Sie krabbelt zu ihm herüber und beginnt ihm Klapse mit der Hand zu geben, macht dabei Geräusche. Sie scheint zu erwarten, dass der Ball sich in Bewegung setzt. Als dies nicht passiert, versucht sie es noch mal mit mehr Kraft. Der Ball bewegt sich ein wenig und sie krabbelt hinter ihm her. Sie wird immer aufgeregter, und als sie zum Ball kommt, streift eine Hand ihn zufällig, so dass er eine kleine Strecke rollt und unter einer Couch in der Ecke des Raumes verschwindet. Sie sieht ihn rollen, macht sich auf den Weg hinter ihm her, hält aber inne, als er verschwindet. Mit fragendem Blick krabbelt sie hinüber zur Kante der Couch, hebt aber nicht die Rüsche am unteren Ende des Bezugs hoch, um darunter nachzusehen. Sie sieht ein wenig enttäuscht aus, krabbelt dann aber zurück auf den Teppich und zum quietschenden Gummispielzeug. Am Ende der Szene trommelt sie wieder mit dem Spielzeug auf dem Boden und lacht über das Geräusch, das es macht.

Das dritte Kind, ebenfalls ein Mädchen, sitzt an einem Tisch und fügt die Puzzleteile eines dreiteiligen Puzzles ineinander. Als sie nicht weiter weiß, schaut sie zu einer in der Nähe sitzenden Erwachsenen, die ihr verbale Tipps gibt, wie sie die Teile zu drehen hat. Als sie das Puzzle vollendet hat, dreht sie es um und lächelt angesichts des Klapperns der auf die Tischplatte fallenden Holzteile. Sie legt das Puzzle noch einmal, diesmal schneller und ohne Hilfe der Erwachsenen. Als sie es fertig hat, legt sie es zurück auf ein niedriges Regal und geht zu einem anderen Tisch, an dem mehrere andere Kinder Knetmasse kneten und durchbohren. Sie fragt nach einem Stück, und als sie keines bekommt, schreitet eine Erwachsene ein und hilft jedem Kind dabei, ihr ein bisschen von seinem Stück abzugeben. Sie sitzt da, bohrt und stochert zufrieden in ihrer Knetmasse und unterhält sich immer wieder mit den anderen Kindern über das, was sie tut. Ihr Monolog ist keine direkte Antwort auf das, was sie sagen. Obwohl viel geredet wird, gibt es wenig Interaktion am Tisch. Das Mädchen, auf das wir uns konzentrieren, rollt ihre Knetmasse zu einem Ball, sitzt dann da und betrachtet ihn eine Minute lang. Dann beginnt sie, offensichtlich mit einer Absicht im Kopf, ihn zu klopfen und in Form zu bringen. Als sie einen schiefen Klumpen produziert hat, lehnt sie sich zufrieden zurück und teilt niemandem speziell mit, dass sie fertig ist. Sie steht auf und geht weg. Als sie den Tisch verlässt, greift ein anderes Kind ihr Stück und knetet es unter sein eigenes. Diese Tat verläuft unbemerkt. Das Mädchen, das sieht, wie ein Teewagen mit Essen in den Raum gerollt wird, läuft in die Ecke zu einer Reihe Waschbecken und beginnt sich die Hände zu waschen. Wir verlassen sie, als sie gerade gründlich ihre Hände und Arme einseift und das Erlebnis offensichtlich genießt.

Es ist von essenzieller Bedeutung, zu erkennen, welche Bedeutung Spiel für ein kleines Kind hat und wie es zu seiner kognitiven Entwicklung beiträgt. Beobachtet man Kinder, ist es schwierig, aus ihrem Körperverhalten und ihrem Spiel zu schließen, was sie denken. Mithilfe von Piagets und Vygotskijs Vorstellungen von früher kognitiver Entwicklung können wir versuchen zu erraten, was diese Kinder denken und wie sie von ihrer Umwelt beeinflusst werden. Wir können beginnen, den Übergang von unbeabsichtigtem, sogar zufälligem, Verhalten zu beabsichtigtem Verhalten zu sehen, das sich durch Problemlösen, geistige Bilder, gegenständliches Denken und das Fiktionsspiel manifestiert. Wir können ebenfalls sehen, wie angemessene Unterstützung durch Erwachsene Kindern helfen kann, zu lernen, wie sie die Kooperation untereinander fördern können. Kapitel 4 untersuchte die Bedeutung des Spiels und gab wertvolle Leitlinien, die bei der Planung von Stunden helfen sollen. Lassen Sie uns nun die Bedeutung von Spiel unter dem Gesichtspunkt der kognitiven Entwicklung erneut untersuchen.

Im zweiten Lebensjahr können Kinder über ihre Welt auch dann nachdenken, wenn sie diese nicht direkt erleben. Sie beginnen ebenfalls, Dinge durch die Verwendung von Symbolen darzustellen. Die Beschäftigung mit **Fiktionsspielen** (Als-ob-Spiele; Symbolspiele) markiert einen wichtigen Schritt im Denken eines Kindes und ist normalerweise mit dem Beginn des Sprechens verbunden. Fiktionsspiele finden statt, wenn Kinder Dinge durch Symbole darstellen können und in der Lage sind, an ihre Welt auch dann zu denken, wenn sie diese gerade nicht direkt erleben.

Nehmen Sie sich die Zeit, ein zweijähriges und ein dreijähriges Kind zu beobachten, die mit Fiktionsspiel beschäftigt sind. Möglicherweise können Sie drei unterschiedliche Veränderungen oder Tendenzen sehen, zu denen es durch das kognitive Wachstum gekommen ist.

Je jünger ein Kind ist, umso größer ist die Wahrscheinlichkeit, dass es bei seinem Fiktionsspiel selbst im Mittelpunkt steht. Wenn es älter wird, erwirbt es allmählich die Fähigkeit, nicht mehr sich selbst in den Mittelpunkt zu stellen. Es ist dann bereit, die Rolle anderer, imaginärer Charaktäre anzunehmen. Achten Sie auf ein einjähriges Kind, das so tut, als würde es sich selbst füttern. Wenn es ein bisschen älter ist, wird es eher so tun, als füttere es seine Puppe als sich selbst. Seine Puppe bleibt jedoch sehr still. Wenn das Kind etwa zwei Jahre alt ist, ist es in der Lage, die Puppe zum „Aufwachen" zu bringen. Jetzt kann es die Puppe dazu veranlassen, selbst zu essen. Das Kind kann in seinem Spiel nun die Rolle anderer übernehmen. Es kann Abstand nehmen und die Gefühle des anderen sowie den Bezug zwischen der einen Rolle und einer anderen berücksichtigen (Hat die Puppe Hunger? Mit wie viel „Essen" sollte es die Puppe versorgen?). Wenn das Kind älter wird, wird dieses Spiel komplexer und bezieht andere Menschen mit ein (ein Beispiel hierfür sind mehrere Vierjährige, die in der für das Fiktionsspiel vorgesehenen Spielecke „einkaufen gehen").

Eine weitere Veränderung im Fiktionsspiel kann dann gewürdigt werden, wenn ein Kind beginnt, ein Objekt durch ein anderes zu ersetzen. Ein ganz junges Kind braucht für das Fiktionsspiel einen wahren Gegenstand oder eine wahrheitsgetreue Nachbildung. Wenn es spielt, es würde essen, braucht es eine richtige Tasse oder einen richtigen Löffel (oder Plastikmodelle). Wenn ein Kind älter wird (an die 22 Monate), erwirbt es die Fähigkeit, einen Gegenstand durch einen anderen zu ersetzen. Jetzt kann vielleicht ein Stock als Löffel benutzt werden, insbesondere dann, wenn eine Puppe gefüttert wird.

Anfänglich ist diese Möglichkeit, einen Ersatz zu benutzen, noch sehr begrenzt. Objekte müssen wie der wirkliche Gegenstand aussehen und das Kind ist wahrscheinlich nicht in der Lage, zu viele Dinge zur selben Zeit durch andere zu ersetzen. Kleine Kinder müssen Gegenstände zur Verfügung haben, um ihr Spiel zu verbessern. Es ist wichtig zu verstehen, dass es für Kinder, wenn sie älter werden (sich dem Alter von vier Jahren nähern), schwirig sein kann, ein vertrautes Objekt durch ein anderes zu ersetzen. Ein Golfschläger aus Plastik ähnelt zu sehr einem richtigen Golfschläger, um zu einer Angelrute zu werden. Diese Erkenntnis zeigt, wie wichtig es ist, „Rohmaterial" wie Röhren, Klötze und eine Auswahl an Papier zur Verfügung zu haben. Aus einer Papierröhre oder einer aufgerollten Zeitung wird für den kleinen Vorschüler viel leichter eine Angelrute.[3]

Wenn sich das Fiktionsspiel weiterentwickelt, kann ein Kind mehrere Handlungen erfinden und kombinieren. Diese Kombinationen werden mit zunehmendem Alter umfangreicher und komplexer. Anfänglich spielt ein kleines Kind vielleicht nur, es würde sich selbst füttern. Wenn es Handlungen kombiniert und sie in andere Erlebnisse integriert, kann es letztendlich so tun, als würde es „ein Restaurant eröffnen" und mehrere Puppen füttern (und zweifellos auch jeden Menschen, der bereit ist, dabei mitzumachen).

Das kognitive Wachstum eines Kleinkinds ist in zahlreichen Bereichen sichtbar. Das Fiktionsspiel aber gehört zu den auffallendsten Fähigkeiten, die bei einem kleinen Kind beobachtet werden können. Erwachsene müssen die Entwicklung des zielgerichteten Verhaltens respektieren und sie unterstützen, indem sie geeignete Vorkehrungen treffen.

Die Prinzipien in der Praxis

Prinzip 8: Erkennen Sie Probleme als Lerngelegenheiten und lassen Sie Säuglinge und Kleinkinder versuchen, ihre Probleme selbst zu lösen. Erlösen Sie sie nicht, machen Sie ihnen nicht permanent das Leben leichter und versuchen Sie nicht, sie vor allen Problemen zu beschützen.

Caitlin und Ian sind zwei 18 Monate alte Kinder in Ihrer Familientagespflegestätte; sie sind schon bei Ihnen, seit sie sechs Monate alt waren. Caitlin ist temperamentvoll und sprüht vor Aktivität; Ian ist nicht so aktiv und neigt dazu, Caitlin viel zu beobachten oder sich von ihr führen zu lassen. An diesem Morgen ist Caitlin damit beschäftigt, Teile unterschiedlicher Form durch die Löcher eines Plastikwürfels zu stecken. Wenn eine Form nicht ohne Weiteres durch ein Loch passt, schlägt sie energisch mit ihrer Hand darauf, damit es durchgeht, und dreht den Würfel dann schnell herum, um ein anderes Loch zu finden. Sie kichert vergnügt über das Geräusch, das jedes Teil macht, wenn es in den Würfel fällt. Ian, mit seinem Stoffhund im Arm, beobachtet sie aus kurzer Entfernung; er scheint interessiert zu sein, versucht aber nicht, sich zu Caitlin zu gesellen und mitzumachen. Caitlin ist plötzlich mit dem Plastikwürfel fertig. Sie geht herüber zu dem Bereich mit den Bauklötzen, wo Sie ein paar Klötze auf dem Boden angeordnet und ein neues, kleines rotes Auto hinzugefügt haben. Sie bemerkt das neue Auto sofort und sagt: „Auto!" Dies erregt Ians Aufmerksamkeit und auch er kommt herüber zu den Bauklötzen. Caitlin gibt dem neuen Auto einen Stoß und es rollt (schneller, als sie erwartet hat) unter ein Bücherregal in der Nähe und ist nicht mehr zu sehen. Caitlin stürzt hinüber zum Bücherregal, fest entschlossen, das Auto zurückzuholen, obwohl es wahrscheinlich zu weit unter das Regal gerollt ist, als dass sie es noch zu fassen bekommen könnte. Ian sieht zu Ihnen herüber, mit einem Gesichtsausdruck, der zu sagen scheint: „Und jetzt?"

1. Wie würden Sie die Art beschreiben, wie ein jedes der zwei Kinder an das Erkunden und Problemlösen herangeht?
2. Wie würden Sie mit jedem der beiden interagieren, um die jeweiligen individuellen Lerngelegenheiten, die sich bieten, zu unterstützen?
3. Beunruhigt Sie Ians Herangehensweise an das Problemlösen? Oder Caitlins Herangehensweise? Warum oder warum nicht?

4. Was würden Sie tun, um Kindern zu helfen, das rote Auto wiederzubekommen?
5. Was würden Sie versuchen in einer Umgebung zu bieten, um das Problemlösen kleiner Kinder zu fördern?

Förderung der kognitiven Entwicklung

Sicherheit und Bindung sind die Voraussetzungen für die Förderung der kognitiven Entwicklung. Durch den Bindungsprozess entwickeln Kinder Kompetenzen wie das Vermögen, zu differenzieren, weil sie die Person(en), zu der bzw. zu denen sie eine Bindung aufgebaut haben, von den anderen Menschen in ihrer Welt unterscheiden. Durch Bindung wird auch Intentionalität zum Ausdruck gebracht, weil Säuglinge und Kleinkinder ihr ganzes Verhalten dafür einsetzen, die Bindungsperson(en) in ihre Nähe zu bringen und sie dort zu halten. Klammernde, weinende Säuglinge oder Kleinkinder beweisen eine starke Intentionalität (ein Zeichen für frühes kognitives Verhalten), wenn sie versuchen, ihre Mutter oder ihren Vater dazu zu bekommen, bei ihnen zu bleiben. Dies kann lästig sein und wird normalerweise nicht als kognitives Verhalten erkannt, doch ist es in Wirklichkeit sehr zielgerichtet und intelligent.

Eine weitere Voraussetzung für die Förderung der kognitiven Entwicklung ist das Eingehen auch auf andere Bedürfnisse. Kinder mit unbefriedigten Bedürfnissen verwenden ihre Energie auf den Versuch, jemanden dazu zu bewegen, sie zu befriedigen. Durch diese Fokussierung verläuft ihre kognitive Entwicklung in engen Bahnen. Kinder, deren Bedürfnisse beständig befriedigt werden, haben Vertrauen und fühlen sich wohl. Kinder, die sich wohl fühlen, *erforschen ihre Umwelt*. Aus beständigem Forschen resultiert kognitive Entwicklung.

Sie fördern die kognitive Entwicklung, indem Sie in einer Umgebung, die viele Sinneserfahrungen ermöglicht, zum Forschen einladen und ermuntern. Wenn Kindern Gelegenheit gegeben wird, mit Objekten so zu spielen, wie sie es möchten, stoßen sie auf Probleme. Wie bereits erwähnt, basiert die in diesem Buch skizzierte Säuglings- und Kleinkinderziehung darauf, dass man zum Problemlösen ermuntert. Die kognitive Entwicklung von Säuglingen und

Kleinkindern wird gefördert, wenn man es ihnen ermöglicht, die Probleme selbst zu lösen, auf die sie im Laufe eines Tages treffen. Indem man Kindern die freie Wahl lässt, stellt man sicher, dass sie auf Probleme stoßen, die für sie von Bedeutung sind. Die Probleme anderer Menschen zu lösen ist für die meisten von uns nicht halb so interessant wie das Lösen der Probleme, die mit etwas zu tun haben, das uns wirklich wichtig ist.

Es ist dem Problemlösen förderlich, wenn Erwachsene Worte beisteuern (wenn sie sensorischen Input benennen – „Der Hase fühlt sich weich und warm an" oder „Das war ein lautes Geräusch" oder „Der Schwamm ist triefend nass."). Zusätzlich können Erwachsene dadurch Hilfestellung bieten, dass sie Fragen stellen, auf Beziehungen aufmerksam machen, Gefühle zum Ausdruck bringen und das Kind allgemein unterstützen.

Ermuntern Sie Kinder dazu, beim Lösen von Problemen miteinander zu interagieren. Der Input, den Säuglinge und Kleinkinder von ihren Altersgenossen bekommen, kann sowohl nützlich sein als auch

> **Überlegen Sie...**
>
> Haben Sie es erlebt, dass Betreuerinnen zu viel für kleine Kinder taten? Was für eine Auswirkung hat dies Ihrer Meinung nach auf lange Zeit?

zeigen, dass es mehr als nur einen Weg gibt, zu einer Lösung zu gelangen. Denken Sie daran, dass Piaget und Vygotskij beide den Standpunkt vertraten, dass Interaktion – mit Objekten und mit anderen Menschen, insbesondere mit Gleichaltrigen – die kognitive Entwicklung fördert. Stellen Sie Kleinkindern auch Schauspielutensilien zur Verfügung. Durch das Fiktions- und Rollenspiel bauen sie die für den Denkprozess so entscheidenden geistigen Bilder auf.

Widersetzen Sie sich dem Druck, Kindern etwas beizubringen oder verschulte Aktivitäten einzuführen. Kinder lernen die Namen von Farben und Formen im Verlauf der normalen Unterhaltung, wenn Sie diese im natürlichen Zusammenhang gebrauchen („Bring mir doch bitte mal das rote Kissen" oder „Möchtest du einen runden oder einen viereckigen Cracker?"). Sie nutzen Ihre Zeit besser, wenn Sie den Kindern, statt ihnen Farben und Formen beizubringen, helfen, verschiedene Methoden zu lernen, wie sie ihre Bedürfnisse befriedigen (körperliche wie soziale) und Dinge in der Welt erreichen können. Die Vorgehensweisen sind dann keine verschulten Übungen, sondern in Erfahrungen des wirklichen Lebens eingebettet und deshalb von Bedeutung.

Zahlenkonzepte können in einem natürlichen Zusammenhang gelernt werden. Die Begriffe „mehr" und „weniger" haben eine reale Bedeutung, wenn Dinge – zum Beispiel Apfelstücke – ausgeteilt werden. Das Verständnis für mathematische Konzepte kommt, wenn Kleinkinder mit Klötzen und Sand spielen, Größe und Gewicht von Objekten vergleichen, andere Vergleiche anstellen und Relationen herausfinden und begreifen.

Sie werden Kindern bei Ihrer Arbeit das Lesen vermitteln, tun dies aber auf einem kleinkindgerechten Niveau – also auf eine der Entwicklung angemessene Art und Weise. Ihre Aufgabe als Leselehrer/in für Säuglinge und Kleinkinder besteht nicht darin, ihnen das Alphabet beizubringen, sondern darin, die gesamte Sprachentwicklung zu fördern. Zudem sollten Sie den Kindern viele Erfahrungen mit ihrer sich entwickelnden Lese- und Schreibfähigkeit ermöglichen, auf denen aufbauend sie in ihrem Kopf Konzepte erstellen können, damit sie später, wenn sie ein geschriebenes Wort wie *Bohne* sehen, bereits viel damit assoziiert haben. Es wird dann nicht an Erfahrung mit dem Wort und folglich auch nicht an damit verbundenen Gefühlen fehlen. Kinder, die sich daran erinnern können, Bohnen gepflanzt, gewässert, von Insekten befreit, gepflückt, in Stücke gebrochen, gewaschen und gegessen zu haben, verstehen wirklich, was das Wort bedeutet. Das Wort Bohne hat für sie Bedeutung und sie verbinden damit viele Assoziationen (so genannte Konnotationen). Später, wenn die Kinder in der Lage sind, geschriebene Wörter zu entschlüsseln, verbinden Sie mit den Wörtern, die sie lesen, Erfahrungen des wirklichen Lebens. Sie als Betreuungsperson können Kindern helfen, das Lesen schätzen zu lernen, und ihnen eine Vorstellung davon geben, was es eigentlich bedeutet, indem sie ihnen ein Buch nach dem anderen vorlesen. Die Vorstellung vom Lesen und das Vergnügen an ihm sind wichtige Voraussetzungen für das eigentliche Lesen.

Säuglinge und Kleinkinder sind von Natur aus kreativ. Wenn Sie sie nicht durch einschränkende Grenzen und eine armselige Umgebung behindern, werden sie Ihnen Wege beibringen, wie Spielzeug und Materialien genutzt werden können, auf die Sie niemals gekommen wären. Neugier ist Teil dieses Strebens nach Kreativität und muss wertgeschätzt und gefördert werden. Säuglinge und Kleinkinder sind neu in dieser Welt und wollen wissen, wie alles funktioniert. Sie wollen nicht, dass es ihnen gesagt wird; sie wollen es selbst herausfinden. Sie sind Forscher. Sie nehmen nichts als gegeben hin, sondern müssen jede Hypothese beweisen. Fördern Sie diese ihnen eigene Eigenschaft! *Denken Sie*

an Prinzip 4: *Investieren Sie Zeit und Energie, um an der Entwicklung des vollständigen Menschen zu arbeiten (konzentrieren Sie sich auf das „ganze Kind").*
Fokussieren Sie nicht alleine auf die kognitive Entwicklung oder betrachten Sie diese nicht als etwas, das getrennt von der Gesamtentwicklung abläuft.

Säuglinge und Kleinkinder sind (laut Piaget und Vygotskij) damit beschäftigt, Wissen zu konstruieren. Sie nehmen nicht einfach nur Informationen und Vorstellungen auf und hantieren mit Spielzeug und Materialien. Sie sind keine leeren Gefäße, die gefüllt werden müssen. Stattdessen bauen sie ihr eigenes Verständnis auf. Sie wenden ein kreatives Konstruktionsverfahren an, um ihre Erfahrungen zu strukturieren. Und sie brauchen Betreuerinnen, die wissen, wie sie diese Erfahrungen angemessen unterstützen und mit ihnen konstruieren.

In diesem aktiven Prozess des Schaffens von Wissens lernen Kinder, bekannte Dinge in ihrer Welt auf neue Weise zu kombinieren. Denken Sie an die Entwicklung des Fiktionsspiels. Als Folge dessen, dass sie Gegenstände erforschen und mit ihnen hantieren, experimentieren Kleinkinder mit neuen Kombinationen und dem erneuten Kombinieren bekannter Elemente auf neue Art. Dies ist das Wesen der Kreativität – der Vorgang des Kombinierens bekannter Dinge auf neue Art.

Durch die Einsicht, dass Kreativität ein Teil der kognitiven Entwicklung ist, wird noch einmal unterstrichen, wie wichtig es ist, Vorkehrungen für diese Entwicklung zu treffen und sie nicht voranzutreiben. Wenn ein kleines Kind Gelegenheit hat, zu erforschen und zu experimentieren, fördert dies seine Erkenntnis. Sobald Kinder verstehen, wie etwas funktioniert (insbesondere als Folge dessen, dass sie damit gespielt haben), scheinen sie instinktiv zu beginnen, dieses Objekt kreativ zu nutzen. Erforschung ist nicht dasselbe wie Kreativität. Erforschung ist der Ausgangspunkt. Versuchen Sie, wenn Sie die kognitive Entwicklung eines Kindes fördern möchten, einigen der Vorschläge in diesem Abschnitt zu folgen. Treten Sie dann zurück und warten Sie auf den kreativen Prozess des Problemlösens.

Gehirngerechtes Lernen

Die Forschung zur frühen Gehirnentwicklung, die in den gesamten USA sehr viel Aufmerksamkeit erfährt, könnte bestätigen, was viele Eltern und Betreuerinnen bereits über das Lernverhalten kleiner Kinder wissen. Sie könnte aber ebenfalls Anlass für viele Fehlinterpretationen im Hinblick auf die Entwicklung geben und Werbestrategien anheizen, die auf den Verkauf von „lernförderndem Spielzeug" und der Ausstattung für „höchst anregende Umgebungen" abzielen. Es ist wichtig, über kleine Kinder nachzudenken und sich dafür zu interessieren, wie sie lernen und wachsen. Denken Sie einen Moment über Ihr eigenes Verständnis davon nach, wie Kinder lernen. Vergleichen Sie Ihre Vorstellungen mit denen Piagets und Vygotskijs. Lesen Sie dann noch einmal die in Kapitel 1 aufgeführten zehn Prinzipien der Pflege und Betreuung. Sehen Sie sich erneut Tabelle 5.1, „Das Gehirn neu überdenken" (S. 169) in Kapitel 5 an. Zweifellos wird in den nächsten Jahren auf viele Fragen zur Gehirnentwicklung und auf die Frage, wie Kinder lernen, eine Antwort gefunden werden. Schon heute scheinen jedoch einige wesentliche Dinge über die Art und Weise, wie das Gehirn lernt, klar zu sein.

Bindungen sind für die Entwicklung von größter Bedeutung, und Kinder lernen am besten innerhalb von vertrauensvollen Beziehungen, in denen einfühlsam auf sie eingegangen wird. Das Gehirn funktioniert als einheitliches Ganzes; alle Entwicklungsbereiche sind beteiligt. Säuglinge sind aktive Lernende, und das Gehirn wird aktiver, wenn Erwachsene auf die Hinweise und Signale von Säuglingen eingehen, mit denen diese ihr Bedürfnis nach Aufmerksamkeit ausdrücken. Die Umgebung ist von großem Einfluss; der Lernkontext ist genauso wichtig wie der Lerninhalt. Die regelmäßigen Pflegeaktivitäten müssen Beziehungen begünstigen (achten Sie auf die Gruppengröße, das Zahlenverhältnis zwischen Betreuerin und Kindern und die Zeit, die Sie jeweils damit verbringen, einen Säugling zu pflegen). Je bedeutsamer eine Erfahrung ist, umso größer ist die Möglichkeit, dass sich das Kind an sie erinnern wird. Ihre Wiederholung stärkt die Nervenbahnen im Schaltkreis des Gehirns, doch verwechseln Sie Wiederholung nicht mit Training. Wiederholung ist kindorientiert und geht vom Kind aus; Training wird von Erwachsenen angeleitet und richtet sich an die Bedürfnisse Erwachsener (nicht an die der Kinder).[4]

Es sind eher die Dichte des Gehirns (oder die neuronalen Verbindungen) und die Myelinisierung, die hauptsächlich zum Lernen beitragen, als die Größe des Gehirns. Die Schaltkreise des Gehirns, die verstärkt und verbessert worden sind, setzen Erfahrungen in Lernen um. Dank der fortgeschrittenen modernen Technik sind spezielle Messungen dieser verzweigten Dendriten im Kortex möglich. Wachstumsschübe, die in einer verstärkten Aktivität des Gehirns zum Ausdruck kommen, stimmen in den ersten zwei Lebensjahren mit den sensumotorischen Erfahrungen überein, die Bestandteil von Piagets Theorie sind.[5]

Wir erkennen immer mehr, dass keine Theorie vollständig erklärt, wie Kinder lernen. Die Theorien von Piaget und Vygotskij können miteinander kombiniert werden, was das Verständnis der kognitiven Entwicklung in den ersten Lebensjahren erleichtert. Die Prinzipien gehirngerechten Lernens – praktische, am Entdecken ausgerichtete, gemeinschaftliche Erfahrungen mit offenem Ende – die den Vorstellungen Piagets und Vygotskijs sowie der Entwicklung angemessenen Methoden sehr ähneln, helfen uns ebenfalls, zu verstehen, wie vernetzt das Lernen kleiner Kinder ist.[6]

Blättern Sie noch einmal zurück und betrachten Sie die drei spielenden Kinder (Seite 164-165). Versuchen Sie sensibel dafür zu sein, was möglicherweise gerade in ihren Gehirnen vorgeht. Können Sie sehen, wie der neurale Schaltkreis verstärkt wird? Können Sie sehen, wie die „magischen Bäume des Geistes" dichter werden? („Magic Trees of the Mind" ist der Titel eines Buches von Marion Diamond über Gehirnwachstum.) Gestatten Sie es sich, geistige Bilder zu entwerfen, zu staunen. Wir werden in Zukunft mit Sicherheit mehr über das Gehirn erfahren, aber wir wissen schon heute vieles, das es zu verstehen gilt. *Denken Sie an Prinzip 5: Respektieren Sie Säuglinge und Kleinkinder als würdige Menschen. Behandeln Sie sie nicht wie Objekte oder niedliche kleine Menschen, die nichts im Kopf haben und manipuliert werden können.*

Kinder mit besonderen Bedürfnissen:
Kognitive Verzögerung

Der Schwerpunkt dieses Kapitels liegt auf der Frage, wie Kinder beginnen, ihre Welt zu verstehen und etwas über sie zu lernen. Das auffälligste Merkmal von kognitiver Verzögerung ist eine eingeschränkte Fähigkeit, zu lernen. Wir haben bereits angemerkt, dass wir, weil es sich beim Lernen und Denken um innere Prozesse handelt, aus dem Beobachten kleiner Kinder schließen müssen, was gerade mit ihnen passiert. Der augenfälligste, am einfachsten zu beobachtende Entwicklungsaspekt sind Körperbewegungen. Dies wurde bis zu einem gewissen Grad in Kapitel 7 im Abschnitt über retardierte Kinder erläutert.

Videobeobachtung 8

Vater, der ein Kleinkind wickelt

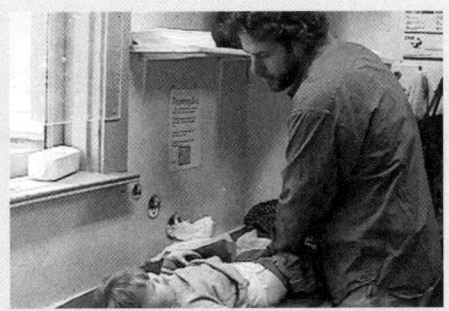

Schauen Sie sich die Videobeobachtung 8, „Father Diapering Toddler", an, um ein Beispiel für eine Aktivität zu sehen, die mit der kognitiven Entwicklung im Zusammenhang steht.

Fragen

- Warum, meinen Sie, haben wir eine Wickelszene gewählt und nicht eine Szene, in der es offensichtlicher ist, dass das Kind sich geistig betätigt?
- Sehen Sie Anhaltspunkte dafür, dass es eine Beziehung zwischen Kind und Mann gibt? Welche Rolle spielen Beziehungen bei der kognitiven Entwicklung?
- Können Sie erklären, wie das Kind zum Ausdruck bringt, dass Sauberkeitserziehung mehr ist als nur eine physische Angelegenheit und mit der Kognition in Verbindung steht?
- Erläutern Sie, inwiefern diese Szene ein Kind zeigt, das Sprache im situativen Kontext lernt.

Diesen Videoclip können Sie unter www.mit-kindern-wachsen.de/videomaterial anschauen. Wählen Sie hier bitte Kapitel 8.

Bevor wir fortfahren, müssen wir noch ein Wort zu „Etikettierungen" sagen. Wir sind davon überzeugt, dass jedes Kind einzigartig ist und dass mit dem Etikettieren normalerweise kategorisiert wird und Verallgemeinerungen über Individuen angestellt werden. Wenn es um besondere Bedürfnisse geht, kann Etikettierungen jedoch beim Erkennen der Fähigkeiten und Grenzen von Kindern eine große Bedeutung zukommen. Angemessen eingesetzt, können Etikettierungen Betreuerinnen als Richtschnur dienen, wenn sie Säuglingen und

Kleinkindern helfen, ihr größtes Potenzial zu entfalten. Etikettierungen, wenn als Identifikationskriterien genutzt, ermöglichen es Programmen auch, zusätzliche finanzielle Mittel und kommunale Unterstützung zu beantragen. Wir hoffen, dass Etikettierungen immer in einem der Entwicklung angemessenen Kontext gebraucht werden, von Betreuerinnen, die sich um jedes Kind fürsorglich und respektvoll kümmern.

Die Begriffe *kognitive Verzögerung* und *entwicklungsverzögert* werden manchmal synonym verwendet. Die kognitive Verzögerung lässt sich nicht allein durch eine Bewertung der Motorik erfassen; sie betrifft mehr die kognitiven Entwicklungsbereiche. Beispielsweise können spezielle Bereiche, die Sorge bereiten, mit dem Konzentrationsvermögen, dem Gedächtnis, der Sprache und den Problemlösefähigkeiten zu tun haben. Bedenken Sie, wie eng diese vier Bereiche bei einem kleinen Kind miteinander verknüpft sind. Ein Kind, das über eine eingeschränkte Fähigkeit verfügt, einer Erfahrung seine volle Aufmerksamkeit zu schenken – sich zu vertiefen und intensiv mit etwas zu beschäftigen –, sammelt vielleicht nie wichtige Details, an die es sich anschließend erinnern kann. Das Gedächtnis ist von entscheidender Bedeutung für das Lernen der Bezeichnungen für diese Erfahrungen und damit auch für die Sprachentwicklung. Sprache ermöglicht ein logischeres und organisierteres Denken. Wir können sagen, dass es bei kleinen Kindern mit kognitiven Verzögerungen einen „kognitiven" Dominoeffekt gibt.

Diese Fähigkeiten, die begrenzt, unterdrückt oder nicht vorhanden sein können, stehen auch mit dem „adaptiven" Verhalten eines Kindes im Zusammenhang. Wie gut ein kleines Kind sich an die Welt anpasst oder mit ihr zurechtkommt, ist natürlich alters- und situationsabhängig. Wenn ein acht Monate altes Kind, das seit kurzer Zeit an einem Säuglingsprogramm teilnimmt, den größten Teil des Vormittags weint (obwohl man versucht, es zu trösten), kann sein Verhalten als der Entwicklung angemessen betrachtet werden. Wenn jedoch ein dreijähriges Kind, das bereits seit mehreren Monaten ein Kinderbetreuungsprogramm besucht, dasselbe Verhalten zeigt und weder getröstet werden kann noch Vertrauen herstellt, müsste das Verhalten weiter hinterfragt werden. **Adaptive Verhaltensweisen** können als kognitiv betrachtet werden. Sie ermöglichen es einem Kind, Dinge vorherzusagen und deshalb allgemein zu vertrauen. Sie ermöglichen es einem Kind ebenfalls, sich zu ändern oder an neue Erfahrungen anzupassen und Fähigkeiten anzuwenden, mit denen sie bereits vertraut sind, um einer Situation besser gewachsen zu sein. Diese Verhaltensweisen sind von großer Bedeutung, und wenn sie sich nur langsam entwickeln, können bei Kindern Gefühle von Frustration entstehen. Kleinen Kindern mit kognitiven Verzögerungen fällt es normalerweise schwer, sich an Veränderungen zu gewöhnen. Sie brauchen mehr Zeit und die Unterstützung einer einfühlsamen Betreuerin.

Es ist sehr schwirig, die intellektuelle Leistungsfähigkeit (den IQ-Wert) eines Säuglings einzuschätzen. Es existieren nur wenige verlässliche Tests. Allgemein wird angenommen, dass die Vorhersagekraft der Resultate umso geringer ist, je jünger das Kind beim Test ist. Die genauere Bestimmung einer kognitiven Verzögerung beinhaltet normalerweise, dass zu einem gewissen Grad eine Einschätzung in diesem Bereich vorgenommen wird. Beobachtungen und ausführliche Evaluierungen werden heute als die hilfreichsten Mittel angesehen. Es ist schwirig, in den ersten drei Lebensjahren eine „leichte" kognitive Behinderung oder ein Problem zu ermitteln, die letztendlich mit einer Lernstörung zusammenhängen können. Möglicherweise werden diese leichteren oder fortschreitenden Probleme nicht erkannt, bis ein Kind ins Schulalter kommt und mit den Herausforderungen des Lesens, Schreibens und Rechnens konfrontiert ist. Es bleibt zu hoffen, dass stärkere, schlimmere oder vielfältigere Probleme früh (vor dem Schulalter) erkannt werden und Möglichkeiten der Intervention zur Verfügung stehen.

Die Gründe für eine kognitive Verzögerung können vielfältig oder schwer zu ermitteln sein. Sie können von genetischen Ursachen (zum Beispiel dem Down Syndrom) bis zu Gehirnschaden als Folge von Infektionskrankheiten (zum Beispiel Meningitis oder Röteln) reichen. Auch Umweltrisiken, denen ein Kind vor der Geburt ausgesetzt ist, wie Gifte (zum Beispiel Kokain oder Alkohol, die von der schwangeren Mutter konsumiert wurden) können eine Verzögerung zur Folge haben. Die Bedeutung von vorgeburtlicher Betreuung kann nicht genug betont werden.

Bei der Förderung des kognitiven Wachstums eines Kindes mit kognitiven Verzögerungen folgt man denselben allgemeinen Richtlinien, die bereits genannt wurden. Gegebenenfalls müssen Sie bei Ihrem Bemühen etwas bedächtiger vorgehen (aber nicht übertrieben) und dem Säugling oder Kleinkind mehr Zeit zum „Üben" geben. Die in den späten 1960er-Jahren entwickelten Programme zur Stimulation von Säuglingen boten Erfahrungen, mit denen die perzeptuelle (motorische, sprachliche und soziale) Entwicklung gefördert werden sollte. Der Schwerpunkt lag auf Sprache und Begriffsbildung. Bei einigen Menschen verursachte ein derartiges Programm großes Unbehagen, weil es oft mit viel hartem Training verbunden war. Manche hatten das Gefühl, dass eher Dinge „mit Säuglingen getan" wurden, als dass sie an angemessenen Spielaktivitäten beteiligt wurden. Unsere Sensibilität ist seither erheblich gewachsen und der Entwicklung angemessene Programme (die Familien mit einbeziehen) sind heute weiter verbreitet.

Untersuchen Sie die folgenden Leitlinien für die Gestaltung von Umgebungen für kleine Kinder mit kognitiven Verzögerungen und die Arbeit mit diesen Kindern. Vergleichen Sie sie mit den zehn Prinzipien, auf denen dieses Buch basiert (siehe Kapitel 1).

- Sorgen Sie für vielfältige sensorische Erfahrungen.
- Unterteilen Sie Lernerfahrungen in kleine Segmente oder Schritte.
- Achten Sie bei der Abfolge dieser Schritte sorgfältig darauf, dass sie mit dem einfachen Schritt beginnt und mit dem schwierigsten endet.
- Verwenden Sie konkrete Beispiele, um Konzepte zu vermitteln.
- Bieten Sie viel Möglichkeit zum Üben.
- Geben Sie ständiges, unterstützendes Feedback.[7]

Betreuerinnen von Säuglingen und Kleinkindern mit kognitiven Verzögerungen müssen möglicherweise einige Aspekte ihres Programms anpassen. Wie bei allen Kindern, so ist es auch hier wesentlich, dass man ein Feingefühl für Zeit besonderer Qualität hat, in der die einzigartigen Fähigkeiten des „ganzen Kindes" geschätzt werden. Es unterstützt und erleichtert das Lernen, wenn Kinder den Menschen in ihrer Umgebung vertrauen. Bei einem Kind mit kognitiven Verzögerungen kann es von noch größerer Bedeutung sein, die Qualität seiner Leistung zu schätzen.

ENTWICKLUNGSWEGE
Typische Verhaltensweisen für frühe Phasen der kognitiven Entwicklung

Junge Säuglinge (bis 8 Monate)	• reagieren auf menschliche Stimmen, fixieren Gesichter • suchen nach heruntergefallenem Spielzeug • versuchen Dinge zu bewirken • identifizieren Objekte aus verschiedenen Blickwinkeln und finden ein unter einer Decke verstecktes Spielzeug, wenn sie zugeschaut haben, wie es versteckt wurde
Mobile Säuglinge (bis 18 Monate)	• versuchen aus Klötzen etwas zu bauen • hören nicht auf, nach einem Spielzeug zu suchen, das sie haben möchten, wenn es versteckt unter anderen Gegenständen liegt (zum Beispiel einer Decke oder einem Kissen) • verwenden einen Stock als Werkzeug, um ein Spielzeug zu bekommen • schubsen Menschen oder Dinge weg, die nicht erwünscht sind
Kleinkinder (bis 3 Jahre)	• helfen beim eigenen An- und Auskleiden mit • können die Verwendung vieler Haushaltsgegenstände definieren • verwenden ihren eigenen Namen und die Namen anderer • fangen an zu erkennen, dass andere Personen Rechte und Vorrechte haben

Unterschiedliche Entwicklungswege

Was Sie sehen	Madison behauptet häufig ihre Unabhängigkeit („Ich machen" hört man von ihr oft). Mit ihren zweieinhalb Jahren hat sie Vergnügen daran, Dinge zu sortieren, und Sie haben gehört, wie sie den anderen Kindern spezielle Bezeichnungen wie „hart", „weich" und sogar die Namen von Farben „beigebracht" hat. Sie liebt es, sich Geschichten anzuhören, und gibt häufig Kommentare zu den Figuren ab, die sie kennt. Sie spielt lieber drinnen als draußen und *arbeitet* lieber alleine. Häufig hat sie ein Problem damit, etwas gemeinsam mit den anderen Kindern zu tun.
Was Sie denken mögen	Madison ist ein intelligentes kleines Mädchen! Sie zeigt überhaupt keine Empathie für ihre Altersgenossen und scheint oft von ihnen gelangweilt zu sein. Sie sollte häufiger draußen bei Gruppenspielen mitmachen. Wie lange wird es noch dauern, bis das ganze Programm sie langweilt?
Was Sie vielleicht nicht wissen	Madison ist das einzige Kind eines Akademikerpaares. Die Eltern verbringen viel Zeit mit ihr, lesen ihr dann normalerweise Geschichten vor und spielen Sprachspiele mit ihr. Sie sähen es gerne, wenn Madison mehr Freunde hätte (das ist der Grund, warum sie das Kind in Ihr Programm schicken), aber viel wichtiger sind ihnen spätere schulische Leistungen.

Was Sie tun können	Unterstützen Sie weiterhin Madisons Vorliebe für Geschichten. Wenn sie zur Vorlesezeit mit einer kleinen Gruppe Kinder zusammen ist, lassen Sie sie das Buch halten und sogar einen Teil der Geschichte erzählen. Gebrauchen Sie Worte, die Gefühle ausdrücken *(glücklich, traurig, überrascht)* und mit der Geschichte und mit den anderen Kindern im Zusammenhang stehen. Lesen Sie, wenn möglich, Geschichten draußen vor und planen Sie zur „Verlängerung" Aktivitäten auf dem Spielplatz, die ihre Interaktion mit anderen Kindern fördern. Ermuntern Sie Madisons Eltern dazu, beim Programm zuzuschauen. Versuchen Sie mehr darüber herauszufinden, welche Ziele sie im Hinblick auf Madisons Entwicklung verfolgen.
Was Sie sehen	Devon ist ein sanfter Junge; er beklagt sich über gar nichts! Normalerweise beobachtet er einfach die anderen Kinder und unternimmt keine Bemühungen, zu interagieren. Wenn Sie ihm ein Spielzeug *geben*, damit er mit ihm spielt, sieht er es einfach an, lässt es dann fallen. Mit fast drei Jahren spricht er noch sehr wenig und scheint zufrieden damit zu sein, dass immer Sie für ihn sprechen. Wenn seine Mutter ihn bringt, geht sie normalerweise schnell wieder weg.
Was Sie denken mögen	Sie machen sich Sorgen, weil Devon mehr Dinge *tun* sollte. Seine Mutter weicht irgendetwas aus. Was geht hier vor sich?
Was Sie vielleicht nicht wissen	Devons Mutter brachte ihren Sohn in einer langen und schwierigen Entbindung zur Welt; es bestand das Problem einer leichten Sauerstoffunterversorgung des Gehirns, doch wurden hierzu keine Einzelheiten genannt. Auch sie macht sich Sorgen um Devons mangelnde Empfänglichkeit. Sie hat mit Devons Kinderarzt darüber gesprochen und spielt mit ihrem Sohn zu Hause ein paar einfache Spiele. Sie möchte auf jeden Fall mit Ihnen sprechen – sie hat ein schlechtes Gewissen wegen der Situation – weiß aber einfach nicht, wie sie ein Gespräch beginnen soll.
Was Sie tun können	Interagieren Sie weiterhin mit Devon, ohne ihn zu überfordern. Bieten Sie ihm Erlebnisse voller sensorischer Erfahrungen – viel Spiel mit Sand und Wasser – und *zeigen* Sie ihm die einzelnen Schritte einer Aktivität („Hier ist die Seife, nimm sie in die Hand. Jetzt halt die Hände unters Wasser."). Richten Sie es ein, Devons Mutter zu Bring- und Abholzeiten wirklich zur Verfügung zu stehen. Nehmen Sie sich so bald wie möglich die Zeit, mit ihr zu sprechen.

Quelle: Bredekamp, S. und Copple, C. (Hg.) (1997): ***Developmentally Appropriate Practice in Early Childhood Programs*** (überarb. Aufl.). Washington, D.C., National Association for the Education of Young Children.

Zusammenfassung

Mit dem Wort Kognition werden das Denken und die geistigen Fähigkeiten bezeichnet. Zur Kognition gehört auch die Fähigkeit, Information zu empfangen, zu verarbeiten und anzuwenden.

Kognitive Erfahrung

- Wissen und Verstehen resultieren aus der aktiven Beschäftigung mit Menschen und Dingen.
- Die Fähigkeit, sich an die Welt anzupassen, beginnt mit der Verarbeitung von sensorischer Information und entwickelt sich weiter, um schließlich auch Sprach- und Problemlösefähigkeiten zu umfassen.

Sensumotorische Erfahrung: Piaget

- Der Beginn der Kognition ist laut Piaget die Koordination von Sinneswahrnehmung und Muskelbewegungen.
- Im Verlauf der sechs Stufen der sensumotorischen Phase erfolgt eine allmähliche Entwicklung von einfachen Reflexen bei der Geburt hin zum Erdenken geistiger Bilder und dem Beginn des Sprechens im Alter von zwei Jahren.

Soziokulturelle Einflüsse: Vygotskij und Piaget

- Vygotskij und Piaget glaubten beide, dass kleine Kinder ihre Erfahrung dazu nutzen, neues Wissen zu konstruieren oder aufzubauen. Für Vygotskij war dies jedoch hauptsächlich eine in Zusammenarbeit konstruierte Erfahrung – die Hilfe einer anderen Person war sehr wichtig.
- Vygotskij betonte die Bedeutung der sozialen und kulturellen Umwelt eines Kindes und legte Wert auf die Feststellung, dass die kognitive Entwicklung nach dem zweiten Lebensjahr wegen der Sprache und den Anfängen des Fiktionsspiels rasch voranschreite.

Förderung der kognitiven Entwicklung

- Das kognitive Wachstum wird am besten dadurch gefördert, dass Säuglinge und Kleinkinder in einer Umgebung, die viele sensorische Erfahrungen bietet, zum Erforschen verlockt und ermuntert werden.
- Das Verständnis mathematischer Konzepte, die Anfänge der Lese- und

Schreibfähigkeit und die Kreativität werden sämtlich gefördert, wenn kleine Kinder Gelegenheit haben, in einer sicheren, angemessenen Umgebung zu forschen, zu experimentieren und Probleme zu lösen.

Gehirngerechtes Lernen

- Kleine Kinder lernen ganzheitlich und am besten im Rahmen von vertrauensvollen Beziehungen, in denen einfühlsam und unmittelbar auf das Kind eingegangen wird.
- Prinzipien des gehirngerechten Lernens ähneln, was die kognitive Entwicklung betrifft, den Vorstellungen Piagets und Vygotskijs; sie stimmen außerdem mit der Entwicklung angemessenen Methoden überein.

Kinder mit besonderen Bedürfnissen: Kognitive Verzögerung

- Das offensichtlichste Merkmal einer kognitiven Verzögerung ist die eingeschränkte oder verzögerte Fähigkeit, zu lernen. Jedoch ist jedes Kind einzigartig, und eine Etikettierung muss immer in einem Rahmen erfolgen, in dem jedes Kind respektiert wird.
- Zur Förderung des kognitiven Wachstums eines in kognitiver Hinsicht retardierten kleinen Kindes gehört im Allgemeinen, dass man ihm mehr Zeit zum Üben lässt, multisensorische, in kleine Schritte unterteilte Erfahrungen bietet sowie beständiges und unterstützendes Feedback gibt.

Schlüsselbegriffe

Adaptive Verhaltensweisen / Akkomodation / Assimilation / Fähigkeit zur Vorhersage / Fiktionsspiel / Gedächtnis / Intentionalität / Kognitive Erfahrung / Lernen mit Hilfestellung / Neues Wissen konstruieren / Objektpermanenz / Präoperationales Stadium / Sensumotorisches Stadium / Zone der nächsten Entwicklung

Fragen und Aufgaben

1. Welche Verhaltensweisen deuten darauf hin, dass sich die Kognition eines

Kindes entwickelt? Beschreiben Sie mindestens drei.
2. Erläutern Sie die Hauptpunkte der Ansichten Piagets und Vygotskijs über die geistige Entwicklung von Kindern. Welche der aus einem jeden der zwei Ansätze zu folgernden Leitlinien würden Sie an Betreuerinnen und Eltern weitergeben?
3. Entwerfen Sie ein Spielzeug für einen Säugling oder ein Kleinkind, das die kognitive Entwicklung fördern würde. Geben Sie Gründe dafür an, warum das Spielzeug hierfür gut geeignet wäre.
4. Sie sind Gastredner/-in auf einem Elternabend in einer Betreuungseinrchtung für Säuglinge und Kleinkinder. Das Thema ist die kognitive Entwicklung. Welche wesentlichen Punkte würden Sie vermitteln wollen?
5. Welche Nachteile kann es haben, das frühe Lernen von Kleinkindern (mit „verschulten" Aktivitäten) voranzutreiben?

Weiterführende Literatur

Bergin, D., Reid, R. und Torelli, L. (2001): *Educating and Caring for Very Young Children: The Infant/Toddler Curriculum.* New York, Teachers College Press.

Berk, L. (1994): Vygotskij's Theory: The Importance of Make-Believe-Play. In: *Young Children 50,* 1, November, 30-39.

Diamond, M. (2004): *Magic Trees of the Mind.* New York, Penguin Books.

Division of Research to Practice, Office of Special Education Programs (2001): *Synthesis on the Use of Assistive Technology with Infants and Toddlers.* Washington, D.C., U.S. Department of Education.

Flavell, J. H. und Hartman, B. H. (2004): What Children Know about Mental Experiences. In: *Young Children 59,* 2, March, 102-109.

Gowen, J. (1995): The Early Development of Symbolic Play. In: *Young Children 50,* 3, March, 75-84.

Gray, H. (2001): Initiation into Documentation: A Fishing Trip with Toddlers. In: *Young Children 56,* 6, November, 84-91.

Greenspan, S. (1997): *The Growth of the Mind.* Menlo Park, Kalifornien, Addison Wesley.

The National Academics (2000): *From Neurons to Neighborhoods: The Science of Early Childhood Development.* Washington, D.C., National Research Council Institute of Medicine, January.

Phillips Jr., J. L. (1969): *The Origins of Intellect: Piaget's Theory.* San Francisco, W. H. Freeman.

Rump, M. L. (2002): Involving Fathers of Young Children with Special Needs. In: *Young Children 57*, 6, November, 18-22.

Sawyers, J. K. und Rogers, C. S. (2003): NAEYC Resources in Focus: Helping Babies Play. In: *Young Children 58*, 3, May, 52-53.

Segatti, L., Brown-DuPaul, J. und Keys, T. L. (2003): Using Everyday Materials to Promote Problem Solvine in Toddlers. In: *Young Children 58*, 5, September, 12-20.

Shreeve, J. (2005): Beyond the Brain. In: *National Geographic Magazine 207*, 3, March, 2-32.

Tamsey, C. T. (1999): *Right from Birth: Building Your Child's Foundation for Life.* New York, Goodard Press.

Vaught, M. (2001): Another Look at Brain Research. In: *Young Children 56*, 4, July, 33.

Kapitel 9

Sprache

Schwerpunktfragen

Nachdem Sie dieses Kapitel gelesen haben,
sollten Sie in der Lage sein, folgende Fragen zu beantworten:

1. Beschreiben Sie, was in der Phase der *rezeptiven* Sprache und in der Phase der *expressiven* Sprache passiert.
2. Was ermöglicht die Sprache einem Kind? Erläutern Sie die Auswirkungen, die Sprache auf Denken und Kognition hat.
3. Welchen Einfluss hat das Gehirnwachstum auf die Sprachentwicklung?
4. Vergleichen Sie die Leitlinien zur Förderung der Sprachentwicklung mit denen zur Förderung der frühen Lese- und Schreibkompetenz. Inwiefern ähneln und/oder unterscheiden sie sich?
5. Was ist „Zweisprachigkeit" und wie beeinflusst sie die Sprachentwicklung?
6. Auf welche Weise können Kommunikationsstörungen Auswirkungen auf die Sprachentwicklung haben? Warum ist frühe Intervention so wichtig?

Was sehen Sie?

Ein Betreuer sitzt mit einem Baby an einem niedrigen Tisch; sie essen gemeinsam einen Imbiss. „Möchtest du etwas Milch, Alex?", fragt der Betreuer.

Das Kind antwortet: „Mmmmmmm, mmm, ohh, Milch!" und langt nach dem Becher.

Mike gießt Alex ein kleines bisschen Milch in den Becher. Das Kind hebt ihn an die Lippen und nimmt einen Schluck. Dann sagt es: „Mimimimimi, burrr, burr" in seinen Becher hinein und freut sich über den Effekt, den die Bewegung seiner Lippen auf die Milch hat. Milch spritzt ihm ins Gesicht. Mike greift nach einem feuchten Waschlappen. Alex stellt den Becher ab und dieser kippt um, was eine Pfütze auf dem Tisch verursacht. „Ohhhhhh, Milch ...", sagt er und zeigt dabei auf die Lache.

Mike greift mit einer Hand nach einem Schwamm und legt ihn auf die Pfütze; mit der anderen Hand beginnt er Alex' Gesicht mit dem Waschlappen abzuwischen. „Ähhhhhh." Das Säubern des Gesichts wird durch Protestschreie begleitet. Als alles wieder in Ordnung ist, greift Mike nach der Milchpackung, hält sie Alex hin und fragt: „Möchtest du noch mehr Milch?"

Alex antwortet laut und mit heftigem Kopfschütteln: „Uhuh, Milch!", während er den Becher zu seinem Betreuer schiebt.

In dieser kurzen Szene drückte Alex mit wenigen Lauten und einem einzigen Wort Gefühle und Wünsche vielerlei Bedeutung aus. Kurze Zeit später kann dieselbe Szene eine Wortsequenz beinhalten, die ungefähr folgendermaßen aussehen könnte:

„Milch haben." (soll heißen: „Ja bitte, ich hätte gerne etwas Milch.")
„Milch umdetippt." (soll heißen: „Hey, jemand hat seine Milch umgekippt!")
„Nein." (soll heißen: „Nein danke, ich möchte keine Milch mehr.")

Und wenn Alex zum Kleinkind herangewachsen ist, wird er dasselbe mit längeren Sätzen ausdrücken, wie zum Beispiel:

„Gib mir Milch." (vielleicht mit einem „bitte")
„Oh, oh, Mike, ich Milch umgekippt."
„Ich nicht mehr wollen."

Ohne jemals berichtigt worden zu sein, wird er letztendlich sagen:

„Ich möchte (bitte) etwas Milch."
„Oh, oh, Mike. Ich habe meine Milch umgekippt."
„Danke, ich möchte keine mehr."

Dieser Austausch zwischen Alex und seinem Betreuer zeigt die frühe Fähigkeit von Kindern, Sprache zu lernen und zu gebrauchen. Hierbei handelt es sich um einen außergewöhnlich komplexen Prozess. Schon sehr früh im Leben beginnen Säuglinge, ihre Gesten zu koordinieren und vielsagende Laute von sich zu geben. Sie beginnen ihre Erfahrungen zu organisieren und sich verständlich zu machen – zu kommunizieren. Diese Fähigkeit, Sprache zu entwickeln, betrifft alle anderen Entwicklungsbereiche, die bisher in diesem Buch behandelt wurden (Bindung, Wahrnehmung, motorische Fähigkeiten und Kognition), und wird durch die emotionale und soziale Entwicklung beeinflusst (siehe Kapitel 10 und 11). Durch Sprache lernen kleine Kinder, ihre Erfahrungen zu organisieren (gerade so, wie Alex es in der oben dargestellten Szene tat) und zu ihnen Feedback zu geben und zu empfangen.

Dieses Kapitel untersucht die Grundlagen der Sprachentwicklung und die Voraussetzungen dafür, dass sich bei einem Menschen Sprache entwickeln kann. Wir werden darüber sprechen, was die Sprache einem Menschen ermöglicht zu tun und welchen Einfluss die Umwelt auf die Sprache, das Gehirnwachstum und die frühe Lese- und Schreibfähigkeit haben kann. Außerdem werden Leitlinien erläutert, die bei der Förderung der Sprachentwicklung und Zweisprachigkeit und bei der Behebung von Kommunikationsstörungen helfen sollen.

Die Sprachentwicklung

Sprache gibt Erfahrungen und Ereignisse in Form von abstrakten Symbolen oder Worten wieder. Auch wenn es Regeln für das Kombinieren von Worten gibt, fängt das Sprechen bei Kindern damit an, dass sie Worte auf kreative und einzigartige Art miteinander verbinden. Wir definieren **Sprache** als das systematische Anordnen willkürlicher Symbole, das allgemeine Bedeutung hat. Sprache ermöglicht uns, über nicht sichtbare sowie über vergangene und zukünftige Dinge zu kommunizieren. Es ist wichtig, sich zu merken, dass zwischen den Lauten, Symbolen und Interaktionen, die wir im jungen Alter erleben, und der Art, wie wir über die Welt denken und sie verstehen, eine Verbindung besteht.

Säuglinge werden mit der Absicht geboren, zu kommunizieren; sie werden nicht mit Sprache geboren. Es ist nicht ganz klar, wie Kinder die Fähigkeit erwerben, Sprache zu gebrauchen. Normalerweise wird beschrieben, was bei der Sprachentwicklung gewöhnlich wann passiert (siehe Tabelle 9.1). Keine Theorie und kein Ansatz bieten eine vollständige Erklärung für die Entwicklung dieser Fähigkeit. Bei dem Versuch, die Sprachentwicklung zu verstehen, könnte es deshalb von größerem Nutzen sein, mehrere Ansätze zu kombinieren.

Tabelle 9.1 Sprachentwicklung: Was passiert wann?

Alter	Hören/Verstehen	Sprechen
Geburt bis 3 Monate	• Das Kind wacht bei lauten Geräuschen auf, erschrickt oder weint. • Das Kind hört zu, wenn gesprochen wird, und dreht sich zu Ihnen, wenn Sie sprechen. • Das Kind lächelt, wenn mit ihm gesprochen wird. • Das Kind erkennt Ihre Stimme und beruhigt sich, wenn es weint.	• Das Kind gibt vergnügte Laute von sich. • Das Kind wiederholt häufig dieselben Laute (gurren). • Das Kind weint bei unterschiedlichen Bedürfnissen auf unterschiedliche Art. • Das Kind lächelt, wenn es Sie sieht.
4-6 Monate	• Das Kind reagiert auf den Klang einer Stimme (laut oder leise). • Das Kind sieht sich nach einem Geräusch um (zum Beispiel Telefonklingeln, Hundegebell). • Das Kind bemerkt das Geräusch oder den Klang von Spielsachen.	• Das Kind gibt glucksende Laute von sich, wenn es alleine ist. • Das Kind sagt Ihnen (durch Laute oder Gesten), dass Sie etwas wiederholen sollen. Dies kann eine Form des Spiels sein. • Das Kind benutzt Sprache oder nicht weinende Laute, um Ihre Aufmerksamkeit zu bekommen und zu halten.
7-12 Monate	• Das Kind hat Vergnügen an Spielen wie dem Guck-Guck-Spiel und Backe, backe Kuchen. • Das Kind hört zu, wenn mit ihm gesprochen wird. • Das Kind erkennt die Worte für viel benutzte Dinge wie „Saft", „Becher", „Puppe".	• Das Kind benutzt Sprache oder nicht weinende Laute, um Ihre Aufmerksamkeit zu bekommen und zu halten. • Das Kind imitiert verschiedene Sprachklänge. • Das Lallen des Kindes besteht aus langen und aus kurzen Lautgruppen, wie „dada, bibibibi". • Das Kind kann ein oder zwei Worte (zum Beispiel Mama, Auto), auch wenn sie vielleicht nicht klar gesprochen werden.
12-24 Monate	• Das Kind folgt einfachen Anweisungen und versteht einfache Fragen („Roll den Ball", „Wo ist die Puppe?"). • Das Kind zeigt auf einige Körperteile, wenn es dazu aufgefordert wird. • Das Kind zeigt auf Bilder in einem Buch, wenn sie benannt werden.	• Das Kind kann am Wortanfang viele verschiedene Konsonantenlaute benutzen. • Das Kind kann zwei Worte verbinden („da Hund", „mehr Milch"). • Das Kind kann Fragen mit ein bis zwei Wörtern stellen („Ball?", „Teddy wo?").

24-36 Monate	• Das Kind kann zwei Bitten nachkommen („Hol den Ball und leg ihn auf den Tisch"). • Das Kind bemerkt weiterhin Geräusche (Telefonklingeln, Geräusche aus dem Fernseher, Klopfen an der Tür). • Das Kind versteht Bedeutungsunterschiede („gehen-stehen bleiben", „in-auf", „groß-klein", „hoch-hinunter").	• Das Kind fragt nach Objekten oder lenkt Ihre Aufmerksamkeit auf sie, indem es sie nennt. • Meistens wird verstanden, was das Kind sagt. • Das Kind benutzt „Sätze" mit zwei bis drei Wörtern, um über Dinge zu sprechen und nach ihnen zu fragen. • Das Kind hat beinah für alles Worte.

Nach: *How Does Your Child Hear and Talk?* American Speech-Language-Hearing Association (10801 Rockville Pike, Rockville, MD 20852), 1988. Genehmigter Nachdruck.

Wir haben bereits erläutert, wie wichtig Bindung für Säuglinge ist. Innerhalb dieser Beziehung, in der die Bindungsperson einfühlsam auf den Säugling eingeht und dieser empfänglich reagiert, lernen Säuglinge etwas über soziale Interaktion – den durch ein Hin und Her aus Fürsorge und Nachahmung gekennzeichneten Austausch zwischen einer Betreuerin und einem Säugling. Er ist ein entscheidendes Element der Sprachentwicklung. Wenn Säuglinge umsorgt werden und Vergnügen an dieser Fürsorge finden, ahmen sie ihre Betreuerinnen nach, und ihre Betreuerinnen fahren wiederum damit fort, auf sie zu reagieren und einzugehen. Dieses im Wechsel stattfindende Verhalten scheint sich fast selbst zu verstärken.

In der ganzen Welt beginnt die Sprachentwicklung bei Säuglingen auf sehr ähnliche Art. Die *Fähigkeit* zum Spracherwerb scheint *angeboren* zu sein. Bestimmte geistige und körperliche Fertigkeiten müssen vorhanden sein, damit sich die Sprache entwickeln kann. Wenn Säuglinge heranwachsen, trägt die *Reifung* zu ihrer Fähigkeit bei, Worte (oder Bezeichnungen) zu entwickeln und Symbole zu verstehen. Piaget stellte fest, dass die Objektpermanenz die Bedingungen für die Sprachentwicklung schafft. Kleine Kinder müssen in der Lage sein, sich auf ihre Welt einen Reim zu machen oder sie zu deuten, bevor sie ihre ersten Worte gebrauchen können. Vygotskij betonte den soziokulturellen Kontext der Sprachentwicklung. Soziale Interaktion hilft Kindern, die Beziehung zwischen Erfahrungen und geeigneten Bezeichnungen für sie zu verstehen.[1]

Im Wesentlichen scheinen mehrere wichtige Dinge zur selben Zeit zu geschehen, wenn Kinder Sprache erwerben. Erstens müssen *angeborene* Fähigkeiten vorhanden sein; ein Kind muss für die Sprachentwicklung über bestimmte kognitive Fertigkeiten und geistige Strukturen verfügen. Zweitens braucht ein Kind Gelegenheit, mit anderen auf eine durch aufmerksames, empfängliches Reagieren aufeinander gekennzeichnete Art zu *interagieren*, damit es sie *nachahmen* kann. Dieser Prozess des Nachahmens, der Interaktion beinhaltet und auf angeborenen Fähigkeiten basiert, sollte etwas genauer betrachtet werden. Ein Blick auf zwei sprachliche Entwicklungsebenen – rezeptiv (Geburt bis ein Jahr) und expressiv (Ende des ersten Jahres bis zu den ersten Worten) gibt einen tieferen Einblick in die Sprachentwicklung.

Rezeptive Sprache

Säuglinge teilen ihre Freude daran, Laute von sich zu geben, mit ihrer Mutter, ihrem Vater oder ihrer Betreuerin. Allmählich assoziieren sie mit Sprache soziale Interaktion. Sie stellen fest, dass auf sie eingegangen wird, wenn sie gurren und babbeln, was sie wiederum dazu ermuntert, auf ihre Partner zu reagieren und sie nachzuahmen. Sie werden sich der Rhythmen, Tonhöhen und Klänge von Wörtern bewusst. Die Sprache kann zu einem Mittel werden, mit dem sich ein Baby erregen oder beruhigen lässt.

Schließlich beginnen Babys, Verbindungen zwischen Geräuschen oder Geräuschmustern und Ereignissen oder Objekten herzustellen. Beispielsweise bemerken sie, dass jedes Mal, wenn ihnen ein bestimmtes Objekt (wie etwa ein Teddybär) gereicht wird, immer wieder dasselbe Geräuschmuster auftritt. In ihren Büchern mit Kindergeschichten gehört zu gleichen Bildern immer dasselbe Geräusch. Sie merken, dass sie immer, wenn ihre Windel gewechselt wird, dieselben Geräusche hören. Was der Säugling aufnimmt und versteht, wird „rezeptive Sprache" genannt.

Selbstverständlich reagieren Säuglinge von Anfang an, wenn zu ihnen gesprochen wird, doch ist es die Stimme – Stimmlage und Ton – statt die Bedeutung der Worte, auf die sie reagieren. Später, wenn sie anfangen, auf die hinter den Worten steckende Bedeutung zu reagieren, ist ihre Reaktion wahre rezeptive Sprache. Betreuerinnen sind manchmal erstaunt, zu entdecken, wie weit fortgeschritten die rezeptive Sprache ist. Wenn mit Kindern auf bedeutungsvolle Art gesprochen wird, verstehen sie das, was ihnen gesagt wird, viel eher, als es vielleicht erwartet wird.

Expressive Sprache

Weil auf ihre frühen Schreie und Laute reagiert wird, lernen Säuglinge, diese zu verfeinern, und geben schließlich differenziertere stimmliche Signale von sich. Je mehr sie wissen, dass ihre Signale oder Botschaften empfangen werden, umso gewandter werden sie darin, diese zu übermitteln. Durch ihre Partnerschaft mit einer oder zwei Betreuerinnen lernen sie, eine Vielzahl an Gefühlen auszudrücken – Hunger, Unbehagen, Ärger und Freude. Damit Säuglinge beginnen, Lauten eine Bedeutung zuzuordnen, muss die Erwachsene einfühlsam und unmittelbar auf das Kind reagieren. Wenn niemand auf ihre anfänglichen Schreie und Laute reagieren würde, hätten Säuglinge keinen Grund, sich zu bemühen, Signale von sich zu geben.

Der eigentliche Moment, in dem ein Kind sein erstes Wort ausspricht, kann für die Person, die gerade anwesend ist und es hört, eine ziemliche Überraschung sein. Eines Tages sieht ein kleines Mädchen vielleicht eine Banane auf einer Küchenarbeitsplatte, greift nach ihr und sagt: „nane". Die Reaktion darauf könnte das Kind überraschen – große Aufregung, Lächeln, Umarmungen und Liebkosungen, gefolgt von einem Stück Banane, das ihm in die Hand gelegt wird. Das Mädchen lächelt wahrscheinlich zurück und sagt sein neues Wort noch zwei- oder dreimal. Später, wenn die Betreuerinnen für den Nachmittagsdienst kommen, wird es vielleicht gebeten, seine Leistung noch einmal zu wiederholen. Vielleicht berichten die Betreuerinnen in ihrer Begeisterung über die neue Fähigkeit des Kindes den Eltern davon. Oder vielleicht behalten sie ihre Freude für sich und überlassen es den Eltern, dieses besondere Ereignis zu bemerken und diejenigen zu sein, die vom ersten Wort des Kindes berichten, wenn sie es gehört haben.

Die meisten kleinen Kinder lernen diese ersten Worte – und ihre Bedeutung – erstaunlich schnell. Selbstverständlich wird ihr Wortschatz davon beeinflusst, welche Worte sie am häufigsten von ihren Eltern und Betreuerinnen hören. Doch wenden kleine Kinder, manchmal mit etwa 18 Monaten, zum schnellen Spracherwerb ein Verfahren an, das **schnelle Zuordnung** („fast mapping") genannt wird. Die schnelle Zuordnung ist ein Verfahren, bei dem ein kleines Kind Anhaltspunkte aus dem Kontext nutzt, um eine schnelle und ziemlich akkurate Vermutung über die Bedeutung eines unbekannten Wortes anzustellen. Dieses teilweise Verständnis eines Wortes kann schon nach einmaligem Hören erfolgen.[2] Beispielsweise kann ein kleines Kind schnell neue Tiernamen lernen, weil das Gehirn bereits bekannte (oder vertraute) Namen von Tieren „zugeordnet" hat. *Hund* ist einfach zu lernen, wenn man *Katze* schon kennt (und einige Vermutungen über Fell, vier Beine und einen Schwanz angestellt hat). Dieses geistige Erfassen neuer Wörter geschieht relativ schnell, weil das kleine Kind sich nicht damit aufhält, die genaue Definition herauszufinden. Es bedient sich vertrauter Zusammenhänge und Wiederholungen, um die Bedeutung des neuen Wortes zu *verallgemeinern*. Manchmal kommt es dabei natürlich zu Irrtümern, und das Verständnis, das ein Kind von Worten hat, kann begrenzt sein. Zeiten gemeinsamer Aufmerksamkeit („joint attention"), wenn die Betreuerin und das Kind sich auf dieselbe Erfahrung konzentrieren, helfen Kleinkindern dabei, die Bedeutung von Wörtern angemessen zu lernen. Die Begriffe „Hunde" und „Katzen" sind schnell geklärt, und weiter geht es mit „Vögeln" und „Flugzeugen"!

Kinder verbessern ihre Sprache und entwickeln grammatische Regeln selbstständig. Sie müssen nicht verbessert werden und brauchen keinen Sprachunterricht. Sie lernen dadurch, dass sie an wirklichen Gesprächen teilnehmen – solchen, die vorangehen. Manchmal drehen sich Gespräche einfach nur im Kreis, wenn die oder der Erwachsene alles, was das Kind sagt, auf korrektere Weise wiederholt und so versucht, dem Kind etwas beizubringen. Wenn nichts, was die oder der Erwachsene sagt, etwas zum Inhalt beiträgt, sind diese Gespräche bedeutungslos. Wichtiger ist, dass Erwachsene erkennen, dass Kinder, wenn sie beginnen, beim Kommunizieren längere Sätze zu gebrauchen, Sprache auch als ein wichtiges Lernwerkzeug benutzen.

Was die Sprache einem Kind ermöglicht: die kognitive Verbindung

Wenn das Kind zum Kleinkind wird und das Kleinkindalter durchschreitet, nimmt die Fähigkeit zur Kommunikation ganz deutlich zu. Diese Fähigkeit, anderen die eigenen Bedürfnisse klar zu machen und Informationen zu sammeln, weitet sich aus, wenn ein Kind sprechen lernt. Zusätzlich dazu, dass das Sprechen die Kommunikation erleichtert, hat es auch entscheidende Auswirkungen auf das Denken und die Kognition.

Säuglinge und Kleinkinder können vor dem Spracherwerb „denken", doch machen ihre kognitiven Fähigkeiten einen bedeutenden Schritt nach vorne, wenn sie wirklich beginnen, die Sprache zu benutzen. Die Fähigkeit, Erfahrungen zu bezeichnen – die auf Objektpermanenz schließen lässt –, ermöglicht es Kindern, das Reich des Symbolischen zu betreten. Wie in der Definition von *Sprache* angemerkt, müssen Erfahrungen nicht „im selben Moment" stattfinden; sie können erinnert werden und ein *Wort* kann für einen Gegenstand stehen. Während Kinder Bezeichnungen für Erfahrungen sammeln, nehmen auch ihre Erinnerungen zu. Im Gedächtnis gibt es schon bald Kategorien, und diese Kategorien ermöglichen letztendlich ein komplexes Klassifikationssystem. Die Erfahrung des Sehens einer Katze und des Lernens dieser Bezeichnung bringt beim Kind allmählich das Verständnis hervor, dass es viele Arten von Katzen gibt und dass dieses spezielle vierbeinige Wesen auch in eine größere Kategorie von „Tieren" gehört. Mit diesem Verständnis können Informationen verallgemeinert werden, doch begann alles mit der Bezeichnung „Katze".

Als Folge des Spracherwerbs werden das logische Denken und die Fähigkeit, Erfahrungen zu ordnen, entwickelt. Beobachten Sie ein Kleinkind, wenn es spielt (und hören Sie ihm zu). Möglicherweise überhören Sie häufig, dass das Kind sich selbst sagt, was es tun soll („Jetzt gehe ich zur Sandkiste. Dann baue ich eine Straße."). Diese „verbale Anweisung" ermöglicht es einem Kind, sein eigenes Verhalten zu planen und seine Lernerfahrungen von einer Situation zur nächsten zu transportieren. Diese Fähigkeit, Information zu organisieren, ermöglicht schließlich das Abstrahieren und ein formaleres kognitives Denken. Die Sprache erhöht unsere Anpassungs- und Bewältigungsfähigkeiten. Sie befähigt uns dazu, von anderen besser verstanden zu werden und die Ereignisse, die um uns herum geschehen, klarer zu verstehen. In einer Welt mit ständig wachsenden Anforderungen wäre es für Eltern und Betreuerinnen ein gutes Ziel, verstehen zu wollen, wie Kinder Situationen erfolgreich bewältigen und meistern.

Videobeobachtung 9

Kinder, die gemeinsam mit ihrer Betreuerin am Tisch essen

Schauen Sie sich die Videobeobachtung 9, „Children Eating at Table with Caregiver", an, um ein Beispiel dafür zu sehen, wie Kinder Bedeutungen aus dem Zusammenhang erschließen.

Fragen

- Was tat die Erwachsene, das den Kindern half, ihre Sprachkompetenz zu erweitern?
- Glauben Sie, dass spezieller „Sprachunterricht" wirksamer wäre als das, was Sie hier gesehen haben?
- Wenn jemand Sie bitten würde, zu erklären, auf welche Weise Füttern zum Curriculum wird, könnten Sie Ihre Antwort dann durch diese Szene veranschaulichen?

Diesen Videoclip können Sie unter www.mit-kindern-wachsen.de/videomaterial anschauen. Wählen Sie hier bitte Kapitel 9.

Das Gehirn und die frühe Sprachentwicklung

Was geschieht im Gehirn, wenn ein kleines Kind versucht, Sprache zu erwerben? Die Gehirnforschung in diesem Bereich ist zum Teil äußerst faszinierend und genau. Einige der wichtigsten Ergebnisse sollen hier festgehalten und besprochen werden. Das Zusammenwirken von Genen und Erfahrungen („nature and nurture") bewirkt ein gesundes Hirnwachstum. Wie bereits in diesem Kapitel erwähnt wurde, kann ein Säugling körperlich in der Lage sein,

Laute zu produzieren; finden aber keine fördernden Interaktionen statt, ist die Wahrscheinlichkeit einer Sprachverzögerung groß. Diese frühen Interaktionen beeinflussen den Schaltkreis, oder die Vernetzung, im Gehirn. Die Sprachentwicklung ist auf die frühen neuronalen Verbindungen (Synapsen) angewiesen, die durch einfühlsame Interaktionen mit anderen Menschen stimuliert werden. Und diese frühen Erfahrungen scheinen mit optimalen Zeiten für bestimmte Aspekte des Spracherwerbs zusammenzuhängen.

In den ersten paar Monaten ist das Gehirn eines Kindes **neuroplastisch** bzw. sehr flexibel und empfänglich. Dies ist zweifellos der Grund dafür, warum kleine Säuglinge anfänglich auf alle Laute sämtlicher Sprachen reagieren. Diese Plastizität aber nimmt mit zunehmendem Alter ab. Beim frühen Gehirnwachstum scheinen sich Neurone um bestimmte Lautmuster zu scharen, die „Phoneme" genannt werden (die kleinsten sprachlichen Einheiten). Wenn diese Muster (zum Beispiel „pa" oder „ma") wiederholt werden, bilden sich „akustische Landkarten", werden Nervenbahnen verstärkt und der Schaltkreis im Gehirn stabilisiert.[3] Dies ermöglicht es einem Kind, Lautmuster seiner Muttersprache zu organisieren. Wenn bis Ende des ersten Lebensjahres bestimmte Lautmuster nicht regelmäßig gehört werden, ist es sehr schwierig für das Kind, neue Leitungsbahnen zu bilden. (Denken Sie an den Prozess der Synapsenreduktion, der in Kapitel 5 beschrieben wurde.) Das ist der Grund, warum es uns so schwer fällt, andere Sprachen zu lernen, wenn wir älter sind. Diese Leitungsbahnen werden nie mehr so leicht gebildet wie in den ersten zwölf Monaten.

Wenn kleine Kinder Sprache erwerben, wird ihr Gehirn zunehmend an diese komplizierte Aufgabe angepasst. In der linken Hemisphäre des Kortex konzentriert sich gewöhnlich erhöhte elektrische Aktivität. Die gesteigerte Gehirnaktivität und die angestiegene Sprachkompetenz werden in der zweiten Hälfte des ersten Lebensjahres miteinander verbunden. Im Alter von etwa 7 bis 12 Monaten fügen Säuglinge Phoneme zu Silben zusammen und Silben zu Wörtern.[4] Sehen Sie sich noch einmal Tabelle 9.1 sowie die Szene mit Alex und seinem Betreuer am Anfang dieses Kapitels an. Versuchen Sie sich vorzustellen, wie die Dendriten im Gehirn, jene „magischen Bäume des Geistes", rasch zunehmen, wenn ein kleines Kind sich als Folge von Erfahrung Laute erklären kann. Das erste Wort, das ein Kind normalerweise am Ende des ersten Lebensjahres spricht, ist nur der Anfang der Benennungsexplosion.

Erfahrung hat auch Einfluss auf den Wortschatz. Es besteht ein enger Zusammenhang zwischen dem Vokabular eines Kleinkinds und dem Ausmaß an Interaktion, das es erfährt. Säuglinge müssen Worte hören! Und diese Worte müssen mit tatsächlichen Ereignissen im Zusammenhang stehen. Das sind die Arten von Erfahrungen, durch die dauerhafte neuronale Verbindungen geschaffen werden. Etwas, das von Bedeutung ist, fördert die Verbindungen! Das Fernsehen hingegen tut dies nicht; das Fernsehen ist für ein kleines Kind nur Lärm und Geräusch. Auch der emotionale Kontext der Sprache scheint Einfluss auf das Nervennetzwerk zu haben. Verbindungen zwischen Wörtern und schönen (oder negativen) Erfahrungen herzustellen, hat Auswirkungen auf das Gedächtnis. Es ist wahrscheinlicher, dass ein kleines Kind sich an die Bezeichnung für sein bevorzugtes Spielzeug oder Lieblingsessen erinnert!

Über sensible Phasen oder optimale Zeiten gibt es einige Debatten, insbesondere im Hinblick auf die Sprachentwicklung. Fallen diese Chancen eröffnenden „Zeitfenster" zu? Wahrscheinlich nicht. Aber die Gehirnforschung sagt mehr über die Wahl des richtigen Zeitpunktes beim Spracherwerb als über irgendeinen anderen Entwicklungsbereich. In den ersten zwei Lebensjahren laufen zwei besondere Vorgänge ab, die entscheidend für die Gehirnentwicklung sind. Die sensumotorischen Systeme werden durch Myelinisierung verstärkt (siehe Kapitel 7) und Bindungsbeziehungen werden hergestellt. Diese Ereignisse haben einen dramatischen Einfluss auf Funktion und Wachstum des Gehirns, und da das Gehirnwachstum ein ganzheitlicher Prozess ist, müssen sie auch im frühen Spracherwerb eine dramatische Rolle spielen. Diese zwei Vorgänge (Myelinisierung und Bindung) könnten für unser Verständnis der entscheidenden Phasen des Gehirnwachstums von größter Bedeutung sein. In den nächsten Jahren wird die Forschung viele unserer Fragen beantworten. In der Zwischenzeit kann uns das Bewusstsein von der Komplexität der Sprachentwicklung und ihrer Beziehung zu dem, was wir über Nervennetzwerke wissen, dabei helfen, Säuglingen und Kleinkindern förderliche, angemessene Erfahrungen zu ermöglichen.

Der folgende Abschnitt listet Leitlinien zur Förderung der Sprachentwicklung bei kleinen Kindern auf. Überdenken Sie beim Lesen noch einmal, was Sie über das Gehirnwachstum wissen. Inwiefern stehen diese Leitlinien im Zusammenhang mit dem, was im Gehirn eines Kindes passiert?

Förderung der Sprachentwicklung

Betreuerinnen und Eltern können die Sprachentwicklung bei Säuglingen fördern, indem sie von Beginn an sprechen, wenn sie mit ihnen zusammen sind. *Reden* Sie mit ihnen, lange bevor sie mit Ihnen reden können. Gebrauchen Sie die richtige Erwachsenensprache. Beziehen Sie sie in Gespräche mit anderen Personen ein. *Spielen* Sie auch mit ihnen unter Einsatz von Lauten und Sprache. Interagieren Sie mit ihnen – schaffen Sie Dialoge. Hören Sie Säuglingen zu und ermuntern Sie sie, ebenfalls zuzuhören. Achten Sie darauf, dass ein Säugling Ihnen seine Aufmerksamkeit schenkt, wenn Sie miteinander sprechen, und dass Sie ihm Ihre zukommen lassen. Selbst Säuglinge, die noch sehr jung sind, reagieren sehr empfänglich auf Sprache. Wenn sie in einen dieser frühen Dialoge verwickelt sind, korrespondiert der Rhythmus ihrer Körperbewegungen mit dem Rhythmus der Sprache. Berücksichtigen Sie die folgenden Leitlinien, wenn es darum geht, die Sprachentwicklung von Säuglingen und Kleinkindern zu fördern:

1. Treten Sie vom ersten Tag an in Dialog mit dem Kind, sowohl in der mit Pflegeaktivitäten als auch (soweit angebracht) in der mit Spiel verbrachten Zeit. Tauschen Sie mit kleineren Säuglingen Laute aus. Dies ist eine natürliche Aktivität, die die meisten Erwachsenen tun, ohne dazu aufgefordert zu werden. Sie ahmen die Laute des Babys nach und produzieren eigene. Diese Form des Dialogs schafft die Bedingungen für einen späteren Zeitpunkt, an dem der Dialog auf beiden Seiten Worte umfassen wird.
2. Halten Sie Monologe. Beschreiben Sie das Hier und Jetzt. Erzählen Sie, was geschieht, während es geschieht. Ihr fortlaufender Bericht wird die Bezeichnungen enthalten, die Kinder zum Lernen brauchen – Bezeichnungen für Personen, Gefühle, Handlungen, Gegenstände und Ereignisse. Wenn der Säugling reagiert, wandeln sie den Monolog in einen Dialog um. (Es ist immer das Beste, *mit* dem Baby zu sprechen, nicht *zu* ihm.)
3. Beschreiben Sie die Vergangenheit – äußern Sie sich bei Säuglingen dazu, was gerade passiert ist; bei Kleinkindern können Sie über etwas sprechen, was sich früher am Tag, am Tag zuvor und in der zurückliegenden Woche ereignet hat. Je älter das Kind ist, desto weiter zurück können Sie gehen.
4. Beschreiben Sie die Zukunft. Zu wissen, was passieren wird, hilft Säuglingen, Ereignisse vorherzusagen und zu beginnen, Bezeichnungen für Dinge,

Handlungen, Ereignisse und Personen zu verstehen. Kleinkinder können an Diskussionen über die Zukunft beteiligt werden, einschließlich dessen, was am Nachmittag des jeweiligen Tages, am folgenden Tag und in der darauffolgenden Woche passieren wird. Je älter das Kind ist, desto weiter in die Zukunft können Sie gehen.

5. Erzählen Sie Geschichten, singen Sie Lieder und rezitieren oder dichten Sie Reime und Gedichte. Lassen Sie bei Ihrem Erzählen, Singen oder Rezitieren genug Luft, damit die Kinder sich beteiligen oder reagieren können. Unterhalten Sie sie nicht einfach; interagieren Sie mit ihnen. Sie lernen Sprache dadurch, dass sie sie gebrauchen, dass sie beteiligt werden, nicht nur durch bloßes Zuhören.

6. Spielen Sie Spiele mit Lauten und Wörtern. Wenn Sie dies selbst nicht gut können, lassen Sie es sich von den Kindern beibringen. Viele kleine Kinder haben eine außergewöhnliche Begabung für spielerische Laut- und Wortschöpfungen. Das beginnt schon früh mit dem ersten Gurren und Babbeln und geht, wenn wertgeschätzt und unterstützt, weiter, bis die Kinder ihre eigenen Blödelreime und Lautspiele kreieren.

7. Stellen Sie sicher, dass Kleinkinder viele Erfahrungen machen, über die sie reden können. Säuglinge finden ausreichend Themen im alltäglichen Spiel und in den regelmäßigen Pflegeaktivitäten, wenn sie aber heranwachsen, muss ihre Welt etwas größer werden. Es ist Ihre Aufgabe, dafür zu sorgen, dass diese Vergrößerung stattfindet. Schaffen Sie drinnen wie draußen „Ereignisse". Holen Sie Besucher in die Einrichtung. Unternehmen Sie, wenn möglich, kleine Ausflüge. Ein Spaziergang im Stadtviertel kann für einige Zeit für Gesprächsstoff sorgen.

8. Lesen Sie Kindern vom Säuglingsalter an Bücher vor. Lesen Sie zu jeder passenden Zeit einzelnen Kindern oder kleinen Gruppen vor, wenn Interesse besteht. Halten Sie keinen täglichen Morgenkreis ab, an dem die gesamte Gruppe verpflichtet ist teilzunehmen. Machen Sie hieraus stattdessen eine häufig stattfindende, kurze, spontane Aktivität, die von viel Kuscheln und Schmusen begleitet wird. Hören Sie auf, wenn das Interesse nachlässt, und verlangen Sie nicht, dass jedes Kind bis zum Ende bleibt und sich die ganze Geschichte anhört. Sorgen Sie dafür, dass es eine interaktive statt eine unterhaltende Aktivität ist. Erlauben Sie es Kindern, Ihnen oder anderen Kindern „vorzulesen". Die Vorlesezeit für Säuglinge und Klein-

kinder sollte mehr dem ähneln, was Eltern zu Hause tun, als dem, was Vorschullehrer beim Morgenkreis tun. Der Zweck ist der, Säuglinge und Kleinkinder mit Büchern vertraut zu machen und bei ihnen zahlreiche angenehme Assoziationen mit Büchern – und schließlich mit dem Lesen – auszulösen. Die Sprache betreffende Ziele sind hier, wenngleich wichtig, zweitrangig.

9. Bringen Sie Bilder, neue Gegenstände und kleine Dinge aus der Natur (Steine, Vogelnester usw.) mit und führen Sie formlose Gespräche, wenn das Interesse des Kindes geweckt ist. Auch hier gilt, dass Dialoge geführt, keine Vorträge gehalten werden sollen.

10. Stellen Sie Fragen, die nach einer Entscheidung verlangen. Möchtest du den viereckigen Cracker oder den runden? Möchtest du vor oder nach dem Imbiss einen Spaziergang machen? Stellen Sie Fragen, auf die es keine richtige Antwort gibt (so genannte offene Fragen). Wie fühlt sich der Hase für dich an? Erzähl mir vom Besuch deiner Oma. Was hast du bei deinem Spaziergang gesehen? Geschlossene Fragen (solche, bei denen es eine richtige Antwort gibt) sind ebenfalls in Ordnung, so lange das Kind Vergnügen an ihnen findet und nicht das Gefühl hat, abgefragt zu werden. (Diese Fragen werden häufig in dem Versuch, dem Kind Sprache beizubringen, im Übermaß gebraucht.)

> **Überlegen Sie...**
>
> Können Sie sich daran erinnern, als Kind ein Lieblingsbuch oder Lieblingsbücher gehabt zu haben? Erinnern Sie sich, dass Ihnen vorgelesen wurde, als Sie klein waren? Sehen Sie irgendeinen Zusammenhang zwischen diesen frühen Erfahrungen und Ihrem inneren Verhältnis zu Büchern und dem Lesen im Erwachsenenalter?

11. Ermuntern Sie Kinder dazu, Fragen zu stellen. Ein beliebtes Spiel für Kinder, die gerade mit dem Sprechen beginnen, ist: „Was ist das?" Sie stellen gerne diese Frage und beantworten sie ebenso gerne. Dabei üben und sammeln sie die Bezeichnungen für Gegenstände.

12. Ermuntern Sie Kinder dazu, zu klären, was sie nicht verstehen. Manche Menschen versuchen Kindern dadurch etwas beizubringen, dass sie sie befragen. Wenn sie unter Druck gesetzt werden, korrekte Antworten zu geben, kann es sein, dass Kinder lernen, so zu tun, als ob sie Dinge verstünden, die sie nicht verstehen. Wenn Sie zu einer nachforschenden

Haltung ermuntern, stellen die Kinder Fragen zu Worten, die sie nicht kennen, und üben sie dann ganz alleine, ohne Unterricht oder Druck.

13. Fassen Sie die grobmotorischen Aktivitäten in Worte. Betrachten Sie Ihr Curriculum für den Spracherwerb nicht als etwas, das nur Anwendung findet, wenn die Kinder sitzen. Kinder lernen etwas über räumliche Beziehungen und die damit verbundenen Präpositionen, indem sie diese Konzepte mit dem eigenen Körper erleben. Wenn Erwachsene eine Bezeichnung beisteuern, helfen sie den Kindern, das Konzept zu kategorisieren, zu speichern und zu erinnern. „Mario ist *unter* dem Kasten. Siehst du, wie er sich versteckt?" „Wer wird *neben* dir am Tisch sitzen? Oh, es ist Emily." „Ich sehe, dass du oben *auf* den Stufen stehst, Jason. Bleibst du da *oben* oder kommst du *herunter*?"

14. Hören Sie wirklich zu, wenn Kleinkinder mit ihnen sprechen. Widerstehen Sie der Versuchung, Kinder zu drängen oder zu unterbrechen. Geben Sie ihnen die Zeit, zu sagen, was sie sagen möchten.

15. Helfen Sie Kindern, einander zuzuhören. Sprechen Sie für sie oder interpretieren Sie, wenn nötig, aber achten Sie darauf, dass der Fokus weiterhin nicht auf Ihnen liegt, sondern auf den Kindern, die versuchen, miteinander zu kommunizieren. „Sie versucht dir zu sagen, dass sie es nicht mag, wenn du sie schubst." „Frag sie, was sie möchte." „Sag ihm, dass du auch etwas Knetmasse möchtest."

16. Erkennen und respektieren Sie die Fähigkeit der Eltern, ihr eigenes Kind zu verstehen. Bitten Sie sie darum, zu erklären oder zu interpretieren. Wenn Sie die einzigartige Kommunikationsmethode eines jeden Kindes kennen lernen, werden Sie zweifellos weniger Interpretation benötigen.

Die Prinzipien in der Praxis

Prinzip 3: Lernen Sie die einzigartigen Kommunikationsformen eines jeden Kindes kennen (Schreie, Wörter, Bewegungen, Gesten, Gesichtsausdrücke, Körperstellungen), und vermitteln Sie Ihre eigenen. Unterschätzen Sie nicht die Fähigkeit von Kindern, zu kommunizieren, selbst wenn ihre verbale Sprachkompetenz vielleicht nicht vorhanden oder nur minimal ist.

Sie sind gerade für ein neues Säuglings- und Kleinkindprogramm als Betreuerin oder Betreuer eingestellt worden. Die Leiterin schlägt vor, dass Sie die ersten Tage damit verbringen, langsam die Kinder kennen zu lernen. An unserem ersten Morgen beobachten Sie die folgenden Interaktionen: Eine Mutter und ehrenamtliche Mitabeiterin spielt fröhlich mit ihrer 14 Monate alten Tochter das Guck-Guck-Spiel. Das kleine Mädchen findet offensichtlich Vergnügen daran, dass sie und ihre Mutter hierbei immer abwechselnd an der Reihe sind; man hört von beiden viel Gekicher. Eine der Betreuerinnen wickelt ein Kind; sie spricht mit ihm über die saubere Windel, die sie ihm anziehen wird. Der Junge schaut sie aufmerksam an und greift nach der Windel, während sie redet. Ein anderes Kind weint leise beim Eingang; seine Mutter ist gerade gegangen. Eine Betreuerin sitzt neben ihm und sagt tröstende Worte („Ich kann verstehen, dass du traurig bist." „Deine Mama wird nach dem Mittagessen wiederkommen."). Das schluchzende Kleinkind lehnt sich an die Betreuerin, scheint aber nicht auf ihrem Schoß sitzen zu wollen. Drüben in der anderen Ecke des Raumes können Sie zwei Kleinkinder sehen, die mit kleinen Klötzen spielen; eine Betreuerin sitzt bei ihnen. Ein Kind gebraucht ein paar spanische Worte; das andere spricht nur Englisch. Sie können hören, wie die Betreuerin einige Worte der Kleinkinder wiederholt und dabei die spanische wie die englische Sprache mühelos gebraucht.

1. Beschreiben Sie die Sprach- und Kommunikationsmuster, die Sie sehen.
2. Wie werden die einzigartigen Kommunikationsformen der Kinder von den Erwachsenen akzeptiert?
3. Erklären Sie, wie jedem Kind gegenüber Respekt gezeigt wird.
4. Würden Sie irgendetwas anders machen als die Erwachsenen, die Sie beobachtet haben?
5. Was stellt für Sie die größte Herausforderung dar, wenn Sie versuchen, mit kleinen Kindern zu kommunizieren?

Die Anfänge der Lese- und Schreibkompetenz

Kleine Kinder erwerben ihre Lese- und Schreibkompetenz fast auf dieselbe Art wie ihre Sprachkompetenz, und das rapide Gehirnwachstum, das stattfindet, um den Spracherwerb zu erleichtern, schafft ebenfalls die Bedingungen für die Lese- und Schreibkompetenz. Die Bindungsbeziehungen, die aufgebaut werden, die perzeptuellen und motorischen Erfahrungen, die organisiert werden, und die kognitiven Erfahrungen, die verarbeitet werden, tragen alle dazu bei, dass sich im Säuglings- und Kleinkindalter die Lese- und Schreibkompetenz entwickelt.

Die **Lese- und Schreibkompetenz** („Literacy") – also die Fähigkeit, zuzuhören und zu sprechen und schließlich zu lesen und zu schreiben – (der englische Begriff „Literacy" beschreibt mehr als nur die Grundfertigkeit des Lesens und Schreibens, aus Mangel an Alternativen wird er hier trotzdem mit „Lese- und Schreibkompetenz" übersetzt. *Anm. d. Übers.*) nimmt ihre Anfänge in einer Vielzahl früher, alltäglicher Erfahrungen. Des Lesens und Schreibens mächtig zu werden ist ein Prozess, der im familiären Kontext beginnt. Säuglinge und Kleinkinder hören den Stimmen um sie herum zu und beteiligen sich an stimmlichen Interaktionen mit den Menschen, die sie pflegen. Sie beobachten die Gesichtsausdrücke der Menschen in ihrer Nähe und sehen sich Gegenstände, die sie interessieren, ganz genau an. Sie erfreuen sich an Reimen und Liedern und an dem Klang von gesprochener Sprache mit ausgeprägter Intonation. Wenn sie erst einmal beginnen, selbst Worte zu benutzen, erkennen sie allmählich, dass diese Worte aufgeschrieben und ihnen wieder vorgelesen werden können. Kleine Kinder entwickeln ihr Bewusstsein für gesprochene und geschriebene Sprache auf eine zusammenhängende und ganzheitliche Weise, nicht in einer Reihe einzelner Schritte. Bedeutungsvolle Erfahrungen und Interaktionen mit anderen sind ausschlaggebend für die Entwicklung der Lese- und Schreibfähigkeit.

Diese *Bedeutsamkeit der Interaktion* ist von Amy Wetherly, Professorin an der Florida States University, genauer belegt worden. In ihrem First Words Project wurde untersucht, wie die Lese- und Schreibkompetenz in der frühen Kindheit („early literacy") aussieht. Dabei fand man heraus, dass die bei Vorschülern festzustellenden Anzeichen für ein Aufkeimen der Lese- und Schreibkompetenz auf frühe Interaktionen zwischen Säuglingen und Kleinkindern und ihren Betreuerinnen zurückzuführen waren. Frühe, durch Teilen und gemeinsames Erleben gekennzeichnete Verhaltensweisen wie die, dass einer Sache gemeinsam Aufmerksamkeit geschenkt wurde, dass Gefühle miteinander geteilt und gemeinsame Absichten verfolgt wurden, waren signifikant für die Sprachentwicklung und die spätere Lese- und Schreibfähigkeit. Aus Säuglingen, die über eine Vielzahl an Gesten und Lauten verfügten und schon früh begannen, Wörter zu verstehen und zu verwenden, wurden Vorschüler, bei denen sich deutliche und stabile aufkeimende Lese- und Schreibfähigkeiten zeigten. Aus Kleinkindern, die in den Genuss kamen, bei ihrem Spiel eine Vielzahl von Objekten zu benutzen, und die zeigten, dass sie sich mit Büchern auskannten (zum Beispiel wussten, wie man ein Buch hält oder wie man die Seiten umblättert), wurden Vorschüler, die Vergnügen an den Fähigkeiten hatten, die der Lese- und Schreibkompetenz vorausgehen, und diese auch demonstrierten.[5] Bei all diesen frühen Interaktionen mit Säuglingen und Kleinkindern lag die Betonung auf einer fürsorglichen Umgebung, in der einfühlsam auf die Kinder eingegangen wurde; die Erwachsenen beteiligten die Kinder gerne an Aktivitäten, die sie an die Sprache sowie an das Lesen und Schreiben heranführten.

Die Förderung der Lese- und Schreibkompetenz ist heute ein wichtiges Thema. Viele Menschen sind sehr daran interessiert, sicherzustellen, dass alle Kinder lesen können (spätestens bis zum Beginn der dritten Klasse). Das an sich ist ein wichtiges Ziel. Entscheidend aber ist, *wie wir tun, was wir tun* – besonders, wenn es um den Umgang mit sehr kleinen Kindern geht. Aufkeimende Lese- und Schreibkompetenz ist etwas anderes als das Bereitsein zum Lesen, bei dem man sich mehr auf das Lehren von Formen und Farben und das Benutzen von Schreibwerkzeug konzentriert. Bei neuen Ansätzen wird darauf geachtet, dass Kinder geeignete Bücher und einschlägige Erfahrungen im Zusammenhang mit dem Zuhören, Sprechen, Lesen und Schreiben haben. Bis zu ihrem dritten Geburtstag lernen Kinder, dass Menschen Bücher zum Vergnügen lesen und um sich zu informieren. Wir müssen daran denken, dass eine allgemein gute Gesundheit und die richtige Ernährung für die optimale Gehirnentwicklung und das Lernen unverzichtbar sind. Eine interessante Umgebung, die viele Sinneserfahrungen bietet, und anregende soziale Interaktionen, bei denen einfühlsam auf das Kind eingegangen wird, haben direkten Einfluss auf den Spracherwerb.

Denken Sie daran, dass Entwicklung nicht beschleunigt werden kann. Lassen Sie sich von den kleinen Kindern inspirieren. Überstimulierende Umgebungen und die Fähigkeiten von Säuglingen und Kleinkindern übersteigende Erwartungen von Erwachsenen stehen gesunder Entwicklung im Weg. In

Umgebungen, die verwirren und überwältigen, werden kleine Kinder gestresst und sogar depressiv. Die gesprochene Sprache ist von zentraler Bedeutung für die Lese- und Schreibfähigkeit, führen Sie deshalb regelmäßig Eins-zu-eins-Gespräche mit Säuglingen und Kleinkindern und halten Sie dabei Blickkontakt. Sprechen Sie die frühen Babylaute („baba" und „dada") für Säuglinge noch einmal nach. Wenn gegurrte und gelallte Laute Worten weichen, wiederholen Sie diese Worte für das Kleinkind und gehen auf sie ein. Ein großer Teil der heutigen Forschung zum Thema Lese- und Schreibfähigkeit konzentriert sich auf die Bedeutung der frühen Interaktionen, bei denen einfühlsam und unmittelbar auf das Kind eingegangen wird.

Das Prinzip 7, *Führen Sie das Verhalten, das Sie beibringen wollen, modellhaft vor*, verdient bei der Betrachtung der Lese- und Schreibkompetenz in der frühen Kindheit eine besondere Hervorhebung. Ermöglichen Sie es sehr kleinen Kindern, Sie bei der Beschäftigung mit Sprache und Schrift zu sehen. Lassen Sie sie sehen, wie Sie Bücher lesen und Vergnügen an ihnen finden und wie Sie für alltägliche Vorgänge die Schrift benutzen (indem Sie beispielsweise einen Artikel auf Ihre Einkaufsliste setzen oder sich zur Erinnerung einen Notizzettel schreiben). Einige weitere Leitlinien sind in Abbildung 9.1 aufgelistet. Denken Sie beim Lesen darüber nach, auf welche Weise Sie bei sehr kleinen Kindern die Lese- und Schreibfähigkeit fördern und wie Sie sicherstellen, dass die Kinder in Zukunft Spaß an ihrer eigenen Kompetenz im Lesen und Schreiben haben.

Abbildung 9.1 Leitlinien für die Förderung der Lese- und Schreibkompetenz bei Säuglingen und Kleinkindern

1. Sorgen Sie für eine Umgebung, die viele sensorische Erfahrungen bietet. Dazu gehören stimmliche und verbale Interaktionen, Singen, das gemeinsame Lesen von Babybüchern, eine fröhliche Umgebung und einfache Bilder an der Wand.
2. Sorgen Sie für eine reiche soziale Umgebung, die Säuglingen und Kleinkindern die Möglichkeit gibt, einander zu beobachten und miteinander zu interagieren.
3. Verändern Sie in regelmäßigen Abständen die Kulisse: Verrücken Sie Möbel; tauschen Sie die Bilder oder den Teppich in der Spielecke aus.
4. Erkunden Sie mit einem kleinen Kind die Umgebung; schauen Sie gemeinsam aus dem Fenster, blicken Sie in den Spiegel, spielen Sie mit Wasser im Waschbecken.
5. Nehmen Sie die Säuglinge und Kleinkinder mit auf Ausflüge. Sprechen Sie darüber, wohin Sie zusammen gehen und was Sie tun werden, und benennen Sie Objekte, die Sie unterwegs sehen.
6. Vergnügen Sie sich mit den Säuglingen und Kleinkindern, wenn sie zeigen, dass sie spielerisch interagieren wollen, und bekunden Sie Ihr Interesse an und Ihre Begeisterung für ihre neuen Leistungen.
7. Respektieren Sie sprachliche, soziokulturelle und ökonomische Unterschiede zwischen kleinen Kindern und ihren Familien.
8. Denken Sie daran, dass jedes Kind im Hinblick auf die Entwicklung seiner Lese- und Schreibfähigkeit (genau wie im Hinblick auf alle anderen Wachstumsbereiche) einmalig ist.
9. Stellen Sie eine interessante und abwechslungsreiche Auswahl an Materialien zur Verfügung, die es den Kindern ermöglichen, zu sprechen, zuzuhören, zu zeichnen und zu lesen.
10. Zeigen Sie Ihr eigenes Interesse an der Welt und Ihre Neugier auf sie.

Kulturelle Unterschiede und Zweisprachigkeit

All diese Leitlinien sind (wie alles andere in diesem Buch) kulturgebunden. In manchen Kulturen unterscheiden sich die Ansichten zu Sprachübungen und dem Prozess der sprachlichen Sozialisation von dem hier vorgestellten Ansatz. Die Menschen verfolgen für ihre Kinder im Hinblick auf Sprache und Lese- und Schreibkompetenz möglicherweise andere Ziele. Sie wenden vielleicht auch von Anfang an andere Methoden an. Ob Sie die Art, wie einige Eltern in ihrem Programm aufgrund ihrer Kultur mit Sprache umgehen, gutheißen oder nicht, Sie müssen kulturelle Unterschiede respektieren und versuchen zu verstehen, wie andere Werte und Methoden als Ihre eigenen dem Individuum in der bestimmten Kultur nutzen können. Ein Beispiel für einen kulturellen Unterschied in Bezug auf die Sprache bietet S. B. Heath, die eine Kultur beschreibt, in der Babys dadurch, dass sie kontinuierlich getragen werden, an allem beteiligt werden, was passiert; jedoch wird während des ersten Lebensjahres nur selten mit ihnen gesprochen. Sie eignen sich die Sprache dadurch an, dass sie von ihr umgeben sind, nicht dadurch, dass Laute und Worte an sie gerichtet werden. Dies zeigt sich später darin, wie sie die Sprache benutzen. Sie haben eine ganzheitliche Sicht von Gegenständen, die in ihrer Umgebung präsent sind und zu denen deshalb ein Bezug besteht. Es bereitet ihnen Schwierigkeiten, über einen Gegenstand zu sprechen, der nicht präsent und greifbar ist, d. h. beispielsweise die Eigenschaften dieses Gegenstands herauszufinden und mit denen eines anderen, ebenfalls nicht verfügbaren Gegenstands zu vergleichen. Wenn ihnen Karten mit Abbildungen eines roten und eines blauen Balls gezeigt und sie gefragt würden: „Ist der rote Ball oder der blaue Ball größer?", hätten Kinder aus dieser Kultur Schwierigkeiten, die Merkmale Farbe und Größe herauszufinden, obwohl sie in einer Situation des realen Lebens den größeren Ball bestimmen und werfen könnten, wenn sie dazu aufgefordert würden. Statt dass sie die Konzepte vermittelt, die von der Hauptströmung der kanadischen und US-amerikanischen Kultur als wichtig angesehen werden (zum Beispiel Farbe, Form und Größe), schätzt diese Kultur vielmehr den kreativen Gebrauch von Sprache, einschließlich Metaphern. Die Kinder dieser Kultur zeigen eine große Begabung für kreative Sprachspiele und die Verwendung von Metaphorik.[6]

In der Kinderbetreuung untergebrachte Kinder werden durch die Kultur ihrer Betreuerin beeinflusst. Kinder, die in zwei Kulturen aufwachsen und beide in sich aufnehmen, gelten als bikulturell. Ob diese zwei Kulturen miteinander in Konflikt geraten und das Kind sich daraufhin innerlich zerrissen fühlt, hängt vom Kind, von den Eltern, der Betreuerin und den Kulturen selbst ab. Manchmal scheinen Kinder *zwischen* zwei Kulturen hin- und hergerissen zu sein und erfahren in ihrer Erziehung viel Schmerz. Ein Kind kann bikulturell und trotzdem englischsprachig sein, wie viele Kinder in den USA und in anderen Teilen der Welt. Viele bikulturelle Menschen sprechen jedoch nicht nur eine Sprache.

Säuglinge können vom ersten Tag an zwei Sprachen erlernen und bis zum Kleinkindalter eine sehr gute Fähigkeit entwickeln, je nach Kontext und Personen, mit denen sie sprechen, zwischen ihnen hin- und herzuwechseln. **Zwei-**

sprachigkeit ist eine Fähigkeit, die wertgeschätzt und gefördert werden sollte. Die Kinderbetreuung kann hervorragende Möglichkeiten für die Entwicklung dieser Fähigkeit bieten, weil Kinder mit einem bestimmten Sprachhintergrund mit Betreuerinnen in Kontakt kommen, die einen anderen sprachlichen Hintergrund haben. Nutzen Sie jede Gelegenheit, die Sie haben, um Kindern dabei zu helfen, zweisprachig zu werden (natürlich mit Erlaubnis der Eltern). Sie können dies tun, indem Sie zu den Kindern in Ihrer eigenen Sprache (falls die Familie eine andere Sprache spricht) oder in einer weiteren Sprache sprechen (falls Sie selbst zweisprachig sind).

Vergessen Sie nicht die „sprachliche Beziehung". Die sprachliche Beziehung wird ohne Aufheben hergestellt, wenn zwei Menschen sich zum ersten Mal begegnen. Für zwei einsprachige englischsprachige Menschen gibt es keine Wahlmöglichkeit; die Sprache ihrer Beziehung ist Englisch und sie machen sich niemals irgendwelche Gedanken darüber. Wenn sich aber zwei zweisprachige Menschen treffen, ist die Situation eine andere. Es gibt eine Wahl, und ist diese erst einmal getroffen, fühlen sich beide am wohlsten, wenn sie miteinander die Sprache ihrer Beziehung sprechen, obwohl sie beide vollauf in der Lage wären, die Zweitsprache zu sprechen.

Wenn eine zweisprachige Betreuerin einen kleinen Säugling kennen lernt, besteht gewissermaßen diese Wahl zwischen den Sprachen, weil das Baby noch nicht vollständig einer Sprachgemeinschaft angehört. Wenn Zweisprachigkeit ein Ziel ist, ist es recht einfach, von Anfang an eine Beziehung herzustellen, in der die Zielsprache benutzt wird.

Es ist etwas schwieriger, diese Art der Beziehung mit einem Kind aufzubauen, dessen Sprachentwicklung bereits halbwegs im Gange ist, da das Kommunizieren Schwierigkeiten bereitet, bis das Kind die Zweitsprache gelernt hat. Ob eine sprachliche Beziehung zwischen Hauptbetreuerin und Kind in einer anderen Sprache als der des Kindes aufgebaut wird, sollte davon abhängig gemacht werden, wie wichtig das Ziel der Zweisprachigkeit ist, wie sicher sich das Kind fühlt und inwieweit es in der Lage ist, zu bewirken, dass seine Bedürfnisse befriedigt werden. Wenn die Betreuerin und das Kind beide gekonnt nonverbal kommunizieren können, fällt die Wahl nicht so schwer. Sobald die sprachliche Beziehung hergestellt ist, besteht eine Motivation, die zweite Sprache zu lernen, und es dauert nicht lange, bis die verbale Kommunikation beginnt. Es ist jedoch wichtig, daran zu denken, dass der Spracherwerb nicht über Nacht geschieht, auch wenn manche Kinder eine Sprache schnell „aufzuschnappen" scheinen. Die Kommunikation ist am Anfang, und häufig noch über lange Zeit, zwangsläufig schwach. Es ist sehr hart für manche älteren Babys und Kleinkinder, in Situationen gebracht zu werden, in denen sie nicht verstehen können, was zu ihnen gesagt wird. Stellen Sie sich nur einmal vor, wie Sie sich fühlen würden, wenn sie vollkommen abhängig von jemandem wären, der nicht Ihre Sprache spricht.

Wenn Zweisprachigkeit ein wichtiges Ziel ist und das Kind wahrscheinlich unter dem anfänglichen Mangel an Kommunikation leiden wird, ist es am besten, wenn zwei Betreuerinnen mit dem Kind kommunizieren. Eine von ihnen kann dann eine Beziehung in der Zweitsprache aufbauen, während die andere da ist, um eine sprachliche Beziehung in der Erstsprache des Kindes herzustellen. So kann das Kind in einem sicheren Kontext zweisprachig werden. Diese Art und Weise, Zweisprachigkeit zu gewährleisten, ist in vielen Familien in unterschiedlichen Teilen der Welt üblich.

Achten Sie darauf, dass Sie zweisprachige oder nur eingeschränkt Deutsch sprechende Eltern nicht dazu auffordern, mit ihren Kindern Deutsch zu sprechen, wenn sie hierzu nicht bereit sind. Wenn Sie dies tun, missachten Sie die sprachliche Beziehung. Und Sie könnten die Kommunikation zwischen Eltern und Kind beeinträchtigen. Magda Gerber, selbst zweisprachig, sagte, dass es für Eltern natürlich sei, mit ihren Kindern in der Sprache zu sprechen, die mit ihnen im Säuglings- und Kleinkindalter gesprochen wurde. Selbst Eltern, die Deutsch mittlerweile perfekt beherrschen, können das Gefühl haben, dass es ihnen leichter fällt, liebevolle und fürsorgliche Worte in der Sprache zu sagen, mit der ihr eigenes Leben begonnen hat. Achten Sie darauf, dass Sie nicht die Fähigkeit der Eltern behindern, ihren Kindern Fürsorge und Zärtlichkeit zu kommunizieren.

Machen Sie sich Gedanken um die Qualität der verbalen Kommunikation in Ihrer Umgebung oder Ihrem Programm, wenn Zweisprachigkeit ein Ziel ist. Außer wenn Sie die Sprache, die Sie zum Kommunizieren mit dem Kind benutzen, sehr gut beherrschen, kann das Ziel der Zweisprachigkeit der Kommunikation im Weg stehen. Wenn Ihre Fähigkeit, sich in der Zielsprache auszudrücken, begrenzt ist, sollten Sie Kommunikation und die Sprachentwicklung des Kindes gegen das Ziel der Zweisprachigkeit abwägen.

Wenn mehr als nur eine Erwachsene zur Verfügung steht und Zweisprachigkeit ein Ziel ist, ließe sich das Problem, wie bereits erwähnt, dadurch lösen, dass die eine Erwachsene Beziehungen in der einen und die zweite Erwachsene Beziehungen in der anderen Sprache aufbaut. Auf diese Weise bauen die Kinder mit jemandem eine Beziehung auf, der eine Sprache gut beherrscht, und können sich guter Kommunikation sicher sein, während sie Fortschritte in einer Zweitsprache machen. Wenn es nicht mit jemanden kommunizieren kann, der eine Sprache gut beherrscht, kommt das Kind zu kurz. Wenn die eine Betreuerin ihre Sprache gut beherrscht, die andere ihre Sprache aber weniger gut beherrscht, kann das Kind trotzdem zusätzlichen Nutzen aus der Kombination ziehen, ohne dass die Entwicklung seiner Erstsprache hierunter zu leiden hat. Die folgende Szene zeigt, wie Zweisprachigkeit in einer Familientagespflegestätte funktionieren kann.

Es ist später Nachmittag und eine Frau wärmt auf dem Herd Tortillas auf. Ein dreijähriger Junge beobachtet sie vom Küchentisch aus. Er sagt ihr, dass er hungrig sei – auf Spanisch. Sie lächelt und antwortet ihm auf Spanisch, gibt ihm dabei eine warme, weiche, aufgerollte Tortilla. Ein dreijähriges Mädchen erscheint in der Tür und bittet auf Englisch um eine Tortilla. Die Frau gibt auch ihr eine Tortilla und antwortet erneut auf Spanisch. Beide Kinder stehen am Tisch und kauen ihre Tortillas, genießen ganz offensichtlich ihren Geschmack.
Ein Mann kommt in die Küche. „Hmmmm, da duftet aber was", bemerkt er auf Englisch.
„Ja", gibt die Frau zurück. „Rate mal, was es ist."
"Tortilla. Die ist lecker", sagt das erste Kind und streckt seine vor, um sie dem Mann zu zeigen.
„Willst du abbeißen?", fragt das zweite Kind.
„Hier ist eine für dich", sagt die Frau und gibt dem Mann seine eigene frische, heiße Tortilla. Alle drei kauen zufrieden. Dann fragt der Mann: „Was ist mit Oma? Geh und frag sie, ob sie eine Tortilla möchte."
Das erste Kind rennt aus dem Raum und ruft: „Abuelita, quieres tortilla?"

Dieses nur drei Jahre alte Kind schafft es, zwei Sprachen zu lernen, und lernt zudem, wann es eine jede von ihnen zu benutzen hat. Das andere Kind kommt mit einer zweiten Sprache in Berührung und entwickelt seine rezeptive Sprachkompetenz. Je nach Umständen wird es vielleicht eines Tages beginnen, sie auch zu nutzen. In der Zwischenzeit befindet es sich in einer Position, in der es die eigene Sprache gebrauchen und in ihr verstanden werden kann, während es eine andere Sprache lernt.

Die Fähigkeit, eine der Situation angemessene Sprache zu benutzen, beschränkt sich nicht auf Kinder, die zwei Sprachen gebrauchen. Alle sprechenden Menschen lernen schnell, zwischen Sprachstilen zu unterscheiden. Achten Sie aufmerksam auf die Unterschiede zwischen der Art, wie Zwei- und Dreijährige miteinander sprechen und wie sie mit Erwachsenen sprechen. Hören Sie beispielsweise, wie es sich anhört, wenn Kinder „Vater-Mutter-Kind" spielen. Das Kind, das die Mutter spielt, redet so, wie es Erwachsene wahrnimmt, wenn sie sprechen; das Kind, das das Baby spielt, spricht auf eine ganz andere Art. Ganz klar haben die Kinder gelernt, dass es einen Stil für das Reden mit Gleichaltrigen und einen anderen für das Reden mit Erwachsenen gibt. Kinder unterscheiden auch zwischen den Erwachsenen, mit denen sie reden. Die Art, wie sie mit ihrer Mutter sprechen, kann sich von der unterscheiden, wie sie mit ihrem Vater, ihrer Betreuerin oder einem Fremden auf der Straße sprechen.

Überlegen Sie...

Warum sind Zweisprachigkeit und zweisprachige Bildung heute so ein wichtiges Thema? Welche Auswirkungen hat dies auf Säuglings- und Kleinkindprogramme?

Sprache ist kulturgebunden und hat einen enormen Einfluss auf unser Leben. Säuglinge und Kleinkinder lernen den Gebrauch der Sprache in natürlichen Zusammenhängen, wenn mit ihnen gesprochen, wenn ihnen geantwortet und zugehört wird. Die Sprache hat Einfluss darauf, wie sie die Welt wahrnehmen, ihre Erfahrungen organisieren und mit anderen kommunizieren.

Kinder mit besonderen Bedürfnissen:
Kommunikationsstörungen

Der Prozess des Spracherwerbs ist zweifellos komplex. Zahlreiche Faktoren haben Einfluss auf seine Entwicklung. Kommunikationsstörungen sind deshalb besonders kompliziert. Viele Aspekte der Umgebung eines Kindes können zu einem Kommunikationsproblem beitragen. Es ist wichtig, dass Eltern und Betreuerinnen einen Überblick darüber haben, wie gesunde Sprachentwicklung aussieht (wie in Tabelle 9.1 dargestellt). Wenn sie ein Problem vermuten, sollten sie rasch einen Sprachtherapeuten zu Rate ziehen. Frühe Intervention ist äußerst wichtig, wenn ein kleines Kind Kommunikationsschwierigkeiten hat.

Kommunikationsstörungen treten gewöhnlich in zwei Hauptbereichen auf: bei der Sprachproduktion und bei Sprachmustern. Sprache ist ein Code oder ein Symbolsystem, das wir erlernen, um Vorstellungen und Ideen miteinander zu teilen. Sprache ermöglicht es uns, Informationen weiterzugeben und zu empfangen. Das Sprechen und die Gestik (und schließlich das Lesen und Schreiben) sind Formen von Sprache. Das Sprechen ist der Aspekt der Sprache, bei dem es um die Bildung und die Aufeinanderfolge von Lauten geht. Schlimmer für ein Kind sind normalerweise Sprachstörungen. Beispielsweise ist es möglich, dass ein Kind keinerlei Probleme damit hat, Sprache zu produzieren – seine Stimme funktioniert richtig und die Muskeln um Mund und Lippen sind koordiniert – und trotzdem nicht in der Lage ist, verständlich zu reden oder die Bedeutung dessen, was es hört, zu verstehen. Eine Sprach- oder Sprechverzögerung bedeutet normalerweise, dass Wörter oder Laute nicht im erwarteten Alter verstanden oder korrekt erzeugt werden. Auch was das Lernen von Sprache angeht, ist jedes Kind einzigartig, doch sollte der Spracherwerb bei allen Kindern gemäß der Entwicklungsleitlinien erfolgen (innerhalb einer Spanne von mehreren Monaten). Verzögerungen können aus einer Vielzahl von Gründen auftreten. So kann beim Kind eine körperliche Behinderung vorliegen. Fehlende Muskelkoordination (insbesondere der kleinen Muskeln in Gesicht, Mund und Hals) verursacht eine Verzögerung in der Sprachproduktion. Ein Gehirnschaden oder geistige Retardation behindern die kognitiven Fähigkeiten, was wiederum Auswirkungen auf die Sprache hat. Hörschäden (ein sensorisches Problem) haben Sprachprobleme zur Folge. Emotionale und soziale Entbehrung kann ebenfalls eine Kommunikationsstörung verursachen. Alle Wachstumsbereiche unterstützen Kinder in ihrem Bemühen, Sprache zu erwerben, und ein Problem in irgendeinem dieser Bereiche kann eine Sprachverzögerung zur Folge haben.

Eine Mutter oder Betreuerin mag sich fragen, an welchem Punkt sie sich Sorgen um die Sprachentwicklung eines Kindes machen sollte. Einige der Leitlinien in Abbildung 9.2 könnten hier eine Hilfe sein. Gehen Sie mit Umsicht vor, wenn Sie bei einem Kind eine entwicklungsunterstützende Maßnahme anwenden. Individuelle Unterschiede oder besondere Umstände müssen berücksichtigt werden.

Abbildung 9.2 Meilensteine und Warnsignale

Junge Säuglinge (Geburt bis 8 Monate): Junge Säuglinge kommunizieren zunächst, damit ihre Bedürfnisse befriedigt werden, und erweitern ihre Kommunikation dann um spielerischen Austausch, bei dem sie den Rhythmus der Interaktionen mit ihren Betreuerinnen lernen. Zu den Warnsignalen des jungen Säuglings gehören folgende:
- ein allgemeiner Mangel an Interesse für sozialen Kontakt (der Säugling vermeidet Blickkontakt, hält seinen Körper steif)
- mangelnde Reaktion auf die menschliche Stimme oder andere Geräusche

Mobile Säuglinge (6-18 Monate): Mobile Säuglinge experimentieren spielerisch mit Sprache und verfolgen beim Kommunizieren einen Zweck. In dieser Phase sprechen Säuglinge häufig ihre ersten Worte. Mobile Säuglinge üben neu erworbene Worte wieder und wieder und versuchen sie zu gebrauchen, wann immer sie können. Zu den Warnsignalen des mobilen Säuglings gehören folgende:
- mit 8 bis 9 Monaten hört das Kind auf zu lallen (Säuglinge, die taub sind, lallen zuerst und verstummen dann)
- das Kind zeigt in vertrauter Umgebung kein Interesse an der Interaktion mit Objekten und Betreuerinnen
- mit 9 bis 10 Monaten lässt sich der Blick des Kindes nicht auf einen Punkt in der Umgebung lenken
- mit 11 bis 12 Monaten gibt und zeigt das Kind keine Gegenstände und deutet auch nicht mit dem Finger darauf
- mit 11 bis 12 Monaten spielt das Kind keine Spiele wie Backe, backe Kuchen oder das Guck-Guck-Spiel

Ältere Säuglinge (16-36 Monate): Typischerweise findet zu Beginn der späteren Säuglingsphase eine Benennungsexplosion statt. Die Zahl der Wörter, die Kleinkinder kennen, steigt rasch an, und die Kinder beginnen einfache grammatische Strukturen anzuwenden. Zu den Warnsignalen des älteren Säuglings gehören folgende: ,

Bis zum Alter von 24 Monaten

- gebraucht das Kind weniger als 25 Worte

Bis zum Alter von 36 Monaten
- hat das Kind nur einen eingeschränkten Wortschatz
- benutzt das Kind lediglich kurze, einfache Sätze
- macht das Kind mehr Grammatikfehler als andere Kinder seines Alters
- bereitet es dem Kind Schwierigkeiten, über die Zukunft zu sprechen
- missversteht das Kind Fragen zumeist
- wird das Kind häufig von anderen falsch verstanden
- zeigt das Kind weniger Formen sozialen Spiels als andere Kinder desselben Alters
- hat das Kind Schwierigkeiten, ein Gespräch zu führen

Aus: „Early Messages", Child Care Video Magazine. Nachdruck mit Genehmigung durch J. Ronald Lally, Far West Laboratory for Educational Research and Development and California Department of Education.

Wenn die normale Sprache eines kleinen Kindes „Unterbrechungen" im Redefluss beinhaltet, wird oft von „Stottern" gesprochen. Seien Sie vorsichtig damit, normale Stockungen im Redefluss – wenn Kinder über Worte stolpern oder Worte wiederholen – als Stottern zu bezeichnen. Es ist für kleine Kinder (unter vier Jahre) nicht ungewöhnlich, häufig beim Sprechen innezuhalten, wenn sie versuchen darauf zu kommen, wie sie etwas sagen können. Dieses Verhalten falsch zu bezeichnen, kann bei dem Kind unnötige Frustration hervorrufen. Nur etwa ein Prozent der Kinder und Erwachsenen gelten als Stotterer.[7]

Die Behandlung einer Kommunikationsstörung hängt natürlich vom jeweiligen Kind ab. Wenn ein strukturelles Problem vorliegt (eine gespaltene Lippe oder Hasenscharte), muss es korrigiert werden. Entzündungen der Ohren müssen umgehend behandelt werden. Programme früher Intervention (vor allem für Kinder unter drei Jahren) beinhalten normalerweise, dass Eltern und Betreuerinnen geholfen wird, Spielerfahrungen zu schaffen, bei denen angemessen verbalisiert und einfühlsam auf das Kind eingegangen wird. Das bedeutet, dass mit Kindern über Gegenstände und Erfahrungen so gesprochen wird, wie die meisten Mütter mit ihren Babys reden. Im Allgemeinen gilt, dass die Methoden der Betreuerin umso einfühlsamer und repetitiver sein müssen, je stärker die Behinderung des kleinen Kindes ist.

Die Kommunikation ist mit allen Entwicklungsbereichen eines Kindes verknüpft. Interventionsprogramme oder Behandlungsstrategien müssen ein Teil des Alltagslebens des Kindes sein. Die Leitlinien für die Förderung der Sprachentwicklung, die in diesem Kapitel erwähnt wurden, sind sicherlich für die meisten Kinder mit einer Kommunikationsstörung angemessen. Am wirksamsten scheinen Interaktionen zu sein, die Bestandteil des regelmäßigen Tagesablaufs eines Kindes sind und bei denen seine individuellen Bemühungen anerkannt werden.

ENTWICKLUNGSWEGE
Typische Verhaltensweisen für frühe Phasen der Sprachentwicklung

Junge Säuglinge (bis 8 Monate)	• kommunizieren stimmlich und nicht stimmlich, um Interesse auszudrücken und Einfluss auszuüben (weinen, um Kummer oder Verzweiflung zu erkennen zu geben, lächeln, um sozialen Kontakt zu initiieren) • lallen verschiedenste Laute • kombinieren Silben; verstehen die Namen vertrauter Menschen und Objekte • hören Gesprächen zu
Mobile Säuglinge (bis 18 Monate)	• produzieren lange gelallte Sätze • schauen sich interessiert Bilderbücher an, zeigen auf Objekte • beginnen, *ich* und *du* zu sagen • verneinen durch Kopfschütteln, sprechen zwei oder drei Worte deutlich aus • zeigen starkes Interesse an der Sprache der Erwachsenen
Kleinkinder (bis 3 Jahre)	• kombinieren Wörter • hören Geschichten über kurze Zeit zu • haben einen Sprachwortschatz von bis zu 200 Wörtern • zeigen beim Sprechen Fantasie, beginnen mit dem Fiktionsspiel • gebrauchen *heute* und *gestern*

Unterschiedliche Entwicklungswege

Was Sie sehen	Jai lässt immer alle wissen, dass er da ist! Er rennt in den Raum, überlässt es seiner Mutter, seine Sachen in sein Fach zu legen, und beginnt sofort mit lauter Stimme die Kinder herumzukommandieren. Seine Sprache ist klar und fast immer *befehlsorientiert* („Auto nehmen", „komm jetzt"). Er mag das wilde Spiel der Kleinkinder, scheint aber immer der Anführer sein zu müssen und wird schnell frustriert, wenn er *nicht* der Anführer ist. Er drückt die meisten seiner Gefühle noch immer durch Taten aus (Schlagen und Zugreifen) statt durch Worte.
Was Sie denken mögen	Jai ist ein aggressiver kleiner Junge. Er verfügt nicht über viel Sprachkompetenz, um seine Gefühle auszudrücken. Er beginnt ein *Problem* zu werden!
Was Sie vielleicht nicht wissen	Jai ist der jüngste von drei Söhnen. Seine zwei älteren Brüder kommandieren ihn viel herum und ärgern ihn oft. Sie sehen gerne fern und beteiligen ihn an einigen ihrer Spiele, die auf dem basieren, was sie im Fernsehen gesehen haben, und bei denen sie so tun, als würden sie kämpfen und sich schlagen (was manchmal außer Kontrolle gerät).

Was Sie tun können	Geben Sie Jai, wenn er kommt, etwas Raum und Zeit, um Dampf abzulassen und seine offensichtlichen Frustrationen herauszulassen. Es wäre eine gute Idee, ihn mit Wasser und Sand spielen zu lassen, bevor irgendwelche speziellen Aktivitäten beginnen. Lassen Sie ihn wissen, dass er bei Ihnen sicher ist und dass Sie ihm helfen werden (indem Sie modellhaft Worte benutzen), zu bekommen, was er braucht – er muss nicht immer der Anführer sein. Ermuntern Sie seine Freunde dazu, ebenfalls die Worte zu benutzen, die sie kennen, besonders wenn Sie sehen können, dass sie Jais *Befehlen* nicht folgen wollen. Sie haben beobachtet, dass er nachmittags manchmal Vergnügen daran hat, zuzuhören, wenn Bücher vorgelesen werden. Machen Sie das Beste aus dieser Zeit, indem Sie Bücher vorlesen, in denen es um Gefühle und um Dinge geht, die ihn interessieren (Autos!). Vielleicht möchten Sie seiner Mutter einige dieser Bücher mit nach Hause geben. Fragen Sie sie, ob die Kinder zu Hause viel fernsehen, und halten Sie Vorschläge für alternative Aktivitäten für kleine Kinder bereit.
Was Sie sehen	Hema ist ein sehr ruhiges kleines Mädchen; Deutsch ist ihre Zweitsprache. Wenn sie mit ihrer Mutter kommt, übernimmt diese das gesamte Gespräch. Sie sagt, dass ihre Tochter zu Hause viel reden würde und meint, dass sie jetzt bereits Bücher lesen sollte (Hema ist noch nicht drei). Hema spielt normalerweise alleine in der Puppenecke und in der ruhigen (Bücher-)Ecke. Sie meidet andere Kinder nicht, aber sie tut nichts, um Kontakt zu ihnen aufzunehmen.
Was Sie denken mögen	Hemas Eltern sind sehr anspruchsvoll. Sie setzen sie zu sehr unter Druck, was dazu führt, dass sie soziale Kontakte mit den anderen Kindern meidet und sich zurückzieht.
Was Sie vielleicht nicht wissen	In Hemas Kultur gilt ein Kind als ein besonderes Geschenk an die Familie. Für Hema wird alles getan; sie hat wenig Gelegenheit, ihre Bedürfnisse zum Ausdruck zu bringen. Unterhaltungen mit anderen Kindern werden nicht wertgeschätzt, aber schulisches Wissen und damit verbundene Leistungen gelten als sehr wichtig. Hemas Eltern gehen davon aus, dass ihre Tochter in der Schule sehr erfolgreich sein wird.
Was Sie tun können	Lernen Sie Hemas Eltern besser kennen und versuchen Sie zu verstehen, was sie wertschätzen. Ermuntern Sie sie dazu, zu kommen und sich das Programm anzuschauen. Geben Sie ihnen die Möglichkeit, zu sehen, wie Sie mit Kindern interagieren und sich mit ihnen unterhalten. Ermutigen Sie Hema dazu, die Worte, die sie kennt, zu gebrauchen, und Schritt für Schritt andere Kinder in ihr Spiel mit einzubeziehen (vielleicht nur eines zur Zeit). Lassen Sie die Familie wissen, dass Sie Lese- und Schreibfähigkeit ebenfalls wertschätzen, aber teilen Sie ihnen mehr über die hochwertigen Merkmale ihres *Aufkeimens* mit.

Quelle: Bredekamp, S. und Copple, C. (Hg.) (1997): *Developmentally Appropriate Practice in Early Childhood Programs* (überarb. Aufl.). Washington, D.C., National Association for the Education of Young Children.

Zusammenfassung

Die Sprache ist ein Symbolsystem mit allgemeiner Bedeutung.

Die Entwicklung des Spracherwerbs

- Soziale Interaktion ist von großer Bedeutung dafür, *was* im Hinblick auf die Sprachentwicklung *wann* passiert.
- Interaktionen, die Gelegenheit zur Nachahmung und die Reifung angeborener Fähigkeiten wirken zusammen und bringen die Sprache voran.
- Von **rezeptiver Sprache** (0 bis 1 Jahr) spricht man in der Zeit, in der Säuglinge Erfahrungen *aufnehmen*, organisieren und verstehen.
- Von **expressiver Sprache** (Ende des ersten Lebensjahr bis zu den ersten Worten) spricht man in der Zeit, in der kleine Kinder differenziertere Laute und Worte verbessern und *von sich geben*.

Was die Sprache einem Kind ermöglicht: die kognitive Verbindung

- Die Kinder kategorisieren Erfahrungen, lassen Objektpermanenz erkennen und betreten das Reich des *Symbolischen*.
- Sie stellen Schlussfolgerungen an und entwickeln die Fähigkeit, Erfahrungen zu ordnen und ihre Anpassungs- und Bewältigungsfähigkeiten auszuweiten.

Das Gehirn und die frühe Sprachentwicklung

- Die Sprachentwicklung ist auf frühe neuronale Verbindungen (Synapsen) angewiesen, aus denen beständigere Bahnen werden, wenn häufig gehörte Laute im Gehirn „zugeordnet" werden.
- In den ersten zwei Lebensjahren finden zwei Vorgänge statt, die für die Gehirnentwicklung (und die Sprachentwicklung) entscheidend sind – Myelinisierung und Bindung.

Förderung der Sprachentwicklung

- Leitlinien für den Spracherwerb fokussieren auf das Sprechen *mit* dem Kind, nicht *zu* dem Kind.
- Interessante, relevante Erfahrungen geben Kinder die Möglichkeit, sich eine Vielzahl unterschiedlicher Dinge anzuhören und darüber zu sprechen.

Die Anfänge der Lese- und Schreibfähigkeit
- Kleine Kinder erlernen die Lese- und Schreibkompetenz fast auf dieselbe Art, wie sie Sprachkompetenz erwerben – in einem bedeutsamen, beziehungsorientierten Kontext wirken alle Entwicklungsbereiche zusammen.
- Die Leitlinien für die Förderung der Lese- und Schreibkompetenz drehen sich um Erfahrungen, die vielfältige Sinnesempfindungen ermöglichen und bei denen Kinder erleben, wie Erwachsene sich mit Sprache und Schrift beschäftigen und die Kinder mit einbeziehen.

Kulturelle Unterschiede und Zweisprachigkeit
- Zweisprachigkeit ist dann gegeben, wenn ein Kind von Geburt an von zwei Sprachen umgeben gewesen ist und beide gelernt hat.
- Der Aufbau einer „sprachlichen Beziehung" erfordert Einfühlungsvermögen, Verständnis und Respekt; das Ziel ist *hochwertige* verbale Kommunikation bei der Pflege und Betreuung.

Kinder mit besonderen Bedürfnissen: Kommunikationsstörungen
- Kommunikationsstörungen treten gewöhnlich in zwei Hauptbereichen auf – bei der Sprachproduktion und bei Sprachmustern.
- Programme früher Intervention beinhalten normalerweise, dass Erwachsenen geholfen wird, kleinen Kindern Spielerfahrungen zu bieten, bei denen sie viel Gelegenheit haben, angemessene Verbalisierung und das Sprechen zu üben.

Schlüsselbegriffe

Lese- und Schreibkompetenz / Nachahmung / Neuroplastizität / Schnelle Zuordnung / Soziale Interaktion / Sprache / Verstärkung / Zweisprachigkeit

Fragen und Aufgaben

1. Sehen Sie sich noch einmal Tabelle 9.1 an. Eine Mutter befragt Sie zur Sprachentwicklung ihrer acht Monate alten Tochter. Auf welche Weise könnte Ihnen die Information in dieser Tabelle helfen? Welches wäre eine unangemessene Art, die Information zu nutzen?
2. Gehen Sie zur Bibliothek in Ihrer Gegend und sehen Sie sich die Kinderbuchabteilung an. Wählen Sie mindestens fünf Bücher aus, die Ihrer Ansicht nach für Kleinkinder geeignet sind. Begründen Sie Ihre Wahl.
3. Beobachten Sie ein Kind, das noch nicht drei Jahre alt ist. Welches Sprachverhalten können Sie sehen? Wie erreicht das Kind, dass seine Bedürfnisse befriedigt werden? Was ermöglicht ihm die Sprache?
4. Vergleichen Sie die Leitlinien zur Sprachentwicklung mit denen zur Entwicklung der Lese- und Schreibfähigkeit, die in diesem Kapitel beschrieben sind. Welche Ähnlichkeiten und Unterschiede können Sie feststellen? Wie stehen die beiden Entwicklungsbereiche miteinander in Verbindung?
5. Was wissen Sie darüber, wie die Lese- und Schreibfähigkeit in anderen Kulturen gefördert wird? Vergleichen Sie Ihre Erfahrung mit der eines Freundes/einer Freundin oder eines Kollegen/einer Kollegin. Können Sie sich daran erinnern, dass Ihnen vorgelesen wurde? Oder wie Sie lesen gelernt haben?
6. Stellen Sie sich vor, Sie hätten ein kleines Kind in Ihrem Programm, das eine andere Sprache spricht. Was würden Sie tun, um mit diesem Kind zu kommunizieren und ihm die Interaktion mit den anderen Kindern zu erleichtern?
7. Stellen Sie sich vor, Sie hätten ein Kind mit einer Kommunikationsstörung in Ihrem Programm. Was würden Sie bedenken müssen? Nennen Sie mehrere geeignete Sprachaktivitäten.

Weiterführende Literatur

Bardige, B. S. und Segal, M. M. (2005): *Building Literacy with Love: A Guide for Teachers and Caregivers of Children from Birth through Age 5*. Washington D.C., Zero to Three Press.

Duke, N. K. (2003): Reading to Lean from the Very Beginning: Information Books in Early Childhood. In: *Young Children 58*, 2, March, 14-20.

Espinosa, L. M. (2002): The Connections Between Social-Emotional Development and Early Literacy. In: *Set for Success: Building a Strong Foundation for School Readiness Based on the Social-Emotional Development of Young Children.* Kansas City, MO, The Ewing Marion Kauffman Foundation, 30-34.

Fillmore, L. W. (2002): Loss of Family Languages: Should Educators be Concerned? In: *Theory into Practice 39*, 1, 203-210.

Gerber, Magda (1982): Babies Understanding Words. In: *Educaring 3*, 4, Fall, 5-6.

Gonzalez-Mena, J. (2006): Caregiving Routines and Literacy. In: S. E. Rosenkoetter und J. Knapp Philo (Hg.), *Learning to Read the World: Language and Literacy in the First Three Years.* Washington, D.C., Zero to Three Press.

Lally, J. Ronald, Mangione, Peter L. und Young-Holt, Carol Lou (Hg.) (1992): *Infant/Toddler Caregiving: A Guide to Language Development and Communication.* Sacramento, Kalifornien, Far West Laboratory for Educational Development and California Department of Education.

Lombardi, Joan (1999): Promoting Language, Literacy, and a Love of Learning Makes a Difference. In: *Child Care Information Exchange 126*, September/October, 48-52.

National Research Council (2002): *Starting Out Right: A Guide to Promoting Children's Reading Success.* Washington, D.C., National Academy Press.

Owocki, Gretchen (2001): *Make Way for Literacy! Teaching the Way Young Children Learn.* Washington, D.C., National Association for the Education of Young Children.

Parlakian, R. (2003): *Before the ABC's: Promoting School Readiness in Infants and Toddlers.* Washington, D.C., Zero to Three Press.

Robinson, L. (2003): Technology as a Scaffold for Emergent Literacy: Interactive Storybooks for Toddlers. In: *Young Children 62*, 4, November, 42-48.

Schon, I. (2004): Books in Spanish for the Very Young: From! Buenos Dias! To Mamy Ganza. In: *Young Children 59*, 2, March, 110-111.

Vygotskij, L. (1996): *Tools of the Mind.* Englewood Cliffs, N.J., Prentice-Hall.

Kapitel 10

Emotionen

> **Schwerpunktfragen**
>
> Nachdem Sie dieses Kapitel gelesen haben,
> sollten Sie in der Lage sein, folgende Fragen zu beantworten:
>
> 1. Beschreiben Sie die emotionale Entwicklung sehr junger Kinder. Was ändert sich vom ersten Lebensjahr (Säuglingsalter) zum zweiten (Kleinkindalter)?
> 2. Wie würden Sie *Temperament* und *Resilienz* definieren? Auf welche Weise hilft die Forschung zu diesen zwei Entwicklungsaspekten Betreuerinnen sehr junger Kinder?
> 3. Vergleichen Sie Angst und Ärger bei kleinen Kindern. Welche Strategien der Pflege und Betreuung können Erwachsene bei sehr kleinen Kindern anwenden, um ihnen zu helfen, mit diesen zwei starken Emotionen fertig zu werden?
> 4. Wie können Erwachsene das Gefühl der Selbststeuerung eines Kindes unterstützen? Wie kann ein solches Verhalten Erwachsener auch die frühe Gehirnentwicklung unterstützen?
> 5. Warum ist es für Erwachsene schwierig, *emotionale* Störungen sehr kleiner Kinder zu klären und zu beschreiben? Welches sind, wenn sie es versuchen, die effektivsten Leitlinien?

Was sehen Sie?

Die folgende Szene spielt sich in einer Familientagespflegestätte ab. Tara, ein zweijähriges Mädchen, nimmt die Spielsachen von einem niedrigen Regal und legt sie in einen Pappkarton. Sie geht weg und bleibt kurz stehen, um aus dem Fenster zu blicken, streckt ihre Zunge an das kalte Glas. Dann schlendert sie zu einem drei Monate alten Säugling herüber, der auf einer Decke neben einer Betreuerin liegt. Nachdem sie sich mit Wucht hat fallen lassen, greift sie nach dem Kopf des Babys.

> Die Betreuerin streckt den Arm aus, berührt zart den Kopf des Kleinkindes und sagt: „Sanft, sanft, Tara. Du darfst ihn anfassen, aber du musst behutsam sein". Ihre abrupten Bewegungen werden zu einer zarten Berührung und sie streichelt den Säugling eine Minute lang so, wie sie selbst gerade gestreichelt worden ist. Aber dann wird sie energischer und ihr Streicheln wird zu einem heftigen Tätscheln. Die Betreuerin hält ihre Hand zurück und sagt wieder: „Sanft, sanft", während sie erneut ihren Kopf streichelt und ihre Hand hält. Aber jetzt ist Taras Reaktion eine andere und sie hebt ihre freie Hand, um den Säugling zu schlagen, ein Ausdruck von Entschlossenheit überzieht ihr Gesicht. Die Betreuerin stoppt sie, ergreift fest ihre Hand. Weil ihr Versuch vereitelt wurde, geht Tara mit funkelnden Augen auf die Erwachsene los und beginnt zu kämpfen. Dabei gibt sie protestierende Bemerkungen ab. Die Szene endet damit, dass ein sehr wütendes kleines Mädchen aus der Nähe des hilflosen Säuglings entfernt wird. Das Letzte, was wir hören, ist, wie die ruhige Stimme der Betreuerin sagt: „Ich weiß, dass du wütend bist, Tara, aber ich kann es nicht zulassen, dass du Trung weh tust".

Mit der Zeit wird Tara lernen, mit ihren Emotionen umzugehen. Die Erwachsenen in ihrem Leben helfen ihr dabei, indem sie ihre starken Gefühle akzeptieren und ihr Recht, sie zu verspüren, respektieren. Natürlich erlauben sie ihr dabei *nicht*, anderen Menschen oder sich selbst weh zu tun. Tara wird lernen, dass es Möglichkeiten gibt, starke Gefühle auf sozial akzeptable Art auszudrücken, und ihre Bewältigungsfähigkeiten werden ihr helfen, mit ganz realen, alltäglichen Frustrationen zurechtzukommen.

Emotionen und Gefühle stehen in der kindlichen Entwicklung schon früh miteinander in Verbindung. Was sie sind und woher sie kommen, kann für Betreuerinnen und Eltern von besonderem Interesse sein. Das Wort *Emotion* stammt von einem lateinischen Wort ab, das „herausbewegen", „beunruhigen" oder „erregen" bedeutet. Unter Emotionen versteht man die affektive Reaktion auf ein Ereignis. Sie kommen von innen heraus, können aber durch ein äußeres Ereignis ausgelöst werden. Mit dem Begriff **Gefühl** bezeichnet man das körperliche Empfinden oder Bewusstsein eines emotionalen Zustands. Zum Gefühl gehört auch die Fähigkeit, auf diesen emotionalen Zustand zu reagieren.

Das Entscheidende ist, dass Emotionen und Gefühle real sind. Sie können durch äußere Einflüsse ausgelöst werden (zum Beispiel durch einen anderen Menschen), aber die Gefühle an sich gehören zu der Person, die sie empfindet.

Sie sollten die Gefühle eines anderen Menschen nie unberücksichtigt lassen. Ein kleines Kind kann wegen einer Sache Kummer haben, die Sie für ganz unbedeutend halten. Aber sein Gefühl ist real und sollte anerkannt und akzeptiert werden. Von dieser Basis der Akzeptanz aus können kleine Kindern lernen, ihre eigenen Emotionen und Gefühle wertzuschätzen, sich selbst zu beruhigen und auf eine Art und Weise zu handeln, die als sozial akzeptabel gilt. Wenn Betreuerinnen und Eltern Säuglingen und Kleinkindern helfen, ihre eigenen Gefühle zu erkennen und mit ihnen umzugehen, unterstützen sie das innere Gefühl der Selbststeuerung und Kompetenz eines Kindes.

Dieses Kapitel fokussiert auf die emotionale Entwicklung und darauf, wie sich die Gefühle der ganz Kleinen mit der Zeit verändern. Es beschreibt Faktoren, die Einfluss auf diese Entwicklung haben, warum es wichtig ist, das individuelle Temperament zu verstehen, und wie sich Resilienz fördern lässt. Besondere Aufmerksamkeit liegt auf der Frage, wie Säuglingen und Kleinkindern (wie Tara in der Eingangsszene) geholfen werden kann, mit Angst und Ärger zurechtzukommen. Das Kapitel behandelt die Tatsache, dass starke (mit Stress zusammenhängende) Emotionen Auswirkungen auf die Neurochemie des Gehirns haben können, und stellt außerdem Leitlinien für die Pflege und Betreuung von Kindern mit besonderen Bedürfnissen und emotionalen Problemen auf.

Die Entwicklung von Emotionen und Gefühlen

Gefühle und Emotionen entwickeln und verändern sich mit der Zeit. Die Emotionen Neugeborener stehen mit unmittelbaren Erfahrungen und Empfindungen im Zusammenhang. Die emotionalen Reaktionen Neugeborener sind nicht sehr differenziert; es erfolgt eher eine allgemein erregte oder beruhigte Reaktion. Für nuanciertere Reaktionen sind Kinder auf die nach der Geburt stattfindende Entwicklung angewiesen. Das Gedächtnis und die Fähigkeit, zu verstehen und vorauszuahnen, sind Beispiele dafür, wie sich die emotionale Ausdrucksfähigkeit durch die allmählich während der ersten zwei Lebensjahre stattfindende kognitive Entwicklung herausbildet.

Befürworter sanfter Geburtsmethoden wie Frederick Leboyer, der französische Geburtshelfer, teilen die Ansicht, dass Säuglinge von den ersten Augenblicken ihres Lebens an Emotionen haben. Bevor Leboyer für seine sanften

Geburtstechniken warb, war die Annahme weit verbreitet, dass Babys bei der Geburt nicht viel spüren. Selbst wenn eingeräumt wurde, dass sie Empfindungen haben könnten, wurde doch die Möglichkeit, dass sie emotionale Reaktionen haben könnten, außer Acht gelassen. Heute wissen wir aus der Forschung, dass Säuglinge tatsächlich bei der Geburt über ihre Sinne verfügen. Folglich zweifeln Forscher und Betreuerinnen nicht mehr an den emotionalen Aspekten dessen, was Säuglinge fühlen. Können Säuglinge auch nicht darüber sprechen, was sie emotional bei der Geburt durchleben, so lassen sich doch ihre körperlichen Reaktionen beobachten. Es gibt Anhaltspunkte dafür, dass sie auf unsanfte Stimulation mit Versteifen reagieren. Einst glaubten wir, dass der panische Geburtsschrei und die fest geballten Fäuste normal und sogar notwendig seien. Jetzt, wo Leboyer und andere demonstriert haben, was passiert, wenn die harten Stimuli wie grelles Licht, laute Geräusche und abrupte Temperaturwechsel reduziert werden, wissen wir, dass ein Neugeborenes entspannt und friedlich sein kann. Manche Babys, die mit Leboyers Methode zur Welt kommen, lächeln sogar gleich nach der Geburt.[1]

In den ersten Lebenswochen sind die emotionalen Reaktionen des Säuglings nicht sehr nuanciert. Sehr junge Säuglinge sind entweder in einer erregten Verfassung – oder sie sind es nicht. Sie können mit großer Intensität weinen, aber es ist schwierig, das, was sie fühlen, einer Kategorie zuzuordnen. Mit dem Heranreifen beginnen sich ihre Erregungszustände jedoch in vertraute Emotionen wie Freude, Angst und Wut zu differenzieren, die denen Erwachsener ähneln. Bis zum zweiten Lebensjahr lassen sich die meisten nuancierteren Varianten dieser Basisemotionen beobachten. Kleinkinder bringen Stolz, Verlegenheit, Schamgefühl und Empathie zum Ausdruck.

Manchmal wollen Menschen Gefühle in zwei Kategorien unterteilen: in gute und schlechte. Jedoch sind alle Gefühle gut; sie enthalten Energie, haben einen Sinn und versorgen uns mit Botschaften, die für unser Gefühl der Selbststeuerung wichtig sind. Eine bessere Art der Unterteilung wäre die Aufteilung in „Ja!"-Gefühle und „Nein!"-Gefühle.

Einige Beispiele für „Ja!"-Gefühle sind Fröhlichkeit, Vergnügen, Freude, Zufriedenheit, Befriedigung und Macht. Säuglinge und Kleinkinder sollten viele Gefühle dieser Art erfahren. Macht ist ein Gefühl, das Sie vielleicht nicht in der Liste der „Ja!"-Gefühle von Säuglingen und Kleinkindern erwarten würden, das für sehr junge Kinder jedoch von größter Wichtigkeit ist. Macht entsteht, wenn Kinder herausfinden, dass sie in ihrer Welt Dinge bewirken können – dass sie Gegenstände und ganz besonders die Menschen um sie herum beeinflussen können. Bindung – und das mit ihr einhergehende Gefühl von Vertrauen – ist ein Mittel, mit dem bei Säuglingen ein Gefühl von Macht gewährleistet werden kann. In Kinderbetreuungsprogrammen sollte man sehr genau wissen, ob ein jedes Kind sich mächtig fühlt, und, falls dies bei einigen nicht der Fall ist, Schritte zur Verbesserung der Situation unternehmen.

Die „Nein!"-Gefühle, insbesondere Angst und Ärger, sind diejenigen, welche die größte Aufmerksamkeit erfordern, und wir werden sie hier ausführlich erörtern. Es ist wichtig, dass Betreuerinnen verstehen, wie sie Kinder bei ihren Bemühungen, zu lernen, Bewältigungsmethoden anzuwenden, unterstützen können. Ebenso wichtig ist das Wissen um Temperamente und die Art und Weise, wie Resilienz gefördert wird. Der gesunde Aufbau und das Verständnis dieser zwei Entwicklungsaspekte – Temperament und Resilienz – stehen in direktem Zusammenhang mit dem positiven Gefühl der Selbststeuerung und dem Selbstwertgefühl eines Kindes.

Temperament und Resilienz

Temperament bezeichnet den Verhaltensstil eines Menschen und seine besondere Art, auf die Welt zu reagieren. Dazu gehört eine Reihe von Persönlichkeitsmerkmalen, die von den natürlichen Anlagen (genetisches Erbe) und von der Erziehung (Interaktionen) beeinflusst werden. Diese einzigartigen Muster emotionaler und motorischer Reaktionen nehmen ihren Anfang mit zahlreichen genetischen Anweisungen, welche die Gehirnentwicklung steuern und dann durch die pränatale und postnatale Umgebung beeinflusst werden. Während ein Baby sich anschließend individuell weiterentwickelt, haben seine speziellen Erfahrungen und der soziale Kontext seines Lebens Einfluss auf die Art seines Temperaments sowie darauf, wie es zum Ausdruck gebracht wird.

Der Versuch, das Temperament einzuschätzen und zu messen, wie individuelle charakteristische Merkmale sich herausbilden, hat sich als Herausforderung erwiesen. Die längste und umfangreichste Untersuchung des Temperaments kleiner Kinder begann vor fast vier Jahrzehnten mit der Arbeit von Alexander Thomas und Stella Chess. Ihre Forschung führte zu einer wachsenden Sammlung von Informationsmaterial zum Thema Temperament. Darunter finden sich Informationen zu seiner Stabilität, seinen biologischen Wurzeln und zu der Frage, wie es sich auf der Basis von Erziehung und Interaktionen mit der Betreuungsperson *ändern* kann. Die neun von Thomas und Chess beschriebenen Temperamentsfaktoren sind in Abbildung 10.1 zusammengefasst. Häufig werden sie, je nach individuellem Merkmal, entlang eines Kontinuums von „niedrig" bis „hoch" gemessen.

Abbildung 10.1   Neun Temperamentsmerkmale

1. **Aktivitätsniveau:** Einige Säuglinge und Kleinkinder bewegen sich sehr viel und scheinen kontinuierlich etwas zu tun; andere neigen dazu, an einem Platz zu bleiben, und bewegen sich sehr wenig.

2. **Rhythmus:** Einige Säuglinge und Kleinkinder haben fast von Geburt an einen regelmäßigen Rhythmus in Bezug auf Essen, Ausscheidung und Schlaf; andere haben keinen und sind unberechenbar.

3. **Annäherung – Rückzug:** Einige Säuglinge und Kleinkinder freuen sich an allem, was neu ist, und gehen mühelos darauf zu; andere ziehen sich vor beinah jeder neuen Erfahrung zurück.

4. **Anpassungsfähigkeit:** Einige Säuglinge und Kleinkinder passen sich neuen Erfahrungen schnell und problemlos an; andere tun dies nicht.

5. **Aufmerksamkeitsspanne:** Einige Säuglinge und Kleinkinder spielen vergnügt lange Zeit mit einem Gegenstand; andere wechseln von einer Sache zur nächsten.

6. **Reaktionsintensität:** Einige Säuglinge und Kleinkinder lachen laut und brüllen, wenn sie weinen; andere lächeln oder wimmern einfach.

7. **Reaktionsschwelle:** Einige Säuglinge und Kleinkinder nehmen jedes Licht oder Geräusch und jede Berührung wahr und reagieren darauf, gewöhnlich mit Irritation und Verzweiflung; andere scheinen Veränderungen nicht zu bemerken.

8. **Ablenkbarkeit:** Einige Säuglinge und Kleinkinder lassen sich leicht von einer interessanten (oder vielleicht gefährlichen) Erfahrung ablenken; andere lassen sich nicht stören.

9. **Art des Gemüts:** Einige Säuglinge und Kleinkinder scheinen immer zu lächeln und in vergnügter Stimmung zu sein; andere sind oft gereizt und überempfindlich.

Nach: S. Chess, A. Thomas und H. Birsch (1970): The Origins of Personality. In: *Scientific American 223*, 102-109.

Die von Thomas und Chess erörterten Merkmale wurden zu drei Typen von Temperament gruppiert. Das pflegeleichte, flexible Baby (etwa 40 Prozent der Bevölkerung) ist anpassungsfähig, umgänglich und von seiner Stimmung her positiv. Das nur langsam mit Ungewohntem warm werdende Baby (etwa 15 Prozent) reagiert in neuen Situationen zuerst negativ, passt sich jedoch, wenn man ihm Zeit lässt und Geduld zeigt, schließlich an. Das lebhafte, temperamentvolle, schwierige Baby (etwa 10 Prozent) ist oft in einer negativen Stimmung, ist unberechenbar (insbesondere, was das Essen und Schlafen betrifft) und reagiert auf neue Umgebungen und Menschen intensiv und empfindlich.[2] Beachten Sie, dass etwa 35 Prozent der kleinen Kinder in keine spezielle Kategorie passten; sie demonstrierten stattdessen einzigartige *Mischungen* aus Temperamentsmerkmalen.

Das Verständnis von Temperament kann Eltern und Betreuerinnen eine große Hilfe bei ihren Bemühungen sein, positive Interaktionen mit kleinen Kindern zu fördern – auch wenn die Kinder ganz unterschiedliche Charaktere haben. Das von Thomas und Chess erarbeitete Modell zur Messung der Anpassungsgüte („Goodness of Fit model") erklärt, wie dies erreicht wird: durch die Schaffung von Pflege- und Betreuungsverhältnissen, bei denen das Temperament eines jeden Kindes anerkannt wird, und gleichzeitiger Förderung von *adaptiverer* Interaktion. (Anmerkung: Das Ziel des „Goodness of Fit model" ist positive, respektvolle Interaktion – dasselbe Ziel, das alle in diesem Buch vorgestellten Prinzipien verbindet!) Betreuerinnen von Kindern, die sich nur langsam für Neues erwärmen, werden dazu ermuntert, ihnen Zeit zu geben, um sich anzupassen, und sie langsam in neue Situationen einzuführen. Ermöglichen Sie die Entwicklung von Selbstständigkeit. Betreuerinnen glücklicher, neugieriger Kinder müssen gewährleisten, dass diese bei ihren Erkundungen sicher sind, und zusätzliche Zeit für Interaktionen mit ihnen einplanen. Einfühlsame Aufmerksamkeit wird immer geschätzt, selbst von einfachen, flexiblen Kindern, die nicht nach ihr verlangen. Betreuerinnen lebhafter, launischer Kinder, die starke Emotionen zeigen, müssen flexibel sein, sie im Voraus auf Veränderungen vorbereiten und für lebendiges, intensives Spiel sorgen. Leiten Sie sie geduldig an und stellen Sie positive Interaktionen her.[3]

Individuelle Unterschiede zu erkennen und zu würdigen kann Erwachsenen dabei helfen, auf die Herausforderungen, welche die Temperamente kleiner Kinder darstellen, auf einfühlsame, unterstützende Art und Weise zu reagieren. Betreuerinnen müssen jedoch vorsichtig sein, wenn sie Kategorien und Etikettierungen gebrauchen. Sich selbst erfüllende Prophezeiungen können dann eintreten, wenn die Erwartungen Erwachsener das Verhalten von Kindern unangemessen zu formen beginnen. Wenn „schwierige" Kinder (Sie merken, wie viele Worte als Ersatz für dieses Wort dienen) als solche behandelt werden, kann das Verhalten festgesetzt werden, ungeachtet des *wirklichen* Temperaments des Kindes.

Wie real ist also das Temperament eines Säuglings? Ist das Temperament bei der Geburt stabil oder nicht? Manches Verhalten scheint das aufzuweisen, was Forscher „Langzeitstabilität" nennen. Säuglinge und Kleinkinder, die beispielsweise in Bezug auf Erregbarkeit, Geselligkeit oder Schüchternheit oben oder unten in der Skala rangierten, reagieren wahrscheinlich alle wieder ähnlich, wenn sie Jahre später noch einmal beurteilt werden. Thomas und Chess glaubten, dass das Temperament im Alter von drei Monaten feststehe. Die Informationen, die wir heute zur Verfügung haben, sagen uns jedoch, dass das Temperament nach dem zweiten Lebensjahr durch größere Stabilität gekennzeichnet ist als vorher. Das Temperament selbst kann sich mit zunehmendem Alter entwickeln – frühe Verhaltensweisen ändern sich und organisieren sich aufs Neue, um zu neuen, komplexeren Reaktionen zu werden.[4] Die *Neigung* eines kleinen Kindes, auf eine bestimmte Art und Weise zu reagieren, wird durch Erfahrung geformt und modifiziert. Kulturelle Vielfalt spielt, wie viele Male in diesem Buch erwähnt, eine enorme Rolle dabei, wie auf Kinder eingegangen wird und wie sie sozialisiert werden. Jede Familie ist einmalig.

Die Frage, was zur Stabilität gewisser Temperamentsmuster beiträgt, hat zahlreiche Forscher dazu veranlasst, das Merkmal **Resilienz** (Widerstandskraft) und deren Beitrag zum gesunden emotionalen Wachstum zu untersuchen. Resilienz ist die Fähigkeit, belastende Situationen wie Unglücke auf adaptive Weise zu überwinden. Ein großer Teil der Forschung in diesem Bereich ist mit gestörten jungen Menschen, insbesondere jungen Teenagern, durchgeführt worden. Bei diesen Jugendlichen wurde oft auch festgestellt, dass sie sich *schon vorher* in Problemsituationen befanden, von denen die häufigste Armut war. Bei einem Teil der aktuellen Informationen über Resilienz ist ein Wechsel im Ansatz festzustellen, weil der Fokus nicht mehr auf die Erholung von der belastenden Situation, sondern auf Kompetenz und innere Stärke gelegt wird. Die Idee, innere Stärke und Kompetenz schon früh in der Entwicklung zu fördern (und damit, so die Hoffnung, Probleme zu verhindern), ist einer der Hauptschwerpunkte dieses Buches. Schauen Sie sich, wenn Sie etwas über die mit Pflege und Betreuung und der Förderung von Resilienz zusammenhängenden „Schutzfaktoren" lesen, noch einmal die zehn Prinzipien in Kapitel 1 an. Welche Ähnlichkeiten können Sie sehen? Die Resilienz eines Menschen zu fördern und Respekt zu zeigen sind zwei Ansätze, die beide dasselbe Ziel verfolgen: gesunde emotionale Entwicklung.

Resilienz ist die Fähigkeit, trotz ungünstiger Umweltbedingungen zu *gedeihen*, die einige Menschen zu haben scheinen. Heute wird sie als ein dynamischer Prozess und nicht als eine feste Eigenschaft betrachtet. Kinder sind vielleicht nicht in allen Situationen resilient, sie können aber lernen, Probleme zu bewältigen und sich selbst zu trösten. Es ist unmöglich, ein Kind von sämtlichem Stress abzuschirmen (und die Resilienzforschung untersucht normalerweise zahlreiche Stressfaktoren – Armut, Risikobedingungen, Abwesenheit der Eltern), aber die Förderung der Resilienz kann die positive Anpassung an manchen Stress unterstützen, woraus neue Stärken resultieren.[5] Wir werden dies später in diesem Kapitel, bei der Erörterung von Angst und Ärger, wieder aufgreifen.

Resiliente Kinder haben mehrere spezielle Charakteristika. Sie nehmen die Herausforderungen des Lebens *aktiv in Angriff*; sie suchen nach Lösungen für Probleme. Sie scheinen auch das Prinzip von Ursache und Wirkung zu verstehen; gewöhnlich geschehen Dinge aus einem bestimmten Grund. Resiliente Kinder sind in der Lage, positive Aufmerksamkeit zu bekommen; sie sind gewinnend und umgänglich und haben eine unkomplizierte Natur. Schließlich sehen sie die Welt als einen positiven Ort und glauben, dass das Leben bedeutsam ist.

Die Resilienzforschung sagt uns, dass es Schutzfaktoren gibt, welche die Entwicklung der Resilienz fördern können. Betreuerinnen kleiner Kinder können diese Schutzfaktoren in die Planung von Curricula und die Konzipierung von Umgebungen mit einbeziehen. Sehr junge Kinder können früh in ihrem Leben lernen, dass sie kompetente Menschen sind und dass die Welt interessant ist. Solch frühes Lernen fördert die emotionale Stabilität und die Gesundheit und begünstigt lebenslange Bewältigungsstrategien. Untersuchen Sie die Liste mit Strategien in Abbildung 10.2. Welche Strategien zur Stärkung der Resilienz können Sie noch hinzufügen?

Abbildung 10.2 Strategien zur Stärkung der Resilienz

1. Lernen Sie die Kinder kennen, die Sie betreuen (im Hinblick auf ihre Entwicklung, ihre Individualität, ihre Kultur), und bauen Sie eine positive, warmherzige Beziehung mit jedem Kind auf.
2. Schaffen Sie in Ihrem Programm ein Gemeinschaftsgefühl, so dass jedes Kind ein Gefühl der Zugehörigkeit hat und dabei die Rechte und Bedürfnisse der anderen versteht.
3. Bauen Sie mit den Familien starke Beziehungen auf, die Vertrauen und gegenseitigen Respekt begünstigen.
4. Schaffen Sie in Ihrem Programm klare und beständige Strukturen, damit die Kinder regelmäßige Aktivitäten voraussagen und sich sicher fühlen können.
5. Sorgen Sie dafür, dass das, was die Kinder lernen, bedeutsam und relevant ist, damit jedes Kind Zusammenhänge erkennen und seine eigene Kompetenz erleben kann.
6. Nutzen Sie authentische Einschätzungsverfahren, wie zum Beispiel Mappen mit Bildern usw., damit die Familien die einzigartige Entwicklung ihres Kindes verstehen und auf sie stolz sein können.

Nach: Bonnie Bernard (1993): *Turning the Corner: From Risk to Resiliency.* Portland, Oreg., Western Regional Center for Drug Free Schools and Communities, Far West Laboratory.

Säuglingen und Kleinkindern helfen, mit Angst umzugehen

Die folgende Szene zeigt ein Kind, das Angst hat.

Ein Baby, ein kleines Mädchen, sitzt auf dem Boden und spielt mit einem weichen Gummiball. Es hört für einen Moment auf zu spielen und sieht sich suchend im Raum um. Es findet seine Mutter ganz in der Nähe, ein Ausdruck von Erleichterung huscht über sein Gesicht, es wirft ihr ein breites Lächeln zu und spielt weiter. Dann hört es das Öffnen einer Tür und Geräusche aus dem anderen Raum. Zwei Personen kommen herein. Das Baby erstarrt. Eine der beiden kommt enthusiastisch auf das Mädchen zu, hält die Arme ausgestreckt und spricht herzlich und erregt. Das Baby versteift sich. Als die Person näher kommt, ist die gesamte Körperhaltung des Babys durch Bewegung nach hinten gekennzeichnet – nur weg. Es bleibt in der Erstarrung, bis zu dem Augenblick, in dem das Gesicht der Person bei seinem eigenen auftaucht. Dann bricht es in enormes Gebrüll aus. Es schreit und versteift sich weiter, obwohl die Person beruhigend redet und ein wenig zurückweicht. Es hört erst auf, als die Betreuerin weggeht und seine Mutter kommt, um es zu beruhigen und zu trösten. Es klammert sich an seine Mutter und schluckt seine letzten Schluchzer hinunter, während es die Fremde misstrauisch im Auge behält. „Es tut mir Leid, dass ich dir Angst gemacht habe", sagt die Betreuerin, wobei sie vorsichtig auf Distanz bleibt. „Ich sehe, dass du richtige Angst vor mir hast." Sie spricht weiterhin mit leiser, friedlicher, beruhigender Stimme.

Dieses Kind ist offensichtlich an seine Mutter gebunden und empfindet starke Angstgefühle, die aus seiner kognitiven Fähigkeit resultieren, seine Mutter von Fremden zu unterscheiden. Die Angst vor Fremden ist eine übliche und vollkommen normale Angst. Die Betreuerin in dieser Szene hielt es für das Beste, sich von dem Säugling zurückzuziehen. Das nächste Mal wird sie sich wahrscheinlich vorsichtiger und langsamer nähern und dem Kind die Zeit geben, „mit ihr warm zu werden". Sie wird herausfinden, was nötig ist, damit dieses spezielle Kind sie akzeptiert. Manche Kinder lassen es zu, dass man direkt auf sie zugeht; anderen geht es besser, wenn der oder die Fremde sie ignoriert, aber nahe genug bleibt, dass das Kind, wenn es hierfür bereit ist, sich entscheiden kann, auf ihn oder sie zuzukommen.

Die Ursachen der Angst ändern sich, wenn aus Säuglingen Kleinkinder werden. Nach dem ersten oder zweiten Lebensjahr nimmt die Angst vor Geräuschen, seltsamen Objekten und unbekannten Personen, vor Schmerz, Hinfallen und abrupten Bewegungen ab. Jedoch rücken andere Gründe, Angst zu haben, an ihren Platz (beispielsweise imaginäre Wesen, Dunkelheit, Tiere und die Angst, sich weh zu tun). Beachten Sie, dass die Entwicklung von unmittelbaren Ereignissen und Gefühlen hin zu eher inneren Ereignissen – ausgedachten, erinnerten oder vorausgesagten – verläuft. Dieser Wechsel hängt mit der wachsenden Fähigkeit des Kindes zusammen, zu denken und folglich potenzielle Gefahren zu verstehen. Denken Sie über die Reaktion der Betreuerin in der folgenden Szene nach.

Der Gruppenraum der Kleinkinder ist voller Aktivität. Eine Kürbislaterne auf dem Regal weist auf die Jahreszeit hin. Drei Kinder spielen auf einer niedrigen

Spieletage in der Kostümecke und verkleiden sich mit Hüten, Tüchern und anderen Kostümen. Ein Junge kommt an der Hand seines Vaters in den Raum. Er trägt eine Maske. Er sieht die drei Kinder auf der Spieletage und läuft sofort hoch, um mit ihnen zu spielen. Zwei Kinder setzen einfach ihre Aktivitäten fort, aber das dritte, ein Junge, schaut einmal die Maske an und fängt leise an zu weinen. Er weicht zurück und versucht, sich hinter dem Karton mit Kostümen zu verstecken. Er behält das maskierte Gesicht im Auge. Eine Betreuerin sieht seine Not und kommt schnell herbei.

Sie spricht geradeheraus mit dem maskierten Kind. „Kevin, Josh mag deine Maske nicht. Er muss dein Gesicht sehen." Sie nimmt Kevin die Maske ab und hält sie Josh hin. „Guck, Josh, es ist Kevin. Er hatte eine Maske auf. Das war es, was dir Angst gemacht hat." Josh sieht immer noch ängstlich aus, als er von der Maske in der Hand der Betreuerin zu Kevins Gesicht und zurück zur Maske blickt. „Hier, willst du sie sehen?" Sie bietet an, sie ihm zu geben. Kevin protestiert, ergreift die Maske und setzt sie wieder auf. Josh sieht wieder verängstigt aus. Entschieden nimmt die Erzieherin Kevin die Maske ab. „Ich lass sie dich nicht tragen, Kevin, weil Josh Angst hat." Sie gibt die Maske einem anderen Betreuer und bittet ihn, sie wegzulegen. Kevin protestiert leicht, ist dann aber damit beschäftigt, eine Pelzmütze anzuprobieren und sich selbst im Spiegel zu bewundern. Josh krabbelt hinter dem Kasten hervor, sieht zu, wie die Maske quer durch den Raum verschwindet, und schaut in Joshs Gesicht. Dann nimmt er einen Helm aus dem Kasten, setzt ihn auf und stellt sich neben Kevin, um in den Spiegel zu sehen. Die Betreuerin, die sieht, dass sich die Situation beruhigt hat, geht weg, um beim Trinkbrunnen verschüttetes Wasser aufzuwischen.

Diese Betreuerin, wie auch die erste, verstand und akzeptierte die Angst des Kindes. Akzeptanz ist unerlässlich, wenn Kinder eines Tages ihre eigenen Gefühle erkennen, identifizieren und akzeptieren sollen.

Vergleichen Sie die folgenden zwei Reaktionen gegenüber einem weinenden, ängstlichen Säugling:

„Ich weiß, dass du jetzt gerade Angst hast. Ich bin hier, um dir zu helfen, falls du mich brauchst."

„Oh, du armes Baby ... hab keine Angst ... Ich bringe alles wieder in Ordnung. ..."

Indem sie sagt: „hab keine Angst", teilt die Betreuerin im zweiten Beispiel dem kleinen Kind mit, dass seine Gefühle nicht in Ordnung oder nicht angemessen sind. Statt dem Säugling Sicherheit zu bieten und ihm zu helfen, seine eigenen Mittel und Wege der Bewältigung zu finden, „rettet" die Betreuerin im zweiten Beispiel das Baby, vermittelt ihm, dass es alleine nicht zurechtkommt. Kinder sollten auf eine Art getröstet werden, die sie dazu bringt, zu lernen, sich selbst zu trösten, und zu wissen, wann sie um Hilfe bitten müssen.

Manchmal hilft es, wenn ein Säugling eine Situation, die einmal beängstigend gewesen ist, „neu erlernen" kann. Dieses erneute Erlernen wird **Konditionierung** genannt. Beispielsweise können ein bestimmtes Objekt oder eine Aktivität, die Angst hervorrufen, sich als harmlos erweisen, wenn sie gemeinsam mit etwas präsentiert werden, das angenehm und schön ist oder wenn eine geliebte Person anwesend ist, um die Situation zu erklären. Es können mehrere Einführungen nötig sein. Hören Sie auf, wenn das Kind sich stark zu fürchten scheint, und versuchen Sie es erneut in einigen Monaten.

Hier ist eine Zusammenfassung von Leitlinien, wie Säuglingen und Kleinkindern geholfen wird, mit ihren Ängsten umzugehen:

1. Erkennen Sie alle Ängste als real und begründet an. Bagatellisieren Sie die Gefühle des Kindes nicht, selbst wenn der Vorfall, der sie hervorgerufen hat, Ihnen unbedeutend erscheint. Respektieren Sie die Angst.
2. Geben Sie dem Kind Unterstützung und zeigen Sie Vertrauen in seine Fähigkeit, Wege zu finden, mit seiner Angst zurechtzukommen.
3. Handeln Sie mit Weitblick, um beängstigende Situationen, wenn möglich, zu verhindern. Die Betreuerin in der ersten Szene hätte sich dem Baby mit größerer Vorsicht nähern können. Die Betreuerin in der letzten Szene hätte mit Kevin schon an der Tür sprechen können und die Maske beiseite legen können. (In einem Kleinkindprogramm gibt es mit Sicherheit immer mindestens ein Kind, das Angst vor Masken hat.)
4. Bereiten Sie Kleinkinder auf potenziell Furcht erregende Situationen vor. Sagen Sie ihnen, was sie erwartet.
5. Unterteilen Sie beängstigende Situationen in einzelne Abschnitte, die zu bewältigen sind.
6. Verbinden Sie das Bekannte mit dem Unbekannten. Eine Person oder ein Gegenstand, die Trost spenden, können einem Kind helfen, mit einer

Kleinkinder finden unterschiedliche Wege, mit ihren Gefühlen umzugehen.

neuen, potenziell Furcht erregenden Situation zurechtzukommen.
7. Geben Sie kleinen Kindern Zeit, sich auf etwas Neues einzustellen.

Denken Sie über die folgenden Situationen nach. Würde das Wissen um Ihre eigenen Bewältigungsmethoden Ihnen dabei helfen, auf diese Kinder einzugehen? Auf welche Weise würde Ihnen das Wissen um die Temperamente der Kinder helfen?

> **Überlegen Sie ...**
>
> Wie gehen Sie mit Ihren eigenen Ängsten um? Ist es so, dass Sie sich sowohl zurückziehen und Vermeidungstechniken nutzen als auch Trost und Sicherheit suchen? Meinen Sie, dass es Ihnen hilft, mit Ihren Ängsten zurechtzukommen, wenn Sie diesen Ausdruck verleihen?

Ein neun Monate alter Junge ist gerade von seiner Mutter, der nicht mehr viel Zeit blieb, um pünktlich zur Arbeit zu kommen, in der Einrichtung zurückgelassen worden. Obwohl sie ein paar Minuten bei ihrem Sohn blieb, bevor sie ihn der Betreuerin übergab, die eine Vertretung und neu ist, begann er zu schreien, als sie sich hastig von ihm verabschiedete und aus der Tür eilte. Jetzt sitzt er verängstigt und abwechselnd schreiend und schluchzend auf dem Fußboden. Welche Bedeutung hat das Verhalten dieses Kindes wahrscheinlich? Wie würden Sie reagieren, wenn Sie die Vertretung wären?

Ein zweijähriges Mädchen guckt einen Stapel Bücher durch, der bei ihr liegt. Sie sitzt auf einem weichen Kissen und sieht sehr entspannt aus. Neben ihr hält eine Betreuerin ein anderes Kind, das ebenfalls ein Buch in den Händen hat und durchblättert. Das Kind auf dem Kissen nimmt ein Buch hoch und blättert es durch. Sie kommt zu dem Bild eines Clowns, schlägt das Buch zu und sitzt mit erschrockenem Blick da. Wie würden Sie das Verhalten dieses Kindes deuten? Wie würden Sie reagieren, wenn Sie die Betreuerin wären?

Ein zweieinhalb Jahre altes Mädchen grenzt mit großen Plastikklötzen einen Bereich ab. Sie stellt sich hinein, sieht sehr stolz aus und sagt zur Betreuerin: „Guck mal, mein Haus." Eine Sirene heult draußen in der Straße. Das Mädchen erstarrt. Dann rennt es zu dem Stapel mit Klappbetten und krabbelt unter das unterste, zwängt sich so hin, dass sie kaum noch zu sehen ist. Wie deuten Sie dieses Verhalten? Wie würden Sie reagieren, wenn Sie die Betreuerin wären?

Haben Sie bei Ihren Vorschlägen die Gefühle der Kinder akzeptiert? Hatten Sie das Verlangen, sie zu retten, oder konnten Sie Wege finden, ihnen dabei zu helfen, ihre eigenen Methoden, ihre Gefühle zu überwinden, herauszufinden? Können Sie sehen, welchem Zweck die Angst in einer jeden dieser Situationen dienen könnte?

Im Allgemeinen schützt Angst einen Menschen vor Gefahr. Bei Säuglingen ist es ziemlich einfach, zu sehen, wie Angst funktioniert, weil Säuglinge auf Hinfallen, heftige Angriffe auf ihre Sinne und auf Trennung von der Person, die hauptsächlich für ihr Wohlergehen verantwortlich ist, reagieren. Angst kann sie vor Gefahr schützen. Kleinkinder haben komplexere Ängste, weil ihre kognitive Entwicklung es möglich macht, dass in ihrem Inneren mehr vorgeht. Wenn sie Angst haben, schützen sich Säuglinge und Kleinkinder häufig dadurch, dass sie sich zurückziehen; im Gegensatz dazu wenden sie, wenn sie ärgerlich sind, ihre Wut meistens nach außen.

Säuglingen und Kleinkindern helfen, mit Ärger umzugehen

Ärger, genau wie Angst, kann Betreuerinnen das Leben schwer machen. Sehen Sie sich noch einmal die erste Szene dieses Kapitels an. Erinnern Sie sich an Tara und ihre Frustration über den Säugling und ihre Betreuerin? Lesen Sie noch einmal, wie die Erwachsene jeweils mit den beiden Kindern umging. Die Betreuerin beschützte den Säugling, machte damit aber Tara ärgerlich. Trotzdem begegnete sie deren Ärger mit Respekt, indem sie die Tatsache akzeptierte, dass Tara ärgerlich war, und ihr dies mitteilte. Jedoch erlaubte sie es Tara nicht, in Reaktion auf ihren Ärger Trung weh zu tun.

Auch wenn die Ursache für den Ärger dieses Kleinkinds darin zu liegen schien, dass seine Handlungsversuche vereitelt wurden, hängen die Ursachen manchmal nicht mit der unmittelbaren Situation zusammen, sondern kommen aus dem tiefen Inneren. Es ist schwerer, die Gefühle eines kleinen Kindes als real und begründet zu akzeptieren, wenn *man* keine guten Gründe für sie sieht. Wenn die Ursache des Ärgers nicht sehr offensichtlich ist oder Erwachsene sie nicht für begründet halten, geben sie häufig Bemerkungen ab wie: „Oh, das ist doch nichts, worüber man böse werden muss" oder „Nun komm schon, du bist doch nicht wirklich wütend." Aber Gefühle sind real, selbst wenn ihre Ursache nicht offensichtlich ist oder nicht begründet erscheint. Respektvolle Betreuerinnen behandeln sie auch so. Sie widersprechen den Gefühlen nicht, die ein Säugling oder ein Kleinkind ausdrückt, auch wenn sie selbst etwas anderes empfinden. Sie sind *aufmerksam* und versuchen mit Worten *wiederzugeben,* was von dem Kind ihrer Wahrnehmung nach ausgeht. Weder ziehen sie das Kind auf, noch lenken sie es durch einen Themenwechsel ab. Dieser Ansatz vermittelt dem Kind: „Was du fühlst, ist wichtig." Es wird nichts getan, das die Bedeutung, die das Erkennen und Akzeptieren von Gefühlen hat, vernachlässigen oder minimieren würde. Man sollte Gefühle nicht zu rechtfertigen haben – es reicht, dass sie da sind.

Betreuerinnen müssen es irgendwie schaffen, gelassen, tolerant und beherrscht zu sein, wenn sie Gefühle akzeptieren und spiegeln wollen. Sie müssen in der Lage sein, sich in andere einzufühlen. Aber gleichzeitig dürfen sie nicht ihre eigenen Gefühle verleugnen. Genau wie es Prinzip 6 in Kapitel 1 sagt, *sollten Betreuerinnen in Bezug auf ihre Gefühle ehrlich sein* und in der Lage, zu entscheiden, wann es angebracht ist, ihre Gefühle zum Ausdruck zu bringen. Gute Betreuerinnen lernen auch, wie sie ihre eigenen Gefühle zurückstellen, wenn dies angebracht ist, um verstehen zu können, was ein Kind fühlt. Dies macht die empathische Beziehung aus. Sie ist wichtig, um Kindern zu helfen, ihre eigenen Gefühle zu erkennen, zu akzeptieren und dann mit ihnen zurechtzukommen.

Zusätzlich dazu, dass sie mit ihrer Reaktion die Gefühle des Kindes akzeptieren und ihre eigenen zum Ausdruck bringen, wenn dies angemessen ist (wobei durch modellhaftes Vorführen Verhalten beigebracht wird), haben Betreuerinnen noch mehrere andere Möglichkeiten, mit dem Ärger von Säuglingen und Kleinkindern umzugehen, wozu auch gehört, ihm vorzubeugen, was manchmal möglich ist. Achten Sie darauf, dass Säuglinge und Kleinkinder im Laufe des Tages nicht mit zu vielen frustrierenden Problemen konfrontiert werden. Spielsachen sollten altersgemäß und in gutem Zustand sein. Spielsachen, die nicht funktionieren oder denen Teile fehlen, können frustrierend sein. Beseitigen Sie jedoch nicht alle Quellen der Frustration, denn dadurch würde die Möglichkeit zum Problemlösen genommen.

Kümmern Sie sich um die körperlichen Bedürfnisse der Säuglinge und Kleinkinder. Ein müdes oder hungriges Kind wird leichter wütend als eines, das ausgeruht und satt ist. Ist das Kind in schlechter Stimmung, wird das Problemlösen verhindert, weil das Kind in unproduktivem Ärger aufgibt.

Denken Sie darüber nach, wie Sie selbst mit Ihrem Ärger umgehen. Sie können auch eine Liste der Mittel und Wege erstellen, wie sie ihn zum Ausdruck bringen und bewältigen. Sind Sie zufrieden mit Ihrer Art der Bewältigung? Können Sie Säuglingen und Kleinkindern manche dieser Methoden für den Umgang mit ihrem Ärger vermitteln? Eine Schwierigkeit ergibt sich, wenn die instinktiven Reaktionen auf Emotionen unangemessen sind und eine Person die Energie, die mit dem Ärger aufsteigt, nicht nutzen kann. Dann werden die Gefühle und die Energie blockiert. Diese Energie wird dadurch freigesetzt, dass gehandelt wird oder die Gefühle ausgedrückt werden. Zu den Methoden Erwachsener, ihren Ärger direkt zu äußern, gehört, ihm durch Worte und Taten Ausdruck zu geben. Zu den Methoden, ihn indirekt zu äußern, gehört körperliche Aktivität wie Joggen oder Holzhacken oder künstlerische Betätigung wie Malen, Musizieren oder Dichten.

Überlegen Sie...

Wie äußern Sie ihren Ärger? Tun Sie es auf unterschiedliche Art und Weise? Finden Sie, dass Sie Ihren Ärger häufig nicht dann zum Ausdruck bringen, wenn Sie ihn fühlen, insbesondere, wenn Sie keine Möglichkeit haben, auf ihn zu reagieren?

Die Ausdrucksmittel junger Säuglinge sind begrenzt. Ihre einzige Option kann es sein, zu weinen. Das Weinen stellt für Säuglinge jedoch eine große Erleichterung dar, weil es sowohl die Produktion von Lauten als auch körperliche Aktivität beinhaltet. Da die Fähigkeit der Säuglinge, Körper und Sprache zu benutzen, mit der Zeit zunimmt, kann aus dem frühen Weinen später ein durch verbesserte körperliche Aktivität und deutlichere Worte gekennzeichnetes Weinen werden. Betreuerinnen, die es Säuglingen zugestehen, aus Ärger zu weinen, sind auch in der Lage, die Energie wütender Kleinkinder so zu leiten, dass sie auf Knetmasse herumhämmern, Säckchen mit Bohnen werfen und es anderen Menschen erzählen, wie sie sich fühlen. Auf diese Art lernen Säuglinge und Kleinkinder nicht, ihren Ärger nicht auf ungesunde Weise zu verleugnen oder zu vertuschen.

Videobeobachtung 10

Kind, das versucht, beim Schaukeln an die Reihe zu kommen

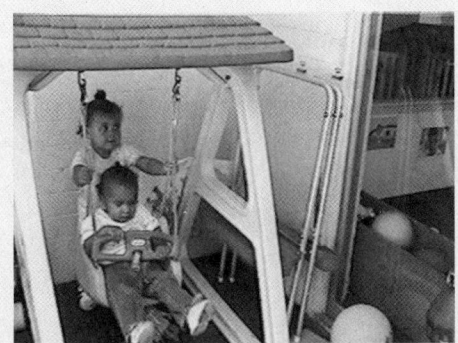

Schauen Sie sich die Videobeobachtung 10, „Child Trying to Get Her Turn in a Swing", an, um ein Beispiel für ein Kind zu sehen, das etwas möchte und irgendwie das Gefühl hat, es nicht zu bekommen. Achten Sie auf Ihre eigenen Gefühle beim Anschauen dieser Szene. Bewegen Sie die Gefühle des Kindes, die Sie wahrzunehmen meinen?

Fragen
- Was, meinen Sie, fühlt diese Kind? Woran können Sie das erkennen? Woher wissen Sie das?
- Was würden Sie fühlen, wenn Sie in der Situation des Kindes wären?
- Kommt das Mädchen gut mit seinen Gefühlen zurecht? Wenn ja, wie? Wie würden Sie diese Situation bewältigen?
- Was sagt Ihnen die Art, wie die Schaukel genutzt wird, über die Philosophie dieses Programms im Hinblick auf Unabhängigkeit und gegenseitige Abhängigkeit?

Diesen Videoclip können Sie unter www.mit-kindern-wachsen.de/videomaterial anschauen. Wählen Sie hier bitte Kapitel 10.

Sehen Sie sich die folgende Szene an und denken Sie darüber nach, wie die Betreuerin reagieren könnte. In der Situation geht es um einen ärgerlichen Zweijährigen:

Der Junge spielt im Hof eines Kinderzentrums neben einem niedrigen Zaun mit einer Plastikharke. Er steckt die Harke durch den Zaun und dreht sie. Als er versucht, sie wieder herauszuziehen, merkt er, dass sie festsitzt. Er zieht und dreht, aber die Harke löst sich nicht. Auf seinem Gesicht zeigt sich Frustration. Seine kleinen Fingerknöchel sind ganz weiß vom Festhalten des Harkenstiels. Sein Gesicht läuft vor Wut rot an. Er tritt gegen den Zaun, setzt sich dann hin und weint.

Hier ist die Geschichte eines weiteren Zweijährigen, diesmal ein Mädchen, das aus anderem Grund wütend ist:

Das Mädchen wird schreiend und tretend ins Kinderzentrum gezerrt. Seine aufgebrachte Mutter übergibt einer Betreuerin die widerstrebende kleine Hand, sagt ihrer Tochter auf Wiedersehen und läuft eiligen Schrittes aus der Tür. Das Kind läuft hinter seiner Mutter her, bittet sie, nicht zu gehen. Die Tür fällt ins Schloss und sie ergreift den Türgriff, versucht, die Tür zu öffnen. Als sie merkt, dass sie es nicht kann, legt sie sich genau vor der Tür schreiend und tretend auf den Boden.

Manchmal mobilisiert Wut zusätzliche Energie für das Problemlösen oder motiviert dazu, etwas weiterhin zu versuchen. Es gibt nicht für alle Probleme befriedigende Lösungen, und in solchen Fällen ist Ärger nur Ausdruck der gefühlten Frustration. Dieser Ausdruck kann als ein Aspekt des Behauptens von Unabhängigkeit gesehen werden.

Vorsicht: In einigen Kulturen herrschen andere Vorstellungen über die Äußerung von Ärger und Wut, gilt Unabhängigkeit nicht als ein Ziel. Es ist wichtig, zu berücksichtigen, was die einzelnen Eltern für ihr Kind möchten.

Die Prinzipien in der Praxis

Prinzip 6: Seien Sie hinsichtlich Ihrer Gefühle ehrlich, wenn Sie mit Säuglingen und Kleinkindern zusammen sind. Geben Sie nicht vor, etwas zu empfinden, das sie gar nicht fühlen, oder etwas nicht zu empfinden, das Sie in Wirklichkeit fühlen.

Die Betreuerin glaubt, dass es zu ihrer Aufgabe gehört, Kindern zu helfen, ihre Gefühle zu zeigen. Sie führt modellhaft vor, kongruent zu sein – das heißt, zu zeigen, was sie wirklich fühlt, statt so zu tun, als wäre alles in Ordnung, wenn dies nicht so ist. Sie zeigt starke Gefühle zwar nicht auf eine Art, dass Babys Angst bekommen, aber sie glaubt, dass man, wenn man verärgert ist, nicht so tun sollte, als wäre man es nicht. Eine der Mütter im Programm, die aus einer anderen Kultur stammt als die Betreuerin, hat immer ein leichtes Lächeln auf dem Gesicht, ganz gleich, was gerade passiert. Die Betreuerin kann nie erkennen, was sie gerade fühlt. Sie erzählt ihr vom 6. Prinzip und fragt sie, ob sie daran glaube. Die Mutter erklärt ihr, dass das Ziel in ihrer Kultur immer Gleichmut heiße. Emotionen zu zeigen sei schlecht, weil es die Gruppenharmonie störe. Sie sagt, dass sie möchte, dass ihr Baby lernt, Gefühlsäußerungen unter Kontrolle zu halten, und dass sie daran arbeite, es ihm beizubringen. Die Betreuerin macht sich Sorgen, dass sie dem Baby damit Schaden zufügen könnte, ist aber gleichzeitig für einen sensiblen Umgang mit unterschiedlichen Kulturen. Ihr Ziel ist es, eine Brücke zwischen unterschiedlichen Kulturen zu schlagen. Sie versucht den Standpunkt der Mutter zu verstehen, damit beide zusammen herausfinden können, was das Beste für das Baby ist.

1. Was denken Sie?
2. Können Sie beide Standpunkte verstehen – den der Betreuerin und den der Mutter?
3. Fühlen Sie sich mit einem der Standpunkte wohler als mit dem anderen?
4. Meinen Sie, dass die zwei in der Lage sein werden, sich gegenseitig zu verstehen und herauszufinden, was in dieser Situation das Beste für das Baby ist? Was wäre nötig, damit dies geschehen könnte?
5. Kann das Baby beide Arten, seine Gefühle auszudrücken, lernen und eines Tages in zwei Kulturen gleich gut zurecht kommen? Wenn ja, was wäre nötig, damit dies geschehen könnte? Wenn nein, warum nicht?

Selbstberuhigungstechniken

Die meisten Säuglinge finden Wege, um sich selbst zu beruhigen, und nutzen diese Mittel bis ins Kleinkindalter und darüber hinaus. Es ist wichtig, dass Kinder sich nicht einzig und allein darauf verlassen, dass andere ihre emotionalen Verstimmungen beseitigen. Die meisten Säuglinge werden mit unterschiedlichen Fähigkeiten geboren, um dies selbst zu übernehmen. Man spricht bei diesen Fähigkeiten von **Selbstberuhigungstechniken**. Am Anfang sind diese Techniken ziemlich einfach, genau wie auch die Emotionen der Säuglinge einfach sind (wenngleich intensiv). Die am häufigsten zu beobachtende Form der Selbstberuhigung ist das Daumenlutschen, das bei der Geburt (oder sogar davor) beginnen kann. Wenn die Emotionen der Säuglinge komplexer werden, nehmen auch ihre Fähigkeiten, mit ihnen umzugehen, an Komplexität zu. Die Vielzahl der in einer Einrichtung für Säuglinge und Kleinkinder zu beobachtenden Verhaltensweisen, mit denen sich Kinder selbst beruhigen, vermittelt Ihnen eine Vorstellung davon, wie dieses Verhalten funktioniert.

> Zwölf Kinder sind mit verschiedenen Aktivitäten beschäftigt. Zwei Säuglinge schlafen in ihren Gitterbetten in einer abgetrennten Ecke des Raumes. Ein sechs Monate altes Mädchen sitzt auf dem Schoß einer Betreuerin und bekommt seine Flasche. Zwei drei Monate alte Babys liegen auf dem Rücken in einer mit einem Gitter abgesperrten Ecke des Raumes und beobachten zwei Kleinkinder, die Spielzeug zwischen den Gitterstäben durchstecken. Diese Kinder werden von einer Erwachsenen beobachtet, die außerdem ein Kleinkind im Auge behält, das auf dem Weg zur Tür ist, offensichtlich fest entschlossen, irgendetwas draußen zu unternehmen. In einer anderen Ecke des Raumes nehmen gerade vier Kleinkinder einen Imbiss ein. Sie sitzen mit einer anderen Erwachsenen an einem Tisch. Plötzlich unterbricht ein lauter Knall aus dem Nachbarraum sämtliche Aktivität.
>
> Ein Säugling wacht auf, beginnt zu weinen, findet dann seinen Daumen, vergräbt seinen Kopf in der Decke und schläft wieder ein. Der andere schlafende Säugling erschrickt, ohne aufzuwachen, dreht sich ein wenig herum und schläft weiter.
>
> Das sechs Monate alte Mädchen, das gerade seine Flasche bekommt, hört auf zu trinken, sieht die Betreuerin eindringlich an, tastet mit seiner freien Hand nach etwas, an dem es sich festhalten kann, klammert sich dann fest.

Die zwei auf dem Rücken liegenden Säuglinge beginnen zu weinen. Einer bemüht sich, die Stellung zu wechseln, ist dann so damit beschäftigt, dass er aufhört zu weinen. Der andere weint weiter.

Die zwei Kleinkinder, die sie beobachtet haben, hören mit ihrer Beschäftigung auf. Das Mädchen setzt sich hin und beginnt mit einem Finger im Haar zu drehen. Der Junge geht zu seinem Fach, weil er weiß, dass er darin seine spezielle Decke findet. Das Kind, das auf dem Weg zur Tür war, läuft zu der Betreuerin und hebt auf dem Weg eine Puppe auf. Es steht dann bei der Betreuerin und streicht über das weiche Satinkleid der Puppe.

Von den Kindern, die einen Imbiss aßen, weint eins und schafft es nicht, sich zu trösten, bis die Stimme der Betreuerin das Kind beruhigt, die sagt: „Ja, das war ein lautes Geräusch, und es hat dir Angst gemacht." Ein Kind weint nach mehr Essen, eins weint nach seiner Mama und eins krabbelt wimmernd unter den Tisch.

Einige Selbstberuhigungstechniken sind gelernt, andere, wie das Daumenlutschen, scheinen angeboren zu sein. Sogar ein Neugeborenes, das müde oder frustriert ist, nuckelt, wenn die Brustwarze der Mutter oder etwas Vergleichbares zum Saugen nicht zur Verfügung steht. Wenn Kinder ein bisschen älter sind, hilft das Lutschen am Daumen oder an den Fingern weiterhin in Stresssituationen. Zu wissen, dass jemand in der Nähe ist, dem sie vertrauen, und sich seiner Gegenwart zu versichern, indem sie zu ihm blicken oder nach ihm rufen, hilft Kindern bei der Selbstberuhigung.

Diese Entwicklung der Selbstberuhigungstechniken, die von einer so einfachen wie dem Nuckeln zu einer so komplexen wie dem Teilen wichtiger Gefühle geht, ist ein Prozess, der von sozialen Beziehungen beeinflusst und unterstützt wird.

> **Überlegen Sie...**
>
> Was tun Sie, um sich zu beruhigen, wenn Sie aufgebracht oder bestürzt sind? Sind Sie sich Ihrer eigenen Selbstberuhigungstechniken bewusst? Wie unterscheiden sich Ihre Verhaltensweisen zum Zwecke der Selbstberuhigung von denen der Säuglinge und Kleinkinder in der letzten Szene?

Selbststeuerung entwickeln

Emotionen und die daraus resultierenden Selbstberuhigungsversuche stehen mit einem Gefühl der Selbststeuerung im Zusammenhang. Jeder von uns besitzt eine innere Kraft, die uns die natürliche Schubkraft für das Heranreifen zum Erwachsenen bietet, unser Wachstum bestimmt und unserem Leben Orientierung gibt (sowohl auf lange Sicht als auch von einem Tag zum nächsten). Diese Kraft weist der Entwicklung den Weg in Richtung Gesundheit und Ganzheit, der Integration aller Aspekte der Entwicklung.

C. G. Jung konnte diese Kraft als „ein inneres, wegleitendes Zentrum definieren, das nicht mit dem Bewusstsein in eins fällt und ... eine dauernde Ausweitung und Reifung der Persönlichkeit anstrebt".[6]

Auch Abraham Maslow erkannte diese Kraft der Selbststeuerung. Er sah sie als einen Prozess, den er **Selbstverwirklichung** nannte. Maslow argumentierte, dass gesunde Menschen immer dabei seien, sich selbst zu verwirklichen. Das bedeutet, dass sie sich ihres Potenzials bewusst sind und, zumindest zeitweilig, Entscheidungen treffen, die sie der Nutzung dieses Potenzials näher bringen statt sie davon zu entfernen. Maslow meinte, dass selbstverwirklichende Menschen die Wirklichkeit deutlich wahrnähmen, für Erfahrungen offen seien, zu Spontaneität und Expressivität neigten, lebendig seien, gut funktionierten, fähig zu Objektivität und Distanz seien, gewöhnlich kreativ seien, die Fähigkeit zu lieben und, vor allem, eine feste Identität sowie Autonomie und Einzigartigkeit besäßen – ein starkes Gefühl für das eigene Selbst.[7] (Kapitel 13 enthält mehr Information dazu, wie Kindern geholfen wird, ein Gefühl für das eigene Selbst und ihr Selbstkonzept zu entwickeln.)

Maslow machte sehr deutlich, dass Menschen diese Eigenschaften nur erwerben können, wenn ihre körperlichen, emotionalen und geistigen Bedürfnisse befriedigt sind. Er entwarf ein Modell mit fünf Bedürfnisstufen (siehe Abbildung 10.3). Erst wenn die Bedürfnisse einer Stufe befriedigt sind, kann eine Person in die nächsthöhere Stufe aufsteigen.

Abbildung 10.3 Maslows Pyramide körperlicher, emotionaler und geistiger Bedürfnisse

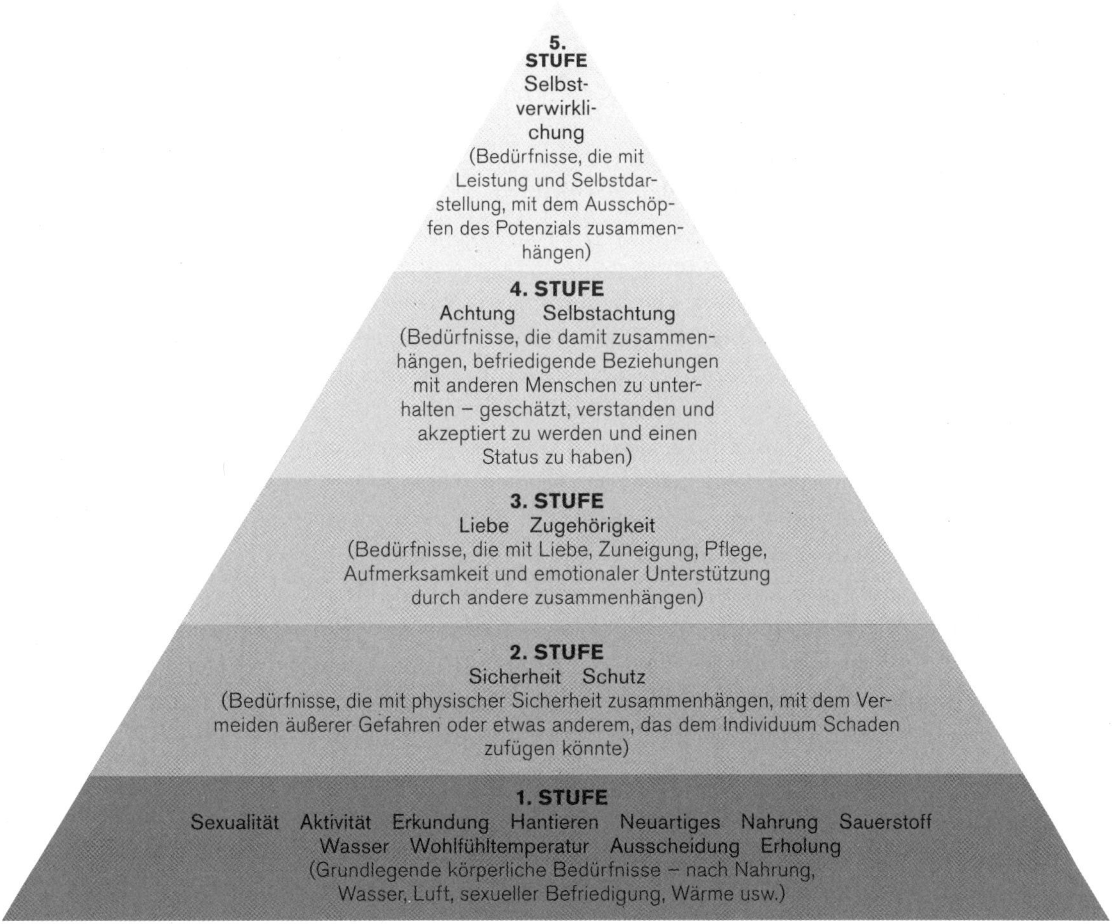

5. STUFE
Selbstverwirklichung
(Bedürfnisse, die mit Leistung und Selbstdarstellung, mit dem Ausschöpfen des Potenzials zusammenhängen)

4. STUFE
Achtung   Selbstachtung
(Bedürfnisse, die damit zusammenhängen, befriedigende Beziehungen mit anderen Menschen zu unterhalten – geschätzt, verstanden und akzeptiert zu werden und einen Status zu haben)

3. STUFE
Liebe   Zugehörigkeit
(Bedürfnisse, die mit Liebe, Zuneigung, Pflege, Aufmerksamkeit und emotionaler Unterstützung durch andere zusammenhängen)

2. STUFE
Sicherheit   Schutz
(Bedürfnisse, die mit physischer Sicherheit zusammenhängen, mit dem Vermeiden äußerer Gefahren oder etwas anderem, das dem Individuum Schaden zufügen könnte)

1. STUFE
Sexualität   Aktivität   Erkundung   Hantieren   Neuartiges   Nahrung   Sauerstoff   Wasser   Wohlfühltemperatur   Ausscheidung   Erholung
(Grundlegende körperliche Bedürfnisse – nach Nahrung, Wasser, Luft, sexueller Befriedigung, Wärme usw.)

Welche Konsequenzen ergeben sich für Betreurinnen aus Maslows Bedürfnispyramide? In einem Betreuungsprogramm für Säuglinge und Kleinkinder sind die ersten zwei Stufen von vorrangiger Bedeutung. Die Befriedigung der Bedürfnisse dieser Stufen wird in den USA normalerweise durch die Bedingungen für die Lizenzvergabe geregelt (in den Staaten, wo für die Lizenzvergabe bestimmte

Voraussetzungen erfüllt sein müssen). Der Umgang mit den Bedürfnissen der Stufen 3, 4 und 5 wird häufiger den Mitarbeiterinnen der Einrichtung oder der Betreuerin bzw. den Betreuerinnen in einer Familientagespflegestätte überlassen. Dieses Buch hat seinen Schwerpunkt hauptsächlich auf die oberen drei Stufen gelegt. Ein Blick auf die Prinzipien in Kapitel 1 zeigt, dass diese nur wenig auf die körperlichen Bedürfnisse von Säuglingen fokussieren. Es wird davon ausgegangen, dass Betreuerinnen sich um diese Bedürfnisse als Erstes kümmern. Es sind schließlich die auffälligen Bedürfnisse. Hier wird die Absicht verfolgt, die Bedürfnisse sichtbar zu machen, die befriedigt werden müssen, nachdem die grundlegenden gestillt worden sind. Ziel von Kapitel 2 war es, zu zeigen, welche Wege es gibt, auf körperliche Bedürfnisse so einzugehen, dass gleichzeitig auch höhere Bedürfnisse berücksichtigt werden.

Auch wenn Maslow betonte, wie wichtig die Befriedigung von Bedürfnissen ist, wies er doch ebenfalls darauf hin, dass es nicht gut ist, zu verwöhnen. Das bedeutet, dass Kinder, deren Bedürfnisse meistens prompt befriedigt werden, manchmal ein bisschen warten können. Maslow sagte, „dass das Kind nicht nur Befriedigung braucht; es muss auch die Grenzen kennen lernen, die seiner Befriedigung von der physischen Welt gesetzt werden. ... Das bedeutet Kontrolle, Aufschub, Grenzen, Versagungen, Frustrationstoleranz und Disziplin".[8]

Alle Wesen haben ein Bedürfnis nach Stress, nach Problemen. Ein Mangel an Problemen verursacht Defizite. *Optimaler* (nicht maximaler oder minimaler) Stress gibt Kindern Gelegenheit, dadurch, dass sie gegen etwas stoßen, ihre eigenen Kräfte auszuprobieren, ihre Stärke und ihren Willen zu entwickeln. Probleme, Hindernisse und selbst Schmerz und Kummer können als nützlich für die Entwicklung eines Gefühls der Selbststeuerung betrachtet werden. Was können Betreuerinnen sonst noch tun, um einem Kind dabei zu helfen, ein Gefühl der Selbststeuerung zu entwickeln? Hier sind einige Vorschläge. Erstens, helfen Sie Kindern, darauf zu achten, was ihre Wahrnehmungen, Gefühle und Körper ihnen mitteilen. Widersprechen Sie, wie bereits gesagt, ihren Wahrnehmungen nicht mit Äußerungen wie: „Die Suppe ist nicht heiß!" oder „Das hat jetzt aber nicht weh getan, oder?"

Zweitens, unterbrechen Sie Kinder nicht, wenn sie offensichtlich höchst beschäftigt mit etwas sind. Wenn Sie sie unterbrechen, fordern Sie sie auf, **Ihnen** ihre Aufmerksamkeit zu schenken. Kinder haben die Fähigkeit, aus was immer sie erleben das Maximale herauszuholen, lassen Sie sie es also vollständig erleben.

Achten Sie darauf, Phasen zu gewähren, in denen keine Stimulation stattfindet. Geben Sie den Kindern Ruhe und Frieden, damit sie ihre innere Musik hören, ihr inneres Verlangen spüren und ihre inneren Bilder sehen können.

Drittens, treiben Sie die Entwicklung nicht voran. Bieten Sie eine vorbereitete Umgebung und gute Beziehungen, und vertrauen Sie dann darauf, dass die Selbststeuerung der Kinder gewährleistet wird, dass sie tun werden, was sie tun müssen, um Entwicklungsaufgaben wie Krabbeln, Laufen oder Sprechen zu bewältigen. Wenn sie das, was sie in einer Phase tun müssen, sehr gründlich getan haben, kommt Langeweile auf und sie bewegen sich voran. Wenn sie gedrängt werden, verlieren Kinder das Gespür für ihren inneren Orientierungssinn.

Viertens, geben Sie Wahlmöglichkeiten. Maslow sagt: „In der normalen Entwicklung wird das gesunde Kind, wie man jetzt glaubt, die meiste Zeit selbst wählen, was für sein Wachstum gut ist, wenn man ihm wirklich freie Wahl lässt. Und zwar deshalb, weil es gut schmeckt, sich gut anfühlt, Freude oder *Genuss* gewährt. Das impliziert, dass das *Kind* besser als irgendjemand anderer ‚weiß', was für es gut ist".[9]

Fünftens, ermutigen Sie Kinder dazu, Unabhängigkeit zu entwickeln und selbstständig zu werden. Zu wachsen bedeutet loszulassen. Man lernt nur dann Laufen, wenn man gewillt ist, loszulassen, etwas zu riskieren. Betreuerinnen können Kindern helfen, loszulassen, indem sie ihnen erlauben, angebrachte Risiken einzugehen, und indem sie ihnen Wärme, Vertrauen, gebührende Sicherheit und eine sichere Basis bieten. Die Entscheidung, wann es loslassen möchte, liegt beim Kind.

Sie merken vielleicht, dass diese Vorschläge mit den in Kapitel 1 aufgeführten Prinzipien der Pflege und Betreuung im Zusammenhang stehen und deren Inhalt manchmal nur noch einmal mit anderen Worten wiedergeben. Sie alle beinhalten *Respekt gegenüber dem Kind,* auf dem auch die Prinzipien basieren. Die Selbststeuerung des Kindes wird durch die respektvolle Kind-Erwachsenen-Beziehung gestärkt, die diese Prinzipien fördern.

Das emotionale Gehirn

Viele der mit der Gehirnentwicklung zusammenhängenden Forschungsergebnisse bestätigen deutlich die Richtigkeit der Prinzipien der Pflege und Betreuung, die den Kern der Philosophie dieses Buches ausmachen. Das Verständnis dessen, was im Zuge der frühen Entwicklung im Gehirn passiert, kann unser Bewusstsein dafür schärfen, wie wichtig einfühlsame, durch aufmerksames Reagieren gekennzeichnete Pflege für das gesunde Wachstum eines kleinen Kindes ist. Wir wissen, dass das Gehirn beeinflussbar ist; es verfügt über Plastizität und reagiert deutlich auf eine Vielzahl an Erfahrungen. Das Gehirn ist widerstandsfähig; es kann einige negative Erfahrungen kompensieren, wenn sie nicht übermäßig lang andauern. Und das Gehirn ist *emotional!* Es reagiert auf Emotionen und verarbeitet sie.

Vor der Sprachentwicklung dient der frühe emotionale Austausch zwischen Babys und ihren Eltern oder Betreuerinnen als Kommunikationsbasis. Dieser frühe emotionale Austausch fördert tatsächlich das Gehirnwachstum. Wenn eine Beziehung hergestellt ist, bei der Erwachsene und Kind aufmerksam aufeinander reagieren, freut sich der Säugling, die betreffende Person zu sehen. Visuelle emotionale Information wird durch die Neurone in der rechten Hemisphäre des Kortex verarbeitet, und die Gehirnaktivität steigt an. Diese Erregung im Gehirn sorgt normalerweise dafür, dass die körperliche Aktivität des Säuglings zunimmt. Und wenn die Mutter oder die Betreuerin auf die Signale, die aus diesem Verhalten resultieren, eingeht, wird damit das Gehirnwachstum unterstützt. Eine einfühlsame Erwachsene hat nicht nur Einfluss darauf, wie ein Säugling seine Emotionen ausdrückt, sondern auch auf die Neurochemie seines jungen Gehirns.[10]

An früherer Stelle in diesem Kapitel wiesen wir darauf hin, dass optimaler Stress kleinen Kindern Gelegenheit bieten kann, zu wachsen. Stress mag für die Entwicklung nötig sein, aber wie viel ist zu viel? Was passiert mit dem Gehirn, wenn ein sehr junges Kind über zu lange Zeit zu viel Stress erfährt?

Häufige und intensive frühe Stresserfahrungen (Armut, Missbrauch, Vernachlässigung oder sensorische Deprivation) veranlassen das Gehirn eines Säuglings, sich neu zu organisieren. Der „Mechanismus zur Stressregulierung" eines Säuglings wird auf eine höhere Ebene gehoben, um dem Kind zu helfen, den Stress effektiver zu bewältigen (dies hängt mit der als „Fight or Flight" [Kampf oder Flucht] bekannten Erfahrung zusammen, von der häufig in der Psychologie die Rede ist), und im Gehirn werden bestimmte chemische Stoffe freigesetzt. Eine der neurochemischen Substanzen, über die man am besten Bescheid weiß, ist das Steroidhormon Cortisol. Es lässt sich im Speichel messen. In Stresszeiten wird im Gehirn Cortisol freigesetzt. Es verändert die Gehirnfunktion, indem es die Zahl der Synapsen in bestimmten Bereichen des Gehirns reduziert. Wenn das Cortisol mit der Zerstörung dieser neuronalen Verbindungen fortfährt, sind Entwicklungsverzögerungen im kognitiven, motorischen und sozialen Verhalten die Folge. Die gute Nachricht ist die, dass bei sehr jungen Kindern, denen im ersten Lebensjahr warme, fürsorgliche Pflege zuteil wird, eine geringere Wahrscheinlichkeit besteht, dass sie in Stresszeiten große Mengen an Cortisol produzieren.[11] Die Bindungserfahrung fungiert gegenüber Stress als schützender Puffer.

In den aktuellen Informationen über das Gehirn wird sehr oft betont, wie wichtig Bindung und fürsorgliche Pflege, bei der einfühlsam auf das Kind eingegangen wird, für eine gesunde neuronale Entwicklung ist. Wir haben gesagt, was passieren kann, wenn ein Kind zu viel Stimulation oder zu viel Stress erfährt. Was aber passiert, wenn ein Baby mit einer depressiven Mutter zusammen ist und die auf sein Bedürfnis nach emotionaler Interaktion hindeutenden Signale ignoriert werden? Mit der Zeit entwickelt auch das Baby ein depressives Verhalten, ist weniger aktiv und verschlossener. Möglicherweise beginnt das kleine Kind auch, sich zum Zwecke der Selbststimulation und Selbstberuhigung nach innen zu wenden. Bei Untersuchungen wurde festgestellt, dass diese Babys eine erhöhte Herzfrequenz, erhöhte Cortisolwerte und verringerte Gehirnaktivität aufwiesen. Das höchste Risiko für langfristige Entwicklungsverzögerungen besteht bei Säuglingen, deren Mütter oder Eltern depressiv sind, im Alter zwischen 6 und 18 Monaten. Dies ist auch die beste Zeit für emotionale Bindungen. Es ist wichtig, im Zusammenhang mit der oben erwähnten Untersuchung anzumerken, dass die Gehirnaktivität des Babys sich wieder normalisierte, nachdem die Mutter behandelt worden war und die Symptome nachgelassen hatten.[12] Dies ist ein eindeutiges Beispiel dafür, wie wichtig familienunterstützende Maßnahmen sind, wenn es um die gesamte gesunde Entwicklung kleiner Kinder geht.

Für alle von uns, und insbesondere für junge Säuglinge, verstärken Emotionen Erfahrungen. Starke, schwierige Emotionen bedürfen eines unterstützenden Kontexts, wenn ein Säugling lernen soll, derartige Gefühle zu tolerieren und mit ihnen umzugehen. Vergessen Sie nicht, dass Vergnügen und Freude ebenfalls starke Emotionen sind und die Meinung erzeugen können, dass die Welt voller wundervoller Dinge ist, die es zu entdecken gibt. Respektvolle Beziehungen sind die Grundvoraussetzung für gesundes emotionales Wachstum.

Kinder mit besonderen Bedürfnissen: emotionale Störungen

Manchmal kann es jedoch passieren, dass ein Kind – ganz gleich, wie respektvoll eine Betreuerin ist – kein Gefühl der Selbststeuerung zu entwickeln scheint. Dem Kind scheint es an der Fähigkeit zu mangeln, sich selbst zu beruhigen, und es bleibt ungeachtet des Trosts, der ihm gespendet wird, für lange Zeit aufgewühlt. Es ist wichtig zu erkennen, dass manche Säuglinge oder Kleinkinder bestimmte emotionale Schwierigkeiten haben können. Hierbei kann es sich um organische, angeborene oder mit der Umwelt zusammenhängende Schwierigkeiten handeln. Die in diesem Buch beschriebenen Prinzipien der Pflege und Betreuung gelten selbstverständlich trotzdem für die meisten dieser Kinder, aber ihre besonderen Bedürfnisse verlangen nach einigen zusätzlichen Bemerkungen.

Immer wenn es um *besondere Bedürfnisse* geht, ist es wichtig zu versuchen, so schnell wie möglich zu klären, welche Fähigkeiten ein Kind hat und welche Beschränkungen ihm auferlegt sind. Wenn dies für ein Kind in Ihrem Programm noch nicht getan worden ist, müssen Sie es in partnerschaftlicher Zusammenarbeit mit seinen Eltern selbst tun. Denken Sie daran, dass mit Etikettierungen vorsichtig umgegangen werden sollte; wie wichtig dies ist, ist in zurückliegenden Kapiteln erläutert worden. Aus mehreren Gründen ist es besonders schwierig, zu versuchen, festzustellen, ob bei einem Kind eine emotionale Störung vorliegen könnte.

Erstens gibt es keine klare Definition für „normale" emotionale Gesundheit. Je früher man sich ein Verhalten ansieht (bevor das Kind drei Jahre alt ist), umso mehr sieht man ein *breites Spektrum* an Verhaltensweisen. Jedes Baby und jedes Kleinkind ist einzigartig, und sein jeweiliges Verhalten kann für die Phase, in der es sich zu einem bestimmten Zeitpunkt gerade befindet, vollkommen angemessen sein. Sie müssen ein Baby kennen lernen (zumindest für eine kurze Zeit), um seine emotionale Gesundheit zu ermitteln.

Es ist außerdem schwierig, die Ursache für eine emotionale Störung festzustellen, insbesondere bei einem sehr jungen Kind. Sie kann genetischer Natur oder umweltbedingt sein. Was wir für eine „Störung" halten, könnte die besondere Art und Weise sein, wie das Kind Stress bewältigt. Möglicherweise musste es schon sehr früh im Leben lernen, wie es sich auf eine kränkliche Mutter einstellt oder auf eine Umgebung, die keine Unterstützung bietet. Wenn ein

Kind noch ein anderes behinderndes Leiden hat (zum Beispiel Taubheit oder Retardation), sorgt dies für weitere Verwirrung beim Definieren des emotionalen Problems dieses Kindes. Welche Behinderung ist die „primäre"?

Bei den aktuellen Bemühungen, „emotionale Störungen" zu definieren, wird auf ein Verhalten fokussiert, das sich durch mehrere gemeinsame Merkmale auszeichnet (darunter die folgenden) und das für unsere Zwecke auf kleine Kinder angewandt werden kann:

- Das Verhalten geht ins Extreme (ist nicht nur ein wenig anders als das übliche Verhalten).
- Das Problem hält lange an oder ist chronisch.
- Das Verhalten ist inakzeptabel (aus sozialen oder kulturellen Gründen).
- Die Unfähigkeit des Kindes, zu lernen, kann nicht durch intellektuelle, sensorische oder gesundheitliche Faktoren erklärt werden.
- Das Kind kann keine befriedigende Beziehung aufbauen oder aufrechterhalten.
- Das Kind ist normalerweise in unglücklicher oder deprimierter Stimmung.[13]

Zu den typischen Verhaltensweisen, von denen am häufigsten gesprochen wird, gehören Ablenkbarkeit, das Vermögen, sich nur kurz (oder gar nicht) auf etwas zu konzentrieren, Hypersensibilität, Ängstlichkeit, repetitives Sprechen oder repetitives Verhalten sowie extreme Unruhe. Eine Betreuerin oder eine Mutter wird ohne Zweifel sofort erkennen, dass eine jede dieser Verhaltensweisen zu einem bestimmten Zeitpunkt vollkommen angemessen sein könnte. Es ist möglich, dass sich irgendeine dieser Verhaltensweisen beobachten lässt, wenn ein Kind aufgewühlt ist oder eine leichte Krankheit hat. Wenn jedoch diese Verhaltensweisen (gewöhnlich zwei oder drei zusammen) kein Ende nehmen wollen, sollte eine Mutter oder eine Betreuerin die Hilfe eines Spezialisten suchen.

Es ist ebenfalls wichtig, dass Erwachsene sich darüber im Klaren sind, welche Auswirkungen Stress auf ein kleines Kind hat und welche Auswirkungen daraus wiederum für die emotionale Gesundheit entstehen. Wie bereits zuvor in diesem Kapitel erwähnt, beeinflusst eine zu hohe Anzahl Stresshormone im Gehirn dessen Fähigkeit, zu funktionieren und sich an „normalen" Stress zu adaptieren. Übertriebene Wachsamkeit (immer auf der Hut) oder totale

Gleichgültigkeit (traurig oder wütend) sind Beispiele für emotionale Störungen, die durch eine Überproduktion von Stresshormonen und abnormales Gehirnwachstum im Säuglingsalter verursacht wurden.

> **Überlegen Sie...**
>
> Denken Sie für einen Moment über ein Baby oder Kleinkind nach, das Sie betreut haben und das *schwierig* war. Beschreiben Sie das Verhalten des Kindes. Was waren Ihre Reaktionen? Was würden Sie versuchen zu tun, wenn Sie heute in derselben Situation wären?

Das Säuglingstemperament bewirkt, dass Babys sich auf besondere Art und Weise ausdrücken. Wir wissen heute jedoch, dass die bei der Geburt vorhandenen Temperamentsmerkmale häufig nicht von Dauer sind. Anhand derartiger Merkmale kann nicht zwangsläufig späteres Verhalten vorausgesagt werden. Aber die Temperamentsforschung hat uns (wieder) gezeigt, wie wichtig Bindung ist. Die Persönlichkeit wird durch die kontinuierliche Interaktion zwischen Temperament und Umwelt geformt. Für ein schwieriges Baby ist viel zusätzliche Anstrengung und Geduld nötig. Eltern und Betreuerinnen riskieren mit derartigen Babys möglicherweise einen „Pflege-Burn-out", einen Zustand völliger Erschöpfung, insbesondere, wenn sie die Entwicklungsbedürfnisse der Babys nicht verstehen oder durch sie gefährdet werden. Jedes Baby mit einem möglicherweise schwierigen Temperament kann Gefahr laufen, Bindungsprobleme zu entwickeln. Bindungsprobleme führen häufig zu emotionalen Störungen.[14]

Hier geht es darum, vorzubeugen. Wenn Eltern und Betreuerinnen wissen, dass ein Baby schwierig, ansonsten aber gesund ist, sollten sie sensibler für die Forderungen dieses Babys sein und einfühlsamer auf sie reagieren und eingehen. Betreuerinnen und Eltern, die zusammenarbeiten und sich gegenseitig unterstützen, können einem schwierigen Kind helfen, Selbstberuhigungskompetenz zu entwickeln. Sensibilität für Bindungsbedürfnisse und frühe Intervention sind die wichtigen Konzepte, die verstanden werden müssen.

Überdenken Sie noch einmal einige Punkte zum Thema Bindung, die an früherer Stelle in diesem Buch behandelt wurden. Bindung ist die Basis für Vertrauen, Sicherheit und emotionale Gesundheit. Bei Säuglingen und Kleinkindern mit besonderen Bedürfnissen ist die Bindung häufig ein zusätzliches Thema, das Probleme bereitet. Wenn sie langsam reagieren, nehmen Betreuerinnen möglicherweise an, dass sie nicht empfänglich sind, und interagieren nicht mehr so viel mit ihnen. Wenn sie keine von Erwachsenen ausgehenden Signale hören oder sehen können, entgehen ihnen möglicherweise wesentliche Hinweise auf Interaktion. In allen Fällen bleiben ihre emotionalen Bedürfnisse unbefriedigt.

Heute haben einige sehr junge Kinder besondere Bindungsbedürfnisse. Ein chronisch krankes Kind oder jedes Kind, das dazu gezwungen ist, über lange Zeiten hinweg im Krankenhaus zu bleiben, ist dem Risiko emotionaler Deprivation ausgesetzt. Solchen Kindern zu helfen, ein so volles Leben wie möglich kennen zu lernen, ist ein aktuelles Anliegen. *Morning Glory Babies: Children with AIDS* von T. McCarroll ist ein besonders einfühlsamer Bericht über Kinderpflege. Diese sanfte Geschichte zeigt, wie Weisheit, Geisteskraft und bedingungslose Liebe zum Leben eines jeden Kindes gehören können.

Die folgenden allgemeinen Leitlinien können Betreuerinnen eine Hilfe sein, die mit Kindern arbeiten, bei denen emotionale Probleme vorliegen. Stellen Sie sicher, dass Sie über zusätzliche Hilfsmittel der Kommune und über Spezialisten in der Gegend, die Ihnen helfen können, Bescheid wissen.

- Seien Sie sensibel, was die Umgebung des Kindes betrifft. Reduzieren Sie, wenn nötig, den Lärmpegel und visuelle Stimulationen.
- Werden Sie eine gute Beobachterin bzw. ein guter Beobachter. Achten Sie auf ein Verhalten, das auf die ansteigende Irritabilität eines Kindes hinweisen könnte.
- Gewähren Sie impulsiven Kindern Zeiten für freies Spiel. Die Wahlmöglichkeiten müssen bei diesen Kindern möglicherweise eingeschränkt werden.
- Halten Sie körperliche Nähe oder berühren Sie das Kind sanft, um ihm dabei zu helfen, die Kontrolle zu bewahren.
- Lassen Sie kein aggressives Verhalten zu. Entschiedenes, konsequentes Vorgehen hilft Kindern, Vertrauen in Sie und in sich selbst zu entwickeln.

Helfen Sie allen Kindern, ein gutes Gefühl sich selbst gegenüber zu haben. Selbst wenn Kinder emotionale Schwierigkeiten und Verhaltensprobleme haben, brauchen sie Möglichkeiten zur Entwicklung ihrer Selbststeuerung. Einfühlsame Betreuerinnen versichern Kindern, dass sie wertvolle Menschen sind. Sie geben allen Kindern die Gelegenheit, ihre Gefühle angemessen auszudrücken und Umgang mit anderen Menschen zu haben.

ENTWICKLUNGSWEGE
Typische Verhaltensweisen für frühe Phasen
der emotionalen Entwicklung

Junge Säuglinge (bis 8 Monate)	• drücken unmissverständlich aus, ob sie sich wohl oder unwohl fühlen • können normalerweise von einer oder einem ihnen vertrauten Erwachsenen getröstet werden, wenn sie missgestimmt sind • lachen lauthals („belly laugh") • zeigen beim Verlust eines Spielzeugs Missfallen oder Enttäuschung • drücken mehrere Emotionen deutlich aus: Vergnügen, Ärger, Furcht oder Angst, Traurigkeit, Freude, Erregung
Mobile Säuglinge (bis 18 Monate)	• zeigen Stolz über neue Fähigkeiten und Freude an ihnen • bringen negative Gefühle zum Ausdruck • zeigen weiterhin Freude daran, etwas zu beherrschen • sind sich des eigenen Selbst bewusst, zeigen ein starkes Ich-Gefühl
Kleinkinder (bis 3 Jahre)	• zeigen häufig aggressive Gefühle und aggressives Verhalten • zeigen gegensätzliche Gemütszustände und Stimmungsumschwünge (stur versus fügsam) • zeigen stärkere Ängstlichkeit (vor der Dunkelheit, vor Monstern usw.) • sind sich ihrer eigenen Gefühle sowie der anderer Menschen bewusst • verbalisieren Gefühle häufiger, verleihen Gefühlen im Symbolspiel Ausdruck

Unterschiedliche Entwicklungswege

Was Sie sehen	Jacob hat immer ein Lächeln auf dem Gesicht, wenn er kommt. Er ist flexibel und unkompliziert, selbst wenn die Dinge nicht so laufen, wie er es gerne hätte. Er spielt gerne in kleinen Gruppen und man sieht sogar, dass er sich in andere einfühlt (wenn er ein weinendes Kind tätschelt und tröstet).
Was Sie denken mögen	Mit seinen fast drei Jahren ist Jakob eine wahre Freude und man hat ihn gerne um sich. An Tagen, an denen viel los ist, vergessen Sie ihn aber fast. Manchmal haben Sie ein schlechtes Gewissen, weil sie nicht mehr Zeit mit ihm verbringen.
Was Sie vielleicht nicht wissen	Jakob ist ein mittleres Kind – er hat einen zwei Jahre älteren Bruder und ein neugeborenes Geschwisterkind. Zu Hause gibt es einige finanzielle Schwierigkeiten – Jakobs Vater hat zwei Jobs und seine Mutter unterhält von zu Hause aus einen Catering-Service (und kümmert sich gleichzeitig um das Baby). Die Eltern haben nicht viel Zeit, in der sie Jakob ihre Aufmerksamkeit schenken können.

Was Sie tun können	Versuchen Sie, mehr Kontakt zu Jacob herzustellen. Das kann einfach bedeuten, dass Sie ihn anlächeln, wenn sein Blick Sie trifft, oder neben ihm sitzen, während sie ein anderes Kind halten. Versuchen Sie, etwas Extrazeit einzuplanen, in der Sie mit ihm das tun, was er am liebsten tut. Lassen Sie ihn dabei *helfen,* die Servietten für den Imbiss hinzulegen. Denken Sie daran, dass alle Kinder besondere Aufmerksamkeit brauchen. Die bloße Tatsache, dass Jacob diese nicht einfordert, bedeutet nicht, dass er sie nicht genießen würde. Lassen Sie es nicht zu, dass Sie ihn übersehen, weil Sie beschäftigt sind.
Was Sie sehen	Megan ist ein aktives zweieinhalbjähriges Mädchen, das starke Emotionen zeigt. Sie lässt jedermann wissen, ob sie glücklich oder unglücklich ist! Sie ist mäkelig und zankt sich oft mit anderen Kindern um ein Spielzeug oder einen anderen Gegenstand.
Was Sie denken mögen	Megan ist ein kleiner Plagegeist! Sie schätzen ihr schwungvolles Temperament, aber ihre Neigung zu aggressivem Verhalten mögen Sie nicht. Sie scheint oft frustriert zu sein, sogar schon *bevor* sie Aktivitäten überhaupt in Angriff nimmt.
Was Sie vielleicht nicht wissen	Megan *ist* ein lebhaftes und willensstarkes Kind. Sie liebt das wilde und raue Spiel, in das sie häufig mit ihrem fünfjährigen Bruder verwickelt wird. Von ihren Eltern werden ihr subtile und weniger subtile, unterschiedliche Botschaften vermittelt: Ihr Vater (aus einer anderen Kultur) missbilligt ihr aktives Verhalten und weist sie oft zurecht; ihre Mutter hat gerade begonnen, außer Haus zu arbeiten, und liebt ihre neue Tätigkeit – sie sieht Megans Verhalten als Zeichen für die wachsende Unabhängigkeit ihrer Tochter.
Was Sie tun können	Helfen Sie Megan, mit ihren intensiven Reaktionen umzugehen. Fühlen Sie mit ihr, wenn etwas nicht nach ihrem Sinn läuft, aber setzen sie jeglichem aggressivem Verhalten entschieden Grenzen. Versuchen Sie, ihr zusätzliche Zeit für Situationswechsel zu gewähren; sagen sie ihr, dass es einen Imbiss geben wird und dass sie danach nach draußen gehen wird. Helfen Sie ihr, besser mit ihren Frustrationen umzugehen, indem Sie ihr viel Gelegenheit zu aktivem Spiel geben. Denken Sie daran, dass ihr heutiges lebhaftes und willensstarkes Verhalten die Bedingungen für spätere Führungskompetenz schaffen könnte.

Quelle: Bredekamp, S. und Copple, C. (Hg.) (1997): *Developmentally Appropriate Practice in Early Childhood Programs* (überarb. Aufl.). Washington, D.C., National Association for the Education of Young Children.

Zusammenfassung

Unter Emotionen versteht man die affektive Reaktion auf ein Ereignis.

Die Entwicklung von Emotionen und Gefühlen

- Die emotionalen Reaktionen junger Säuglinge sind wenig differenziert; Zustände der Erregung beginnen sich innerhalb weniger Monate in die emotionalen Zustände Freude, Angst und Ärger aufzufächern.
- Kleinkinder bringen Stolz, Verlegenheit, Scham und Empathie zum Ausdruck; Erwachsene müssen die Bemühungen der Kleinkinder, Bewältigungstechniken zu lernen, um mit den Frustrationen des täglichen Lebens umzugehen, unterstützen.

Temperament und Resilienz

- Das Temperament, oder der Verhaltensstil eines Menschen, kann in Form von *Merkmalen* beschrieben werden, und diese Merkmale zu verstehen kann Betreuerinnen dabei helfen, Kindern gegenüber auf mitfühlende, unterstützende Art zu reagieren und einzugehen.
- Resilienz, oder die Fähigkeit, Schwierigkeiten zu meistern, wird als ein dynamischer Prozess angesehen; diesbezügliche Forschung deutet darauf hin, dass es bestimmte Strategien der Pflege und Betreuung gibt, die ihre Entwicklung unterstützen und lebenslange Bewältigungsfähigkeiten fördern.

Säuglingen und Kleinkindern helfen, mit Angst umzugehen

- Eine im ersten Lebensjahr übliche Angst ist die Angst vor Fremden. Im Kleinkindalter nimmt die Komplexität der Ängste zu, die dann mit imaginären Wesen, Tieren, der Dunkelheit und der Angst, sich weh zu tun, zusammenhängen können.
- Es ist wichtig, Ängste als begründet zu akzeptieren und kleinen Kindern Zeit zu lassen, sich auf neue Erfahrungen einzustellen.

Säuglingen und Kleinkindern helfen, mit Ärger umzugehen

- Respektvolle Betreuerinnen akzeptieren den Ärger eines kleinen Kindes und geben ihn in Worten wieder; sie widersprechen den Gefühlen eines

Kindes nicht, während sie es (und andere) schützen und es lernt, Bewältigungsfähigkeiten zu entwickeln.
- Ärger kann zusätzliche Energie für das Problemlösen oder das Erleichtern von Frustrationen mobilisieren. Es ist wichtig, daran zu denken, dass in einigen Kulturen andere Vorstellungen darüber herrschen, ob und wie Ärger und Wut zum Ausdruck gebracht werden sollten.

Selbstberuhigungstechniken
- Sich bei emotionalen Verstimmungen selbst beruhigen zu können, ist eine wichtige Fähigkeit. Manche dieser *Selbstberuhigungstechniken* sind angeboren (zum Beispiel das Daumenlutschen), andere können erlernt werden (zum Beispiel, dass man seine Gefühle anderen mitteilt).
- Die Zunahme der Selbstberuhigungskompetenz wird durch die Entwicklung von Vertrauen beeinflusst und durch einfühlsame, soziale Beziehungen unterstützt.

Selbststeuerung entwickeln
- Aus der Arbeit von Abraham Maslow und anderen lässt sich schließen, dass Betreuerinnen die Grundbedürfnisse sehr junger Kinder auf respektvolle Art und Weise befriedigen müssen, wenn den Bedürfnissen auf höheren Ebenen entsprochen werden soll.
- Die Selbststeuerung eines Kindes wird durch respektvolle Erwachsenen-Kind-Beziehungen gestärkt.

Das emotionale Gehirn
- Früher emotionaler Austausch (vor dem Sprechen) zwischen Säuglingen und ihren Betreuerinnen fördert das Gehirnwachstum. Respektvolle Beziehungen stärken die Gehirnbahnen und sind die Voraussetzung für gesundes emotionales Wachstum.
- Häufige und intensive frühe Stresserfahrungen können dazu führen, dass das Gehirn eines Säuglings sich neu organisiert. Stresshormone werden freigesetzt, was eine Reduzierung der Synapsenzahl in bestimmten Bereichen des Gehirns verursacht.

Kinder mit besonderen Bedürfnissen: emotionale Störungen

- Es ist wichtig, die Fähigkeiten und die Beschränkungen, denen ein Kind möglicherweise unterliegt, so schnell wie möglich zu klären und zu beschreiben. Eine besondere Herausforderung kann es darstellen, die Ursache einer emotionalen Störung zu identifizieren und zu bestimmen.
- Die Entwicklung von Bindung und die Auswirkungen, die Stress auf ein kleines Kind hat, sind von besonderer Bedeutung, wenn über emotionale Störungen in der frühen Kindheit nachgedacht wird.

Schlüsselbegriffe

Emotionen / Gefühle / Konditionierung / Resilienz / Selbstberuhigungstechniken / Selbstverwirklichung / Temperament

Fragen und Aufgaben

1. Sehen Sie sich noch einmal Ihre Definition von Bindung an. Welche Rolle spielt Bindung bei der emotionalen Entwicklung?
2. Auf welche Weise hilft Ihnen das Wissen um Temperament dabei, besser mit sehr kleinen Kindern zu interagieren?
3. Wie würden Sie einem acht Monate alten Säugling helfen, sich zu beruhigen? Inwiefern wäre Ihr Verhalten bei einem ängstlichen Zweijährigen anders?
4. Wie würden Sie einem Kleinkind helfen, mit Ärger zurechtzukommen? Beschreiben Sie eine Erfahrung, die Sie in letzter Zeit mit einem wütenden Kleinkind hatten, und wie Sie darauf reagierten.
5. Welche Wege gibt es, auf Säuglinge und Kleinkinder so zu reagieren und einzugehen, dass hiermit ihre Individualität gefördert wird? Berücksichtigen Sie bei Ihrer Antwort auch Kinder mit besonderen Bedürfnissen.
6. Wie würden Sie Ihr eigenes Temperament beschreiben? Glauben Sie, dass Sie ein resilienter Mensch sind? Denken Sie darüber nach, auf welche Weise Ihre Antwort auf diese Fragen Einfluss auf Ihre Interaktion mit sehr kleinen Kindern hat.

Weiterführende Literatur

Bergen, D., Reid, D. und Torelli, L. (2000): *Educating and Caring for Very Young Children: The Infant/Toddler Curriculum.* New York, Teachers College Press.

Elliot, E. (2003): Challenging Our Assumptions: Helping a Baby Adjust to Center Care. In: *Young Children 58*, 4, July, 22-28.

Gerber, Magda (1980): Helping Baby Feel Secure, Self-Confident and Relaxed. In: *Educaring 1*, 4, Fall, 4.

Goleman, Daniel (1995): *Emotional Intelligence.* New York, Bantam Books.

Greenman, Jim (2001): *What Happened to the World? Helping Children Cope in Turbulent Times.* Washington D.C., National Association for the Education of Young Children.

Kalb, C. (2005): When Does Autism Start? In: *Newsweek magazine 145*, 9, February, 45-53.

Kersey, K. C. und Malley, C. R. (2005): Helping Young Children Develop Resiliency: Providing Supportive Relationships. In: *Young Children 60*, 1, January, 53-58.

Landry, S. (2002): *Pathways to Competency: Promoting Healthy Social and Emotional Development in Young Children.* Baltimore, Md., Paul H. Brooks.

LeDoux, J. (1996): *The Emotional Brain: The Mysterious Underpinnings of Emotional Life.* New York, Simon & Schuster.

Leiberman, Alicia (1993): *The Emotional Life of the Toddler.* New York, Free Press.

Novick, R. (2002): Learning to Read the Heart: Nurturing Emotional Literacy. In: *Young Children 57*, 3, May, 84-89.

Plattner, L. (2003): Granting Children their Emotions. In: *Child Care Information Exchange*, July/August, 34-36.

Schreiber, M. E. (1999): Time-outs for Toddlers: Is Our Goal Punishment or Education? In: *Young Children 54*, 4, July, 22-26.

Kapitel 11

Soziale Fähigkeiten

Schwerpunktfragen

Nachdem Sie dieses Kapitel gelesen haben,
sollten Sie in der Lage sein, folgende Fragen zu beantworten:

1. Nennen Sie einige Beispiele für frühes Sozialverhalten.
2. In seinem Stufenmodell der psychosozialen Entwicklung wies Erikson den ersten Lebensjahren drei Stufen zu, in denen seiner Ansicht nach jeweils ein Konflikt zu bewältigen ist. Wie heißen die drei Stufen und was geschieht, wenn die Konflikte nicht in der jeweiligen Phase gelöst werden?
3. Auf welche Weise können Betreuerinnen Kindern helfen, mit Ängsten und anderen mit der zeitweiligen Trennung von ihren Eltern verbundenen Gefühlen umzugehen?
4. Zu Führung und Disziplin gehört, dass Grenzen gesetzt werden. In diesem Kapitel werden im Zusammenhang mit Disziplin zwei weitere spezielle Probleme erörtert. Welche sind das?
5. 5. Zu Disziplin gehört das Vermitteln positiven sozialen Verhaltens. Welches sind Beispiele für positives soziales Verhalten, das Erwachsene Kindern beibringen oder das sie bei ihnen fördern können?
6. Welche sieben Geschenke, die gesundes Gehirnwachstum fördern, können Erwachsene Säuglingen und Kleinkindern machen?

Was sehen Sie?

Eine Mutter betritt das Säuglingszentrum. Sie hat ein Kind mit angespanntem Gesichtsausdruck auf dem Arm. Das Kind hat beide Arme um den Hals seiner Mutter geschlungen und klammert sich an ihr fest. Die Mutter stellt ihre Windeltasche in ein Fach beim Eingang, spricht dann kurz mit der Betreuerin und sagt zu ihrer Tochter: „Ich muss gleich gehen, Rebecca. Du bleibst hier bei Maria. Sie wird sich um dich kümmern, während ich weg bin." Sie beugt sich vor und versucht ihre Tochter abzusetzen. Maria ist zu den beiden gekommen und kniet sich hin, wartet. Rebecca klammert sich noch stärker fest und weigert sich, abgesetzt zu werden. Also setzt sich die Mutter auf den Boden, Rebecca noch immer in ihren Armen. Sie sitzen da mehrere Minuten lang. Das Kind beginnt sich ein bisschen zu entspannen. Es streckt sich nach einem Schiebestabspielzeug, erfasst den Griff und rollt es hin und her über den Teppich, noch immer in den Armen seiner Mutter. Es vertieft sich so in seine Beschäftigung, dass es den Schoß der Mutter verlässt und sich ein wenig von ihr entfernt. Da steht die Mutter auf, beugt sich herunter und küsst ihre Tochter. Sie sagt: „Es ist jetzt Zeit, dass ich gehe. Tschüs." Sie geht zur Tür. Rebecca folgt ihr, sieht bekümmert aus. An der Tür dreht sich ihre Mutter noch einmal kurz um, winkt, wirft ihr einen Kuss zu, dreht sich zurück, öffnet die Tür und ist verschwunden. Als sie das Geräusch der Tür hört, die ins Schloss fällt, stößt Rebecca einen Klagelaut aus, sackt dann schluchzend zu Boden.

Eine der wichtigsten sozialen Fähigkeiten, die alle Menschen lernen müssen, ist die, sich von den Menschen zu trennen, die ihnen etwas bedeuten. Rebecca arbeitet an dieser Fähigkeit. Später in diesem Kapitel werden Sie sehen, wie Maria Rebecca half, mit ihren Gefühlen des Zurückgelassenseins umzugehen.

Sozialisation, das Thema dieses Kapitels, umfasst sowohl das Erlernen der Fähigkeiten, die uns mit anderen Menschen verbinden, als auch derjenigen, die uns dabei helfen, von ihnen getrennt zu sein. Es handelt sich hierbei um den Lernprozess, durch den wir zu akzeptablen Mitgliedern unserer Gesellschaft werden. Soziale Fähigkeiten fördern Kooperation und interdependente Beziehungen. Menschen müssen soziale Fähigkeiten erlernen; wir werden nicht mit ihnen geboren und sie entwickeln sich nicht einfach wie die grobmotorischen und sprachlichen Fähigkeiten. Die sozialen Fähigkeiten beschränken sich jeweils auf die bestimmte Kultur eines Individuums, und man lernt sie ausschließlich von anderen Menschen.

Die Entwicklung sozialer Fähigkeiten bei Säuglingen und Kleinkindern ist von anderen Entwicklungsbereichen abhängig. Eine sichere Bindung als Basis ermöglicht es einem Kind, Vertrauen zu haben und sich deshalb mit einem gewissen Grad an Mühelosigkeit von seinen Eltern zu trennen. Die Entwicklung von Muskeln und Motorik schafft Voraussetzungen für soziale Fähigkeiten, die vom Sauberkeitstraining bis zum selbstständigen Essen reichen. Kognitive und sprachliche Fähigkeiten wirken zusammen und helfen kleinen Kindern, Probleme zu lösen und anderen Menschen klar zu verstehen zu geben, welche Bedürfnisse sie haben. Ein Gefühl für das eigene Ich und die wachsende Fähigkeit, mit Gefühlen umzugehen, schaffen die Basis für die Entwicklung von Empathie. Und durch Empathie, durch dieses Fühlen mit anderen, werden wir eine mitmenschliche Gesellschaft mit Zusammenhalt.

Selbstverständlich spielen die Eltern eine große Rolle bei der Vermittlung sozialer Fähigkeiten und der Unterstützung ihrer Entwicklung. Es ist Aufgabe der Betreuerinnen, zu verstehen, auf welche sozialen Fähigkeiten die Eltern zu Hause Wert legen, damit die Kinder in der Betreuungseinrichtung nicht durch Botschaften verwirrt werden, die im Widerspruch dazu stehen. Hierfür bedarf es der Zusammenarbeit von Betreuerinnen und Familien, die in Kapitel 14 eingehender behandelt wird. Wir müssen den kleinen Kindern Erfahrungen bieten, die diejenigen sozialen Fähigkeiten fördern, die in unserer Kultur wertgeschätzt werden. Kinder lernen diese Fähigkeiten von verantwortungsvollen Erwachsenen, denen sie etwas bedeuten und die ihnen beständig Respekt erweisen.

Dieses Kapitel betrachtet die Entwicklung des Sozialverhaltens vom Säuglings- bis ins Kleinkindalter. Eine besondere Betonung liegt auf den zu Erik Eriksons Stufenmodell der psychosozialen Entwicklung gehörenden Stufen Vertrauen, Autonomie und Initiative. Beschrieben wird die praktische Anwendung von Eriksons Theorie im Zusammenhang mit Disziplin und positivem sozialem Verhalten. Praktische Anleitungen zur Förderung gesunden Gehirnwachstums sind ebenfalls Inhalt dieses Kapitels. Die besonderen Bedürfnisse aller Kinder werden in Form einer summarischen Sammlung von Leitlinien für Betreuerinnen und Eltern behandelt.

Zu keinem anderen Zeitpunkt in der Geschichte ist die Entwicklung sozialer Fähigkeiten so wichtig gewesen wie heute. Wir können es uns nicht erlauben, eine Generation heranzuziehen, die glaubt, dass Macht vor Recht geht. Wir müssen kleinen Kindern beibringen, wie sie Konflikte lösen, ohne auf Gewalt zurückzugreifen. Die Vermittlung dieser Kenntnisse beginnt im Säuglingsalter.

Emmi Piklers erstes Buch, *Friedliche Babys, zufriedene Mütter* (1940 auf Ungarisch erschienen), fokussierte auf die Erziehung friedlicher Menschen. Pikler machte diesen Fokus auch zum Motto ihrer Arbeit, indem sie das Pikler-Institut gründete und unterhielt, wo Kinder in einer Heimumgebung großgezogen wurden und werden. Beobachter sind in der Tat überrascht von den sozialen Fähigkeiten, die diese kleinen Kinder zeigen.

Ein weiteres Sozialisationsproblem wird im Kasten „Die Prinzipien in der Praxis" illustriert. Wenn Erwachsene sich so stark auf die intellektuellen Fähigkeiten konzentrieren, dass sie den Mangel eines Kindes an sozialen Fähigkeiten nicht bemerken, kann dies zu einseitiger Entwicklung führen und das Kind ernstlich benachteiligen. In Gerbers und Piklers Ansätzen wird betont, wie wichtig es ist, sich auf das ganze Kind zu konzentrieren.

Die Prinzipien in der Praxis

Prinzip 4: Investieren Sie Zeit und Energie, um an der Entwicklung des vollständigen Menschen zu arbeiten (konzentrieren Sie sich auf das „ganze Kind"). Fokussieren Sie nicht allein auf die kognitive Entwicklung oder betrachten Sie diese nicht als etwas, das getrennt von der Gesamtentwicklung abläuft.

Cody ist 26 Monate alt und die Betreuerinnen des Kleinkindprogramms, an dem er teilnimmt, staunen über ihn. Als das einzige Kind berufstätiger Eltern spricht er wie ein Erwachsener, benutzt schwierige Wörter und komplizierte Sätze. Er kennt die Texte vieler Lieder, die er im Radio gehört hat, und hat Freude daran, jedermann vom letzten Video zu erzählen, das er gesehen hat. Er scheint zu versuchen, sich selbst das Lesen beizubringen, und was das Verständnis von Zahlenkonzepten betrifft, ist er bereits ein Ass. Er schenkt den anderen Kindern nur selten seine Aufmerksamkeit und verbringt die meiste Zeit damit, mit seinen vielen Fähigkeiten bei Erwachsenen anzugeben, oder bleibt ansonsten alleine. Er scheint nicht zu wissen, wie er beim Spiel der anderen Kinder mitmachen kann, und nicht einmal, wie er in ihrer Nähe auf vergleichbare Art spielen kann. Er hat die Betreuerinnen so entzückt, dass sie für sein Bedürfnis, soziale Fähigkeiten zu erlernen, um bei seinen Altersgenossen Anschluss zu finden, blind zu sein scheinen. Niemand macht sich Sorgen um Cody.

1. Sehen Sie einen Anlass zur Sorge?
2. Was würden Sie, wenn Sie in diesem Programm arbeiten würden, tun, um Cody zu helfen, sich für andere Kinder zu interessieren und lernen zu wollen, wie er mit ihnen eine Beziehung aufbauen kann?

3. Falls Sie Codys Entwicklung als einseitig betrachten, wie würden Sie auf die Eltern zugehen, um mit ihnen darüber zu sprechen, was Sie wahrnehmen?
4. Was denken Sie ansonsten über Cody?
5. Über was würden Sie gerne mehr wissen?
6. Was glauben Sie, warum Cody so viel Aufmerksamkeit von den Erwachsenen zu brauchen scheint?"

Frühe soziale Verhaltensweisen

Säuglinge kommen mit einer Reihe sozialer Verhaltensweisen auf die Welt, die sie von Anfang an dafür nutzen, die Menschen um sie herum am Sozialisationsprozess zu beteiligen. Tatsächlich kann man sehen, wie Babys nur wenige Stunden nach der Geburt auf eine durch Synchronizität gekennzeichnete Art interagieren, indem sie ihre Körper zum Rhythmus und zu den Körperbewegungen jedes Menschen bewegen, der mit ihnen spricht. Die tanzähnlichen Bewegungen sind winzig, aber sie sind präsent, ungeachtet der Tatsache, dass der oder die Sprechende sie gewöhnlich nicht wahrnimmt. Sie treten nur in Reaktion auf Sprache auf (jeder Sprache, nicht unbedingt der Sprache der Familie des Babys), erscheinen aber nicht in Reaktion auf andere Arten von Rhythmen.[1]

Eine weitere frühe soziale Verhaltensweise ist das Nachahmen. Die den Säuglingen eigene Tendenz zur Nachahmung ist dem Sozialisationsprozess sehr dienlich, weil die Babys das Sozialverhalten Erwachsener kopieren oder imitieren (was natürlich bedeutet, dass der oder die Erwachsene bewusst positives soziales Verhalten modellhaft vorführen muss). Das Nachahmungsverhalten beginnt schon sehr früh. In den ersten Wochen imitieren Babys Verhaltensweisen wie das weite Öffnen der Augen oder das Herausstrecken der Zunge.

Ein weiterer Beweis für frühes Sozialverhalten, das von der Natur dafür gemacht zu sein scheint, Erwachsene gleich von Anfang an in den Sozialisationsprozess zu verwickeln, ist das Lächeln. Darüber, ob es sich bei den ersten Lächeln um „echte" Lächeln – soziale Lächeln – handelt, wird noch debattiert. Aber ganz gleich, ob sie wirklich sozial sind oder nicht, entlocken Lächeln dem oder der angelächelten Erwachsenen fast immer eine soziale Reaktion.

Wenn sie ein paar Monate alt sind, können die meisten Babys effektiv nonverbal mit den Menschen kommunizieren, an die sie gebunden sind. Während sie besser und besser darin werden, mit bestimmten Menschen zu kommunizieren, entwickeln sie Angst, wenn sie mit Menschen zusammen sind, die ihr einzigartiges Kommunikationssystem nicht kennen. Diese Angst, die als **Fremdeln** oder als Fremdenangst bezeichnet wird, tritt oft etwa im sechsten Lebensmonat auf. Sie scheint am stärksten bei den Babys ausgeprägt zu sein, die ausgezeichnet mit ihrer Partnerin oder ihren Partnern kommunizieren. Die Angst wird verstärkt, wenn der oder die Fremde versucht, mit dem Baby zu kommunizieren. Häufig verringert sich die Angst, wenn der oder die Fremde sich still und unkommunikativ verhält. Wenn Sie sich vorstellen, wie Sie sich fühlen würden, wenn sie mit jemandem konfrontiert wären, der eine fremde Sprache spricht und äußerst bestrebt zu sein scheint, Ihnen etwas zu erzählen, können Sie vielleicht die Erregung eines Säuglings verstehen, der sich einem oder einer gesprächigen Fremden gegenüber sieht.

Bis zum zweiten Lebensjahr machen Babys bereits kommunikative soziale Gesten, die bis zu einem gewissen Grad Vorhersagen darüber zulassen, wer unter ihnen als Vorschüler sehr beliebt sein wird und wer Schwierigkeiten mit Beziehungen zu Gleichaltrigen haben wird. Die Säuglinge, aus denen wahrscheinlich beliebte Vorschüler werden, verfügen bereits über eine Reihe *freundlicher* Gesten, die sie häufig offen zeigen. Dazu gehört zum Beispiel, dass sie anderen Spielzeug anbieten, in die Hände klatschen und lächeln. Bei den Säuglingen, die regelmäßig gegenüber ihren Altersgenossen drohende oder aggressive Gesten oder eine Mischung aus freundlichen und unfreundlichen Gesten einsetzen, ist es wahrscheinlicher, dass sie sich zu weniger gern gemochten Vorschülern entwickeln.[2]

Bindung ist der primäre Faktor bei der Entwicklung sozialer Fähigkeiten. Aus der Beziehung mit einer Hauptbezugsperson resultieren die Fähigkeiten, auch andere Beziehungen aufzubauen.

Stufen psychosozialer Entwicklung

Erik Erikson ist der Theoretiker, der zum Thema soziale Entwicklung am meisten zu sagen hat. In seinem Buch *Kindheit und Gesellschaft* beschreibt er drei Stufen von ihm so genannter psychosozialer Entwicklung, die für Kinder unter drei Jahren bzw. für Dreijährige gelten (siehe Tabelle 11.1).

Tabelle 11.1 Die ersten drei Stufen der psychosozialen Entwicklung nach Erik Erikson (die fett gedruckten Stufen beziehen sich auf Kinder unter drei Jahren)

Alter	Stufe	Beschreibung
0-1	Urvertrauen versus Urmissvertrauen	Kinder entwickeln Vertrauen in die Welt, wenn ihre Bedürfnisse befriedigt werden und auf einfühlsame Art für sie gesorgt wird. Sonst sehen sie die Welt als kalt und feindlich an und entwickeln ein Gefühl des Urmisstrauens.
1-3	Autonomie versus Scham und Zweifel	Kinder arbeiten in Bereichen wie Essen und Sauberkeit an der Entwicklung ihrer Unabhängigkeit. Sie können sprechen und ihren Willen durchsetzen. Wenn sie nicht lernen, bis zu einem gewissen Grad autonom zu handeln, beginnen sie an ihren eigenen Fähigkeiten zu zweifeln und fühlen Scham.
3-6	Initiative versus Schuldgefühl	Kinder stoßen in die Welt vor, probieren neue Aktivitäten aus und erkunden neue Wege. Sind ihnen zu enge Grenzen gesetzt, überschreiten sie diese ständig und haben Schuldgefühle wegen dieser inneren Triebe, die sie immer wieder in Schwierigkeiten bringen.

Vertrauen

Die erste Stufe der psychosozialen Entwicklung ist **Vertrauen**. Wenn Säuglinge die Erfahrung machen, dass ihre Bedürfnisse verlässlich und auf sanfte Art befriedigt werden, entscheiden sie irgendwann im ersten Lebensjahr, dass es schön ist, auf der Welt zu sein. Sie entwickeln, was Erikson als „Gefühl des Urvertrauens" bezeichnet. Werden ihre Bedürfnisse nicht beständig befriedigt oder erfolgt die Befriedigung auf raue Art, entscheiden Säuglinge möglicherweise, dass die Welt ein feindlicher Ort ist, und entwickeln Misstrauen statt Vertrauen. Wenn nichts geschieht, um ihre Sicht der Welt zu ändern, können jene Säuglinge diese Einstellung bis ins Erwachsenenalter beibehalten.

Wenn Säuglinge in der Kinderbetreuung untergebracht sind, tragen die in der Einrichtung arbeitenden Erwachsenen eine gewisse Verantwortung dafür, dass die Kinder, die sie betreuen, ein Gefühl des Urvertrauens entwickeln.

Überlegen Sie …

Sind Sie jemand, der ein Gefühl des Urvertrauens hat? Wenn ja, was gab Ihnen Ihrer Meinung nach dieses Vertrauen? Wenn nein, was ist Ihnen passiert?

Das bedeutet, dass ihre *Bedürfnisse* für jedermann, von der Leiterin der Einrichtung abwärts, eine Hauptsorge sein müssen. Auf jeden Fall muss die Betonung in einem Säuglingsprogramm auf individuellen Bedürfnissen liegen – Säuglinge sind nicht wie ältere Kinder, die ihren eigenen Bedürfnissen die der Gruppe voranstellen können und das Mittagessen oder einen Imbiss abwarten oder eine Stunde darauf warten können, zur Toilette zu gehen.

Die Tatsache, dass es für Kinder so wichtig ist, ein Gefühl des Urvertrauens zu entwickeln, bedeutet auch, dass Säuglinge in Betreuungseinrichtungen kleine Gruppen mit immer denselben Betreuerinnen brauchen. Stabilität in den Programmen trägt dazu bei, dass Säuglinge sich wohl fühlen und Vertrauen aufbauen.

Mit der Entwicklung von Vertrauen geht einher, dass Trennung bewältigt werden muss. Wenn die Bindung stärker wird, wächst für das Kind auch der Schmerz, von dem oder den Menschen getrennt zu sein, an den oder die es gebunden ist. Erzieherinnen investieren viel Zeit und Energie, um Kindern dabei zu helfen, mit den Gefühlen umzugehen, die durch Trennung hervorgebracht werden. Die Eingangsszene bot hierfür ein Beispiel. Gehen Sie noch einmal zu der Szene zurück. Da haben wir Rebecca, zu Boden gesackt, schluchzend.

> Sie blickt auf, als eine Hand sie an der Schulter berührt. Sie sieht Maria, die Betreuerin, neben sich knien. Sie wendet sich von der Berührung ab. Maria bleibt nah bei ihr. „Ich verstehe, dass du traurig bist, weil deine Mutter gegangen ist", sagt sie. Rebecca beginnt wieder zu schreien. Maria bleibt neben ihr, aber still. Rebeccas Schreie klingen ab und sie geht wieder dazu über, leise zu schluchzen. Sie schluchzt eine Weile weiter; dann erblickt sie ihre Windeltasche, die ihre Mutter in ihrem Fach gelassen hat. Sie greift nach ihr; auf ihrem tränenüberströmten Gesicht liegt ein erwartungsvoller Ausdruck. Maria holt sie für sie heraus. Rebecca klammert sich an die Tasche. Maria greift hinein und zieht einen in ein Tuch eingewickelten Teddybären heraus. Rebecca ergreift den Teddy und drückt ihn fest an sich. Sie streicht über das Tuch, hält es sich in regelmäßigen Abständen an die Nase und riecht daran. Ihr Gesicht wird immer entspannter.
>
> Maria entfernt sich von ihr. Rebecca scheint es nicht zu bemerken. Maria kommt mit einer Kiste voller Puppen und Decken zurück, die sie neben Maria auf dem Boden anordnet. Rebecca krabbelt augenblicklich herüber, kippt die

Kiste um und krabbelt hinein. Die Szene endet damit, dass Rebecca eine Puppe in eine Decke einhüllt und sie in der Kiste neben ihrem Teddy, der mit dem Tuch zugedeckt ist, zu Bett bringt.

Achten Sie darauf, wie Maria Rebecca half, mit der Trennung umzugehen. Sie fasste die Situation und die Gefühle in Worte. Sie stand zur Verfügung, drängte sich aber nicht auf. Sie zeigte Verständnis für Rebeccas Reaktion auf ihre Berührung und ihre Worte. Sie unterstützte Rebecca darin, Trost in vertrauten, eigenen Gegenständen zu finden. Sie gestaltete die Umgebung so, dass sie Rebecca anlockte.

Kindern über die Trennung hinweghelfen Hier sind noch ein paar weitere Vorschläge, wie Sie Kindern über den Prozess zeitweiliger Trennung hinweghelfen können, wenn sie sich von ihren Eltern verabschiedet haben.

1. Seien Sie ehrlich. Sprechen Sie die Tatsachen, einschließlich der emotionalen, aus. Sagen Sie etwas Ähnliches wie Maria oder so etwas wie: „Deine Mutti musste zur Arbeit gehen und du bist unglücklich darüber, dass sie dich zurückgelassen hat." Wenn es sich bei dem Gefühl, das Sie wahrnehmen, um Ärger handelt, können Sie dieses Gefühl in Worte fassen.
2. Gehen Sie an Situationen mit dem angemessenen Grad an Ernst heran. Wenn das Kind nur wenig leidet, machen Sie die Sache nicht schlimmer, als sie ist. Aber verharmlosen Sie das Leid des Kindes auch nicht. Spielen Sie die Bedeutung der Beziehung zwischen Kind und Eltern und das Ausmaß des Leids, das ein Kind erfahren kann, nicht herunter. Sie mögen bei sich selbst denken: „Da ist doch nichts bei – man wird sich um dich kümmern. Hier ist nichts, vor dem man Angst haben muss." Aber das Kind weiß das nicht und glaubt es vielleicht auch nicht, obwohl Sie es ihm versichern. Das Kind braucht Zeit, um herauszufinden, dass die Situation tatsächlich so ist – es gibt wirklich nichts, vor dem es Angst haben muss. Wenn das Kind in der Zwischenzeit verängstigt ist, akzeptieren Sie dies als Tatsache.
3. Bieten Sie ein Gleichgewicht aus liebevoller Anteilnahme und sachlichem Vertrauen. Vermitteln Sie dem Kind irgendwie die Einstellung, dass es jetzt zwar weh tut, dass es die Situation aber überleben und daraus wachsen wird. Seien Sie vorsichtig damit, allzu beruhigend auf das Kind einzuwirken. Wenn

Sie Versprechungen machen, könnte das Kind anfangen sich zu fragen, ob Sie wirklich sicher sind, dass seine Mutter oder sein Vater zurückkommen wird.

4. Bieten Sie Unterstützung und Hilfe bei der Bewältigung der Trennung. Körperliche Nähe kann helfen. Einigen Säuglingen und Kleinkindern geht es besser, wenn eine Erwachsene in der Nähe ist; andere begeben sich von ihrer Mutter oder ihrem Vater zu einem Spielzeug oder zu interessantem Material, das hingelegt wurde, um sie zum Spielen zu verlocken. Manchmal setzen Kinder ihre Gefühle in das Spiel mit einem Spielzeug um.

5. Begrüßen Sie es, wenn Kinder Dinge von zu Hause mitbringen. Manche Kinder finden Trost in der durch ein vertrautes Objekt hergestellten Verbindung zu ihrem Zuhause. Der Gegenstand kann ein besonderes Bindungsobjekt wie eine Decke oder ein Stofftier sein oder etwas, das keine andere emotionale Bedeutung hat als die, dass es von zu Hause mitgenommen wurde. Ein Kleinkind fand großen Trost in der Tatsache, dass seine Mutter ihr Portemonnaie (ein leeres Portemonnaie) bei seiner Windeltasche ließ. Es schien so, als sei der Junge sich nicht sicher, ob sie seinetwegen zurückkommen würde, aber er *wusste*, dass sie ihres Portemonnaies wegen zurückkommen würde!

6. Gestehen Sie den Kindern ihre individuellen Mittel und Wege zu, Trost zu finden. Einige Kinder weigern sich, einen Pullover, eine Mütze oder ein anderes Kleidungsstück abzulegen. Etwas an dem Tragen dieser Sachen bewirkt, dass sie sich sicherer fühlen, wenn sie von zu Hause weg sind. Oder vielleicht hat der Trost etwas mit dem Gefühl zu tun, dass der Aufenthalt in der Einrichtung nur vorübergehend ist, solange sie dieses Kleidungsstück nicht ausziehen – vergleichbar der Botschaft, die Erwachsene vermitteln, wenn sie einen Raum betreten und die ganze Zeit, die sie dort sind, ihre Autoschlüssel in der Hand behalten.

Es ist wichtig, sich auch mit einem Kind, das bei der Trennung nicht außerordentlich betrübt ist, mit diesem Thema zu befassen. Das Bewältigen von Verlust und Trennung ist eine lebenslange Aufgabe, nicht etwas, über das man hinwegkommt, wenn man sich als Baby das erste Mal von seinen Eltern getrennt hat. Unser ganzes Leben lang verlieren wir Menschen, denen wir nahe stehen, weil Freunde und Familienangehörige sich uns entfremden (oder wir uns ihnen), in eine andere Stadt ziehen oder sterben. Die Bewältigungsfähigkeiten, die wir in unseren ersten Lebensjahren entwickeln, helfen uns den ganzen Rest unseres Lebens. Wenn Kinder lernen, mit Verlust- und Trennungsangst zurechtzukommen, bekommen sie ein Gefühl der Beherrschung. Wenn sie nicht lernen zu bewältigen, haben sie das Gefühl, zu versagen, und werden misstrauisch.

Probleme, die Erwachsene mit Trennung haben Manchmal fällt es Erwachsenen aufgrund ihrer eigenen Erfahrungen schwer, mit den Gefühlen umzugehen, die Säuglinge und Kleinkinder bei der Trennung haben. Möglicherweise tragen sie in Bezug auf Trennung ein altes Problem mit sich herum –

> **Überlegen Sie ...**
>
> Was erinnern Sie noch von einem Mal in Ihrem Leben, als Sie von jemandem getrennt waren, zu dem Sie eine Bindung hatten? An welche Gefühle erinnern Sie sich? Was half Ihnen, sie zu bewältigen? Hat Ihnen jemand bei der Bewältigung geholfen?

offene Fragen sozusagen – und sind nicht bereit, sich damit zu befassen. Also ziehen sie es vor, alte Wunden nicht wieder aufzureißen. In einem solchen Fall kann es sein, dass sie sich in der Nähe von Kindern, die unter einem Gefühl des Verlustes leiden, unwohl fühlen. Statt zu versuchen, die Gefühle zu verstehen und den Kindern zu helfen, mit ihnen zurechtzukommen, wünschen sie, die Gefühle würden einfach verschwinden. Es kann sein, dass sie Kinder von ihren Gefühlen ablenken, in der Hoffnung, dass sie auf diese Weise ihren Schmerz vergessen. Aber der Schmerz kann nicht einfach „weggehen". Kinder müssen lernen, mit den Gefühlen zurechtzukommen. Die Fähigkeit, sich zu trennen, ist eine Kompetenz, die Säuglinge und Kleinkinder aufbauen; sie sind normalerweise nicht schon dazu fähig, wenn sie mit der Teilnahme an einem Programm beginnen. Wenn Trennung also ein Problem bereitet, ist Trennung das Curriculum, und auf dieses sollte die Erwachsene den Fokus legen.

Es kann für Betreuerinnen hilfreich sein, das Spektrum an Gefühlen, die mit Trennung einhergehen, zu erkennen. Die Verlustgefühle können von leichtem Unbehagen und Sorge bis zu Traurigkeit oder sogar tiefer Trauer reichen. Angst und Ärger sind weitere Reaktionen, die in einer Trennungssituation üblich sind. Ein Gefühl der Einsamkeit ist eine weitere Reaktion. Ein Kind kann alle diese Gefühle auf einmal empfinden oder nur eins von ihnen. All diese Begriffe für Gefühle wurden von Erwachsenen verwendet, um ihre Reaktion auf einen Verlust zu beschreiben, der sich einstellte, als sie zeitweilig oder auf Dauer von jemandem getrennt waren, an dem sie hingen. Auch wenn Säuglinge und Kleinkinder nicht unbedingt in der Lage sind, ihre Gefühle zu beschreiben, ist es doch leicht zu bemerken, dass sie dasselbe Spektrum an Emotionen haben wie Erwachsene.

Ein zusätzliches Problem, mit dem sich Betreuerinnen häufig konfrontiert sehen, ist das Verhalten von Eltern im Zusammenhang mit Trennung. Oft hört man, wie Betreuerinnen sich darüber beklagen, dass Eltern Trennungsprobleme noch verstärken und sogar zusätzliche schaffen. Dies geschieht, wenn es Eltern genauso viel (oder mehr) Schmerz bereitet, ihre Kinder zu verlassen, wie es ihren Kindern Schmerz bereitet, ihre Eltern zu verlassen. Wegen dieser Gefühle kann es sein, dass Eltern sich auf eine Art und Weise verhalten, die Sie nicht gutheißen. Manche Eltern ziehen es vor, sich wegzuschleichen, weil sie es nicht ertragen können, auf Wiedersehen zu sagen. Andere zögern die Abschiede hinaus, bis es jedem weh tut, obwohl das Kind bereits gezeigt hat, dass es ihm mit einem schnellen, unkomplizierten Abschied besser geht. Einige Eltern leiden, weil das Kind weint, wenn sie gehen; andere leiden, weil es *nicht* weint. Zeigen Sie sich Elterngefühlen gegenüber verständnisvoll und seien Sie sich der Tatsache bewusst, dass die Trennung auch für die Eltern hart ist. Die Schwierigkeiten der Eltern können noch durch ein Gefühl von Schuld darüber, dass sie ihre Kinder zurücklassen, verstärkt werden. Geben Sie ihnen alle Ihnen mögliche Unterstützung und Hilfe. (Mehr zu diesem Thema finden Sie in Kapitel 14.) Eine einfache Sache, die Betreuerinnen tun können, besteht darin, Eltern zu ermuntern, während des Tages anzurufen und nachzufragen, wie es ihrem Kind geht. Manchmal beruhigt schon eine so einfache Sache Eltern erheblich.

Ein zusätzlicher Faktor, den es bei der Betrachtung von Trennung in der Tagesbetreuung von Säuglingen und Kleinkindern zu bedenken gilt, ist die Bindung der Kinder an Betreuungspersonen. Weil die Schichten wechseln, das Personal wechselt und Erwachsene kommen und gehen, müssen Säuglinge und Kleinkinder möglicherweise mit der Trennung von einer geliebten Betreuerin umgehen, bevor sie ihre geliebte Mutter wieder begrüßen. Tatsächlich kann ein Tag in einer Kinderbetreuungseinrichtung aufgrund von Pausen, Mittagspausen und verschiedenen Verantwortungen, die eine bestimmte Betreuerin aus dem Raum holen, voller Begrüßungen und Abschiede sein. Dieses Kommen und Gehen ist für Säuglinge und Kleinkinder in einer Familientagespflegestätte normalerweise ein kleineres Problem.

Autonomie

Eriksons zweite Stufe psychosozialer Entwicklung, **Autonomie**, findet statt, wenn der heranwachsende Säugling sich dem zweitem Lebensjahr nähert und anfängt, sich in seiner Umgebung umherzubewegen. Wenn Säuglinge zu Kleinkindern werden, beginnen sie sich selbst als einzelne Menschen wahrzunehmen, nicht bloß als Teil der Person(en), an die sie gebunden sind. Sie entdecken die Macht, die sie besitzen, und sie drängen in Richtung Unabhängigkeit. Zur selben Zeit ermöglichen es ihnen ihre sich entwickelnden Fähigkeiten, mehr Dinge selbst zu tun. Sie erlernen Selbsthilfefähigkeiten.

Das Bereitsein für die Sauberkeitserziehung, die in Kapitel 3 beschrieben wurde, ist ein Beispiel für das Zusammenfallen von verstärkten Fähigkeiten und dem Drang nach Unabhängigkeit. Die notwendigen Fähigkeiten liegen in drei verschiedenen Bereichen – dem physischen (Kontrolle), dem

> **Überlegen Sie ...**
>
> Sind Sie jemand, der Probleme mit Trennung hat? Belasten die Gefühle von Kindern Sie mehr als andere Menschen, die Sie kennen? Wenn ja, was können Sie gegen Ihre eigenen Trennungsprobleme tun? Wenn nein, wie haben Sie Ihrer Meinung nach gelernt, mit Trennung zurechtzukommen?

kognitiven (Verständnis) und dem emotionalen (Bereitschaft). Das Ziel liegt darin, zu erreichen, dass die Bewegung in Richtung Unabhängigkeit für Sie und nicht gegen Sie arbeitet. Wenn Sie zu anspruchsvoll sind oder zu sehr drängen, können Sie sich bei der Sauberkeitserziehung in einem Machtkampf wiederfinden, und dann fühlt das Kind, im Namen der Unabhängigkeit, das Bedürfnis, sich Ihnen zu widersetzen. In seinem Geist ist Unabhängigkeit von nun an mit Windeln oder „Missgeschicken" gekoppelt. Es ist weit besser für das Kind, Sie als Unterstützung und Hilfe zu sehen, denn als ein Hindernis, das es ihm erschwert, Fähigkeiten und Unabhängigkeit zu entwickeln.

Die Sprache gibt Hinweise auf einen anderen Bereich von Autonomie. Das „NEIN!", für das Kleinkinder so berühmt sind, ist ein weiteres Zeichen für den Drang nach Abgrenzung und Autonomie. Sie grenzen sich von anderen durch ein Verhalten ab, das Widerspenstigkeit zu sein scheint. Wenn man will, dass sie hineingehen, wollen sie draußen bleiben. Wenn man will, dass sie aufhören, wollen sie anfangen. Wenn man ihnen Milch serviert, wollen sie Saft.

Zugegebenermaßen sehen Betreuerinnen normalerweise nicht so viel von dieser Form des Verhaltens wie Eltern. Die Verbindung zwischen Eltern und Kind ist eine viel stärkere und leidenschaftlichere. Viele Kinder fühlen sich zu Hause sicherer als in der Kinderbetreuung und drücken sich deshalb zu Hause uneingeschränkter in Worten und Taten aus. Es ist wichtig, Eltern nicht das Gefühl zu vermitteln, sie würden etwas falsch machen, weil die Kinder ein aufsässigeres und rebellischeres Verhalten an den Tag legen, wenn sie anwesend sind. Es ist normal, und sogar gut, wenn Kleinkinder ablehnende Verhaltensweisen zeigen. Diese verdeutlichen, wie stark das wachsende Gefühl der Autonomie und Abgrenzung des Kindes ist.

> **Überlegen Sie ...**
>
> Reagieren Sie heftig auf die Verhaltensweisen, die Kleinkinder zeigen, wenn sie an der Entwicklung ihrer Autonomie arbeiten? Wenn ja, warum? Wenn nicht, warum nicht? Glauben Sie, dass Ihre Kultur irgendetwas mit Ihrer Antwort zu tun hat?

Von Kleinkindern nur „gutes" Verhalten zu fordern kann bei Kindern viel Frustration auslösen. Wenn es Kindern in einem Kleinkindprogramm nicht erlaubt ist, normale Gefühle der Ablehnung zu empfinden, was tun sie dann mit diesen Gefühlen? Werden ihre Bedürfnisse in der Kinderbetreuung befriedigt? Was für eine Auswirkung könnte es auf ihre Beziehung zu ihren Eltern haben, wenn sie alle ihre ablehnenden Verhaltensweisen auf die wenigen Stunden konzentrieren müssen, die sie mit ihnen verbringen?

Die Sprache gibt weitere Hinweise auf andere Bereiche, in denen Kinder während der Kleinkindphase ihre Autonomie durchsetzen wollen. „Ich machen!" zeigt diesen Drang nach Unabhängigkeit. Indem Sie diesen Trieb ausnutzen, können Sie die Entwicklung von Selbsthilfefähigkeiten unterstützen. Wenn Kinder etwas „machen" wollen, richten Sie die Situation so ein, dass sie es machen *können*.

Weil wir möchten, dass Kinder zu kooperativen und teilenden Menschen heranwachsen, drängen wir sie manchmal dazu, zu teilen, bevor sie dazu bereit sind. Kinder, denen das Verständnis von Besitz fehlt, können auch nicht das Konzept des Teilens verstehen. Kinder, die ein gewisses Gefühl für Besitz haben, können trotzdem noch nicht dazu bereit sein, zu teilen. Einige brauchen lange, um ein Gefühl dafür zu entwickeln, dass etwas *ihnen gehört*. Wenn sie die meiste Zeit, die sie wach sind, in einer Umgebung verbringen, in der alles jedem oder der Einrichtung gehört, kann es noch viel länger dauern.

Manchmal werden Kinder, im Namen der Fairness, ständig gebeten, andere Kinder an die Reihe kommen zu lassen oder ein Spielzeug abzugeben, bevor sie fertig gespielt haben. Wenn dies in einer Umgebung geschieht, in der es keinen persönlichen Besitz gibt, lernen manche Kinder nicht, zu Menschen zu werden, die teilen, sondern einfach, sich aus Dingen nichts zu machen. Es ist ihnen ganz gleich, ob sie mit diesem oder jenem Spielzeug spielen und wie lange. Statt den Schmerz zu ertragen, ständig unterbrochen und abgelenkt zu werden, lernen sie, unbeteiligt zu bleiben. Stellen Sie sich vor, wie es wäre, ein Kind zu sein, das nie dadurch, dass es ein Spielzeug oder ein Material so lange in seinem Besitz hat, bis es wirklich damit fertig ist, Gelegenheit bekommt, seine Vorstellungen oder Interessen ganz umzusetzen oder einen Punkt der Befriedigung zu erreichen. Wie würde diese Situation sich auf das Konzentrationsvermögen auswirken? Lernen manche Kinder, sich nur kurz auf etwas zu konzentrieren, weil einige Betreuerinnen das Teilen übermäßig betonen?

Initiative

Initiative ist der Begriff, den Erikson für die Stufe verwendet, die sich auf ältere Kleinkinder bezieht, die sich dem Vorschulalter nähern. Irgendwann ist es mit dem Fokussieren auf Autonomie vorbei. Die Energie, die zuvor in das Abgrenzen und das Ringen um Unabhängigkeit gegangen ist und die häufig zu Auflehnung und Rebellion führt, steht jetzt für neue Themen zur Verfügung. Diese Energie treibt Kinder dazu an, zu erschaffen, zu erfinden und zu erforschen, wenn sie neue Aktivitäten ausfindig machen. In dieser Stufe werden Kleinkinder zu den Initiatoren dessen, was in ihrem Leben passiert, und gewinnen Begeisterung aus ihrer neu entdeckten Macht.

Die Betreuerin sollte auf dieses Bedürfnis, zu initiieren, eingehen, indem sie den Kindern Informationen, Spielmaterial, Freiheit und Ermutigung gibt. Auch wenn ältere Kleinkinder noch sehr stark Grenzen brauchen, kann die Betreuerin die Grenzen auf eine Art setzen und aufrechterhalten, dass Kleinkinder kein schlechtes Gewissen wegen dieses starken Drangs, die Initiative zu ergreifen, haben. Menschen, die Eigeninitiative zeigen, sind wertvolle Bürger. Sie erlangen diese Eigenschaft schon früh in ihrem Leben, wenn die Menschen um sie herum sie dazu ermutigen, *Forscher*, *Denker* und *Macher* zu sein.

Führung und Disziplin

Die Sozialisation von Säuglingen findet statt, wenn ihre Bedürfnisse befriedigt werden. Säuglinge brauchen keine Führung oder Disziplin. Ihre eingeschränkten Fähigkeiten setzen ihnen auf natürliche Art Grenzen. Nur Kontrolle kann manchmal ein kleines Problem darstellen. Gewöhnlich schafft die Befriedigung eines speziellen Bedürfnisses Abhilfe, wenn ihnen die Kontrolle fehlt, oder die Säuglinge bedürfen danach, fest gehalten und gedrückt zu werden. Wie einem Säugling Kontrolle gegeben wird, wenn er sie braucht, lässt sich an folgendem Beispiel zeigen. Wenn Neugeborene unglücklich weinen, jedoch nicht aus Hunger, beruhigen sie sich manchmal, wenn sie fest in eine Decke gewickelt werden. Die Decke scheint die Kontrolle zu bieten, die sie nicht haben, wenn ihre Arme und Beine frei unter losen Tüchern hängen.

Dasselbe Thema – dass Enge die Kontrolle bietet, die Säuglingen fehlt – sieht in der Kleinkindphase anders aus. Kleinkinder können ein „Gefühl der Enge", wenn die Kontrolle von außen kommt, in Situationen, in denen ihre unterentwickelte Fähigkeit, sich unter Kontrolle zu haben, nachgibt, ebenfalls schätzen. Hält man Kleinkinder, die außer Kontrolle sind, mit festem Griff fest, ermöglicht dies ihnen normalerweise, ihre innere Kontrolle wieder zu erlangen.*

Grenzen für Kleinkinder

Kleinkinder müssen spüren, dass es **Grenzen** gibt, selbst wenn sie die Enge der Kontrolle von außen nicht benötigen. Stellen Sie sich Grenzen – Verhaltensregeln – als unsichtbare Zäune oder räumliche Grenzen vor. Weil sie diese Grenzen nicht sehen können, müssen Kinder sie austesten, um sie zu entdecken. Und sie haben wenig Vertrauen in Worte allein. Genauso, wie die meisten von uns den Zwang verspüren, die Wand hinter dem Schild mit der Aufschrift „feuchte Farbe" zu berühren, sehen Kleinkinder sich dazu gezwun-

---

* Dieses „Festhalten" wird aber sofort beendet, sobald sich das Kind beruhigt hat und geschieht nur dann, wenn ein Kind die Selbstkontrolle ganz verloren hat.

gen, gegen eine Grenze zu stoßen, um zu sehen, ob sie wirklich da ist, und um sicherzustellen, dass sie hält. Manche Kinder testen Grenzen mehr aus als andere, aber alle Kinder müssen wissen, dass es Grenzen gibt. Die Grenzen bieten ein Gefühl der Sicherheit, genau wie die fest gewickelte Decke für das Neugeborene.

Stellen Sie sich zur Veranschaulichung der Sicherheit, die Grenzen bieten, einmal vor, Sie führen über eine hohe Brücke. Wahrscheinlich haben Sie dies schon mehr als einmal in ihrem Leben getan. Die Grenzen der Brücke sind die Leitplanken an den Seiten. Können Sie sich vorstellen, dass Sie über diese Brücke fahren würden, wenn die Leitplanken entfernt worden wären? Sie wissen, dass Sie diese Leitplanken real nicht brauchen. Wie oft sind Sie schließlich bei Ihrer Fahrt über die Brücke gegen die Leitplanken geprallt? Doch ist der Gedanke an die Brücke ohne die Leitplanken beängstigend. Die Leitplanken bieten ein Gefühl der Sicherheit, gerade so, wie die Kleinkindern gesetzten Grenzen ihnen in ihrem Leben Sicherheit bieten.

Jede Diskussion um Grenzen, Führung und Disziplin bei Kleinkindern bringt rasch eine Diskussion darüber hervor, was man gegen solche Verhaltensweisen wie Beißen, Schlagen, dem Werfen von Gegenständen und Negativismus tun kann. Keine Antwort allein deckt alle Verhaltensweisen sämtlicher Kinder in allen Situationen ab. Die einzige Antwort, die gilt, ist: „Es kommt darauf an …"

Beißen

Lassen Sie uns einen Blick auf das Beißen werfen. Am Anfang sollten die Fragen stehen: „Warum beißt dieses Kind? Was steckt hinter diesem Verhalten?" Wenn Kinder sehr jung sind, kann es sein, dass sie aus Liebe beißen. Manchmal, wenn Erwachsene scherzhaftes Knabbern, Kauen oder „Auffressen" als eine Art, Zuneigung zu zeigen, modellhaft vorführen, ahmen Säuglinge ihre Handlungen nach, indem sie diejenigen, die sie lieben, beißen. Dies ist nicht schwer zu verstehen, denkt man an die Gefühle, welche die Redewendung „to sink your teeth into something" („in etwas [Gutes] hineinbeißen") impliziert. Der Mund ist ein ausdrucksstarkes Organ, und wenn ein Kind zu klein ist, um die Intensität eines Gefühls mit Worten auszudrücken, kann es dies durch Beißen tun.

Natürlich wird nicht immer nur aus Liebe gebissen; manchmal geht es um Macht. Wenn ein Kind klein ist, ist seine physische Kraft minimal. Die Kiefer haben jedoch kraftvolle Muskeln, und kleine Zähne sind scharf. Selbst ein sehr junges Kind kann mit einem Biss richtigen Schaden anrichten. Einige Kinder nutzen dies als eine Möglichkeit, um sich bei Kindern, die größer sind als sie, durchzusetzen.

Manches Beißen geschieht aus Neugier. Genauso wie Säuglinge Objekte in den Mund nehmen und auf ihnen herumbeißen, können sie auch an Menschen lutschen und sie beißen. Sie tun dies ohne böse Absicht – sie erforschen nur.

Manches Beißen ist Ausdruck von Ärger. Erwachsene beißen die Zähne zusammen und knirschen mit den Zähnen; Säuglinge beißen in jeden zur Verfügung stehenden Arm.

Beißen kann ein Mittel sein, um Aufmerksamkeit zu bekommen. Stellen Sie sich vor, Sie wären ein Kleinkind in einem Programm, in dem Betreuerinnen zwar zur Verfügung stehen, aber nicht zahlreich sind, und Sie bekämen selten von einer von ihnen konzentrierte Aufmerksamkeit, und wenn, dann nur kurz. Oder stellen Sie sich vor, Sie bekämen konzentrierte Aufmerksamkeit, aber die Erwachsene tendierte dazu, kalt und ziemlich ausdruckslos zu sein – eher eine Schale als eine echte Person. Ganz gleich, was Sie tun, Sie scheinen die wahre Person innerhalb dieser Schale nicht erreichen zu können. Dann entdecken Sie eines Tages, dass Sie es durch die bloße Tatsache, dass Sie einem anderen Kind ihre Zähne ins Bein bohren, schaffen, dass die Erwachsene zu Ihnen kommt, Sie berührt – Sie sogar hochnimmt, Sie festhält, Ihnen direkt in die Augen sieht und ausführlich mit Ihnen spricht. Diese Erwachsene, die zuvor gar nicht greifbar zu sein schien, wird nun, wo der Austausch leidenschaftlich und intensiv ist, konkret und real. Die Botschaft ist die, dass Sie letztendlich etwas getan haben, das *von Bedeutung war!*

Manche kleinen Kinder brauchen diese Art von starker Interaktion. Sie vermittelt ihnen, dass Sie darauf achten, was sie tun, und dass ihr Verhalten für Sie von Bedeutung ist. Wenn Kinder auf keinem anderen Weg eine intensive Interaktion hervorrufen können, machen sie möglicherweise mit dem Beißen nur deshalb weiter, um sie zu bekommen.

Der Weg, das Beißen zu beenden, liegt in seiner Verhinderung, nicht darin, dass man versucht, mit ihm umzugehen, wenn es passiert ist. Beißen ist ein zu heftiges Verhalten, als dass man zulassen könnte, dass es fortgesetzt wird. Es ist zu schmerzhaft für die gebissene Person, und für den Beißenden ist es zu beängstigend, eine so große Fähigkeit zu haben, jemandem Schaden zuzufügen. Wenn beißende Kinder ihr eigenes Verhalten nicht kontrollieren können, ist es an Ihnen, es zu kontrollieren. Eine nützliche Technik ist die, den Drang umzulenken, nachdem Sie das Beißen abgewehrt haben. Geben Sie den Kindern etwas zum Beißen, das dafür gedacht ist – Beißringe, Stoff oder Gegenstände aus Gummi oder Plastik. Lassen Sie das Kind zwischen ihnen auswählen; sagen Sie so etwas wie: „Ich kann es nicht zulassen, dass du Craig beißt, aber du kannst in den Plastikring oder diesen nassen Waschlappen beißen." Sagen Sie dies nicht auf eine strafende Art.

Was Sie außer dem Kontrollieren des Verhaltens und dem Anbieten von Beißalternativen sonst noch tun, hängt davon ab, worin die Ursachen für das Beißen liegen. Wenn es modellhaft vorgeführt wird, versuchen Sie dieses modellhafte Vorführen zu unterbinden. Wenn es Ausdruck eines Gefühls ist (Liebe, Frustration oder Ärger), vermitteln Sie dem Kind alternative Möglichkeiten, dieses auszudrücken. Helfen Sie Kindern, ihre Energie in positive Wege, die Gefühle auszudrücken, umzulenken. Die Tätigkeit des Beißens auf Objekte umzulenken ist ein Anfang, doch sollten Sie darüber hinausgehen. Wenn ein Machtproblem im Spiel ist, bringen Sie Kindern andere Methoden bei, wie sie bekommen können, was sie brauchen und wollen. Wenn mangelnde Aufmerksamkeit das Problem ist, finden Sie Wege, Kindern die Aufmerksamkeit – die intensiven Interaktionen, die sie brauchen – zu geben, ohne dass Beißen der Auslöser für sie ist. Keine dieser Lösungen ist einfach, und es kann eine Menge Brainstorming, Diskussion, Kooperation und sogar Teamwork nötig sein, um die Ursachen für das Verhalten und den angemessenen Umgang mit ihm herauszufinden.

Beißen ist ein Beispiel für aggressives Verhalten (Schadensabsicht). Weitere aggressive Verhaltensweisen, die Kleinkindbetreuerinnen Probleme bereiten, sind Schlagen, Treten, Schubsen, An-den-Haaren-Ziehen sowie das Werfen von Gegenständen und das Zerstören von Spielsachen und Material. Um herauszufinden, was Sie gegen diese Verhaltensweisen tun können, müssen Sie einen Problemlöseprozess durchlaufen. Hierbei sehen sie sich das bestimmte Kind, die möglichen Ursachen seines Verhaltens und die hinter dem Verhalten stehende Botschaft an und schauen, auf welche Art die Umwelt möglicherweise zu dem Verhalten beiträgt und wie das Verhalten Erwachsener die Aggression auslösen kann. Außerdem achten Sie auf die Mittel, die das Kind hat, um seine Gefühle auszudrücken. Hüten Sie sich vor einem Rat, bei dem irgendeine einfache Lösung befürwortet wird. Verhalten ist komplex, genau wie Kinder. Kein Ansatz ist für jedes Kind zu jeder Zeit der richtige.

Negativismus

Eine andere Kategorie schwieriger Verhaltensweisen, mit der Kleinkindbetreuerinnen sich befassen müssen, ist Negativismus. Eine häufige Beschwerde von Betreuerinnen ist: „Sie tun nicht, was ich sage." Ein Teil des Problems kann sein, dass Kleinkinder gesprochene Botschaften nicht immer in physische Kontrolle umsetzen können, selbst wenn sie verstehen, was Sie wollen. Ein anderer Teil des Problems ist der, dass Kleinkinder, wenn sie mit Forderungen oder Befehlen konfrontiert sind, häufig genau das Gegenteil tun.

Das Geheimnis für den Umgang mit Negativismus besteht darin, dass Sie aufhören, Kinder herauszufordern. Halten Sie sich aus Machtkämpfen heraus. Versuchen Sie, den Kindern nicht forsch entgegenzutreten. Wenn sie ein Kleinkind ansprechen, das sich außerhalb einer Grenze befindet, sagen wir ein Mädchen, das auf einen Tisch klettert, beginnen Sie ruhig und sachlich statt provozierend. Fordern Sie das Kind nicht heraus (zum Beispiel durch eine Aufforderung wie: „Komm vom Tisch herunter"). Geben Sie die Grenze mit positiven Worten wieder, zum Beispiel folgendermaßen: „Die Rampe ist zum Klettern da" oder „Füße gehören auf den Boden". Eine besonders talentierte Erzieherin sagt einfach: „Du kannst deine Füße genau hier hinsetzen" und klopft dabei auf die geeignete Stelle. In neun von zehn Fällen gehen die Füße genau dahin, wo sie hingehören! Etwas in der Art, wie sie es sagt, überträgt eine so zuversichtliche und positive Einstellung, dass die Kinder sich nicht herausgefordert fühlen.[3]

Positives soziales Verhalten beibringen

Neben dem Setzen von Grenzen gehört noch ein anderes Element zu Disziplin und Führung: das Vermitteln **positiven sozialen Verhaltens**. Positives soziales Verhalten tritt nicht einfach automatisch ein, wenn Säuglinge und Kleinkinder in Gruppen gebracht und ihnen Grenzen gesetzt werden. Sie müssen Vorkehrungen treffen, damit es geschieht. Sie müssen es geschehen *machen*.

Manche Kinder neigen von Natur aus schon von den ersten Lebensjahren an dazu, freundlich und mitfühlend zu sein, den meisten aber muss es beigebracht werden. Wir pflegten zu glauben, dass die Egozentrik der Kinder im Vorschulalter diese davon abhält, die Perspektive einer anderen Person zu verstehen. Wir wissen jetzt, dass dies nicht wahr ist. Selbst Säuglinge weinen aus Empathie für andere Säuglinge, und viele Kleinkinder bieten einem Kind, das Schmerzen hat, ein Spielzeug an oder tätscheln es, womit sie offensichtlich zu trösten oder zu helfen versuchen. Hier sind einige Vorschläge, wie man positives soziales Verhalten fördern und beibringen kann.

1. Wann immer Sie eine Grenze setzen, erklären Sie, *warum*. Lassen Sie die Kinder wissen, welche Auswirkungen ihr Verhalten auf andere hat – dass Schlagen weh tut, dass das Wegschnappen von Spielzeug unglücklich macht.
2. Achten Sie auf Kinder, die zeigen, dass sie das Wohlergehen anderer Kinder interessiert. Erwähnen Sie deren Verhaltensweisen. Lenken Sie die Aufmerksamkeit auf die Verhaltensweisen, von denen Sie möchten, dass sie öfter auftreten. Machen Sie so einfache Äußerungen wie: „Ich sehe, dass du die Puppe sehr vorsichtig behandelst", „Ich fand es schön, wie du Chelsea ihre Decke gegeben hast, als sie geweint hat", „Ich habe gemerkt, dass du versucht hast, Joanie zu helfen, das Problem zu lösen" oder „Du fühlst dich bestimmt gut damit, dass du Sammy das Spielzeug gegeben hast, als er danach gefragt hat". Äußern Sie sich zu speziellen Verhaltensweisen, statt allgemeine Urteile abzugeben (wie zum Beispiel: „Braves Mädchen!").

Videobeobachtung 11

Zusammen spielende Mädchen

Schauen Sie sich die Videobeobachtung 11, „Girls Playing Together", an, um ein Beispiel für Kinder zu sehen, die positiv miteinander interagieren und Freude am gemeinsamen Spiel haben. Diese spielenden Mädchen nutzen hierfür ein im Raum aufgestelltes Spielgerät. Nehmen Sie zur Kenntnis, dass die Erwachsene ihnen nichts beibringt und sich nicht auf irgendeine Art einmischt. Sie bleibt still in der Nähe sitzen, für den Fall, dass die Mädchen sie brauchen.

Fragen

- Überrascht es sie, Kinder diesen Alters so positiv miteinander interagieren zu sehen? Warum oder warum nicht?
- Was ist Ihre Erfahrung mit Kindern, die im frühen Kleinkindalter miteinander interagieren?
- Welche sozialen Fähigkeiten zeigen diese Kinder?

Diesen Videoclip können Sie unter www.mit-kindern-wachsen.de/videomaterial anschauen. Wählen Sie hier bitte Kapitel 11.

3. Führen Sie positives soziales Verhalten modellhaft vor. Sagen Sie danke, wenn jemand etwas mit Ihnen teilt. Seien Sie nicht nur gegenüber den Kindern, mit denen Sie arbeiten, freundlich und rücksichtsvoll, sondern auch gegenüber anderen Erwachsenen, mit denen die Kinder Sie sehen.

4. Nehmen Sie im Falle eines Konflikts eine auf Problemlösen statt auf Machtkampf ausgerichtete Haltung ein. Sie sollten nicht nur das Lösen von Konflikten mit anderen Erwachsenen modellhaft vorführen, sondern den Kindern auch bei ihrem Umgang miteinander helfen. Ermuntern Sie sie

dazu, zueinander statt zu Ihnen zu sprechen. Sagen Sie Ihnen die geeigneten Worte vor, wenn sie sie brauchen – sagen Sie zum Beispiel: „Sag Jesse, dass du es nicht magst, wenn er dir das Spielzeug wegnimmt". Drehen Sie sich dann zu Jesse und sehen Sie, was er darauf erwidert. Helfen Sie ihm, sich verständlich zu machen, falls er Hilfe braucht. Helfen Sie den Kindern, die gegenseitigen Standpunkte zu erkennen und irgendeinen Beschluss zu fassen. Lösen Sie ihre Konflikte nicht für sie; bringen Sie ihnen bei, Konflikte selbst zu lösen.

5. Ermuntern Sie zu Kooperation. Eine wirksame Methode, Kooperation beizubringen, die wir in Kapitel 3 beschrieben haben, besteht darin, die Aktivitäten der Pflege, insbesondere das Wickeln und Anziehen, in gemeinsamer Anstrengung auszuführen. Ist ein Geist der Kooperation erst einmal etabliert, kann Kooperation zur Norm werden. Zusätzlich zu der kooperativen Methoden der Pflege sollte es auch kooperative Aktivitäten geben, bei denen Kinder Dinge gemeinsam statt einzeln tun. Anstatt dass jedes Kind für sich an einem Kunstwerk arbeitet, kleben Sie Papier auf einem Tisch fest, stellen Filzstifte oder Buntstifte zur Verfügung und lassen die Kinder ein Gruppenbild gestalten.

6. Schenken Sie den Kindern besondere Aufmerksamkeit, auf denen ständig von ihren Altersgenossen herumgehackt wird oder die zurückgewiesen werden. Sie brauchen im Hinblick auf soziale Fähigkeiten zusätzliche Hilfe. Sowohl Aggressor als auch Opfer benötigen ihre besondere Aufmerksamkeit (jedoch nicht dann, wenn sie gerade angreifen oder ungerecht behandelt werden). Bringen Sie Aggressoren andere Möglichkeiten bei, zu bekommen, was sie brauchen oder wollen, und bringen Sie Opfern bei, wie sie sich durchsetzen können.

7. Vermeiden Sie Bestrafung. Bestrafung kann bewirken, dass antisoziales Verhalten gebremst wird, aber sie arbeitet dem Vermitteln positiver sozialer Verhaltensweisen entgegen. Und es ist nie angemessen, einem Kind Schmerz zuzufügen.

Es ist nicht einfach, die soziale Entwicklung von Kindern zu fördern und ihnen soziale Fähigkeiten beizubringen. Häufig müssen Sie Ihr Verhalten revidieren, weil etwas, das Sie versucht haben, nicht die erwünschte Wirkung hatte. Manche unerwünschten Verhaltensweisen können unmöglich ignoriert werden, aber dadurch, dass Sie ihnen Beachtung schenken, stellen Sie sicher, dass sie fortgesetzt werden. Bestimmt werden Sie auch Verhalten modellhaft vorführen, von dem Sie nicht möchten, dass das Kind es übernimmt. Es ist sehr viel besser, wenn Sie das Verhalten zeigen, das Sie vermitteln möchten. Da wir Menschen sind, können wir nicht perfekt sein. Dies ist an sich bereits eine für Säuglinge und Kleinkinder wichtige Botschaft. Wenn Sie sich Ihre eigenen nicht perfekten sozialen Fähigkeiten verzeihen können, können Sie vielleicht Kleinkindern die ihrigen verzeihen.

Gesundes Gehirnwachstum fördern

Die Bedeutung frühen Sozialkontakts ist in den jüngsten Forschungsergebnissen über das Gehirn besonders betont worden. Die Anfänge der sozialen Entwicklung, die in diesem Kapitel beschrieben wird, liegen in den frühen Bindungserfahrungen, welche eine erstaunliche Sequenz an Aktivitäten auslösen, die mit der Gehirnfunktion zusammenhängen.

Ron Lally, ein Pionier im Bereich der Planung von Umgebungen für Säuglinge und Kleinkinder, war führend in der Interpretation der Gehirnforschung, was ihren Bezug zur hochwertigen Pflege sehr junger Kinder angeht. Er hat sieben „Geschenke" erkannt, die für gesundes soziales Wachstum unerlässlich sind.

1. *Fürsorge* heißt pflegen und geben. Weil jeder Säugling einzigartig ist, bedeutet Fürsorge, dass auf jedes Baby individuell eingegangen wird. Wenn ein Baby die einfühlsame, aufmerksame Fürsorge einer Betreuerin spürt, gibt ihm dies Trost und Sicherheit. Der Trost, der mit dieser Beziehung verbunden ist, ist für die Bindung essenziell.
2. *Unterstützung* ist der Kontext der Pflege, die ein Kind erhält. Damit eine Betreuerin ein kleines Kind unterstützen kann, muss sie seine vielfältigen Gefühle respektieren. Betreuerinnen bieten Unterstützung, indem sie die Frustrationen eines Kindes anerkennen, zu Neugier ermuntern und Regeln durchsetzen, die soziale Interaktionen mit anderen fördern.
3. *Sicherheit* hängt mit Fürsorge und Unterstützung zusammen und sorgt dafür, dass ein Kind sich sicher fühlt. Betreuerinnen bieten Sicherheit, wenn sie verlässliche, durch unmittelbares und einfühlsames Reagieren auf das Kind gekennzeichnete Pflege geben und beständig auf die Einhaltung der Sicherheitsregeln achten.

4. *Vorhersagbarkeit* ist das „Geschenk", das für das Gefühl der Sicherheit eines Kindes und für sein geistiges Wachstum unbedingt erforderlich ist. Vorhersagbarkeit bezieht sich sowohl auf den sozialen Bereich als auch auf die Umwelt. Ein Kind muss sich auf Menschen verlassen können und in der Lage sein, Sachen und Orte wiederzufinden. Vorhersagbarkeit vermeidet Verwirrung und Unflexibilität. Sie ermöglicht es einem Kind, sich sicher zu fühlen und Herausforderungen zu suchen.
5. *Konzentration* unterstützt die Aufmerksamkeit, die sehr junge Kinder ihrer Umgebung entgegenbringen. Das Konzentrationsvermögen eines Säuglings oder Kleinkinds steigt, wenn es in der Umgebung nicht zu viele Spielsachen, zu viele Unterbrechungen oder zu viele Menschen gibt. Dass Kinder Gelegenheit brauchen, sich auf bedeutsame Erfahrungen zu konzentrieren, muss respektiert werden.
6. *Ermutigung* durch eine kenntnisreiche Betreuerin sagt einem kleinen Kind: „Ich schätze deine Bemühungen, du wirst zu einer kompetenten Person." Das, was ein Kind gelernt hat, wird durch Ermutigung verstärkt. Mit dieser Reaktion zeigt die Betreuerin, dass sie versteht, wie wichtig das Nachahmen, Experimentieren und Entdecken für ein Kind ist, weil zwischen diesen Verhaltensweisen und dem Lernen eine entscheidende Verbindung besteht.
7. *Erweiterung* der Erfahrung eines Kindes beinhaltet, „das Kind in Sprache zu baden (nicht zu ertränken)". Achten Sie auf die Signale eines Kindes und bauen Sie auf seinen einmaligen Erfahrungen auf. Kinder am Fiktionsspiel zu beteiligen, mit einem Kind zu reden und auf Aktivitäten zu reagieren sind alles Möglichkeiten, um Kindern zu zeigen, welchen Wert das Lernen hat.[4]

Die Kinderbetreuungseinrichtung, die Kindern diese sieben Geschenke macht, bietet eine Basis für die praktische Anwendung der Gehirnforschung und für die sichere soziale Entwicklung eines Kindes. Die moderne Forschung hat betont, wie früh das neuronale Netzwerk gebildet wird und wie wichtig die soziale Entwicklung für diese Bildung ist. Das gesunde Gehirn ist ein soziales Gehirn!

Das besondere Bedürfnis aller Kinder: *Selbstwertgefühl*

Am Ende sämtlicher Kapitel in Teil 2 dieses Buches sind jeweils Überlegungen aufgeführt, die Kinder mit besonderen Bedürfnissen betreffen. Kinder mit besonderen Bedürfnissen können unter verschiedenen Beschwerden leiden, die ihre Interaktionen mit Menschen und Gegenständen beeinflussen. Die besonderen Herausforderungen, vor denen sie stehen, können zusätzliche Anforderungen an Eltern und Betreuerinnen stellen, die versuchen, gesunde Interaktionen und soziale Fähigkeiten zu fördern. Das unempfängliche Kind oder das Kind mit einer Sinnesbehinderung oder das Kind, das verzögert und unbeständig kommuniziert – sie alle brauchen eine Betreuerin, die versteht, von welch entscheidender Bedeutung zwischenmenschliche Beziehungen sind.

Obwohl die Untersuchung von Kindern mit besonderen Bedürfnissen eine Untersuchung von „Unterschieden" zu sein scheint, ist es auch eine Untersuchung von „Ähnlichkeiten". Kinder mit besonderen Bedürfnissen ähneln anderen Kindern in höherem Maße, als sie sich von ihnen unterscheiden. Die wichtigsten Merkmale von Kindern mit besonderen Bedürfnissen sind ihre *Fähigkeiten*. Und es ist ein sehr wichtiges Bedürfnis aller Kinder, in Bezug auf ihre Fähigkeiten ein *gutes Gefühl* zu haben. Dieses positive Gefühl innerer Bestimmtheit ist eine Voraussetzung für geistige Gesundheit und kompetente soziale Interaktion.

Der Fokus dieses Kapitels lag auf sozialen Fähigkeiten und dem Sozialisationsprozess. Wie zahlreiche Male in diesem Buch erwähnt, ist Bindung die Grundlage für die Fähigkeit, mit anderen zu interagieren. Durch ihre durch Fürsorge geprägte Bindungserfahrung lernen Kinder, sich selbst und andere wertzuschätzen. Diese Wertschätzung des Selbst wird „Selbstwertgefühl" genannt. **Selbstwertgefühl** ist für *alle* Kinder essenziell; und damit sie verstehen können, was es bedeutet, ist es wichtig, dass Betreuerinnen hochwertige Erfahrungen schaffen.

Die Definition von Selbstwertgefühl ist komplex. Während wir wachsen und uns entwickeln, wird es ständig umgeformt, wenn wir interagieren und unsere Welt erkunden. Es ist eine persönliche Beurteilung des eigenen Werts. Aber es ist kein ichbezogenes Wertgefühl. Ein Individuum mit Selbstwertgefühl ist selbstsicher, optimistisch und sensibel für die Gefühle und Bedürfnisse anderer Menschen. Die Wurzeln dieses lebenslangen Prozesses bilden sich eindeutig im Säuglings- und Kleinkindalter aus.

Zwei Arten von Erfahrung sind äußerst wichtig für die Entwicklung des Selbstwertgefühls. Wenn ein Säugling Bindung erfährt, die sicher und durch Fürsorge geprägt ist, beginnt sich sein Selbstkonzept zu entwickeln. Das Selbstkonzept entsteht durch die Gefühle, die ein Säugling deshalb sich selbst gegenüber hat, weil sie ihm bei seinen Interaktionen mit anderen widergespiegelt werden. Wenn auf ein Baby eingegangen wird und es mit jemandem eine liebevolle Beziehung hat, ist sein Selbstkonzept positiv und vertrauensvoll.

Die zweite wichtige Erfahrung, die zum Selbstwertgefühl beiträgt, ist die erfolgreiche Bewältigung von Aufgaben. Wenn ein Kleinkind seine Welt erforscht und mit ihr interagiert, wächst sein Selbstbild. Das Selbstbild ist eine persönlichere Beurteilung der Erfahrungen, die ein Mensch macht. Wenn ein Kleinkind in einer Welt mit vielen „Neins" lebt und wenig Gelegenheit hat, seine Fähigkeiten auszuprobieren, kann es sein, dass es ein geringes Bild von sich hat. Seine Unerfahrenheit schränkt seinen Blick für die eigene Kompetenz ein.

Sehr junge Kinder brauchen sichere Beziehungen (mit anderen) und Gelegenheit, die Welt um sie herum aktiv zu erforschen (allein). Wenn ihr Selbstkonzept positiv und vertrauensvoll und ihr Selbstbild vital und aktiv ist, erfahren Kinder das Leben als anerkennend und bedeutsam. Dies ist der Beginn des Selbstwertgefühls. Die Fähigkeit der Kinder, sich selbst als liebend und kompetent zu empfinden, erlaubt es ihnen schließlich, andere auf dieselbe Art zu sehen.

Halten Sie kurz inne und denken Sie darüber nach, auf welche Weise die Arbeit von Erikson, Piaget und Vygotskij mit den positiven Gefühlen der Kinder sich selbst gegenüber zu tun hat. Erikson betonte, dass das Schaffen von Vertrauen (durch Beziehungen mit anderen) und Autonomie (durch Erfahrungen mit Erlebnissen des täglichen Lebens) für die gesunde Entwicklung unerlässlich sei. Piaget und Vygotskij sahen Kinder als aktive Teilnehmer in ihrer eigenen Welt. Und diese physische Aktivität führt zu kognitiver Aktivität, die schließlich zu Bewältigungsfähigkeiten führt. Menschen mit Selbstwertgefühl haben gute Bewältigungsfähigkeiten.

Wenn kleine Kinder die Herausforderungen und Grenzen des Lebens kennen lernen, brauchen sie die Stabilität einer persönlichen Basis in ihrem Inneren. Dies ist für alle Kinder wichtig; für Kinder mit besonderen Bedürfnissen kann es sogar noch wichtiger sein. Wir alle brauchen einen Ort, zu dem wir „nach Hause kommen können", einen Ort, an dem wir akzeptiert werden und uns regenerieren können. Die Fähigkeit, einen solchen Ort zu erschaffen, ist das Wesen des Selbstwertgefühls.

Wie können Erwachsene Kindern helfen, Selbstwertgefühl zu entwickeln? Die Bedeutung einer sicheren Bindung ist bereits erwähnt worden. Erwachsene, die ein gutes Gefühl sich selbst gegenüber haben, geben dieses Gefühl gewöhnlich an ihre Kinder weiter. Es ist wichtig, dass Betreuerinnen und Eltern Selbstwertgefühl als einen lebenslangen Prozess betrachten und sich ihrer eigenen Bedürfnisse nach Wachstum und Herausforderung bewusst sind.

Selbstverständlich fördern die zehn Prinzipien, auf denen dieses Buch basiert, das Selbstwertgefühl. Die Prinzipien unterstützen Unabhängigkeit und sorgen gleichzeitig für eine liebevolle Basis. Sie respektieren individuelle Bedürfnisse und betonen die Anerkennung von Bemühungen, Probleme zu lösen.

Das Feedback, das Erwachsene Kindern geben, sollte authentisch sein. Ständige positive Äußerungen, genau wie ständige negative, bereiten Kinder nicht auf das *wahre* Leben vor. Sie sind nicht bereit für die Herausforderungen, vor die ihre Altersgenossen und die Schule sie stellen, wenn Betreuerinnen und Eltern ihnen keine ehrlichen Informationen gegeben haben. Denken Sie daran, ihren Fähigkeiten zu vertrauen und ihre Resilienz zu unterstützen.

Zweifellos hat jeder Erwachsene bereits die Erfahrung gemacht, sich von anderen nicht respektiert zu fühlen. Ihre Selbstachtung und Ihr Selbstwertgefühl sind ebenso wertvoll wie Ihre Einstellung zu Kindern. Sein eigenes Selbstwertgefühl zu kultivieren und sich selbst besser kennen zu lernen sind lobenswerte Ziele (für Kinder und für uns alle). Das folgende Gedicht von Kahlil Gibran, das Einzigartigkeit und individuelles Wachstum würdigt, bietet eine Zusammenfassung dieses Kapitels sowie des gesamten Abschnitts über Kindesentwicklung in diesem Buch.

*Eure Herzen kennen im Stillen die Geheimnisse
der Tage und Nächte.*
*Aber eure Ohren dürsten nach den Klängen
des Wissens in euren Herzen.*
*Ihr wollt in Worten wissen, was ihr in
Gedanken immer gewusst habt.*
*Ihr wollt mit den Händen den nackten
Körper eurer Träume berühren.*
Und das ist gut so.
*Die verborgene Quelle eurer Seele muss
unbedingt emporsteigen und murmelnd zum Meer fließen;*
*Und der Schatz eurer unendlichen Tiefen
möchte euren Augen offenbart werden.*
*Aber wiegt den unbekannten Schatz
nicht mit Waagschalen.*
*Und erforscht die Tiefen eures Wissens nicht
mit Messstock und Senkschnur.*
*Denn das Ich ist ein Meer, grenzenlos und
unermesslich.*
*Sagt nicht: „Ich habe die Wahrheit gefunden",
sondern lieber: „Ich habe eine Wahrheit gefunden."*
*Sagt nicht: „Ich habe den Pfad der Seele
gefunden." Sagt lieber: Ich habe die Seele auf meinem
wandelnden Pfad gefunden."*
Denn die Seele wandert auf allen Pfaden.
*Die Seele wandelt nicht auf einer Linie, noch
wächst sie wie ein Schilfrohr.*
*Die Seele entfaltet sich wie eine Lotusblume
mit zahllosen Blättern.*[5]

ENTWICKLUNGSWEGE
Typische Verhaltensweisen für frühe Phasen der sozialen Entwicklung

Junge Säuglinge (bis 8 Monate)	• sehen in Erwachsenen interessante und neuartige Objekte; suchen Erwachsene zum Spielen • lächeln oder machen Laute, um sozialen Kontakt herzustellen • erwarten, hochgenommen und gefüttert zu werden, und bewegen sich, um mitzumachen • versuchen zu erreichen, dass das Hoppe-Hoppe-Reiter-Spiel fortgesetzt wird, indem sie wippen, um Erwachsene dazu zu bewegen, noch einmal zu beginnen
Mobile Säuglinge (bis 18 Monate)	• haben Freude daran, mit jemand anders Objekte zu erforschen und dies als Basis für den Aufbau einer Beziehung zu nutzen • veranlassen andere dazu, Dinge zu tun, die ihnen Freude bereiten (Spielsachen aufziehen, Bücher vorlesen) • zeigen erhebliches Interesse an Gleichaltrigen • lassen durch ihre Bestimmtheit ein starkes Ich-Gefühl erkennen; lenken die Handlungen anderer (zum Beispiel durch: „Hier sitzen!")
Kleinkinder (bis 3 Jahre)	• Haben größeren Spaß daran, mit Gleichaltrigen zu spielen und Dinge gemeinsam zu erforschen • fangen an, den Nutzen von Kooperation zu sehen • identifizieren sich mit Kindern desselben Alters oder Geschlechts • zeigen mehr Kontrolle über ihre Impulse und stärkere Selbststeuerung, wenn sie mit anderen zusammen sind • mögen gerne Kleingruppenaktivitäten; zeigen anderen gegenüber mitfühlende Anteilnahme

Unterschiedliche Entwicklungswege

Was Sie sehen	Makayla geht immer sehr nah an die Gesichter anderer Kinder heran, was diese stört und dem Aufbau von Beziehungen im Weg steht. Mit ihren 18 Monaten bewegt sie sich nicht so viel umher wie die anderen Kinder in ihrem Alter, und wenn sie es tut, stolpert sie manchmal und fällt hin.
Was Sie denken mögen	Ihr mangelt es an sozialen Fähigkeiten. Sie braucht mehr Übung im Einsatz ihrer motorischen Fähigkeiten.
Was Sie vielleicht nicht wissen	Die Eltern haben von ihrer Kinderärztin gehört, dass Anlass zur Sorge besteht, zögern aber dennoch, durch die Tests, zu denen sie rät, Näheres herauszufinden.

Was Sie tun können	Beobachten Sie Makayla, um zu sehen, ob sie lediglich soziale und motorische Fähigkeiten erlernen muss oder ob es noch ein anderes Problem gibt. Bauen Sie eine Beziehung mit den Eltern auf. Wenn diese Ihnen vertrauen, können Sie sie möglicherweise auf eine Art und Weise unterstützen, die sie davon überzeugt, dass sie dem Rat der Ärztin folgen sollten.

Kulturelle Vielfalt und Entwicklungswege

Was Sie sehen	Xavier weint und klammert sich an seiner Mutter fest, als sie versucht, aus der Tür zu gehen.
Was Sie denken mögen	Das ist ein typisches Verhalten, das zu erwarten ist. Es zeigt, dass Xavier auf dem Weg ist, zu einem unabhängigen Menschen zu werden. Er drückt seine Gefühle offen aus.
Was diese Mutter denken mag	Das ist unangenehm, weil es Ausdruck von falscher Erziehung ist.
Was Sie vielleicht nicht wissen	Diese Eltern haben kein Interesse daran, dass ihr Kind ein unabhängiger Mensch wird; sie haben vielmehr Angst, dass er ungezogen ist und seine Eltern nicht respektiert, was beides mit dem gruppenorientierten Verhalten, das ihr Kind lernen soll, moralisch nicht vereinbar ist.
Was Sie tun können	Lernen Sie mehr über die Perspektive dieser Familie und teilen sie ihr Ihre eigene mit, jedoch nicht auf belehrende Art. Arbeiten Sie daran, Xavier zu unterstützen und ihm zu helfen, jene Verhaltensweisen zu entwickeln, die seine Familie von ihm erwartet.

Quelle: Bredekamp, S. und Copple, C. (Hg.) (1997): *Developmentally Appropriate Practice in Early Childhood Programs* (überarb. Aufl.). Washington, D.C., National Association for the Education of Young Children.

Zusammenfassung

- Säuglinge zeigen frühe soziale Verhaltensweisen. Dazu gehört, dass sie:
  - auf eine durch Synchronizität gekennzeichnete Art interagieren, indem sie ihre Körper zum Rhythmus der Person bewegen, die mit ihnen spricht
  - Sozialverhalten Erwachsener nachahmen oder kopieren, indem sie zum Beispiel ihre Augen weit öffnen oder ihre Zunge herausstrecken
  - lächeln
- Eriksons Stufen psychosozialer Entwicklung geben an, welche Konflikte Kinder in unterschiedlichen Phasen ihres Lebens lösen müssen. Diese sind
  - Urvertrauen versus Urmissvertrauen im Alter von 0 bis 1
  - sich trennen zu können ist eine wichtige Fähigkeit, die gelernt wird und mit der Entwicklung von Vertrauen zusammenhängt
  - Autonomie versus Scham und Zweifel im Alter von 1 bis 3
  - Initiative versus Schuldgefühl im Alter von 3 bis 6
- Führung und Disziplin sind Teil des Sozialisationsprozesses.
- Grenzen sind für Kleinkinder wichtig. Man kann sie sich als Gitter oder räumliche Grenzen vorstellen.
  - Manche Verhaltensweisen, wie das Beißen, verlangen, dass Erwachsene aktiv werden.
  - Negativismus steht mit einer Reihe von Verhaltensweisen in Zusammenhang, mit denen viele Erwachsene Schwierigkeiten haben zu arbeiten.
- Zu Disziplin gehört neben dem Setzen von Grenzen das Vermitteln positiven sozialen Verhaltens
- Die sieben Geschenke, die Ron Lally beschreibt, fördern gesundes Gehirnwachstum.
- Alle Kinder, einschließlich derer mit Behinderungen und anderen besonderen Bedürfnissen, brauchen Erwachsene, die um ihr Selbstwertgefühl wissen.

Schlüsselbegriffe

Autonomie / Fremdeln / Grenzen / Initiative / Positives soziales Verhalten / Selbstwertgefühl / Vertrauen

Fragen und Aufgaben

1. Warum sollte Ablenkung nicht die Hauptstrategie von Betreuerinnen sein, wenn Kinder ihre Gefühle über die Trennung von ihren Eltern zum Ausdruck bringen?
2. Welche sozialen Fähigkeiten sind Ihrer Meinung nach in unserer Gesellschaft die wichtigsten? Wie würden Sie damit beginnen, sie Säuglingen und Kleinkindern zu vermitteln?
3. Welche Wege gibt es für Betreuerinnen, auf Säuglinge und Kleinkinder so zu reagieren, dass ihre Individualität gefördert wird? Dass ihre Kooperation gefördert wird?
4. Stellen Sie sich vor, Sie würden eine Broschüre über Ihr neues Betreuungsprogramm für Säuglinge und Kleinkinder schreiben. Sie möchten, dass diese auch eine Stellungnahme zu Ihrer Philosophie über „Disziplin" enthält. Was möchten Sie den Eltern zu diesem Thema mitteilen? Versuchen Sie, mehrere Stellungnahmen zu schreiben.
5. Listen Sie Verhaltensweisen auf, die Ihrer Meinung nach auf positive soziale Entwicklung hindeuten. Wie können Betreuerinnen und Eltern diese Verhaltensweisen in den ersten drei Lebensjahren unterstützen?

Weiterführende Literatur

Brault, L. und Brault, T. (2005): *Children with Challenging Behaviour: Strategies for Reflective Thinking.* Phoenix, CPG Publishing.

Butterfield, P. M., Martin, C. A. und Prairie, A. P. (2004): *Emotional Connections: How Relationships Guide Early Learning.* Washington, D.C., Zero to Three.

Cooper, Renatta M. (2002): Child Care as Shared Socialization. In: *Child Care Information Exchange*, July, 58-60.

Crockenberg, S. (1992): How Children Learn to Resolve Conflicts in Families. In: *Zero to Three*, April.

Erikson, Erik (1963): *Childhood and Society* (2. Aufl.). New York, Norton.

Greenberg, P. (1990): *Character Development: Encouraging Sef-Esteem and Self-Discipline in Infants, Toddlers, and Two-Year-Olds.* Washington, D.C., National Association for the Education of Young Children.

Marshall, Hermine H. (2005): Cultural Influences on the Development of Self-Concept. In: *Young Children 56*, 6, November, 12-25.

Parlakian, R. (2004): *How Culture Shapes Social-Emotional Development: Implications for Practice in Infant-Family Programs.* Washington, D.C., Zero to Three.

Pratt, M. (1999): The Importance of Infant/Toddler Interactions. In: *Young Children 54*, 4, July, 26-29.

Shirilla, J. J. und Weatherston, D. J. (2002): *Case Studies in Infant Mental Health: Risk, Resiliency, and Relationships.* Washington, D.C., Zero to Three.

Williamson, G. Gordon und Anzalone, M. (2001): *Sensory Integration and Self-Regulation in Infants and Toddlers: Helping Very Young Children Interact with their Environment.* Washington, D.C., Zero to Three.

Teil 3
Im Blickpunkt: das Programm

Kapitel 12
Die physische Umgebung

Kapitel 13
Die soziale Umgebung

Kapitel 14
Die Erwachsenenbeziehungen in Programmen der Säuglings- und Kleinkindbetreuung

Kapitel 12

Die physische Umgebung

> **Schwerpunktfragen**
>
> Nachdem Sie dieses Kapitel gelesen haben,
> sollten Sie in der Lage sein, folgende Fragen zu beantworten:
>
> 1. Was muss getan werden, damit eine sichere Säuglings- und Kleinkindumgebung entsteht?
> 2. Wie können Sie eine gesunde Säuglings- und Kleinkindumgebung schaffen?
> 3. Für welche Bereiche muss bei der Aufteilung des für ein Säuglings- und Kleinkindprogramm vorgesehenen Raumes gesorgt werden?
> 4. Worin besteht der Zusammenhang zwischen einem der Entwicklung angemessenen Zustand einer Umgebung und Sicherheit sowie Lernmöglichkeiten?
> 5. Wie sollte die Spielumgebung ausgestattet sein?
> 6. Welche fünf Aspekte sollten Sie bei der Beurteilung der Qualität einer Umgebung für Säuglinge und Kleinkinder berücksichtigen? Welches sind vier weitere Faktoren?

Was sehen Sie?

Olivia sitzt auf dem Boden neben Kai; der liegt auf dem Rücken. Er dreht sich auf die Seite, dann auf den Bauch. Er hält inne, drückt sich hoch und lächelt Olivia an, die zurücklächelt und dann kreischt. Kai rollt sich wieder auf die Seite und dann schnell weiter auf den Rücken. Er schaut sich nach Olivia um und entdeckt, dass er sich an einen neuen Platz gerollt hat. Er sieht zufrieden mit sich aus. Jetzt wirft Olivia sich auf alle Viere und krabbelt zu einem niedrigen Podest in der Nähe. Sie klettert mühelos hinauf und setzt sich wieder hin, betrachtet den Raum von ihrem neuen Aussichtspunkt. Sie beobachtet Kai, der weiterrollt, bis er fast an der anderen Seite des Raumes angelangt ist. Schnell krabbelt sie vom Podest und hinüber zu Kai, der jetzt auf dem Rücken liegt und ein Tuch in die Luft wirft. Olivia krabbelt zu einem anderen Tuch und bringt es ihm, so dass er nun in jeder Hand ein Tuch hat. Sie setzt sich wieder hin und hebt einen weichen Ball auf, der bei ihrem Fuß liegt. Sie drückt ihn mehrmals, krabbelt dann weg und legt ihn in einen Eimer, in dem bereits ein anderer Ball liegt. Sie kippt beide auf den Fußboden und schaut, wie sie in unterschiedliche Richtungen wegrollen. Kai lacht bei dem Anblick laut auf. Vergleichen Sie die Szene mit der folgenden.

Savannah hat dasselbe Alter wie Olivia, und Travis ist in Kais Alter. Savannah ist in eine Babyschaukel geschnallt und Travis sitzt, festgeschnallt in einen Babysitz, auf dem Boden. Als die Schaukel anhält, quengelt Savannah, bis eine Betreuerin kommt und sie erneut anschubst. Travis hält ein Spielzeug in der Hand, aber er lässt es fallen und kann es nun mit seiner Hand nicht erreichen. Er weint und eine Betreuerin kommt herbei und gibt es ihm wieder. Sie legt drei weitere Spielsachen in seinen Schoß und geht weg. Er wirft alle Spielsachen auf den Boden und weint erneut. Inzwischen hat Savannah aufgehört zu schaukeln und angefangen zu quengeln. Als die Betreuerin zu Savannah geht, um sie anzuschubsen, sagt sie zu ihrer Kollegin: „Ich finde, wir sollten eine dieser elektrisch betriebenen Schaukeln anschaffen." Dann geht sie hinüber zu Travis, der mittlerweile schreit. „Junger Mann", sagt sie, „ich glaube, du wirfst diese Spielsachen absichtlich weg, nur damit ich herüberkommen muss, um sie aufzuheben." Sie holt ein Baby-Trapez, an dem Figuren und Greiflinge hängen, und stellt es über Travis, der seine Hand ausstreckt, einen Ring ergreift und versucht, ihn abzureißen. „So, diese Spielsachen bleiben jetzt da, wo sie sind!", sagt sie, als sie weggeht, um erneut Savanna anzuschubsen.

Was haben Sie gesehen? Haben Sie bemerkt, dass Olivia und Kai sich umherbewegen und ganz alleine ihre Erfahrungen mit der Umgebung machen konnten? Sie waren vertieft in das, was sie taten, und außerdem in der Lage, miteinander zu interagieren. Und wie sah es bei Savannah und Travis aus? Die beiden konnten sehen, was es in der Umgebung gab, aber sie konnten sich nirgendwo hinbewegen. Sie waren darauf angewiesen, dass die Betreuerin mit ihnen interagierte und ihr Interesse wach hielt.

Beide Umgebungen waren sicher – ein entscheidender Faktor. Wir werden später in diesem Kapitel zu diesen zwei Szenen zurückkehren, um die anderen Merkmale der Umgebungen zu untersuchen. In den USA sind qualitativ hochwertige Umgebungen für Säuglinge und Kleinkinder durch das *Child Development Associate (CDA) assessment process*, ein Programm zur Schulung und Qualifizierung von Kleinkindpädagogen, als solche definiert, die sicher sowie der Gesundheit und dem Lernprozess förderlich sind.

Dieses Kapitel untersucht eine jede dieser Komponenten und wendet anschließend ein von Betty Jones und Liz Prescott entwickeltes Beurteilungsinstrument an.[1]

Eine sichere Umgebung

Wenn für Säuglinge und Kleinkinder geplant wird, muss als Erstes über Sicherheit nachgedacht werden. Die Größe der Gruppen und das Zahlenverhältnis zwischen Erwachsenen und Kindern sind wichtige Faktoren, wenn eine sichere Umgebung geschaffen werden soll. Das *WestEd Center for Child and Family Studies* mit Hauptsitz in San Francisco hat gemeinsam mit dem kalifornischen Erziehungsministerium die in Tabelle 12.1 aufgelisteten Richtlinien erstellt.

Tabelle 12.1 Richtlinien für die Gruppengröße und das Zahlenverhältnis Betreuerin zu Kindern

Richtlinien für die Gruppengröße (Gruppen mit Kindern desselben Alters)			
Alter	Betreuerin-Kind-Verhältnis	Gesamtgröße	Mindestanzahl an Quadratmetern pro Gruppe*
0–8 Monate	1:3	6	100
8–18 Monate	1:3	9	150
18–36 Monate	1:4	12	180
Richtlinien für Gruppen gemischten Alters (Familientagesbetreuung)			
Alter	Betreuerin-Kind-Verhältnis	Gruppengröße	Mindestanzahl an Quadratmetern pro Gruppe*
0–36+ Monate	1:4**	8	180

* Die Richtlinien für die Raumgröße stellen Mindeststandards für eine angemessene Quadratmeterzahl pro Gruppe dar; die angegebenen Flächengrößen schließen den für Eingangsbereiche, Korridore, Wickel- und Schlafbereiche benötigten Raum nicht mit ein.
** Von den vier einer Betreuerin zugeteilten Säuglingen sollten nur zwei jünger sein als 24 Monate.
Entwickelt vom *Far West Laboratory for Educational Research and Development* und dem *California Department of Education*. Nachdruck mit Genehmigung durch J. Ronald Larry.

Wie man eine sichere physische Umgebung schafft: eine Kontrollliste

- Decken Sie alle Steckdosen ab.
- Decken Sie alle Heizkörper ab, um die Kindern weit von ihnen fernzuhalten.
- Schützen Sie die Kinder vor allen Fenstern und Spiegeln, die nicht bruchsicher sind.
- Entfernen Sie alle Vorhangkordeln oder binden Sie sie fest. (Lange Schnüre, Kordeln und Bänder jeder Art sollten beseitigt werden, um zu verhindern, dass Kinder sich die Luft abschnüren.)
- Entfernen Sie alle kleinen Teppiche und Brücken, die leicht verrutschen.
- Holen Sie sich von der Feuerwehr Ihrer Gegend Informationen, wie Sie einen Maßnahmenplan für das Verhalten im Brandfall erstellen. Denken Sie über Zahl und Standorte der Feuerlöscher nach sowie darüber, wo und wie das Gebäude leicht zu verlassen wäre und wie die Kinder, die nicht laufen können, nach draußen getragen werden können. Führen Sie dann regelmäßig Feueralarmübungen durch.
- Stellen Sie sicher, dass es in der Umgebung keine giftigen Pflanzen gibt. (Viele der gewöhnlichen Zimmer- und Gartenpflanzen sind tödliches Gift. Finden Sie heraus, welche es sind, falls Sie es nicht wissen!)
- Achten Sie darauf, dass sämtliche Möbel stabil und in gutem Zustand sind.
- Entfernen Sie die Deckel von Spielzeugkisten, um Unfällen vorzubeugen.
- Achten Sie darauf, dass alle Kinderbetten und andere Babymöbel die Sicherheitsstandards erfüllen – dass die Gitterstäbe so eng nebeneinander angeordnet sind, dass die Babys nicht mit dem Kopf zwischen ihnen stecken bleiben können, und die Matratzen den Rahmen des Bettes komplett ausfüllen, damit die Babys sich nicht zwischen Matratze und einer Seite des Bettes verkeilen und ersticken können.
- Bewahren Sie sämtliche Medikamente und Reinigungsprodukte jederzeit für Kinder unzugänglich auf.
- Vorsicht vor Spielzeug mit Kleinteilen, die sich lösen und in Kindermünder wandern können (wie Knopfaugen von Stofftieren).
- Entfernen Sie alle zerbrochenen, beschädigten Spielsachen und Materialien.

- Stellen Sie sicher, dass keine der Spielsachen und Materialien giftige Substanzen enthalten oder mit einer Farbe angemalt sind, die Giftstoffe enthält.
- Seien Sie in der Lage, erste Hilfe zu leisten und eine Herz-Lungen-Wiederbelebung durchzuführen.
- Sorgen Sie dafür, dass ein Erste-Hilfe-Kasten in Reichweite ist.
- Halten Sie beim Telefon Notrufnummern parat, ebenso Informationen der Eltern dazu, was im Notfall zu tun ist. Bringen Sie die Telefonnummern der Eltern, die im Notfall zu wählen sind, regelmäßig auf den neuesten Stand.
- Achten Sie darauf, dass die Ausstattung für die jeweilige Altersgruppe angemessen ist. Zum Beispiel sollten die Klettergeräte für Kleinkinder kleiner sein als gewöhnlich.
- Beobachten Sie die Kinder gut und lassen Sie sie nur leichte Risiken eingehen, jedoch keine Risiken, die schlimme Folgen haben können. (Machen Sie im Hinblick auf das Maß an Risiko, das Sie erlauben, keinen Unterschied zwischen Jungen und Mädchen.)

Wenn Sie Kinder mit besondern Bedürfnissen in Ihrem Programm haben, müssen Sie eine Sicherheitskontrolle vorehmen, die ihre speziellen Umstände oder Behinderungen mit berücksichtigt. Gibt es für Rollstühle Rampen mit einem angemessenen Neigungswinkel? Lassen sich manche Ausstattungsgegenstände sicher an die besonderen Bedürfnisse der Kinder anpassen?

Eine gesunde Umgebung

Eine gesunde Umgebung ist ebenso wichtig wie eine sichere. Gute Lichtverhältnisse, eine angenehme Lufttemperatur und gute Belüftung tragen zu Gesundheit und Wohlbefinden der Säuglinge und Kleinkinder bei.

Wie man eine gesunde und hygienische Umgebung schafft: eine Kontrollliste

- Waschen Sie sich häufig die Hände. Das Händewaschen ist die beste Möglichkeit, die Übertragung von Infektionen zu verhindern. Waschen Sie sie sich, nachdem Sie gehustet, geniest, Nasen geputzt und Windeln gewechselt haben sowie vor der Essenszubereitung. Verwenden Sie Seifenspender statt Stückseife und Papier- statt Stoffhandtücher. Vermeiden Sie nach dem Händewaschen die Berührung mit Wasserhähnen und Abfalleimern. (Wasserhähne, die per Fußschalter bedient werden, und Mülleimer, deren Deckel sich per Fußtritt öffnen, eliminieren die Wahrscheinlichkeit, dass man saubere Hände aufs Neue infiziert.)
- Waschen Sie auch regelmäßig die Hände der Kinder, insbesondere vor dem Essen, nach dem Wickeln und nach dem Gang auf die Toilette.
- Lassen Sie es nicht zu, dass Kinder sich Waschlappen oder irgendwelche anderen persönlichen Gegenstände teilen.
- Reinigen Sie bei einer Gruppe mit Kindern, die noch so klein sind, dass sie Gegenstände in den Mund nehmen, täglich Spielzeug und Spielgeräte.
- Tragen Sie in den Bereichen, in denen Säuglinge auf dem Fußboden liegen, Socken oder Hausschuhe statt Straßenschuhe.
- Saugen Sie die Teppiche und wischen Sie die Böden regelmäßig.
- Stellen Sie sicher, dass jedes Kind sein eigenes Bett, Kinderbett oder seine eigene Matte hat, und wechseln Sie in regelmäßigen Abständen das Bettzeug.
- Treffen Sie beim Windelnwechseln routinemäßig Sicherheitsvorkehrungen, um der Ausbreitung von Krankheiten vorzubeugen. Sorgen Sie dafür, dass die Oberfläche vor jedem Wickeln sauber ist, indem Sie die abwaschbare Wickelfläche jedes Mal mit einer desinfizierenden Lösung abwischen und/oder frisches Papier hinlegen. Waschen Sie sich nach jedem Wickeln gründlich die Hände.
- Treffen Sie bei der Essenszubereitung, dem Servieren und anschließenden Saubermachen routinemäßig Sicherheitsvorkehrungen. Waschen Sie sich die Hände, bevor Sie mit Lebensmitteln hantieren. Bewahren Sie Lebensmittel und Flaschen bis zu ihrem Gebrauch im Kühlschrank auf. Verwenden Sie zum Spülen von Geschirr und Flaschen besonders heißes Wasser. (Im Falle

von Geschirrspülern wird die Beseitigung von Keimen durch Einstellung der höchsten Temperatur unterstützt.) Verwenden Sie eine leicht desinfizierende Lösung, wenn Sie keinen Geschirrspüler haben. Versehen Sie sämtliche Lebensmittel, die sie aufbewahren, mit Datum. Reinigen Sie den Kühlschrank regelmäßig und werfen Sie alte Lebensmittel weg.
- Stellen Sie sicher, dass bei allen Kindern, die Sie betreuen, der Zeitplan der Immunisierung eingehalten wird.
- Lernen Sie, die Anzeichen für verbreitete Krankheiten zu erkennen.
- Legen Sie mit klaren Grundsätzen fest, welche Symptome darauf hinweisen, dass ein Kind zu krank ist, um an Ihrem Programm teilzunehmen. Eltern und Betreuerinnen haben bei diesem Thema häufig unterschiedliche Vorstellungen und Bedürfnisse.
- Verlangen Sie eine Erlaubniserklärung, bevor Sie ein Medikament verabreichen, und achten Sie darauf, dass Sie verschreibungspflichtige Arzneimittel nur dem Kind geben, dessen Name auf der Flasche steht.

Auch wenn Sie bei Methoden, die die Gesundheit betreffen, keine Kompromisse eingehen wollen, müssen Sie sich der Tatsache bewusst sein, dass bei diesbezüglichen Angelegenheiten kulturelle Unterschiede auftreten können. Versuchen Sie, Verständnis für Eltern zu haben, deren Vorstellungen darüber, wie gute Gesundheit erlangt wird, sich von der allgemein anerkannten Praxis unterscheiden.

Berücksichtigen Sie ebenfalls die besonderen Bedürfnisse chronisch kranker Kinder, die manchmal Immunprobleme haben. Sie könnten zusätzlichen Schutz vor der Ausbreitung von Viren und Bakterien benötigen, die andere Kinder in Ihrem Programm übertragen. Überprüfen Sie Ihre Gesundheits- und Hygienepraktiken sorgfältig, um sicherzustellen, dass sie diesen Kindern den Schutz geben, den sie brauchen. Wehren Sie sich gegen Kritik von Personen, die Ihnen vorwerfen, überfürsorglich zu sein.

Ernährung

Betreuerinnen müssen sorgfältig darauf achten, was Sie den Säuglingen und Kleinkindern zu essen geben und wie sie dies tun. Das Essen muss dem Alter, dem körperlichen Zustand sowie kulturellen oder religiösen Traditionen angemessen sein. Die Geschmacksvorlieben und Essgewohnheiten, die Kinder in den ersten drei Lebensjahren entwickeln, können Einfluss auf ihr gesamtes weiteres Leben haben. Weil Fettleibigkeit in den USA so ein großes Problem darstellt, wird den Mitarbeiterinnen der dortigen Kinderbetreuungsprogramme nahegelegt, sich um die Essgewohnheiten Gedanken zu machen. Den Kindern eine ausgewogene, abwechslungsreiche Kost mit gesunden Nahrungsmitteln zu essen zu geben, kann etwas bewirken, insbesondere, wenn zusätzlich noch Gespräche mit den Familien geführt werden. Ziel sollte sein, dass die Kinder hauptsächlich mit gesunder, vollwertiger und nährstoffreicher Ernährung heranwachsen und zucker- oder fetthaltige Lebensmittel lediglich als gelegentliche Leckerei, nicht als tägliche Nahrung essen. Pommes Frites, Donuts und Süßigkeiten sind keine angemessenen Nahrungsmittel für Kinder. Die Essumgebung und die Interaktionen mit den Betreuerinnen können dafür sorgen, dass die Kinder Essen mit einem warmen, angenehmen Gefühl verbinden, das gute Essgewohnheiten und eine positive Einstellung dem Essen gegenüber unterstützt.

Säuglinge füttern

Vom Beginn ihres Lebens, wenn sie ausschließlich flüssige Nahrung zu sich nehmen, über die Phase, in der sie lernen, feste Nahrung zu kauen und zu schlucken, bis zu der Phase, in der sie alleine am Tisch essen können, durchlaufen Babys viele Stadien. Die erste Nahrung von Säuglingen ist entweder Brustmilch oder Babymilchpulver. Auch wenn die Entscheidung, was gefüttert wird, nicht bei den Betreuerinnen liegt, so können diese doch Mütter dazu ermuntern, das Kind nach seiner Aufnahme in die Kinderbetreuung weiterhin zu stillen, oder ihnen davon abraten. Weil Brustmilch den Vorteil hat, für die Wachstumsbedürfnisse menschlicher Säuglinge besonders geeignet zu sein, und Schutz vor Infektionen bietet, sollten Betreuerinnen sich bemühen, stillende Mütter zu unterstützen. Eine so einfache Maßnahme wie das Aufstellen eines bequemen Stuhls in einer ruhigen, abgeschiedenen Ecke, auf dem Mütter ihr Kind stillen können, gibt ihnen zu verstehen, dass das Stillen in dieser Einrichtung unterstützt wird. Den Zeitplan bewusst so zu arrangieren, dass das Baby hungrig ist, wenn die Mutter kommt, ist eine weitere Möglichkeit, das Stillen zu unterstützen. Es trägt zum sicheren Gefühl einer Mutter, die ihr Kind weiterhin stillen möchte, bei, wenn die Betreuerin in allen Einzelheiten darüber Bescheid weiß, wie Brustmilch sicher aufbewahrt wird (siehe Tabelle 12.2).

Tabelle 12.2 Brustmilch aufbewahren und füttern

- Abgesaugte Milch sollte gekühlt in einer sauberen und hygienischen Flasche in die Einrichtung gebracht werden.
- Sie sollte sofort in den Kühlschrank oder, falls sie tiefgekühlt gebracht wird, in den Tiefkühlschrank gestellt werden.
- Jede Flasche sollte deutlich mit dem Datum, an dem die Milch abgesaugt wurde, und dem Namen des Kindes gekennzeichnet sein.
- Sämtliche Milch, die nach einer Fütterung zurückbleibt, sollte weggeworfen und nicht noch einmal verwendet werden.
- Im Kühlschrank aufbewahrte Brustmilch sollte nach 48 Stunden weggeworfen werden.
- Erwärmen Sie die Flaschen unter laufendem Leitungswasser oder legen Sie sie fünf Minuten oder kürzer in einen Behälter mit warmem Wasser.
- Lassen Sie die Milch nicht bei Zimmertemperatur stehen, weil sich dann Bakterien bilden können.
- Wärmen Sie Brustmilch nicht in der Mikrowelle auf.

Für detaillierte Angaben dazu, wie dafür gesorgt wird, dass die Lebensmittel für Säuglinge und Kleinkinder hygienisch und sicher sind, siehe Susan Aronson und Patricia M. Spahr: *Healthy Young Children: A Manual for Programs*. Dieses Handbuch bietet eine Auswahl an Mahlzeitenmustern für Säuglinge im ersten Lebensjahr und gibt Beispiele dafür, was sie wann essen können. Es enthält zum Beispiel Information dazu, wann feste Nahrung und wann Kuhmilch eingeführt werden sollten, wie Babyflaschenkaries verhindert wird, wie abgestillt wird und vieles mehr. Natürlich ist es unerlässlich, den Ansatz, den jede einzelne Familie bei der Säuglingsernährung verfolgt, zu verstehen, insbesondere, wenn es kulturelle Unterschiede, Nahrungsbeschränkungen oder relevante Tabus gibt. Säuglinge mit besonderen Bedürfnissen bedürfen möglicherweise einer speziellen Ernährung oder werden auf eine Art gefüttert, über die Betreuerinnen Bescheid wissen müssen. Die Quelle für diese Informationen sind die Eltern.

Bieten Sie eine gute, individuell abgestimmte Säuglingsernährung oder bitten Sie die Eltern, selbst für nährstoffreiche Nahrung und für Flaschen zu sorgen. Laut einiger von den meisten Kinderärzten akzeptierten Leitlinien sollte mit fester Nahrung bis zum Alter von drei bis sechs Monaten gewartet werden. Dann sollte sie langsam – ein Nahrungsmittel zur Zeit – eingeführt werden, wobei man sich von einem Löffel bis zu einer vernünftig bemessenen Säuglingsportion hocharbeitet. Die meisten Kinderärzte empfehlen für die Einführung von fester Nahrung eine bestimmte Reihenfolge, die mit Zerealien beginnt. Die meisten raten dazu, mit der Einführung derjenigen festen Nahrungsmittel zu warten, die Allergien auslösen könnten, wie Eiweiß und Orangensaft. Nehmen Sie von Mischungen wie Aufläufen, die verschiedene Nahrungsmittel enthalten, Abstand; löst eine der Zutaten eine allergische Reaktion aus, wissen Sie nicht, welche es war. Meiden Sie sämtliche Zusätze – Salz, Zucker und künstliche Farbstoffe und Aromen. Säuglinge brauchen reine, natürliche, ungewürzte Nahrung. Geben Sie Säuglingen unter einem Jahr keinen Honig oder Maissirup, da diese Nahrungsmittel eine bestimmte Sporenart enthalten können, die eine Lebensmittelvergiftung verursacht, für die ausschließlich Säuglinge anfällig sind. Vermeiden Sie Nahrungsmittel, an denen sich Säuglinge verschlucken können, wie rohe Karotten und Popcorn.

Kleinkinder füttern

Aus Säuglingen, die ihren Mund so glücklich für alles öffneten, was die Betreuerin in ihn hineinschieben wollte, werden bisweilen im Essen wählerische Kleinkinder. Im ersten Lebensjahr wachsen Kinder so schnell, dass eine reichliche Nahrungsaufnahme nötig ist. Im Kleinkindalter sinkt die Wachstumsrate dramatisch, womit sich auch häufig der Appetit verringert. Wenn Erwachsene sich dieses Wechsels nicht bewusst sind, können sie mit ihrer Besorgnis oder ihrem Verhalten Essprobleme auslösen. Es ist typisch für besorgte Erwachsene, dass sie Kleinkinder auf eine Art zum Essen drängen und überreden, die ihren natürlichen Widerstand noch anheizt. Zwar ist es wichtig, verschiedene nahrhafte Nahrungsmittel zu bieten, doch ist es ebenfalls wichtig, die Kinder entscheiden zu lassen, wie viel und was sie essen wollen. Kleine Portionen ermuntern Kleinkinder dazu, aufzuessen!

Viele der Leitlinien für das Füttern von Säuglingen gelten auch für Kleinkinder. Wählen Sie Nahrung, die rein und natürlich, also nicht mit Zusätzen behandelt ist. Kleinkinder (und ebenso Säuglinge) mögen gerne Häppchen, die sie mit den Fingern essen können. Sie brauchen mal etwas anderes als Brei und Zerealien. Geben Sie ihnen lieber Obst und Gemüse statt Kekse oder stark gesalzene Cracker. Geben Sie ihnen erst dann Apfel- und Karottenstücke (und seien Sie dann vorsichtig mit der Apfelschale), wenn die Kinder genug Zähne haben

Videobeobachtung 12
Ablauf des Fütterns

Schauen Sie sich die Videobeobachtung 12, „Feeding Routine", an, um ein Beispiel für eine Umgebung zu sehen, die der Entwicklung der Kinder angemessen ist und sich günstig auf sie auswirkt. Achten Sie darauf, wie bemerkenswert ruhig und gesittet diese Essszene abläuft.

Fragen
- Was meinen Sie ist der Grund dafür, warum die Kinder in dieser Einrichtung auf kleinen Stühlen zusammen am Tisch sitzen statt in Hochstühlen? Sagt die Umgebung irgendetwas über die Philosophie des Programms aus?
- Wie sicher erscheint diese Umgebung? Können Sie irgendwelche Gefahren erkennen?
- Wie wohl und wie sicher scheinen sich die Kinder in dieser Umgebung zu fühlen? Was könnte zu ihrem Wohlbefinden und Gefühl der Sicherheit beitragen?

Diesen Videoclip können Sie unter www.mit-kindern-wachsen.de/videomaterial anschauen. Wählen Sie hier bitte Kapitel 12.

und in der Lage sind, sie zu kauen. Vermeiden Sie Popcorn, Nüsse, Erdnussbutter, in Scheiben geschnittene Wiener Würstchen, Weintrauben und andere Nahrungsmittel, an denen Kleinkinder sich verschlucken können. Schneiden Sie Wiener Würstchen der Länge nach durch und dann in kleine Stücke – vermeiden Sie ganze Scheiben! Schneiden Sie Weintrauben mindestens in zwei Hälften, vierteln Sie große. Diese spezielle Vorsicht gilt doppelt für Kinder mit besonderen Bedürfnissen, deren Reflexe möglicherweise nicht vollständig entwickelt sind und die stärker dazu neigen, sich zu verschlucken oder Atemprobleme zu haben.

Die Lernumgebung

Die **Struktur** eines Säuglings- und Kleinkindprogramms ergibt sich größtenteils aus einer gut geplanten Umgebung. Laut Louis Torelli unterstützt „eine gut konzipierte Umgebung ... das emotionale Wohlbefinden von Säuglingen und Kleinkindern, regt ihre Sinne an und stellt Anforderungen an ihre motorischen Fähigkeiten. Eine gut konzipierte Umgebung für die Gruppenbetreuung fördert die individuelle und soziale Entwicklung von Kindern."[2]

> **Überlegen Sie ...**
>
> Schauen Sie sich in der Umgebung um, in der Sie sich gerade befinden. Welche Botschaften übermittelt sie über die Art und Weise, wie Sie sich in ihr zu verhalten haben? Denken Sie an eine gegensätzliche Umgebung, in der Sie kürzlich waren. Welche anderen Botschaften übermittelte sie?

Wenn Sie bedenken, wie stark das Lernen in diesem Alter vom emotionalen Wohlbefinden, von sensorischen Erfahrungen und freier Bewegung abhängt, wundern Sie sich möglicherweise über die zu Beginn dieses Kapitels beschriebene Umgebung, in der sich Savannah und Travis aufhielten. Gehen Sie noch einmal zu den beiden Szenen zurück, die dieses Kapitel einleiten. Lesen Sie sie erneut und erinnern Sie sich daran, was Sie in Teil 2 über die motorische Entwicklung und ihre Verbindung mit Wahrnehmung und Kognition gelesen haben. Denken Sie an die Erfahrungen von Olivia und Kai, die sich in der ersten Szene in der gesamten Umgebung umherbewegen, und im Vergleich dazu an Savannah und Travis, die in einer Schaukel und einem Babysitz festgeschnallt waren. Welche Entdeckungen machen die zwei letztgenannten Kinder? Sie lernen, wie sie die Aufmerksamkeit Erwachsener auf sich ziehen können, aber das ist auch beinah alles. Olivia und Kai brauchen keine Aufmerksamkeit von Erwachsenen, während sie die Umgebung erkunden, viele neue Dinge lernen und dabei auch ihre eigenen zunehmenden Fähigkeiten kennen lernen.

Die Forschung zeigt, dass das Verhalten durch die Umgebung beeinflusst wird.[3] Eine strukturierte Umgebung gibt uns Hinweise darauf, wie wir uns in ihr zu verhalten haben. Vergleichen Sie einfach die Bücherei mit dem Fitnessraum. Oder denken Sie daran, wie der Supermarkt mit Einkaufswagen an der Tür, offenen Regalen und Kassen Ihnen vermittelt, was von Ihnen erwartet wird, verglichen mit dem Juweliergeschäft, wo Sie an einer Glastheke sitzen und Ihnen jemand Dinge zeigt, die sonst in Vitrinen unter Verschluss sind.

Säuglinge und Kleinkinder bekommen von ihrer Umgebung ebenfalls Botschaften vermittelt, wenn sie gut geplant und beständig ist. Es stellt einen wichtigen Teil ihres Sozialisationsprozesses dar, zu lernen, diese Botschaften zu empfangen, weil sie dadurch etwas über die Wechselwirkungen zwischen den Eigenschaften einer Umgebung und dem menschlichen Handeln („Behavior Setting") und über die damit zusammenhängenden Erwartungen lernen.[4]

Kinder, die körperlich eingeschränkt sind, bekommen ganz bestimmte Botschaften vermittelt, wenn die Lernumgebung nicht an ihre besonderen Bedürfnisse angepasst ist. Wenn zum Beispiel ein Kind, das im Rollstuhl sitzt, nicht in der Lage ist, nach draußen oder über einen dicken Teppich zu gelangen, ist die Erfahrung, die es in dem Programm macht, beschränkt. Wenn sich Spielsachen oder Ausstattungsgegenstände nicht auf seiner Höhe befinden, versteht es dies so, dass es nicht vorgesehen ist, dass es mit ihnen spielt. Nehmen Sie für *alle* Kinder im Programm Anpassungen in der Umgebung vor, einschließlich derer mit besonderen Bedürfnissen.

Obwohl im Spielbereich der Säuglings- und Kleinkindumgebung viel gelernt wird, ist das Lernen nicht allein auf diesen Raum beschränkt. Die ganze Umgebung, einschließlich der für die Pflegeaktivitäten genutzten Bereiche, ist in einem Säuglings- und Kleinkindprogramm die Lernumgebung. Schauen Sie sich die Beispiele für Gruppenräume in den Abbildungen 12.1, 12.2 und 12.3 an.

418 Im Blickpunkt: Das Programm

Abbildung 12.1   Beispiel für einen Gruppenraum für Säuglinge

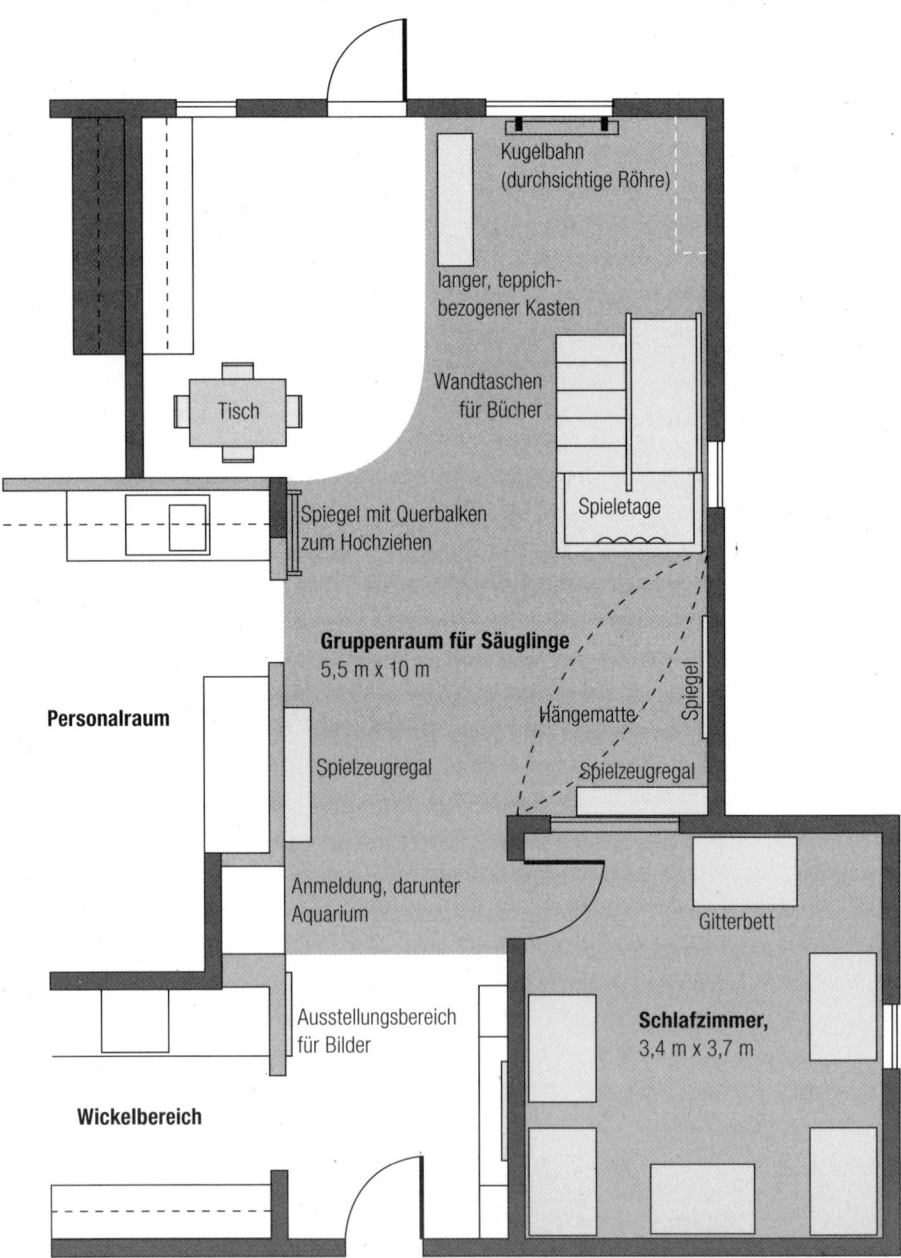

Abbildung 12.2 Beispiel für einen Gruppenraum für Kleinkinder

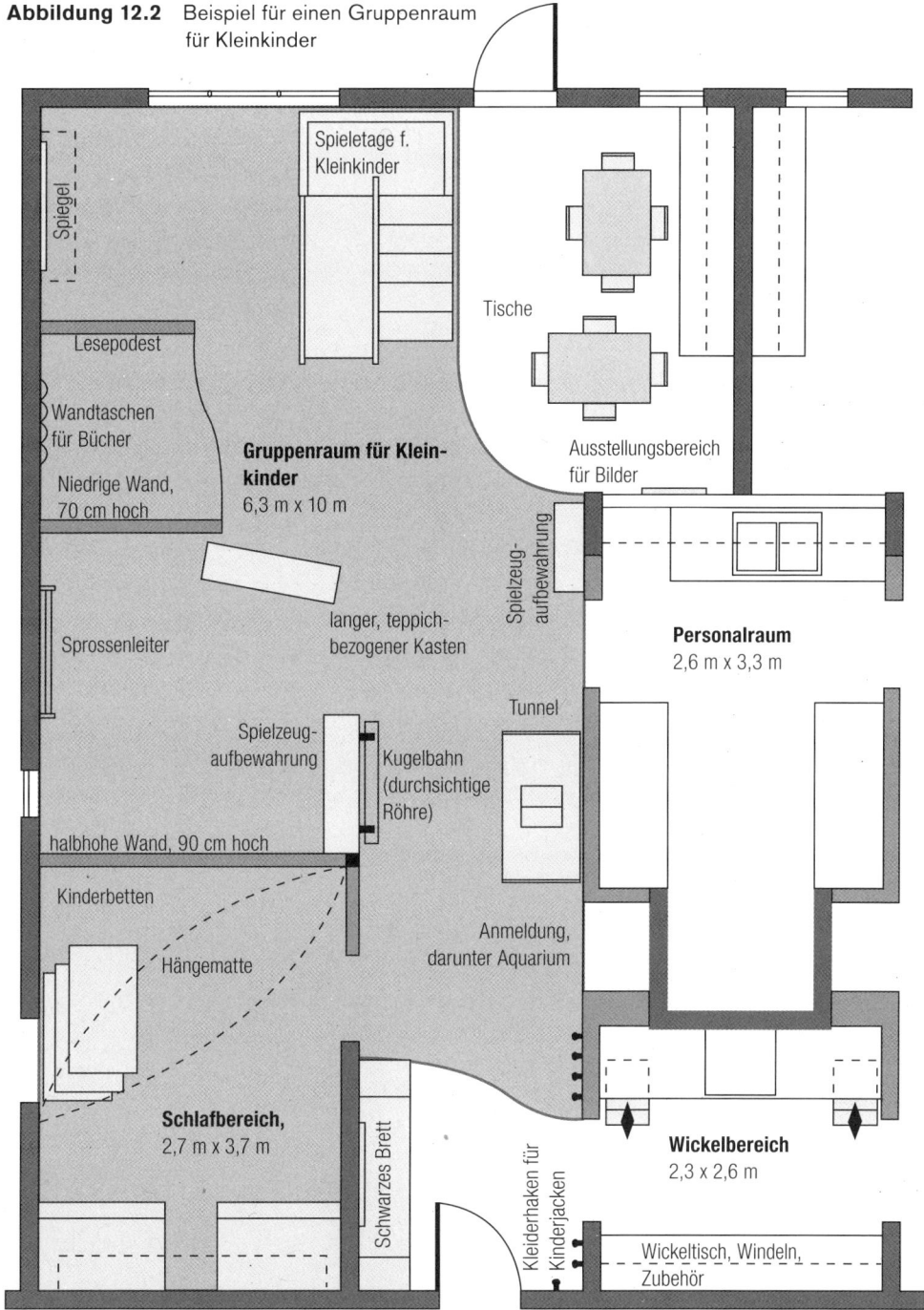

Abbildung 12.3 Beispiel für einen Gruppenraum für Säuglinge und Kleinkinder

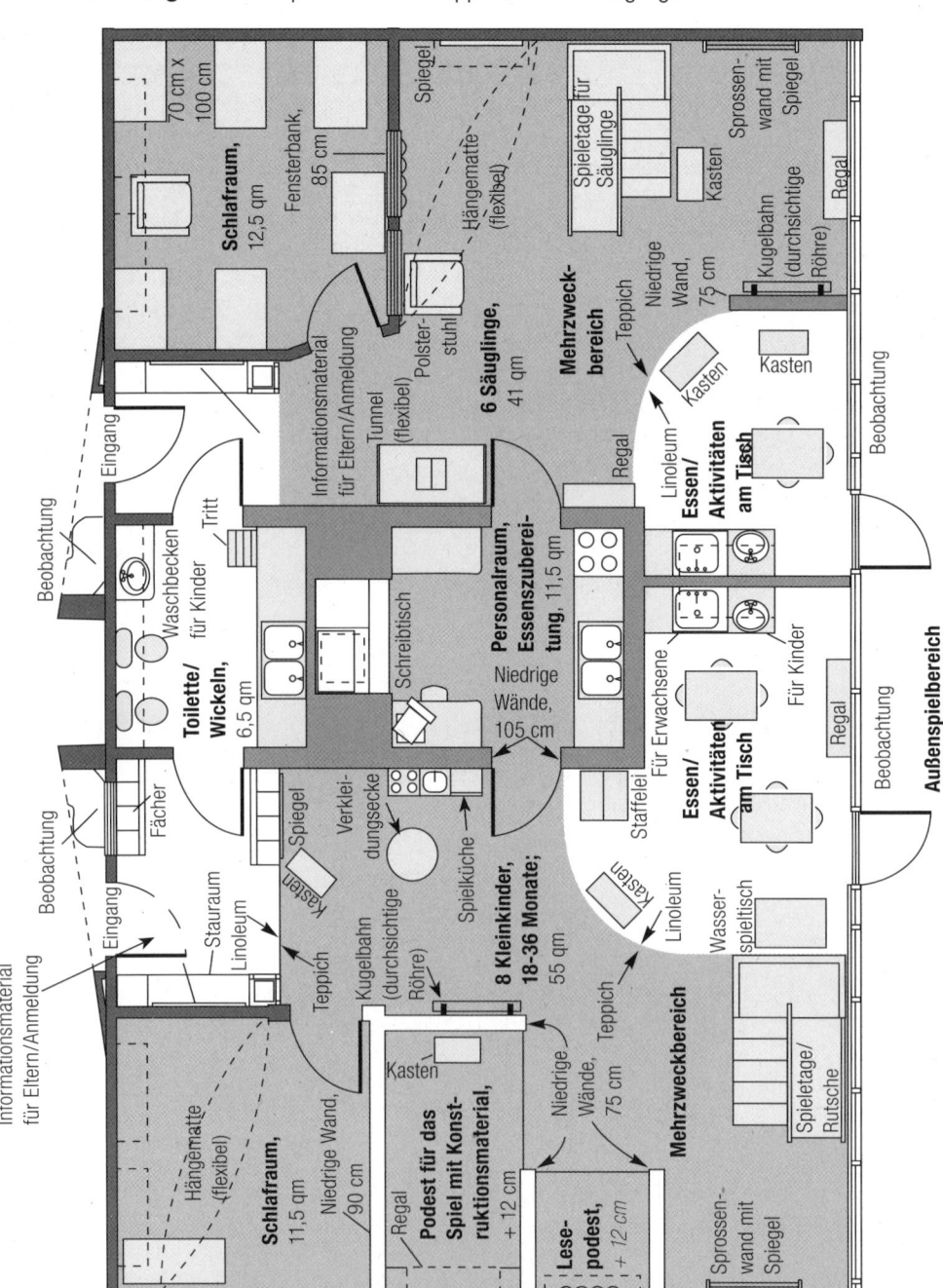

Raumaufteilung

Es gibt einige allgemeine Regeln für die Einrichtung einer Umgebung für die Säuglings- und Kleinkindbetreuung, sei es in einer Kindertagesstätte oder in einer Familientagespflegestätte. Es sollte einen Bereich geben, der dem Ankommen und Weggehen vorbehalten ist. In der Nähe dieses Bereichs sollte es einen Aufbewahrungsort für die persönlichen Gegenstände der Kinder geben. Der Schlafbereich sollte vom Spielbereich getrennt sein, in beruhigenden Farben gestaltet sein und über eine gedämpfte, ruhige Atmosphäre verfügen, die die Kinder nicht stimuliert. Der Essbereich sollte ebenfalls ein wenig vom Spielbereich getrennt sein, auch wenn die beiden Bereiche sich manchmal überschneiden können, weil Sie die Esstische für verschiedene andere Aktivitäten nutzen. Der Essbereich sollte selbstverständlich nah bei einer Küche oder einer Kochgelegenheit liegen. Der Wickelbereich sollte vom Essbereich entfernt und in der Nähe eines Badezimmers oder zumindest eines Waschbeckens liegen. Der Spielbereich im Haus sollte fröhlich und gut beleuchtet sein und zum Erkunden verlocken. Es sollte auch draußen einen Spielbereich geben, den zu erkunden genauso verlockend ist. Am Pikler-Institut in Budapest wird auch draußen gegessen und geschlafen, und die Umgebung ist diesen zwei Aktivitäten entsprechend eingerichtet. Jedes Kind hat zwei Betten – die eine Hälfte der Betten bleibt draußen. Auch Stauraum und Bürofläche (zumindest ein Schreibtisch und ein Telefon) sind normalerweise Teil der Umgebung. Wenn die Bereiche sich voneinander unterscheiden, lernen Säuglinge und Kleinkinder allmählich, was in einem jeden von ihnen erwartet wird.

Die Möbel, die Ausstattung und die Materialien für die Pflegeaktivitäten variieren ein wenig in Abhängigkeit von der Philosophie und den Zielen des Programms. Die folgenden Angaben korrespondieren mit der Philosophie dieses Buches.

Essen

Ein Kühlschrank ist unverzichtbar und es muss möglich sein, entweder im Raum selbst oder gleich nebenan Essen zu erwärmen. Ein Waschbecken und eine Arbeitsplatte sind ebenfalls unentbehrlich. Ein Geschirrspüler ist praktisch. Zusätzlich zu Flaschen und Saugern (welche möglicherweise die Eltern mitbringen, wenn sie die Kinder abgeben), unzerbrechlichen Tellern und Tassen sowie Löffeln werden die Küchengeräte für die Essenszubereitung benötigt. In dem Bereich, in dem die Nahrung zubereitet und gegessen wird, wird Stauraum für Lebensmittel, Geschirr und Küchengeräte gebraucht. Kleine, niedrige Tische und Stühle, auf die Kinder sich alleine setzen und die sie ohne fremde Hilfe wieder verlassen können, tragen zum Unabhängigkeitsgefühl der Kinder bei. (Manche Kinder essen besser in kleineren Gruppen, weil kleine Gruppen weniger stimulierend wirken. Dies muss bei der Auswahl von Tischen berücksichtigt werden.) Auch wenn in einigen Einrichtungen die Meinung herrscht, dass Hochstühle eine Notwendigkeit seien, befürworten wir für Kinder, die in der Lage sind, selbst auf den Stuhl zu gelangen, den Gebrauch von niedrigen Tischen und Stühlen. Es ist einige Übung von Seiten der Betreuerin erforderlich, um die Kinder dazu zu bekommen, am Tisch zu essen, wenn es in ihrer Entscheidung liegt, wegzugehen. Es sollte dafür gesorgt werden, dass die Erwachsenen bequem essen können – im Raum selbst oder anderswo – damit sie sich wohler fühlen, als es ihnen beim ständigen Stehen an der Arbeitsplatte oder beim Hocken auf winzigen Stühlen möglich wäre.

Schlafen

Welche Schlafmöbel angemessen sind, hängt vom Alter der Kinder ab. Die jüngsten Säuglinge sind in Stubenwagen oder Wiegen sicherer; die älteren Säuglinge brauchen Gitterbetten. Kleinkinder können in Kinderbetten oder auf Matten auf dem Boden schlafen. Kinder sollten sich keine Gitterbetten oder Kinderbetten und keine Bettwäsche teilen; jedes Kind sollte sein eigenes Bett und Bettzeug haben.

Auch wenn es in der Säuglings- und Kleinkindbetreuung aus kulturellen und gesundheitlichen Gründen üblich ist, dass Säuglinge und Kleinkinder getrennt schlafen, ist es wichtig anzuerkennen, dass das Getrenntschlafen in einigen Kulturen weder als normal noch als gesund angesehen wird.

Überlegen Sie...

Auf welche Weise unterscheidet sich Ihr eigener Schlafplatz von Ihrem „Spielbereich"? Lassen sich hieraus irgendwelche Schlüsse für die Einrichtung angemessener Schlaf- und Spielräume für Säuglinge und Kleinkinder ziehen?

Wickeln

Im Wickelbereich muss es Wickelplatten oder Wickeltische geben. Auf Wickelplatten liegen die Kinder gewöhnlich seitlich zur Betreuerin.

Im Pikler-Institut sind die Wickelbereiche so gestaltet, dass das Kind senkrecht zur Kante liegt und der Erwachsenen zugewandt ist. Die Erwachsene beugt sich dann gerade vor, statt sich zu einer Seite zu verrenken. Sämtliches Zubehör, das zum Wickeln gebraucht wird, sollte maximal eine Armlänge von der Wickelplatte entfernt liegen. Zum Zubehör gehören Windeln, Reinigungsprodukte zum Desinfizieren der Wickelfläche nach jedem Wickeln und ein Behälter für die hygienische Zwischenlagerung oder Entsorgung verschmutzter Windeln. Im Wickelbereich muss es zudem ein Waschbecken mit Warmwasser, Seife und Handtüchern geben; es darf sich nicht dort befinden, wo Nahrung zubereitet oder Geschirr gespült wird.

Toiletten

Kleinkinder schätzen Toiletten in Kindergröße und brauchen Zugang zu Waschbecken mit Seife sowie zu Papierhandtüchern (oder zu Stoffhandtüchern, wenn diese auf hygienische Art benutzt werden können). Dieser Bereich sollte vom inneren wie vom äußeren Spielbereich aus leicht und schnell zu erreichen sein.

Angemessenheit im Hinblick auf die Entwicklung

Das Wichtigste an einer Lernumgebung ist, dass sie der Entwicklung der jeweiligen Altersgruppe angemessen ist. Säuglingen ist mit einer ausschließlich für Kleinkinder geplanten Umgebung nicht gedient, genau wie Kleinkinder sich in einer nur für Säuglinge oder Vorschüler geplanten Umgebung anders verhalten als sonst. Es ist unbedingt nötig, dass die Umgebung der Entwicklung entspricht.

Häufig müssen Sie extrem flexibel sein, wenn Sie Säuglinge und Kleinkinder in ein und demselben Raum haben. Die Umgebung muss nicht nur die Bedürfnisse der speziellen Alterskonstellation berücksichtigen, sondern auch auf die im Laufe der Zeit durch Wachstum und Entwicklung der Kinder eintretenden Veränderungen.

Jim Greenman illustriert diesen Bedarf nach Flexibilität in einem Interview in *Child Care Information Exchange*:

> *Flexibilität rührt daher, dass das Gewohnte neu überdacht wird, zum Beispiel ein Sofa. Wenn es um Säuglinge geht, ist ein Sofa ein perfekter Ort, an dem zwei Betreuerinnen sitzen und Babys im Arm halten können. Wenn die Kinder lernen, zu krabbeln, kann das Sofa von der Wand gezogen werden, wodurch ein interessanter Krabbelweg geschaffen wird. Wenn Kinder das Laufen üben wollen, bietet dasselbe Sofa ein weiches Geländer zum Festhalten. Wächst erst einmal die Faszination der Kleinkinder für komplexere räumliche Spiele wie das Versteckspiel, kann das Sofa die Basis für eine Rutsche oder für Tunnel aus Decken werden. Dieser Prozess des Gestaltens und Umgestaltens einer Umgebung schafft einen Raum für Pflege, Betreuung und Arbeit, der mit den Veränderungen der Kinder Schritt hält.*[5]

Ein anderes Beispiel für Flexibilität ist das, was eine Betreuerin mit einem Spielzeugregal tat. Sie sah, dass die Kinder ständig die Spielsachen auf den Boden warfen und versuchten, die leeren Regale hochzuklettern. Also legte sie das Regal mit dem Rücken auf den Boden, und es wurde zu einem Teil der Ausstattung zur Förderung der Grobmotorik, weil die Kinder hinein- und hinauskrabbelten, sich zwischen den Regalbrettern zusammenrollten und mit ihm wie mit einem LKW „fuhren". Das auf dem Rücken liegende Bücherregal bot den kleinen Kindern in diesem Programm wundervolle Möglichkeiten, ihre Fantasie zu benutzen.

Angemessene Umgebungen für Säuglinge

Wie unterscheidet sich die Umgebung für den Säugling von der für das Kleinkind? Zum Teil ist es die Größe. Je jünger das Kind ist, umso kleiner sollten die Gruppe und der sie umgebende Raum sein. Für das Neugeborene kann Raum beängstigend wirken, und es ist ein Platz angemessen, der räumlich sehr begrenzt ist – wie ein Babykorb oder Stubenwagen. Die älteren immobilen Babys brauchen mehr Platz, aber nicht enorm viel Platz. Sie müssen auf dem Boden liegen, aber geschützt vor laufenden Füßen, die auf hilflose Säuglinge treten oder über sie stolpern könnten. Dies ist das Alter, in dem Laufställe am angemessensten sind. Wenn die Babys beginnen, sich entweder rollend oder krabbelnd umherzubewegen, brauchen sie noch mehr Platz. Der durchschnittliche Laufstall ist dann zu klein. Wenn sie erstmals aufrecht stehen, brauchen Kinder Stützen, um herumzuwandern – Geländer oder Möbel, an denen sie sich festhalten können. In der häuslichen Umgebung bieten Couchtische, Beistelltische, Stühle und

Sofas diese Stütze. Eine Säuglingseinrichtung muss anderweitig Vorkehrungen treffen. (Das *Äußere* des Laufstalls dient diesem Zweck.)

Ein Wort zu Gitterbetten: Gitterbetten sind keine guten Lernumgebungen, sie sind Schlafumgebungen. Wenn die Botschaft, wozu Gitterbetten da sind, beständig ist, lernen einige Babys schon früh, das Gitterbett mit Schlafen in Verbindung zu bringen, und haben weniger Schwierigkeiten einzuschlafen, wenn sie hingelegt werden. Wenn das Gitterbett aber von Spielsachen gesäumt und mit Mobiles und Spieluhren behängt ist, werden unterschiedliche Botschaften vermittelt. Die Umgebung ist anregend, nicht dem Schlafen förderlich. Es ist besser, die Botschaft zu vermitteln, dass das Spiel außerhalb des Gitterbettchens stattfindet. Gitterbetten sind ohnehin für alle Babys, außer den jüngsten, zu klein, um darin zu spielen. Es ist besser, sie ausschließlich dafür zu nutzen, müde Kinder an einen räumlich begrenzten Platz zu bringen, nicht aber muntere, wache. Wache Kinder brauchen eine andere Umgebung.

Angemessene Umgebungen für Kleinkinder

Kleinkinder brauchen natürlich noch mehr Platz und ihrem Altersniveau entsprechende grobmotorische Herausforderungen. Sie brauchen zudem eine Umgebung, die Unabhängigkeit unterstützt – ein Treppchen vor dem Waschbecken, damit sie ihre Hände waschen können, Schaukeln, in die sie alleine hineinkommen und aus denen sie alleine wieder herauskommen, Krüge, aus denen sie sich selbst Milch und Saft einschenken können, Lappen, mit denen sie aufwischen können, was sie verschüttet haben, ein Spülbecken in Reichweite, damit sie ihr Geschirr selbst abräumen können. Kleinkinder brauchen außerdem eine Umgebung, die sie dazu verlockt, ihre grob- und feinmotorischen Fähigkeiten und alle ihre Sinne zu erforschen.

Im Spielbereich sollte es verschiedene altersgemäße Spielsachen und Ausstattungsgegenstände geben, die zu aktivem, kreativem, den ganzen Körper einbeziehendem Spiel ermuntern und die Hantierfähigkeiten unterstützen. Der Bereich sollte an jedem Tag und zu jeder Zeit zu den Stimmungen aller Kinder passen – zu den Kindern, die energiegeladen sind, zu denen, die entspannt sind, zu denen, die allein sein wollen und zu denen, denen nach Geselligkeit zumute ist.

Familientagesbetreuung und gemischte Altersgruppen

In einem Privathaus eine Kinderbetreuungsumgebung für Kinder unterschiedlichen Alters einzurichten ist eine Aufgabe, die sich in einer zentralen Einrichtung nicht stellt, weil die Kinder dort nach dem Alter in Gruppen aufgeteilt werden und es, je nach Programm, unterschiedliche Umgebungen gibt. Familientagespflegestätten besitzen jedoch einige eindeutige Vorteile, die Kindertagesstätten nur schwer erreichen können. Es ist weniger wahrscheinlich, dass sie institutionell wirken. Die beschränkte Größe einer häuslichen Umgebung kann Kindern, die leicht überstimuliert werden, ein großer Trost sein. Aus der größeren Vielfalt, die in einer für gemischte Altersgruppen und erwachsene Familienmitglieder eingerichteten Umgebung vorzufinden ist, resultiert eine große Reichhaltigkeit. Ein Privathaus bietet verständlicherweise unterschiedliche Texturen, Geräusche und Aktivitäten, weil das Leben im Haus in Anwesenheit der Kinder weitergeht. Manche Vorteile, welche die häusliche Umgebung bietet, sind gleichzeitig einige der Herausforderungen, denen sich Tagesmütter gegenübersehen, wenn sie versuchen, aus ihren Häusern sichere, behagliche Lern- und Pflegeumgebungen für Kinder zu machen. Es kann eine wunderbare Erfahrung für Kinder sein, zu sehen, wie die Familienmitglieder ihre Zeit verbringen, wie beispielsweise das jugendliche Familienmitglied sein Auto repariert oder die Oma ihre Briefmarkensammlung sortiert. Aber die Aktivitäten, mit denen sich die Familienmitglieder beschäftigen, müssen nicht unbedingt gut für Kinder sein. Wenn zum Beispiel derselbe Jugendliche hineinkommt und sich vor den Fernseher fallen lässt, kann dies ein Problem darstellen, um das die Tagesmutter sich kümmern muss.

Die Prinzipien in der Praxis

Prinzip 8:   Erkennen Sie Probleme als Lerngelegenheiten und lassen Sie Säuglinge und Kleinkinder versuchen, ihre Probleme selbst zu lösen. Erlösen Sie sie nicht, machen Sie ihnen nicht permanent das Leben leichter und versuchen Sie nicht, sie vor allen Problemen zu beschützen.

Eine Tagesmutter hat ihr Haus so hergerichtet, dass die Kinder die Umgebung frei erkunden können. Sie freut sich darüber, wie sie Entdeckungen anstellen, auf Probleme stoßen und Schritte unternehmen, um sie zu lösen. Kürzlich hat sie einen Zweijährigen mit Namen Austin aufgenommen, der körperbehindert ist, und sie versucht, ihm Gelegenheit zu bieten, die Umgebung zu erkunden, Entdeckungen zu machen und Probleme zu lösen. Austin ist nicht in der Lage, sich herumzubewegen, darum hilft ihm die Tagesmutter dabei, neue Anblicke und Orientierungen zu erleben, indem sie ihn im Raum von einem Platz zum anderen bringt. Er kann eine Hand ausstrecken, wenn er sicher hingesetzt worden ist und keine Gefahr besteht, dass er fällt. Die Tagesmutter hat Möglichkeiten gefunden, wie er nah genug an Spielsachen sitzt, dass er selbst auswählen kann, mit was er spielen möchte. Entweder setzt sie ihn in die Nähe der Regale oder sie nimmt einen der Körbe mit Spielzeug und legt ihn auf die Seite, so dass er hineingreifen kann. Sie hat auch einige der Spielsachen verändert, damit sie einfacher funktionieren. Sie hat ihn dabei beobachtet, wie er versuchte, die Seiten eines Pappbuches umzuschlagen, und er quälte sich so sehr, dass er schließlich aufgab. Dieses Mal erlöste sie ihn, nahm ihn auf den Schoß und schlug die Seiten für ihn um, während sie das Buch gemeinsam lasen. Später kam ihr die Idee, Eisstiele auf die Seiten zu kleben, damit er seine Hand um einen Stiel schließen und so das Buch aufschlagen kann. Mit den Stielen auf den anderen Seiten kann er das ganze Buch durchblättern. Er ist begeistert, dass er dies selbst tun kann, auch wenn er immer noch erwartet, dass sie mit ihm gemeinsam Bücher ansieht und seine Freude an ihnen teilt. Sie lernt nun, wie man einen Computer bedient, um Austin noch mehr Möglichkeiten bieten zu können, mit Spielsachen zu spielen, auf die er mühelos eine Wirkung haben kann. Alle Kleinkinder haben das innere Verlangen, etwas zu bewirken, und auch Austin ist fasziniert davon, mit seinen Handlungen eine Wirkung zu erzielen. Die Tagesmutter arbeitet hart daran, ihm viel Gelegenheit dafür zu bieten.

1. Welche weiteren Ideen haben Sie, wie diesem Kind geholfen werden kann, in der Umgebung Erkundungen anzustellen, obwohl er sich nicht ohne fremde Hilfe umherbewegen kann?
2. Stellen Sie sich vor, Sie wären in diesem Moment in der Umgebung, in der Sie sich gerade befinden, körperbehindert. Welche Art von Hilfe würden Sie brauchen, um von Ihrer eingeschränkten Fähigkeit, die Hand auszustrecken und etwas zu ergreifen, Gebrauch zu machen, wenn Sie das starke Verlangen hätten, auf etwas in der Umgebung eine Wirkung auszuüben?
3. Denken Sie über die unterschiedlichen Möglichkeiten nach, wie die Betreuerin Austin in ihrem Haus von einem Ort zum anderen bringen oder es ihm ermöglichen könnte, sich selbst zu bewegen.
4. Welches könnten in einem durchschnittlichen Haushalt die Hindernisse sein, die dieses Kind daran hindern würden, die Umgebung umfassender zu erkunden?

Anders als Kindertagesstätten, in denen sorgfältig geplante Raumaufteilungen, wie in den Abbildungen 12.1, 12.2 und 12.3 dargestellt, möglich sind, ist die Familientagesbetreuung auf einen bereits bestehenden Grundriss angewiesen, der eher für das Leben einer Familie als für die Kinderbetreuung gedacht ist (siehe Abbildung 12.4). Tagesmütter entscheiden darüber, welche Räume sie für die Aktivitäten der Kinder nutzen wollen. Einige Entscheidungen sind offenkundig, wie die, dass das Badezimmer zum Waschen genutzt wird sowie um zur Toilette zu gehen und die Küche zum Kochen und vielleicht zum Essen. In den anderen ausgewählten Räumen müssen möglicherweise die Möbel umgestellt werden, um für das Spiel Platz zu machen. Einige Tagesmütter schaffen Spielflächen im Wohnzimmer, Freizeitraum, Esszimmer, Gästezimmer oder Keller, in einer umgebauten Garage oder einer Kombination aus verschiedenen Zimmern. Möbel können entweder zurückgeschoben werden, damit die Kinder Platz haben, sich zu bewegen, oder sie können umgestellt werden und als Raumteiler fungieren, wodurch Bereiche geschaffen werden, die als Stauraum dienen können und wo die Kinder ganz spezielle Spielsachen und Materialien benutzen können. **Spielflächen** können auch durch Teppiche definiert werden. Hochbetten können gut von älteren Kindern genutzt werden, die sich von den jüngeren Kindern entfernt aufhalten möchte. Man kann die Beine des Hochbetts allerdings auch auf eine sichere Höhe absägen und schafft damit einen niedrigen Kletterplatz für jüngere Kinder und vielleicht einen kleinen Bereich, unter den sie krabbeln können. Auf niedrigen Regalen ist Spielzeug für alle erreichbar, weshalb in **gemischten Altersgruppen** darauf geachtet werden muss, dass auf diesen Regalen nur angemessene und sichere Spielsachen und Materialien untergebracht werden, die selbst für das allerjüngste Kind geeignet sind. Gemischte Altersgruppen bereiten ganz spezielle Probleme. Die Tagesmutter muss gewissenhaft für eine sichere Umgebung sorgen, in der Kinder jeden Alters spielen und erkunden können. Das bedeutet, dass die für unterschiedliche Altersgruppen gedachten Gegenstände auch auf unterschiedliche Ebenen gelegt und gestellt werden müssen. Säuglinge und Kleinkinder, die Dinge immer noch mit dem Mund erkunden, müssen vor kleinen Teilen und zerbrechlichen Spielsachen geschützt werden. Aktivitäten, die für die jüngsten Kinder nicht geeignet sind, können am Küchentisch oder auf der Arbeitsplatte ausgeführt werden, um so für kleine Hände unerreichbar zu sein. Die entsprechenden Materialien müssen hoch oben aufbewahrt werden. Niemand möchte, dass ein Kleinkind ein Puzzle mit hundert Teilen hervorzieht und auf den Pappteilen kaut. Es muss Stauraum für Spielzeug vorhanden sein, damit den Kindern nicht alles jeden Tag zur Verfügung steht. Das Spielzeug immer mal wieder auszuwechseln garantiert neuartige Erlebnisse, wenn im Stauraum aufbewahrte Spielsachen zum Spielen hervorgeholt werden und neues Interesse an alten Dingen erwacht. Manche Spielsachen sollten wechselweise hervorgeholt und wieder verstaut werden, andere sollten immer draußen bleiben, um den Kindern ein Gefühl der Beständigkeit zu geben.

Die Ausstattung der Spielumgebung

Auch die Entscheidung, welche Spielsachen, welche Ausstattungsgegenstände und welche Materialien es in der Spielumgebung geben sollten, hängt ganz wesentlich davon ab, was dem Alter angemessen ist (siehe Anhang B). Neugeborene und sehr junge Säuglinge brauchen nur wenige Gegenstände in ihrer Spielumgebung. Ein paar Dinge zum Anschauen sind genug. Das interessanteste Objekt in ihrer Umgebung ist das menschliche Gesicht. Erkennen Sie diese Tatsache an und versuchen Sie nicht, es durch Spielsachen, Bilder oder

Abbildung 12.4 Beispiel für eine Familientagespflegestätte

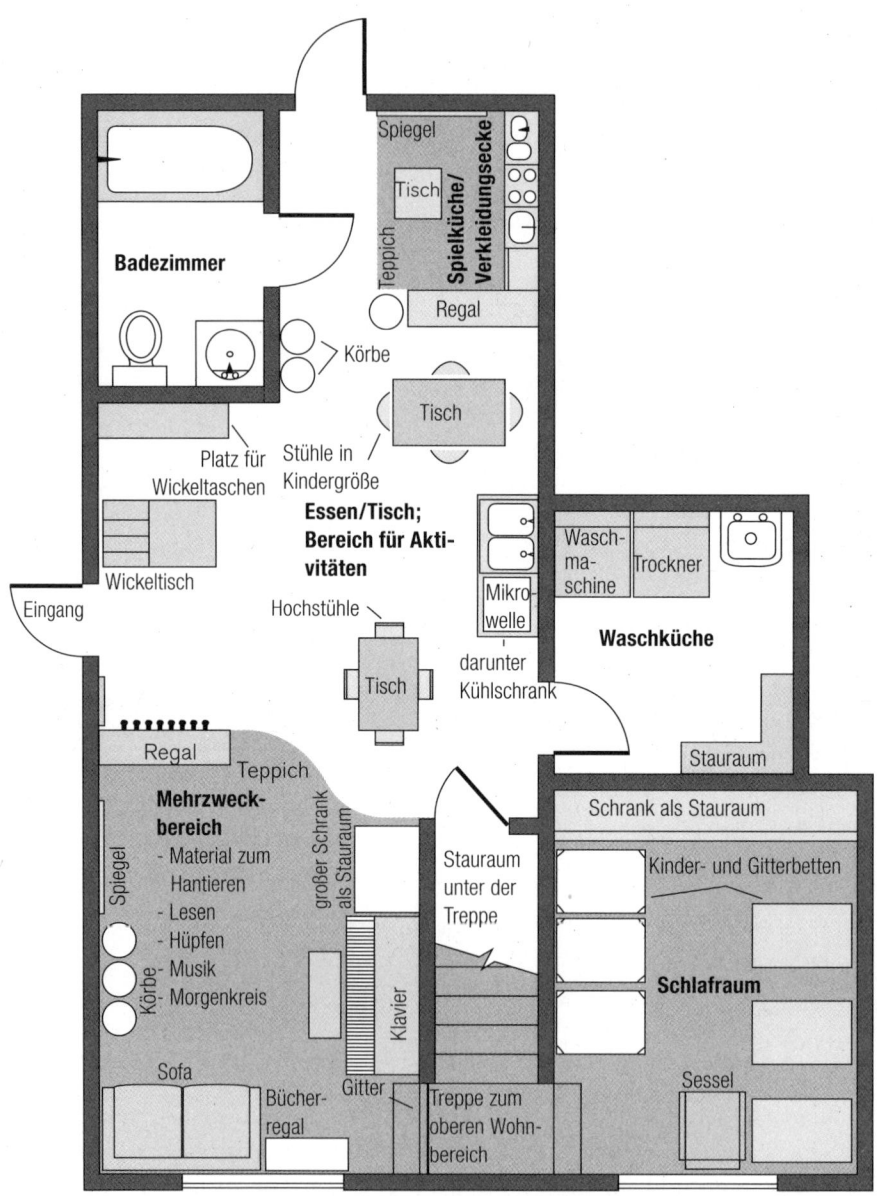

gar durch Fernsehen zu ersetzen. Säuglinge brauchen einfühlsame, unmittelbar auf sie eingehende Menschen viel mehr, als sie irgendein lebendes oder lebloses Objekt brauchen. (Sie brauchen auch viel Ruhe und Stille und möglichst wenig Stimulation.)

Wenn die Säuglinge älter werden, brauchen sie eine begrenzte Auswahl an weichen, waschbaren, leuchtend bunten Spielsachen, die sie anschauen oder an denen sie lutschen können. Tücher in leuchtenden Farben und weiche Strandbälle sind einfach zu ergreifen und herumzuschwenken. Rasseln, Stoffgreiflinge, Plastikschlüsseln und große Plastikperlen sind für Babys interessant, die die Fähigkeiten erlernen, nach etwas zu greifen und es in die Hand zu nehmen. Spielsachen, die reagieren und ein Geräusch machen, ermuntern Babys dazu, unterschiedliche Möglichkeiten auszuprobieren, mit ihnen zu hantieren.

Mit neun Monaten finden Säuglinge an einer Vielzahl von Gegenständen Vergnügen, darunter Stoff- oder Pappbücher, verschiedene Hüte und andere Kopfbedeckungen, Puppen, Plastik- oder Holzautos und -LKWs, Spielzeugtelefone und Stapelspielzeug. Außerdem mögen sie Objekte aus der Erwachsenenwelt – Holzlöffel, Töpfe und Pfannen und echte Telefone. Krabbelkinder interessieren sich sehr dafür, die Welt der Objekte zu erkunden, mit den Gegenständen zu hantieren und sie zu testen.

Kinder, die anfangen zu laufen, mögen zusätzlich zu allen bereits erwähnten Dingen auch gerne Spielzeug zum Schieben und Ziehen. Sie verbringen in dieser Phase, in der sie ihre Gehfähigkeiten trainieren, mehr Zeit damit, herumzulaufen und dabei Spielsachen zu tragen und fallen zu lassen, als damit, mit diesen zu hantieren. Große, sehr leichte Blöcke kommen bei ihnen gut an. Kinder lieben es, sie herumzuschleppen, aufeinanderzustapeln und Eingrenzungen aus ihnen zu bauen.

Mit 18 Monaten haben Kleinkinder immer noch Vergnügen an allen oben erwähnten Objekten. Zusätzlich spielen sie mit mehr Kostümen (zusätzlich zu Hüten) und nutzen vorhandene Gegenstände für das Als-ob-Spiel, das auch Symbolspiel oder **Fiktionsspiel** genannt wird. Indem Sie den Kindern Dinge wie Haushaltsgeräte, Spielherde, Besen, Plastikgeschirr, Puppen und Lenkräder zur Verfügung stellen, unterstützen Sie ihr Fiktionsspiel.

Zweijährige spielen ein noch höher entwickeltes Fiktionsspiel und brauchen zu dessen Förderung eine größere Auswahl an Objekten. Sie mögen gerne kleine Figuren, Puppenstuben, Legosteine und Perlen zum Auffädeln. Einfache

Puzzles, **Schösser- und Riegelkästen**, Bretter mit Knöpfen und Reißverschlüssen und andere manipulierbare Geräte sprechen sie ebenfalls an. Je mehr sich ein Kind dem Alter von drei Jahren nähert, umso mehr kann die Umgebung einer typischen Vorschulumgebung ähneln.

Spielzeug und Materialien für drinnen

Die Liste an angemessenen Spielsachen und Materialien für die Innenumgebung ist beinah endlos. Praktisch alles, was sicher und interessant ist und Ihnen in den Sinn kommt, kann zu einem **Lernwerkzeug** für Säuglinge und Kleinkinder werden. Hier ist eine allgemeine Liste von Dingen für die Innenumgebung, an die Sie möglicherweise nicht gedacht haben:

- Säckchen mit Bohnen. Sie können herumgetragen, irgendwo hineingetan, fallen gelassen und geworfen werden. Sie fallen nicht herunter, wenn sie gestapelt werden. (Die Bohnen keimen allerdings, wenn an den Säckchen gelutscht wird.) Inspizieren Sie die Säckchen vor jedem Gebrauch, um sicher zu sein, dass sie keine Löcher haben, aus denen Bohnen fallen können. Eine lose Bohne kann für ein Kind, das zu jung ist, um zu wissen, dass es sie nicht in den Mund stecken darf, ein Sicherheitsrisiko darstellen.
- Margarinedosen aus Kunststoff mit feuchten, in unterschiedliche Formen geschnittenen Schwämmen.
- Blöcke in allen Größen, insbesondere große, leichte, mit Kunststoff überzogene Schaumstoffblöcke, die selbst die jüngsten Kleinkinder aufstapeln und aus denen sie Bauwerke und Eingrenzungen errichten können.
- Schuhkartons mit Deckeln. Kinder lieben es, Deckel abzunehmen und wieder auf den Behälter zu setzen. Sie können eine kleine Überraschung in die Kartons legen, wie Luftpolsterfolie oder ein weißes Papiertuch. *Ein Sicherheitshinweis:* Achten Sie darauf, dass die Luftpolsterfolie, die ja aus leichtgewichtigem Kunststoff besteht, sicher ist. Plastiktüten sollten selbstverständlich zu jeder Zeit von Kindern fern gehalten werden, da sie sie über den Kopf ziehen und ersticken können. Auch Luftballons sind gefährlich. Wenn sie platzen und Kinder die Fetzen in den Mund stecken, können sie sich verschlucken.
- Tücher bereiten Kindern Vergnügen, selbst dem allerjüngsten Kind.

- Bücher, Bücher, Bücher. Für die jüngsten Kinder werden unempfindliche Babybücher benötigt; für die älteren Kleinkinder sind normale Bücher in Ordnung.
- Muffinformen mit einem Ball in jedem Förmchen (ein „Anfängerpuzzle", bei dem selbst das jüngste Kind Erfolg haben kann).
- Wasser. Es bietet endlose Möglichkeiten: zu löffeln, zu gießen, abzugießen, Objekte treiben zu lassen (Seife, Schwämme) und Puppen zu waschen sind nur einige Möglichkeiten, Wasser als Lernmedium zu nutzen. Denken Sie daran, dass kleine Kinder niemals mit Wasser alleine gelassen werden sollten. Sie können schon in wenigen Millilitern ertrinken.
- Flanelltafeln mit Figuren aus Filz. Stellen Sie sie Kleinkindern zur Verfügung und schauen Sie zu, wie sie die Figuren auf der Tafel umherbewegen und dabei erkunden, experimentieren und reden.
- Papier zum Zerreißen. Kleinkinder können sich sehr lange konzentrieren, wenn sie sich mit dem Zerreißen von Papier beschäftigen dürfen.[6]

Spielzeug und Materialien für draußen

Die äußere Umgebung sollte Säuglingen das Gefühl geben, in Sicherheit zu sein, und Kleinkindern viele Betätigungsmöglichkeiten geben. Jüngere Säuglinge brauchen einen schattigen, geschützten Platz im Gras, wo sie auf einer Decke liegen können. Krabbelkinder brauchen sichere Flächen zum Krabbeln und Erkunden, mit Oberflächen, die ihren Knien nicht weh tun. Ein Tipp, wie die Knie geschützt werden können, stammt von einer Kollegin. Nehmen Sie fersenlose Socken in Erwachsenengröße und schneiden Sie die Zehen ab. Legen Sie sie doppelt und ziehen Sie sie über die Knie eines Krabbelkindes, und Sie haben im Handumdrehen billige Knieschützer! Krabbelkinder brauchen sichere Gegenstände, mit denen sie hantieren und die sie in den Mund nehmen können. Kinder, die zu laufen beginnen, brauchen glatte Oberflächen, die sie nicht vor zu große Herausforderungen stellen, sowie Spielsachen zum Schieben und Ziehen. Auch Spielsachen auf Rädern sind für diese Altersgruppe gut.

Hier sind einige Vorschläge, was man Kleinkindern in der äußeren Umgebung zur Verfügung stellen kann:

- LKW-Schläuche. Pumpen Sie sie nicht voll auf. Sie hüpfen gut.
- Verknotete Seile, auf denen man hin- und herschwingen kann.
- Trapeze aus jeweils einer Holzstange, die an Seilen hängt. Umwickeln Sie die Enden der Holzstange mit Klebeband.
- Sehr niedrig aufgehängte Stoffschaukeln, in denen das Kind auf dem Bauch schaukeln kann.
- Getränkekisten, große Holzkisten, dicke Bretter, Sägeböcke und Leitern, aus denen Kinder alle möglichen Gerüste zum Klettern bauen können, die ihnen in den Sinn kommen.
- Spielsachen auf Rädern, darunter Spielzeug zum Fahren, Schiebestabspielzeug und Schubkarren und Wagen, mit denen Dinge herumgekarrt werden können.
- Kleine Rutschen, die Kinder mit dem Kopf zuerst hinunterrutschen können.
- Verschiedene Erhebungen – insbesondere einen Hügel. Ein Hügel ist immer ziemlich trocken, selbst nachdem es geregnet hat, und es stellt eine Herausforderung dar, ihn hinauf- und hinunterzulaufen. Wenn auf dem Hügel Gras wachsen kann, wird aus ihm ein guter Ort zum Herumrollen.
- Schaukelgeräte, auf die Kinder alleine hinaufkommen und von denen sie auch alleine wieder herunterkommen.
- Eine Sandkiste mit allen möglichen Behältern, Schaufeln und Trichtern, großen wie kleinen.
- Wasser in allen möglichen Behältern – kleinen Planschbecken aus Kunststoff, großen Schalen, Spülschüsseln, Bratpfannen, Babybadewannen. Stellen Sie Behälter, Trichter, Schläuche, Schwämme, Lappen und Farbpinsel zur Verfügung. Das Malen mit Wasser ist immer sehr beliebt. Denken Sie daran, die Kinder die ganze Zeit zu beobachten, wenn sie mit Wasser spielen – auch eine kleine Menge kann gefährlich sein.
- Stroh sorgt in der äußeren Umgebung für zusätzliche Weichheit. Kinder können ins Stroh hineinspringen und es herumschleppen.[7]

Beurteilung der Qualität einer Umgebung für Säuglinge und Kleinkinder

Neben der Überprüfung, inwieweit die Umgebung dem Alter angemessen ist, gibt es noch andere Möglichkeiten, die Qualität einer Lernumgebung zu beurteilen.

In ihrem Buch *Dimensions of Teaching-Learning Environments II: Focus on Day Care* definierten Elizabeth Jones und Elizabeth Prescott fünf Aspekte einer Lernumgebung: weich-hart, Eindringung-Rückzug, hohe Mobilität-niedrige Mobilität, offen-geschlossen, einfach-komplex.[8]

Das Gleichgewicht zwischen weich und hart herstellen

Der Aspekt „weich-hart" ist recht unmittelbar verständlich. Stellen Sie für die Beurteilung dieses Aspekts einer Säuglings- und Kleinkindumgebung die Frage: Gibt es in dieser Lernumgebung viel Weiches? In ihrer Innenumgebung brauchen Säuglinge und Kleinkinder dicke Teppiche, weiche Decken, Stofftiere, bequeme Möbel, Matratzen, Matten, Kissen und den Schoß ihrer Betreuerin. In der Außenumgebung brauchen sie Gras, Sand, Wasser, weiche Bälle, Matten und ebenfalls den Schoß ihrer Betreuerin. Eine weiche Umgebung *reagiert flexibel*. Viele Kindertagesstätten tendieren dazu, weniger weiche Materialien und Oberflächen zu bieten als Säuglinge und Kleinkinder benötigen – teilweise, weil es schwieriger ist, diese zu säubern, und teilweise, weil sie sich leichter abnutzen als harte. Familientagespflegestätten sind bei der Bereitstellung von weichen Materialien normalerweise besser als Kindertagesstätten, weil ein Privathaus gewöhnlich die Polstermöbel und Stoffvorhänge hat, die den Kindertagesstätten fehlen.

Gibt es auch etwas Hartes, oder liegt auf jedem Quadratzentimeter Boden Teppich und wächst auf jedem Quadratzentimeter im Hof Gras? Das Krabbelkind hat auf harten Böden und glattem Beton ein anderes Krabbelgefühl, das Kind, das gerade zu laufen beginnt, kann auf diesen Oberflächen leichter gehen, und das ältere Kleinkind mag die Geräusche, die sie hervorrufen. Einige harte Oberflächen, Spielsachen und Materialien gehören zur Säuglings- und Kleinkindpflege und -betreuung, aber das Schwergewicht sollte auf Weichem liegen.

Für Eindringung und Rückzugsmöglichkeiten sorgen

Die Umgebung sollte für optimale Eindringung wie für optimale Rückzugsmöglichkeit sorgen. Erwünschte Eindringung erfolgt dann, wenn die äußere Umgebung Eingang findet, Interesse erweckt und Neues bietet. Niedrige Fenster ermöglichen es Kindern, zu sehen, was draußen – hinter dem Haus oder auf der Straße – passiert, beschützen sie aber vor den damit verbundenen Gefahren und dem Lärm. Erwünschte Eindringung findet auch statt, wenn Außenstehende in die Säuglings- und Kleinkindumgebung kommen – der Mechaniker, der das Telefon repariert, die Eltern, die ihre Kinder abholen, Besucher. Betreuerinnen sollten beständig für ein optimales Maß an Eindringung sorgen.

Rückzug sollte ermöglicht werden, damit Kinder, die allein oder mit nur einem anderen Kind zusammen sein müssen, Plätze hierfür finden. Natürlich müssen Kinder alle Zeit beaufsichtigt werden, aber es gibt Möglichkeiten, ungestörte Ecken einzurichten, die Erwachsene immer noch einsehen können. Eine einfache Möglichkeit ist die, ein Sofa von der Wand abzurücken. Eine Kindertagesstätte hat eine Reihe Holzkisten ohne Deckel an einer Wand stehen, mit Löchern zum Hineinkrabbeln. Die Seiten schirmen die Krabbelkinder und Kleinkinder vom Rest des Raumes ab, aber Erwachsene können in die Kisten sehen.

Louis Torelli spricht darüber, wie wichtig es ist, sich von der größeren Gruppe zurückziehen zu können:

> *Bei einem Design mit mehreren Ebenen beispielsweise wird die Raumhöhe mit Podesten, Hochetagen, „Nestern" und Überdachungen angemessener Größe variiert. Diese Mini-Lernumgebungen bilden eine Landschaft für sicheres Erkunden, in der Säuglinge sich mit einem Spielzeug beschäftigen, ein Buch ansehen, Klötze aufeinander stapeln, Stufen hinaufklettern oder einfach den Erwachsenen und den anderen Kindern von einem gemütlichen, halb abgegrenzten „privaten Ort" aus zuschauen können.*[9]

Für manche Kinder mit besonderen Bedürfnissen kann ein Ort, an den sie sich vor zu starker Stimulation flüchten können, zwingend erforderlich sein. Seien Sie sich der Bedürfnisse dieser Kinder nach Rückzug und minimaler Stimulation bewusst, und kümmern Sie sich um diese Bedürfnisse.

Mobilität unterstützen

In einer Säuglings- und Kleinkindumgebung sollten sowohl hohe als auch niedrige Mobilität unterstützt werden. Kinder, die alt genug sind, sollten sich frei umherbewegen können. Kinder sollten nicht auf die Zeit, die im Freien verbracht wird, warten müssen, um sich eifrig bewegen zu können. Das bedeutet natürlich, dass die Gruppen klein sein müssen. Acht Kinder sind für eine Säuglings- und Kleinkindgruppe genug. Zwei- bis Dreijährige können in etwas größeren Gruppen zurechtkommen – in Gruppen mit zwölf Kindern, wenn die Umgebung gut geplant ist. Kinder mit besonderen Bedürfnissen könnten davon profitieren, in noch kleineren Gruppen zu sein als andere Kinder.

Der Aspekt „offen-geschlossen"

Der Aspekt „offen-geschlossen" hat mit Wahlmöglichkeiten zu tun. Ein Beispiel für Offenheit in der Umgebung sind niedrige offene Regale, auf denen Spielsachen liegen, aus denen die Kinder wählen können. Ein geschlossener Stauraum ist ebenfalls angemessen, um die Wahlmöglichkeiten zu steuern oder zu reduzieren und um zu verhindern, dass die Umgebung mit Spielzeug übersät ist.

Offenheit hat auch etwas mit der Anordnung von Möbeln und Raumteilern zu tun. Gut ist eine Anordnung, bei der Raum von der Höhe Ihrer Hüfte ab offen ist, so dass Sie die Kinder beaufsichtigen können, aber der Bereich darunter ein wenig das Gefühl von geschlossenem Raum vermittelt, so dass die Säuglinge und Kleinkinder nicht von großen, weiten Flächen überwältigt werden.

Der Aspekt „offen-geschlossen" hat auch etwas damit zu tun, ob es eine richtige Art gibt, ein Spielzeug oder Material handzuhaben (wie bei Puzzles, Formsortierern oder Stapelpyramiden), oder ob das Spielzeug ein Kind dazu ermuntert, es auf unterschiedlichste Art zu erkunden. Ein Stofftier und Knetmasse sind beide offenes Spielzeug, genau wie das Spiel mit Wasser offen ist. Kinder unter drei Jahren brauchen viel mehr offene Materialien und Spielsachen als geschlossene. Ältere Kleinkinder können an einigen geschlossenen Materialien und Aufgaben Vergnügen finden, jüngere Kleinkinder und Säuglinge aber ignorieren ihre beabsichtige Verwendung und machen aus allem offenes Spielzeug. Sie finden für sämtliche Spielsachen und Materialien (geschlossene ebenso wie offene) Möglichkeiten des Gebrauchs, an die Erwachsene nicht einmal im Traum gedacht hätten. Für einen Säugling existiert die Vorstellung nicht, dass man ein Spielzeug falsch gebrauchen kann.

Der Aspekt „einfach-komplex"

Für Säuglinge sind einfache Spielsachen und Materialien am besten geeignet. In „RIEs ‚Lehrplan' für die Früherziehung" rät Ruth Money, aktiven Kindern passive Spielsachen zur Verfügung zu stellen, die einfach sind und unendliche Möglichkeiten bieten – Spielsachen, mit denen etwas getan werden muss, damit eine Reaktion eintritt, nicht umgekehrt. „Wir bieten den Kindern einfache Gegenstände an, wie zum Beispiel ein robustes Baumwolltuch, das auch ein Säugling … hin- und herbewegen kann, leere Plastikflaschen oder leichte Siebe, die ein Säugling hochheben und durch die er hindurchschauen kann."[10] Einige Spielmaterialien sind nicht einmal Spielsachen. Eine Besucherin des Pikler-Instituts, die dort Beobachtungen anstellte, berichtete, sie hätte gesehen, wie ein Korb mit Kinderkleidung hereingebracht und auf den Boden gestellt wurde, damit die Kinder damit spielen konnten. Sie verbrachten ziemlich viel Zeit damit, Dinge anzuprobieren, sich im Auf- und Zuknöpfen zu üben, die Kleidungsstücke zu erforschen und sich mit ihnen zu vergnügen.

Die komplexe Seite des Aspekts „einfach-komplex" ist eher eine Angelegenheit für Betreuerinnen älterer Kleinkinder. Je komplexer ein Material oder Spielzeug (oder eine Kombination aus Materialien und Spielsachen) ist, umso mehr Dinge können Kleinkinder sich vorstellen mit ihnen zu tun. Sand, Wasser und Küchengeräte zusammen bieten viel mehr Handlungsmöglichkeiten als ein jedes der drei Materialien für sich alleine. Betreuerinnen, die diesen Aspekt untersuchen, stellen fest, dass sich die Aufmerksamkeitsspannen der Kinder verlängern, wenn Komplexität in der Umgebung eingeführt wird.

In „Designing Infant/Toddler Environments" erwähnt Jim Greenman einige zusätzliche Faktoren, die bei der Planung von Lernumgebungen für Säuglinge und Kleinkinder zu berücksichtigen sind.[11]

Größe

Greenman weist darauf hin, dass genau so, wie Erwachsene sich in Umgebungen klein fühlen, die dieses Gefühl fördern sollen (wie Gerichtssäle oder Kathedralen), Säuglinge und Kleinkinder sich in jeder Umgebung klein fühlen, die für eine andere Altersgruppe konzipiert wurde. Selbst eine Vorschulumgebung trägt zum Gefühl eines Säuglings oder Kleinkinds, klein zu sein, bei. Wenn die Kinder auf Stühlen sitzen, die so hoch sind, dass ihre Füße baumeln, in Schaukeln hin- und herschwingen, in die sie alleine nicht hineinkommen und aus denen sie nicht ohne fremde Hilfe herauskommen, oder an Tischen spielen, die ihnen bis zur Brust reichen, fühlen sie sich kleiner, als sie sich fühlen müssen. Säuglinge und Kleinkinder brauchen Räume, Zimmerdecken, Möbel und Plätze, die ihrer Größe angepasst wurden. Sie sollen sich groß und kompetent fühlen, nicht klein und unzulänglich. Die physische Umgebung kann sich auf ihr Selbstkonzept auswirken.

Ästhetik

Säuglinge und Kleinkinder sollten ihre Zeit an einem Ort verbringen, der visuell ansprechend ist. Die Beleuchtung ist hierbei ein wichtiger Faktor. Vermeiden Sie, wenn möglich, den durch Neonlicht hervorgerufenen Effekt zu starker und gleichmäßiger Beleuchtung. Natürliche Beleuchtung und das Licht von Glühbirnen bringen Abwechslung und Wärme. Denken Sie über Farben und ihre unterschiedlichen emotionalen Eigenschaften nach, ebenso über „visuellen Lärm". In den meisten Säuglings- und Kleinkindumgebungen passiert so viel, ist so viel zu sehen, dass der Hintergrund ruhig, warm und neutral sein sollte. Greenman schlägt vor, bei der Planung von Wänden, Oberflächen, Vorhängen und anderen Stoffen die übliche Farbenpracht und viel Design zu vermeiden. Vor einem neutralen Hintergrund heben sich die Menschen, Spielsachen und Materialien besser ab, wodurch die Kinder sie finden und auf sie fokussieren können. Die Kinder sind weniger abgelenkt.

Akustik

Lärm kann in Gruppen, in denen Säuglinge und Kleinkinder zusammen sind, ein echtes Problem darstellen. Es sollte jede Anstrengung unternommen werden, um den Lärmpegel zu senken und die Kinder zu schützen, die Ruhe vor denjenigen brauchen, die schreien, weinen oder in laute Aktivitäten verwickelt sind. Der Lärmpegel hängt stark von der Gruppengröße ab, was ein wichtiger Grund dafür ist, die Gruppen klein zu halten. Den Raum zu teilen hilft ebenfalls, genau wie viele weiche Materialien, die den Schall dämpfen (Teppiche, Polstermöbel, Matten und Kissen, Vorhänge und schalldämpfende Decken). Seien Sie sich der Hintergrundgeräusche und ihrer Auswirkungen auf die Kinder und Erwachsenen, als Gruppe ebenso wie als Einzelpersonen, bewusst. Einige Lichter geben einen hohen Ton ab, der empfindliche Ohren reizt. Die Geräusche von Ventilatoren oder anderen Geräten können, je nach Geräusch und Raum, beruhigend oder irritierend wirken. Wenn es in der Gruppe ein oder mehrere Kinder mit Hörschädigung gibt und diese Kinder in der Lage sein sollen, ihr Restgehör, wie stark auch immer es sein mag, zu nutzen, muss noch mehr auf die Akustik geachtet werden.

Ordnung

Ein Gefühl der Ordnung hat sowohl mit Ästhetik als auch mit Akustik zu tun. Weil Säuglinge und Kleinkinder ständig Unordnung schaffen, wenn sie Spielzeug und Materialien in der Gegend verstreuen, Dinge auseinander nehmen und alles, was sie in die Hände bekommen können, ausleeren und neu anordnen, muss die Umgebung eine grundlegende Ordnung bieten, die einen Gegensatz zur ständigen Unordnung auf dem Fußboden bildet. Die Organisation des Raumes sollte das Gefühl der Ordnung unterstützen. Eine Unterteilung der Spielfläche mit Hilfe von Möbeln, Regalen und Trennwänden in kleine Bereiche, die gerade groß genug sind für zwei oder drei Kinder (oder, im Falle von älteren Kleinkindern, für ein paar Kinder mehr), hilft ihnen, sich zu konzentrieren, und schränkt den Lärm ein (visuellen wie akustischen). Zu diesen Spielflächen sollten klare Wege führen, und jede Spielfläche sollte ihre Spielzeugregale haben. Wenn die Zugänge zu den Spielflächen zusätzlich eine Herausforderung an die Motorik stellen, weil zum Beispiel irgendwo hochgeklettert oder durchgekrabbelt werden muss, verbringen die Kinder weniger Zeit damit, herumzulaufen. Natürlich muss der Raum nur unterhalb einer Höhe von einem Meter unterteilt werden, so dass von der Erwachsenenhöhe aus der gesamte Raum sichtbar ist. Dies ist ein wichtiger Punkt: Es gibt zwei Umgebungen im Raum – unterhalb von einem Meter und oberhalb von einem Meter. Um die Umgebung der Kinder vollständig verstehen zu können, müssen Sie sich auf ihre Ebene hinunterbegeben. Wenn Sie dort unten sind, entdecken Sie Dinge wie Fußleisten, die Sie wahrscheinlich nie bemerkt haben. Es ist gut, sich regelmäßig in niedrige Höhe zu begeben und die Perspektive der Kinder einzunehmen, wenn Sie eine Umgebung für sie planen und instand halten. Ordnung und die mit ihr einhergehende Beständigkeit sind essenzielle Eigenschaften einer Umgebung, in der Kinder mit Sehbehinderungen betreut werden. Wenn die Wege mit Spielzeug übersät sind oder die Möbel verstellt werden, fühlt sich ein Kind, das sich die Umgebung eingeprägt hat, unsicher und zögert, sich in ihr umherzubewegen.

Es wird niemals endgültig über die Umgebung entschieden. Die Planung, Anordnung, Beurteilung und Neuanordnung ist ein laufender Prozess, wenn Betreuerinnen eine hohe Qualität anstreben und herausfinden, was für sie und für die Kinder am besten funktioniert.

> **Überlegen Sie ...**
>
> Denken sie über den Ort nach, an dem Sie sich am wohlsten fühlen und am glücklichsten sind. Welches sind die charakteristischen Merkmale dieses Ortes? Lehrt Ihnen Ihre eigene Erfahrung irgendetwas darüber, wie Sie eine Umgebung für Säuglinge und Kleinkinder gestalten müssen? Würden irgendwelche der Merkmale für diese Altersgruppe angemessen sein?

Angemessenes praktisches Vorgehen

Überblick über die Entwicklung

Der *National Association for the Education of Young Children* zufolge ermöglicht ein Gefühl der Sicherheit es kleinen Babys, ihre Sinne und körperlichen Fähigkeiten zu nutzen, um ihre Umgebung zu erkunden und etwas über sie zu lernen, einschließlich der Gegenstände und Menschen in ihr. Bei jungen Säuglingen hat Sicherheit mit Bindung und Vertrauen zu tun. Dasselbe gilt für mobile Säuglinge; jedoch ist bei Babys, die, angespornt durch ihre Neugier, ständig unterwegs sind, physische Sicherheit von großer Wichtigkeit. Sie brauchen eine sichere und vielfältige Umgebung für ihre Bemühungen, alles über die Welt zu lernen, was sie nur können. Kleinkinder brauchen eine sichere und interessante Umgebung für ihre Erkundungen, die neue Dimensionen annehmen, weil sie ständig versuchen, herauszufinden, wer sie sind, was sie tun können und wer das Sagen hat. Während der gesamten ersten drei Lebensjahre wirkt das Gefühl der Sicherheit, das in der frühen Kindheit ein großes Problem darstellt, mit dem Erkundungsdrang zusammen, und Kinder entwickeln bei ihren Erkundungen eine zunehmende Zielgerichtetheit.

Der Entwicklung angemessenes praktisches Vorgehen

Das Folgende sind Beispiele für Methoden, die der Entwicklung angemessen sind und mit der physischen Umgebung zusammenhängen:

Gesundheit und Sicherheit

- Die Erwachsenen halten sich an Maßnahmen, die der Gesundheit und Sicherheit dienen, darunter an die richtige Art des Händewaschens und an allgemeine Vorsichtsmaßnahmen, um die Ausbreitung von ansteckenden Krankheiten zu beschränken. Für jeden speziellen Bereich gibt es klar formulierte, schriftlich vorliegende Hygieneverfahren. Instruktionen zum richtigen Ablauf des Wickelns (ggf. einschließlich Benutzung von Schutzhandschuhen), der Reinigung von Gitterbetten und Spielbereichen sowie zur Lagerung und Zubereitung von Nahrung (einschließlich Geschirrspülens) sind als sichtbare Erinnerung für die Erwachsenen an den Wänden ausgehängt.
- Unterlagen mit Informationen zu den Vorsorgeuntersuchungen der Babys, zu ihrer Immunisierung und zu speziellen Gesundheitsproblemen werden für jeden Säugling einzeln abgeheftet und vertraulich behandelt. Klare Grundsätze machen die Eltern darauf aufmerksam, wann Säuglinge aus gesundheitlichen Gründen von der Kinderbetreuung ausgeschlossen werden müssen.

- Betreuerinnen führen mehrmals am Tag in allen Bereichen, drinnen wie draußen, Sicherheitskontrollen durch.
- Evakuierungspläne für den Notfall sind an der Wand neben den Tabellen mit täglichen Aufzeichnungen zu Ess- und Schlafverhalten, Ausscheidung usw. der Säuglinge ausgehängt; eine Tasche mit einer Notfallausrüstung und die Notfallformulare der Kinder sind augenblicklich verfügbar. Evakuierungsübungen werden regelmäßig durchgeführt.

Für Säuglinge
- Die Erwachsenen bieten den Säuglingen eine akustische Umgebung, die sie weder überstimuliert noch ablenkt. Sie wählen Musik und andere Aufnahmen aus, an denen die Säuglinge Vergnügen haben.
- Der Raum ist so angeordnet, dass die Kinder Momente ruhigen Spiels alleine genießen können, reichlich Platz haben, um herumzurollen und sich frei zu bewegen, und zu interessanten Gegenständen krabbeln können. Bereiche für jüngere Säuglinge sind zur Förderung der sicheren Interaktion von Säuglingen, die sich auf ähnlichen Entwicklungsstufen befinden, von denen für Krabbelkinder getrennt.
- Die bereitgestellten Spielsachen reagieren auf die Handlungen der Kinder: verschiedene Greifspielsachen, mit denen auf unterschiedliche Art hantiert wird; eine bunt gemischte Auswahl an Materialien zur Förderung verschiedener Fähigkeiten, darunter Materialien zum Ineinanderstecken und Aufeinanderstapeln, Aktionskisten und Behälter, die gefüllt und geleert werden können; verschiedene Bälle, Glocken und Rasseln.
- Es sind verschiedene sichere Haushaltsartikel vorhanden, die Säuglinge als Spielmaterialien verwenden können, darunter Messbecher, Holzlöffel, unzerbrechliche Schüsseln und Pappkartons.
- Für mobile Säuglinge gibt es einen offenen Bereich, in dem Bälle, Spielsachen zum Schieben und Ziehen, Wagen und andere Gegenstände zur freien Bewegung und zum Austesten der grobmotorischen Fähigkeiten und der Koordination ermuntern. Niedrige Klettergeräte, Rampen und Treppchen werden bereitgestellt. Die Geräte sind gut gepolstert und können sicher erkundet werden.
- Offene Regale in Reichweite der Säuglinge enthalten jeweils Spielsachen ähnlicher Art, die mit Zwischenräumen angeordnet sind, so dass die Säuglinge aus ihnen wählen können. Betreuerinnen gruppieren die Materialien für verwandte Aktivitäten auf unterschiedlichen Regalen.
- Eine Außenspielfläche neben dem Säuglingsbereich verfügt über sonnige und schattige Plätze. Sie ist von einem schützenden Zaun umgeben. Der Boden um die Klettergeräte und ein Teil der offenen Fläche sind aus Sicherheitsgründen mit einem widerstandsfähigen, stabilen Belag versehen, der den mobilen Säuglingen das Schieben von Wagen und das Fahren mit Spielgeräten erleichtert. Es gibt weiche Bereiche, in denen junge Säuglinge auf Steppdecken liegen können.

Für Kleinkinder
- Die Umgebung und der zeitliche Ablauf verfügen über ausreichend Vorhersagbarkeit und Wiederholung, um es Kleinkindern zu ermöglichen, Erwartungen zu haben, wiederholt ihre sich entwickelnden Fähigkeiten zu trainieren und die Sicherheit einer vertrauten Routine zu spüren.
- Betreuerinnen teilen den Raum in Interessens- oder Aktivitätsbereiche auf, darunter Bereiche für konzentriertes Spiel in kleinen Gruppen, für das Alleinsein, für Kunst-/Wasser-/Sand- und andere dreckige Aktivitäten, für Fiktions- und Konstruktionsspiel. Die Aktivitätsbereiche sind durch niedrige Trennwände, Regale oder Sitzbänke getrennt, wodurch es für herumrennende Kleinkinder schwierig ist, die Kleinkinder zu stören, die konzentriert spielen, und wodurch ein klares Muster an Wegen für die Bewegung im Raum geschaffen wird.
- Die Kinder haben täglich Gelegenheit zu forschenden Aktivitäten wie dem Spiel mit Wasser und Sand, Malen und dem Hantieren mit Lehm oder Knetmasse.
- In der Nähe von Bereichen, die für dreckige Aktivitäten bestimmt sind, befindet sich in Kinderhöhe ein Waschbecken mit einem großen Vorrat an Papierhandtüchern, damit die Kleinkinder lernen, dass auf dreckige Aktivität das Saubermachen und Händewaschen folgt.
- Kinder haben drinnen wie draußen viele Möglichkeiten für aktives, grobmotorisches Spiel.
- Jedes Kleinkind hat ein Kinderbett und Bettzeug, und alles ist mit einem persönlichen Etikett versehen. Dass ein Kind seine eigene Decke oder ein spezielles Stofftier bekommt, ist Bestandteil der regelmäßigen Abläufe vor dem Mittagsschlaf.

Individuell angemessenes praktisches Vorgehen

Das Folgende sind Beispiele für Methoden, die der individuellen Entwicklung angemessen sind und mit der physischen Umgebung zusammenhängen:

- Die Erwachsenen stellen sicher, dass jedes Kind fürsorgliche, durch einfühlsames und unmittelbares Reagieren gekennzeichnete Pflege erfährt.
- Die Erwachsenen schaffen einen „allumfassenden" Gruppenraum und achten darauf, dass die räumliche Organisation, die Materialien und Aktivitäten es allen Kindern ermöglichen, aktiv teilzunehmen.

Die Gestaltung der Umgebung nach individuellen Bedürfnissen ist eine wesentliche Voraussetzung dafür, dass jedes Kind von der Umgebung und den Menschen darin bekommt, was es braucht. Für die regelmäßigen Pflegeaktivitäten einiger Kinder sind Anpassungen in der Umgebung sowie Intervention durch Erwachsene und die Förderung von freiem Spiel notwendig.

Kulturell angemessenes praktisches Vorgehen

Das Folgende sind Beispiele für Methoden, die kulturell angemessen sind und mit der physischen Umgebung zusammenhängen:

- Betreuerinnen arbeiten mit Eltern partnerschaftlich zusammen, kommunizieren täglich, um gegenseitiges Verständnis und Vertrauen aufzubauen und um Wohlergehen und bestmögliche Entwicklung des Säuglings sicherzustellen.
- Betreuerinnen hören dem, was Eltern über ihre Kinder sagen, aufmerksam zu, versuchen die Ziele und Prioritäten der Eltern zu verstehen und respektieren kulturelle und familiäre Unterschiede.
- Betreuerinnen und Eltern beraten sich über Entscheidungen darüber, wie die Entwicklung des Kindes am besten unterstützt wird oder wie mit Problemen oder Meinungsverschiedenheiten umgegangen werden soll, wenn sie auftauchen.

Was in diesem Kapitel über die Gestaltung der Umgebung gesagt wurde, hat viel mit der Betonung von unabhängigem Erkunden und der Nutzung der Selbsthilfefähigkeiten zu tun. In Familien, in denen gegenseitige Abhängigkeit wichtiger ist als Unabhängigkeit, ergibt diese Art der Gestaltung der Umgebung vielleicht nicht viel Sinn. Es ist nicht in Ordnung, einfach Elternbildung dafür zu nutzen, Eltern dazu zu bringen, den in diesem Buch vertretenen Ansatz als den einzig richtigen Weg zu sehen. Denken Sie daran, dass der Entwicklung angemessenes praktisches Vorgehen es erfordert, dass Betreuerinnen mit Eltern partnerschaftlich zusammenarbeiten und sich bemühen, gegenseitiges Verständnis und Vertrauen aufzubauen. Das Ziel ist es, das Wohlergehen und die bestmögliche Entwicklung des Kindes sicherzustellen. Identitätsgefühle können auf dem Spiel stehen, deshalb ist es unbedingt erforderlich, dass Betreuerinnen versuchen, kulturelle Unterschiede zu verstehen und zu respektieren sowie die Eltern in Entscheidungen darüber, was das Beste für das Kind ist, mit einzubeziehen.

Quelle: Bredekamp, S. und Copple, C. (Hg.) (1997): *Developmentally Appropriate Practice in Early Childhood Programs* (überarb. Aufl.). Washington, D.C., National Association for the Education of Young Children.

Und jetzt Sie …

Sehen Sie sich noch einmal die Szene „Prinzipien in der Praxis" auf S. 427 an, diesmal unter dem Aspekt angemessenen praktischen Vorgehens.

- Gehen Sie die unter „Der Entwicklung angemessenes praktisches Vorgehen" aufgelisteten Punkte durch, und denken Sie über die Szene nach. Natürlich kennen Sie nicht die Gesamtsituation, was aber können Sie nach dem, was Sie gelesen haben, darüber sagen, welche der Maßnahmen mit dem übereinstimmen, was die Tagesmutter tut?
- Wie sieht es mit den Punkten unter „Individuell angemessenes praktisches Vorgehen" aus? Wie viele von ihnen stehen im Einklang

mit dem, was die Tagesmutter in der Szene tut, die Sie gelesen haben?

- Denken Sie, nachdem Sie den letzten Absatz von „Kulturell angemessenes praktisches Vorgehen" gelesen haben, darüber nach, dass möglicherweise nicht alle Eltern dieselben Ziele verfolgen wie die Tagesmutter, die möchte, dass Kinder so unabhängig wie möglich frei erkunden, Entdeckungen machen und Probleme lösen. Was kann oder sollte die Tagesmutter tun, wenn Austins Eltern nicht dieselben Ziele haben wie sie?

Zusammenfassung

- Für die Schaffung einer sicheren und gesunden Säuglings- und Kleinkindumgebung müssen eine Reihe von Faktoren berücksichtigt werden, darunter:
  - die Ernährung
  - das Füttern der Säuglinge
  - das Füttern der Kleinkinder
- Die Lernumgebung besteht aus einem Spielbereich und den Orten für Pflegeaktivitäten wie:
  - Essen
  - Schlafen
  - Wickeln
  - zur Toilette gehen
- Nicht nur aus Sicherheitsgründen ist es wichtig, dass die Umgebung der Entwicklung angemessen ist, sondern auch, weil dadurch das Lernen erleichtert wird.
  - Für Säuglinge ist etwas anderes angemessen als für Kleinkinder.
  - Gemischte Altersgruppen sorgen in einer Familientagespflegestätte für besondere Herausforderungen, wenn es darum geht, eine Umgebung zu gestalten, die sich auf alle Kinder günstig auswirkt.
  - Jede Altersgruppe hat ihre eigenen der Entwicklung angemessenen Spielsachen und Materialien.
  - Wie sollte die Spielumgebung ausgestattet sein?
- Die Beurteilung einer jeden Säuglings- und Kleinkindumgebung ist ein fortlaufender Prozess. Sie erfordert die Berücksichtigung der bereits erwähnten Faktoren sowie eine Überprüfung von fünf Aspekten und vier

zusätzlichen Faktoren, darunter:
- der Aspekt „weich-hart"
- der Aspekt „Eindringung-Rückzug"
- der Aspekt „hohe Mobilität-niedrige Mobilität"
- der Aspekt „offen-geschlossen"
- der Aspekt „einfach-komplex"
- Größe
- Ästhetik
- Akustik
- Ordnung

Schlüsselbegriffe

Fiktionsspiel / Gemischte Altersgruppen / Lernwerkzeug / Schlösser- und Riegelkästen / Spielfläche / Struktur

Fragen und Aufgaben

1. Beurteilen Sie eine Säuglings- und Kleinkindumgebung unter Verwendung der in diesem Kapitel aufgeführten Kontrolllisten.
2. Erstellen Sie Ihre eigene Kontrollliste. Nutzen Sie dafür die wichtigsten Punkte, die im Abschnitt über die Beurteilung der Qualität einer Säuglings- und Kleinkindumgebung stehen. Benutzen Sie diese Kontrollliste, um ein Säuglings- und Kleinkindprogramm zu beobachten und zu beurteilen.
3. Die Abbildungen 12.1, 12.2 und 12.3 zeigen Umgebungen für Programme, die in Kindertagesstätten stattfinden. Zeichnen Sie die Raumaufteilung eines Hauses (zum Beispiel Ihres eigenen) und konzipieren Sie darin Bereiche für eine Gruppe von Kindern unterschiedlichen Alters, darunter Säuglinge und Kleinkinder.

Weiterführende Literatur

Aronson, Susan (2003): Sudden Infant Death Syndrome. In: *Exchange 153*, September/October, 67.

Aranson, Susan und Spahr, Patricia M. (2002): *Healthy Young Children: A Manual for Programs*. Washington, D.C.: National Association for the Education of Young Children.

Coughlan, Catherine (2005): Die Anwendung von RIE in einer Familientagespflegestelle. In: Petrie, Stephanie und Owen, Sue (Hg.): *Authentische Beziehungen in der Gruppenbetreuung von Säuglingen und Kleinkindern*. Arbor Verlag, Freiamt, S. 101-119.

Curtis, D. und Carter, M. (2003): *Designs for Living and Learning: Transforming Early Childhood Environments*. St. Paul, MN, Redleaf.

Gerber, Magda und King, Andrea (1985): Modifying the Environment to Respond to the Changing Needs of the Child. In: *Educaring 6*, 1, Winter, 1-2.

Greenman, Jim (1988): *Caring Spaces, Learning Places: Children's Environments That Work*. Redmont, Wash., Exchange Press.

Lally, J. Ronald und Stewart, Jay (1990): *Infant/Toddler Caregiving: A Guide to Setting Up Environments*. Sacramento, Calif., Far West Laboratory for Educational Development and California Department of Education.

Lumeng, J. (2005): What Can We Do to Prevent Childhood Obesity? In: *Zero to Three 25*, 3, January, 13-19.

Mulligan, S. A. (2003): Assistive Technology: Supporting the Participation of Children with Disabilities. In: *Young Children 58*, 6, November, 50-52.

Olds, Anita R. (1998): Places of Beauty. In: Bergen, D. (Hg.): Play as a Medium for Learning and Development. Olney, Md., Association for Childhood Education International, 123-127.

Torelli, Louis und Durett, Charles (1998): Landscapes for Learning: Designing Group Care Environments for Infants, Toddlers, and Two-Year-Olds. Berkeley, Calif., Spaces for Children.

Vokmar, F. R. und Wiesner, L. A. (2004): Healthcare for Children in the Autism Spectrum: A Guide to Medical, Nutritional and Behavioral Issues. Bethesda, Md., Woodbine.

Wessel, L. und Span, J. (2005): The Chronic Care Model: A Collaborative Approach to Preventing and Treating Asthma in Infants and Young Children. In: *Zero to Three 25*, 3, January, 20-27.

Whitehead, L. C. und Ginsberg, S. I. (1999): Creating a Family-Like Atmosphere in Child Care Settings: All the More Difficult in Large Child Care Centers. In: *Young Children 54*, 2, 4-10.

Kapitel 13

Die soziale Umgebung

> **Schwerpunktfragen**
>
> Nachdem Sie dieses Kapitel gelesen haben,
> sollten Sie in der Lage sein, folgende Fragen zu beantworten:
>
> 1. Woraus besteht die soziale Umgebung eines Säuglings- und Kleinkindprogramms und wie können Sie sie *sehen*?
> 2. Warum ist die Identitätsbildung in Säuglings- und Kleinkindprogrammen von besonderer Bedeutung?
> 3. Was ist das Selbstbild und welche Faktoren tragen zu einem positiven Selbstbild bei?
> 4. Wodurch wird die Geschlechtsidentität beeinflusst?
> 5. Warum ist es wichtig, positive Ansätze für den Umgang mit Disziplin und Führung zu nutzen, und was sind Beispiele für positive Ansätze?
> 6. Warum ist ein Abschnitt mit der Überschrift „Selbstwertgefühl modellhaft vorführen, indem man sich um sich selbst kümmert" Teil eines Kapitels über die soziale Umgebung?

Was sehen Sie?

Die Betreuerin hat noch keine Erfahrung mit frühkindlicher Erziehung, und dies ist ihr erster Tag im Säuglingsraum. Sie geht herum und stellt sich bei den Kindern vor. Bei Brian fängt sie an. „Oh, was für ein großer, starker Junge du bist", sagt sie, nimmt ihn hoch und hebt ihn in die Luft. Als sie merkt, dass er nicht verängstigt reagiert, gratuliert sie ihm zu seiner Tapferkeit. Als Nächstes geht sie zu Brianna und beugt sich freundlich lächelnd über sie. „Was für ein hübsches kleines Mädchen", sagt sie und streichelt ihr sanft über die Wange. „Und was für ein schönes Kleid du anhast!" Die Erzieherin, die sie beobachtet, fragt sich, was sie wohl zum nächsten Baby sagen wird, das grün angezogen ist und bei dem es keine Möglichkeit gibt, zu erkennen, ob es ein Junge oder ein Mädchen ist.

Vielleicht fragen Sie sich dasselbe. Was ist Ihnen bei den Interaktionen, die diese Erwachsene mit den zwei Babys hatte, aufgefallen? Sie konzentriert sich enorm auf das Geschlecht der Kinder. Man kann sich kaum vorstellen, dass sie in der Lage ist, mit einem Baby zu reden, wenn sie sein Geschlecht nicht kennt. Vielleicht wird sie nach ihm fragen. Die Geschlechtsidentität ist eines der Elemente der sozialen Umgebung und wird an späterer Stelle im Kapitel erläutert, wenn wir noch einmal auf diese Szene zurückkommen.

Es ist schwieriger, über die soziale Umgebung zu sprechen als über die physische, weil sie weit weniger sichtbar ist. Man kann sich hinstellen und die physische Umgebung betrachten, um sie zu beurteilen. Um aber die soziale Umgebung zu verstehen, muss man Verhaltensweisen in dem Moment mitbekommen, in dem sie ablaufen.

Vieles im ersten und manches im zweiten Teil dieses Buches fokussiert auf die soziale Umgebung, ohne dass sie als solche genannt wird. Die Tabelle in Anhang B gibt einen Überblick über die soziale Umgebung. Dieses Kapitel erörtert Aspekte der sozialen Umgebung, die an keiner anderen Stelle im Buch beschrieben werden.

Identitätsbildung

Weil die meisten Säuglinge und Kleinkinder in der Vergangenheit entweder zu Hause blieben oder von Verwandten betreut wurden, wurde über ihre Identitätsbildung nicht viel nachgedacht. Es handelte sich hierbei um einen ganz natürlich ablaufenden Prozess. Die Zeiten haben sich geändert; sehr viele Säuglinge und Kleinkinder werden jetzt außer Haus betreut, und ihre Identitätsentwicklung hat angefangen Sorge zu bereiten. In der Vergangenheit wurde die Identitätsbildung nicht so stark thematisiert, weil Kinder normalerweise nicht in die Kinderbetreuung gingen, bevor sie älter als drei Jahre waren. Eltern schickten ihre Kinder in Kindergartenprogramme, und dort spricht niemand über Identitätsbildung, da Kinder im Alter von drei Jahren ein funktionierendes

Ich-Gefühl haben. Sie können sagen, was sie mögen und was sie nicht mögen. Sie haben Vorlieben, Abneigungen und Einstellungen, die Teil ihrer Identität sind. Bei Säuglingen und Kleinkindern sieht die Sache anders aus, weil ihre Identität noch nicht begonnen hat, Gestalt anzunehmen. Sie sind gerade dabei, ein Ich-Gefühl zu entwickeln. Sie sind sich noch nicht ganz sicher, wer sie sind, was sie mögen und wo sie hingehören. Ihre Identitätsbildung erfolgt dadurch, dass sie die Bilder ihrer selbst, die sich in den Augen ihrer Betreuerinnen widerspiegeln, in sich aufnehmen. Indem sie sich mit ihren Betreuerinnen identifizieren und sie nachahmen, lernen sie. Sie können sich die Persönlichkeitszüge und Einstellungen ihrer Betreuerinnen aneignen. Säuglinge und Kleinkinder lernen von den Wahrnehmungen der Betreuerinnen, wie Menschen sich in unterschiedlichen Situationen verhalten und wie Menschen sich ihnen gegenüber verhalten. Sie beobachten, wie Emotionen ausgedrückt werden. Infolge all dieser Beobachtungen finden Kinder heraus, wie sie auf andere wirken. Sie beginnen Meinungen darüber zu entwickeln, wie sie selbst und andere behandelt werden sollten. Sie lernen außerdem, was sie unter welchen Umständen fühlen sollen. Bei den zahllosen täglichen kleinen Interaktionen mit ihren Betreuerinnen nehmen Säuglinge zahlreiche Eindrücke auf und integrieren sie in ihre Identität. Zum ersten Mal in der Geschichte sind sehr viele dieser Betreuerinnen keine Familienmitglieder.

Die Prinzipien in der Praxis

Prinzip 1: Beteiligen Sie Säuglinge und Kleinkinder an Dingen, die sie betreffen. Arbeiten Sie nicht an ihnen vorbei und lenken Sie sie nicht ab, um die Aufgabe schneller zu erledigen.

Kaleb ist das einzige dunkelhäutige Kind im Kinderzentrum. Die Leiterin macht sich größte Sorgen um seine Identitätsbildung, und die Mitarbeiterinnen haben mehrfach an Anti-Bias-Trainings teilgenommen. Sie freut sich zu sehen, wie die Mitarbeiterinnen an ihren verschiedenen Vorurteilen arbeiten und wie gerecht sie alle Kinder behandeln. Heute jedoch ist eine Vertretung da, die an keinem Training teilgenommen hat. Während die Leiterin sie beobachtet, nimmt sie einige Verhaltensweisen wahr, von denen sie annimmt, dass sie unbewusst erfolgen. Als Erstes bemerkt sie, dass die Vertretung, wenn Kindern die Nase läuft, ein Taschentuch holt und ihnen die Nase putzt, zumindest solange, bis Kaleb ein Taschentuch braucht. Sie bringt ihm die Box mit den Papiertaschentüchern, bietet ihm eines an und schlägt vor, dass er sich die Nase selbst putzt. Dann hält sie ihm den Abfalleimer hin, damit er das benutzte Taschentuch hineinwerfen kann. Nachdem sie diese Episode gesehen hat, entscheidet die Leiterin, im Raum zu bleiben und genauer auf die Vertretung zu achten. Das Wickeln führt zu einer weiteren Szene, welche die Leiterin beunruhigt. Die Vertretung wickelt alle Kinder, die sie wickeln soll, außer Kaleb. Als er an der Reihe ist, sagt sie, dass sie eine Pause machen müsse. Die Leiterin bittet sie, vorher noch Kaleb zu wickeln. Als sie es tut, gibt sie ihm ein Spielzeug und wickelt ihn mechanisch, ignoriert das Kind und konzentriert sich lediglich auf die Aufgabe. Sie sagt kein Wort zu Kaleb und widmet ihm nur halb so viel Zeit wie den anderen Kindern. Die Leiterin bittet eine andere Betreuerin, für den Rest des Tages die Hauptverantwortung für Kaleb zu übernehmen.

1. Wie könnte Kaleb Ihrer Meinung nach das Verhalten der Vertretung verstehen? Welche Botschaften wurden ihm übermittelt?
2. Wie könnte das Verhalten der Vertretung Kalebs Vorstellungen von sich selbst, seinem Körper und dessen Ausscheidungen beeinflusst haben?
3. Hätte die Leiterin mehr tun sollen?
4. Wie hätte die Vertretung Ihrer Ansicht nach wohl reagiert, wenn die Leiterin sie mit ihren Beobachtungen konfrontiert hätte?
5. Löst diese Szene in Ihnen irgendwelche Gefühle aus?

Laut J. Ronald Lally handelt es sich bei den folgenden Punkten um Lektionen, die Säuglinge und Kleinkinder von ihren Betreuerinnen lernen und die zu einem Teil ihres Ich-Gefühls werden können.[1]

- Wovor sie sich fürchten sollen
- Welche Verhaltensweisen angemessen sind
- Wie Botschaften ankommen und wie auf sie reagiert wird

- Welche Emotionen und welche Intensität an Emotionen sie sicher zeigen können
- Wie interessant sie sind

Betreuerinnen, Leiterinnen und Entscheidungsträger stehen vor einer enorm hohen Verantwortung. Niemand kann es sich erlauben, den Einfluss zu ignorieren, den Betreuerinnen auf das Ich-Gefühl von Säuglingen und Kleinkindern haben. Die Gesellschaft mag die Menschen, die sich um die jüngsten Kinder kümmern, als Babysitter betrachten, in Wahrheit aber sind sie, wie Virginia Satir, Autorin und Therapeutin zu sagen pflegte, „people-makers" – sie formen Menschen. Wenn Betreuerinnen über keine Ausbildung verfügen, unterbezahlt sind und in minderwertigen Programmen arbeiten, weiß man nicht, welches die Folgen ihres „people-making", also ihrer Art, Menschen zu formen, sein werden.

Die Identität setzt sich aus vielen Facetten zusammen, von denen eine das **Selbstkonzept** ist. Ein wichtiger Grund, warum die emotionale Umgebung untersucht werden muss, ist der, dass geklärt werden muss, auf welche Art die Identität eines Kindes durch die Menschen, mit denen es interagiert, geformt wird. Wir beginnen mit einem Blick darauf, wie die Umgebung das Selbstkonzept beeinflusst. Das Selbstkonzept, das mit Bindung im Zusammenhang steht, wird dadurch bestimmt, wie ein Kind sich selbst wahrnimmt und welche Gefühle es sich selbst gegenüber hat. Das Selbstkonzept wurzelt in der Körperwahrnehmung sowie in der kulturellen und geschlechtlichen Identifikation. Die soziale Umgebung – die Art, wie ein Kind von Erwachsenen und Kindern behandelt wird – hat Auswirkungen auf sein Selbstkonzept und Einfluss auf den Grad seines Selbstwertgefühls.

Bindung

Die Voraussetzung für ein hohes Selbstwertgefühl bei Säuglingen und Kleinkindern ist Bindung. In Bindung wurzelt das Gefühl: „Ich bedeute jemandem etwas; wer ich bin und was ich tue, ist wichtig, weil jemand Zuneigung für mich empfindet." Keine Aktivität dieser Welt, mit der das Selbstwertgefühl gesteigert werden soll, kann etwas verändern, wenn die grundlegende Haltung des Kindes ist: „Niemand macht sich etwas aus mir."

Die Pflege eines Kindes in dem Sinne, wie sie für Bindung notwendig ist, muss zu Hause stattfinden, ist aber auch bei der Tagesbetreuung von Bedeutung. Es scheint, als ginge es in Säuglings- und Kleinkindprogrammen um nichts anderes als Pflege, da die Pflegeaktivitäten so sehr im Mittelpunkt stehen. Aber die Pflege muss nicht unbedingt durch liebevolle Zuneigung geprägt sein. Sie können sich um ein Kind kümmern, seinen Po abwischen, es füttern, ohne dass dieses Kind Ihnen wirklich etwas bedeutet. Und Sie können sich nicht dazu *zwingen*, Zuneigung für das Kind zu empfinden. Sie können sich dazu zwingen, das Kind zu respektieren, und möglicherweise unterstützt dies das Aufkommen eines Gefühls der Zuneigung. Das Kind zu respektieren hilft Ihnen, sich mit dem ganzen Kind zu beschäftigen, es nicht nur als einen Po oder ein Gesicht zu behandeln, und das Kind wiederum kann daraufhin ein besseres Gefühl von sich selbst haben und Ihnen gegenüber mehr von sich offenbaren. Dies kann dazu beitragen, dass Zuneigung entsteht.

Und wenn Sie keine Bindung fühlen? Was aber können Sie tun, wenn Sie sich respektvoll verhalten und immer noch merken, dass ein Kind Ihnen „nichts bedeutet"? Machen Sie sich erst einmal nicht selbst dafür verantwortlich. Vielleicht verstehen Sie und das Kind sich einfach nicht – Sie haben unterschiedliche Persönlichkeiten; Sie passen nicht zusammen. Wenn Sie in einer Kindertagesstätte arbeiten, kann es sein, dass eine andere Betreuerin diesem Kind gegenüber anders empfindet, und mehr ist nicht nötig. Jemand macht sich etwas aus ihm. Das müssen nicht Sie sein, solange Sie weiterhin respektvoll mit ihm umgehen.

Wenn Sie die einzige Betreuerin eines Kindes sind, für das Sie nichts empfinden, ist dies ein echtes Problem, das aber nicht unlösbar ist. Hier sind einige Vorschläge, was sich in diesem Fall tun ließe.

Beobachten Sie das Kind. Treten Sie zurück und achten Sie auf jede seiner Bewegungen. Versuchen Sie, das Kind zu verstehen. Schauen Sie, ob Sie die Welt aus seinem Blickwinkel sehen können. Stellen Sie ein „Studium des Kindes" an, bei dem Sie über einen bestimmten Zeitraum eine Reihe kurzer Beobachtungen durchführen und Ihre Aufzeichnungen dann auf Anhaltspunkte für Wachstum untersuchen. Tragen Sie ein Notizbuch mit sich in der Tasche herum, und notieren Sie bei jeder Gelegenheit, was Sie dieses Kind tun sehen. Machen Sie sehr detaillierte und genaue Notizen. Notieren Sie sich die Körperhaltung, die Qualität der Bewegung, Gesichtsausdrücke und den Klang der Stimme. Bemühen Sie sich stark, sehr objektiv zu sein – urteilen Sie nicht, beobachten Sie nur. Wenn Sie gut darin werden, diesen **Beobachtungsmodus** einzunehmen und wieder zu verlassen, können Sie dies im Laufe eines Tages schnell und effektiv viele Male tun. Machen Sie zusätzlich am Ende des Tages einige anekdotische Aufzeichnungen – Notizen darüber, was Sie von dem Kind an diesem Tag erinnern und was sie von den Interaktionen, die Sie mit ihm hatten, erinnern. Diese Aufzeichnungen Ihrer Überlegungen sowie Ihre Beobachtungen an Ort und Stelle liefern Ihnen das Material für Ihr mehrmonatiges Studium des Kindes. Alleine die Beobachtungen könnten dazu beitragen, dass Ihr Gefühl für dieses Kind wächst.

Beobachtungen können eine starke Wirkung haben. Eine Schülerin, die ein umfangreiches Studium eines Kindes durchführen musste, wählte hierfür ein Kind aus, das sie nicht besonders gerne mochte. Sie berichtete, dass dies die beste Entscheidung war, die sie hätte treffen können, denn nachdem sie dieses Kind wirklich kennen gelernt und begonnen hatte, es besser zu verstehen, änderte sich auch ihr Gefühl für das Kind.

Ein Kind zu studieren ist ein rationaler Ansatz – eine Art, das Problem anzugehen, bei der die linke Gehirnhälfte aktiv ist. Hier kommt ein anderer Vorschlag – eine Herangehensweise für die rechte Gehirnhälfte – wie Ihre Fähigkeit, etwas für ein bestimmtes Kind zu empfinden, gestärkt werden kann. Visualisieren Sie. Verbringen Sie jeden Tag ein wenig ruhige Zeit damit, sich vorzustellen, wie Sie mit diesem Kind auf eine wirklich warmherzige Weise interagieren. Wenn es Verhaltensweisen hat, die Sie bei der Visualisierung behindern, versuchen Sie sich das Kind ohne diese Verhaltensweisen vorzustellen. Sehen Sie es nicht so, wie es *ist*, sondern so, wie es *sein könnte*. Hier ist ein Beispiel dafür, wie Visualisierung funktioniert:

> Sie haben ein zweieinhalbjähriges Mädchen in Ihrer Gruppe, das Sie überhaupt nicht anspricht. Sie redet sehr viel und hat eine laute, schrille Stimme, die noch lauter wird, wenn sie ärgerlich ist, was sie 90 Prozent der Zeit ist. Sie ist den anderen Kindern gegenüber herrisch und meldet jede kleine Missetat irgendeiner Erwachsenen, die gerade in der Nähe ist. Wenn Sie sie bitten, etwas zu tun, ist es sehr wahrscheinlich, dass sie nein sagt. Wenn Sie versuchen, sie dazu zu überreden, stellt sie sich breitbeinig hin und schreit: „Du kannst mich nicht zwingen." All diese Verhaltensweisen stören Sie, und je mehr Sie versuchen, sie

zu ändern, umso schlimmer werden sie. Die Tage, die sie nicht da ist, sind eine große Erleichterung. Sie bemerken dann nicht nur bei sich selbst eine große Veränderung, sondern auch bei den anderen Kindern.

Eines Tages beschließen Sie, dass Sie etwas gegen Ihre Gefühle diesem Kind gegenüber tun müssen. Sie haben von Visualisierung gehört – einer Form der Meditation. Sie haben zwar Ihre Zweifel, aber an diesem Punkt versuchen Sie alles. Es kann ja nicht schaden.

Jeden Abend vor dem Schlafengehen nehmen Sie sich zehn Minuten Zeit, um in entspannter Haltung ruhig zu sitzen und bei sich selbst anzukommen. Für jemanden, der es gewohnt ist, zu meditieren, ist dies einfach. Aber dann wird es schwieriger.

Als Erstes versuchen Sie, sich das Kind ohne die Verhaltensweisen vorzustellen, die Sie so sehr stören, aber es kommt kein Bild. Sie scheinen das Mädchen nicht von seiner Verhaltensart trennen zu können. Also probieren Sie einen anderen Weg. Sie kommen zu der Überzeugung, dass Sie, wenn Sie sich das Mädchen nicht einmal anders *vorstellen* können, besser erst einmal an sich selbst arbeiten.

Und so verbringen Sie Ihre zehn Minuten damit, sich das kleine Mädchen so vorzustellen, wie sie sich jeden Tag verhält, aber Sie visualisieren sich selbst, wie Sie nicht auf sie reagieren. Das ist schwierig. Am Anfang stehen Sie regungslos und kalt wie eine Statue da. Dieses Bild gefällt Ihnen nicht besonders. Nach einer kurzen Zeit kalter Stille bemerken Sie, dass das Bild, das Sie von sich selbst haben, nun eher einer hölzernen Marionette ähnelt. Vor Ihrem geistigen Auge sehen Sie zu, während das Kind schreit, petzt, sich Ihnen widersetzt und herumkommandiert, und Sie hängen einfach an Ihren Fäden, mit einem ausdruckslosen Lächeln auf dem Gesicht. Auch dieses Bild gefällt Ihnen nicht besonders gut, aber Sie lassen Ihrer Visualisierung weiter ihren Lauf. Sie sehen überrascht zu, wie die Holzmarionette sich vor Ihren Augen in einen kräftigen, robusten Baum verwandelt. Jetzt haben Sie ein Bild von sich, mit dem Sie sich wohlfühlen (auch wenn es Ihnen ein wenig merkwürdig vorkommt). Sie fühlen sich gut, als Sie auf den Wind reagieren, den die Stimme des kleinen Mädchens auslöst – Ihre Blätter rascheln, Ihre Zweige biegen sich, aber er fügt Ihnen keinen Schaden zu. Sie versucht stärker, Wirkung auf Sie auszuüben. Sie scheint Sie umwerfen zu wollen, aber Ihre Wurzeln sind tief und Ihr Stamm ist kräftig. Sie biegen sich ein wenig, stehen aber sofort wieder aufrecht, wenn sie aufhört. Sie verstärkt ihre Anstrengungen. Sie gibt auf und geht weg. Sie beenden die Visualisierung.

Die nächsten paar Abende versuchen Sie, sich immer wieder dasselbe vorzustellen. Sie sind ein Baum und sie ist sie selbst. Sie üben sich darin, ihrem Ansturm standzuhalten, ohne in ihn verwickelt zu werden. Am Tag machen Sie nichts anders als sonst, aber aus irgendeinem Grund stört ihr Verhalten Sie nicht mehr so sehr. Sie fragen sich, ob sich ihr Verhalten gerade ändert oder ob Sie es lediglich weniger wahrnehmen.

Eines Nachts, nachdem Sie dies einige Tage lang jeweils zehn Minuten getan haben, stellen Sie überrascht eine Veränderung in Ihrer Visualisierung fest. Das Kind hat wie wild versucht, Sie in Mitleidenschaft zu ziehen, Schaden zu verursachen, aber vergeblich. Sie ist dabei, gegen ihren Stamm zu treten (was Sie wegen Ihrer mächtigen Baumrinde nicht fühlen können), als sie plötzlich ihre Arme um Ihren Stamm wirft, zu Boden rutscht und herzzerreißend schluchzend daliegt, eine kleine Hand an eine freiliegende Wurzel geklammert. Das kleine Mädchen, das vom Boden aufsteht, ist ein anderes Kind – auch wenn es so aussieht wie vorher. Jetzt können Sie es sich endlich ohne die Verhaltensweisen vorstellen, die zuvor einen so großen Teil des Kindes ausgemacht haben. Sie wechseln aus der Gestalt eines Baumes zurück, setzen sich auf den Boden und halten das Mädchen fest.

Das nächste Mal sieht Ihre Visualisierung ganz anders aus. Sie können sich jetzt vorstellen, wie Sie mit dem Mädchen am Tag interagieren, und die Verhaltensweisen sind verschwunden. Manchmal ist es schwer, das Kind zu sehen, bei anderen Malen aber entstehen die Bilder recht mühelos. Sie bemerken, dass das Mädchen manchmal sehr unsicher ist und manchmal dringend Aufmerksamkeit zu brauchen scheint. Einmal sehen Sie sich sein Gesicht genau an und sind verblüfft, Ihr eigenes zu entdecken!

Unterdessen haben Sie an den Tagen ein besseres Verständnis ihres Verhaltens gewonnen und sehen nun das verängstigte, unsichere, machtlose kleine Mädchen, das sich hinter dem aufsässigen, herrischen verbirgt. Sein Verhalten hat sich nicht sehr verändert, Ihres hingegen sehr wohl. Sie reagieren nicht mehr so heftig. Ihre Abneigung gegen das Kind ist nicht mehr so stark.

Letztendlich beginnen Sie Wege zu finden, ihm dabei zu helfen, soziale Fähigkeiten zu erlangen und sich selbst gegenüber ein besseres Gefühl zu haben. Sie haben etwas über dieses Kind gelernt – und ebenfalls etwas über sich selbst. Sie hören mit dem Visualisieren auf, zufrieden, dass es seinen Zweck erfüllt hat.

Natürlich sagt das Visualisieren nicht jedem zu und funktioniert nicht bei jedem, aber wir alle tragen in unseren Köpfen unbewusste Bilder mit uns herum, die Einfluss auf unsere Erwartungen an andere sowie auf unser Verhalten ihnen gegenüber haben. Diese Bilder können sehr mächtig sein, und das Visualisieren ist eine Methode, sich über sie klar zu werden, um sie zu ändern.

Das Selbstbild

Kinder werden nicht nur durch die Bilder beeinflusst, die Erwachsene von ihnen haben und mit sich herumtragen. Teil des Selbstkonzepts ist das **Selbstbild** – das heißt die Art, wie man sich selbst wahrnimmt – das mit der Körperwahrnehmung und dem Bewusstsein zu tun hat. **Körperbewusstsein** zu entwickeln, ist für Säuglinge und Kleinkinder eine wichtige Aufgabe; es wächst mit der Entwicklung der motorischen Fähigkeiten. Wenn sie lernen, wozu ihre Körper in der Lage sind, entwickeln sie ein Bild von sich selbst. Sie können eine Vorstellung vom Körperbewusstsein eines neun Monate alten Kindes bekommen, wenn Sie es dabei beobachten, wie es von einem Sofa herunterrutscht, auf das es gekrabbelt ist. Ein Kind mit gutem Körperbewusstsein weiß, wo im Raum es sich befindet und wie weit es zurückrutschen muss, bevor es seine Füße über die Sofakante hängen kann. Es kann einschätzen, wie weit es bis zum Fußboden ist, deshalb ist es in der Lage, vom Sofa zu rutschen und die Situation unter Kontrolle zu behalten.

Wenn Sie mit Kindern arbeiten, die körperliche Behinderungen haben, ist es wichtig, dass Sie ihr Körperbewusstsein und Selbstbild berücksichtigen. Wenn Sie sich nur darauf konzentrieren, welche Fähigkeiten ihnen fehlen, werden die Kinder einige Probleme mit ihrem Selbstkonzept haben. Schenken Sie ihren Fähigkeiten, welche auch immer es sein mögen, besondere Aufmerksamkeit; legen Sie die Betonung auf das, was sie *tun können*, statt sich auf das zu konzentrieren, was sie nicht tun können.

Wenn Kinder Kompetenz entwickeln, verbessert sich ihr Selbstkonzept. Sie sind stolz auf jede vollbrachte Leistung. Das Streben nach Unabhängigkeit und die Entwicklung von Selbsthilfefähigkeiten haben folglich mit der Körperwahrnehmung und der positiven Entwicklung des Selbstkonzepts zu tun.

Kulturelle Identität

Auch die **kulturelle Identität** ist Teil des Selbstkonzepts. Die Kultur, aus der wir kommen, hat Einfluss auf jedes Detail sämtlicher Handlungen, die wir in unserem Leben ausführen, darunter darauf, wie nah wir bei anderen Menschen stehen, wo wir sie berühren, welche Gesten wir machen, was wir essen, wie wir sprechen und denken, wie wir Zeit und Raum sehen – wie wir die Welt sehen. Sie kommen mit Ihrer Kultur zu Ihrer Arbeit mit Säuglingen und Kleinkindern. Sie absorbieren auch die Kultur des Programms oder werden, falls Sie sie nicht absorbieren, durch sie beeinflusst. Sie vermitteln Säuglingen und Kleinkindern jeden Tag und bei allem, was Sie tun, Kultur. In einem Programm, in dem die Kinder und Betreuerinnen derselben Kultur angehören und diese mit der Kultur des Programms vereinbar ist, herrscht wirkliche Konsistenz. Die betreffenden Kinder denken nicht über Kultur nach – sie ist so sehr ein Teil ihrer selbst.

Genau genommen denken nur wenige von uns über Kultur nach, bevor sie jemandem begegnen, der aus einer anderen Kultur stammt. Dies kann bei Säuglingen und Kleinkindern recht früh passieren, wenn sie in die Kindertagesbetreuung gehen. Die Frage ist: Welche Auswirkungen hat es auf Säuglinge und Kleinkinder, wenn sie mit anderen Kulturen in Berührung kommen? Was tun sie mit einer zweiten oder dritten Sammlung kultureller Botschaften? Das Phänomen ist nicht neu: Die ganze Geschichte hindurch haben sich Angehörige einer Kultur daran beteiligt, Kinder aus einer anderen Kultur großzuziehen. Ein modernes Beispiel hierfür, abgesehen von Kinderbetreuungsprogrammen, ist das Au-pair-System, das bei einigen wohlhabenden Familien beliebt ist. Eine junge Frau, das Aupairmädchen, kommt aus einem anderen Land, um mit der Familie zu leben und ihr Kindermädchen zu sein. Ihre Kultur kann derjenigen der Eltern ähnlich sein oder sich sehr von ihr unterscheiden.

Eine Theorie besagt, dass Kinder, die bi- oder multikulturell aufwachsen, Unterschiede zwischen den Menschen besser verstehen und akzeptieren. Sie könnten auch eher dazu bereit sein, über die kulturellen Unterschiede hinwegzusehen, und Menschen als Individuen zugetan sein, ungeachtet der kulturellen Unterschiede. Diese Theorie steht hinter den Anstrengungen, in den USA eine multikulturelle Erziehung zu realisieren. Das Ziel multikultureller Erziehung ist es, Kindern zu helfen, ihre eigene Kultur sowie kulturelle Unterschiede zu verstehen und zu schätzen. Die Befürworter multikultureller Erziehung sehen in ihr einen Weg, Vorurteile jeder Art und insbesondere Rassismus zu bekämpfen.

Ein multikulturelles Curriculum für Säuglinge und Kleinkinder Was aber ist in einer Einrichtung für Säuglinge und Kleinkinder ein **multikulturelles Curriculum**? Es ist einfacher, darüber zu sprechen, was es nicht ist, als darüber, was es ist. Es bedeutet nicht, dass man Bilder an die Wände hängt, im Wechsel landestypische Gerichte unterschiedlicher Kulturen serviert oder bestimmte Feiertage begeht. Hierdurch entwickeln Säuglinge und Kleinkinder kein großes Verständnis für Kultur; Sie können sich aber aus verschiedenen Gründen – darunter auch dem, dass Sie oder die Eltern hieraus Vergnügen oder Befriedigung ziehen – dafür entscheiden, diese Elemente in Ihr Programm mit aufzunehmen.

Ein bedeutungsvoller multikultureller Ansatz wurzelt darin, dass Sie von Eltern lernen, auf welche Weise sich ihre Kultur von Ihrer eigenen und/oder der des Programms unterscheidet. Manches davon können Sie möglicherweise schon durch Beobachten in Erfahrung bringen. Es hilft, zu fragen. Wenn Sie fragen, eröffnen Sie damit vielleicht einen Dialog über kulturelle Unterschiede. Es kann sich herausstellen, dass all dies für Sie sehr interessant und wertvoll ist.

Jedoch ändert nichts davon wirklich etwas für die Säuglinge und Kleinkinder, die Sie betreuen. Wenn Sie Kinder in Ihrer Obhut haben, die aus einer Kultur stammen, die sich von Ihrer eigenen unterscheidet, kommt es darauf an, dass Sie sich anhören, welche Wünsche ihre Eltern im Hinblick auf ihre alltägliche Pflege und Betreuung haben. Das bedeutet, dass Gespräche über die Pflege- und Betreuungsmethoden geführt werden müssen. Das bedeutet auch, dass Konflikte auftreten können, wenn Ihre Überzeugungen und Werte mit denen der Eltern im Widerspruch stehen. Nehmen Sie zum Beispiel eine Mutter, die nicht versteht, warum es Ihr Ziel ist, dass jedes Kind unabhängig wird. Sie besteht darauf, dass ihr Kind noch mit dem Löffel gefüttert wird, wenn es schon weit über das Alter hinaus ist, dass Sie selbst als hierfür angebracht betrachten. Oder nehmen Sie eine Mutter, die Unabhängigkeit in einem Maße betont, das über Ihre eigenen Ziele hinausgeht. Sie bittet Sie möglicherweise darum, es einem Kleinkind zu erlauben, zu schlafen oder zu essen, wann immer und wo immer es möchte, ohne Rücksicht auf irgendeinen Zeitplan. Oder eine Mutter möchte, dass ihre beiden Kinder in einer Gruppe zusammenbleiben, obwohl Ihre Umgebung wegen des Altersunterschieds der Geschwister für eines der Kinder nicht angemessen ist. Oder eine Mutter bittet Sie darum, ihr zu helfen, das Kind zur Sauberkeit zu erziehen, obwohl das Kind Ihrer Meinung nach noch viel zu jung hierfür ist. Oder eine Mutter fordert Sie dazu auf, ihr Kind auf eine bestimmte Art anzuziehen bzw. nicht auf eine bestimmte Art anzuziehen oder ihm bestimmte Kleider anzuziehen, die Sie nicht gutheißen. All diese Konflikte können kultureller Natur sein.

Ein wirklich multikultureller Ansatz für Säuglinge und Kleinkinder bestünde in solchen Fällen darin, die Eltern um Ideen und Vorschläge zu bitten und dann herauszufinden, wie man mit diesen umgeht. Auf einige Wünsche kann mühelos sofort eingegangen werden; andere erfordern mehr Gespräch, mehr Klärung, mehr Verständnis und vielleicht auch Verhandlung. Wieder andere stehen im Widerspruch zu Ihren tiefsten Werten und Überzeugungen, und kein Reden oder Verhandeln wird Sie je dazu bringen, sich den Wünschen der Eltern zu fügen. Manchmal kann sich die Mutter, wenn ein ernster Konflikt dieser Art auftritt, für eine andere Kinderbetreuung entscheiden und findet dann möglicherweise jemanden, der eher dazu in der Lage ist, ihren Wünschen nachzukommen. Häufig aber hat die Mutter keine andere Wahl, wodurch Probleme auftreten.

Einige Betreuerinnen umgehen diese Schwierigkeiten, indem sie aufhören, über das Problem zu diskutieren, um des lieben Friedens willen so tun, als würden sie der Mutter zustimmen, und dann, sobald sie weg ist, weiter nach ihrer eigenen Überzeugung handeln. Mit diesem Ansatz kann es passieren, dass das Kind während seiner Zeit in der Kinderbetreuung mit einer kulturell aggressiven Umgebung zurechtkommen muss. Stellen Sie sich vor, Sie wären in einer kulturell aggressiven Umgebung. Wie würde sich das anfühlen?

> **Überlegen Sie ...**
>
> Stellen Sie sich vor, Sie wären in einer kulturell aggressiven Umgebung. Wenn Sie sich eine solche Umgebung nicht vorstellen können, wählen Sie eine Umgebung aus, in der Sie sich äußerst wohl fühlen, und stellen Sie sich dann das genaue Gegenteil davon vor. Wie würden Sie sich dabei fühlen, einen großen Teil Ihrer wachen Zeit in einer solchen Umgebung zu verbringen? Welche Beziehung besteht zwischen Ihren eigenen Vorstellungen und Erfahrungen und der Pflege und Betreuung von Kindern aus unterschiedlichen Kulturen?

Es ist viel besser, kontinuierlich auf eine Lösung des Konflikts hinzuarbeiten. Für alle von uns ist es eine gute Übung, unser kulturelles Bewusstsein zu erweitern, indem wir darauf beharren, schwierige Dilemmas auszuräumen, die entstehen, wenn die Überzeugungen und Methoden der Mutter oder der Eltern zu denen der Betreuerin im Widerspruch stehen. Es kann sein, dass Sie und die Mutter zu der Einigung kommen, dass es dem Kind nicht schaden wird, wenn die Dinge in der Kinderbetreuung auf eine Art laufen und zu Hause auf eine andere. Oder es kann sein, dass Sie gemeinsam einen Kompromiss finden. Es kann sogar sein, dass Sie Ihre Methoden ändern, wenn Sie erst einmal den Standpunkt der Mutter verstehen, oder dass sie ihren ändert, wenn sie Ihren Standpunkt versteht.

Geschlechtsidentität

Ein Teil des Selbstkonzepts ist die **Geschlechtsidentität**. Die meisten Kinder sind sich ziemlich früh bewusst, ob sie ein Junge oder ein Mädchen sind, und was sie über ihr Geschlecht denken, hat Einfluss darauf, wie sich sich selbst wahrnehmen. Eine Art und Weise, wie Kinder etwas über die Geschlechter lernen, können Sie sehen, wenn Sie sich noch einmal das Verhalten der Anfängerin in der Szene zu Beginn dieses Kapitels vergegenwärtigen. Erwachsene beeinflussen die Vorstellungen der Kinder darüber, wie sie ihrem Geschlecht gemäß zu sein haben, und dieser Einfluss beginnt früh. Denken Sie daran, dass an Brian hauptsächlich seine Größe, Stärke und Tapferkeit Beachtung fanden, während von Brianna lediglich ihr Aussehen und ihre niedliche Art bemerkt wurden. Abgesehen von den Worten ging auch von der unterschiedlichen Art der Betreuerin, die beiden Kinder zu berühren und mit ihnen umzugehen, eine starke Botschaft aus. Im ganzen Buch haben wir die Stereotypisierung von Geschlechterrollen erwähnt. Diese Information kam meistens in Form von Fragen, die Ihr Bewusstsein für die Stereotypisierung von Geschlechterrollen erhöhen sollen.

> **Überlegen Sie ...**
>
> Beobachten Sie sich selbst, wenn Sie mit Säuglingen und Kleinkindern interagieren. Behandeln Sie Jungen anders als Mädchen? Falls ja, warum? Falls nein, warum nicht?

Kinder können mit einer enorm begrenzten Vorstellung von ihren Fähigkeiten und Potenzialen aufwachsen, wenn ihnen eng gefasste Geschlechterrollen vermittelt werden. Diese Vermittlung beginnt früh, wie in der Eröffnungsszene des Kapitels gezeigt wurde. Schon bei der Geburt können an ein männliches Baby andere Erwartungen gestellt werden als an ein weibliches. Diese Erwartungen beeinflussen das Selbstkonzept eines Kindes. Wenn Sie von Jungen erwarten, stark, mutig, unemotional und kompetent zu werden, verhalten Sie sich ihnen gegenüber anders als gegenüber Mädchen. Wenn Sie von Mädchen erwarten, niedlich, liebenswürdig, emotional und nicht zu gescheit zu sein, werden sie Ihren Erwartungen wahrscheinlich gerecht werden.

Durch eine einfache Beobachtung können Sie sehen, inwiefern Menschen Jungen anders behandeln als Mädchen. Achten Sie einfach darauf, was Erwachsene, vor allem Fremde, zu sehr kleinen Kindern sagen. Bei Mädchen äußern sie sich mit viel größerer Wahrscheinlichkeit zu Aussehen und Kleidung. Jungen werden wegen ihrer Taten und weniger häufig wegen ihres Aussehens beachtet.

Durch solche einfachen, arglosen Bemerkungen lernen Kinder etwas darüber, was von ihrem Geschlecht erwartet wird. Sie lernen auch aus der Kleidung, die ihnen angezogen oder gegeben wird. (Es ist schwierig, in einem Kleid zu krabbeln und zu klettern.) Auch Spielsachen vermitteln Botschaften. Wenn Jungen dazu ermuntert werden, mit Werkzeug, Baukästen und Arztkoffern zu spielen, empfangen sie eine Botschaft. Wenn Mädchen Puppen, Spielzeuggeschirr und Schminkkoffer gegeben werden, empfangen sie eine andere Botschaft. Kinder lernen etwas über erwartete Geschlechterrollen durch das Fernsehen, durch Bücher und vor allem durch Rollenmodelle. Wenn die Tagesmutter darauf wartet, dass ihr Ehemann nach Hause kommt, um die Eingangstür mit dem Fliegengitter zu reparieren, und klar zum Ausdruck bringt, dass sie niemals Werkzeug in die Hand nimmt, vermittelt sie eine Botschaft. Wenn Betreuerinnen in Kindertagesstätten die Dreiräder so lange unrepariert stehen lassen, bis ein Mann auftaucht, vermitteln sie ebenfalls eine Botschaft.

Wenn die gegenwärtigen Trends anhalten, werden die Kinder, die heute an Säuglings- und Kleinkindprogrammen teilnehmen, in einer Zeit erwachsen werden, in der sich beiden Geschlechtern vielfältige Beschäftigungsmöglichkeiten bieten. Die Tage, als Männern wie Frauen die Ausübung bestimmter Tätigkeiten untersagt war, gehören weitgehend der Vergangenheit an. Wenn Kinder jedoch wegen der eng gefassten Geschlechterrollen, die ihnen vermittelt wurden, mit einer begrenzten Sicht ihrer eigenen Fähigkeiten aufwachsen, werden sie nur eine eingeschränkte Möglichkeit haben, sich für diese Tätigkeiten zu qualifizieren.

Abbildung 13.1 enthält vier Vorschläge, wie Sie beiden, Mädchen und Jungen, mit denen Sie arbeiten, eine breite Vorstellung von ihrer Geschlechterrolle vermitteln können. Seien Sie sich erstens bewusst, ob sie Jungen und

Mädchen unterschiedlich behandeln. Bieten Sie Mädchen mehr Unterstützung und Mitgefühl, wenn sie sich weh tun, und erwarten von Jungen, dass sie „das aushalten"? Helfen Sie Mädchen, wenn sie danach bedürfen, und erwarten von Jungen, dass sie Dinge selbst herausfinden? Bieten Sie Mädchen Puppen und Jungen Bauklötze an oder ermuntern sie beide Geschlechter dazu, mit sämtlichen Spielsachen zu spielen, und unterstützen sie dabei? Berühren Sie Mädchen mehr als Jungen (oder umgekehrt)? Sprechen Sie mit Mädchen mehr als mit Jungen (oder umgekehrt)?

Abbildung 13.1 Strategien, um die Vorstellungen der Kinder über Geschlechterrollen zu erweitern

1. Achten Sie darauf, dass Sie Jungen und Mädchen nicht unterschiedlich behandeln. Beobachten Sie sich aufmerksam!
2. Führen Sie weit gefasste Geschlechterrollen selbst modellhaft vor.
3. Vermeiden Sie es, Kinder mit Medienbotschaften in Berührung zu bringen, in denen die Geschlechterrollen klischeehaft dargestellt sind.
4. Achten Sie auf Ihre Wortwahl, damit Sie keine Verbindung zwischen einem Beruf und dem einen oder anderen Geschlecht herstellen.

Führen Sie zweitens weiter gefasste Geschlechterrollen modellhaft vor. Wenn Sie eine Frau sind – wie oft haben Sie versucht, etwas zu reparieren? Oder geben Sie gleich auf, in der Überzeugung, dass Sie nicht wissen, wie Sie es anstellen sollen? Können Sie den Ölstand Ihres Autos selbst überprüfen? (Lernen Sie's – es ist einfach.) Wenn Sie ein Mann sind und dieses Buch lesen, haben Sie Ihre Vorstellung von der Rolle Ihres Geschlechts bereits erweitert. Können Sie sich Möglichkeiten vorstellen, sie noch stärker zu erweitern?

Vermeiden Sie es drittens, Kinder mit Medienbotschaften in Berührung zu bringen, die ihnen eng gefasste Geschlechterrollen vermitteln. Wir hoffen, dass die Säuglinge und Kleinkinder in Ihrem Programm kein Fernsehen gucken, dann brauchen Sie sich über dieses Medium auch keine Sorgen zu machen. Finden Sie Bücher und Bilder, die starke, kompetente Frauen sowie fürsorgliche Männer in einer Reihe unterschiedlicher beruflicher Rollen zeigen.

Vermeiden Sie es schließlich, Verbindungen zwischen Berufen und dem ein oder anderen Geschlecht herzustellen. Sagen Sie nicht nur „Polizist", sondern auch „Polizistin", nicht nur „Feuerwehrmann", sondern auch „Feuerwehrfrau". Dies sind kleine Abwandlungen, aber sie verändern etwas.

Selbstkonzept und Disziplin

Die Art, wie Sie Verhalten steuern und kontrollieren, kann Einfluss auf die Vorstellungen, die Kinder von sich selbst und auf ihre Gefühle sich selbst gegenüber haben. Hier werden Wege beschrieben, wie Kinder zu Disziplin erzogen werden, ohne dass dabei ihr Selbstwertgefühl zerstört wird.

Ein großer Teil der für Säuglinge und Kleinkinder angemessenen Disziplin stellt sich auf natürlichem Wege ein, wenn individuelle Bedürfnisse rasch befriedigt werden und die Umgebung so hergerichtet wird, dass sie ihrer Altersstufe entspricht. Wenn sie nicht an einen heißen Herd oder Backofen gelangen können, werden sie ihn auch nicht berühren. Wenn sie keine Radioknöpfe erreichen können, werden sie nicht an ihnen drehen. Wenn sie keinen Zugang zu steilen Treppen haben, müssen Sie keinen Weg finden, sie davon abzuhalten, diese hochzuklettern. In hohem Maße werden die Grenzen durch die Umgebung gesetzt.

Sie müssen Kinder jedoch davor schützen, dass sie sich gegenseitig weh tun, und manchmal müssen Sie sie daran hindern, Spielsachen und Möbel zu zerstören, indem sie auf Gegenständen herumhämmern oder kauen

> **Überlegen Sie ...**
>
> Was erinnern Sie von der Art und Weise, wie Sie selbst als kleines Kind zur Disziplin erzogen wurden? Können Sie sich an eine Situation erinnern, die Ihrem Selbstwertgefühl geschadet hat?

oder mit ihnen werfen. Hierfür können Sie eine Strategie nutzen, die **Umlenkung** genannt wird. Sie lenken das Kind von dem, was es nicht tun sollte, um zu etwas Ähnlichem, das in Ordnung ist. Wenn ein Kind beispielsweise ein Spielzeugauto herumwirft, geben Sie ihm einen Ball zum Werfen. Je ähnlicher die Handlung dem ist, was das Kind bereits tut, umso einfacher ist das Umlenken. Umlenkung kommt Ablenkung nahe, ist aber nicht dasselbe. Ablenkung wird oft benutzt, um ein Kind davor zu bewahren, Emotionen zu empfinden, während es bei der Umlenkung eher darum geht, Energien auf eine akzeptable statt auf eine inakzeptable Art zu nutzen. Ablenkung ist auf eine Art manipulativ, die der Umlenkung nicht eigen ist. Manchmal funktioniert das Umlenken nicht und Sie müssen das Kind entschieden, aber behutsam körperlich zurückhalten (wenn Worte nicht helfen) und den Gegenstand oder das Kind entfernen, wenn es droht, mit seinem Verhalten fortzufahren. Wenn Sie ruhig und auf sanfte Art hartnäckig bleiben, ist die Wahrscheinlichkeit, dass Sie eine Rebellion auslösen, weniger groß, als wenn Sie deutliche Warnungen aussprechen oder Befehle geben. Sie müssen ausdauernd sein, weil ältere Säuglinge und junge Kleinkinder ständig Grenzen austesten. Das ist ihre Art, etwas über Sie und die Welt, in der sie leben, zu erfahren. Sobald sie davon überzeugt sind, dass Sie etwas wirklich so meinen, wie Sie es sagen, ist der Test vorbei – jedenfalls bis zur nächsten Situation. Damit die Kinder sich ihre guten Gefühle sich selbst gegenüber sowie ihr Gefühl der Macht bewahren können, wenn Sie die Grenzen durchsetzen, müssen Sie es vermeiden, die Kinder zu beschämen, schlecht zu machen, zu beschuldigen oder zu kritisieren.

Videobeobachtung 13

Kind in der Sandkiste (Umlenkung)

Schauen Sie sich die Videobeobachtung 13, „Child in Sandbox (Redirection)", als ein Beispiel für eine Situation an, in der Führung benötigt wird. Sie werden ein Mädchen sehen, das im Sand sitzt und ständig versucht, sich einen Löffel Sand in den Mund zu schieben. Achten Sie darauf, wie die Erwachsene mit dieser Situation umgeht. Dies ist ein Beispiel für Umlenkung.

Fragen
- Was sagen Sie zu der Art der Umlenkung, die die Erwachsene anwandte? Hätten Sie es anders gemacht?
- Welche anderen Ansätze hätte man in dieser Situation nutzen können?
- Welche Wirkung könnte diese Art der Umlenkung Ihrer Ansicht nach auf das Selbstkonzept des Kindes haben? Wie sieht es mit den anderen Ansätzen aus, die Ihnen eingefallen sind – hätten sie eine andere Wirkung auf das Selbstkonzept des Kindes haben können?

Diesen Videoclip können Sie unter www.mit-kindern-wachsen.de/videomaterial anschauen. Wählen Sie hier bitte Kapitel 13.

Bestrafen oder schimpfen Sie nicht Bestrafung, Schimpfen und Ärger haben bei der Heranführung von Säuglingen und Kleinkindern an Disziplin keinen Platz. Natürlich können Sie manchmal Ärger empfinden und äußern, wenn Sie nicht in der Lage sind, das Verhalten der Kinder, um die Sie sich kümmern, zu kontrollieren. Das ist normal und schadet nicht. Erkennen Sie jedoch an, dass der Ärger Ihr persönlicher ist. Geben Sie den Kinder nicht die Schuld daran und nutzen Sie Ärger nicht dafür, ihr Verhalten zu kontrollieren. Finden Sie andere

Wege, bei ihnen die erwünschte Wirkung zu erzielen. Wenn Sie Ärger dafür nutzen, Ihren Willen zu bekommen, werden die Kinder dieses Verhalten schnell übernehmen und Sie werden sehen, dass sie es an Ihnen ausprobieren.

Bestrafung schadet dem Selbstwertgefühl. Es gibt andere Möglichkeiten, unerwünschtes Verhalten zu ändern, bei denen nicht nur das Selbstwertgefühl unversehrt bleibt, sondern die sogar auch das Selbstkonzept verbessern. Dies geschieht, wenn Kinder lernen, ihr eigenes Verhalten zu kontrollieren, und sich gut damit fühlen, Aufmerksamkeit dafür zu bekommen, dass sie innerhalb der Grenzen bleiben und positives soziales Verhalten zeigen.

Inakzeptables Verhalten definieren Bevor Sie über Wege, Verhalten zu ändern, nachdenken, müssen Sie inakzeptables Verhalten erst einmal definieren. Das Alter des Kindes wird Einfluss auf Ihre Definition haben. Beispielsweise sind die Schreie eines jungen Säuglings kein unerwünschtes Verhalten; sie sind eine Form der Kommunikation und müssen beachtet werden. Bei älteren Säuglingen ist das Anfassen und In-den-Mund-Nehmen von Gegenständen kein unerwünschtes Verhalten; sie haben das Bedürfnis, anzufassen und in den Mund zu nehmen. Im Falle von Kleinkindern sind das Experimentieren und Erkunden keine unerwünschten Verhaltensweisen; auf diese Art lernen sie etwas über die Welt.

Kein alleiniger „richtiger" Weg Wenn Sie über Alternativen zu Bestrafungen nachdenken, müssen Sie sich darüber im Klaren sein, dass es keine Methode gibt, die immer und für alle Kinder funktioniert. Was funktioniert, hängt vom Kind, von der Situation und vom Ursprung des Verhaltens ab. Wenn zum Beispiel ein bestimmtes Kleinkindverhalten in der Vergangenheit mit Aufmerksamkeit durch Erwachsene belohnt wurde, ist es gelernt worden. Deshalb besteht der Ansatz darin, das Kind dadurch, dass ihm die Belohnung entzogen wird, dazu zu bringen, das Verhalten zu „verlernen". Gleichzeitig müssen Sie darauf achten, dass Sie die Aufmerksamkeit, die das Kind erhalten hat, ersetzen, wenn sie sie aus der Verbindung mit einem bestimmten Verhalten entfernen. Manchmal vergessen Erwachsene, dass dieser Ansatz, die Belohnung eines unerwünschten Verhaltens abzuschaffen, aus zwei Teilen bestehen muss. Die Kinder *brauchen* die Aufmerksamkeit, die Sie ihnen vorenthalten. Finden Sie andere Möglichkeiten, sie ihnen zu geben. Bevor Sie diesen Ansatz ausprobieren, achten Sie außerdem darauf, festzustellen, ob mit diesem Verhalten nicht irgendein anderes unbefriedigtes Bedürfnis kommuniziert wird. Wenn dies der Fall ist, ignorieren Sie das Verhalten nicht; betrachten Sie es als Art der Kommunikation und befriedigen Sie das Bedürfnis.

Manche Verhaltensweisen sind Ausdruck von Gefühlen. Akzeptieren Sie die Gefühle. Helfen Sie dem Kind, zu lernen, sie auf sozial akzeptable Art und Weise auszudrücken. Was als akzeptabler Ausdruck von Gefühlen betrachtet wird, variiert je nach Kultur. Manche Menschen sehen es als gesund an, wenn aus Wut geschrien wird; andere finden Schreien inakzeptabel.

Das Verhalten von Kleinkindern ändern Es folgt eine Zusammenfassung von sechs Methoden, wie Sie unerwünschtes Verhalten von Kleinkindern ändern können:

1. Leben Sie sozial akzeptables Verhalten vor. Das modellhafte Vorführen des Verhaltens ist eine Ihrer effektivsten Lehrmethoden. Kinder eignen sich Ihr Verhalten ganz natürlich an, stellen Sie also sicher, dass es sich dabei um das Verhalten handelt, das Sie ihnen beibringen wollen.
2. Ignorieren Sie das Verhalten, von dem Sie möchten, dass das Kind es ablegt. Dies wirkt sich häufig zu Ihren Gunsten aus. (Ignorieren Sie aber natürlich nicht ein Verhalten, das die Sicherheit gefährdet oder ein Bedürfnis kommuniziert – ein hungriges, weinendes Baby muss gefüttert, nicht ignoriert werden.)
3. Achten Sie auf Verhalten, das sozial akzeptabel ist. Loben Sie Kinder öffentlich dafür, wenn sie behutsam miteinander umgehen und auf Spielsachen und Ausstattungsgegenstände aufpassen. .
4. Strukturieren Sie die Situation neu. Vielleicht ist die Auswahl an Dingen, die ein Kind tun kann, zu groß oder zu klein. Eine jede dieser beiden Situationen kann Säuglinge und Kleinkinder dazu veranlassen, sich auf eine Art zu verhalten, die nicht wünschenswert ist. Vielleicht müssen zwei Kinder für eine Weile voneinander getrennt werden.
5. Beugen Sie verletzendem Verhalten vor. Halten Sie Kinder vom Schlagen ab, bevor sie damit anfangen. Bemerken Sie ihre Absicht, zu beißen, bevor die Zähne irgendwo hineinschlagen. Die heftige Reaktion, die Kinder von den Kindern bekommen, die sie verletzen, kann sehr befriedigend für sie

sein. Diese Befriedigung wird unterbunden, wenn die Handlung nicht ausgeführt werden darf. Verhaltensweisen dieser Art werden abnehmen, wenn Sie wachsam bleiben, statt sie geschehen zu lassen und sich erst hinterher mit ihnen zu befassen.

6. Lenken Sie die Energie um, wenn es angebracht ist. Lassen Sie einem Kind, wenn Sie ihm etwas untersagen müssen, die Wahl zwischen mehreren anderen Dingen, die es tun kann. („Ich lasse dich nicht diesen Klotz werfen, aber du kannst das Kissen oder den weichen Ball werfen." „Ich lasse es nicht zu, dass du Maria beißt, aber du kannst in diesen Waschlappen oder auf diesen Plastikring beißen.")

„Auszeit"? Ein Wort zu der Methode, bei der dem ungezogenen Kind eine **Auszeit** verordnet wird, es also aus einer Situation entfernt wird. Für Betreuerinnen, die keine anderen Methoden der Verhaltenssteuerung kennen, ist dies manchmal die Generalmethode. Marian Marion (*Guidance of Young Children*, Columbus, OH, 1999) sieht diese Methode als Bestrafung und als unangemessen an. Sie ist umstritten, weil sie missverstanden wird und oft zu häufig angewendet wird. Ein Kind aus einer Situation zu entfernen, mit der es nicht umgehen kann, ist etwas anderes, als ihm eine Auszeit zu verordnen. Manchmal sind Kleinkinder außer Kontrolle, weil sie überstimuliert werden. Ein Kleinkind, das die Kontrolle verloren hat, für kurze Zeit an einen ruhigeren Ort zu bringen, hilft ihm, seine Fassung und Kontrolle wiederzugewinnen. Kinder zur Strafe dafür, dass sie eine Regel verletzt haben, einzusperren oder in ihrer Bewegungsfreiheit einzuschränken – und sei es nur dadurch, dass man sie zwingt, auf einem Stuhl zu sitzen –, ist nicht dasselbe, wie ihnen zu helfen, sich unter Kontrolle zu bekommen, wenn sie dies müssen.

Wenn Sie wahrnehmen, dass ein bestimmtes Kind gelegentlich dieses Bedürfnis hat, können Sie ihm helfen, zu lernen, die Situation einzuschätzen und alleine die Entscheidung zu treffen, wegzugehen. Das eigentliche Ziel von Disziplin besteht schließlich darin, dass sie dem Individuum selbst übertragen wird. Ihre Methoden, für Disziplin zu sorgen, sollten letztendlich zu Selbstdisziplin führen – dem Aufbau innerer Kontrolle.

Kulturelle Aspekte Ob jemand für oder gegen das Verordnen einer Auszeit ist, kann mit kulturellen Unterschieden zusammenhängen. Wenn das Alleinsein ein kultureller Wert ist, kann ein Kind von der Gruppe getrennt werden (ob dies nun Auszeit genannt wird oder nicht), damit es Zeit und Raum für sich alleine hat, um sich wieder zu sammeln und die Kontrolle zurückzuerlangen. Diese Methode wird von den Menschen angewandt, die Unabhängigkeit und Individualität betonen. Nicht alle Kulturen sehen den Nutzen der Betonung dieser zwei Charakteristika. Für einige ist die Zugehörigkeit zur Gruppe wichtiger als Individualität. Von einer kollektivistischen Sicht aus gleicht das Verordnen einer Auszeit dem Meiden einer Person und wird als höchste Bestrafung gesehen. Ganz gleich, wie freundlich und mit welchen Absichten es geschieht, ein Kind von der Gruppe zu trennen, ist Bestrafung. Es ist wichtig, dass eine Betreuerin Verständnis für unterschiedliche Sichtweisen hat.

Ein anderer Unterschied in der Sichtweise hat mit den Vorstellungen von Autorität zu tun. In ihrem Buch *Other People's Children* beschreibt Lisa Delpit das Problem der Art und Weise, wie manche Euro-Amerikaner mit Kindern sprechen, im Vergleich zu der Art und Weise, wie manche Afroamerikaner mit ihnen sprechen.[2] Die freundlich und sanft vorgetragene Bitte um ein bestimmtes Verhalten wird von manchen Kindern nicht als eine Aufforderung verstanden. Sie sind eher daran gewöhnt, die Befehlsform des Verbs zu hören (beherrscht gesprochen oder nicht): „Setz dich bitte hin." „Hör auf, mit deiner Tasse auf den Tisch zu schlagen." Diese Kinder achten möglicherweise nicht auf andere Formen der Verhaltenssteuerung. Eine angenehme Stimme, die sagt: „Es ist nicht sicher, wenn du stehst" oder „Ich mag es nicht, wenn du deine Tasche auf den Tisch schlägst", wird ignoriert. Kinder, die Erwachsene nicht beachten, deren Tonfall oder deren Worte keine Autorität ausstrahlen, können schließlich als Probleme abgestempelt werden. Das ist nicht fair! Betreuerinnen sollten die verschiedenen Hintergründe von Kindern berücksichtigen und lernen, ihre Sprache zu sprechen, auch wenn es nur eine andere Form des Deutschen ist. Das bedeutet nicht, dass diese Erwachsenen sich nicht weiterhin auf eine authentische Art und Weise verhalten könnten, mit der sie sich wohl fühlen. Es bedeutet aber, dass sie Kindern, die sich in Ihrer Obhut befinden, *beibringen* müssen, dass es ihnen ernst ist, wenn sie eine freundliche und sanfte Äußerung machen, die indirekt klingt. Sie bringen den Kindern dies bei, indem sie Taten folgen lassen, wenn die Worte allein keine Wirkung erzielen. Dies ist ein guter Ansatz für alle Kinder!

Ein letzter Punkt zum Thema Selbstkonzept und Disziplin: Nicht alle Kulturen sehen das Ziel von Disziplin im Aufbau **innerer Kontrollen**. Aus der Perspektive mancher geht Disziplin immer auf eine äußere Autorität zurück, sei es eine Person oder der Druck der Gruppe. Disziplin ist nach dieser Auffassung nicht etwas, das ein Individuum in sich trägt, sondern etwas außerhalb seiner selbst.[3] Kinder, die erwarten, beobachtet zu werden, können meinen, sich zu Recht ungezogen zu benehmen, wenn niemand auf sie achtet.

Auch dieser Unterschied in der Ansicht über das kontrollierende Verhalten (innere Kontrolle oder äußere Kontrolle) kann eine Situation zur Folge haben, in der Kinder unterschiedlicher Herkunft letztendlich als Probleme abgestempelt werden, es sei denn, die Betreuerinnen sind sich dieses Unterschieds bewusst.

Selbstwertgefühl modellhaft vorführen, indem Sie sich um sich selbst kümmern

Es mag sonderbar erscheinen, in einem Buch, das auf die Pflege und Betreuung von Säuglingen und Kleinkindern fokussiert, einen Abschnitt zu finden, in dem es darum geht, wie Sie sich um sich selbst kümmern. Aber viele Betreuerinnen sind den Kindern, mit denen sie arbeiten, schlechte Modelle. Diese Arbeit verlangt Opfer, das stimmt, und sehr häufig müssen Sie Ihre eigenen Bedürfnisse ganz hintanstellen. Aber die Arbeit verlangt auch ein hohes Maß an Selbstwertgefühl. Kinder müssen mit Erwachsenen zusammen sein, die sich selbst als schätzenswerte Menschen sehen, sich selbst respektieren und auf sich selbst achten. Das Gegenteil einer schätzenswerten Erwachsenen ist die Erwachsene, auf der alle herumtrampeln – die Kinder, die Eltern und die Kolleginnen.

Niemand kann Ihnen sagen, wie Sie den Wert, den Sie selbst in Ihren Augen haben, steigern können, Abbildung 13.2 gibt Ihnen jedoch ein paar Ratschläge, wie Sie für sich sorgen können. Erstens, kümmern Sie sich um Ihre Bedürfnisse. Sie haben dieselbe Bandbreite an Bedürfnissen wie Kinder (das heißt körperliche, geistige, emotionale und soziale Bedürfnisse). Vernachlässigen Sie sich nicht. Ernähren Sie sich richtig, treiben Sie Sport, gönnen Sie Ihrem Körper regelmäßig einen Schwimmbadbesuch, ein heißes Bad, einen Spaziergang oder was auch immer er am meisten genießt. Legen Sie bei der Arbeit regelmäßig Pausen ein, auch wenn dies schwierig einzurichten ist. Finden Sie einen Weg. Regen Sie Ihren Geist mit einem guten Buch, einem Kurs, einer Partie Schach an. Menschen, die mit Kindern arbeiten, haben manchmal das Gefühl, sie würden geistig verkümmern. Lassen Sie das bei sich nicht zu. Akzeptieren Sie Ihre Gefühle, ignorieren Sie sie nicht. Lernen Sie Wege, sie zu äußern, die für Sie wie für die Kinder gesund sind. Finden Sie Wege, Ärger dafür zu nutzen, dass er Ihnen beim Lösen von Problemen oder beim Sammeln der für Veränderungen notwendigen Energie hilft. Pflegen Sie Ihr Sozialleben. Bauen Sie Beziehungen auf. Bauen Sie sich eine breite Basis an Unterstützung auf. Seien Sie für die Unterstützung, die Sie brauchen, nicht auf eine einzige Person angewiesen –

> **Überlegen Sie ...**
>
> Wie denken Sie über sich selbst? Wo würden Sie Ihren Grad an Selbstwertgefühl auf einer Skala von 1 bis 10 einordnen? Was tun Sie, um den Selbstwert, den Sie in Ihren Augen haben, zu erhöhen?

verteilen Sie diese Aufgabe auf mehrere Personen. Je größer die Wahl ist, die Sie haben, umso geringer ist die Wahrscheinlichkeit, dass Sie im Stich gelassen werden. Und verbergen Sie Ihre Beziehungen nicht vor den Kindern. Es ist gut für die Kinder, mit einer oder einem Erwachsenen zusammen zu sein, die oder der mit anderen Erwachsenen Beziehungen eingeht.

Lernen Sie zweitens, Durchsetzungsvermögen zu zeigen. Sagen Sie nein, wenn es angebracht ist. Familientagespflegepersonen sind besonders bekannt dafür, so lange ja zusagen, bis ein jeder in ihrem Leben sie ausnutzt. Lassen Sie das bei sich nicht geschehen.

Lernen Sie drittens, wie Konfliktmanagement funktioniert. Verhandlungs- und Mediationskompetenz sind nicht nur für die Arbeit mit Kindern, sondern auch für die mit Erwachsenen wichtig.

Lernen Sie viertens, wie Zeitmanagement funktioniert. Diese Kenntnisse sind eine enorme Hilfe, weil Sie lernen, die Ihnen zur Verfügung stehende Zeit so zu nutzen, dass Sie den größten Nutzen daraus ziehen.

Finden Sie fünftens Möglichkeiten, die Bedeutung Ihrer Tätigkeit zu erklären, damit Sie stolz auf sie sein können. Entschuldigen Sie sich nicht für das, was Sie tun. Die ersten Jahre sind die wichtigsten. Der Lehrer am Gymnasium oder der Dozent an der Universität kommt nur minimal mit dem Leben der Schüler und Studenten in Berührung und verändert wenig, verglichen mit dem Einfluss, den Sie haben. Die Menschen, die Kinder großziehen (das heißt Sie und die Eltern), sind diejenigen, die für die Zukunft ihres Landes die Verantwortung tragen.

Und schließlich – spielen Sie. Erwachsene müssen spielen, genau wie Kinder. Vielleicht finden Sie sogar eine Möglichkeit, bei der Arbeit zu spielen und gleichzeitig Ihrer Tätigkeit nachzugehen. Das Spiel gibt neue Energie und bringt einen kreativen Geist zum Vorschein.

Abbildung 13.2 Einige Tipps, wie Sie Ihr Selbstwertgefühl fördern können
1. Kümmern Sie sich um Ihre Bedürfnisse; vernachlässigen Sie sich nicht. Kümmern Sie sich um Ihre körperlichen, geistigen, emotionalen und sozialen Bedürfnisse.
2. Lernen Sie, Durchsetzungsvermögen zu zeigen. Lassen Sie sich von niemandem ausnutzen.
3. Lernen Sie Konfliktmanagement.
4. Lernen Sie Zeitmanagement.
5. Seien Sie stolz auf das, was Sie tun. Sie üben eine wichtige Tätigkeit aus. Lassen Sie die Menschen dies wissen.
6. Spielen Sie. Das Spiel gibt Energie und bringt Ihren kreativen Geist zum Vorschein.

In diesem Kapitel wurden viele Themen behandelt – es begann mit Informationen dazu, dass Sie für jedes Kind, um das Sie sich kümmern, Zuneigung empfinden sollten (und mit der Frage, wie man auf dieses Ziel hinarbeitet, wenn das Gefühl sich nicht von allein einstellt), und endete mit Informationen dazu, warum es wichtig ist, dass Sie auf sich selbst achten. Dazwischen wurde das Selbstkonzept unter den Gesichtspunkten Kultur, Geschlecht und Disziplin betrachtet. Die soziale Umgebung setzt sich aus all diesen und noch mehr Faktoren zusammen! Das nächste Kapitel untersucht ein weiteres mit dem Programm zusammenhängendes Thema: die Beziehungen zwischen Erwachsenen. Auch wenn es in einem eigenen Kapitel behandelt wird, gehört dieses Thema doch zur sozialen Umgebung.

Angemessenes praktisches Vorgehen

Überblick über die Entwicklung

Der *National Association for the Education of Young Children* zufolge ist Bindung ein grundlegender Baustein für die Identitätsbildung. Bei jungen Babys sorgt Bindung für ein Zugehörigkeitsgefühl, das ihnen die Sicherheit gibt, ihre Sinne und körperlichen Fähigkeiten zum Erkunden zu nutzen. Sich selbst als einen Forscher und Entdecker zu betrachten, gehört zur frühen Identität des Kindes. Mobile Säuglinge halten sich bald für die perfekten Forscher, wenn sie unterstützt und ermutigt werden. All dieses Erforschen steht mit den Identitätsthemen von Kleinkindern im Zusammenhang: Sie befassen sich mit dem Doppelthema Unabhängigkeit und Kontrolle.

Quelle: J. Ronald Lally, Abbey Griffin, Emily Fenichel, Marilyn Segal, Eleanor Szanton und Bernice Weissbourd (1997): Development in the First Three Years of Life. In: *Developmentally Appropriate Practice in Early Childhood Programs* (überarb. Aufl.). Washington, D.C., National Association for the Education of Young Children.

Der Entwicklung angemessenes praktisches Vorgehen

Das Folgende sind Beispiele für Methoden, die der Entwicklung angemessen sind und mit der sozialen Umgebung zusammenhängen:

- Die Erwachsenen respektieren die individuellen Fähigkeiten der Säuglinge und reagieren bei jedem Baby positiv, wenn es neue Fähigkeiten entwickelt. Weil sie die Freude der Betreuerinnen über ihre Leistungen wahrnehmen, fühlen sich die Babys kompetent und haben Vergnügen daran, neue Fähigkeiten zu beherrschen.
- Die Erwachsenen wissen, dass Säuglinge neugierig aufeinander sind. Gleichzeitig stellen Betreuerinnen sicher, dass die Kinder behutsam miteinander umgehen.
- An den Wänden hängen, in einer Höhe, in der Säuglinge sie sehen können, Bilder der Säuglinge und ihrer Familien.

Quelle: Bredekamp, S. und Copple, C. (Hg.) (1997): *Developmentally Appropriate Practice in Early Childhood Programs* (überarb. Aufl.). Washington, D.C., National Association for the Education of Young Children.

Individuell angemessenes praktisches Vorgehen

Das Folgende sind Beispiele für Methoden, die der individuellen Entwicklung angemessen sind und mit der sozialen Umgebung zusammenhängen:

- Die Erwachsenen stellen sicher, dass jedes Kind fürsorgliche Pflege erfährt, bei der einfühlsam und unmittelbar auf das Kind eingegangen wird. Damit die Pflege zudem individuell angemessen sein kann und durch all diese Merkmale der Pflege die positive Identitätsbildung der Kinder gefördert wird, müssen die Betreuerinnen wissen, wie sie die speziellen Bedürfnisse eines jeden Kindes befriedigen. Sie dürfen keinen allgemeinen Ansatz wählen, der sich an Alter und Entwicklungsstufe der Kinder orientiert. Sie müssen den Kindern auf positive Art zu verstehen geben (verbal und nonverbal), dass das, was sie brauchen, in Ordnung ist.
- Die Erwachsenen schaffen einen „allumfassenden" Gruppenraum und achten darauf, dass die räumliche Organisation, die Materialien und Aktivitäten es allen Kindern ermöglichen, aktiv teilzunehmen. Anpassungen müssen auf eine Art vorgenommen werden, die dem Kind zu verstehen gibt, dass es gut ist, so wie es ist, und dass es willkommen ist.

Quelle: Bredekamp, S. und Copple, C. (Hg.) (1997): *Developmentally Appropriate Practice in Early Childhood Programs* (überarb. Aufl.). Washington, D.C., National Association for the Education of Young Children.

Kulturell angemessenes praktisches Vorgehen

Das Folgende sind Beispiele für Methoden, die kulturell angemessen sind:

- Die Betreuerinnen arbeiten mit den Eltern partnerschaftlich zusammen, kommunizieren täglich, um gegenseitiges Verständnis und Vertrauen aufzubauen und um Wohlergehen und bestmögliche Entwicklung des Säuglings sicherzustellen. Die Betreuerinnen hören dem, was Eltern über ihre Kinder sagen, aufmerksam zu, versuchen die Ziele und Prioritäten der Eltern zu verstehen und respektieren kulturelle und familiäre Unterschiede.
- In manchen Kulturen fühlen sich die Menschen mit Fotos nicht wohl oder finden sie geschmacklos. Eine Mutter sagte: „Ich war entsetzt, als die Erzieherin Bilder ihrer Familie hervorholte. In meiner Heimat haben wir nur Bilder von Menschen, die gestorben sind, und wir tragen sie nicht bei uns." In solch einem Fall schlagen Bredekamp und Copple vor, dass Betreuerinnen und Eltern sich vor dem Treffen von Entscheidungen darüber beraten, wie die Entwicklung der Kinder am besten unterstützt wird und wie mit Problemen oder Schwierigkeiten umgegangen werden soll, wenn sie auftreten.

Quelle: Bredekamp, S. und Copple, C. (Hg.) (1997): *Developmentally Appropriate Practice in Early Childhood Programs* (überarb. Aufl.). Washington, D.C., National Association for the Education of Young Children.

Und jetzt Sie ...

Sehen Sie sich noch einmal die Szene „Prinzipien in der Praxis" auf S. 451 an und denken Sie über die Pflege nach, die Kaleb von der Betreuerin zuteil wird. Schauen Sie sich dann den ersten Punkt im Abschnitt „Individuell angemessenes praktisches Vorgehen" an und beantworten Sie die folgenden Fragen.

1. Bekommt Kaleb fürsorgliche Pflege, bei der einfühlsam und unmittelbar auf ihn eingegangen wird?
2. Hält sich die Betreuerin an das 1. Prinzip?
3. Können Sie aufgrund dessen, was Sie im Kasten „Die Prinzipien in der Praxis" gelesen haben, irgendeine sichere Aussage über Kalebs Kultur machen?
4. Glauben Sie, dass die Art, wie die Betreuerin Kaleb behandelt, mit seiner Kultur zu tun hat?
5. Wie würden Sie einen zusätzlichen Punkt im Abschnitt „Individuell angemessenes praktisches Vorgehen" formulieren, in dem es um das Risiko geht, das für Kaleb im Hinblick auf seine Identitätsbildung besteht?

Zusammenfassung

- Die soziale Umgebung umfasst die weniger sichtbaren Elemente eines Säuglings- und Kleinkindprogramms und hat mit Bindung zu tun, weil diese die folgenden, miteinander zusammenhängenden charakteristischen Merkmale von Kindern beeinflusst:
  - Identitätsbildung
  - Selbstbild
  - Kulturelle Identität
  - Geschlechtsidentität
  - Selbstkonzept
- Die soziale Umgebung lässt sich am Verhalten der sich in ihr befindenden Erwachsenen und Kinder erkennen.
- Die Identitätsbildung ist für ein Säuglings- und Kleinkindprogramm von besonderer Bedeutung, weil Kinder unter drei Jahren gerade zu lernen anfangen, wer sie sind, was sie können und wo sie hingehören.
- Das Selbstbild drückt aus, wie Kinder sich selbst sehen, und umfasst die folgenden Merkmale:
  - Körperbewusstsein, welches mit der Entwicklung der Bewegungsfähigkeit zunimmt
  - Kulturelle Identität, die wächst, wenn die Mitarbeiterinnen des Programms Familien als Partner betrachten und auf kulturelle Unterschiede in Bezug auf die Vorstellungen darüber, was Säuglinge und Kleinkinder von Erwachsenen brauchen, achten
- Die Geschlechtsidentität hat damit zu tun, wie Kinder über ihr eigenes Geschlecht denken, sowie mit den folgenden Faktoren:
  - Wie ihr Geschlecht ihre Selbstwahrnehmung beeinflusst
  - Wie Erwachsene mit ihnen aufgrund ihres Geschlechts umgehen
  - Wie Erwachsene Geschlechtsrollen modellhaft vorführen
- Das Selbstkonzept kann stark davon beeinflusst werden, wie Erwachsene mit Disziplin und Führung umgehen. Folgendes sollten Erwachsene tun, um positiven Einfluss auf das Selbstkonzept der Kinder zu haben:
  - Positive Möglichkeiten der Verhaltenssteuerung nutzen, zum Beispiel Umlenkung

- Definieren, welches Verhalten im Hinblick auf Alter und Entwicklungsstufe angemessen ist
- Führen Sie Selbstwertgefühl modellhaft vor, indem Sie sich um sich selbst kümmern.
- Wenn Kinder beim Großwerden wissen sollen, wie man sich um sich selbst kümmert, brauchen Sie Rollenvorbilder, die ihre eigenen körperlichen, geistigen, emotionalen und sozialen Bedürfnisse befriedigen.

Schlüsselbegriffe

Auszeit / Beobachtungsmodus / Geschlechtsidentität / Innere Kontrollen / Körperbewusstsein / Kulturelle Identität / Multikulturelles Curriculum / Selbstbild / Selbstkonzept / Umlenkung

Fragen und Aufgaben

1. Was ist der Unterschied zwischen Selbstkonzept, Selbstbild und Körperbewusstsein?
2. Erläutern Sie einige Probleme im Zusammenhang damit, wenn das Verordnen einer Auszeit als Führungsstrategie genutzt wird.
3. Versuchen Sie die Methode der Visualisierung zu nutzen, um Ihre Sicht eines Kindes zu ändern. Wählen Sie ein Kind aus, dessen Verhalten Sie stört, und probieren Sie die Übung, die in diesem Kapitel skizziert wurde.
4. Stellen Sie sich vor, Sie würden in einem Kleinkindprogramm arbeiten, das auf den Prinzipien dieses Buches basiert und die in diesem Kapitel umrissenen Vorstellungen von Disziplin vertritt. Sie sehen sich mit einem Mädchen konfrontiert, das Schwierigkeiten bereitet und mit dem Sie nur schwer zurechtkommen. Seine Mutter führt das Verhalten darauf zurück, dass Sie sich nicht so verhalten, wie ihre Tochter es von einer Autoritätsperson erwartet. Entwerfen Sie einen Dialog zwischen sich und dieser Mutter.

Weiterführende Literatur

Baker, Amy Ruth (2005): Why Should You Document the Everyday Experience in Your Infant or Toddler Room? In: *Focus on Infants and Toddlers 15*, 1, Fall, 1-5.

Bryand, Adam und Check, Erika (2000): How Parents Raise Boys and Girls. In: *Your Child*, Newsweek special edition, Fall and Winter, 56-63.

Careri, Grace, Collini-Martins, Paola und Rego, Patricia (1998): Research Update: Are Children Being Treated the Same? In: *Interaction 12*, 2, Summer 1998, 34-36.

Cooper, Renatta M. (2002): Child Care as Shared Socialization. In: *Child Care Information Exchange*, July, 58-60.

DeJong, Lorraine und Hansen Cottrell, Barbara (1999): Designing Infant Child Care Programs to Meet the Needs of Children Born to Teenage Parents. In: *Young Children 54*, 1, January, 37-45.

Dombro, Amy Laura, Colker, Laura J. und Dodge, Diane Trister (1997): *Creative Curriculum for Infants and Toddlers*. Washington, D.C., Teaching Strategies.

Elam, Polly (2005): Gestaltung von hochwertigen Gruppenbetreuungsprogrammen für Säuglinge(Hg.): *Authentische Beziehungen in der Gruppenbetreuung von Säuglingen und Kleinkindern*. Arbor Verlag, Freiamt, S 119-133.

Gartrell, Daniel (2002): Replacing Time-Out: Using Guidance to Maintain an Encouraging Classroom. In: *Young Children 57*, 2, March, 36-43.

Gerber, Magda (2005): Die Prinzipien von RIE uned ihre praktische Umsetzung. In: Petrie, Stephanie und Owen, Sue (Hg.): *Authentische Beziehungen in der Gruppenbetreuung von Säuglingen und Kleinkindern*. Arbor Verlag, Freiamt, S 45-71.

Gonzalez-Mena, Janet (2002): Working with Cultural Differences: Individualism and Collectivism. In: *The First Years* (New Zealand Journal of Infant and Toddler Education), 4, 1, 13-15.

Marion, M. (1999): *Guidance of Young Children*. Columbus, OH, Merrill.

Odom, S. L., Teferra, T. und Kaul, S. (2004): An Overview of International Approaches to Early Intervention for Young Children with Special Needs and their Families. In: *Young Children*, September, 38-43.

Kapitel 14

Die Erwachsenenbeziehungen in Programmen der Säuglings- und Kleinkindbetreuung

Schwerpunktfragen

Nachdem Sie dieses Kapitel gelesen haben,
sollten Sie in der Lage sein, folgende Fragen zu beantworten:

1. Welches sind die Phasen, die eine Betreuerin im Hinblick auf ihr Verhältnis zu Eltern und anderen Familienmitgliedern durchläuft? Welches ist die Phase, die angestrebt werden sollte, und warum?
2. Warum brauchen Sie, wenn Sie einen Leistungsplan haben, der auf das Kind fokussiert, zusätzlich einen, der auf die Familie fokussiert?
3. Was blockiert die Kommunikation mit Eltern und was gibt es für Möglichkeiten, die Kommunikation in Gang zu setzen und zu befördern?
4. Was ist Elternbildung und -beteiligung und was ändert sich, wenn die Eltern nicht einfach Kunden sind, die eine Dienstleistung in Anspruch nehmen, sondern Partner?
5. Auf welche Weise unterscheiden sich die Beziehungen der Betreuerinnen untereinander, je nachdem, ob die Betreuerinnen in Kindertagesstätten oder als Tagesmütter arbeiten?

Was sehen Sie?

Eine Mutter kommt, um ihre Tochter abzuholen. Sie ist offensichtlich in Eile. Ihre Tochter rennt ihr mit ausgestreckten Armen entgegen. Die Mutter lächelt, dann fällt ihr Blick auf die Knie der pinkfarbenen Hose ihrer Tochter, die vor lauter Grasflecken grün leuchten. Das Lächeln weicht einem missbilligenden Stirnrunzeln. Sie nimmt ihre Tochter ein wenig brüsk hoch. Vor sich hinmurmelnd geht sie hinüber zur nächsten Betreuungsperson. „Wie ist das passiert?" Ihre Stimme klingt angespannt.

Wie reagiert die Betreuungsperson auf diese aufgebrachte Mutter? Sie werden es später in diesem Kapitel erfahren. Ihre Reaktion ist wichtig. Was sie der Mutter vermittelt, hat Auswirkungen darauf, ob diese Reaktion dem Aufbau der Beziehung dient oder sie zum Scheitern bringt. Auch wenn Beziehungen normalerweise nicht von einer einzigen Reaktion oder einer Reihe von Interaktionen abhängen, sollte es doch das Ziel einer jeden Interaktion sein, dazu beizutragen, dass diese zwei im Leben des Kindes so wichtigen Menschen eine positive Beziehung miteinander haben.

Beziehungen zwischen Eltern und Betreuerinnen

Auch wenn wir das Thema Eltern-Betreuerin-Beziehungen bis zum Ende aufgespart haben, ist es doch äußerst wichtig. Jeder Berufstätige, der anderen Menschen eine Leistung anbietet, muss mit seinen Kunden eine Beziehung aufbauen. Im Bereich der Säuglings- und Kleinkindpflege ist diese Beziehung mit dem Kunden – das heißt mit der Mutter und/oder dem Vater – von entscheidender Bedeutung, da sie sich auf die Beziehungen der Kinder zu ihrer Betreuerin auswirkt.

Zwar werden im gesamten Kapitel die Begriffe *Mutter*, *Vater* und *Eltern* verwendet, doch ist es wichtig zu erkennen, dass die Mitarbeiterin einer Kindertagesstätte oder die Tagesmutter in vielen Fällen eine Beziehung zur ganzen *Familie* herstellen muss. Es lohnt sich zu verstehen, wie Autorität und Verantwortung innerhalb einer jeden Familie verteilt sind.[1]

Das Verhältnis der Betreuerin zu den Eltern: drei Phasen

Betreuerinnen durchlaufen normalerweise drei Phasen, wenn sie mit Kindern zu arbeiten beginnen. Es ist wichtig, dass Sie diese bei sich selbst erkennen und sich darüber im Klaren sind, dass Sie in die nächste Phase eintreten können, wenn Sie erkennen, dass Ihre Einstellungen, Gefühle und Verhaltensweisen damit zu tun haben, dass Sie neu in diesem Beruf sind. (Natürlich passiert es bei einigen Menschen, dass sie in einer Phase festsitzen und sich nicht vorwärtsbewegen.)

Phase 1: Betreuerin als Retterin Manchmal vergessen Betreuerinnen, dass ihre Kunden die Eltern und nicht allein die Kinder sind. Sie treffen Entscheidungen darüber, was für das Kind zu tun ist, ohne zuvor die Eltern zurate zu ziehen und sie nach ihren Zielen und Wünschen zu fragen. Sie können der Mutter oder dem Vater gegenüber sogar Konkurrenzgefühle haben. Wenn diese Gefühle stark genug sind, haben sie einen „**Retterkomplex**" zur Folge, bei dem Betreuerinnen ihre Rolle darin sehen, Kinder vor ihren Eltern zu retten. Die durch den Retterkomplex gekennzeichnete Phase durchlaufen viele Betreuerinnen, wenn sie das erste Mal die Verantwortung für Kinder anderer Menschen übernehmen.

Die Betreuerin als Retterin ist ein interessantes Phänomen. Nicht nur hat sie es darauf abgesehen, jedes Kind, das sich in Ihrer Obhut befindet, vor seinen Eltern zu retten (mit ein paar Ausnahmen natürlich), sondern sie hat auch vor, mit dem, was sie mit den Kindern tut, die ganze Welt zu retten! Betreuerinnen in Phase 1 reiten auf dem hohen Ross umher und sehen auf die Eltern herab.

Phase 2: Betreuerin als den Eltern Überlegene Die meisten Menschen verlassen diese Phase, wenn sie erkennen, dass ihre Verantwortung sich auf einen Teil des Tages beschränkt und auch insgesamt nur vorübergehend ist. Sie mögen die Kinder während des Tagesabschnitts, den sie in der Kinderbetreuung verbringen, beeinflussen, doch sind die Eltern die vorherrschende und dauerhafte Kraft im Leben der Kinder. Die Eltern sind es, die dem Kind das Gefühl einer Verbindung mit der Vergangenheit und eine Zukunftsperspektive geben. Etwa zur selben Zeit, zu der Betreuerinnen allmählich die Bedeutung der Eltern im Leben der Kinder sehen, beginnen sie auch die Standpunkte einzelner Eltern zu verstehen. In dieser Phase verstehen Betreuerinnen besser, wodurch die Erziehungspraktiken der Eltern beeinflusst werden.

In der zweiten Phase sehen Betreuerinnen die Eltern als Kunden. Noch immer vom Rettungskomplex erfüllt, bemühen sich Betreuerinnen, die Eltern zu ändern – sie zu erziehen. Der Unterschied zwischen einer Betreuerin in Phase 1 und einer in Phase 2 besteht darin, wen sie als Kunden wahrnehmen. Der Rettungskomplex ist weiterhin aktiv: Betreuerinnen betrachten sich als überlegenen Ersatz für die Eltern.

> **Überlegen Sie ...**
>
> Wenn Sie eine Betreuerin oder ein Betreuer sind, in welcher Entwicklungsphase befinden Sie sich dann gerade?

Phase 3: Betreuerin als Partnerin der Eltern und/oder Familie Die letzte Phase tritt ein, wenn Betreuerinnen sich selbst als Partnerinnen betrachten – als jemand, der die Eltern mit seiner Arbeit ergänzt und unterstützt, statt sie zu ersetzen. Die Mutter und/oder der Vater und die Betreuerin *teilen* sich die Pflege des Kindes. Die letzte Phase führt eine wechselseitige Beziehung herbei, in der die Betreuerin und die Eltern offen miteinander kommunizieren, auch wenn Konflikte entstehen. In dieser Phase ist die Betreuerin sich darüber im Klaren, wie wichtig es ist, dass sie nichts tut, was das Zugehörigkeitsgefühl der Kinder zu ihrer Familie schwächen könnte.

Eine Unterstützung, Vertretung, Ergänzung zu sein, schadet Ihrer Professionalität nicht im Geringsten. Denken Sie an Architekten. Deren Aufgabe besteht nicht darin, dem Kunden Ideen aufzudrängen, sondern darin, die Vorstellungen und Bedürfnisse des Kunden aufzunehmen und sich unter Einsatz seines professionellen Sachverstandes etwas einfallen zu lassen, das funktioniert und gefällt. Kommunikation ist ein wichtiger Bestandteil dieses Prozesses.

Die Verantwortung eines Architekten ist erheblich geringer als die einer Betreuerin. Das Ziel eines Architekten ist bloß ein Bauwerk; die Betreuerin kümmert sich um menschliches Leben.

Die Prinzipien in der Praxis

Prinzip 3: Lernen Sie die einzigartigen Kommunikationsformen eines jeden Kindes kennen (Schreie, Wörter, Bewegungen, Gesten, Gesichtsausdrücke, Körperstellungen), und vermitteln Sie Ihre eigenen. Unterschätzen Sie nicht die Fähigkeit von Kindern, zu kommunizieren, selbst wenn ihre verbale Sprachkompetenz vielleicht nicht vorhanden oder nur minimal ist.

Emily leidet an zerebraler Lähmung. Dies ist ihr erster Tag in der Familientagespflegestätte und ihre Tagesmutter versucht, sie kennen zu lernen. Bereits in den ersten fünf Minuten wurde ihr klar, dass es eine Herausforderung darstellen würde, Emilys Gesichtsausdrücke und Körpersprache zu deuten. Glücklicherweise realisierte Emilys Mutter, welche Schwierigkeiten die Tagesmutter haben würde, und bot deshalb an, die ersten paar Male bei ihrer Tochter zu bleiben, um der Tagesmutter deren besondere Kommunikationsformen zu vermitteln. Die Tagesmutter achtete genau auf Emily und hörte sich an, wie die Mutter das, was sie sah und hörte, interpretierte. Ansonsten hätte sie nie gewusst, was Emily gefällt und was nicht. Ihre Gesichtsausdrücke waren anders als die, die sie gewohnt war. Mehrere Male stellte sie Vermutungen an, irrte sich aber. „Sie hat Hunger", entschied ihre Mutter und gründete diese Entscheidung darauf, wann Emily das letzte Mal gegessen hatte und wie aufgeregt sie gerade war. „Lassen Sie mich Ihnen zeigen, wie sie gefüttert wird", bot sie an. Das Füttern sah nicht so schwierig aus; anders das Deuten der Signale dafür, dass sie hungrig war. Jetzt hat Emily gegessen, aber sie hat zu wimmern angefangen. Die Tagesmutter wendet sich an die Mutter, um zu verstehen, was Emily versucht ihr mitzuteilen.

1. Wäre diese Szene in irgendeiner Hinsicht anders, wenn sie sich in einer Kindertageseinrichtung statt in einer Familientagespflegestätte abspielen würde?
2. Manche Tagesmütter und Betreuerinnen bitten Mütter oder Väter darum, nicht zu lange zu bleiben, weil sie möchten, dass die Kinder sich an sie gewöhnen. Was denken Sie über diesen Ansatz? Hätte er in diesem Fall funktioniert?
3. Wie sieht es mit einem Kind aus, bei dem keine besonderen Bedürfnisse diagnostiziert wurden – sollte eine Mutter oder ein Vater die ersten paar Male dableiben, um der Tagesmutter oder Betreuerin zu helfen, das Kind kennen zu lernen?
4. Was würden Sie davon halten, auf ein Kind mit Emilys Leiden aufzupassen?

Kommunikation mit Eltern und/oder anderen Familienmitgliedern

Die Kommunikation sollte vom ersten Tag an ein Hauptanliegen sein. Es geht nicht nur darum, den Eltern zu helfen, die Grundsätze und Methoden der Einrichtung zu verstehen, sowie mehr über das Kind und seine Familie zu erfahren. Noch wichtiger ist es, die Kommunikation dafür zu nutzen, zu beginnen, eine Beziehung mit der Familie aufzubauen. Wenn Sie beim Aufnahmegespräch ihr Ziel, eine Beziehung herzustellen, trotz eines festgelegten Verfahrens, das zum Beispiel das Ausfüllen von Formularen beinhaltet, im Auge behalten, werden Sie gleich am Anfang und auf der ganzen Linie mehr Erfolg haben. Eine zu Beginn anstehende Aufgabe besteht darin, die Bedürfnisse des Kindes und seiner Familie herauszufinden und einen Leistungsplan zu beschließen.

Leistungsplan für das Kind

Über welche Art von Information sollte bei der Entwicklung eines **Bedarfs- und Leistungsplans** gesprochen werden? Eltern sollten die Betreuerinnen über die Gewohnheiten, besonderen Bedürfnisse und Kommunikationsformen ihrer Kinder sowie deren tägliche Routineabläufe in Kenntnis setzen. Zur Information dieser Art sollte gehören, wann und wie viel das Kind schläft, wie das Kind einschläft, was für Essgewohnheiten, Bedürfnisse, Vorlieben und Abneigungen es hat, wie seine Verdauung funktioniert, wie es mit der Flüssigkeitsaufnahme und -abgabe aussieht, was für Kuschelbedürfnisse es hat, welche **Trostspender** es braucht usw. Hierüber sollte gesprochen werden, wenn das Kind mit dem Programm beginnt, und von da an an einzelnen Tagen. Es kann schwierig sein, Zeit zum Reden zu finden, und durch die Schichtwechsel kann es passieren, dass die Betreuerin eines Kindes nicht anwesend ist, wenn die Mutter oder der Vater kommt; einfache schriftliche Aufzeichnungen aber geben den Eltern die Information, die für sie sehr wichtig sein kann. (Hat das Kind gerade einen Imbiss gegessen oder weint es, weil es Hunger hat?)

Auch wenn es schwer fällt, Zeit dafür zu finden, ist zudem das Aufschreiben von Anekdoten von Nutzen, weil einige Eltern dankbar sind, etwas darüber zu erfahren, was an dem bestimmten Tag passiert ist. Aber passen Sie auf, dass Sie nicht bewirken, dass eine Mutter wegen des Verhaltens ihres Kindes ein schlechtes Gewissen hat. Es ist Ihre Aufgabe, das Verhalten des Kindes zu steuern, wenn Sie mit ihm zusammen sind. Machen Sie nicht die Mutter dafür verantwortlich, wenn Sie an dem Tag Schwierigkeiten hatten. Achten Sie außerdem, wenn Sie positive Anekdoten erzählen, darauf, dass sie den Eltern damit nicht das Gefühl geben, ausgeschlossen zu sein, weil sie all die niedlichen Dinge, die das Kind getan hat, verpasst haben. Wenn das Kind an dem Tag seinen ersten Schritt getan hat, sollten Sie Ihre eigene Aufregung gegen die mögliche Enttäuschung der Eltern, nicht da gewesen zu sein, um dies zu sehen, abwägen. Natürlich gibt es nicht nur Erfreuliches zu berichten. Wenn ein Kind einen Sturz, eine Schürfwunde oder einen Biss ernsthaften Ausmaßes erleidet, muss die Mutter oder der Vater angerufen werden, und die Einzelheiten müssen von jemandem, der den Vorfall beobachtet hat, auf einem speziellen Fragebogen für Unfälle oder Vorfälle festgehalten werden. Eine Kopie des Berichts wird zu den Akten genommen, eine weitere sollte nach Hause geschickt werden. Für kleinere Beulen und Schrammen reicht ein einfacherer Bericht.

Achten Sie darauf, dass Sie bei einem Gespräch nicht nur Informationen weitergeben, sondern auch zuhören. Auch Sie benötigen Informationen – darüber, was in der anderen Hälfte des Lebens eines Kindes passiert. Ist das Mädchen deshalb diese Woche besonders quengelig, weil zu Hause etwas nicht so läuft wie sonst? Ist der Junge deshalb müde, weil er in der Nacht zuvor nicht viel geschlafen hat, oder hat er sich vielleicht eine Krankheit eingefangen? Hat das Mädchen Durchfall, weil sie etwas gegessen hat, das ihr nicht bekam, oder hat sie sich möglicherweise mit einer Infektion angesteckt? Kommunikation besteht zur Hälfte aus Zuhören.

Leistungsplan für die Familie

Das *Parent Services Project* (PSP), eine von Ethel Seiderman ins Leben gerufene und heute in den ganzen USA vertretene Organisation, kümmert sich um die gemeinsame Entwicklung von Kind und Familie. Bei jedem im Rahmen dieses Projektes stattfindenden Programm gibt es nicht nur einen Leistungsplan für das Kind, sondern ebenfalls einen Plan, der Leistungen für die Eltern festgelegt. Dahinter steht die Absicht, durch Sicherung des Wohlbefindens der Eltern etwas für deren Kinder zu tun. Eine Möglichkeit, das Wohlbefinden zu fördern, besteht darin, Eltern zusammenzubringen und dadurch, dass sie Beziehungen herstellen und soziale Netzwerke bilden, den Aufbau von Gemeinschaften zu fördern.

Mitarbeiter der Hauptgeschäftsstelle der Organisation PSP schulen Erzieherinnen darin, auf positive Einstellungen zu ihrer Arbeit mit Eltern und auf praktische Aktivitäten, die der gesamten Familie dienen, zu fokussieren. Das Programm setzt auf familiäre Stärke und Initiative und betrachtet Sensibilität für unterschiedliche Kulturen und Einbeziehung als wichtigen Teil seiner Arbeit. Welcher Art sind die Aktivitäten, die im Leistungsplan stehen? Die Aktivitäten variieren von Programm zu Programm, abhängig von den Wünschen und Bedürfnissen der Familien in dem speziellen Programm. Jedes Programm ist maßgeschneidert, deshalb sind nicht zwei von ihnen identisch. Ein typisches Durchschnittsprogramm könnte ein breites Angebot an Erwachsenenaktivitäten umfassen, wie Unterstützungsgruppen,

Kurse, Workshops; Spaßaktivitäten für die ganze Familie, wie Pizzapartys am Freitagabend, bei denen gemeinsam ein Video gesehen wird; Wochenendausflüge an den Strand, in einen Freizeitpark, in den Zoo; Angebote zum Thema Kinder-Spezialpflege, wie der zeitweiligen Pflege von bedürftigen Kindern oder der Pflege kranker Kinder; Programme für Männer, für Großeltern, für Pflegeeltern; multikulturelle Veranstaltungen; Aktivitäten zur Förderung der geistigen Gesundheit.

Sehen Sie sich die Abbildung 14.1. an, in der die Prinzipien, unter denen die Programme von PSP arbeiten, zusammengefasst sind. Sie sollten die Leitprinzipien für *alle* Programme der Kinderpflege und -betreuung sein. Die vollständigen Prinzipien sind in Anhang C aufgeführt.

Abbildung 14.1   Die Prinzipien der Programme von PSP im Überblick

- Gesundheit und Wohlergehen von Kindern werden dadurch gesichert, dass Gesundheit und Wohlergehen ihrer Eltern gesichert werden.
- Eltern sind die primären Erzieher ihres Kindes und kennen das Kind am besten.
- Die Beziehung zwischen Eltern und Mitarbeiterinnen ist durch Gleichberechtigung und Respekt gekennzeichnet.
- Eltern treffen selbst die Entscheidungen darüber, welche Leistungen sie wünschen.
- Die Inanspruchnahme der Programme und Dienste erfolgt freiwillig.
- Die Programme bauen auf die Stärke der Eltern, nehmen Rücksicht auf kulturelle und ethnische Unterschiede und haben ihren Sitz in den einzelnen Kommunen. Jede Kommune setzt auf der Grundlage dessen, was gut für sie ist, ihre eigenen Vorstellungen in die Praxis um.
- Soziale Netzwerke, die Unterstützung bieten, sind für die Zufriedenheit, Gesundheit und Produktivität von Menschen ein entscheidendes Element.

Kommunikationsblockaden

Manchmal fällt es schwer, zuzuhören, weil man sich über eine Mutter ärgert. Die Ursache des Ärgers kann etwas so simples sein wie ein Persönlichkeitskonflikt oder etwas so tief Gehendes wie eine grundlegende Einstellung gegenüber Müttern, die ihre Kinder zurücklassen, um arbeiten zu gehen, insbesondere, wenn es hierfür keinen finanziellen Grund zu geben scheint. Ironischerweise haben manche Betreuerinnen gemischte Gefühle gegenüber der Kinderbetreuung und der Frage, ob sie für Kinder gut ist oder nicht. Einige Tagesmütter entscheiden, dass es für sie besser ist, bei ihren Kindern zu Hause zu bleiben, als arbeiten zu gehen, und werden deshalb Tagesmütter und kümmern sich um die Kinder anderer Mütter, die außer Haus arbeiten. Wenn eine Frau diese Entscheidung, die sie getroffen hat, als ein Opfer betrachtet, kann es sein, dass sie sich über die Mutter ärgert, die morgens gut angezogen und fröhlich ankommt und im Begriff ist, einen Tag in Angriff zu nehmen, den die Betreuerin für einen in sozialer oder geistiger Hinsicht stimulierenderen hält als ihren eigenen. Dies ist eine bedauerliche Situation, die Ressentiments zwischen Betreuerinnen und Müttern verursachen kann. Ein erster Schritt zur Lösung dieses Problems wird getan, wenn die Betreuerin sich diesen Gefühlen aufrichtig stellt und erkennt, dass genau sie die Quelle sind, aus der ihr Ärger über das Verhalten des Kindes oder der Mutter tatsächlich herrührt. Was dagegen zu unternehmen ist, wird klarer, wenn die Gefühle erst einmal zugegeben werden.

Manchmal fällt das Zuhören schwer, weil eine Mutter oder ein Vater ärgerlich ist. Oft ist der Ärger von Eltern unangebracht, weil er sich auf irgendeine nebensächliche Angelegenheit statt auf die wahre Ursache konzentriert. Es kann sein, dass Eltern ihre Unsicherheiten, widersprüchlichen Gefühle, Schuldgefühle und ihren Stress mit Ärger überspielen. Es kann sein, dass sie eine unbehagliche Konkurrenz – real oder nicht – zwischen sich und der Betreuerin wahrnehmen. Eltern fühlen sich häufig durch kompetente Betreuerinnen bedroht. Sie haben Angst, dass sie ihre Kinder verlieren, wenn sie sehen, dass diese Zuneigung für die Betreuerin zeigen. Eltern, die an ihren eigenen erzieherischen Fähigkeiten zweifeln, verbergen diese Unsicherheit möglicherweise, indem sie besonders klug und sachkundig oder sogar aggressiv auftreten. Wenn Sie gut genug zuhören, können Sie in der Lage sein, die wahre Botschaft herauszuhören, die hinter den Worten steckt. Genauso, wie sie bei Kindern, die sich unsicher fühlen, versuchen, ihr Vertrauen in sich selbst zu

> **Überlegen Sie ...**
>
> Nehmen Sie an, Sie wären eine Betreuerin oder ein Betreuer und eine Mutter würde sich sehr über etwas ärgern, das Sie mit ihrem Kind getan haben. Wie würden Sie mit dieser Situation umgehen? Würde es etwas ändern, wenn es ein Vater wäre, der sich über Sie ärgert?

unterstützen, auf ihre Stärken und Fähigkeiten hinweisen und sie auf Erfolgskurs bringen, können Sie diesen Ansatz auch bei einer unsicheren Mutter oder einem unsicheren Vater verfolgen.

Einige Mütter und Väter brauchen tatsächlich selbst pädagogische Betreuung. Sie bauen auf Sie als die kluge und kompetente Expertin und verlassen sich auf Ihre Unterstützung. Sie müssen entscheiden, in welchem Maße Sie dieses Bedürfnis befriedigen können. Sie können nicht jedermann alles bieten, und die Bedürfnisse dieser Mutter oder dieses Vaters können eine zu große Belastung für Sie darstellen. Dann müssen Sie entscheiden, ob Sie die Energie dafür haben, die Mutter oder den Vater zu unterstützen, während sie ihr oder ihm dabei helfen, selbstständig zu werden, ob Sie sie oder ihn an jemand anders weiterleiten wollen oder ob Sie einfach eine Grenze setzen und „nein" sagen müssen. Manchmal können Sie dafür sorgen, dass Eltern sich untereinander treffen und ein System gegenseitiger Unterstützung aufbauen.

Manchmal fällt das Zuhören schwer, weil Sie das Gefühl haben, angegriffen zu werden. Sie verteidigen sich selbst, statt der anderen Person die Möglichkeit zu geben, wirklich auszudrücken, was ihr Sorge bereitet. Beispielsweise könnte eine Mutter sagen, dass ihr Kind in Ihrem Programm nichts tue, außer zu spielen, und dass sie es gerne sähe, dass es etwas lernt. Wenn Sie in die Defensive gehen, Ärger zeigen und die Kommunikation beenden, werden Sie vielleicht niemals die Chance haben, die Art von **Dialog** oder Gespräch herzustellen, die nicht defensiv geführt wird und bei der Sie sich die Standpunkte ihrer Gesprächspartnerin anhören können und umgekehrt. Wenn Sie aber in der Lage sind, zuzuhören, werden Sie schließlich eine Gelegenheit haben, die Mutter auf all das aufmerksam zu machen, was ihr Kind durch die Pflegeaktivitäten und das freie Spiel lernt.

Die Kommunikation in Gang setzen und befördern

Sie können die Kommunikation in Gang setzen, indem Sie die Eltern wissen lassen, dass Sie sie gehört haben. Dies können Sie tun, indem Sie ihre Worte einfach noch einmal wiederholen, was es ihnen ermöglicht, Sie zu korrigieren oder ihre Aussage noch weiter zu erläutern. Dieser Ansatz wird aktives Zuhören genannt und beinhaltet auch, dass man ausspricht, was die andere Person zu empfinden scheint. Der Gedanke dabei ist, dass man wirklich zuhört und die andere Person dies auch wissen lässt. Erwachsenen, die diese Strategie immer bei Kindern anwenden, fällt es manchmal schwer, sich daran zu erinnern, dass sie auch bei Erwachsenen funktioniert. Wenn Sie einen Dialog herstellen, werden Sie sich ein besseres Bild davon verschaffen können, was die Eltern wünschen, und Ihren eigenen Ansatz sowie Ihre Überzeugungen erklären können.

Besprechungen Abgesehen von den tagtäglichen informellen Begegnungen sind **Besprechungen** wichtig für die Verständigung. Zeit einzuplanen, zu der Eltern und Betreuerinnen sich zusammensetzen können, um miteinander zu sprechen, trägt zur Entwicklung von Beziehungen bei. Wenn Eltern und Betreuerinnen eine warme und vertrauensvolle Beziehung miteinander haben, profitieren die Säuglinge und Kleinkinder hiervon. Die erste Besprechung, das so genannte **Aufnahmegespräch**, kann Maßstäbe für die Kommunikation setzen, insbesondere, wenn die Betreuerin es erreicht, dass die Familie sich wohl und gut aufgehoben fühlt. Man sollte das Vorstellungsgespräch nicht als ein Interview, sondern vielmehr als ein wechselseitiges Gespräch sehen. Auch wenn es informell und herzlich ablaufen kann, ist es doch wichtig, dass einige Dinge von Anfang an klargestellt werden. Dazu gehört in den USA zum Beispiel der Hinweis darauf, dass Betreuungspersonen als so genannte „mandated reporters" dazu verpflichtet sind, jeden Verdacht auf Kindesmisshandlung den Behörden zu melden. („Mandated reporters" sind Personen, die durch ihre Zugehörigkeit zu einer bestimmten Berufsgruppe viel mit Kindern in Kontakt kommen – Ärzte, Lehrer, Erzieher usw. – bzw. im Rahmen ihrer Arbeit mit höherer Wahrscheinlichkeit von einem Fall von Kindesmisshandlung erfahren als Mitglieder anderer Berufsgruppen. Sie sind gesetzlich dazu verpflichtet, Kindesmisshandlung oder den Verdacht darauf unverzüglich zu melden. *Anm. d. Übers.*) Sollte eine derartige Situation eintreten, fühlen sich Eltern, die über diese Vorschrift im Voraus Bescheid wussten, nicht verraten oder betrogen, wenn die Betreuerin einen Bericht abgibt. Natürlich ist dies ein heikles Thema, über das niemand gerne redet. Aber vom rechtlichen Standpunkt aus betrachtet und zum Schutz des Kindes müssen die Karten offen auf den Tisch gelegt werden. In einigen Einrichtungen werden die Eltern aufgefordert, eine kurze Erklärung zu der Verpflichtung auf Meldung von Kindesmisshandlung zu lesen; sie werden gebeten, die Erklärung zu unterschreiben, um zu beweisen, dass sie sie gelesen haben. Es ist sogar denkbar, dass diese Strategie als Präventivmaßnahme dient.

Neben dem ersten Aufnahmegespräch helfen regelmäßige informelle Gespräche Eltern und Betreuerinnen dabei, ihre Partnerschaft auszubauen, neue Einsichten zu gewinnen und langfristige Ziele zu setzen. Wichtig ist, dass Eltern geholfen wird, sich bei einer solchen Besprechung sicher zu fühlen. Möglicherweise haben sie das Gefühl, unter Druck zu stehen. Einige Mütter und Väter kommen mit all den altbekannten Gefühlen zu den Gesprächen, die sie in der Schulzeit bei Notenbesprechungen hatten. In derartigen Situationen müssen Sie tun, was Sie können, um den Eltern zu helfen, sich zu entspannen und wohl zu fühlen, damit Sie ein echtes Gespräch führen können.

> **Überlegen Sie ...**
>
> Was für Erfahrungen haben Sie mit Besprechungen? Erinnern Sie sich an Besprechungen zwischen Ihren Eltern und Erzieherinnen aus der Zeit, als Sie Kind waren? Haben Sie selbst Kinder? Haben Sie Erfahrung damit, an derartigen Besprechungen als Mutter bzw. Vater teilzunehmen? Überkommen Sie irgendwelche Gefühle, wenn Sie an Besprechungen denken?

Eltern helfen, sich wohl zu fühlen Sehen Sie sich als Erstes die Umgebung an, in der Sie die Besprechung abhalten wollen. Wenn Sie an einem Schreibtisch sitzen, mit einem Aktenordner vor sich und einer Wand voller Fachliteratur hinter sich, vermitteln Sie Ihrem Gegenüber, dass Sie die Expertin bzw. der Experte sind, weit entfernt von den Amateuren – den Eltern. Alle Unsicherheiten, die sie mitbringen, werden in dieser Umgebung noch verstärkt.

Weil Sie sich in Ihrem eigenen Reich befinden, ist es besonders wichtig, dafür zu sorgen, dass die Eltern sich wohl und willkommen fühlen. Wenn Sie Fachjargon aus den Bereichen Pädagogik, Psychologie oder Entwicklung beherrschen, versuchen Sie, ihn nicht zu benutzen. Dies wird schwerer, wenn Sie beginnen, sich selbst als Fachmann bzw. -frau zu sehen. Schließlich haben Fachleute ihre eigene Art, zu reden, durch die sie sich von anderen abheben. Aber denken Sie nur einmal daran, wie sehr Sie den Arzt schätzen, der Ihnen Ihre Symptome erklären kann, ohne dass Sie zum Verständnis ein medizinisches Wörterbuch konsultieren müssen. Reden Sie mit den Eltern auf gleicher Ebene und auch nicht von oben herab. Offene Kommunikation fällt schwer, wenn eine Seite die andere herablassend behandelt.

Wenn Sie ein bestimmtes Ziel für die Besprechung haben, geben Sie es gleich am Anfang bekannt. Wenn es einfach nur ein informeller Meinungsaustausch sein soll, sagen Sie es. Lassen Sie die Eltern nicht im Unklaren darüber, warum sie zu der Besprechung geladen worden sind. Nutzen Sie Besprechungen dafür, Meinungsverschiedenheiten zu erörtern, das Kind betreffende Probleme und Fragen zu untersuchen, über Wege zu entscheiden, wie mit einem Verhalten umgegangen werden soll, das geändert werden muss, Information auszutauschen und Ziele zu entwickeln. Wenn das Kind bei der Besprechung dabei ist, reden Sie nicht an ihm vorbei. Beziehen Sie es in das Gespräch mit ein (auch Babys).

Probleme von Eltern mit Kindern mit besonderen Bedürfnissen

Sie müssen sich der Tatsache bewusst sein, dass Eltern von Kindern mit besonderen Bedürfnissen ein zusätzliches Paket von Problemen mitbringen können, das andere Eltern nicht haben, wenn sie zu einer Besprechung mit Ihnen kommen. Es kann sein, dass sie abstreiten, dass ihr Kind Störungen hat. Das Leugnen der Fakten ist eine normale Phase, die Menschen durchlaufen, die etwas so Ernstes bewältigen müssen wie die Tatsache, dass sie ein Kind zur Welt gebracht haben, das besondere Bedürfnisse hat. Gehen Sie behutsam und verständnisvoll mit Eltern um, die sich der Realität verschließen, und haben Sie Geduld bei Ihren Bemühungen, ihnen über diese Phase hinwegzuhelfen. Es kann eine Weile dauern.

Manche Eltern, die Kinder mit besonderen Bedürfnissen haben, sind durch Schuldgefühle einer schweren Belastung ausgesetzt. Vielleicht zeigen sie Ihnen gegenüber diese Schuldgefühle nicht, Letztere können aber Einfluss auf Ihre Beziehung mit den Eltern haben, insbesondere, wenn diese das Gefühl haben, Sie würden ihnen die Schuld an der Situation geben.

Auch Ärger kann in diesen Eltern stecken. Obwohl er Ihnen gegenüber zum Ausdruck kommen kann, muss er gar nichts mit Ihnen persönlich zu tun haben. Gehen Sie mit dem Ärger der Eltern auf dieselbe Art um wie mit dem von Kindern. Gestatten Sie es ihnen, ihre Gefühle zu äußern, ohne sich zu verteidigen oder selbst mit Ärger zu reagieren.

Seien Sie sich bewusst, dass diese Eltern möglicherweise schon mit einer Reihe von „Experten" zu tun hatten, bevor sie Sie kennen lernten, und dass sie mit schlechten Erfahrungen zu der Besprechung mit Ihnen kommen können. Selbstverständlich kommen nicht alle Eltern von Säuglingen und Kleinkindern mit besonderen Bedürfnissen mit Ärger, Schuldgefühlen oder ungelösten Problemen zu der Besprechung. Einige werden bei der Zusammenarbeit mit „Experten" positive Erfahrungen gemacht haben und bereit sein, eine Partnerschaft mit Ihnen, der Betreuerin oder dem Betreuer ihres Kindes, aufzubauen. Andere aber werden mit einer Last auf dem Rücken kommen. Wenn Sie dies erkennen, können Sie damit umgehen.

> **Überlegen Sie ...**
>
> Welches sind Ihre Erfahrungen mit interkulturellen Begegnungen? Sind mit diesen Erfahrungen bestimmte Gefühle oder Ansichten verbunden?

Wenn zuhören allein nicht reicht Manchmal haben Eltern und Betreuerinnen unvereinbare Bedürfnisse oder Meinungsverschiedenheiten und geraten dadurch miteinander in Konflikt. Zuhören allein reicht dann nicht; benötigt wird ein Ansatz zum Problem- oder Konfliktlösen. Wenn dieser in die Tat umgesetzt wird, ist es wichtig, dass Sie sowohl zuhören, als auch Ihre eigenen Gefühle und Ihre Position zum Ausdruck bringen. Wenn Sie das Problem definiert haben, überlegen Sie sich durch Brainstorming potenzielle Lösungsmöglichkeiten. Es kann sein, dass es einen kulturellen Gegensatz gibt, der sowohl Ihnen als auch der Mutter oder dem Vater Sorgen macht. Beispielsweise sind Sie nicht einer Meinung, was die Sauberkeitserziehung angeht. Wenn in der Kultur, aus der die Eltern stammen, zu einem viel früheren Zeitpunkt mit der Sauberkeitserziehung begonnen wird, als Sie es für richtig halten oder als es den Grundsätzen Ihres Programms entspricht, ist dies ein Problem, über das Sie sprechen müssen. Möglicherweise fällt es schwer, nicht mit der Mutter oder dem Vater zu streiten, aber Sie werden weiterkommen, wenn Sie versuchen, sich gegenseitig zu verstehen. Hier ist es dann wichtig, dass ein Dialog geführt wird. Statt zu versuchen, die Mutter oder den Vater davon zu überzeugen, dass eine Methode richtig und eine falsch ist, müssen Sie die Unterschiede klären. Dabei kann sich sogar zeigen, dass es lediglich einige grundlegende begriffliche Unterschiede gibt. Am Pikler-Institut wird beispielsweise nie das Wort Sauberkeitserziehung benutzt. Stattdessen wird von Schließmuskelkontrolle gesprochen, weil es lediglich darum geht, dass das Kind die Muskelkraft entwickelt, um seinen Ausscheidungsprozess selbst zu steuern.

Weil die Kinder schon beim Wickeln, Anziehen, Baden und Füttern mit den Betreuerinnen kooperiert haben, brauchen sie nichts weiter als die Kontrolle über ihren Schließmuskel, um den nächsten Schritt zu tun, der darin besteht, die Toilette zu benutzen. Das ist etwas ganz anderes als die Art von Konditionierungsprozess, den die Sauberkeitserziehung von Babys mit sich bringt.

Es kann sehr schwierig sein, mit Eltern zu kommunizieren, deren Kultur sich von Ihrer unterscheidet; es ist jedoch wichtig, dass Sie die Art und Weise, wie diese Eltern bestimmte Dinge tun, so weit wie möglich akzeptieren und versuchen, ihren Wünschen nachzukommen. Das ist einfach, wenn diese Methoden und Wünsche Ihre Theorien dazu, was für Kinder gut ist, nicht verletzen. Es ist sehr viel schwieriger, wenn das, was die Eltern möchten, im Widerspruch zu dem steht, was Sie für richtig halten. Das Problem besteht darin, dass Theorien kulturgebunden sind. Es gibt nicht die eine richtige Antwort – nicht die eine Wahrheit. Leicht wird dies vergessen und lässt man sich dazu hinreißen, anderen Menschen zu erzählen, was gut für ihre Babys ist. Sie müssen daran denken, sich die Vorstellungen der anderen Menschen anzuhören, statt ausschließlich zu versuchen, sie für ihre eigenen zu gewinnen. Aus diesem Grund müssen Sie die jeweilige Kultur berücksichtigen, wenn Sie entscheiden, was für Babys und Kleinkinder gut ist.

Und wenn Sie Ihren Blick auf die Kultur richten, müssen Sie sich auch die Unterschiede in den Perspektiven verschiedener Generationen ansehen. Der Generationsunterschied besteht tatsächlich. Wenn Sie Großmutter sind und die Mütter der Kinder, auf die sie aufpassen, viel jünger sind als Sie, können sie gut eine andere Sicht davon haben, was für Kinder richtig ist, selbst wenn sie aus derselben Kultur kommen wie Sie. Der Erfahrungsunterschied erklärt nicht alle Meinungsverschiedenheiten; Sie müssen berücksichtigen, in welcher Zeit eine Person aufgewachsen ist. Oder wenn Sie zwanzig sind und viele der Eltern doppelt so alt sind wie Sie, müssen Sie sich bewusst sein, dass sie eine andere Sichtweise haben können. Es ist nicht die eine richtig und die andere falsch; sie sind einfach nur unterschiedlich.

Ein Geschlechtsunterschied kann Anlass für Kommunikationsschwierigkeiten sein. Die Art, wie ein Vater sein Kind wahrnimmt, kann sich von der Art, wie die Mutter dies tut, unterscheiden. Die Antworten und Reaktionen männlicher Betreuer können sich wegen ihres Geschlechts ebenso von denen weiblicher Betreuer unterscheiden wie ihr Verständnis für Kinder.

Lassen Sie uns noch einmal zu der Szene am Beginn dieses Kapitels zurückkehren und sehen, wie die Betreuungsperson mit der Situation umgeht. Erinnern Sie sich noch an die Mutter, die in die Einrichtung kam und sah, dass ihr Kind Grasflecke auf den Knien seiner pinkfarbenen Hose hatte? Die Mutter war in Eile und aufgebracht, als sie zur nächstbesten Betreuungsperson ging und nach einer Erklärung fragte. Wir wissen nicht, ob es sich hier um eine Situation handelt, in der verschiedene Kulturen, Generationen oder Geschlechter aufeinandertreffen. Es könnte sein. Aber selbst wenn es nicht so ist, bleibt das Ziel doch dasselbe – einen Dialog mit der Mutter herzustellen, statt zu beginnen, sich zu verteidigen. Lassen Sie uns den Rest der Szene betrachten. Versuchen Sie zu vermeiden, in eine Rolle zu verfallen, in der Sie Schuldzuweisungen vornehmen wollen, und halten Sie stattdessen am Problemlösen fest.

„Wie ist das passiert?" Die Stimme der Mutter klingt angespannt. Die Betreuungsperson sieht besorgt aus.

„Wir waren heute Morgen draußen – dabei muss es passiert sein. Es tut mir Leid. Ich sehe, dass Sie reichlich ärgerlich darüber sind."

„Allerdings bin ich das!", sagt die Mutter wütend.

„Es wird schwer sein, das rauszubekommen", sagt die Betreuungsperson verständnisvoll.

„Ja, das wird es." Eine Pause tritt ein. Die Betreuungsperson wartet ab, die Aufmerksamkeit weiterhin auf die Mutter gerichtet – vielleicht, um zu sehen, ob sie noch mehr sagen möchte. Dann fügt die Betreuungsperson hinzu: „Sie müssen ziemlich sauer auf uns sein."

Da explodiert die Mutter. Die Worte stürzen aus ihr heraus und überschlagen sich, erst geht es um ihren Ärger, dann erzählt sie, dass sie die Mutter ihres Verlobten treffen werde und es wichtig sei, dass ihre Tochter besonders schön aussieht. Sie spricht darüber, wie unsicher sie sich im Kreise der neuen Familie fühle, zu der sie nun bald gehören wird. Als sie fertig ist, sieht sie schon viel besser aus. Das Stirnrunzeln ist verschwunden und von einem leicht nervösen Blick abgelöst worden.

„Haben Sie Zeit, dass wir uns eine Minute setzen?", fragt die Betreuungsperson freundlich.

„Eigentlich nicht", antwortet die Mutter, setzt sich aber trotzdem. Sie hält ihre Tochter jetzt zärtlich fest, und das Kind spielt mit ihrem Haar.

„Ich frage mich nur, wie wir dafür sorgen können, dass dies das nächste Mal nicht wieder passiert", sagt die Betreuungsperson zögernd.

„Sie könnten sie drinnen lassen", sagt die Mutter sofort.

„Das würde ich äußerst ungern tun", sagt die Betreuungsperson. „Sie ist so gerne draußen."

„Ja, ich weiß", räumt die Mutter ein.

„Außerdem", fährt die Betreuungsperson fort, „gibt es Zeiten, zu denen wir alle draußen sind; und niemand ist drinnen, um auf sie aufzupassen."

„Tja", sagt die Mutter zögerlich, „ich denke, ich könnte sie in Jeans bringen – aber sie sieht so niedlich aus in ihren guten Sachen. ... Wenn ich nach der Arbeit irgendwo hingehe, so wie heute, möchte ich, dass sie hübsch aussieht." Sie denkt eine Minute nach. „Ich glaube, es ist sinnvoller, sie erst schön anzuziehen, wenn ich sie abhole, statt zu erwarten, dass sie ihre Kleidung den ganzen Tag über in Ordnung hält."

„Uns würde es natürlich besser damit gehen, wenn wir sie hier in Jeans hätten und nicht versuchen müssten, zu verhindern, dass sie ihre Kleidung dreckig macht."

„Ja, das kann ich wohl verstehen. So,", sagt sie und steht auf, „nun muss ich aber wirklich gehen. Danke, dass Sie mir zugehört haben."

Die Betreuungsperson löste das Problem schnell und einfach, indem sie zuhörte, sich nicht verteidigte und nicht selbst ärgerlich wurde. Dieses spezielle, die Kleidung betreffende Problem lässt sich nicht immer so leicht lösen. Einige Eltern möchten nicht, dass ihre Kinder außer Haus etwas anderes tragen als gute Kleider. Sie wären nicht so leicht davon zu überzeugen, dass es für alle besser ist, wenn das Kind in Spielklamotten mit robusten Kniestücken kommt. Manchmal spiegelt dieses Verhalten die in einer Kultur vorherrschende Einstellung zur Schule wider und hat damit zu tun, dass die Familie ein bestimmtes Bild wahren möchte.

Unabhängig davon, ob es mühelos zur Kommunikation kommt oder – aufgrund von Unterschieden in Alter, Geschlecht, Kultur oder einfach individuellen Unterschieden – nicht, gibt es einige Möglichkeiten, sie zu erleichtern. Hier sind einige Ratschläge, wie Sie die Kommunikation mit Eltern in die Wege leiten und aufrechterhalten können:

- Betrachten Sie Kommunikation als einen wechselseitigen Prozess. Wenn Sie Probleme mit dem Verhalten eines Kindes haben, geht es der Mutter oder dem Vater wahrscheinlich ebenso. Machen Sie es leicht, Informationen auszutauschen.
- Entwickeln Sie Ihre Zuhörfähigkeit weiter. Lernen Sie, auf die hinter den Worten stehenden Gefühle zu hören, und finden Sie Wege, Eltern dazu zu ermutigen, derartige Gefühle zu äußern, ohne Sie zu kränken.
- Entwickeln Sie eine Problemlösehaltung und lernen Sie Kommunikations-, Mediations- und Verhandlungsmethoden, die Sie beim Konfliktmanagement und -lösen einsetzen können.
- Machen Sie sich Aufzeichnungen, damit Sie genaue Angaben machen können.
- Nehmen Sie sich Zeit, wenn klar ist, dass eine Mutter oder ein Vater mit Ihnen sprechen muss. Ein angenehmer Ort, an dem man bequem sitzen kann, ist hilfreich.
- Versuchen Sie jeden Tag mit jeder Mutter bzw. jedem Vater zu sprechen, wenn sie oder er das Kind abgibt und abholt, selbst wenn Sie beschäftigt sind.
- Versuchen Sie dafür zu sorgen, dass Eltern sich jederzeit willkommen und wohl fühlen, wenn sie da sind, auch wenn sie einfach vorbeischauen und dabei Ihr Programm stören. Bei einigen in den USA für Eltern im Teenagealter eingerichteten Kinderbetreuungsprogrammen an High Schools schauen die Mütter zwischen den Unterrichtsstunden bei ihren Kindern vorbei. Dies ist für einige Kinder eine Zeit lang hart, weil sie lernen müssen, mit den häufigeren Begrüßungen und Abschieden umzugehen. Aber es ist wichtig, dass die Mitarbeiterinnen Verständnis für die Bedürfnisse dieser Eltern haben, auch wenn es ihre Arbeit erschwert.

Elternbildung

Ihre Aufgabe liegt nicht nur in der Erziehung von Säuglingen und Kleinkindern, sondern umfasst auch die **Elternbildung**. Bildung bedeutet nicht nur Wissen, sondern Wissen in Kombination mit bestimmten Einstellungen und Fähigkeiten. Wenn Sie eine Beziehung aufbauen, werden die Eltern in all diesen

Videobeobachtung 14

Mädchen krabbelt durch ein niedriges Fenster
(Programm zur Elternbildung)

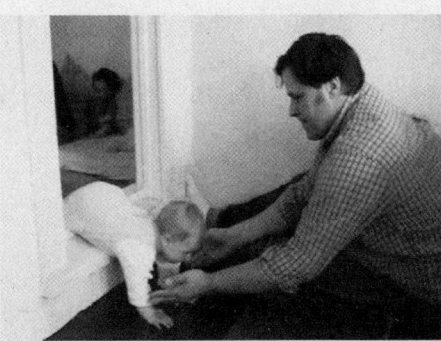

Schauen Sie sich die Videobeobachtung 14, „Girl Crawling through Low Window (Parent Ed Program)", als ein Beispiel für ein Programm mit Elternbeteiligung an. Dieses spezielle Programm wurde von Magda Gerber ins Leben gerufen. Auch wenn Sie nur den Vater sehen können, nicht aber die educarer (wie Magda Gerber Betreuungspersonen nannte), können Sie ihre Stimme hören, die den Vater bei dem, was er mit seiner Tochter tut, ermutigt und unterstützt. Denken Sie noch einmal an Kapitel 2 und an die Bedeutung des Problemlösens. Dies ist ein gutes Beispiel für einen Säugling, der ein Problem löst.

Fragen

- Diesen Vater macht es offensichtlich nervös, es seiner Tochter zu überlassen, das Problem, das sie selbst hervorgerufen hat, alleine zu lösen. Denken Sie, dass es falsch von der Betreuerin war, ihn dazu zu ermuntern, seiner Tochter nicht zu helfen?
- Worin könnte bei dieser Szene ein kulturelles Problem liegen? Hat es etwas mit der Kultur zu tun, wenn es Babys ermöglicht wird, Probleme selbst zu lösen, und sie sogar dazu ermuntert werden?
- Was hätten Sie getan, wenn Sie in dieser Situation die Betreuerin oder der Betreuer gewesen wären und den Vater mit seiner Tochter beobachtet hätten?

Diesen Videoclip können Sie unter www.mit-kindern-wachsen.de/videomaterial anschauen. Wählen Sie hier bitte Kapitel 14.

Bereichen von Ihnen beeinflusst werden. Wenn Sie sich aber als Experte oder Expertin aufspielen und versuchen, ihnen direkt etwas beizubringen, könnten Sie Schwierigkeiten bekommen. Einstellungen ändern sich nicht durch Wissen allein. Einstellungen ändern sich im Laufe der Zeit, wenn eine Person mit den Werten, Vorstellungen, Methoden und Einstellungen anderer Menschen in Berührung kommt. Die meisten Eltern wissen zu dem Zeitpunkt, an dem sie mit einem Programm aufhören, mehr und fühlen sich anders als zu dem Zeitpunkt, an dem sie sich angemeldet haben, selbst wenn sie nie irgendeinen offiziellen Vortrag zum Thema Kindererziehung oder Kindesentwicklung besucht haben. Wenn Sie Eltern am Programm beteiligen können, werden diese sich mit der Zeit dadurch Wissen über Kindesentwicklung aneignen, dass sie andere Kinder beobachten, sehen, welches Verhalten allgemein üblich ist, Material lesen, das Sie ihnen zur Verfügung stellen, und Ihnen Fragen stellen, Gespräche mit Ihnen führen. Elternbeteiligung funktioniert am besten, wenn die Eltern freiwillig und gerne bei der Durchführung des Programms mitwirken und Sie nebenbei unterstützen können. Eine Pflichtbeteiligung der Eltern entfernt diese von ihrer Rolle als Partner, es sei denn, das Programm ist speziell auf Elternbeteiligung ausgerichtet und die Eltern entscheiden sich dafür. In diesem Fall ist Elternbildung der Hauptzweck des Programms; sie erfolgt durch die aktive Arbeit mit den Kindern, durch Diskussionsrunden, Elternabende und Gastvorträge. Dieses Modell ist der ideale Weg, um den Wissensaufbau zu stärken, der von ganz alleine stattfindet, wenn Eltern Zeit in einer Kinderbetreuungseinrichtung verbringen, und sei es nur für die kurze Zeit, die sie ihre Kinder bringen und abholen.

Eltern von Kindern mit besonderen Bedürfnissen

Eltern von Kindern mit besonderen Bedürfnissen müssen möglicherweise andere Dinge lernen als andere Eltern. Wenn diese Eltern vor der Teilnahme an Ihrem Programm noch nicht mit anderen Kindern in Berührung gekommen sind, lernen sie am Anfang möglicherweise mehr über normale Entwicklung, als sie wissen möchten. Es kann für manche Eltern ein großer Schock sein, ihr Kind das erste Mal mit Kindern zu vergleichen, die keine besonderen Bedürfnisse haben. Haben Sie besonderes Verständnis für ihre Gefühle.

Die meisten Eltern sind begierig darauf, mehr zu lernen, wenn sie sich nicht bedroht oder gedrängt fühlen. Die Einladung, gelegentlich oder regelmäßig das

Programm zu beobachten oder daran teilzunehmen, wird von vielen Eltern begrüßt und ist ein weiteres Mittel der Elternbildung. In einer Familientagespflegestätte blieb ein Vater regelmäßig nachmittags noch zusätzlich eine halbe Stunde da, wenn er Zeit hatte. Er saß und spielte Klavier und interagierte mit den Kindern, die auf ihn zukamen. Er leistete nicht nur einen Beitrag zum Programm, sondern erweiterte auch einfach dadurch, dass er da war, sein Wissen.

Auch der Aufbau von Fähigkeiten erfolgt allmählich. Die Eltern verfügen über ein unterschiedliches Maß an erzieherischen Fähigkeiten, wenn sie zu Ihnen kommen. Die meisten werden ihre Fähigkeiten dadurch verbessern, dass sie mit professionellen Betreuungspersonen in Kontakt sind. Es lauert jedoch Gefahr, wenn Betreuungspersonen sich selbst als Modelle für die Eltern darstellen.

Fachleute für frühe Pflege und Erziehung

Die Rolle der Eltern unterscheidet sich von Ihrer Rolle als professionelle Betreuungsperson, auch wenn sie ihr manchmal sehr ähneln kann. Sie haben nicht das Engagement und die Verpflichtung der Eltern. Sie teilen mit dem Kind keine Vergangenheit und werden nicht Teil seiner Zukunft sein. Ihr Interesse hat nicht die Stärke, die leidenschaftlichen Austausch entstehen lässt. Brüsten Sie sich nicht, wenn das Kind sich bei Ihnen gut benimmt und zum kleinen Tyrannen wird, wenn die Mutter kommt, und fühlen Sie sich nicht überlegen. Wahrscheinlich hängt die Erklärung für den Gegensatz eher mit der ganz normalen Mutter-Kind-Beziehung und mit starker Bindung zusammen als mit Ihrer scheinbar höheren Kompetenz.

Kinder brauchen kompetente Betreuerinnen, sie brauchen aber auch völlig menschliche, emotionale und eng mit ihnen verbundene Eltern. Was Sie als schlechten Umgang mit einer Situation sehen, ist wahrscheinlich eher die elterliche Art, mit einer Situation umzugehen, als die Art, die Erzieherinnen wählen würden. Zwischen den beiden besteht ein Unterschied, auch wenn jede Art viele Elemente der anderen beinhalten sollte. Eltern handeln (und sollten dies auch) spontaner und aus dem Bauch heraus und reagieren eher emotional als vernünftig. Natürlich sollten Eltern auch ihren Verstand benutzen, ab und zu objektiv sein und sich einige der Fähigkeiten aneignen, die Sie besitzen (was bis zu einem gewissen Grad dadurch geschehen wird, dass sie

Sie beobachten). Sie sollten auch Informationen über Kindesentwicklung und Kinderbetreuung einholen, damit sie über das, was sie tun, *nachdenken* können. Dennoch sollten sie sich bei der Erziehung hauptsächlich von gefühlsmäßigen Reaktionen leiten lassen statt von wohl durchdachten Ansätzen. Eltern sollten viel stärker menschlich als kompetent sein. Betreuungspersonen sollten ebenfalls menschlich sein und ab und zu ihre gewohnte Rolle verlassen und intensiv und leidenschaftlich mit den Kindern interagieren; meistens aber sollten ihre Ziele und Reaktionen objektiv und überlegt sein.

Falls Sie sowohl Mutter bzw. Vater und Betreuungsperson sind, können Sie dies wahrscheinlich verstehen, wenn Sie an die Male denken, die Sie als Mutter bzw. Vater ihres eigenen Kindes mit Dingen anders umgegangen sind, als sie es als die Betreuungsperson eines Kindes anderer Eltern getan hätten. Vielleicht hatten Sie damals ein schlechtes Gewissen. Wenn Sie sich aber die Rollenunterschiede ansehen, können Sie froh sein, dass Sie eine normale Mutter bzw. ein normaler Vater sind. Ihre Kinder verdienen eine echte Mutter bzw. einen echten Vater, nicht eine professionelle Betreuungsperson. Und die Kinder anderer Eltern verdienen professionelle Betreuungspersonen, nicht noch weitere Eltern.

Das bedeutet nicht, dass eine professionelle Betreuungsperson kühl und distanziert sein sollte. Wenn Sie das Buch bis hierher gelesen haben, wissen Sie, dass die Botschaft immer gelautet hat, echt zu sein, Beziehungen einzugehen, seine Gefühle zuzulassen. Der springende Punkt ist Ausgewogenheit. Das Zünglein an der Waage schlägt bei der Rolle der Eltern mehr in Richtung Gefühle und Spontaneität aus, bei der Rolle der Betreuungsperson mehr in Richtung Überlegung, Objektivität und Planung.

Umgang mit Eltern, deren Kind nicht gut mitmacht

Manchmal können Sie, trotz all Ihrer Bemühungen im Hinblick auf die Beziehungen mit den Eltern und auf die Elternbildung, ein Kind in Ihrer Obhut haben, das nicht gut mitmacht. Vielleicht stört es Ihr ganzes Programm oder nimmt einen so großen Teil Ihrer Zeit in Anspruch, dass Sie Sorge haben, die anderen Kinder zu vernachlässigen. Wenn Sie in einer Betreuungseinrichtung arbeiten, besteht der erste Schritt darin, mit den anderen Mitarbeiterinnen (und der Leitung) zu sprechen. Wenn Sie in einer Familientagespflegestätte arbeiten, haben Sie möglicherweise keine so klar definierte Gruppe, mit der Sie Angelegenheiten wie diese besprechen können und die Sie beim Problemlösen unterstützt. Es ist aber wichtig, dass sie jemanden finden – vielleicht eine andere Tagespflegeperson.

Sie müssen auch mit der Mutter bzw. mit den Eltern sprechen – nicht, um sie zu beschuldigen, sondern um zusätzliche Einschätzungen des Problems zu hören und weitere Ideen für Strategien zu bekommen, mit denen sich Wege finden lassen, die Bedürfnisse des Kindes zu befriedigen. Teamwork und Kooperation zu Hause und im Programm könnten funktionieren.

Oder es funktioniert nichts. Nachdem Sie verschiedene Strategien ausprobiert und beurteilt haben, merken Sie, dass das Verhalten des Kindes noch immer für erhebliche Turbulenz sorgt. Sie kommen dann wahrscheinlich auch zu dem Schluss, dass die Situation Ihnen, den anderen Kindern *oder* dem entsprechenden Kind nicht gut tut. Es ist hart, zu erkennen, dass man nicht die Bedürfnisse eines jeden Kindes in vollem Maße befriedigen kann. Möglicherweise widersetzen Sie sich der Vorstellung, dass Sie dieser bestimmten Familie nicht alles geben können, was sie braucht.

Der nächste Schritt besteht darin, die Eltern an eine andere Quelle **weiterzuleiten**. Vielleicht kann eine externe Stelle oder Person dieser Familie helfen. Häufig funktioniert das. Mit fachlicher Hilfe wird die Situation erträglich und Sie stellen fest, dass Sie die Bedürfnisse des Kindes befriedigen können. Aber manchmal müssen Sie erkennen, dass Sie für das bestimmte Kind alles getan haben, was Sie konnten, und dass es Zeit ist, die Familie darum zu bitten, sich eine andere Betreuung zu suchen. Dies ist ein extrem schmerzhafter Prozess für alle Betroffenen, der jedoch manchmal sein muss.

Beziehungen zwischen Betreuerinnen

Die Mitarbeiterbeziehungen sind bei einer Tätigkeit, die so anspruchsvoll ist wie die Kinderbetreuung, von größter Bedeutung. In einer Familientagespflegestätte haben Sie keine Beziehungen mit Mitarbeiterinnen, sondern mit Familienmitgliedern, wodurch sich eine etwas andere Situation ergibt. Wir werden dieses Thema kurz behandeln, bevor wir uns den Mitarbeiterinnen einer Kindertagesstätte zuwenden.

Die Tagespflegeperson

Wenn Sie eine Tagesmutter oder ein Tagesvater sind, ist es wichtig, dass Sie Unterstützung bekommen. Wenn aber der Rest Ihrer Familie sich darüber ärgert, kann es schwierig sein, von ihr diese Unterstützung zu bekommen. Eine bestimmte Tagesmutter setzte sich hin und schrieb mit ihrer Familie – ihrem Ehemann und zwei Kindern im Alter von zehn bis zwölf Jahren – einen Vertrag, bevor sie ihre Arbeit aufnahm. Sie fand es wichtig, klarzustellen, wie das Haus, das allen vier gehörte, genutzt werden würde und was von jedem Familienmitglied im Hinblick auf die betreuten Kinder erwartet oder nicht erwartet wurde. Dies war kein Vertrag, den sie der Familie aufzwang; es war eine Vereinbarung, die alle gemeinsam schufen, unter Berücksichtigung der Vorstellungen und Gefühle eines jeden Familienmitglieds. In dieser Familie waren die Kinder alt genug, um den Vertrag, ihre Rechte und ihre Verpflichtungen zu verstehen. Der Vertrag ersparte der Familie ziemlich viele Konflikte.

In vielen Familien, die Tagesbetreuung anbieten, sind Konflikte an der Tagesordnung. Wenn die Kinder noch jünger sind, fällt es ihnen schwer, zu verstehen, warum sie Platz, Spielsachen und selbst „Mami" mit anderen Kindern teilen müssen. Normalerweise sind die Vereinbarungen nicht so klar wie in einem schriftlichen und ausgehandelten Vertrag. Dies kann viel Groll, Spannung und viele Reibereien zur Folge haben. Ein paar Reibereien sind natürlich normal, aber es wird vielleicht nicht mit ihnen gerechnet, wenn eine Tagespflegeperson erstmals ihre Arbeit aufnimmt. In den meisten Familien überwiegen jedoch die Vorteile gegenüber den Nachteilen, und die Reibereien sind Teil der ganz normalen Familienkonflikte.

Tagespflegepersonen sollten auch außerhalb ihrer Familien nach Unterstützung suchen. Das ist schwierig, weil sie an Werktagen den ganzen Tag ans Haus gebunden sind, aber wenn sie suchen, können sie andere Tagesmütter und -väter finden, mit denen sie sprechen können. Die Tagesmutter, die mit ihrer Familie den Vertrag ausarbeitete, fand dadurch, dass sie die Treffen einer regionalen Unterstützungsgruppe besuchte, eine Tagesmutter in ihrer Gegend. Die zwei treffen sich regelmäßig mit ihren Kindern im Park (dorthin ist es ein kurzer Spaziergang) und kombinieren auf diese Weise einen Ausflug für die Kinder mit der Gesellschaft einer anderen Erwachsenen. Niemand kann einer Tagespflegeperson verständnisvoller zuhören als eine andere Tagespflegeperson. Finden Sie jemanden, mit dem Sie reden können, wenn Sie nicht schon jemanden gefunden haben.

Personal einer Kindertagesstätte

Da die Mitarbeiterinnen einer Kindertagesstätte zusammen arbeiten und nicht miteinander verwandt sind, ergibt sich für sie eine andere Situation als für Tagespflegepersonen. Es ist seltsam, den ganzen Tag mit Erwachsenen zusammen zu sein, sich aber nur selten auf sie zu konzentrieren. Dies kann zu Problemen führen, weil man nur wenig Zeit hat, sich hinzusetzen und Dinge zu besprechen. Die meisten Mitarbeiterinnen in Kindertagesstätten haben gestaffelte Arbeitszeiten, so dass nur zu der Zeit am Tag alle gemeinsam da sind, wenn am meisten zu tun ist und sie wenig Zeit füreinander haben. Manches Team, das mit älteren Kindern arbeitet, kann sich zusammensetzen, wenn die Kinder Mittagsschlaf halten, aber das Personal der meisten Säuglingseinrichtungen hat diese Möglichkeit nicht. In vielen Einrichtungen sind selbst die Pausen gestaffelt, damit keine zwei Mitarbeiterinnen zur selben Zeit weg sind.

Wenn es in der Kinderbetreuung so wäre wie in anderen Bereichen, wäre Zeit für Mitarbeiterversammlungen und Personalschulungen und selbst für Maßnahmen zur Regeneration der Mitarbeiterinnen in die Arbeitszeit integriert. Aber für viele Einrichtungen, die mit einem knappen Budget auskommen müssen, ist dies ein Luxus, den sie sich nicht leisten können.

Natürlich können die Betreuerinnen selten weggehen und miteinander sprechen, ohne Kinder um sich zu haben. Aber sie müssen reden, um Beziehungen miteinander aufzubauen, Konflikte zu lösen, Informationen über Kinder und Familien auszutauschen, Ziele zu setzen, Einschätzungen abzugeben und Wissen und Ideen weiterzugeben. Mehr als alles andere brauchen sie den Kontakt mit Erwachsenen, um die Isolation zu verringern, die Erwachsene, die viele Stunden am Tag mit Kindern verbringen, häufig spüren.

Wenn Sie gerade mit Ihrer Arbeit in diesem Bereich beginnen und in einem Ausbildungsprogramm sind, in dem Sie lernen, sich fast ausschließlich auf die Kinder zu konzentrieren, wären Sie vielleicht überrascht, in eine Kindertagesstätte zu kommen und Erwachsene zu sehen, die zusammensitzen und miteinander reden, während die Kinder spielen. Möglicherweise würden Sie dies recht kritisch beurteilen, wenn Ihnen in der Ausbildung vermittelt wurde, dass es als Sakrileg gilt, wenn Sie sich bei der Arbeit auf irgendetwas anderes konzentrieren als auf die Kinder (außer in den Pausen). Aber mit der Zeit würden Sie erkennen, dass diese Gespräche für Betreuerinnen wichtig sind, die den ganzen Tag lang mit sehr kleinen Kindern arbeiten. Und sie sind wichtig für die Kinder. Wie sollen Kinder sonst sehen, auf welche Weise Erwachsene Umgang miteinander pflegen, wenn sie tagtäglich nur mit Erwachsenen Kontakt haben, die sich auf sie konzentrieren und die anderen anwesenden Erwachsenen ignorieren? Kinder müssen bei Erwachsenen ein größeres Spektrum an Verhaltensweisen sehen als das, was sie wahrnehmen, wenn die Erwachsenen lediglich mit ihnen kommunizieren.

In einem dreistündigen Programm ist es weiterhin besser, wenn die Erwachsenen sich die meiste Zeit auf die Kinder konzentrieren; bei der Ganztagsbetreuung ist diese Erwartung jedoch weder realistisch noch erstrebenswert. Selbstverständlich ist es keine gute Strategie, sich unter Ausschluss der Kinder und bis zu dem Punkt, an dem ihre Bedürfnisse vernachlässigt werden, auf die Erwachsenenbeziehungen zu konzentrieren. Wenn aber jedes Kind viel Zeit besonderer Qualität bekommt, und zwar sowohl solche, in der die Betreuerin nichts will („wants-nothing quality time") und dem Kind während des freien Spiels einfach zur Verfügung steht, als auch solche, in der sie etwas will („wants-something quality time") und sich bei der Ausführung der Pflegeaktivitäten ganz auf das individuelle Kind konzentriert, kann sich die Betreuerin in Anwesenheit der Kinder und ohne sie zu vernachlässigen um die Beziehungen mit anderen Erwachsenen kümmern.

Die Grundlage der Erwachsenenbeziehungen: Respekt

Auch wenn das Wort Respekt in diesem Kapitel bisher noch nicht gefallen ist, sollte dieses Merkmal allen Interaktionen, die Erwachsene miteinander – ob mit Eltern oder anderen Familienmitgliedern, Kolleginnen oder der Leiterin der Einrichtung – sowie mit den Kindern haben, zugrunde liegen. Der Einfluss von Magda Gerber sollte sich im gesamten Programm bemerkbar machen, nicht nur in den Interaktionen zwischen Erwachsenen und Babys. Polly Elam schrieb über die Erfahrungen, die sie mit Magda Gerber als ihrer Mentorin machte, bei denen sie wechselseitigen Respekt und beiderseitiges Vertrauen erlebte.[2]

Als Magda Gerber in den 1970er-Jahren, über respektvolle Pflege zu sprechen begannen, waren ihre Ideen neu für all diejenigen, die sich mit Säuglingen und Kleinkindern beschäftigten. Sie war stolz darauf, so etwas wie eine Rebellin zu sein. Niemand verwendete das Wort *Respekt*, wenn er über Säuglinge und Kleinkinder sprach oder schrieb. Respekt war damals etwas, das kleine Kinder lernen mussten, älteren Menschen zu erweisen. Gerber drehte diese Vorstellung um, so dass das Erweisen von Respekt zu einer beiderseitigen Angelegenheit wurde. Ende der 1990er-Jahre klagte Magda Gerber, sie habe ihren Rebellenstatus verloren. Ihre Ideen waren nun überall verbreitet und galten nicht länger als ungewöhnlich oder neu. Das Wort *Respekt* findet mittlerweile im Bereich der Säuglings- und Kleinkindpflege häufig Anwendung. Beobachtet man aber, wie manche Betreuerinnen Eltern und Kolleginnen behandeln, fragt man sich, ob bei der Arbeit mit Erwachsenen nicht mehr auf die Einhaltung der zehn Prinzipien geachtet werden sollte. Berücksichtigen Sie einfach die folgenden Punkte:

- Beim ersten Prinzip geht es um Teamwork. Es gilt für Erwachsene ebenso wie für Säuglinge und Kleinkinder. Kooperieren die Erwachsenen miteinander oder arbeiten sie nebeneinander her, um ihre Arbeit zu erledigen?
- Beim zweiten Prinzip geht es um Zeit besonderer Qualität. Wie oft verbringen Erwachsene Zeit besonderer Qualität miteinander? Mit dieser Frage sollen keine Schuldzuweisungen vorgenommen werden. Im Bereich der Kinderbetreuung wird es den Beschäftigten sehr schwer gemacht, Zeit zu finden, um mit anderen auf eine Art in Kontakt zu kommen, die den Aufbau von Beziehungen möglich macht. Wir müssen uns dafür einsetzen, dass

in unserem Tätigkeitsbereich etwas für die Erwachsenenbeziehungen getan wird. Wir müssen zudem die Gelegenheiten nutzen, die sich uns bieten.
- Beim dritten Prinzip geht es um Kommunikation. Wie stark bemühen sich Erwachsene, die besonderen Kommunikationsformen der anderen Erwachsenen zu lernen? Dies ist eine schwierige Frage, wenn im Programm mehr als nur eine Sprache gesprochen wird. Es ist eine leichtere Frage, wenn es nur darum geht, sensibel für Körpersprache zu sein und jede Person gut genug kennen zu lernen, um in der Lage zu sein, in ihr zu „lesen".
- Beim vierten Prinzip geht es um das Investieren von Zeit und Energie, um die ganze Person wertschätzen zu können. Schätzen Erwachsene einige Menschen mehr als andere, weil sie bestimmte Eigenschaften besitzen, oder schätzen sie jeden Menschen für das, was er ist?
- Das fünfte Prinzip warnt davor, Menschen zu vergegenständlichen. Wie oft behandelt ein Erwachsener einen anderen wie ein Objekt? Es mag schwerer zu verstehen sein, inwieweit dieses Prinzip Erwachsene betrifft, da es zwischen ihnen keinen Größenunterschied gibt. Denkt man jedoch an Dinge wie Statusunterschiede, Vorurteile und Voreingenommenheit, wird auch die Bedeutung dieses Prinzips klarer.
- Beim sechsten Prinzip geht es um authentische Gefühle. Wie ehrlich gehen die Erwachsenen im Programm mit ihren Gefühlen um? Verbergen sie diese sogar vor sich selbst oder bringen sie ihr authentisches Selbst in ihre Beziehungen mit den Menschen, deren Kinder sie betreuen oder mit denen sie arbeiten, ein?
- Beim siebten Prinzip geht es um das modellhafte Vorführen von Verhalten. Achten Sie einmal darauf, wie viele Erwachsene andere für bestimmte Verhaltensweisen kritisieren, die sie selbst zeigen, auch wenn sie sich dieser Tatsache oft nicht bewusst sind. Sind Sie sich darüber im Klaren, dass wir eher wie unser schlimmster Feind als wie unserer bester Freund sind? Sich seiner Verhaltensweisen bewusst zu sein und an ihnen zu arbeiten, ist für alle Erwachsenen ein lohnendes Bestreben.
- Beim achten Prinzip geht es darum, Probleme als Lerngelegenheiten zu erkennen. Dieses Prinzip gilt gleichermaßen für Erwachsene wie für Kinder. Säuglings- und Kleinkindprogramme sind voller Probleme, und an ihrer Lösung zu arbeiten, gehört zu dieser Tätigkeit dazu und ist gut für das Gehirn!

- Vertrauen ist das Thema des neunten Prinzips. Um Vertrauen geht es bei den Beziehungen zwischen den Betreuerinnen und den Familien, mit deren Kindern sie arbeiten, aber um Vertrauen geht es auch bei den Beziehungen der Betreuerinnen untereinander. Vertrauenswürdigkeit ist ein wertvoller und erstrebenswerter Charakterzug.
- Beim zehnten Prinzip geht es um die Qualität der Entwicklung. Dieses Prinzip bringt uns vielleicht zum Thema Respekt zurück – in diesem Fall zur Selbstachtung. Betreuerinnen müssen die persönliche Weiterentwicklung von Erwachsenen anerkennen und lernen, wie sie diese unterstützen können, statt nach ihr zu drängen oder die Schwächen anderer Betreuerinnen oder der Eltern zu kritisieren.

In diesem Kapitel ging es um die Beziehungen Erwachsener untereinander und um die Bedeutung dieser Beziehungen für die Kinder, die in die Kinderbetreuung gehen. Kinder müssen ihre Betreuerinnen als vollständige menschliche Wesen sehen; sie können dies nicht, wenn sie die Betreuerinnen nicht in Verbindung mit anderen Erwachsenen sehen – mit ihren Eltern sowie mit Kolleginnen.

Angemessenes praktisches Vorgehen
Überblick über die Entwicklung

Jedes Baby ist anders. Ganz gleich, wie gut Betreuerinnen ausgebildet sind, sie müssen etwas über die Babys, die sie betreuen, durch deren Familien lernen. Gewiss helfen gut entwickelte Beobachtungsfähigkeiten Betreuerinnen, mit den Bedürfnissen, Interessen und Vorlieben eines jeden Babys vertraut zu werden, aber keine Erfahrung aus erster Hand und kein Training können das Wissen der Familie ersetzen. Der Aufbau einer stabilen Beziehung von dem Zeitpunkt an, an dem das Kind mit dem Programm beginnt, hilft Betreuerinnen, von den Erfahrungen und dem Wissen der Eltern zu lernen. Sie müssen auch etwas über die Kultur der Familie lernen, über ihre Ziele und ihre Erziehungsansichten. Wenn Betreuerinnen eine Familie wertschätzen, entwickelt sich eine Beziehung, in der beide Seiten sich gegenseitig unterstützen und voneinander lernen. Die Betreuerinnen sind dann in der Lage, ein Bündnis zu schließen. Dieses Bündnis halten sie durch die regelmäßige wechselseitige Kommunikation mit der Familie aufrecht. Das Bündnis ist wichtig, wenn der Säugling jung ist, und wird zu einer weiteren Quelle der Kraft und Unterstützung, wenn Babys beginnen, sich umherzubewegen. Zu dem Zeitpunkt treten sie in eine neue Entwicklungsphase ein, die mit Trennungs- und Bindungsgefühlen einhergeht. Durch ihre Zusammenarbeit können die Familie und die Betreuerin sich gegenseitig in ihren Bemühungen unterstützen, herauszufinden, was getan werden muss, damit der Säugling sich weiterhin sicher fühlt. Dies geschieht, indem sie über Fragen der Sicherheit sprechen sowie darüber, welche Veränderungen in der Umgebung zu Hause und möglicherweise auch in der Betreuungseinrichtung vorgenommen werden müssen. Babys werden zu Kleinkindern und ihre Gefühle damit komplexer, weil sie in sich einen Konflikt zwischen Unabhängigkeit und Abhängigkeit, Stolz und Scham, Ärger und Zärtlichkeit spüren – um nur ein paar der Emotionen zu nennen, die Kleinkinder durchleben. All diese Gefühle stellen Eltern und Betreuerinnen vor Herausforderungen. Erwachsene können sich in dieser möglicherweise schwierigen Zeit gegenseitig unterstützen. Zum Schluss sind Kleinkinder dann mitten in ihrer Identitätsbildung, die ihre Wurzeln in der Familie und der Gemeinde hat. Nur wenn Betreuerinnen über Wissen und Verständnis verfügen, können sie eine gesunde Identitätsbildung unterstützen.

Quelle: J. Ronald Lally, Abbey Griffin, Emily Fenichel, Marilyn Segal, Eleanor Szanton und Bernice Weissbourd (1997): Development in the First Three Years of Life. In: *Developmentally Appropriate Practice in Early Childhood Programs* (überarb. Aufl.). Washington, D.C., National Association for the Education of Young Children.

Der Entwicklung angemessenes praktisches Vorgehen

Das Folgende sind Beispiele für Methoden, die der Entwicklung angemessen sind und mit Erwachsenenbeziehungen zusammenhängen, insbesondere mit dem Bündnis zwischen Familie und Betreuerin:

- Betreuerinnen arbeiten in Partnerschaft mit den Eltern und kommunizieren täglich mit ihnen, um beiderseitiges Verständnis und Vertrauen aufzubauen.
- Betreuerinnen helfen Eltern, gut über ihre Kinder und ihr Verhalten als Eltern zu denken, indem sie ihnen einige der positiven und interessanten Dinge mitteilen, die mit ihren Kindern im Laufe des Tages passiert sind.
- Betreuerinnen und Eltern beraten sich, wenn Entscheidungen darüber getroffen werden müssen, wie die Entwicklung der Kinder am besten unterstützt wird oder wie sie mit Problemen und Meinungsunterschieden umgehen, wenn solche auftreten.

Quelle: Bredekamp, S. und Copple, C. (Hg.) (1997): *Developmentally Appropriate Practice in Early Childhood Programs* (überarb. Aufl.). Washington, D.C., National Association for the Education of Young Children.

Individuell angemessenes praktisches Vorgehen

Das Folgende sind Beispiele für Vorgehensweisen, die der individuellen Entwicklung angemessen sind und mit den Beziehungen der Erwachsenen untereinander zu tun haben:

- Betreuerinnen und Eltern beraten sich, wenn Entscheidungen darüber getroffen werden müssen, wie die Entwicklung der Kinder am besten unterstützt wird oder wie sie mit Problemen und Meinungsunterschieden umgehen, die aufgetreten sind.
- Um die Bedürfnisse aller Kinder befriedigen zu können, muss sich die Betreuerin an den individuellen Bedürfnissen orientieren. Die Eltern kennen ihre Kinder am besten. Wenn Kinder besondere Bedürfnisse haben, ist es für die Betreuerin noch wichtiger, mit den Eltern zu sprechen und herauszufinden, was sie wissen und mit welchen Spezialisten sie möglicherweise in Verbindung stehen.

Quelle: Bredekamp, S. und Copple, C. (Hg.) (1997): *Developmentally Appropriate Practice in Early Childhood Programs* (überarb. Aufl.). Washington, D.C., National Association for the Education of Young Children.

Kulturell angemessenes praktisches Vorgehen

Das Folgende sind Beispiele für ein Vorgehen, das kulturell angemessen ist:

- Betreuerinnen arbeiten mit Eltern partnerschaftlich zusammen, kommunizieren täglich, um gegenseitiges Verständnis und Vertrauen aufzubauen und um Wohlergehen und bestmögliche Entwicklung des Säuglings sicherzustellen. Betreuerinnen hören dem, was Eltern über ihre Kinder sagen, aufmerksam zu, versuchen die Ziele und Prioritäten der Eltern zu verstehen und respektieren kulturelle und familiäre Unterschiede.
- Kulturelle und familiäre Unterschiede können bewirken, dass Eltern Ziele und Prioritäten haben, die im Widerspruch zu dem Programm der Kindertagesstätte oder der Familientagespflegestätte stehen. Beispielsweise beginnen manche Familien traditionell im ersten statt im zweiten oder dritten Lebensjahr mit der Sauberkeitserziehung. Wenn Betreuerinnen sich als Expertinnen für Kindesentwicklung hinstellen und Familien beurteilen, ohne kulturelle Aspekte zu verstehen, errichten sie Barrieren, die die partnerschaftliche Zusammenarbeit mit Familien behindern.

Quelle: Bredekamp, S. und Copple, C. (Hg.) (1997): *Developmentally Appropriate Practice in Early Childhood Programs* (überarb. Aufl.). Washington, D.C., National Association for the Education of Young Children.

Und jetzt Sie ...

Sehen Sie sich noch einmal die Szene „Prinzipien in der Praxis" auf S. 484 an. Gehen Sie dann zu dieser Seite zurück und lesen Sie den ersten Punkt im Abschnitt „Der Entwicklung angemessenes praktisches Vorgehen" und die zwei Punkte im Abschnitt „Individuell angemessenes praktisches Vorgehen".

1. Denken Sie, dass im Verhalten von Emilys Tagesmutter Beweise für eine partnerschaftliche Zusammenarbeit mit der Mutter zu sehen sind?
2. Was wäre gewesen, wenn die Tagesmutter sich in Anwesenheit der Mutter unsicher gefühlt hätte und, um ihren Status als professionelle

Tagesmutter zu wahren, vorgegeben hätte, sie wäre Expertin für Kinder mit zerebraler Lähmung? Inwiefern hätte die Szene dann ganz anders ablaufen können?

3. Ist es wichtiger, die Signale von Kindern mit besonderen Bedürfnissen deuten zu lernen, als die Signale sämtlicher Kinder, die Sie betreuen, deuten zu lernen?

Zusammenfassung

- Es ist wichtig zu erkennen, dass Betreuerinnen in der Art ihres Umgangs mit den Eltern der Kinder, die sie betreuen, gewöhnlich verschiedene Phasen durchlaufen:
  - In der ersten Phase fokussieren Betreuerinnen ausschließlich auf das Kind und haben manchmal einen „Retterkomplex".
  - In der zweiten Phase tendieren Betreuerinnen dazu, auf beide, die Eltern und das Kind, zu fokussieren, haben aber manchmal das starke Bedürfnis, Eltern zu erziehen, damit diese lernen, wie sie besser mit ihren Kindern umgehen und sie besser erziehen.
  - In der dritten Phase wollen Betreuerinnen mit der Mutter oder dem Vater sowie mit der gesamten Familie eine Partnerschaft aufbauen.
- Die Kommunikation mit den Eltern umfasst Folgendes:
  - Wenn ein Kind zu einem Kinderbetreuungsprogramm angemeldet wird, besteht die erste Aufgabe darin, gemeinsam einen Leistungsplan für das Kind sowie für die Familie zu erstellen.
  - Zu verstehen, wodurch Kommunikation blockiert wird, kann einem helfen, sie zu begünstigen, so dass Eltern sich sowohl bei informellen Gesprächen als auch bei formelleren Besprechungen wohl fühlen.
  - Eltern, die Kinder mit besonderen Bedürfnissen haben, können zusätzliche Fragen oder Probleme haben, die Sie verstehen müssen, wenn Sie mit ihnen kommunizieren.
  - Manchmal hilft bloßes Zuhören, andere Male aber müssen Betreuerinnen und Eltern miteinander verhandeln.
- Elternbildung und -beteiligung:
  - Elternbildung kann auf informellem Wege stattfinden, wenn Eltern und andere Familienmitglieder sehen, was im Programm passiert. Elternbeteiligung kann dazu beitragen, dass die Eltern sich in der Einrichtung

wohl fühlen, und sie dazu ermuntern, mehr Zeit dort zu verbringen. Dies sollte jedoch immer auf freiwilliger Basis geschehen.
- Das Ziel von Elternbildung sollte nicht darin bestehen, aus der Mutter oder dem Vater eine professionelle Betreuungsperson zu machen. Betreuerinnen und Eltern haben unterschiedliche Rollen, und so sollte es auch bleiben.
- Die Beziehungen, die Betreuerinnen untereinander haben, unterscheiden sich, je nachdem, ob eine Betreuerin Tagesmutter oder Mitarbeiterin in einer Kindertagesstätte ist.
- Respekt ist ein Hauptelement aller Beziehungen – sowohl der Beziehungen, die Erwachsene mit Kindern haben, als auch derjenigen, die Erwachsene untereinander haben.

Schlüsselbegriffe

Aufnahmegespräch / Bedarfs- und Leistungsplan / Besprechungen / Dialog / Elternbildung / Retterkomplex / Trostspender / Weiterleitung

Fragen und Aufgaben

1. In den USA gehören Betreuerinnen zu den so genannten „mandated reporters". Was bedeutet dieser Begriff?
2. Nennen Sie einige Möglichkeiten, wie dafür gesorgt werden kann, dass Eltern sich während einer Besprechung mit der Betreuerin ihres Kindes wohl fühlen.
3. Interviewen Sie Betreuerinnen und stellen Sie fest, ob Sie sagen können, in welcher Entwicklungsstufe sie sich befinden. Gibt es irgendetwas, das darauf hindeutet, dass sie Kinder vor ihren Eltern retten, die Eltern dazu erziehen, so gut zu sein wie sie selbst, oder Eltern als Partner sehen?
4. Wenn Sie darüber nachdenken, wie Sie am besten mit Eltern kommunizieren und sie unterstützen, welche zusätzlichen Fragen und Themen müssen Sie dann möglicherweise bei einer Mutter berücksichtigen, deren Kind eine Behinderung oder ein besonderes Bedürfnis hat?

5. Stellen Sie sich vor, Sie würden mit jemandem zusammenarbeiten, der aus einer anderen Kultur stammt als Sie und ganz andere Vorstellungen davon hat, wie Kinder großgezogen, gepflegt und betreut werden sollten. Welche Schritte würden Sie unternehmen, um die Kommunikation zwischen Ihnen beiden zu befördern?

Weiterführende Literatur

Baker, Amy Ruth (2002): Why Should You Document the Everyday Experience in Your Infant or Toddler Room? In: *Focus on Infants and Toddlers* (Association for Childhood Education International) *15*, 1, 1-5.

Bruno, H. E. (2003): Hearing Parents in Every Language. In: *Exchange 153*, September/October, 58-60.

Cooper, Renatta M. (2002): Child Care as Shared Socialization. In: *Child Care Information Exchange*, July, 58-60.

Elam, Polly (2005): Gestaltung von hochwertigen Gruppenbetreuungsprogrammen für Säuglinge. In: Petrie, Stephanie und Owen, Sue (Hg.): *Authentische Beziehungen in der Gruppenbetreuung von Säuglingen und Kleinkindern*. Arbor Verlag, Freiamt, S. 119-133.

Gonzalez-Mena, J. (2005): *Diversity in Early Care and Education: Honoring Differences*. New York, McGraw-Hill.

Ingalls, A. M., Greenberg, R. und Jeffers-Woolf, Jeanine (2004): A Journey of Hope: Forming Partnerships with Families and the Community. In: *Zero to Three 24*, 6, July, 26-32.

Lawrence-Lightfood, S. (2003): *The Essential Conversation: What Parents and Teachers Can Learn from Each Other*. New York, Random House.

Olsen, Glenn W. und Shirley, Steven W. (2001): Resolving Staff Conflict. In: *Child Care Information Exchange 141*, September/October, 22-25.

Pawl, J. H. und Dombro, A. L. (2001): *Learning and Growing Together with Families: Partnering with Parents to Support Young Children's Development*. Washington, D.C., Zero to Three.

Seploch, H. (2004): Family Ties: Partnerships for Learning: Conferencing with Families. In: *Young Children*, September, 96-100.

Stephens, K. (2004): Sometimes the Customer *Isn't* Always Right: Problem Solving with Parents. In: *Exchange 158*, July/August, 68-74.

Anhang A

Säuglings- und Kleinkindprogramme von Qualität: eine Kontrollliste

1. Suchen Sie nach Anhaltspunkten für eine *sichere* Umgebung:
- [ ] Keine augenfälligen Sicherheitsrisiken, wie elektrische Kabel, offene Steckdosen, kaputte oder zerbrochene Ausstattungsgegenstände, Spielsachen mit Kleinteilen, Reinigungsmittel in Reichweite von Kindern, ungesicherte Türeingänge
- [ ] Keine versteckten Sicherheitsrisiken, wie giftige Farben oder mit giftigem Material gestopfte Spielsachen
- [ ] Flucht- und Rettungsplan für den Brand- oder Katastrophenfall, in dem auch festgelegt ist, wie die Erwachsenen die Babys nach draußen befördern können
- [ ] Notrufnummern sind beim Telefon ausgehängt
- [ ] Notfallkarten der Eltern in den Unterlagen, auf denen steht, was zu tun ist, wenn sie im Notfall nicht zu erreichen sind
- [ ] Die gesamte Zeit wird ein Zahlenverhältnis zwischen Betreuerin und Kindern eingehalten, bei dem die Sicherheit der Kinder gewährleistet ist (nach kalifornischem Recht dürfen nicht mehr als vier Säuglinge [Kinder unter zwei Jahren] auf eine Erwachsene kommen.)
- [ ] Den Kindern werden Gelegenheiten zugestanden, optimale Risiken einzugehen („optimal" bedeutet, dass ein Misserfolg zur Folge hat, dass das Kind etwas lernt, nicht aber, dass es sich verletzt)
- [ ] Interaktion ist erlaubt, aber die Kinder werden daran gehindert, einander weh zu tun oder Material zu beschädigen.

2. Suchen Sie nach Anhaltspunkten für eine *gesunde* Umgebung:
- ☐ Hygienischer Ablauf des Wickelns
- ☐ Nach dem Wickeln und vor dem Essen werden jedes Mal die Hände gewaschen
- ☐ Richtige Essenszubereitung und -aufbewahrung
- ☐ Die Mitarbeiterinnen erkennen die Symptome einer häufig auftretenden Krankheit
- ☐ Gesundheitsvorschriften, die angeben, wann Kinder aus Krankheitsgründen von dem Programm ausgeschlossen werden müssen
- ☐ Gesundheitsakten für alle Kinder, aus denen zu ersehen ist, dass sie mit ihrer Immunisierung im Zeitplan liegen
- ☐ Bettwäsche und Spielsachen werden regelmäßig gewaschen
- ☐ Die Mitarbeiterinnen wissen über die Ernährungsbedürfnisse von Säuglingen und Kleinkindern Bescheid
- ☐ Lebensmittelallergien sind deutlich sichtbar ausgehängt

3. Suchen Sie nach Anhaltspunkten dafür, dass in der Umgebung etwas *gelernt* werden kann
- ☐ Optimale Menge an altersgemäßen Spielsachen, Materialien und Ausstattungsgegenständen
- ☐ Die Betreuerinnen betrachten die Zeit, die mit Pflegeaktivitäten verbracht wird, als „Zeit des Lernens"
- ☐ Das freie Spiel wird höher bewertet als Übungen, angeleitete Spielaktivitäten und Zeit in der Gruppe
- ☐ Die Umgebung umfasst viele weiche Materialien, bietet Möglichkeiten, sich zurückzuziehen, und Gelegenheit, sich reichlich zu bewegen
- ☐ Die Umgebung ist jeden Tag der Entwicklung aller anwesenden Kinder angemessen

4. Suchen Sie nach Anhaltspunkten dafür, dass es Ziel der Mitarbeiterinnen ist, die körperlichen und geistigen Fähigkeiten zu befördern:
- ☐ Die Mitarbeiterinnen sind in der Lage, zu erklären, auf welche Weise die Umgebung, das freie Spiel, die Aktivitäten der Pflege und die Beziehung der Mitarbeiterinnen mit den Kindern das Curriculum ausmachen

☐ Die Mitarbeiterinnen sind in der Lage, zu erklären, wie das Curriculum die Entwicklung der grob- und feinmotorischen sowie der kognitiven Fähigkeiten, einschließlich der Fähigkeit zum Problemlösen und der Kommunikationsfähigkeit, fördert.

5. Suchen Sie nach Anhaltspunkten dafür, dass das Programm die soziale und emotionale Entwicklung unterstützt und die Mitarbeiterinnen positive Führung und Disziplin bieten:
☐ Die Mitarbeiterinnen unterstützen Kinder darin, durch Körperbewusstsein und indem sie ihre Namen benutzen und die Identifikation mit der eigenen Kultur fördern ein Gefühl für das eigene Ich zu entwickeln
☐ Die Mitarbeiterinnen erkennen und akzeptieren die Gefühle der Kinder und ermutigen sie dazu, diese angemessen auszudrücken
☐ Die Mitarbeiterinnen kontrollieren und steuern Verhalten, ohne körperliche oder verbale Strafen einzusetzen
☐ Die Mitarbeiterinnen ermuntern zu kreativem, sozialem Problemlösen, wenn Kinder mit einem anderen Kind einen Konflikt haben
☐ Die Mitarbeiterinnen bringen Kindern Respekt bei, indem sie Respekt zeigen

6. Suchen Sie nach Anhaltspunkten dafür, dass die Mitarbeiterinnen des Programms sich bemühen, positive und produktive Beziehungen mit den Familien aufzubauen:
☐ Regelmäßige und laufende Kommunikation mit den Eltern, wenn sie die Kinder bringen und abholen, bei der die Betonung auf einem *Informationsaustausch* liegt
☐ Freundliche Atmosphäre
☐ Besprechungen und Elternabende
☐ Beiderseitiger Ansatz des Problemlösens bei Konflikten

7. Suchen Sie nach Anhaltspunkten dafür, dass das Programm gut geführt wird, dass es zweckdienlich ist und auf die Bedürfnisse der Teilnehmer eingeht:
☐ Gute Führung von Büchern und Unterlagen
☐ Es wird auf die individuellen Bedürfnisse eines Säuglings geachtet
☐ Es wird auf die Bedürfnisse der Eltern geachtet
☐ Verantwortungsbewusste Leitung des Programms

8. Suchen Sie nach Anhaltspunkten für die Professionalität des Personals:
☐ Gut ausgebildet
☐ Respektiert Diskretion

Anhang B

Die Umgebung: eine Übersicht

Diese Tabelle zeigt, wie die physische und die soziale Umgebung beschaffen sein sollten, damit sie die Entwicklung fördern. Denken Sie daran, dass Kinder ein sehr unterschiedliches Entwicklungstempo haben können. Die hier angegebenen Altersrichtwerte treffen möglicherweise bei einzelnen Kindern nicht zu, die Tabelle als Ganzes zeigt aber den *Ablauf der Entwicklung*.

Entwicklungsniveau I: Entwicklung nach der Geburt

Entwicklungsbereich	Physische Umgebung Angemessene Spielsachen und Ausstattungsgegenstände	Soziale Umgebung Rolle der Erwachsenen

Körperlich
Grobmotorik
Die Hauptaufgabe des Säuglings ist die Kopfkontrolle.
Der Säugling ...
- hebt kurz den Kopf
- kann den Kopf drehen, um die Atemwege freizuhalten
- Die meisten Arm- und Beinbewegungen sind Reflexe; die Säuglinge haben sie nicht bewusst unter Kontrolle

- Gitterbett oder Stubenwagen, ein Ort, an dem Säuglinge sich beim Schlafen sicher fühlen
- Matte, Teppich oder Decke an einem sicheren Ort, wo die Säuglinge frei liegen können und Platz haben, sich zu bewegen

- Beobachten Sie sensibel, um die Bedürfnisse der Säuglinge zu ermitteln
- Vermitteln Sie ein Gefühl der Sicherheit, wenn hiernach Bedarf besteht (wickeln Sie die Säuglinge in eine Decke und legen Sie sie an einen kleinen, abgegrenzten Platz)
- Lassen Sie die Säuglinge manchmal weiten und offenen Raum erleben, z. B. den Fußboden

Feinmotorik
Die Säuglinge ...
- können die Hände nicht kontrollieren – halten sie häufig zu Fäusten geballt
- ergreifen aufgrund von Reflexen alles, das ihnen in die Hände gelegt wird
- fixieren Objekte, vor allem Gesichter; beginnen ihre Augen zu koordinieren

- Es werden erst wenige Spielsachen gebraucht, weil die Umgebung stimulierend genug ist
- Gesichter sind interessant, ebenso ein leuchtend buntes Tuch
- Geben Sie den Kindern keine Rasseln oder Spielsachen in die Hand, da sie diese nicht loslassen können

- Bieten Sie Ruhe und Frieden und ein Minimum an Stimulation – die Menschen, mit denen Säuglinge Umgang haben (Betreuerin und andere Kinder), bieten genug Stimulation

Die Umgebung 521

Entwicklungsbereich	Physische Umgebung Angemessene Spielsachen und Ausstattungsgegenstände	Soziale Umgebung Rolle der Erwachsenen
Emotional/Sozial *Gefühle und Selbsterkenntnis* Die Säuglinge ... • zeigen nur Zufriedenheit oder Unzufriedenheit • können das Selbst nicht vom Rest der Welt unterscheiden *Sozial* Die Säuglinge ... • können lächeln • nehmen Blickkontakt auf • lassen sich durch den Anblick von Gesichtern beruhigen • reagieren, wenn sie gehalten werden	• Säuglinge müssen dort sein, wo sie in Sicherheit sind und wo ihre Bedürfnisse mühelos befriedigt werden können • Ein großer Laufstall schützt Säuglinge vor mobileren Kleinkindern (er sollte so groß sein, dass Erwachsene und Kinder gleichzeitig darin Platz haben)	• Legen Sie Säuglinge an einen sicheren Platz, an dem sie am Geschehen in der Einrichtung teilnehmen, aber nicht überstimuliert werden • Nennen Sie Säuglinge bei ihrem Namen • Ermuntern Sie Säuglinge dazu, sich auf die Pflegeaktivitäten zu konzentrieren • Gehen Sie auf die Botschaften der Säuglinge ein und versuchen Sie, die wahren Bedürfnisse zu ermitteln (denken Sie daran, dass der Grund für Unzufriedenheit nicht immer Hunger ist)
Geistig Die Säuglinge ... • können ihre Augen koordinieren und folgen Objekten oder Gesichtern mit dem Blick, wenn sie sich bewegen • reagieren auf Gesichter oder Objekte, die sie sehen • saugen an Objekten, die an ihren Mund kommen, und kauen auf ihnen • zeigen Reflexe, die die Anfänge von sensorischen Fähigkeiten sind, welche wiederum die Basis für die Entwicklung geistiger Fähigkeiten darstellen	• Säuglinge brauchen eine interessante und trotzdem sichere Umgebung mit einer begrenzten Auswahl an weichen, waschbaren, farbigen Spielsachen, die angeschaut oder an denen gelutscht werden kann (stellen Sie sicher, dass es keine kleinen Teile gibt, die sich lösen und die verschluckt werden können) • Gewähren Sie den Säuglingen Raum, in dem sie sich frei bewegen können (auch wenn sie sich noch nirgendwo hinbewegen können) • Stecken Sie die Säuglinge nicht in Babysitze oder andere einengende Geräte	• Treffen Sie Vorkehrungen für die Bindungsbedürfnisse eines Säuglings, indem Sie ihn einer ständigen Betreuerin anvertrauen • Halten Sie den Säugling während des Fütterns • Sorgen Sie dafür, dass es zwischen den Säuglingen zu Kontakt kommt • Minimum an Einmischung durch Erwachsene – Säuglinge sollten die Freiheit haben, sich in ihrem eigenen Tempo zu entwickeln • Geben Sie ihnen die Möglichkeit, Gesichter anzuschauen (vor allem das der Hauptbetreuerin) und Objekte zu sehen, zu berühren und auf ihnen zu beißen

Entwicklungsbereich	Physische Umgebung Angemessene Spielsachen und Ausstattungsgegenstände	Soziale Umgebung Rolle der Erwachsenen
Sprache Die Säuglinge ... • hören zu • weinen • reagieren auf Stimmen	• Auf diesem Entwicklungsniveau sind Menschen für die Sprachentwicklung wichtiger als die physische Umgebung • Richten Sie die Umgebung so her, dass die Bedürfnisse der Säuglinge mühelos zu befriedigen sind und sie nicht lange warten müssen	• Zwingen Sie ihnen nichts auf • Legen Sie sie auf den Rücken, damit sie einen weiteren Blick haben, mit beiden Ohren hören können und ihre Hände benutzen können • Hören Sie den Säuglingen zu • Versuchen Sie, ihr Weinen zu deuten • Sprechen Sie mit den Säuglingen, insbesondere während der Pflegeaktivitäten; sagen Sie ihnen, was geschehen wird; lassen Sie ihnen Zeit, zu reagieren; erzählen Sie ihnen, was passiert, während es passiert

Entwicklungsniveau II: 3 Monate

Entwicklungsbereich	Physische Umgebung Angemessene Spielsachen und Ausstattungsgegenstände	Soziale Umgebung Rolle der Erwachsenen
Körperlich *Grobmotorik* Die Säuglinge ... • beginnen die Reflexe zu verlieren und haben willkürliche Kontrolle über Arme und Beine • können den Kopf heben und ihn in angehobener Stellung besser unter Kontrolle halten	• Großer Laufstall, groß genug für Betreuerinnen und mehrere Säuglinge • Verschiedene waschbare Objekte in Reichweite der Säuglinge, damit sie sie anschauen und nach ihnen greifen können • Teppich oder Matte, auf dem oder der die Säuglinge liegen können • Vermeiden Sie die Bewegungsfreiheit einschränkende Geräte	• Sitzen Sie in regelmäßigen Abständen bei den Kindern und beobachten Sie sie aufmerksam • Reagieren Sie, wenn Sie gerufen werden • Lenken Sie die Kinder nicht ständig mit unnötigem Lärm oder mit Reden ab; sie müssen nicht unterhalten werden • Lassen Sie den Säuglingen die Freiheit, etwas zu erforschen, indem sie schauen, saugen und lutschen, sich strecken und nach etwas greifen
Feinmotorik • Der Greifreflex übernimmt nicht mehr zu jeder Zeit die Kontrolle über die Hände • Die Säuglinge greifen mit beiden Armen, aber mit geballten Fäusten, nach Objekten • Sie schlagen nach etwas und verfehlen es	• Genau wie oben	• Genau wie oben

Entwicklungsbereich	**Physische Umgebung** Angemessene Spielsachen und Ausstattungsgegenstände	**Soziale Umgebung** Rolle der Erwachsenen
Emotional/Sozial *Gefühle und Selbsterkenntnis* Die Säuglinge ... • zeigen eine größere Vielfalt an Gefühlen und benutzen ihre Stimme, um ihnen Ausdruck zu geben • beginnen zu verstehen, dass ihre Hände und Füße zu ihnen gehören, und fangen an, sie mit den Händen zu erforschen, ebenso Gesicht, Augen und Mund • beginnen die Hauptbetreuerin zu erkennen • reagieren unterschiedlich auf verschiedene Personen • gurren und babbeln, wenn mit ihnen gesprochen wird	• Menschen sind wichtiger als Objekte	• Treffen Sie Vorkehrungen für Bindungsbedürfnisse, da die Säuglinge mit einer Person eine primäre Beziehung aufbauen müssen • Erkennen und respektieren Sie die Gefühle der Säuglinge: sprechen Sie darüber, was die Säuglinge auszudrücken scheinen, insbesondere während der Pflegeaktivitäten

Entwicklungsbereich	**Physische Umgebung** Angemessene Spielsachen und Ausstattungsgegenstände	**Soziale Umgebung** Rolle der Erwachsenen
Geistig Die Säuglinge ... • reagieren auf das, was sie sehen • sind länger aufmerksam als am Anfang • schauen von einem Objekt zum anderen • können einen Gegenstand alleine halten und bis zu einem gewissen Grad mit ihm hantieren • zeigen Anzeichen dafür, dass sie sich erinnern • suchen, wenn sie ein Geräusch hören, nach der Quelle • schauen und lutschen zur selben Zeit, müssen aber mit dem Lutschen aufhören, um zuhören zu können	• Zu den interessanten Spielsachen und Objekten für Säuglinge auf diesem Entwicklungsniveau gehören leuchtende Tücher, weiche Bälle, Rasseln, Stoffgreiflinge, Plastikschlüssel und große Plastikperlen	• Unterstützen Sie das Erkunden und die Neugier der Säuglinge, indem sie ihnen eine Vielzahl von Objekten unterschiedlicher Beschaffenheit, Form und Größe bieten • Gewähren Sie den Kindern die Freiheit und die Ruhe, Erkundungen anzustellen, indem Sie sie in einem sicheren Bereich, der so groß ist, dass sie sich frei bewegen können, auf den Rücken legen • Sorgen Sie für Interaktion mit anderen Säuglingen
Sprache Die Säuglinge ... • hören aufmerksam zu • gurren, wimmern, glucksen und machen eine Reihe weiterer Laute • weinen weniger oft • „reden" mit sich selbst sowie mit anderen, vor allem mit der Hauptbetreuerin	• Menschen sind für die Sprachentwicklung weiterhin wichtiger als Ausstattungsgegenstände oder Objekte • Einige Spielsachen, damit akustische Erfahrungen gemacht werden können – lassen Sie die Säuglinge versuchen, mit Glocken, Rasseln und Quietschspielzeug Geräusche zu erzeugen	• Sprechen Sie mit den Säuglingen, insbesondere während der regelmäßigen Pflegeaktivitäten; bereiten Sie sie im Voraus darauf vor, was passieren wird • Reagieren Sie auf Babbeln und Gurren – spielen Sie Lautspiele mit den Säuglingen

Entwicklungsniveau III: 6 Monate

Entwicklungsbereich	Physische Umgebung Angemessene Spielsachen und Ausstattungsgegenstände	Soziale Umgebung Rolle der Erwachsenen
Körperlich *Grobmotorik* Die Säuglinge ... • haben die Kontrolle über ihren Kopf • drehen sich vom Rücken auf den Bauch und vom Bauch auf den Rücken • können sich durch Rollen von einem Ort zum anderen bewegen • können vorwärts- oder rückwärtskriechen oder sich anderweitig stückchenweise vorwärtsbewegen • können fast in eine sitzende Haltung kommen, wenn sie sich herumrollen *Feinmotorik* Die Säuglinge ... • greifen mit einem Arm nach etwas und können Objekte nach Belieben ergreifen • halten Objekte fest und hantieren mit ihnen • können Objekte mit Daumen und Zeigefinger ergreifen, wenngleich noch nicht gut • geben Objekte von einer Hand in die andere	Die Säuglinge ... • brauchen mehr offenen Raum und mehr Freiheit als vorher • brauchen Oberflächen unterschiedlicher Beschaffenheit unter ihren Körpern – harten Boden, Teppich, Gras, Holzterrasse usw. • brauchen eine Vielzahl interessanter Objekte, zu denen sie sich hinbewegen und nach denen sie greifen können	• Platzieren Sie Objekte in ausreichender Entfernung von den Säuglingen, damit diese sich anstrengen müssen, um sie zu erreichen • stellen Sie viel Platz zur Verfügung und motivieren Sie die Säuglinge dazu, sich umherzubewegen sowie Objekte zu ergreifen und mit ihnen zu hantieren • ermöglichen Sie Interaktion unter den Säuglingen • Lassen Sie die Säuglinge in Stellungen, die sie selbst einnehmen können

Entwicklungsbereich	**Physische Umgebung** Angemessene Spielsachen und Ausstattungsgegenstände	**Soziale Umgebung** Rolle der Erwachsenen
Emotional/Sozial *Gefühle und Selbsterkenntnis* Die Säuglinge ... • zeigen eine größere Vielfalt an Gefühlen • werden sich einzelner Körperteile bewusst • verstehen den Unterschied zwischen sich selbst und der Welt • reagieren auf ihren Namen • bevorzugen bestimmte Geschmacksrichtungen • wollen möglicherweise anfangen, ohne fremde Hilfe zu essen *Sozial* • reagieren auf Fremde möglicherweise mit Angst • rufen nach der Hauptbetreuerin, wenn sie Hilfe brauchen • haben Vergnügen an Spielen mit anderen Menschen (Guck-Guck-Spiel)	• Ein Raum, der für Erkundungen und soziale Interaktionen groß genug ist, fördert Beziehungen	• Sprechen Sie mit den Säuglingen, vor allem bei den Pflegeaktivitäten; legen Sie ein besonderes Gewicht auf das Benennen von Körperteilen • Rufen Sie Kinder bei ihrem Namen • Ermutigen Sie Kinder, sich ihrer Selbsthilfefähigkeiten bewusst zu werden und sie zu nutzen, wenn sie hierzu in der Lage sind

Entwicklungsbereich	Physische Umgebung Angemessene Spielsachen und Ausstattungsgegenstände	Soziale Umgebung Rolle der Erwachsenen
Geistig Die Säuglinge ... • sind einen großen Teil ihrer wachen Zeit visuell aufmerksam • erkennen vertraute Objekte • können Objekte, die sie haben möchten, sehen und nach ihnen greifen • können Objekte aufheben und mit ihnen hantieren • suchen nach heruntergefallenen Objekten • können mehrere Sinne gleichzeitig benutzen • Das Gedächtnis der Säuglinge entwickelt sich	• Säuglinge spielen weiterhin gerne mit allen Spielsachen und Objekten, die für das Entwicklungsniveau II unter „Geistig" aufgelistet sind • Die Säuglinge können jetzt an einer größeren Vielfalt an Objekten auf einmal Gefallen finden • Platzieren Sie die Objekte an verschiedenen Stellen in einem sicheren Bereich, damit die Säuglinge Grund haben, sich umherzubewegen und nach ihnen zu greifen	• Sorgen Sie für Bindungsbedürfnisse und lassen Sie die Kinder bei Anwesenheit von Fremden Sicherheit bei ihrer Hauptbetreuerin suchen • Spielen Sie Spiele wie das Guck-Guck-Spiel • Gewähren Sie Kindern die Freiheit, Dinge zu erkunden • Tauschen Sie Objekte in der Umgebung in regelmäßigen Abständen aus oder ordnen Sie sie neu an • sorgen Sie für Interaktion unter den Säuglingen
Sprache Die Säuglinge ... • reagieren auf unterschiedliche Stimmklänge und auf Veränderungen des Tonfalls • haben größere Kontrolle über die Laute, die sie produzieren • benutzen eine Vielzahl an Lauten, um Gefühle auszudrücken • imitieren Sprachlaute und Veränderungen des Tonfalls	• Bücher aus Stoff oder Karton	• Reagieren Sie auf die Kommunikation der Kinder • Sprechen Sie mit den Kindern, insbesondere während der regelmäßigen Pflegeaktivitäten • geben Sie, falls angemessen, während des Spiels Bemerkungen dazu ab, was die Kinder gerade tun (passen Sie auf, dass Sie das Kind nicht unterbrechen und mit Ihren Worten die Erfahrung, die es gerade macht, behindern)

Entwicklungsniveau IV: 9 Monate

Entwicklungsbereich	Physische Umgebung Angemessene Spielsachen und Ausstattungsgegenstände	Soziale Umgebung Rolle der Erwachsenen
Körperlich *Grobmotorik* Die Säuglinge ... • krabbeln • halten beim Krabbeln möglicherweise die Beine steif • können auch krabbeln, wenn sie einen Gegenstand in der Hand halten • ziehen sich an Möbeln hoch in den Stand • können alleine stehen • sind oder sind nicht in der Lage, sich aus dem Stand wieder hinzusetzen • bringen sich in eine sitzende Haltung • können sich vielleicht laufend fortbewegen, wenn sie sich an Möbeln festhalten *Feinmotorik* Die Säuglinge ... • können kleine Objekte mühelos mit Daumen und Zeigefinger aufheben • nutzen ihren Zeigefinger zum Erforschen und Hantieren • Die Auge-Hand-Koordination nimmt zu	• Die Säuglinge brauchen mehr Platz zum Erkunden und eine größere Vielfalt an Objekten, Texturen, Erfahrungen, Spielsachen • Autos und LKWs aus Plastik oder Holz, Telefone (Spielzeug oder echte), Klötze, Puppen, Bälle unterschiedlicher Größe, Stapelspielzeug • Der Umgebung können Kissen und niedrige Podien (oder Stufen) hinzugefügt werden, damit die Kinder verschiedene Ebenen erkunden können • Stangen oder niedrige Möbelstücke werden gebraucht, damit die Kinder sich hinstellen oder herumlaufen können	• Achten Sie auf Kinder, die sich hinstellen, aber sich nicht wieder hinsetzen können; helfen Sie ihnen, wenn sie erkennen lassen, dass sie nicht weiterkommen • Gehen Sie klug vor, wenn Sie Kindern helfen, die alleine nicht mehr klarkommen; erlösen Sie sie nicht, sondern fördern Sie das Problemlösen • Bieten Sie offene Räume und sichere Klettermöglichkeiten • Ermöglichen Sie es den Kindern, ihre Erkundungen mit wenig Einmischung durch Erwachsene anzustellen • Ermuntern Sie die Säuglinge dazu, ihre Hantierfähigkeiten zu nutzen, indem sie z. B. ihre Socken ausziehen, Türen öffnen, Stapelspielsachen auseinander nehmen

Entwicklungsbereich	Physische Umgebung Angemessene Spielsachen und Ausstattungsgegenstände	Soziale Umgebung Rolle der Erwachsenen
Emotional/Sozial *Gefühle und Selbsterkenntnis* Die Säuglinge … • sind eindeutig an die Hauptbetreuerin gebunden und haben möglicherweise Angst vor Trennung • weisen Dinge zurück, die sie nicht möchten		• Sorgen Sie für einen regelmäßigen Tagesablauf, damit die Säuglinge allmählich die Abfolge der Ereignisse vorhersagen können • Geben Sie den Kindern Gelegenheit, sich ungestört auf etwas zu konzentrieren • Ermutigen Sie zum Problemlösen
Sozial Die Säuglinge … • essen alleine einen Keks • trinken aus einer Tasse und halten dabei den Griff fest • sind normalerweise bereit, etwas zu tun, wenn sie darum gebeten werden • entwickeln Sensibilität und Interesse für die Stimmungen und Handlungen anderer • necken • rechnen mit bestimmten Ereignissen	• Die Kinder brauchen die nötigen Utensilien, um sich selbst zu helfen, z. B. Tasse und Löffel	• Helfen Sie nicht, bevor die Säuglinge wirklich nicht mehr weiterkommen • Ermöglichen Sie es ihnen, die Konsequenzen ihres Verhaltens herauszufinden, wann immer dies in einem sicheren Rahmen möglich ist

Entwicklungsbereich	**Physische Umgebung** Angemessene Spielsachen und Ausstattungsgegenstände	**Soziale Umgebung** Rolle der Erwachsenen
Geistig Die Säuglinge ... • erinnern sich an Spiele und Spielsachen von zurückliegenden Tagen • erwarten die Rückkehr von Personen • können sich konzentrieren, ohne sich unterbrechen zu lassen • ziehen das Tuch von einem Spielzeug, von dem sie gesehen haben, wie es versteckt wurde • Haben Freude daran, Dinge aus einem Behälter zu nehmen und wieder hineinzutun • lösen einfache mit dem Hantieren zusammenhängende Probleme • sind daran interessiert, die Konsequenzen ihres Verhaltens herauszufinden	• Die Objekte und Spielsachen, die oben unter „Körperlich" aufgelistet sind, eignen sich auch zur Förderung der geistigen Entwicklung • Stellen Sie zudem interessante und sichere Objekte aus der Erwachsenenwelt zur Verfügung – Töpfe, Pfannen, Holzlöffel und wertlose Dinge wie weggeworfene große und kleine Kisten (Säuglinge schätzen reale Objekte ebenso sehr wie Spielsachen)	• Geben Sie Säuglingen die Möglichkeit, Durchsetzungsvermögen zu entwickeln • Helfen Sie den Kindern, die Auswirkungen ihrer Handlungen auf andere zu interpretieren • Geben Sie den Kindern reichlich Gelegenheit, Selbsthilfefähigkeiten zu entwickeln • Helfen Sie den Kindern, Trennungsängste auszudrücken und zu akzeptieren, und helfen Sie ihnen, mit diesen Ängsten umzugehen • Ermöglichen Sie die Bindung an die Hauptbetreuerin • Seien Sie den Kindern ein gutes Vorbild (zeigen Sie ehrliche, weder heruntergespielte noch übertriebene Gefühle)
Sprache Die Säuglinge ... • schenken Gesprächen ihre Aufmerksamkeit • reagieren möglicherweise auch auf andere Worte als ihre Namen • können einfache Befehle ausführen • benutzen Worte wie „Mama" und „Papa" • verfügen über Intonation • können eine Lautsequenz wiederholen • schreien	• Die Kinder schätzen jetzt eine größere Auswahl an Bilderbüchern	• Beteiligen Sie die Säuglinge an Unterhaltungen • Sprechen Sie nicht über sie, wenn sie dabei sind, es sei denn, Sie beziehen sie mit ein (dies ist in dieser Phase von besonderer Bedeutung) • Fördern Sie die Interaktionen der Säuglinge untereinander • Reagieren Sie auf die Laute der Säuglinge • Ermuntern Sie zum Gebrauch von Worten • Stellen Sie Fragen, auf die Säuglinge reagieren können

Entwicklungsniveau V: 12 Monate

Entwicklungsbereich	Physische Umgebung Angemessene Spielsachen und Ausstattungsgegenstände	Soziale Umgebung Rolle der Erwachsenen

Körperlich

Grobmotorik
Die Säuglinge ...
- können stehen, ohne sich festzuhalten
- können laufen, aber ziehen es wahrscheinlich vor, zu krabbeln
- klettern Treppen herauf und herunter
- können aus dem Kinderbett klettern

Feinmotorik
Die Säuglinge ...
- können beide Hände zur selben Zeit für unterschiedliche Dinge benutzen
- können ihre Daumen gut benutzen
- lassen erkennen, dass sie eine Hand bevorzugen
- können sich selbst ausziehen oder Schnürsenkel aufbinden

- brauchen drinnen wie draußen viel Platz, um das Krabbeln zu genießen und das Laufen zu üben
- brauchen viele Objekte, mit denen sie hantieren, die sie erforschen, mit denen sie experimentieren und die sie herumtragen können

- Sorgen Sie für Sicherheit und viel Bewegung
- Drängen Sie Kinder nicht zum Laufen – erlauben Sie es ihnen, selbst zu entscheiden, wann für sie mit dem Krabbeln Schluss ist

Entwicklungsbereich	**Physische Umgebung** Angemessene Spielsachen und Ausstattungsgegenstände	**Soziale Umgebung** Rolle der Erwachsenen
Emotional/Sozial *Gefühle und Selbsterkenntnis* Die Säuglinge ... • zeigen viele verschiedene Emotionen und reagieren auf diejenigen anderer Menschen • fürchten sich vor Fremden und vor neuen Orten • zeigen Zuneigung • bringen Stimmungen und Vorlieben zum Ausdruck • können um den Unterschied zwischen ihrem Besitz und dem Besitz anderer Menschen wissen	• Stellen Sie eine Umgebung bereit, die zur Nutzung von Selbsthilfefähigkeiten ermuntert und diese fördert	• Treffen Sie Vorkehrungen zur Unterstützung der Selbsthilfefähigkeiten • Bemerken Sie die Gegenstände, die den Säuglingen gehören, und helfen Sie dabei, sie zu beschützen • Geben Sie den Kindern Anerkennung • Setzen Sie angebrachte Grenzen • Akzeptieren Sie unkooperatives Verhalten als ein Zeichen von Selbstbewusstsein und Durchsetzungsvermögen • Geben Sie Wahlmöglichkeiten • Geben und erwidern Sie Zuneigung • Akzeptieren Sie Ängste und Frustrationen und helfen Sie den Kindern, damit umzugehen
Sozial Die Säuglinge ... • essen allein • helfen beim Anziehen • gehorchen auf Befehle • suchen Anerkennung, sind aber nicht immer kooperativ	• Stellen Sie Mittel und Geräte zur Verfügung, die für die Selbsthilfe nötig sind	• Fördern Sie Selbsthilfefähigkeiten

Entwicklungsbereich	**Physische Umgebung** Angemessene Spielsachen und Ausstattungsgegenstände	**Soziale Umgebung** Rolle der Erwachsenen
Geistig Die Säuglinge ... • sind gut darin, versteckte Objekte zu finden • haben ein besseres Gedächtnis • lösen Probleme • wenden mit Erfolg die Trial-and-Error-Methode an • erforschen neue Herangehensweisen an Probleme • denken über Handlungen nach, bevor sie sie ausführen (manchmal) • imitieren Menschen, die nicht anwesend sind	• Kinder auf diesem Entwicklungsniveau haben Vergnügen an den meisten Spielsachen und Haushaltsgeräten, die bereits erwähnt wurden, benutzen sie aber auf raffiniertere Art • Sie haben ebenfalls Vergnügen an großen Perlen zum Auffädeln, großen Legosteinen, kleinen Bauklötzen, Stapelkegeln, Holzeisenbahnen mit ineinanderschnappenden Teilen usw.	• Fördern Sie aktives Problemlösen • Sorgen Sie für Interaktion unter den Kindern • Gestalten Sie die Umgebung so, dass die Kinder neue und komplexere Wege erkennen, wie sich Spielsachen und Ausstattungsgegenstände nutzen lassen
Sprache Die Säuglinge ... • wissen, dass Worte für Objekte stehen • fangen an, sich so anzuhören, als sprächen sie die Sprache ihrer Eltern (benutzen dieselben Laute und Intonationen) • benutzen Gesten, um sich auszudrücken • können zwei bis acht Worte sagen	• Auf diesem Niveau fördern Spieltelefone, Puppen und Bücher die Sprachentwicklung • Wenn Kinder spielen, kann ein jedes Spielzeug Anlass zum Reden sein • Musik fördert die Sprachentwicklung	• Fördern Sie die Interaktion unter Kindern; Kinder lernen das Sprechen von Erwachsenen, aber sie üben sich darin, wenn sie mit anderen Kindern spielen • Geben Sie einfache Anweisungen • Spielen Sie mit den Kindern Spiele • Singen Sie Lieder und spielen Sie Fingerspiele • Ermutigen Sie die Kinder dazu, ihre Gefühle auszudrücken • Ergänzen Sie, wenn Sie reagieren, fehlende Wörter, und vervollständigen Sie so die Aussage des Kindes

Die Umgebung 535

Entwicklungsniveau VI: 18 Monate

Entwicklungsbereich	**Physische Umgebung** Angemessene Spielsachen und Ausstattungsgegenstände	**Soziale Umgebung** Rolle der Erwachsenen
Körperlich *Grobmotorik* Die Kinder ... • laufen schnell und gut • fallen selten hin • können rennen, wenngleich unbeholfen • gehen Treppen hinauf, wenn sie an der Hand gehalten werden *Feinmotorik* Die Kinder ... • können mit einem Buntstift kritzeln und abmalen, was ihnen jemand vormalt. • haben eine bessere Kontrolle, wenn sie allein essen	Die Kinder ... • brauchen Platz zum Laufen und Rennen • machen gerne Spaziergänge, wenn die Erwachsene nicht zu ergebnisorientiert ist • haben Vergnügen an vielen sensorischen Erfahrungen, z. B. am Spiel mit Wasser und Sand	• Sorgen Sie für eine reich gefüllte und interessante Umgebung; möglicherweise müssen Sie die Anordnung in regelmäßigen Abständen verändern und neue Spielsachen einführen • Fördern Sie Interaktionen unter den Kindern • Ermöglichen Sie genug sportliche Betätigung

Entwicklungsbereich	Physische Umgebung Angemessene Spielsachen und Ausstattungsgegenstände	Soziale Umgebung Rolle der Erwachsenen
Emotional/sozial Die Kinder ... • ahmen beim Fiktionsspiel Erwachsene nach • sind daran interessiert, bei der Hausarbeit mitzuhelfen • finden den Prozess des An- und Ausziehens interessant; können sich bis zu einem gewissen Grad selbst ausziehen • fangen möglicherweise an, etwas Kontrolle über Blase und Darm zu haben	• Stellen Sie Utensilien für das Fiktionsspiel zur Verfügung, z. B. Kostüme, Puppen, Haushaltsgegenstände, Geschirr	• Erlauben Sie es den Kindern, im Rahmen ihrer Möglichkeiten zu helfen • Setzen Sie Grenzen und sorgen Sie sanft, aber bestimmt dafür, dass sie eingehalten werden • Unterstützen Sie Selbsthilfefähigkeiten • Helfen Sie den Kindern bei der Interaktion und reden Sie ihnen in Situationen, die durch Aggression gekennzeichnet sind, beruhigend zu
Geistig • Die Kinder können beginnen, Probleme in ihrem Kopf zu lösen • Sprachentwicklung verläuft rasant • Beginn der Fähigkeit, sich etwas vorzustellen und Rollenspiele zu spielen	• Bieten Sie unterschiedliche Spielsachen, die auf niedrigen Regalen bereitliegen, damit die Kinder unter ihnen auswählen können – Puppen, Stofftiere, Puppenstuben, mit kleinen Objekten gefüllte Behälter, Messbecher, Löffel usw.	• Bieten Sie eine Reihe Wahlmöglichkeiten • Helfen Sie Kindern dabei, ungestört an einem Problem zu arbeiten • Ermuntern Sie zum Sprachgebrauch
Sprache Die Kinder ... • sagen möglicherweise Wörter, um Aufmerksamkeit zu bekommen • können Wörter benutzen, um Bedürfnisse zum Ausdruck zu bringen • kennen vielleicht 10 Wörter • haben Vergnügen an Bilderbüchern	• Bücher mit klaren, einfachen Bildern	• Sorgen Sie für vielfältige Erfahrungen und helfen Sie Kindern, darüber zu sprechen • Stellen Sie Fragen und ermuntern Sie Kinder dazu, ebenfalls zu fragen • Lesen Sie laut vor

Entwicklungsniveau VII: 24 Monate

Entwicklungsbereich	Physische Umgebung Angemessene Spielsachen und Ausstattungsgegenstände	Soziale Umgebung Rolle der Erwachsenen
Körperlich *Grobmotorik* Die Kinder … • laufen hastig, haben Schwierigkeiten, anzuhalten und sich umzudrehen • gehen Treppen hinauf und hinunter (halten sich möglicherweise dabei fest) • werfen einen Ball • schießen einen Ball nach vorne weg *Feinmotorik* Die Kinder … • ziehen sich Kleidung, die keine Probleme bereitet, selbst an • halten Löffel, Gabel und Tasse, können aber immer noch kleckern • können einen Pinsel benutzen, klecksen aber mit der Farbe • können die Seiten eines Buches umblättern	• Niedrige Klettergerüste und Rutschen • Große leichte und schwere Bälle • Niedrige, lenkbare, gut ausbalancierte Fahrzeuge mit drei und vier Rädern, sowohl mit als auch ohne Pedale • Schaukeln, in die sich die Kinder ohne fremde Hilfe setzen und aus denen sie alleine wieder herauskommen können • Hügel, Rampen, niedrige Treppen • Platz zum Rennen • Große, leichtgewichtige Blöcke • Holzpuzzles mit zwei bis vier großen Teilen • Steckbretter • Stapelspielsachen • Große Perlen zum Auffädeln • Bausätze (einfach zusammenzubauen) • Knetmasse • Rhythmusinstrumente • Spiele, bei denen Strukturen ertastet und zugeordnet werden • Fühlkisten • Sand und Wasser und Spielzeug, um darin zu spielen • Puppen zum Anziehen und – meistens – Ausziehen • Bücher • Filzstifte, Buntstifte, Fingerfarben	• Lassen Sie den Kindern die Freiheit, sich so zu bewegen, wie sie es gerne möchten (natürlich innerhalb gewisser Grenzen) • Ermöglichen Sie viele Körper- und Sinneserfahrungen • Ermuntern Sie Kinder dazu, herauszufinden, wie sich vertraute Spielsachen und Ausstattungsgegenstände auf neue Art und Weise kombinieren und verwenden lassen • Bieten Sie Wahlmöglichkeiten • Lassen Sie es zu, dass die Kinder sich im Spaß jagen oder freundschaftlich miteinander kämpfen • Spielen Sie mit den Kindern Kreisspiele und singen Sie mit ihnen Lieder, zu denen man sich bewegt (machen Sie hieraus aber nicht im Rahmen eines Morgenkreises eine Pflichtaktivität für die gesamte Gruppe) • Unterstützen Sie den Gebrauch der kleinen Muskeln, indem Sie viele Wahlmöglichkeiten bieten • Bieten Sie eine Reihe sensorischer Aktivitäten • Erlauben Sie es den Kindern, Spielzeug und Materialien auf kreative Art zu verwenden (natürlich innerhalb bestimmter Grenzen)

Entwicklungsbereich	Physische Umgebung Angemessene Spielsachen und Ausstattungsgegenstände	Soziale Umgebung Rolle der Erwachsenen
		• Erlauben Sie es den Kindern, Materialien und Spielsachen auf einzigartige Art und Weise miteinander zu kombinieren (natürlich innerhalb gewisser Grenzen) • Erleichtern Sie das Problemlösen, wenn Kinder festsitzen
Emotional/Sozial Die Kinder ... • können verstehen, was persönlicher Besitz bedeutet („meins"; „Papas") • können dazu neigen, eigene Gegenstände zu horten; wehren sich vielleicht dagegen, zu teilen • behaupten ihre Unabhängigkeit („Ich machen!") • sind stolz, wenn sie etwas geschafft haben • sagen vielleicht selbst „nein", wenn ihnen etwas angeboten wird, das sie eigentlich gerne hätten	• Stellen Sie Platz für persönliche Gegenstände der Kinder zur Verfügung (Fächer oder Kisten) • Sorgen Sie dafür, dass beliebte Spielsachen zweimal vorhanden sind, damit das Teilen nicht so sehr zum Thema wird • Sorgen Sie dafür, dass es reichlich Dinge zu tun gibt, damit das Teilen nicht so sehr zum Thema wird • Handpuppen bieten Kindern manchmal eine Möglichkeit, ihre Gefühle ausdrücken • Kunst, Musik und Erfahrungen mit dem Fiktionsspiel (siehe „Feinmotorik") ermöglichen es Kindern, ihre Gefühle auszudrücken • Auch Erfahrungen, die sie mit den großen Muskeln machen, ermöglichen es Kindern, ihre Gefühle auszudrücken	• Respektieren Sie das Bedürfnis der Kinder, Gegenstände, die ihnen gehören, festzuhalten • Führen Sie Teilen modellhaft vor, statt es zu verlangen • Erlauben Sie es den Kindern, zu versuchen, Dinge selbst zu tun, auch wenn Sie wissen, dass Sie diese Dinge besser oder schneller erledigen können • Helfen Sie den Kindern, etwas zu erreichen, auf das sie stolz sein können

Die Umgebung 539

Entwicklungsbereich	**Physische Umgebung** Angemessene Spielsachen und Ausstattungsgegenstände	**Soziale Umgebung** Rolle der Erwachsenen
Geistig Die Kinder ... • können die Teile einer Puppe identifizieren – Haare, Ohren usw. • können bei einem Formensortierspiel die Formen richtig zuordnen • können viele Probleme selbst lösen • können einfache Puzzles legen	• Stellen Sie zusätzlich zu den oben aufgelisteten Spielsachen Bücher, Puzzles und CDs zur Verfügung, zwischen denen Kinder wählen können und die ihnen Gelegenheit bieten, Konzepte zu entwickeln und Probleme zu lösen	• Bieten Sie viele Wahlmöglichkeiten hinsichtlich der Materialien, die die Kinder nutzen können, und der Art und Weise, wie sie ihre Zeit verbringen • Lassen Sie den Kindern die Freiheit, Materialien auf kreative Art zu verwenden • Ermutigen Sie zum Problemlösen • Erlauben Sie es den Kindern, Erkundungen anzustellen
Sprache Die Kinder ... • benutzen Personalpronomen (ich, du), aber nicht immer richtig • verwenden, wenn sie von sich selbst sprechen, ihren Namen • sagen Zwei- und Dreiwortsätze • kennen mindestens 50 bis 200 Wörter • sprechen über das, was sie tun	• Sorgen Sie für eine gute Auswahl an Büchern (die Kinder sind mittlerweile in der Lage, vorsichtig mit ihnen umzugehen) • Bilder im Raum, die auf Augenhöhe der Kinder hängen und häufig ausgetauscht werden, geben den Kindern Redestoff • Ermöglichen und schaffen Sie „Ereignisse" – Erlebnisse und Erfahrungen, die Kindern etwas bieten, über das sie reden können • Sorgen Sie dafür, dass die Kinder Erfahrung mit Musik machen	• Fördern Sie sowohl das Gespräch unter Kindern als auch das zwischen Kind und Erwachsenem • Helfen Sie den Kindern, Spekulationen anzustellen („Ich frage mich, was passieren würde, wenn ...") • Suchen Sie verschiedene Orte auf und sprechen Sie darüber, was Sie tun und sehen • Ermuntern sie die Kinder dazu, Gefühle und Bedürfnisse in Worte zu fassen • Helfen Sie Kindern, Meinungsverschieden-heiten auszudiskutieren, statt auf Schlagen, Treten und anderes negatives körperliches Verhalten zu vertrauen

Entwicklungsniveau VIII: 36 Monate

Entwicklungsbereich	Physische Umgebung Angemessene Spielsachen und Ausstattungsgegenstände	Soziale Umgebung Rolle der Erwachsenen

Körperlich
Grobmotorik
Die Kinder ...
- laufen, rennen kontrolliert, klettern gut, zielen, wenn sie einen Ball werfen
- hüpfen auf der Stelle
- halten sich für eine oder zwei Sekunden auf einem Fuß im Gleichgewicht
- können Dreirad fahren

Feinmotorik
Die Kinder ...
- ziehen sich die Schuhe an, binden aber die Schnürsenkel nicht zu
- ziehen sich die Kleidung an, schließen aber nicht die Knöpfe
- essen alleine und können dies gut
- kritzeln kontrollierter
- zeichnen einen Kreis oder malen ihn ab
- benutzen einen Pinsel und lassen die Farbe abtropfen, bevor sie malen
- zeigen Fantasie bei Konstruktionsspielen
- haben Kontrolle über Darm und Blase

Die Kinder brauchen alle Spielsachen und Ausstattungsgegenstände, die für 24 Monate alte Kinder genannt wurden, aber in größerer Version, die auch eine größere Herausforderung darstellt.
Das 36 Monate alte Kind kann beginnen, die für Vorschüler gedachte Ausstattung zu nutzen, und ist wahrscheinlich bereit, das Kleinkindprogramm hinter sich zu lassen und sich vorwärtszubewegen.
- Die Kinder können Vergnügen an großen Holzblöcken, Balancierbrettern, Latten, Kisten und Leitern haben, um hieraus etwas zu bauen
- Holzklötze unterschiedlicher Form und Größe mit Zubehör
- Bausets mit mehr und kleineren Teilen
- Fahrzeuge mit kleinen Rädern, die zu den Bauklötzen passen
- Sand- und Wasserspieltisch
- Puzzles
- Objekte zum Sortieren
- Flanelltafel und Figuren
- Kleine Perlen zum Auffädeln
- Große Auswahl an Materialien, darunter Farbe, Bilder usw. zur Herstellung von Collagen, Scheren, Klebe, Buntstifte, Filzstifte, Kreide
- Puppen und Zubehör
- Puppenstube

- Bieten Sie Wahlmöglichkeiten
- Sie können die Ausstattung für grobmotorische Bewegung für diese Altersgruppe nach draußen verlagern und von den Kindern erwarten, dass sie sich drinnen etwas mehr zügeln
- Passen Sie auf, dass Sie grobmotorische Erfahrungen bei Jungen nicht stärker fördern als bei Mädchen (beide Geschlechter sollten gleichermaßen gefördert werden; Mädchen, die sich sträuben, sollten sogar besondere Ermutigung erfahren)
- Ermuntern Sie die Kinder dazu, Spielsachen und Materialien auf kreative Art und Weise zu benutzen
- Finden Sie Wege, wie ältere Kinder sich mit Aktivitäten beschäftigen können, bei denen sie ihre kleinen Muskeln einsetzen und hantieren, ohne von jüngeren Kindern unterbrochen zu werden, die lieber Dinge kaputt machen als etwas bauen
- Halten Sie kleine Teile von jüngeren Kindern fern, die sich diese in den Mund stecken könnten
- Ermuntern Sie Mädchen wie Jungen zu feinmotorischen Aktivitäten (finden Sie, wenn Jungen hieran weniger Interesse haben, Materialien, die sie reizen)

Entwicklungsbereich	Physische Umgebung Angemessene Spielsachen und Ausstattungsgegenstände	Soziale Umgebung Rolle der Erwachsenen
Emotional/Sozial Die Kinder ... • zeigen möglicherweise, dass sie Menschen und Besitz achten • spielen mit anhaltendem Interesse • spielen und interagieren mit einem anderen Kind • sind bereit, die Toilette zu benutzen • können sich jeweils für kurze Zeit in die Gruppe einfügen	• Stellen Sie Platz für persönliche Gegenstände zur Verfügung • Bieten Sie viele Materialien, die es den Kindern ermöglichen, Gefühle miteinander zu teilen und Rollenspiele zu spielen, z. B. Utensilien für das Fiktionsspiel, Kostüme, Handpuppen, Puppen, kleine Figuren, Musikinstrumente und -erlebnisse, Materialien für künstlerisches Gestalten • Bücher, mit denen Kinder sich identifizieren können, helfen ihnen ebenfalls, ihre Gefühle auszudrücken • Sorgen Sie dafür, dass Toiletten zur Verfügung stehen, die problemlos genutzt werden können	• Fangen Sie damit an, zum Teilen und zum kooperativen Spiel zu ermuntern • Helfen Sie Kindern, sich mit Spielaktivitäten zu beschäftigen und bei der Sache zu bleiben, indem Sie Störung durch andere Kinder verhindern • Sie können von Kindern erwarten, dass sie sich an kurzen Gruppenaktivitäten wie dem Morgenkreis beteiligen • Begünstigen Sie die Interaktion unter Kindern
Geistig Die Kinder ... • können bis zwei oder drei zählen • können ein Gesicht oder eine sehr einfache Figur zeichnen • können einfache Puzzles legen • verfügen über höher entwickelte Problemlösefähigkeiten • nennen sich selbst „ich" und andere Menschen „du" • wissen, dass sie ein Junge oder ein Mädchen sind • kennen die meisten Körperteile • vergleichen Größen	• Die Vielfalt an oben aufgelisteten Baumaterialien, Spielsachen zum Hantieren, Utensilien für das Fiktionsspiel und Materialien für künstlerisches Gestalten tragen alle zur geistigen Entwicklung bei • Objekte zum Sortieren • Viele Puzzles • Holzlegespiele • Einfache Spiele wie Lotto • Einfache, praktische naturwissenschaftliche Vorführungen und Experimente	• Bieten Sie viele Wahlmöglichkeiten • Ermuntern Sie die Kinder dazu, beim Problemlösen mit Gleichaltrigen zu interagieren • Fördern Sie die intensive Beschäftigung mit Materialien, Aktivitäten und Menschen • Unterstützen Sie eine fragende Haltung • Unterstützen Sie kreatives Denken • Ermuntern Sie Kinder dazu, über vergangene wie über zukünftige Erfahrungen nachzudenken • Fördern Sie die Entwicklung von Zahlenkonzepten in einem natürlichen Zusammenhang

Entwicklungsbereich	**Physische Umgebung** Angemessene Spielsachen und Ausstattungsgegenstände	**Soziale Umgebung** Rolle der Erwachsenen
Sprache Die Kinder ... • verwenden den Plural • unterhalten sich unter Verwendung kurzer Sätze, beantworten Fragen, geben Informationen, nutzen die Sprache, um einfache Ideen auszudrücken • benennen Bilder und ordnen Handlungen ein • haben einen Wortschatz von 900 Wörtern • artikulieren sich ziemlich klar	• Eine Umgebung, die so aufgemacht ist, dass sie grobmotorische, feinmotorische, soziale, emotionale und geistige Erfahrungen ermöglicht, sollte den Kindern reichlich Redestoff bieten • Bieten Sie vielfältigere und komplexere Bücher und Bilder als für die Zweijährigen • Musikerlebnisse • Einfache, praktische wissenschaftliche Darstellungen und Experimente	• Unterstützen Sie es, dass Kinder den Vergleich von Größe, Gewicht usw. von Objekten in einem natürlichen Zusammenhang anstellen • Lesen Sie Bücher vor, erzählen Sie Geschichten, singen Sie Lieder • Betten Sie in alle Erfahrungen Sprache ein • Unterstützen Sie eine fragende Haltung • Unterstützen Sie Gespräche • Unterstützen Sie das Spekulieren • Unterstützen Sie verbales Konfliktlösen • Unterstützen Sie das Verbalisieren von Gefühlen • Helfen Sie Kindern, einander zuzuhören • Spielen Sie Sprachspiele wie Lotto

Anhang C

Leitsätze des *Parent Services Project*

Die Philosophie des *Parent Services Projekt*

Das *Parent Services Project* (PSP) ist eine nationale, gemeinnützige Organisation in den USA, die sich der Integration von Elternunterstützung in Programme der frühkindlichen Erziehung widmet. Die Organisation arbeitet auf der Grundlage der Erkenntnis, dass es für die Entwicklung eines Kindes von zentraler Bedeutung ist, dass es seinen Eltern gut geht und diese wissen und fühlen, wie wichtig sie für ihr Kind sind. Eltern, die in ihrer Elternrolle Erfüllung finden, bereichern das Leben ihrer Kinder, übernehmen aktivere Rollen in der Gemeinde und stärken ihre Familien, womit sie zur Erhöhung der gesamten Lebensqualität beitragen.

Partnerschaft

Die Beziehung zwischen Eltern und Mitarbeiterinnen ist durch Gleichberechtigung und Respekt gekennzeichnet, wodurch eine Partnerschaft entsteht, von der beide Seiten profitieren. Erfolg wurzelt darin, dass die hervorragende Leistung aller Partner gefördert wird.

Stärkung

Familien sind sich selbst die engagiertesten Befürworter und besten Unterstützer. Sie sind Entscheidungsträger in einem zusammenarbeitenden Team. Eltern, die vertrauensvoll und kompetent sind, befähigen ihre Kinder dazu, Erfolg zu haben, und fördern ihr Wohlbefinden.

Stärken der Familie

Familien sind Bereicherungen, nicht Hindernisse, die es zu überwinden gilt oder um die herumgearbeitet werden muss. Sie sind sich selbst und einander eine essenzielle Quelle der Hilfe und Unterstützung. Programme bauen auf diese Stärken der Familie. Es wird als ein Zeichen von Stärke gesehen, wenn Dienste in Anspruch genommen werden.

Kulturelle Kompetenz

Respekt ist möglich, wenn die Kultur einer jeden Familie geschätzt und anerkannt wird. Die Programme orientieren sich jeweils an den Gegebenheiten in den einzelnen Gemeinden und sind in kultureller und sozialer Hinsicht auf die Bedürfnisse und Interessen der Familien ausgerichtet, denen sie dienen.

Teilnehmergesteuert

Die Leistungen der Programme werden am besten von den Teilnehmern selber bestimmt. Die Eltern entscheiden sich, an Aktivitäten teilzunehmen, die ihren eigenen Bedürfnissen und Interessen entsprechen.

Soziale Unterstützung

Unterstützung ist für alle Familien wichtig. Netzwerke sozialer Unterstützung verringern die soziale Isolation und fördern das Wohlbefinden des Kindes, der Familie und der Gemeinde. Programme fungieren als Brücke zwischen Familien und anderen Diensten.

Anmerkungen

Kapitel I

1. Wir verwenden den Begriff *Betreuerinnen*, andere bevorzugen *Säuglingserzieherin*, *Kleinkinderzieherin* oder *Erzieherin* oder, im Falle der Familientagespflege, *Tagesmutter*. Magda Gerbers Organisation *Resources for Infant Educarers* (RIE) benutzt den Begriff *educarers*. Am Pikler-Institut wird der Begriff *Pflegerin* verwendet, auch wenn die Betreuerinnen keine medizinische Ausbildung haben.
2. Acredolo, Linda und Goodwyn, Susan (1996): *How to Talk with Your Babies before They Can Talk*. Lincolnwood, Ill., Contemporary Books.
3. Für weitere Erklärungen siehe: Gonzelez-Mena, Janet (2001): *Multicultural Issues in Child Care*. Mountain View, Calif., Mayfield.
4. Hier wurde der zum Ausdruck gebrachte Ärger eines Kindes als Beispiel genutzt, um zu zeigen, wie man respektvoll auf Säuglinge und Kleinkinder eingeht; es ist jedoch wichtig zu wissen, dass dieses spezielle Beispiel kulturgebunden ist. Nicht in allen Kulturen herrscht der Glaube an das Recht des Individuums, seinen Gefühlen Ausdruck zu verleihen, es sei denn, dadurch wird in irgendeiner Weise der Gruppe gedient.
5. Bradley Wright Films, 1 Oak Hill Drive, San Anselmo, Calif. 94960.
6. Bruner, Jerome S. (1982): The Organisation of Action and the Nature of Adult-Infant Transaction. In: Cranach, M. und Harre, R. (Hg.): *The Analysis of Action*. Cambridge, Cambride University Press.
7. Ob dieser interventionsfreie Ansatz, der den Kindern viel Freiheit lässt, unterstützt wird, ist eine Frage der Kultur. In einigen Kulturen wird Kindern beigebracht, dass man lernen muss, Hilfe dankbar anzunehmen, und dass das Beherrschen dieser Fähigkeit wichtiger ist, als auf den eigenen zwei

Beinen zu stehen. Weitere Erklärungen in Gonzalez-Mena, Janet (2005): *Diversity in Care and Education: Honoring Differences.* New York, McGraw-Hill.

8. Aus dem Video *The Next Step: Including the Infant in the Curriculum*, erarbeitet vom WestEd Program for Infant Toddler Caregivers (PITC), 2001.

Kapitel 2

1. David, Miriam u. Appell, Geneviève [1996] (2001): *Lóczy: An Unusual Approach To Mothering.* Übersetzung von: Clark, Jean Marie (1973): *Lóczy Ou Le Maternage Isolite*; überarbeitete Übersetzung von Judit Falk. Budapest, Association Pikler-Loczy for Young Children.
2. Gerber, Magda und Johnson, Allison (1998): *Your Self-Confident Baby.* New York, John Wiley & Sons. Gerber, Magda (1998): *Dear Parent: Caring for Infants with Respect.* Los Angeles, Resources for Infant Educarers.
3. Nodding, Nel (2002): *Educating Moral People: A Caring Alternative to Character Education.* New York, Teachers College Press. Nodding, Nel (2002): *Starting at Home: Care and Social Policy.* Berkeley, University of California Press. Nodding, Nel (1992): *The Challenge to Care in Schools.* New York, Teachers College Press.
4. Lally, J. Ronald (1998): Brain Research, Infant Learning, and Child Care Curriculum. In: *Child Care Information Exchange,* May, 46-48.
5. Persönlicher Brief von Patti Wade, Oktober 1978.
6. Maslow, Abraham H. (1968): *Toward a Psychology of Being* (2. Aufl.). New York, Van Nostrand, 51.
7. Hinter der Idee, dass das modellhafte Vorführen ein mächtiges Lehrwerkzeug ist, steht Albert Banduras soziale Lerntheorie. Banduras Forschung zeigte, dass Menschen vom Verhalten anderer beeinflusst werden. Später begannen sich die Forscher dafür zu interessieren, wie Kinder von einem sehr jungen Alter an andere Menschen nachahmen. Bandura, A. (1977): *Social Learning Theory.* Englewood Cliffs, N.J., Prentice-Hall.

Kapitel 3

1. Lally, J. Ronald (1995): The Impact of Child Care Policies and Practices on Infant/Toddler Identity Formation. In: *Young Children* 51 1, November, 58-67. In seinem Artikel liefert Lally überzeugende Argumente für die Bedeutung solcher Methoden wie einem System aus Hauptbetreuungspersonen.
2. David, Miriam u. Appell, Geneviève [1996] (2001): *Lóczy: An Unusual Approach To Mothering.* Übersetzung von: Clark, Jean Marie (1973): *Lóczy Ou Le Maternage Isolite*; überarbeitete Übersetzung von Judit Falk. Budapest, Association Pikler-Loczy for Young Children.
3. Lindbergh, Anne Morrow (1955): *Gift from the Sea.* New York, Pantheon, 104.
4. Für die vollständigen Untersuchungsergebnisse siehe: Feeding Infants and Toddlers Study (2004). In: *Journal of the American Dietetic Association,* January.

5. Was Sie in dieser Szene gesehen haben, basiert auf einer im November 2003 am Pikler-Institut durchgeführten Beobachtung. Beschreibung nach einem Artikel von Gonzalez-Mena, Janet (2004): What Can an Orphanage Teach Us? Lessons from Budapest. In: Young Children 58, 5, 27-30. Die Idee, dass Pflege das Curriculum ist, wird im Pikler-Institut sehr ernst genommen. Für die Ausführung einer jeden der regelmäßigen Pflegeaktivitäten werden Erwachsene auf spezielle Weise ausgebildet, mit der Folge, dass die Säuglinge und Kleinkinder in diesem Kinderheim vertrauensvolle und sichere Beziehungen mit ihren Betreuerinnen haben. Befriedigt von der individuellen Aufmerksamkeit, die sie im Laufe des Tages während der Pflegeaktivitäten erhalten, sind sie in der Lage, den Rest der Zeit frei zu erkunden. Hierbei spielen sie alleine oder miteinander und werden nur selten oder gar nicht von Erwachsenen unterbrochen. Dies ist zugegebenermaßen ein sehr spezielles, mit umfangreicher Ausbildung verbundenes Curriculum, und hier wird nichts dem Zufall überlassen. Der Ansatz des Instituts ist seit 1946 weiterentwickelt, untersucht und verbessert worden. Wir schlagen Ihnen nicht vor, dieses Modell zu übernehmen, aber wir denken, dass die Tatsache, dass die Mitarbeiterinnen des Pikler-Instituts mithilfe von Beobachtung und Forschung ihr eigenes, einzigartiges Curriculum entwickelt haben, andere Menschen dazu inspirieren kann, es ihnen gleichzutun.

6. Die Vorschläge in diesem Kapitel stimmen mit der Gesamtphilosophie des Buches überein, die auf einer Wertschätzung von Unabhängigkeit und Individualität basiert. Es ist wichtig anzumerken, dass diese Werte nicht in allen Kulturen vorherrschen. Deshalb sollten diese Herangehensweisen an Pflege und Betreuung mit den Eltern diskutiert werden und sollte Einigkeit erzielt werden. Für nähere Information dazu, wie mit Eltern hinsichtlich kultureller Fragen kommuniziert werden sollte, siehe Gonzalez-Mena, Janet: Diversity in Early Care and Education. Siehe ebenfalls die Videos zu diesem Thema: Early Childhood Training Series: Diversity. Magna Systems, 1995.

7. Beal, S. M. und Finch, C. F. (1993): An Overview of Retrospective Case Control Slides Investigating the Relationship Between Prone Sleep Positions and SIDS. In: Journal of Pediatrics and Child Health 27, 334-339.

Kapitel 4

1. Rosenkoetter, S. und Barton, L. (2002): Bridges to Literacy: Early Routines that Promote Later School Success. In: Zero to Three 22, 4, February/March, 33-38.
2. Papert, Seymour (1980): Mindstorm: Children, Computers, and Powerful Ideas. New York, Basic Books.
3. Bodrova, Elena und Leong, Deborah (1996): Tools of the Mind: The Vygotskian Approach to Early Childhood Education. Columbus, OH, Merrill.

4. Gonzalez-Mena, Janet (2004): What Can an Orphanage Teach Us? Lessons from Budapest. In: Young Children, September, 26-30.
5. Gerber, Magda (1995): From a Speech by Magda Gerber. In: Educaring 16, Summer, 7.
6. McVicker Hunt, J. (1961): Intelligence and Experience. New York, Ronald Press, 267.
7. Van Hoorn, Judith, Nourot, Patricia Monighan, Scales, Barbara und Alward, Keith Rodriquez (2003): Play at the Center of the Curriculum. Columbus, OH, Merrill.
8. Maslow, Abraham H. (1973): Psychologie des Seins. Ein Entwurf. Kindler, München, 68 (überarbeitet).
9. Ferguson, Jerry (1979): Creating Growth-Producing Environments for Infants and Toddlers. In: Jones, Elizabeth (Hg.): Supporting the Growth of Infants, Toddlers, and Parents. Pasedena, CA, Pacific Oaks.

Kapitel 5

1. Shore, Rima (1997): Rethinking the Brain: New Insights into Early Development. New York, Families and Work Institute, 16-18.
2. Klaus, M. und Kennell, J. (1982): Parent-Infant Bonding. St. Louis, Mosby, 2.
3. Isabella, R. und Belsky, J. (1991): Interactional Synchrony and the Origins of Infant-Mother Attachment. In: Child Development 6, 1991, 373-384.
4. Ainsworth, M., Blehman, M., Waters, E. und Wall, S. (1978): Patterns of Attachment: A Psychological Study of the Strange Situation. Hillsdale, N.J., Erlbaum, 333-341.
5. Mayseless, O. (1996): Attachment patterns and their outcomes. In: Human Development 39, 206-223.
6. Harlow, Harry (1958): The Nature of Love. In: American Psychology 13, 86.
7. Bowlby, John (2000): Attachment, vol. 1 von Attachment and Loss. New York, Basic, 343.
8. Lally, J. Ronald (1998): Brain Research, Infant Learning, and Child Care Curriculum. In: Child Care Information Exchange 121, May, 46-48.
9. Edwards, C. P. und Raikes, H. (2002): Relationship-Based Approaches to Infant/Toddler Care and Education. In: Young Children 57, 4, July, 10-17.
10. Kaplan, David (1990): Fetal-Infant Crack Addiction. In: Foster Parent Training (conference notes). Daly City, Calif.
11. Roebuck, T. M., Mattson, S. und Riley, E. (1999): Prenatal Exposure to Alcohol: Effects on the Brain. In: Hannigan, J. H. und Spear, L. P. (Hg.): Alcohol and Alcoholism. Mahwah. N.J., Erlbaum, 1-16.

Kapitel 6

1. Mandler, J. M. und Douglas, L. (1993): Concept Formation in Infancy. In: *Cognitive Development 8*, 291-318.
2. Samples, Robert (1976): *The Metaphoric Mind*. Menlo Park, Calif., Addison-Wesley, 95.
3. Bower, T. G. R. (1982): *Development in Infancy* (2. Aufl.). San Francisco, W. H. Freeman, 87-99.

4. Juscyk, P. W. und Aslin, R. N. (1997): Infants' Detection of the Sound Patterns of Words in Fluent Speech. In: *Cognitive Psychology 29*, 1-23.
5. Mandel, D. R., Juscyk, P. W. und Pisoni, D. B. (1995): Infants' Recognition of the Sound Patterns of Their Own Names. In: *Psychological Science 6*, 314-317.
6. Steiner, J. E.: Human Facial Expressions in Response to Taste and Smell Stimulation. In: Reese, H. W. und Lipsitt, L. P. (Hg.): *Advances in Child Development and Behavior*, vol. 13, 257-295.
7. Porges, S. W. und Lipsitt, L. P. (1993): Neonatal Responsivity to Gustatory Stimulation. In: *Infant Behavior and Development 16*, 487-494.
8. Simons, K. (Hg.) (1993): *Early Visual Development: Normal and Abnormal*. New York, Oxford University Press, 439-449.

Kapitel 7

1. Fomon, S. J. und Nelson, S. E. (2002): Body Composition of the Male and Female in Reference to Infants. In: *Annual Review of Nutrition 22*, 1-17.
2. Thompson, P. M. und Giedd, J. N. (2000): Growth Patterns in the Developing Brain. In: *Nature 404*, 190-192.
3. Casaer, P. (1993): Old and New Facts About Perinatal Brain Development. In: *Journal of Child Psychology and Psychiatry 34*, 101-109.
4. Bell, M. A. und Fox, N. A. (1998): Brain Development over the First Year of Life. In: Dawson, G. und Fischer, K. W. (Hg.): *Human Behavior and the Development of the Brain*. New York, Guilford, 314-345.
5. Thelen, E. und Smith, L. B. (1998): Dynamic Systems Theories. In: Damon, W. (Hg.): *Handbook of Child Psychology*, vol. 1, 563-633.
6. Pikler, Emmi (1972): Data on Gross Motor Development of the Infant. In: *Early Development and Care 1*, 297-310. Auch: Petrie, Stephanie und Owen, Sue (Hg.) (2005): *Authentic Relationships in Group Care for Infants and Toddlers: Resources for Infant Educarers (RIE) Principles into Practice*. London und Philadelphia, Jessica Kingsley Publishers.
7. Nach: *Parents: Do You Know the Early Warning Signals of Children with Special Needs?* National Easter Seal Society (2023 Ogden Ave., Chicago, IL, 1989).
8. Krog, S. (1990): *The Integrated Early Child Curriculum*. New York, McGraw-Hill, 6-41.

Kapitel 8

1. Flavell, J. H. (1982): On Cognitive Development. In: *Child Development 53*, 1-10.
2. Berk, L. und Winsler, A. (1995): *Scaffolding Children's Learning: Vygotskij and Early Childhood Education*. Washington, D.C., National Association for the Education of Young Children, 22.
3. Schickendanz, J., Hansen, K. und Forsyth, P. (1990): *Understanding Children*. Mountain View, Calif., Mayfield, 196.
4. Lally, J. Ronald (1998): Brain Research, Infant Learning, and Child Care Curricu-

lum. In: *Child Care Information Exchange 121*, May/June, 46-48.
5. Diamond, M. (1998): Magic Trees of Mind. New York, Plume, 112-120.
6. Rushton, Stephen (2001): Applying Brain Research to Create Developmentally Appropriate Learning Environments. In: *Young Children 56*, 5, September, 76-82.
7. Brooks, P. H. und McCauley, C. (1984): Cognitive Research in Mental Retardation. In: *American Journal of Mental Deficiency 88*, 479-486.

5. Wetherby, Amy (2003): First Words Project: An Update. Florida State University. In: *Proceedings of the NAEYC*. Portland, OR, National Institute for Early Childhood Professional Development.
6. Heath, S. B. (1983): *Ways with Words: Language, Life, and Work in Communities and Classrooms*. Cambridge, Cambridge University Press.
7. Stiames, G. und Rubin, H. (Hg.) (1986): *Stuttering: Then and Now*. Columbus, Ohio, Merrill.

Kapitel 9

1. Vygotskij, L. (1976): Play and Its Role in the Mental Development of the Child. In: Bruner, J., Jolly, A. und Sylvia, K. (Hg.): *Play: Its Role in Development and Evolution*. New York, Basic Books.
2. Woodward, A. L. und Markman, E. M. (1998): Early Word Learning. In: Damon, William (Hg. der Serie), Kuhn, Deanna und Sieger, R. S. (Hg. des Bandes): *Handbook of Child Psychology*, vol. 2: *Cognition, Perception and Language* (5. Aufl.). New York, Wiley, 371-420.
3. Begley, S. (1997): How to Build a Baby's Brain. In: *Newsweek*, Spring/Summer, 28-32.
4. Mills, D. L., Coffey-Cornia, S. A. und Neville, H. J. (1994): Variability in Cerebral Organization During Primary Language Acquisition. In: Davidson, G. und Fischer, K. W. (Hg.): *Human Behavior and the Developing Brain*. New York, Guilford, 427-455.

Kapitel 10

1. Leboyer, Frederick (1978): *Birth Without Violence*. New York, Random House.
2. Chess, Stella und Thomas, Alexander (1996): *Temperament: Theory and Practice*. New York, Brunner/Mazel.
3. Thomas, Alexander und Chess, Stella (1977): *Temperament: Theory and Practice*. New York, Brunner/Mazel.
4. Rothbart, M. K., Ahadi, B. A. und Evans, D. E. (2000): Temperament and Personality: Origins and Outcomes. In: *Journal of Personality and Social Psychology 78*, 122-135.
5. Luthar, S. C., Cicchetti, D. und Becker, B. (2000): The Construct of Resilience: A Critical Evaluation and Guidelines for the Future. In: *Child Development 74*, 543-562.
6. Frantz, M. L. von (1968): Der Individuationsprozess. In: Jung, C. G. u. a.: *Der Mensch und seine Symbole*. Olten und Freiburg im Breisgau, Walter-Verlag, 161f.

7. Maslow, Abraham H. (1968): Toward a Psychology of Being. New York, Van Nostrand, 157.
8. Maslow, Abraham H. (1973): Psychologie des Seins. Ein Entwurf. München, Kindler, 166.
9. Maslow, Abraham H. (1973): Psychologie des Seins. Ein Entwurf. München, Kindler, 198.
10. Gilkerson, L. (1998): Brain Care: Supporting Healthy Emotional Development. In: *Child Care Information Exchange 121*, May, 66-68.
11. Shore, Rima (1997): *Rethinking the Brain.* New York, Families and Work Institute, 28-30
12. Ebenda, 41-43.
13. Hallahan, D. und Kauffman, J. (1991): *Exceptional Children, Introduction to Special Education* (5. Aufl.). Englewood Cliffs, N.J., Prentice Hall, 176-178.
14. Egeland, B. und Farber, E. A. (1984): Infant-Mother Attachment: Factors Related to Its Development and Changes over Time. In: *Child Development 55*, 753-771.

Kapitel 11

1. Bower, T. G. R. (1982): *Development in Infancy* (2. Aufl.). San Francisco, W. H. Freeman, 256.
2. Roopnarine, Jaipaul L. und Honig, Alice S. (1985): The Unpopular Child. In: *Young Children*, September, 61.
3. McMurtry, Doyleen, Kleinkindpädagogin, Solano College, Suisun, California.
4. Lally, R.: The Art and Science of Child Care. In: *Program for Infant/Toddler Caregivers*. WestEd, 180 Harbor Drive, Suite 112, Sausalito, Calif.
5. Gibran, Khalil (1985): *Der Prophet* (19. Aufl.). Olten und Freiburg im Breisgau, Walter-Verlag. Übersetzung von: Gibran, Khalil (1923): *The Prophet*. New York, Alfred A. Knopf.

Kapitel 12

1. Together in Care: Meeting the Intimacy Needs of Infants and Toddlers in Groups. In: *Child Care Video Magazine*. Sacramento, Calif., Far West Laboratory and California Department of Education, 1992, 7-8.
2. Torelli, Louis (1989): The Developmentally Designed Group Care Setting: A Supportive Environment for Infants, Toddlers and Caregivers. In: *Zero to Three*, December, 7-10.
3. Prescott, Elizabeth: The Physical Environment – Powerful Regulator of Experience. In: *Child Care Information Exchange*, Reprint #4, C-44, Redmont, Wash. 98052.
4. Barker, Roger G. (1968): *Ecological Psychology: Concepts and Methods for Studying the Environment of Human Behavior*. Stanford, Calif., Stanford University Press.
5. Wolf, Dennie (1987): An Interview with Jim Greenman. In: *Child Care Information Exchange*, September, 19.
6. Danke an Maggie Cole für diese Ideen, die sie mit Säuglingen und Kleinkindern am Napa Valley College Child Care Center umgesetzt hat.

7. Diese Ideen stammen von Molly Sullivan, die sie in ihrer Familientagespflegestätte in Berkeley, Kalifornien, umgesetzt hat.
8. Jones, Elizabeth und Prescott, Elizabeth (1978): *Dimensions of Teaching-Learning Environments II: Focus on Day Care.* Pasadena, Calif., Pacific Oaks.
9. Torelli: The Developmentally Designed Group Care Setting.
10. Ruth Money (2006): RIEs "Lehrplan" für die Früherziehung. In: Petrie, Stephanie und Owen, Sue (Hg.): *Authentische Beziehungen in der Gruppenbetreuung von Säuglingen und Kleinkindern. Resources for Infant Educarers (RIE).* Freiamt im Schwarzwald, Arbor Verlag, 71-99.
11. Greenman, Jim (1982): Designing Infant/Toddler Environments. In: Lurie, Robert und Neugebauer, Roger (Hg.): *Caring for Infants and Toddlers: What Works, What Doesn't,* vol. 2. Redmond, Wash., Child Care Information Exchange.

Kapitel 13

1. Lally, J. R. (1995): The Impact of Child Care Policies and Practices on Infant/Toddler Identity Formation. In: *Young Children 51,* 1, November, 58-67.
2. Delpit, Lisa (1995): *Other People's Children.* New York, New Press.
3. In ihrem Buch *Black Children: Their Roots, Culture, and Learning Styles* beschreibt Janice Hale-Benson, wie Disziplin in der schwarzen Gemeinde funktioniert. Von jedem und jeder Erwachsenen wird erwartet, unerwünschtes Betragen entschieden zu korrigieren, auch wenn es anderer Leute Kinder sind, die sich ungezogen benehmen. Jedes schlechte Benehmen wird nicht nur augenblicklich korrigiert, sondern auch den Eltern mitgeteilt. Mit anderen Worten, es gibt in der schwarzen Gemeinde ein Netzwerk sozialer Kontrolle, das die Verantwortung für alle Kinder in der Gemeinde übernimmt. Kinder sind nicht sich selbst überlassen; es gibt immer jemanden, der sie im Auge behält. Nach Aussage von Hale-Benson unterscheidet sich dieser Ansatz von dem in den Schulen, wo die Lehrer nicht so genau aufpassen, weil sie von den Kindern erwarten, dass sie innere Kontrollen entwickeln. Deshalb sind Kinder, die daran gewöhnt sind, gewissenhaft beobachtet und kontrolliert zu werden, mehr sich selbst überlassen, als sie es gewohnt sind. Eltern, die erwarten, augenblicklich über jedes schlechte Benehmen in Kenntnis gesetzt zu werden, sehen die Schule möglicherweise als einen laxen Ort an, an dem es anscheinend weniger externe Kontrollen gibt, die dafür sorgen würden, dass die Kinder sich gut benehmen. Siehe Hale-Benson, Janice E. (1986): *Black Children: Their Roots, Culture, and Learning Styles.* Baltimore, Johns Hopkins University Press, 85.

Kapitel 14

1. Eine Mutter im Teenagealter ist möglicherweise auf ihre Mutter angewiesen oder muss sich vielleicht zumindest mit ihr beraten. Eine Ehefrau kann die Zustimmung ihres Mannes benötigen, um Entscheidungen zu fällen. Manchmal trifft anstelle der Eltern die Großmutter Entscheidungen über ihre Enkelkinder. In einigen Familien werden Entscheidungen gemeinsam gefunden. Es hat keinen Sinn, ein Problem mit der Mutter zu diskutieren, wenn sie nicht befugt ist, Entscheidungen zu fällen. In manchen Kulturen sorgt die Familienstruktur dafür, dass endgültige Entscheidungen von jemand anders als der Mutter oder sogar dem Vater getroffen werden.
2. Elam, P. (2005): Creating Quality Infant Group Care Programs. In: Ruth Money (2005): The RIE Early Years 'Curriculum'. In: Petrie, Stephanie und Owen, Sue (Hg.): *Authentic Relationships in Group Care for Infants and Toddlers: Resources for Infant Educarers (RIE) Principles into Practice.* London und Philadelphia, Jessica Kingsley Publishers, 83-92.

Literaturverzeichnis

Kapitel I

Acredolo, Linda und Goodwyn, Susan (1996): *How to Talk with Your Babies before They Can Talk.* Lincolnwood, Ill., Contemporary Books.

Bruner, Jerome S. (1982): The Organisation of Action and the Nature of Adult-Infant Transaction. In: Cranach, M. und Harre, R. (Hg.): *The Analysis of Action.* Cambridge, Cambridge University Press.

Coughlan, Catherine (2005): Using the RIE Approach in a Family Day Care Home. In: Petrie, Stephanie und Owen, Sue (Hg.): *Authentic Relationships in Group Care for Infants and Toddlers: Resources for Infant Educarers (RIE) Principles into Practice.* London und Philadelphia, Jessica Kingsley Publishers, 69-82.

David, Miriam u. Appell, Geneviève [1996] (2001): *Lóczy: An Unusual Approach To Mothering.* Übersetzung von: Clark, Jean Marie (1973): *Lóczy Ou Le Maternage Isolite*; überarbeitete Übersetzung von Judit Falk. Budapest, Association Pikler-Loczy for Young Children.

Edwards, C. und Gandini, L. (2000): Research as a Partnership for Learning Together. In: Gandini, L. und Edwards, C. P. (Hg.): *Bambini: The Italian Approach to Infant-Toddler Care.* New York, Teachers College Press, 181-199.

Elam, Polly (2005): Creating Quality Infant Group Care Programs. In: Petrie, Stephanie und Owen, Sue (Hg.): *Authentic Relationships in Group Care for Infants and Toddlers: Resources for Infant Educarers (RIE) Principles into Practice.* London und Philadelphia, Jessica Kingsley Publishers, 83-92.

Ferraro, P. (1993): Supporting Competence in Children. In: *Educaring 8*, 2, Spring, 1-3.

Garcia, R. (1985): *Home Centered Care: Designing a Family Day Care Program, a Guide for Caregivers and Parents.* San Francisco, Children's Council of San Francisco.

Gerber, Magda (1991): Resources for Infant Educarers. Los Angeles, Resources for Infant Educarers.

Gerber, Magda (1979): Respecting Infants: The Loczy Model of Infant Care. In: Jones, E. (Hg.): *Supporting the Growth of Infants, Toddlers and Parents.* Pasadena, Calif., Pacific Oaks.

Gerber, Magda (2005): RIE Principles and Practices. In: Petrie, Stephanie und Owen, Sue (Hg.): *Authentic Relationships in Group Care for Infants and Toddlers: Resources for Infant Educarers (RIE) Principles into Practice.* London und Philadelphia, Jessica Kingsley Publishers, 35-49.

Gonzalez-Mena, Janet (2005): *Diversity in Care and Education: Honoring Differences.* New York, McGraw-Hill.

Gonzalez-Mena, Janet (2004): What Can an Orphanage Teach Us? Lessons from Budapest. In: *Young Children*, September, 26-30.

Greenough, W., Emde, R. N. Gunnar, M. Massinga, R. und Shonkoff, J. P. (2001): The Impact of the Caregiving Environment on Young Children's Development: Different Ways of Knowing. In: *Zero to Three 21*, 5, April/May, 16-24.

Honig, A. S. (2002): *Secure Relationships: Nurturing Infant/Toddler Attachment in Early Child Care Settings.* Washington, D.C., National Association for the Education of Young Children.

Honig, A. S. (1989): Quality in Infant/Toddler Caregiving: Are There Magic Recipes? In: *Young Children*, May, 4-10.

Klass, C. S. (1987): Childrearing Interactions within Developmental Home- or Center-Based Early Education. In: *Young Children*, March, 9-13.

Money, Ruth (2005): The RIE Early Years 'Curriculum'. In: Petrie, Stephanie und Owen, Sue (Hg.): *Authentic Relationships in Group Care for Infants and Toddlers: Resources for Infant Educarers (RIE) Principles into Practice.* London und Philadelphia, Jessica Kingsley Publishers, 51-68.

National Research Council and Institute of Medicine, Board on Children, Youth, and Families, Commission on Behavioral and Social Sciences and Education (2000): *From Neurons to Neighborhoods: The Science of Early Childhood Development.* Washington, D.C., National Academy Press.

Nguyen, T. D. (1995) : Honey, the Baby is Wet! In: *Educaring 16*, 2, Winter-Spring, 10-12.

Petrie, Stephanie (2005): The Work of Emmi Pikler and Magda Gerber. In: Petrie, Stephanie und Owen, Sue (Hg.): *Authentic Relationships in Group Care for Infants and Toddlers: Resources for Infant Educarers (RIE) Principles into Practice.* London und Philadelphia, Jessica Kingsley Publishers, 17-34.

Pinto, C. (1995): Is Faster Better? In: *Educaring 16*, 2, Winter-Spring, 4-6.

Pinto, C. (2001): Supporting Competence in a Child with Special Needs: One Child's Story. In: *Educaring 22*, 2, Spring, 1-6.

Schall, J. (2002): Rites of Passage. In: *Educaring 23*, 1, Winter, 1-5.

Shonkoff, J. P. und Phillips, D. (2001): From Neurons to Neighborhoods: The Science of Early Childhood Development – An Introduction. In: *Zero to Three 21*, 5, April/May, 4-7.

Solter, A. (1994): Listening to Infants. In: *Educaring 15*, 1, Winter, 1-4.

Szanton, E. S. (2001): For America's Infants and Toddlers, Are Important Values Threatened by Our Zeal to 'Teach'? In: *Young Children 56*, 1, January, 15-21.

Kapitel 2

Bandura, A. (1977): *Social Learning Theory.* Englewood Cliffs, N.J., Prentice-Hall.

Bernhard, J. K. und Gonzalez-Mena, J. (2000): The Cultural Context of Infant and Toddler Care. In: Cryer, D. und Harms, T. (Hg.): *Infants and Toddlers in Out-of-Home Care.* Baltimore, Brookes.

Bower, T. G. R. (1982): *Development in Infancy.* San Francisco, W. H. Freeman.

Cook, R. E., Tessier, A. und Klein, M. D. (2000): *Adapting Early Childhood Curricula for Children in Inclusive Settings.* Columbus, Ohio, Merrill.

David, Miriam u. Appell, Geneviève [1996] (2001): *Lóczy: An Unusual Approach To Mothering.* Übersetzung von: Clark, Jean Marie (1973): *Lóczy Ou Le Maternage Isolite*, überarbeitete Übersetzung von Judit Falk. Budapest, Association Pikler-Loczy for Young Children.

Flyer, J. (1994): Profound, I Say! In: *Educaring 15*, 2, Spring, 1-4.

Gerber, M. (1983): Conflict Resolutions with Infants. In: *Educaring 4*, 4, Fall, 3.

Gerber, Magda (1998): *Dear Parent: Caring for Infants with Respect.* Los Angeles, Resources for Infant Educarers.

Gerber, Magda und Johnson, Allison (1998): *Your Self-Confident Baby.* New York, John Wiley & Sons.

Gibran, K. (1965): *The Prophet.* New York, Alfred A. Knopf.

Goffin, S. G., mit Tull, C. (1985): Problem Solving: Encouraging Active Learning. In: *Young Children*, March, 28-32.

Gonzalez-Mena, J. (1993): Praise with a Purpose is Sneaky and Manipulative. In: *Educaring 14*, 4, Fall, 1-4.

Gonzalez-Mena, J. (1986): Toddlers: What to Expect. In: *Young Children*, November, 47-51.

Greenberg, P. (1991): Do You Take Care of Toddlers? In: *Young Children*, January, 52-53.

Greenspan, S. I. (1999): *Building Healthy Minds.* Cambridge, Mass., Perseus.

Greenspan, S. I. und Wieder, S. (1998): *The Child with Special Needs: Ecouraging Intellectual Emotional Growth.* Reading, Mass., Perseus.

Grey, K. (1995): Not in Praise of Praise. In: *Child Care Information Exchange 104*, July/August, 56-59.

Honig, A. S. (1989): Quality in Infant/Toddler Caregiving: Are There Magic Recipes? In: *Young Children*, May, 4-10.

Lally, J. Ronald (1998): Brain Research, Infant Learning, and Child Care Curriculum. In: *Child Care Information Exchange*, May, 46-48.

Levine, S. (1960): Stimulation in Infancy. In: *Scientific American*, May, 436 u. 624.

Love, J., Raikes, H., Paulsell, D. und Kisker, E. E. (2000): New Directions for Studying Quality in Programs for Infants and Toddles. In: Cryer, D. und Harms, T. (Hg.): *Infants and Toddlers in Out-of-Home Care*. Baltimore, Brookes, 117-162.

Maslow, Abraham H. (1968): *Toward a Psychology of Being*, 2. Aufl. New York, Van Nostrand, 51.

Musatti, T. und Mayer, S. (2001): Knowing and Learning in an Educational Context: A Study in the Infant-Toddler Centers of the City of Pistoia. In: Gandini, L. und Edwards, C. P. (Hg.): *Bambini: The Italian Approach to Infant-Toddler Care*. New York, Teachers College Press.

Nodding, Nel (1992): *The Challenge to Care in Schools*. New York, Teachers College Press.

Nodding, Nel (2002): *Educating Moral People: A Caring Alternative to Character Education*. New York, Teachers College Press.

Nodding, Nel (2002): *Starting at Home: Care and Social Policy*. Berkeley, University of California Press.

Paretto, H. P., Jr., Dunn, N. S. und Hoge, D. R. (1995): Low-Cost Communication Devices for Children with Disabilities and Their Family Members. In: *Young Children 50*, 6, September, 75-81.

Reinsberg, J. (1995): Reflections on Quality Infant Care. In: *Young Children 50*, 6, September, 23-25.

Segal, M., Masi, W. und Leiderman, R. (2001): *In Time and with Love: Caring for Infants and Toddlers with Special Needs*. New York, New Market Press.

Widerstrom, A. H. (1986): Educating Young Handicapped Children. In: *Childhood Education 63*, 2, December, 78-83.

Kapitel 3

Beal, S. M. und Finch, C. F. (1993): An Overview of Restrospective Case Control Slides Investigating the Relationship Between Prone Sleep Positions and SIDS. In: *Journal of Pediatrics and Child Health 27*, 224-339.

Bergen, D., Reid, R. und Torelli, L. (2001): *Educating and Caring for Very Young Children: The Infant/Toddler Curriculum*. New York, Teachers College Press.

Bernhardt, J. L. (2000): A Primary Caregiving System for Infants and Toddlers: Best for Everyone Involved. In: *Young Children 55*, 2, March, 74-80.

Butterfield, P. M. (2002): Child Care is Rich in Routines. In: *Zero to Three 22*, 4, February/March, 29-32.

Cook, R. E., Tessier, A. und Klein, M. D. (2000): *Adapting Early Childhood Curricula for Children in Inclusive Settings* (5. Aufl.). Columbus, Ohio, Merrill.

Cortez, J. (Hg.) (1991): *Infant-Toddler Caregiving: A Guide to Culturally Sensitive Care*. Sacramento, California

David, Miriam u. Appell, Geneviève [1996] (2001): *Lóczy: An Unusual Approach To Mothering*. Übersetzung von: Clark, Jean Marie (1973): *Lóczy Ou Le Maternage Isolite*; überarbeitete Übersetzung von Judit Falk. Budapest, Association Pikler-Loczy for Young Children.

Educaring, vierteljährlich veröffentlicht von Resources for Infant Educarers.

Elam, Polly (2005): Creating Quality Infant Group Care Programs. In: Petrie, Stephanie und Owen, Sue (Hg.): *Authentic Relationships in Group Care for Infants and Toddlers: Resources for Infant Educarers (RIE) Principles into Practice*. London und Philadelphia, Jessica Kingsley Publishers, 83-92.

Garcia, R. (1985): *Home-Centered Care: Designing a Family Day Care Program, a Guide for Caregivers and Parents*. San Francisco, Children's Council of San Francisco.

Gerber, M. (1991): *Resources for Infant Educarers*. Los Angeles, Resources for Infant Educarers.

Gerber, M. (1979): Respecting Infants: The Lóczy Model of Infant Care. In: Jones, E. (Hg.): *Supporting the Growth of Infants, Toddlers and Parents*. Pasadena, Calif., Pacific Oaks.

Gerber, Magda (2005): RIE Principles and Practices. In: Petrie, Stephanie und Owen, Sue (Hg.): *Authentic Relationships in Group Care for Infants and Toddlers: Resources for Infant Educarers (RIE) Principles into Practice*. London und Philadelphia, Jessica Kingsley Publishers, 35-49.

Gonzalez-Mena, J. (2004): *Diversity in Early Care and Education*. New York, McGraw-Hill.

Gonzalez-Mena, J. (1990): *Infant-Toddler Caregiving: A Guide to Routines*. Sacramento, California Department of Education.

Gonzalez-Mena, J. (1996): *Multicultural Issues in Child Care*. Mountain View, Calif., Mayfield.

Gonzalez-Mena, J. (2002): Working with Cultural Differences: Individualism and Collectivism. In: *The First Years: Nga TauTuatahi 4*, 2, September, 13-15.

Gonzalez-Mena, J. (2004): What Can An Orphanage Teach Us? Lessons from Budapest. In: *Young Children 59*, 4, September, 26-30.

Gonzalez-Mena, J. und Stonehouse, A. (1995): In the Child's Best Interests. In: *Child Care Information Exchange*, November/December, 17-20.

Greenspan, S. I. und Wieder, S. (1998): *The Child with Special Needs: Encouraging Intellectual and Emotional Growth*. Reading, Mass., Perseus.

Honig, A. S. (1989): Quality Infant/Toddler Caregiving: Are There Magic Recipes? In: *Young Children*, May, 4-10.

Honig, A. S. (2002): *Secure Relationships: Nurturing Infant/Toddler Attachment in Early Child Care Settings*. Washington, D.C., National Association for the Education of Young Children.

Josephs, Z. (1993): Reducing the Risk of SIDS. In: *Educaring 14*, 4, Fall, 5.

Kaiser, B. und Rasminsky, J. S. (2003): Opening the Cultural Door. In: *Young Children 58*, 4, July, 53-58.

Lally, J. Ronald (1995): The Impact of Child Care Policies and Practices on Infant/Toddler Identity Formation. In: *Young Children 51* 1, November, 58-67.

Mangione, P. (Hg.) (1995): *Infant-Toddler Caregiving: A Guide to Culturally Sensitive Care.* Sacramento, Calif., Far West Laboratory and California Department of Education.

Martini, Mary (2002): How Mothers in Four American Cultural Groups Shape Infant Learning During Mealtimes. In: *Zero to Three 22*, 4, February/March, 14-20.

Money, Ruth (2005): The RIE Early Years 'Curriculum'. In: Petrie, Stephanie und Owen, Sue (Hg.): *Authentic Relationships in Group Care for Infants and Toddlers: Resources for Infant Educarers (RIE) Principles into Practice.* London und Philadelphia, Jessica Kingsley Publishers, 51-68.

O'Brien, M. (1997): *Inclusive Child Care for Infants and Toddlers: Meeting Individual and Special Needs.* Baltimore, Brookes.

O'Sullivan, E. (2001): See How They Sleep. In: *Educaring 22*, 3, Summer, 1, 5.

Petrie, Stephanie (2005): The Work of Emmi Pikler and Magda Gerber. In: Petrie, Stephanie und Owen, Sue (Hg.): *Authentic Relationships in Group Care for Infants and Toddlers: Resources for Infant Educarers (RIE) Principles into Practice.* London und Philadelphia, Jessica Kingsley Publishers, 17-34.

Phillips, C. B. und Cooper, R. M. (1992): Cultural Dimensions of Feeding Relationships. In: *Zero to Three 7*, 5, June, 10-13.

Provence, S. (1992): Feeding Problem. In: *Zero to Three 7*, 5, June, 18-19.

Raver, S. A. (1999): *Intervention Strategies for Infants and Toddlers with Special Needs* (2. Aufl.). Upper Saddle River, N.J., Prentice-Hall.

Satter, E. (1992): The Feeding Relationship. In: *Zero to Three 7*, 5, June, 1-9.

Segal, M., Masi, W. und Leiderman, R. (2001): *In Time and with Love: Caring for Infants and Toddlers with Special Needs* (2. Aufl.). New York, New Market Press.

Widerstrom, A. H. (1986): Educating Young Handicapped Children. In: *Childhood Education 63*, 2, December, 78-83.

Kapitel 4

Chang, H. (1993): *Affirming Children's Roots: Cultural and Linguistic Diversity in Early Care and Education.* San Francisco, California Tomorrow.

Clark, A. L. (1981) (Hg.): *Culture and Childrearing.* Philadelphia, F. A. Davis.

Cook, R. E., Tessier, A. und Klein, M. D. (2000): *Adapting Early Childhood Curricula for Children in Inclusive Settings.* Columbus, Ohio, Merrill.

DeLoache, J. S. (2000): Cognitive Development in Infants: Looking, Listening, and Learning. In: Cryer. D. und Harms, T. (Hg.): *Infants and Toddlers in Out-of-Home Care.* Baltimore, Brookes, 7-47.

Division of Research to Practice, Office of Special Education Programs (2001): *Synthesis on the Use of Assistive Technology with Infants and Toddlers.* Washington, D.C., U.S. Department of Education.

Eckerman, C. O. und Whitehead, H. (1999): How Toddler Peers Generate Coordinated Action: A Cross-Cultural Exploration. In: *Early Education and Development 10*, 241-266.

Feeney, S. und Magarick, M. (1984): Choosing Good Toys for Young Children. In: *Young Children*, November, 21-25.

Fromberg, D. P. (2002): *Play and Meaning in Early Childhood Education.* Boston, Allyn & Bacon.

Frost, J., Wortham, S. und Reifel, S. (2001): *Play and Child Development.* Upper Saddle River, NJ, Merrill/Prentice Hall.

Galardini, A. und Giovannini, D. (2000): Pistoia: Creating a Dynamic, Open System to Serve Children, Families and Community. In: Gandini, L. und Edwards, C. P. (Hg.): *Bambini: The Italian Approach to Infant-Toddler Care.* New York, Teachers College Press.

Gandini, L. und Ewards, C. P. (2000) (Hg.): *Bambini: The Italian Approach to Infant-Toddler Care.* New York, Teachers College Press.

Gerber, M. (1986): Good Play Objects for Babies. In: *Educaring 7*, 3, Spring, 4-6.

Gonzalez-Mena, J. (1990): *A Caregiver's Guide to Routines in Infant-Toddler Care.* Sacramento, Calif., Child Development Division, Center for Child and Family Studies, Far West Laboratory for Educational Research and Development, California Department of Education.

Gonzalez-Mena, J. (1995): Cultural Sensitivity in Routine Caregiving Tasks. In: Mangione, Peter (Hg.): *Infant/Caregiving: A Guide to Culturally Sensitive Care.* Sacramento, Calif., Far West Laboratory and California Department of Education.

Gonzalez-Mena, Janet (2004): What Can an Orphanage Teach Us? Lessons from Budapest. In: *Young Children*, September, 26-30.

Greenspan, S. I. und Wieder, S. (1998): *The Child with Special Needs: Encouraging Intellectual and Emotional Growth.* Reading, Mass., Perseus.

Handler, J. (2003): *Infants and Toddlers as Members, Makers, Interpreters.* Dubuque, Iowa, Kendall/Hunt.

Hatcher, B. und Petty, K. (2004): Visible Thought in Dramatic Play. In: *Young Children*, November, 79-82.

Kelly, J. F. und Booth, C. L. (1999): Child Care for Children with Special Needs: Issues and Applications. In: *Infants and Young Children 12*, 1, 26-33.

Lally, J. R. (1999): Infants Have Their Own Curriculum: A Responsive Approach to Curriculum and Lesson Planning for Infants and Toddlers. In: *Headstart National Training Guide: Curriculum, a Blueprint for Action.* Washington, D.C., Administration for Families, Children, and Youth.

Monoghan-Nourot, P., Scales, B., Van Horn, J. und Almy, M. (1987): *Looking at Children's Play: A Bridge Between Theory and Practice.* New York, Teachers College Press.

Morelli, G., Roqoff, B. und Oppenheim, D. (1992): Cultural Variation in Infants' Sleeping Arrangements: Questi Independence. In: *Developmental Psychology 28,* 4.

Petrie, S. und Owen, S. (2005): *Authentic Relationships in Group Care for Infants and Toddlers: Resources for Infant Educarers (RIE) Principles into Practice.* London, Jessica Kingsley.

Phillips, C. B. und Cooper, R. M. (1992): Cultural Dimensions of Feeding Relationships. In: *Zero to Three 12,* 5, June, 10-13.

Pinto, C. (2001): Supporting Competence in a Child with Special Needs: One Child's Story. In: *Educaring 22,* 2, Spring, 1-6.

Rosenkoetter, S. und Barton, L. (2002): Bridges to Literacy: Early Routines that Promote Later School Success. In: *Zero to Three 22,* 4, February/March, 33-38.

Segal, M., Masi, W. und Leiderman, R. (2001): *In Time and with Love: Caring for Infants and Toddlers with Special Needs.* New York, New Market Press.

Tardos, A. (1985): Facilitating the Play of Children at Loczy. In: *Educaring 6,* 3, Summer, 1-7.

Tonge, M. J. (1991): Hanging Out with Babies at Play : Vignettes from Participant-Observer. In: Jones, E. (Hg.): *Supporting the Growth of Infants, Toddlers and Parents.* Pasadena, Calif., Pacific Oaks.

Van Hoorn, J. P., Monighan Nourot, P., Scales, B. und Rodriquez Alward, K. (2003): *Play at the Center of the Curriculum.* Columbus, Ohio, Merrill.

Williams, C. K. und Kamii, C. (1986): How Do Children Learn by Handling Objects? In: *Young Children,* November, 23-26.

Kapitel 5

Ainsworth, M. D. und Wittig, B. A. (1969): Attachment and Exploratory Behavior of One-Year-Olds in a Stranger Situation. In: Foss, B. M. (Hg.): *Determinants of Infant Behavior,* vol. 4, New York, Barnes and Noble.

Beginnings Workshop (1992): Working with Parents of Children with Differing Abilities. In: *Child Care Information Exchange,* 88, November.

Bowlby, J. (2000): *Attachment and Loss,* vol. 1 of *Attachment and Loss,* New York, Basic, 332.

Brazelton, T. B. und Cramer, B. (1990): *The Earliest Relationships.* New York, Addison-Wesley.

Caldwell, B. M., Wright, C., Honig, A. S. und Tannenbaum, J. (1970): Infant Care and Attachment. In: *American Journal of Orthopsychiatry 40,* 397-412.

Colin, V. (1996): *Human Development.* New York, McGraw-Hill.

Cosentino, H. E., Menel, R., Money, J., Lansbury, A., Johnsons, J., Tardos, A. und Hammond, R. (1999): How Attached Should We Be? RIE Reflections on Attachment. In: *Educaring 20,* 4, Fall, 1-7.

Dozier, M., Dozier, D. und Manni, M. (2002): Attachment and Biobehavioral Catch-Up: The ABC's of Helping Infants in Foster Care Cope with Early Adversity. In: *Zero to Three 22*, 5, April/May, 7-13.

Goodnough, G. and Goodnough, L. (2001): Mothers Returning to the Workforce: The Father's Role in the Transition. In: *Focus on Infants and Toddlers 14*, 2, Winter, 1-2, 5-6.

Harlow, Harry (1958): The Nature of Love. In: *American Psychology 13*, 59-86.

Harwood, M. und Kleinfeld, J. S. (2002): The Value of Early Intervention for Children with Fetal Alcohol. In: *Young Children 57*, 4, July, 86-90.

Honig, A. S. (2002): *Secure Relationships: Nurturing Infant/Toddler Attachment in Early Child Care Settings*. Washington, D.C., National Association for the Education of Young Children.

Howes, C. (2000): Social Development, Family, and Attachment Relationships of Infants and Toddlers: Research into Practice. In: Cryer, D. und Harms, T. (Hg.): *Infants and Toddlers in Out-of-Home Care*. Baltimore, Brookes, 87-113.

Kagan, J., Kearsley, R. B. und Zelazo, P. R. (1977): The Effects of Infant Day Care on Psychological Development. In: *Education Quarterly 1*, 1, February, 143-158.

Karen, R. (1990): Becoming Attached. In: *Atlantic 265*, February, 35-70.

Klaus, M. und Kennell, J. (1982): *Parent-Infant Bonding*. New York, Mosby.

Lally, J. R. (1998): Brain Research, Infant Learning, and Child Care Curriculum. In: *Child Care Information Exchange*, May, 46-48.

Lamb, M. (1987): *The Father's Role: Cross-Cultural Perspectives*. Hillside, N.J., Erlbaum.

McCracken, J. (1986): So Many Goodbyes. Brochure #573, National Association for the Education of Young Children, Washington, D.C..

Portnoy, F. C. und Simmons, C. H. (1978): Day Care and Attachment. In: *Child Development 49*, 239-242.

Rubenstein, J. (1979): Caregiving and Infant Behavior in Day Care and in Homes. In: *Developmental Psychology 15*, 1, 1-24.

Stern, D. (1985): *The Interpersonal World of the Infant*. New York, Basic Books

Thomas, E. und Browder, S. (1988): *Born Dancing: How Intuitive Parents Understand Their Baby's Unspoken Language and Natural Rhythms*. New York, Harper & Row.

Kapitel 6

Abbott, C. F. und Gold, S. (1991): Conferring with Parents When You're Concerned That Their Child Needs Special Services. In: *Young Children*, May, 10-15.

Bornstein, M. und Lamb, M. (1992): *Development In Infancy: An Introduction* (3. Aufl.). New York, McGraw-Hill.

Bower, T. G. R. (1982): *Development in Infancy* (2. Aufl.). San Francisco, W. H. Freeman.

Bower, T. G. R. (1977): *A Primer of Infant Development*, San Francisco, W.H. Freeman.

Choudhury, N. und Gorman, K. (2000): The Relationship Between Attention and Problem-Solving in 17-24-Month-Old Children. In: *Infant and Children 9*, 127-146.

Dannemiller, J. L. (2001) : Brain-Behavior Relationships in Early Visual Development. In: Nelson, C. A. und Luciana, M. (Hg.): *Handbook of Developmental Cognitive Neuroscience.* Cambridge, MA, MIT Press, 221-235.

De Haan, M. (2001) : The Neuropsychology of Face Processing During Infancy and Childhood. In: Nelson, C. A. und Luciana, M. (Hg.): *Handbook of Developmental Cognitive Neuroscience.* Cambridge, MA, MIT Press, 381-398.

Field, T. M. (2001): *Touch.* Cambridge, MA, MIT Press.

McCarty, M. E. und Ashmead, D. H. (1999): Visual Control of Reaching and Grasping in Infants. In: *Developmental Psychology 35*, 620-631.

Mennella, J. A. , Jagnow, C. P. und Beauchamp, G. K. (2001) : Prenatal and Postnatal Flavor Learning by Human Infants. In: *Pediatrics,* 107, 1-12.

Mondloch, C. J., Lewis, T. und Budreau, D. R. (1999): Face Perception During Early Infancy. In: *Psychological Science 10*, 419-422.

Patton, J. R. (1991): *Exceptional Children in Focus* (5. Aufl.). New York, Merrill.

Rose, S. A., Jankowski, J., und Senior, G. J. (1997): Infants' Recognition of Contour-Deleted Figures. In: *Journal of Exceptional Psychology: Human Perception and Performance 23*, 1206-1216.

Samples, R. (1976): *The Metaphoric Mind.* Menlo Park, Calif., Addison-Wesley, 95.

Sherman, T. (1985): Categorization of Skills in Infants. In: *Child Development 56*, 1561-1573.

Slater, A. und Johnson, P. (1999): Visual Sensory and Perceptual Abilities of the Newborn: Beyond the Blooming, Buzzing Confusion. In: Slater, A. und Johnson, S. P. (Hg.): *The Development of Sensory, Motor, and Cognitive Capabilities in Early Infancy.* Hove, U.K., Sussex Press, 121-141.

Stern, D. (1990): *Diary of a Baby.* New York, Basic Books.

Turaati, C., Simon, F., Miloni, I. und Umilta, C. (2002): Newborns' Preferences for Faces: What is Crucial? In: *Developmental Psychology 38*, 6, 875-882.

Warren, D. H. (1984): *Blindness and Early Childhood Development* (2. Aufl.). New York, American Foundation for the Blind.

Weiss, W., Salomon, J. und Zelazo, P. (1991): *Newborn Attention: Biological Constraints and the Influence of Experience.* Norwood, N.J., Ablex.

Kapitel 7

Adolph, K. E. (1997): Learning in the Development of Infant Locomotion. In: *Monographs of the Society for Research in Child Development 3*, 251.

Adolph, K. E., Vereijken, B. und Denny, M. A. (1998): Learning to Crawl. In: *Child Development 69*, 1299-1312.

Blenk, A. mit Fine, D. L. (1995): *Making School Inclusion Work: A Guide to Everyday Practices.* Cambridge, Mass., Brookline.

Bower, T. G. R. (1982): *Development of Infancy* (2. Aufl.). San Francisco, W. H. Freeman.

Bruer, J. T. (1999) : *The Myth of the First Three Years: A New Understanding of Early Brain Development and Lifelong Learning.* New York, Free Press.

Chandler, P. A. (1994): *A Place for Me: Including Children with Special Needs in Early Care and Education Settings.* Washington, D.C., National Association for the Education of Young Children.

Diamond, M. und Hopson, J. (1999): *Magic Trees of the Mind.* New York, Plume.

Fallen, N. H. und Ilmansky, W. (1985): *Young Children with Special Needs.* Columbus, Ohio, Merrill.

Fogel, A. (1997): *Infancy.* Minneapolis, West.

Gottlieb, Alma (2000): Luring Your Children into This Life: A Beng Path for Infant Care. In: DeLoache, J. und Gottlieb, A. (Hg.): *A World of Babies.* Cambridge, England, Cambridge University Press.

Hayslip, W. und Vincent, L. (1995): Opening Doors to Activities That Include ALL Children. In: *Child Care Information Exchange 105*, September/October, 43-46.

Huttenlocker, P. R. (2002): *Neural Plasticity: The Effects of the Environment on the Development of the Cerebral Cortex.* Cambridge, MA, Harvard University Press.

Kolb, B., Gibb, R. und Dallison, A. (1999): Early Experience, Behavior, and the Changing Brain. In: Fox, N. A., Leavitt, L. A. und Warhol, J. G. (Hg.): *The Role of Early Experience in Infant Development.* Johnson & Johnson Pediatric Institute, 41-63.

Krog, S. (1990): *The Integrated Early Child Curriculum.* New York, McGraw-Hill, 6-41.

Nelson, C. A. (2002) : Neural Development. In : Lerner, R. M., Jacobs, F. und Wertlieb, D. (Hg.): *Handbook of Applied Developmental Science,* vol. 1. Thousand Oaks, CA, Sage, 31-60.

Pikler, E. (1972): Data on Gross Motor Development of the Infant. In: *Early Development and Care 1,* 297-310.

Sullivan, M. (1982): *Feeling Strong, Feeling Free: Movement Exploration for Young Children.* Washington, D.C., National Association for the Education of Young Children.

Tardos, A. (1986): The Pikler/Lóczy Philosophy. In: *Educaring 7,* 2, Spring, 1-7.

Kapitel 8

Beginnings Workshop (1994): Make-Believe Play. In: *Child Care Information Exchange 99,* September.

Berk, L. (1994): Vygotsky's Theory: The Importance of Make-Believe Play. In: *Young Children 50,* 1, November, 30-39.

Bono, M. A. und Stifter, C. A. (2003): Maternal Attention-Directing Strategies and Infant Focused Attention during Problem Solving. In: *Infancy,* 4, 235-250.

Bower, T. G. R. (1982): *Development in Infancy* (2. Aufl.). San Francisco, W. H. Freeman.

Bredekamp, S. (1986): *Developmentally Appropriate Practice in Early Childhood Programs Serving Children Birth Through Age 8.* Washington, D.C., National Association for the Education of Young Children.

Brooks, P. H. und McCauley, C. (1984): Cognitive Research in Mental Retardation. In: *American Journal of Mental Deficiency 88,* 479-486.

Flavell, J. H. (1982) : On Cognitive Development. In: *Child Development 53,* 1-10.

Gergely, G., Bakkering, H. und Kiraly, I. (2003): Rational Imitation in Preverbal Infants. In: *Nature,* 415, 755-760.

Gowen, J. (1995): The Early Development of Symbolic Play. In: *Young Children 50,* 3, March, 75-84.

Gross, T. F. (1985): *Cognitive Development.* Monterey, Calif., Brooks/Cole.

Hildreeth, K. und Rovee-Colier, C. (2002): Forgetting Functions of Reactivated Memories over the First Year of Life. In: *Developmental Psychology,* 41, 227-288.

Hughes, F., Elicker, J. und Veen, L. (1995): A Program of Play for Infants and Caregivers. In: *Young Children 50,* 2, January, 52-58.

Kahana-Kalman, R., und Walker-Andrew, A. S. (2001): The Role of Person Familiarity in Young Infants' Perception of Emotional Expressions. In: *Child Development,* 72, 352-369.

Kamii, C. und DeVries, R. (1978): *Physical Knowledge in Preschool Education.* Englewood Cliffs, N.J., Prentice-Hall.

Lagatutta, K. H. und Wellman, H. M. (2001): Think about the Past: Early Knowledge about Links between Prior Experiences, Thinking and Emotion. In: *Child Development,* 72, 82-102.

Marzolla, J. (1977): *Supertot: Creative Learning Activities for Children One to Three and Sympathetic Advice for Their Parents.* New York, Harper & Row.

Phillips, J. L., Jr. (1969): *The Origins of Intellect: Piaget's Theory.* San Francisco, W. H. Freeman.

Pugmire-Stoy, M. C. (1992): *Spontaneous Play in Early Childhood.* Albany, N.Y., Delmar.

Rochat, P. (2001): *The Infant's World.* Cambridge, Harvard University Press.

Rodier, P. H. (2000): The Early Origins of Autism. In: *Scientific American 282,* 2, 56-63.

Rovee-Collier, C. K. (1999): The Development of Infant Memory. In: *Current Directions in Psychological Science 8,* 80-85.

Rovee-Collier, C. K. (2001): Information Pick-up by Infants: What Is It, and How We Can Tell. In: *Journal of Experimental Child Psychology 78,* 35-49.

Ryalls, B. Oliver (2000): Infant Imitation of Adult and Peer Models: Evidence for a Peer Model Advantage. In: *Merrill-Palmer Quarterly 46,* 188-202.

Schickendanz, J., Hansen, K. und Forsyth, P. (1990): *Understanding Children.* Mountain View, Calif., 175-203.

Thompson, R. F. (2000): *The Brain* (3. Aufl.). New York, Worth.

Kapitel 9

Barclay, K. C. und Curtis, A. (1995): Literacy Begins at Birth: What Caregivers Can Learn from Parents of Children Who Read Early. In: *Young Children 50*, 4, May, 24-28.

Bialystok, E. (2001): *Bilingualism in Development: Language, Literacy, and Cognition*. Cambridge, England, Cambridge University Press.

Birckmayer, Jennifer (2000/2001): The Role of Libraries in Emergent and Family Literacy. In: *Zero to Three 21*, 3, December/January, 24-30.

Bower, T. G. R. (1974): *A Primer of Infant Development*. San Francisco, W. H. Freeman.

Brown, R. A. (1973): *A First Language: The Early Years*. Cambridge, Harvard University Press.

Cazden, C. B. (Hg.) (1981): *Language in Early Childhood Education*. Washington, D.C., National Association for the Education of Young Children.

Cook, R., Tessier, A. und Armbruster, V. (1987): *Adapting Early Childhood Curriculu, for Children with Special Needs* (2. Aufl.). Columbus, Merrill.

Espiritu, E., Meier, D., Villanzana-Price, N. und Wong, M. (2002): A Collaborative Project on Language and Literacy Learning: Promoting Teacher Research in Early Childhood Education. In: *Young Children 57*, 5, September, 71-78.

Flom, R. und Pick, A. D. (2003): Verbal Encouragement and Joint Attention in 18-Month-Old Infants. In: *Infant Behavior and Development*, 26, 121-134.

Gerber, M. (1982): Babies Understanding Words. In: *Educaring 3*, 4, Fall, 5-6.

Gleason, B. (Hg.) (1993): *The Development of Language* (3. Aufl.). New York, Macmillan.

Hakuta, K. (1986): *Mirror of Language: The Debate on Bilingualism*. New York, Basic Books.

Hallahan, D. und Kauffman, J. (1991): *Exceptional Children: Introduction to Special Education* (5. Aufl.). Englewood Cliffs, N.J., Prentice-Hall.

Hammond, R. A. (2001): Preparing for Literacy: Communication Comes First. In: *Educaring 22*, 4, Fall, 1-5.

Hearne, B. (1990): *Choosing Books for Children*. New York, Bantam Doubleday Dell.

Heath, S. B. (1983): *Ways with Words: Language, Life, and Work in Communities and Classrooms*. Cambridge, Cambridge University Press.

Honig, A. (1995): Singing with Infants and Toddlers. In: *Young Children 50*, 5, July, 72-78.

Lally, J. R., Mangione, P. L. und Young-Holt, C. L. (Hg.) (1992): *Infant/Toddler Caregiving: A Guide to Language Development and Communication*. Sacramento, Calif., Far West Laboratory for Educational Development and California Department of Education.

Neuman, S., Copple, C. und Bredekamp, S. (2002): *Learning to Read and Write: Developmentally Appropriate Practices for Young Children*. Washington, D.C., National Association for the Education of Young Children.

Petitto, L. A., Holowka, S., Sergio, L. E. und Ostry, D. (2001): Language Rhythms in Babies Hand Movements. In: *Nature*, 413, 35-36.

Richman, R., Jr. und Patterson, C. (1992): Cultural and Educational Variations in Maternal Responsiveness. In: *Developmental Psychology* 28, 614-621.

Salkind, N. (1990): *Child Development*, part 2 (6. Aufl.). Fort Worth, Tex., Holt, Rinehart and Winston.

Schickedanz, J. (1999): *Much More Than the ABCs*. Washington, D.C., National Association for the Education of Young Children.

Silven, M. (2001): Attention in Very Young Infants Predicts Learning First Words. In: *Infant Behavior and Development*, 24, 229-237.

Stiames, G. und Rubin, H. (Hg.) (1986): *Stuttering: Then and Now*. Columbus, Ohio, Merrill.

Tomasello, M. (2003): *Constructing a Language: A Usage-Based Theory of Language Acquisition*. Cambridge, MA, Harvard University Press.

Kapitel 10

Abbott, C. F. und Gold, S. (1991): Conferring with Parents When You're Concerned That Their Child Needs Special Services. In: *Young Children*, May, 10-15.

Belsky, J. und Eggebeen, D. (1991): Early and Extensive Maternal Employment and Young Children's Socioemotional Development. In: *Journal of Marriage and the Family 53*, 1083-1110.

Brooks, J. (1991): *The Process of Parenting* (3. Aufl.). Mountain View, Calif. Mayfield.

Calkins, S. D. (2002): Does Aversive Behavior during Toddlerhood Matter? The Effect of Difficult Temperament on Maternal Perceptions and Behavior. In: *Infant Mental Health Journal*, 23, 381-402.

Denham, S. A. (1998): *Emotional Development in Young Children*. New York, Guilford Press.

Egeland, B. und Farber, E. A. (1984): Infant-Mother Attachment: Factors Related to Its Development and Changes over Time. In: *Child Development 55*, 753-771.

Eisenberg, N. und Fabes, R. (1992): Emotion and Its Regulation in Early Development. In: *New Directions for Child Development*. San Francisco, Jossey Bass.

Gartstein, M. A. und Rothbart, M. K. (2003): Studying Infant Temperament Via the Revised Infant Behaviour Questionnaire. In: *Infant Behaviour and Development*, 26, 64-86.

Gerber, M. (1980): Helping Baby Feel Secure, Self-Confident, and Relaxed. In: *Educaring 1*, 4, Fall, 4.

Hallahan, D. und Kauffman, J. (1991): *Exceptional Children: Introduction to Special Education* (5. Aufl.). Englewood Cliffs, N.J., Prentice Hall, 176-178.

Izard, C. E. (1991): *The Psychology of Emotions*. New York, Plenum.

Kagan, J. (1994): *Galen's Prophecy: Temperament in Human Nature*. New York, HarperCollins.

Kagan, J. (1984): *The Nature of the Child*. New York, Basic Books.

Kahana-Kalman, R. und Walker-Andrews, A. (2001): The Role of Person Familiarity in Young Infants' Perception of Emotional Expressions. In: *Child Development 72*, 352-369.

Kauffman, J. (1985): *Characteristics of Children's Behavior Disorders* (3. Aufl.). Columbus, Ohio, Merrill.

Kochanska, G. (2001): Emotional Development in Children with Different Attachment Histories: The First Three Years. In: *Child Development 72*, 474-490.

Kuebli, J. (1994): Young Children's Understanding of Everyday Emotions. In: *Young Children 49*, 3, March, 36-47.

Leboyer, F. (1978): *Birth Without Violence*. New York, Random House.

Lee, D. (1976): *Valuing the Self*. Englewood Cliffs, N.J., Prentice-Hall.

Lemery, K. S., Goldsmith, H., Klinnert, M. D. und Mrazel, D. A. (1999): Developmental Models of Infants and Child Temperament. In: *Developmental Psychology 35*, 189-204.

Maslow, Abraham H. (1968): Toward a Psychology of Being (2. Aufl.). New York, Van Nostrand.

McCarrol, T. (1988): *Morning Glory Babies: Children with AIDS and the Celebration of Life*. New York, St. Martin's Press.

Rochat, P., Striano, T. und Blatt, L. (2002): Differential Effects of Happy, Neutral, and Sad Still Faces on 2-, 4-, and 6-Month-Old Infants. In: *Infant and Child Development*, 11, 289-303.

Sternad, R. (1980): Separation. In: *Educaring 1*, 3, Summer, 1-2.

Sullivan, M. W. und Lewis, M. (2003): Contextual Determinants of Anger and Other Negative Expressions. In: *Developmental Psychology*, 39, 693-705.

Thomas, A. und Chess, S. (1977): *Temperament and Development*. New York, Brunner/Mazel.

Thomas, A., Chess, S. und Birch, H. (1970): The Origin of Personality. In: *Scientific American 223*, 102-109.

Thomas, A., Chess, S. und Korn, S. J. (1982): The Reality of Difficult Temperament. In: *Merrill-Palmer Quarterly 28*, 1-20.

Volling, B. L., McElwain, N. L., Nortaro, P. C. und Herrera, C. (2002): Parents' Emotional Availability and Infant Emotional Competence: Predictors of Parent-Infant Attachment and Emerging Self-Regulation. In: *Journal of Family Psychology*, 16, 447-465.

von Franz, M. L. (1964): The Process of Individuation. In: Jung, C. G. u. a. (Hg.): *Man and His Symbols*. New York, Doubleday.

Witherington, D. C., Campos, J. J. und Hertenstein, M. J. (2001): Principles of Emotion and Its Development in Infancy. In: Brenner, G. und Fogel, A. (Hg.): *Blackwood Handbook of Infant Development*. Malden, MA, Blackwell, 427-464.

Kapitel 11

Aronson, S. (2002): Supporting the Development of Infants and Toddlers with Special Health Needs. In: *Child Care Information Exchange 147*, September/October, 62-66.

Bower, T. G. R. (1982): *Development in Infancy* (2. Aufl.). San Francisco, W. H. Freeman.

Brault, L. und Brault, T. (2005): *Children with Challenging Behavior: Strategies for Reflective Thinking*. Phoenix, CPG Publishing.

Butterfield, P. M., Martin, C. A. und Prairie, A. P. (2004): *Emotional Connections: How Relationships Guide Early Learning*. Washington, D.C., Zero to Three.

Carter, M. (1993): Building Self-Esteem: Training Teachers of Infants and Toddlers. In: *Child Care Information Exchange 92*, July/August, 59-61.

Cooper, R. M. (2002): Child Care as Shared Socialization. In: *Child Care Information Exchange*, July, 58-60.

Crockenberg, S. (1992): How Children Learn to Resolve Conflicts in Families. In: *Zero to Three*, April.

Curry, N. und Johnson, C. (1990): *Beyond Self-Esteem: Developing a Genuine Sense of Human Values*. Washington, D.C., National Association for the Education of Young Children.

Erikson, E. (1963): *Childhood and Society* (2. Aufl.). New York, W. W. Norton.

Freiberg, K. (Hg.) (1994): *Educating Exceptional Children* (7. Aufl.). Guilford, Conn., Dushkin Publishing Group.

Gandini, L. und Edwards, C. P. (Hg.) (2001): *Bambini: The Italian Approach to Infant-Toddler Care*. New York, Teachers College Press.

Gibran, Khalil (1985): *Der Prophet* (19. Aufl.). Olten und Freiburg im Breisgau, Walter-Verlag. Übersetzung von: Gibran, Khalil (1923): *The Prophet*. New York, Alfred A. Knopf.

Gordon, A. und Browne, K. (1986): *Guiding Young Children in a Diverse Society*. Boston, Allyn & Bacon.

Greenberg, P. (1990): *Character Development: Encouraging Self-Esteem and Self-Discipline in Infants, Toddlers, and Two-Year-Olds*. Washington, D.C., National Association for the Education of Young Children.

Hammond, R. A. (2001): Peaceful Foundations. In: *Educaring 22*, 2, Spring, 307.

Hayden, T. (2000): A Sense of Self. In: *Your Child, Newsweek* special edition. Fall and Winter, 56-63.

Honig, A. S. (1985): Compliance, Control and Discipline. In: *Young Children*, January, 50-58.

Howes, C. und Ritchie, S. (2002): *A Matter of Trust: Connecting Teachers and Learners in the Early Childhood Classroom*. New York, Teachers College Press.

Lally, J. R. (1995): The Impact of Child Care Policies and Practices on Infant/Toddler Identity Formation. In: *Young Children 51*, 1, January, 58-68.

Marshall, H. H. (2001): Cultural Influences on the Development of Self-Concept. In: *Young Children 56*, 6, November, 19-25.

Meyerhoff, M. (1994): Of Baseball and Babies: Are You Unconsciously Discouraging Father Involvement in Infant Care? In: *Young Children 49*, 4, May, 17-19.

Miller, C. S. (1984): Building Self-Control, Discipline for Young Children. In: *Young Children*, November, 15-19.

Miller, K. (1999): Caring for the Little Ones: Continuity of Care. In: *Child Care Information Exchange 129*, September 94-97.

Money, R. (2000): The Competent Toddler: Neither Bully nor Victim. In: *Educaring 21*, 4, Fall, 1-6.

Parlakian, R. (2004): *How Culture Shapes Social-Emotional Development: Implications for Practice in Infant-Family Programs.* Washington, D.C., Zero to Three.

Pikler, E. (1991): *Friedliche Babys – Zufriedene Mutter.* In: Pädagogische Ratschläge einer Kinderärztin (5. Aufl.). Freiburg, Basel, Wien, Herder Verlag.

Post, J. und Hohmann, M. (2000): *Tender Care and Early Learning: Supporting Infants and Toddlers in Child Care Settings.* Ypsilanti, Mich., High/Scope Press.

Reynolds, E. (1990): *Guiding Young Children: A Child-Centered Approach.* Mountain View, Calif., Mayfield.

Riley, L. und Glass, J. (2002): You Can't Always Get What You Want – Infant Care Preferences Among Employed Mothers. In: *Journal of Marriage and the Family 64*, 2-15.

Rochat, P. (2001): *The Infant's World.* Cambridge, Harvard University Press.

Roopnarine, J. L. und Honig, A. S. (1985): The Unpopular Child. In: *Young Children*, September, 61.

Thompson, R. A. (2000): The Legacy of Early Attachments. In: *Child Development 71*, 145-152.

Trumbull, E., Rothstein-Fisch, C., Greenfield, P. M. und Quiroz, B. (2001): *Bridging Cultures Between Home and School.* Mahwah, N. J., Erlbaum.

Williamson, G. G. und Anzalone, M. (2001): *Sensory Integration and Self-Regulation in Infants and Toddlers: Helping Very Young Children Interact with their Environment.* Washington, D.C., Zero to Three.

Kapitel 12

Aronson, S. (2003): Sudden Infant Death Syndrome. In: *Exchange 153*, September/October, 67.

Aronson, S. und Spahr, P. M. (2002): *Healthy Young Children: A Manual for Programs*, Washington, D.C., National Association for the Education of Young Children.

Caring for Our Children: National Health and Safety Performance Standards: Guidelines for Out-of-Home Child Care Programs (1992). American Public Health Association and American Academy of Pediatrics.

Coughlan, C. (2005): Using the RIE Approach in a Family Day Care Home. In: Petrie, S. und Owen, S. (Hg.): *Authentic Relationships in Group Care for Infant and Toddlers: Resources for Infant Educarers (RIE) Principles into Practice.* London und Philadelphia, Jessica Kingsley Publishers, 69-82.

Curtis, D. und Carter, M. (2003) : *Designs for Living and Learning: Transforming Early Childhood Environments.* St. Paul, Minn., Redleaf.

Fauvre, M. (1988): Including Young Children with 'New' Chronic Illnesses in an Early Childhood Education Setting. In: *Young Children 43*, 71-78.

Ferguson, J. (1979): Creating Growth-Producing Environments for Infants and Toddlers. In: Jones, E. (Hg.): *Supporting the Growth of Infants, Toddlers, and Parents*. Pasadena, Calif., Pacific Oaks.

Forman, G. E. und Hill, F. (1984): *Constructive Play: Applying Piaget in the Preschool*. Menlo Park, Calif., Addison-Wesley.

Gerber, M. und King, A. (1985): Modifying the Environment to Respond to the Changing Needs of the Child. In: *Educaring* 6, 1, Winter, 1-2.

Godwin, A. und Schrag, L. (Hg.) (1996): *Setting Up for Infant Care: Guidelines for Centers and Family Day Care Homes* (überarb. Aufl.). Washington, D.C., National Association for the Education of Young Children.

Gonzales-Mena, J. (2002) : *Infant/Toddler Caregiving : A Guide to Routines* (2. Aufl.). Sacramento, California Department of Education with WestEd.

Gonzalez-Mena, J. (2004): What Can an Orphanage Teach Us? Lessons from Budapest. In: *Young Children*, September, 26-30.

Greenman, J. (1988): *Caring Spaces, Learning Places: Children's Environments That Work*. Redmond, Wash., Exchange Press.

Greenman, J. (1982): Designing Infant/Toddler Environments und Furnishing the Infant/Toddler Environment. In: Lurie, R. und Neugebauer, R. (Hg.): *Caring for Infants and Toddlers: What Works, What Doesn't*, vol. 2, Redmond, Wash., Child Care Information Exchange.

Greenman, J. (1993): Just Wondering: Building Wonder into the Environment. In: *Child Care Information Exchange*, January/February, 32-35.

Infant/Toddler Caregiving: A Guide to Setting Up Environments (1990). Sacramento, California State Department of Education.

Jones, E. und Prescott, E. (1978): *Dimensions of Teaching-Learning Environments II: Focus on Day Care*. Pasadena, Calif., Pacific Oaks.

Kendrick, A. S. (Hg.) (1988): *Healthy Young Children: A Manual for Programs*. Washington, D.C, National Association for the Education of Young Children.

Lally, J. R. und Stewart, J. (1990): *Infant/Toddler Caregiving: A Guide to Setting Up Environments*. Sacramento, Calif., Far West Laboratory for Educational Development and California Department of Education.

Lewis, K. D., Bennett, B. und Schmeder, N. H. (1989): The Care of Infants Menaced by Cocaine Abuse. In: *Maternal Child Nursing 14*, 5, October, 324-329.

Love, J. M., Raikes, H., Paulsell, D. und Kisker, E. E. (2000): New Directions for Studying Quality. In: Cryer, D. und Harms, T. (Hg.): *Infants and Toddlers in Out-of-Home Care*. Baltimore, Brookes, 117-161.

Lumeng, J. (2005): What Can We Do to Prevent Childhood Obesity? In: *Zero to Three*, 25, 3, January, 13-19.

Marotz, L. R., Cross, M. Z. und Rush, J. M. (1993): *Health, Safety, and Nutrition for the Young Child* (3. Aufl.). New York, Delmar.

Moukaddem, V. (1990): Preventing Infectious Diseases in Your Child Care Setting. In: *Young Children 45*, 28-29.

Mulligan, S. A. (2003): Assistive Technology: Supporting the Participation of Children with Disabilities. In: *Young Children 58*, 6, November, 50-52.

Olds, A. R. (1982): Designing Play Environments for Children Under Three. In: *Topics in Early Childhood Special Education 2*, 87-95.

Olds, A. R. (1998): Places of Beauty. In: Bergen, D. (Hg.): *Play as a Medium for Learning and Development*. Olney, Md., Association for Childhood Education International, 123-127.

Prescott, E.: The Physical Environment – Powerful Regulator of Experience. In: *Child Care Information Exchange*, Reprint #4, C-44. Redmont, Wash. 98052.

Rinaldi, C. (2001): Reggio Emilia: The Image of the Child and the Child's Environment as a Fundamental Principle. In: Gandini, L. und Edwards, C. P. (Hg.): *Bambini: The Italian Approach to Infant-Toddler Care*. New York, Teachers College Press, 49-54.

Sahoo, S. K. (1998): Novelty and Complexity in Human Infants' Exploratory Behavior. In: *Perceptual and Motor Skills 86*, 2, 698.

Torelli, L. (1989): The Developmentally Designed Group Care Setting: A Supportive Environment for Infants, Toddlers, and Caregivers. In: *Zero to Three*, December, 7-10.

Torelli, L. und Durett, C. (1998): *Landscapes for Learning: Designing Group Care Environments for Infants, Toddlers, and Two-Year-Olds*. Berkeley, Calif., Spaces for Children.

Visions for Infant/Toddler Care: Guidelines for Professional Caregiving. Sacramento, Calif., Far West Laboratory for Educational Development and California Department of Education.

Vokmar, F. R. und Wiesner, L. A. (2004): *Healthcare for Children on the Autism Spectrum: A Guide to Medical, Nutritional and Behavioral Issues*. Bethesda, Md., Woodbine.

Wessel, L. und Span, J. (2005): The Chronic Care Model: A Collaborative Approach to Preventing and Treating Asthma in Infants and Young Children. In: *Zero to Three 25*, 3, January, 20-27.

West, K. (Hg.) (1979): *Family Day-to-Day Care*. Mound, Minn., Quality Child Care.

Whitehead, L. C. und Ginsberg, S. I. (1999): Creating a Family-like Atmosphere in Child Care Settings: All the More Difficult in Large Child Care Centers. In: *Young Children 54*, 2, 4-10.

Widerstrom, A. H. (1986): Educating Young Handicapped Children. In: *Childhood Education 63*, 2, December, 78-83.

Wolf, D. (1987): An Interview with Jim Greenman. In: *Child Care Information Exchange*, September, 19.

Kapitel 13

Affirming Children's Roots: *Cultural and Linguistic Diversity in Early Care and Education* (1993). San Francisco, California Tomorrow.

Baker, A. R. (2002): Why Should You Document the Everyday Experience in Your Infant or Toddler Room? In: *Focus on Infants and Toddlers*, Association for Childhood Education International 15, 1, Fall, 1-5.

Blimes, J. (2004): *Beyond Behavior Management: The Six Life Skills Children Need to Thrive in Today's World.* St. Paul, MN, Redleaf Press.

Bryand, A. und Check, E. (2000): How Parents Raise Boys and Girls. In: *Your Child, Newsweek* special edition, Fall and Winter, 56-63.

Careri, G., Collini-Martins, P. und Rego, P. (1998): Research Update: Are Children Being Treated the Same? In: *Interaction 12*, 2, Summer, 34-36.

Choi, D. H. und Liu, K. (2001): Child Care Practices and Culture: What Caregivers Need to Know When Caring for Asian Infants and Toddlers. Vortrag an der National Association for Education of Young Children Annual Conference, Anaheim, California.

Clark, J. I. (1978): *Self-Esteem: A Family Affair.* Minneapolis, Winston Press.

Cooper, R. M. (2002): Child Care as Shared Socialization. In: *Child Care Information Exchange*, July, 58-60.

Drifte, C. (2004): *Encouraging Positive Behavior in the Early Years: A Practical Guide.* London, Paul Chapman Publishing.

Eggers-Pierola, C. (2005): *Connections and Commitments: Reflecting Latino Values in Early Childhood Programs.* Portsmouth, N.H., Heinemann.

Feinman, S. (Hg.) (1992): *Social Referencing and the Social Construction of Reality in Infancy.* New York, Plenum.

Fillmore, L. W. (1991): A Question for Early-Childhood Programs: English First or Families First. In: *Education Week*, June 19.

Frable, D. E. S. (1997) : Gender, Racial, Ethnic, Sexual, and Class Identities. In: *Annual Review of Psychology 48*, 139-169.

Gartrell, D. (2002): Replacing Time-Out: Using Guidance to Maintain an Encouraging Classroom. In: *Young Children 57*, 2, March, 36-43.

Gonzalez-Mena, J. (2004): *Diversity in Early Care and Education.* New York, McGraw-Hill.

Gonzalez-Mena, J. (1994): Observation Involves More Than Just Looking. In: *Educaring 5*, 4, Fall, 4.

Gonzalez-Mena, J. (2004): What Can an Orphanage Teach Us? Lessons from Budapest. In: *Young Children*, September, 26-30.

Gonzalez-Mena, J. (2002): Working with Cultural Differences: Individualism and Collectivism. In: *The First Years* (New Zealand Journal of Infant and Toddler Education) 4, 1, 13-15.

Greenfield, P. M., Quiroz, B. und Raeff, C. (2000): Cross-Cultural Conflict and Harmony in the Social Construction of the Child. In: Harkness, S., Raeff, C. und Super,

C. M. (Hg.): *New Directions for Child and Adolescent Development 87*. San Francisco, Jossey-Bass, 93-108.

Greenspan, S. I. (1990): Emotional Development in Infants and Toddlers. In: Lally, J. (Hg.): *Infant/Toddler Caregiving: A Guide to Social-Emotional Growth and Socialization*. Sacramento, California Department of Education.

Grieshaber, S. und Cannella, G. S. (Hg.) (2001): *Embracing Identities in Early Childhood Education: Diversity and Possibilities*. New York, Teachers College Press.

Hall, E. T. (1981): *Beyond Culture*. Garden City, N.Y., Anchor Press/Doubleday.

Hayden, T. (2000): A Sense of Self. In: *Your Child, Newsweek* special edition, Fall and Winter, 56-63.

Hedges, H. (2002): Empowering Infants and Toddlers – and Their Teachers. In: *The First Years* (New Zealand Journal of Infant and Toddler Education), 4, 1, 3-4.

Jones, E. (1986): *Teaching Adults: An Active Learning Approach*. Washington, D.C., National Association for the Education of Young Children.

Kilbride, K. M. (1998): Multiracial Children: Testing Our Sensitivity, Enhancing Our Vision. In: *Interaction 12*, 2, Summer, 20-21.

Lally, J. R. (1995): The Impact of Child Care Policies and Practices on Infant/Toddler Identity Formation. In: *Young Children 51*, 1, November, 58-67.

Lee, D. (1959): *Freedom and Culture*. Englewood Cliffs, N.J., Prentice-Hall.

Lee, D. (1976): *Valuing the Self*. Englewood Cliffs, M.J., Prentice-Hall.

Leipzig, J. (1987): Helping Whole Children Grow: Non-Sexist Childrearing for Infants and Toddlers. In: Neugebauer, Bonnie (Hg.): *Alike and Different: Exploring Our Humanity with Young Children*, Redmond, Wash., Exchange Press.

Lieberman, A. F. (1993): *The Emotional Life of the Toddler*. New York, Free Press.

Marion, M. (1999): *Guidance of Young Children*. Columbus, Ohio, Merrill.

Marshall, H. H. (2001): Cultural Influences on the Development of Self-Concept. In: *Young Children 56*, 6, November, 19-22.

Meade, A. (2001): The Dilemmas of Pluralism. In: *The First Years* (New Zealand Journal of Infant and Toddler Education) 4, 1, 2.

Morrison, J. W. (2001): Supporting Biracial Children's Identity Development. In: *Childhood Education 77*, 3, Spring, 134-138.

Myers, B. J., Carmichael Olson, H. und Kaltenbach, K. (1992): Cocaine-Exposed Infants: Myths and Misunderstandings. In: *Zero to Three 13*, 1, June, 1-5.

Ocampo, K., Knight, G. und Bernal, M. (1997): The Development of Cognitive Abilities and Social Identities in Children: The Case of Ethnic Identity. In: *International Journal of Behavioral Development 21*, 3, 479-500.

O'Connell, V. (1998): Special Needs Inclusion: Five A's of Antibias. In: *Interaction 12*, 2, Summer, 21-22.

Odom, S. L., Teferra, T. und Kaul, S. (2004): An Overview of International Approaches to Early Intervention for Young Children with Special Needs and Their Families. In: *Young Children*, September, 38-43.

Phillips, C. B. und Cooper, R. M. (1992): Cultural Dimensions of Feeding Relationships. In: *Zero to Three 12*, 5, June, 10-13.

Rata, E. (2000): An Overview to Theories of the Social Construction of the Self. In: *The First Years* (New Zealand Journal of Infant and Toddler Education) 2, 2, September, 34-38.

Reynolds, E. (1990): *Guiding Young Children: A Child-Centered Approach*. Mountain View, Calif., Mayfield.

Samuels, M. und Samuels, N. (1975): *Seeing with the Mind's Eye*. New York, Random House.

Samuels, M. und Samuels, N. (1979): *The Well Baby Book*. New York, Summit Books.

Thoman, E. B. und Browder, S. (1987): *Born Dancing: The Relaxed Parents' Guide to Making Babies Smart with Love*. New York, Harper & Row.

Trumbull, E., Rothstein-Fisch, C., Greenfield, P. M. und Quiroz, B. (2001): *Bridging Cultures Between Home and School*. Mahwah, N.J., Erlbaum.

Warrent, J. C., Oswald Reed, C., Manker-Seale, S. und Comp, L. A. (1992): Child-Space – Creating an Environment of Respect for Infants and Toddlers and Caregivers of Children. In: *Zero to Three 7*, 4, April, 21-28.

Williamson, G. G. und Anzalone, M. (2001): *Sensory Integration and Self-Regulation in Infants and Toddlers: Helping Very Young Children Interact with their Environment*. Washington, D.C., Zero to Three.

Wittmer, D. und Petersen, S. (1992): Social Development and Integration: Facilitating the Prosocial Development of Typical and Exceptional Infants and Toddlers in Group Settings. In: *Zero to Three 7*, 4, April, 14-20.

Kapitel 14

Baker, A. R. (2002): Why Should You Document the Everyday Experience in Your Infant or Toddler Room?. In: *Focus on Infants and Toddlers*, Association for Childhood Education International 15, 1, Fall, 1-5.

Bjorklund, G. und Burger, C. (1987): Making Conferences Work for Parents, Teachers, and Children. In: *Young Children*, January, 26-31.

Brazelton, T. B. (1987): *Working and Caring*. Reading, Mass., Addison-Wesley.

Bruno, H. E. (2003): Hearing Parents in Every Language. In: *Exchange 153*, September/October, 58-60.

California State Health and Safety Code (2003), Title 22 Child Care Facility Licensing Subchapter 2. Infant Care Centers. Section 101423.1, Infant Care Discipline.

Carr, M. (2001): *Assessment in Early Childhood Settings: Learning Stories*. London, Chapman.

Centre for Community Child Health (2001): *The Cornerstone of Quality in Family Day Care and Child Care Centres – Parent-Professional Partnerships.* Melbourne, Royal Children's Hospital.

Centre for Community Child Health (2001): *The Heart of Partnership in Family Day Care – Carer-Parent Communication.* Melbourne, Royal Children's Hospital.

Cooper, R. M. (2002): Child Care as Shared Socialization. In: *Child Care Information Exchange,* July, 58-60.

Elam, P. (2005): Creating Quality Infant Group Care Programs. In: Petrie, Stephanie und Owen, Sue (Hg.): *Authentic Relationships in Group Care for Infants and Toddlers: Resources for Infant Educarers (RIE) Principles into Practice.* London und Philadelphia, Jessica Kingsley Publishers, 83-92.

Galinsky, E. (1988): Parents and Teacher-Caregivers: Sources of Tension, Sources of Support. In: *Young Children,* March, 4-12.

Gonzalez-Mena, J. (1991): Do You Have Cultural Tunnel Vision? In: *Child Care Information Exchange,* July, 29-31.

Gonzalez-Mena, J. (1987): Mrs. Godzilla Takes on the Child Development Experts: Perspectives on Parent Education. In: *Child Care Information and Exchange,* September, 25-26.

Gonzalez-Mena, J. (1996): *Multicultural Issues in Child Care.* Mountain View, Calif., Mayfield.

Gonzalez-Mena, J. (1993): Raising a 'Gifted' Infant. In: *Educaring 8,* 2, Spring, 4-5.

Gordon, A. und Williams Browne, K. (1996): *Guiding Young Children in a Diverse Society.* Boston, Allyn & Bacon.

Gordon, J. (1986): Child Care Professionalism and the Family. In: *Child Care Information Exchange,* July, 19-23.

Gordon, J. (1988): Separation Anxiety: How to Ask a Family to Leave Your Center. In: *Child Care Information Exchange,* January, 13-15.

Greenspoon, B. (1998): Toward Fully Inclusive Child Care Programs: Adressing Gay and Lesbian Issues. In: *Interaction 12,* 2, Summer, 17-19.

Ingalls, A. M., Greenberg, R. und Jeffers-Woolf, J. (2004): A Journey of Hope: Forming Partnerships with Families and the Community. In: *Zero to Three 24,* 6, July, 26-32.

Jones, E. (1986): *Teaching Adults: An Active Learning Approach.* Washington, D.C., National Association for the Education of Young Children.

Jones, E. (Hg.) (1990): *Supporting the Growth of Infants, Toddlers, and Parents.* Pasadena, Calif., Pacific Oaks.

Kaplan-Sanoff, M. und Fitzgerald Rice, K. (1992): Working with Addicted Women in Recovery and Their Children: Lessons Learned in Boston City Hospitals Women and Infants Clinic. In: *Zero to Three 13,* 1, August/September, 17-23.

Lane, M. und Signer, S. (1990): *Infant/Toddler Caregiving: A Guide to Creating Partnerships with Parents.* Sacramento, California State Department of Education.

Lawrence-Lightfood, S. (2003): *The Essential Conversation: What Parents and Teachers Can Learn from Each Other*. New York, Random House.

Lynch, E. W. und Hanson, M. J. (1998): *A Guide for Working with Children and Their Families: Developing Cross-Cultural Competence* (2. Aufl.). Baltimore, Md., Paul H. Brookes.

O'Connell, J. C. (1983): Children of Working Mothers: What the Research Tells Us. In: *Young Children*, January, 63-70.

O'Connell, V. (1998): Special Needs Inclusion: Five A's of Antibias. In: *Interaction 12*, 2, Summer, 21-22.

Olsen, G. W. und Shirley, S. W. (2001): Resolving Staff Conflict. In: *Child Care Information Exchange 141*, September/October, 22-25.

Pawl, J. H. und Dombro, A. L. (2001): *Learning and Growing Together with Families: Partnering with Parents to Support Young Children's Development*. Washington, D.C., Zero to Three.

Post, J. und Hohmann, M. (2000): *Tender Care and Early Learning: Supporting Infants and Toddlers in Child Care Settings*. Ypsilanti, Mich., High/Scope Press.

Stephens, K. (2004): Sometimes the Customer *Isn't* Always Right: Problem Solving with Parents. In: *Exchange 158*, July/August, 68-74.

Trumbull, E., Rothstein-Fisch, C., Greenfield, P. M. und Quiroz, B. (2001): *Bridging Cultures Between Home and School*. Mahwah, N. J., Erlbaum.

Deutschsprachige Pikler/Gerber-Literatur

Gerber, Magda: *Dein Baby zeigt dir den Weg*, Arbor

Gerber, Magda: *Ein guter Start ins Leben*, Arbor

Petri/Owen: *Authentische Beziehungen in der Betreuung von Säuglingen und Kleinkindern*, Arbor

Pikler, Emmi: *Friedliche Babys, zufriedene Mütter*, Herder

Pikler, Emmi: *Miteinander vertraut werden* (Gesamtausgabe), Arbor

Pikler, Emmi: *Miteinander vertraut werden* (gekürzte TB-Ausgabe) Herder

Pikler, Emmi: *Lasst mir Zeit*, Pflaum

Truchis, Chantal: *Zufriedene Kinder, gelassene Eltern* (Herder)

Truchis, Chantal: *Erste Schritte in die Welt* (vergriffen, Restexemplare können beim Arbor Verlag bestellt werden. Email: Verlags-Service@arb24.de)

Aly, Monica: *Mein Kind im ersten Lebensjahr: frühgeboren, entwicklungsverzögert, behindert? Oder einfach anders?*

Schriftenreihe der Pikler Gesellschaft Berlin

Marian Reisman: *Beziehungen. Fotografien,* mit einer Einführung von Anna Tardos, Berlin 1991.

Maria Vincze: *Schritte zum selbständigen Essen,* mit einem Beitrag von Anita Dries, Berlin, 2. Aufl. 2005.

Éva Kálló, Györgyi Balog: *Von den Anfängen des freien Spiels,* mit Fotografien von Marian Reismann, hrsg. von Ute Strub und Anke Zinser, Berlin, 3. Aufl. 2008. / *Das kleine Kind mit Down Syndrom,* Beiträge zu einem Symposium der Pikler Gesellschaft Berlin, mit Beiträgen von Renate Wolff, Monika Aly u.a., Berlin 2001.

Margret von Allwörden, Marie Wiese: *Vorbereitete Umgebung für Babys und kleine Kinder.* Handbuch für Familien, Krippen und Krabbelstuben, Berlin, 2. Aufl. 2004.

Ute Strub und Anna Tardos (Hrsg.): *Im Dialog mit dem Säugling und Kleinkind,* Berlin 2006.

Judit Falk, Monika Aly: *Beobachten, Verstehen und Begleiten.* Entwicklungsdiagnostik nach Pikler. Mit Fotografien von Marian Reismann, Berlin 2008.

Die Schriften der Pikler Gesellschaft Berlin können entweder direkt per Email (gudrun.zoellner@web.de) oder im Buchhandel bestellt werden.

Veröffentlichungen des Zeitler Verlags

Eva Kálló: *Wie wir den Kindern von ihrer persönlichen Geschichte erzählen* / ISBN 978-3931428-03-6 (7), 16 S., 21 x 15 cm

Myriam David: *Mütterliche Betreuung – ohne Mutter,* Geneviève Appell, ISBN 978-3931428-04-4, 184 S., 19 x 12,4 cm

Judit Falk: *Der Säugling, seine Eltern und ihr Kinderarzt,* ISBN 978-3931428-08-2, 18 S., 21 x 13 cm.

Maria Vincze: *Mütterliche Liebe – Professionelle Liebe,* ISBN 978-3931428-14-3(1), 23 S., 21 x 13 cm.

Die Veröffentlichungen können bestellt werden über: P. Zeitler Verlag, Mauerkircherstrasse 11, D-81679 München, Tel.: 089/983 841 oder Fax: 089/981 328

Glossar

Ablenkung: Ablenkung, die manchmal mit Umlenkung verwechselt wird, ist ein Mittel, zu verhindern, dass Kinder mit einer Handlung oder einem Verhalten fortfahren. Ablenkung kann auch eingesetzt werden, um Kinder von einem starken Gefühl abzulenken und auf andere Gedanken zu bringen. Ablenkung funktioniert, hat aber Nebenwirkungen, weil Kinder lernen, dass ihre Energie oder ihre Gefühle für Erwachsene, die sie ablenken, nicht akzeptabel sind. Umlenkung kann ähnlich aussehen, jedoch wird die Energie, die hinter einem Verhalten oder Gefühl steht, bei diesem Führungsansatz nicht gestoppt, sondern in eine akzeptablere Richtung gelenkt.

Adaptives Verhalten: Adaptives Verhalten ist normal und nützlich. Zu ihm gehört die Fähigkeit, sich an neue Situationen anzupassen und vertraute oder neue Fähigkeiten einzusetzen oder das Verhalten so zu organisieren, dass es besser zu einer Situation passt.

Akkomodation: Ein Begriff aus der Theorie von Jean Piaget, der den Prozess beschreibt, bei dem der Geist/Körper neue Informationen auf eine Art und Weise aufnimmt, dass bereits bestehende geistige Kategorien neu angepasst, verbessert oder erweitert werden.

Als-ob-Spiel: Ein Objekt, eine Sache oder eine Person wird genutzt, um etwas anderes zu repräsentieren oder darzustellen. Beginnt im Alter von etwa zwei Jahren, wenn Kinder Dinge durch Symbole darstellen können und in der Lage sind, sich etwas aus ihrer Welt auch dann vorzustellen, wenn sie es gerade nicht direkt erleben.

Anekdotische Aufzeichnungen: Eine Dokumentationsmethode, bei der eine Aktivität, ein Gesprächsfetzen, ein Sprechchor usw. kurz beschrieben wird. Anekdotische Aufzeichnungen können auf Erinnerungen basieren oder sofort an Ort und Stelle aufgeschrieben werden.

Assimilation: Ein Begriff aus der Theorie von Jean Piaget, der den Prozess beschreibt, bei dem der Geist/Körper neue Informationen aufnimmt, indem er sie geistigen Kategorien einverleibt, die bereits zuvor entwickelt wurden.

Ästhetik: Etwas, was ästhetisch ist, ist visuell ansprechend. Wenn Erwachsene Ästhetik wertschätzen, zeigen sie diese Wertschätzung in der Art, wie sie die Umgebungen für Säuglinge und Kleinkinder gestalten.

Aufnahmegespräch: Gespräch, das geführt wird, wenn ein Kind in einem Programm oder einer Einrichtung angenommen ist. Für das Kind und für die Eltern wird zu diesem Zeitpunkt ein Leistungsplan entworfen, der dabei helfen soll, ihre Bedürfnisse im Rahmen des Curriculums oder mit Hilfe von außen zu befriedigen.

Auszeit: Ein Führungsansatz, bei dem ein Kind aus einer Situation entfernt wird, in der es sich inakzeptabel verhält.

Autonomie: Autonomie bedeutet, dass ein Mensch unabhängig und für seine Taten selbst verantwortlich ist. Dazu gehören Gefühle von Macht und Stärke und ein Gefühl von Kompetenz im Hinblick auf das Treffen von Entscheidungen. Die zweite Stufe von Erik Eriksons Stufenmodell der psychosozialen Entwicklung.

Axon: Eine Faser, die als Fortsatz einer Nervenzelle neuronale Impulse aussendet.

Bedarfs- und Leistungsplan: Enthält Informationen zu den täglichen Abläufen des Kindes und seiner Familie, zu Gewohnheiten, besonderen Bedürfnissen und Kommunikationsformen; auch zu Bedürfnissen und Sorgen jeder Art oder zu Anträgen auf soziale Unterstützung oder Intervention. Die Verbindung zwischen der Familie und kommunalen Diensten herzustellen, ist ein wichtiges Ziel eines Bedarfs- und Leistungsplans.

Beobachtungsmodus: Ein bestimmter Zustand oder eine spezielle Seinsweise; der Fokus liegt darauf, ganz genau auf etwas oder jemanden zu achten.

Besprechung: Ein Treffen mit Eltern, hinter dem eine bestimmte Absicht steht, zum Beispiel der Austausch von Informationen, Gedanken, Fragen und Sorgen, mit dem Ziel, dass man Einblicke erhält und langfristige Ziele gemeinsam plant.

Bindung: Eine dauerhafte liebevolle Bindung zwischen einem Kind und einer Person, die für das Kind sorgt und ihm damit ein Gefühl der Sicherheit gibt. Baut man durch Beständigkeit, einfühlsames und umittelbares Reagieren und Vorhersagbarkeit eine vertrauensvolle, sichere Bindung auf, zeigt dies dem Kind, dass es darauf vertrauen kann, dass die Betreuerin seine Bedürfnisse (körperliche, geistige und emotionale) erfüllt. Bindung ermöglicht es Kindern, sich in ihrer Umgebung sicher zu fühlen und deshalb unbefangen und gerne Erkundungen anzustellen und sich hinauszuwagen.

Cephalocaudal: Ein organisiertes Muster körperlichen Wachstums und motorischer Kontrolle, das vom Kopf zu den Füßen verläuft.

Curriculum: Ein Lernplan, der allumfassend ist und in dem es um die Beziehungen mit einem Säugling oder Kleinkind in einer Kindertagesstätte oder Familientagespflegestätte geht. Der Fokus liegt auf einer Erziehung und Pflege, die auf die Bedürfnisse des Kindes auf warme, respektvolle und einfühlsame, Bindung fördernde Art reagiert und sie respektiert. Ein solches Curriculum, das respektvolle, durch einfühlsames Reagieren gekennzeichnete Pflege und Betreuung befördert, basiert auf Beziehungen, die bei geplanten und ungeplanten Aktivitäten, Erfahrungen und Ereignissen stattfinden.

Dendriten: Fasern, die als Fortsätze von Neuronen Input von benachbarten Neuronen empfangen.

Dialog: Art der Kommunikation, bei der unterschiedliche Ansichten angehört werden und eine nicht defensive Sprache benutzt wird; dient der Förderung offener Kommunikation und des Problemlösens.

Dokumentation: Eine Vielzahl von Aufzeichnungen, die den Lernprozess eines Kindes, den Aufbau von Fähigkeiten, seine sozial-emotionale Entwicklung oder seine Denkprozesse widerspiegeln. Eine Dokumentation fängt die mit den täglichen Erfahrungen eines Kindes verbundenen Prozesse und Ergebnisse ein und kann aus schriftlichen Aufzeichnungen bestehen, aber auch Fotos, Aufnahmen auf Band und Videos umfassen.

Elternbildung: Eine Methode der Arbeit mit Eltern, die ihren Bedürfnissen entsprechen soll, zum Beispiel dem Bedürfnis nach Unterstützung und Hilfe oder nach Informationen über Methoden und Praktiken, die ihnen bei der Steuerung der Entwicklung eines Kindes von Nutzen sein können.

Emotion: Die affektive Reaktion auf ein Ereignis, das für jemanden persönlich relevant ist. Emotionen kommen aus dem Inneren der Person, können aber durch ein äußeres Ereignis ausgelöst werden. Beispiele für emotionale Zustände sind Fröhlichkeit, Überraschung, Ärger, Neid und Traurigkeit.

Entwicklungsbereiche: Einzelne Bereiche der Entwicklung – die Unterteilung in verschiedene Bereiche dient dem Verständnis der Entwicklung und erleichtert ihre Untersuchung. Mit einfachen Worten ausgedrückt, sind der Geist, der Körper und die Gefühle drei Entwicklungsbereiche. Kompliziertere Bezeichnungen sind körperliche, intellektuelle und sozial-emotionale Entwicklung. Noch kompliziertere Bezeichnungen sind psychomotorische, kognitive und affektive Entwicklung.

Ereignisse: Ein Wort, das in diesem Buch dem Wort *Aktivitäten* vorgezogen wird. Ein breit gefasster Begriff, der das einfachste Ereignis ebenso einschließen soll wie längere und kompliziertere Erfahrungen. Das Wort *Aktivität* wird vermieden, weil es Menschen gewöhnlich an Vorschule denken und dementsprechend handeln lässt.

Erforschen/Erkunden: Wenn ein Kind seine Umgebung, Menschen, Objekte und die Eigenschaften von Objekten durch Berühren, In-den-Mund-Nehmen, Riechen, Sehen und Hören entdeckt und untersucht. Eine sichere, der Entwicklung angemessene Umgebung, die die verschiedenen Fähigkeiten bedient, ermöglicht dieses Erkunden, das eine Vielzahl von Entdeckungen zur Folge haben kann.

Erlernen von Sauberkeit: Eine Methode, bei der Kinder selbstständig lernen, die Toilette zu benutzen, normalerweise zu einem Zeitpunkt im dritten oder vierten Lebensjahr. Kinder sind alt genug, zu lernen, zur Toilette zu gehen, wenn sie zeigen, dass sie hierzu körperlich, geistig und emotional bereit sind.

Erziehungsphilosophie: Eine Reihe von Theorien oder Konzepten, die mit der Entwicklung, dem Wissenserwerb und dem Lernen von Fähigkeiten zusammenhängen.

Fähigkeit zur Vorhersage: Die Fähigkeit, zu wissen, was geschehen wird, oder damit zu rechnen.

Fiktionsspiel (Symbolspiel): Ein anderer Begriff für das Als-ob-Spiel. Wird durch das Vorhandensein einer Vielzahl von Gegenständen erleichtert, die zum Erforschen und zum fiktionalen Spiel ermuntern. Kinder unter drei Jahren spielen gerne mit Objekten, die Gegenstände aus ihrem alltäglichen Leben darstellen, wie zum Beispiel Puppen, ein Herd, eine Küche, Geräte zum Saubermachen, Lebensmittel usw.

„Floor time": Im Gegensatz zur Auszeit, bei der einem Kleinkind, das ein schwieriges Verhalten zeigt, die Aufmerksamkeit entzogen wird, schenkt eine Erwachsene dem Kind bei der „floor time" ihre volle Aufmerksamkeit (auf dem Fußboden) und reagiert einfühlsam auf das Kind, statt Anweisungen zu geben.

Fortlaufende Aufzeichnungen: Eine Dokumentationsmethode, bei der detailgenau und sachlich schriftlich beschrieben wird, was passiert, während es gerade passiert. Zur fortlaufenden Aufzeichnung kann gehören, dass die Betreuerin die Bedeutung des beobachteten Verhaltens interpretiert, jedoch müssen objektive Informationen von subjektiven Bemerkungen getrennt werden.

Freies Spiel: Die Bezeichnung für Spiel, das von Erwachsenen nicht gesteuert, aber überwacht wird, bei dem die Kinder Wahlmöglichkeiten haben, um ihren speziellen Interessen ohne ständige Kontrolle durch Erwachsene nachzugehen und ohne dass ein bestimmtes Ergebnis erwartet wird.

Freigestellte Zeit: Die Zeit, wenn Betreuerinnen, die in einem Team arbeiten, von der Verantwortung für den Rest der Gruppe befreit werden und ihre volle Aufmerksamkeit einem Kind widmen können.

Fremde Situation: Ein Test aus der Forschung von Mary Ainsworth (1978), der aus einer Reihe von Abschieden und Wiedersehen zwischen Säugling und Mutter besteht und mit dem die Bindung gemessen werden soll. Gilt heute wegen der vielen unterschiedlichen familiären Lebensstile und Kinderbetreuungsformen als etwas überholt.

Fremdeln (Fremdenangst): Angst, die ein Kind zeigt, wenn es mit unbekannten Erwachsenen konfrontiert ist.

Fünf Sinne: Berühren, Hören, Riechen, Sehen und Schmecken sind alles Möglichkeiten, wie Stimuli aus der Umgebung in das zentrale Nervensystem aufgenommen werden können, um verarbeitet zu werden.

Gedächtnis: Die Fähigkeit, vergangene Erlebnisse, einschließlich Bildern und Gedanken, zu behalten und sich ihrer zu erinnern.

Gefühl: Ein physisches Empfinden oder das Bewusstsein eines emotionalen Zustands. Eine emotionale Reaktion auf ein Ereignis oder eine Interaktion.

Gehirnplastizität: Die Fähigkeit bestimmter Bereiche des Gehirns und individueller Neurone innerhalb dieser Bereiche, sich in Folge von Erfahrungen anzupassen und verschiedene Funktionen zu übernehmen.

Gemischte Altersgruppen: Betreuung für Kinder unterschiedlichen Alters, eher üblich in der Familientagespflege.

Geschlechtsidentität: Teil des Selbstkonzepts; wie ein Kind sich selbst als Junge oder Mädchen wahrnimmt. Wird durch die Botschaften beeinflusst, die dem Kind von anderen Menschen und den Medien im Hinblick auf die an Jungen und Mädchen gestellten Erwartungen und den Wert der einzelnen Geschlechter vermittelt werden.

Gezieltes Eingreifen: Wenn man Kinder unterbricht, die Hilfe brauchen, damit ihre Sicherheit gewährleistet bleibt oder sie positiv interagieren können. Mit gezieltem Eingreifen lassen sich auch Augenblicke nutzen, die zum Lernen besonders geeignet sind. Zu wissen, wann es angemessen ist, einzugreifen, ist eine wichtige Kompetenz von Betreuerinnen, wenn es darum geht, das Spiel von Säuglingen und Kleinkindern zu unterstützen.

Grenzen: Grenzen, die dem Verhalten eines Kindes gesetzt werden. Es kann sich dabei um physische Grenzen in der Umgebung handeln, wie Tore oder verschlossene Türen, oder um verbale Grenzen, wenn Kinder zum Beispiel daran erinnert werden, dass sie sitzen sollen, wenn sie Essen im Mund haben. Kinder testen unsichtbare Grenzen aus, um sie kennen zu lernen.

Grobmotorik: Körperliche Bewegung, die den Einsatz von größeren Muskeln verlangt, zum Beispiel Herumrollen, Hochziehen, Klettern, Gehen, Laufen, Hüpfen.

Grobmotorische Aktivität: Eine Aktivität, bei der die großen Muskeln der Arme, Beine und des Oberkörpers eingesetzt werden, zum Beispiel Klettern, Rollen, Rutschen, Laufen usw.

Hantieren: Die Fähigkeit, geschickt mit den Händen und Fingern zu manipulieren; steht in diesem Buch in Beziehung zur feinmotorischen Entwicklung.

Hirnrinde (Kortex): Die größte, komplexeste Schicht des menschlichen Gehirns; verantwortlich für das Denken auf höherer Ebene und die Intelligenz; umgibt den Rest des Gehirns (erinnert an eine zur Hälfte geschälte Walnuss).

Initiative: Gefühl von Entschlossenheit und Effektivität. Energie, die mit dem Schaffen, Erfinden und Erkunden im Zusammenhang steht. Die dritte Stufe von Erik Eriksons Stufenmodell der psychosozialen Entwicklung, die zu Beginn des Vorschulalters stattfindet.

Innere Kontrollen: Ein anderes Wort für Selbstbeherrschung. Das Ziel besteht darin, Kindern zu helfen, zu lernen, ihr Verhalten zu kontrollieren, statt auf jemand anderen oder etwas anderes angewiesen zu sein.

Intentional: Wenn man sich absichtlich und auf eine Art, die mit dem Zweck oder Ziel, das man verfolgt, übereinstimmt, auf eine Handlung einlässt.

Interaktion auf Basis der „drei Rs": Eine respektvolle, durch unmittelbares und einfühlsames Reagieren gekennzeichnete, reziproke Interaktion. Diese Art der Interaktion ist ein Hauptbestandteil effektiver Pflege. Interaktionen sind miteinander verbunden und bilden eine Kette an Interaktionen, mittels derer eine Partnerschaft mit dem Säugling aufgebaut wird. Sie sind für Beziehungen und auch für Wachstum, Entwicklung und Lernen von essenzieller Bedeutung.

Kognitive Erfahrung: Das Sammeln, Organisieren und schließlich Nutzen von Informationen; fördert das Verständnis eines Menschen und seine Kenntnis von seiner Umwelt.

Konditionierung: Wenn ein Mensch Verhaltensreaktionen noch einmal neu erlernt, um auf eine bestimmte Art und Weise zu reagieren, wenn er mit speziellen Stimuli konfrontiert ist.

Konstrukt: Ein Konzept, ein Modell oder eine Idee. Ein geistiges Bild davon, wie etwas aussieht oder funktioniert, das genutzt wird, um Verständnis oder neues Wissen aufzubauen.

Kontinuität in der Betreuung: Eine in der Kinderbetreuung angewendete Methode, bei der Säuglinge und Kleinkinder über lange Zeit hinweg bei derselben Betreuerin oder denselben Betreuerinnen bleiben; erstrebenswert für den Aufbau von Vertrauen und Sicherheit durch Bindung. Die Zeitdauer kann variieren, aber das Ziel sind zwei Jahre, und noch besser sind drei Jahre.

Körperbewusstsein: Das Wissen eines Menschen, wo im Raum sich sein Körper befindet, und das Kennenlernen seiner Fähigkeiten. Entsteht sichtbar bei Säuglingen und Kleinkindern, wenn sie ihre motorischen Fähigkeiten entwickeln.

Körperweisheit: Die Fähigkeit von Kindern, in ihrem Körper zu Hause zu sein, zu wissen, was er braucht, und auf die Art zu vertrauen, wie er funktioniert und sich bewegt.

Kulturelle Identität: Als Teil des Selbstkonzepts steht die kulturelle Identität mit allem in Beziehung, was wir tun, damit, wie wir aussehen und sprechen, was wir essen, wo wir leben und wie wir die Welt sehen.

Lernen mit Hilfestellung: Nach Lev Vygotskij unterstützt soziale Interaktion sowohl die frühe Sprachentwicklung als auch das Problemlösen. Dahinter steht die Überzeugung, dass Kindern beim Lernen geholfen wird, wenn sie mit Menschen interagieren, die mehr wissen als sie; in Zusammenarbeit konstruiert.

Lernwerkzeuge: Alles, was sicher und interessant ist, kann für einen Säugling oder ein Kleinkind eine Lernquelle darstellen. Einige

Beispiele sind Bücher, Tücher, Heftwände, Pappkartons und Klötze.

Lese- und Schreibkompetenz („Literacy"): Die Fähigkeit, zuzuhören und zu sprechen und schließlich zu lesen und zu schreiben.

Lokomotion: Die Fähigkeit, sich selbstständig zu bewegen; steht in diesem Buch in Beziehung zur grobmotorischen Entwicklung.

Modellhaft vorführen: Verhalten modellhaft vorzuführen bedeutet, mit den Verhaltensweisen, Handlungsweisen und Interaktionsstilen, die man zeigt und die andere beobachten und nachahmen, als Vorbild zu dienen. Säuglinge und Kleinkinder lernen von modellhaft vorgeführtem Verhalten, deshalb kann dies sowohl eine bewusste Lehrstrategie als auch ein Mittel der Führung sein.

Multikulturelles Curriculum: Beinhaltet, dass Sie ein Verständnis für die Pflege- und Erziehungspraktiken der einzelnen Familien entwickeln, sich anhören, wie die Familien möchten, dass Sie mit ihrem Kind umgehen, und diese Information bei Ihrer Pflege und Betreuung des Kindes berücksichtigen. Beinhaltet außerdem, dass Sie die unterschiedlichen Kulturen in Ihrer Gemeinde respektieren und über sie reflektieren.

Myelinisierung: Aufbau oder Stärkung der das Axon umhüllenden Myelinscheide, die der Isolierung dient und eine schnelle Übertragung von Botschaften des Gehirns über die Nervenfasern ermöglicht. Zu einer Schädigung der Myelinscheide, die eine verzögerte Informationsverarbeitung durch das Gehirn zur Folge haben kann, kommt es u. a. durch die Aufnahme von Teratogenen.

Nachahmen: Das Kopieren oder Imitieren eines bei einem anderen Menschen beobachteten Verhaltens, einer Art zu sprechen oder einer Interaktion.

Nervenbahnen: Die Informations-Highways des Gehirns. Einige werden durch wiederholte Stimulation verstärkt, und diejenigen, die vernachlässigt werden, werden schwach und lösen sich auf.

Neues Wissen konstruieren: Eine auf Jean Piagets Arbeit basierende Ansicht, die besagt, dass Kinder ihr Wissen nicht passiv dadurch erwerben, dass ihnen etwas beigebracht wird, sondern dadurch, dass sie es aktiv selbst konstruieren.

Neuronen: Nervenzellen, die Botschaften aussenden und empfangen und das Kommunikationssystem des Gehirns ausmachen.

Neuroplastisch: Flexibel und empfänglich. In den ersten paar Lebensmonaten ist das Gehirn eines Kindes sehr flexibel und für alle Laute empfänglich. Mit der Zeit werden neuronale Verbindungen durch sich wiederholende, einfühlsame Interaktionen gestärkt, was dauerhaftere Verbindungen und weniger Plastizität zur Folge hat.

Neurotransmitter: Elektrische Impulse, die Botschaften über Synapsen zum Gehirn übermitteln.

Objektpermanenz: Das Verständnis, dass Objekte auch dann weiterbestehen, wenn sie nicht mehr direkt wahrgenommen oder gesehen werden können.

Optimaler Stress: Die richtige Menge Stress – also genug, um dem Kind Energie und Motivation für Aktivitäten, darunter das Problemlösen, zu verleihen, aber nicht so viel, dass der Stress die Fähigkeit des Kindes, zu agieren oder ein Problem zu lösen, behindern oder hemmen würde.

Positive Verstärkung: Eine Reaktion auf eine Handlung oder ein Verhalten, mit der die Wahrscheinlichkeit verstärkt wird, dass sich diese Handlung oder dieses Verhalten wiederholt. Bekannt auch als Belohnung.

Positives soziales Verhalten: Wenn man etwas zum Wohl einer anderen Person tut, ohne dafür belohnt zu werden.

Präoperatives Stadium: Das zweite Stadium in Piagets Theorie der kognitiven Entwicklung, das mit etwa zwei Jahren beginnt und bis zum Alter von etwa sieben Jahren andauert. Gekennzeichnet durch symbolisches Denken und den Beginn des Auftauchens von Sprache und der Fähigkeit, zu tun als ob.

Präsenz der Betreuerin: Zwei Arten, mit Säuglingen zu interagieren, die zu den zwei Arten von Zeit besonderer Qualität gehören. Bei der Zeit, in der etwas vom Kind gewollt wird („wants-something quality time"), ist die Präsenz der Betreuerin eine aktive. Die Betreuerin muss eine Aufgabe verrichten, und auch wenn sie dabei sanft vorgehen und einfühlsam auf das Kind eingehen kann, so weist sie doch der Interaktion ihre Richtung. Die andere Art von Präsenz der Betreuerin ist eine passive; das bedeutet, dass der Säugling derjenige ist, der die Richtung vorgibt und die Handlung initiiert, und die Betreuerin reagiert auf diese Handlung.

Proximodistal: Ein organisiertes Muster, nach dem das körperliche Wachstum und die Entwicklung motorischer Kontrolle von der Mitte des Körpers nach außen voranschreiten.

Reflexe: Automatische oder unwillkürliche Reaktionen auf Berührung, Licht, Geräusche und andere Arten der Stimulation.

Resilient: Die Fähigkeit, belastende Situationen bewältigen und sich auf positive Art anpassen zu können.

Resilienz: Die Fähigkeit eines Menschen, während seiner Entwicklung auftretende belastende Situationen zu überwinden und sich auf funktionell adaptive Art weiterzuentwickeln.

Retterkomplex: Ein Muster, das auftritt, wenn Betreuerinnen Eltern ablehnen und das Kind gerne aus der Familie retten möchten.

Sauberkeitserziehung: Eine Methode, bei der Kindern vor dem dritten Lebensjahr mit einer Konditionierungsmethode, die eher durch kulturelle Traditionen als durch die Bereitschaft des Kindes bedingt ist, geholfen wird, die Toilette zu benutzen.

Säuglingsstimulation: Ein Ansatz der Säuglingserziehung, der auf der Vorstellung basiert, dass es die Entwicklung von Säuglingen unterstützt, wenn ihre Sinne stimuliert werden. Die Idee, dass Säuglinge, die in einer viele sensorische Erfahrungen bietenden Umgebung sich selbst überlassen werden, selbst entscheiden können, was sie aufnehmen, findet bei diesem Ansatz keine

Berücksichtigung. Freiwillige sensorische Erfahrungen zu machen ist etwas anderes, als von jemandem stimuliert zu werden. Des Weiteren können Säuglinge, wenn die Stimulation von außen kommt, überwältigt sein und sich machtlos fühlen.

„Scaffolding": Ein zeitweiliges stützendes Gerüst, das Erwachsene Kindern in angemessenem Ausmaß bieten, um ihnen zu helfen, bei einer bestimmten Aufgabe oder Interaktion ihre Kompetenz zu verbessern. Dieses stützende Gerüst wird gegeben, wenn Erwachsene Wörter benutzen, um Handlungen zu beschreiben, Fragen stellen, um Handlungen zu erweitern, vorübergehend physische Hilfe bieten, Emotionen in Worten wiedergeben oder eine herausfordernde Situation ermöglichen. Manchmal ist die bloße Präsenz der oder des Erwachsenen oder eines älteren Kindes alles, was ein Kind an Hilfe braucht, um ein Problem zu lösen, etwas zu erreichen oder ein Bedürfnis zu befriedigen.

Schlösser- und Riegelkästen: Objekte für feinmotorisches Hantieren, mit Schlössern, Haken und Griffen unterschiedlicher Art zum Öffnen und Schließen. Manchmal befinden sich in den Kästen Gegenstände, die mit den Sinnen erforscht werden können.

Schnelle Zuordnung („fast mapping"): Der schnelle (und bisweilen nicht sehr genaue) Prozess des Erwerbs von Vokabular, bei dem ein neues Wort schon nach einer kurzen Begegnung mit einem ihm zugrunde liegenden Konzept verknüpft wird.

Selbstberuhigungstechniken: Methoden wie das Daumenlutschen, die Säuglinge nutzen, um sich selbst zu beruhigen, um ihre Emotionen unter Kontrolle zu bringen, und die angeboren sein können. Die Fähigkeit, sich zu beruhigen, ohne hierfür einzig und allein auf andere angewiesen zu sein.

Selbstbild: Das Bild, das eine Person von sich selbst hat. Teil des Selbstkonzepts, drückt aus, wie man sich selbst wahrnimmt, hängt mit der Körperwahrnehmung und dem Bewusstsein zusammen.

Selbsthilfefähigkeiten: Die Fähigkeiten, die Kinder brauchen, um selbstständig zu handeln, zum Beispiel alleine zu essen oder ihre Schuhe anzuziehen.

Selbstkonzept: Die Wahrnehmung, die Kinder von ihren eigenen Eigenschaften und Fähigkeiten haben und die ihrem Verständnis nach definieren, wer sie sind. Das Selbstkonzept wird durch den sozialen Kontext sowie die jeweilige Geschlechtsidentität und Kultur beeinflusst.

Selbstverwirklichung: Ein Gefühl der Selbststeuerung, das eine Erweiterung und Reifung der Persönlichkeit herbeiführt. Nach Abraham Maslow geschieht dies, wenn die körperlichen, emotionalen und geistigen Bedürfnisse eines Menschen befriedigt sind. Ein Punkt, an dem die Bedürfnisse eines Menschen mit Leistung und Selbstdarstellung zu tun haben, da er das Bestreben hat, sein volles Potenzial auszuschöpfen.

Selbstwertgefühl: Die persönliche Einschätzung des positiven Werts. Der Aspekt des Selbstkonzepts, der die Beurteilung des eigenen Werts beinhaltet.

Sensibilität: Der Grad, zu dem ein Mensch für äußere Einwirkungen und Stimulation empfänglich ist. Manche Kinder, die äußerst sensibel sind, empfinden Unbehagen.

Sensorische Integration: Der Prozess des Kombinierens und Integrierens von Information quer durch alle Sinne; ist entscheidend für die Wahrnehmungsentwicklung.

Sensorischer Input: Das, was durch Augen, Ohren, Nase, Mund und Haut eindringt und empfangen wird. Diese Information wird vom Menschen dazu genutzt, seine Umgebung und Interaktionen zu verstehen. Wird manchmal „sensorische Stimulation" genannt.

Sensumotorisches Stadium: Die Koordination von Sinneswahrnehmung und Muskelbewegungen, die den Beginn des Denkens kennzeichnet. Das erste Stadium von Jean Piagets Theorie der kognitiven Entwicklung.

Sichere Bindung: Ein aus Mary Ainsworth Forschung (1970er-Jahre) zur „Fremden Situation", bei der es um die Reaktionen junger Kinder auf Fremde und das Wiedersehen mit ihren Müttern ging, übernommener Begriff. Er bezeichnet eine vertrauensvolle Beziehung, die dem Kind Bestärkung gibt und ihm damit ein unabhängiges Erkunden ermöglicht. Wegen der Diversität in der Bevölkerung und der Gründe dafür, warum Kinder in die Kinderbetreuung gehen, haben die Beschreibungen heute nur noch *begrenzt* Relevanz.

Sinnesbehinderung: Eine Verzögerung oder ein Problem bei der Aufnahme von Information durch einen oder mehrere Sinne.

Soziale Interaktion: Eine entscheidende Komponente der Sprachentwicklung. Dadurch, dass Kinder ihre Betreuerin nachahmen und die Betreuerin darauf reagiert, verbessern die Kinder ihr Verständnis davon, wie man mit Menschen in einem sozialen Kontext interagiert.

Spielräume: Für das Spiel hergerichtete Bereiche, in denen es unterschiedliche, der Entwicklungsstufe gemäße Spielsachen und Ausstattungsgegenstände geben sollte; dies sowohl für Ganzkörperspiel als auch für feinmotorisches Hantieren. Der Raum sollte zudem eine ganze Bandbreite an Stimmungen erlauben, von energiegeladen bis entspannt, von gesellig bis zum Alleinsein aufgelegt.

Sprache: Die Fähigkeit, Symbole und Laute zu produzieren, die eine Bedeutung haben; wird beeinflusst durch die emotionale und soziale Entwicklung. Die Sprachentwicklung ist abhängig vom Kontext. Eine große Gruppe gebraucht und versteht die Worte (Symbole), ihre Aussprache und die Art, sie zu kombinieren (allgemeine Bedeutung).

Struktur: Der Plan oder Aufbau einer physischen Umgebung, der eine klare Botschaft oder Erwartung aussendet, die das Verhalten eines Menschen in einem solchen Raum beeinflusst. Es ist äußerst wichtig, dass eine Umgebung für kleine Kinder auf eine der Entwicklung angemessene Art strukturiert ist.

Synapsen: Spalte zwischen Neuronen, über die durch Neurotransmitter chemische Botschaften gesandt werden.

Synchronie in der Interaktion: Das beiderseitige Verhalten bedingt sich wechselseitig und harmoniert; zu beobachten in Interaktionen zwischen Betreuerin und Kind.

System aus Hauptbetreuerinnen: Ein System, in dem eine Betreuerin die Hauptverantwortung für mehrere Säuglinge oder eine kleine Gruppe Kleinkinder übernimmt. In Betreuungseinrichtungen, in denen jede Gruppe mehr als eine Betreuerin hat, bedeutet dieses System, dass es ein Team aus Betreuerinnen gibt. Auf diese Weise haben die Kinder eine starke Bindung mit einer Person, es gibt aber noch eine oder zwei weitere Erwachsene, bei denen sie sich wohl fühlen und mit denen sie vertraut sind.

Taktile Wahrnehmung: Die Verarbeitung von Information, die durch Berührung empfangen wird.

Temperament: Ein allgemeiner Persönlichkeitsstil genetischen Ursprungs, der sich in einem sozialen Kontext weiterentwickelt.

Trostspender: Ein Gegenstand oder eine Handlung, die ein Kind trösten können, auch bekannt als Übergangsobjekt. Kann beim Abschied von der Mutter oder dem Vater oder vor dem Mittagsschlaf genutzt werden, um dem Kind den Übergang in eine neue Situation zu erleichtern.

Überstimulation: Zu viel sensorischer Input. Anzeichen für Überstimulation eines Säuglings können sein, dass er weint, sich wegdreht oder einschläft.

Umlenkung: Eine Führungsstrategie, die der Änderung von inakzeptablem oder störendem Verhalten von Kindern dient. Die Idee besteht darin, Kindern zu helfen, ihre Energie in eine andere Richtung zu lenken, und sie an positiven Aktivitäten zu beteiligen. Umlenkung mag wie Ablenkung aussehen, ist jedoch etwas anderes.

Umweltgrenze: Eine physische Barriere, die dafür sorgt, dass ein Kind oder ein Material außerhalb oder innerhalb eines bestimmten Raumes bleibt. Umweltgrenzen können auch durch eine verbale Grenze, wie zum Beispiel die Aussage „das Wasser bleibt im Topf", ergänzt werden.

Verstärken: Dafür sorgen, dass bessere Kenntnis und erhöhtes Verständnis davon herrscht, wie etwas abläuft oder funktioniert. Häufig werden Verhaltensweisen durch Wiederholung und Nachahmung verstärkt.

Vertrauen: Wenn man sich in einer Beziehung sicher fühlt und von ihr überzeugt ist. Die erste Stufe in Erik Eriksons Stufenmodell der psychosozialen Entwicklung, die vor allem das erste Lebensjahr prägt.

Wahrnehmung: Die Verarbeitung und Organisation von Information, die durch die Sinne aufgenommen worden ist.

Weiterleitung: Das Verweisen an eine externe Stelle oder Person, die bei der Befriedigung der speziellen Bedürfnisse einer Familie Unterstützung bieten kann.

Zeit von besonderer Qualität, in der man etwas will: Zeit von besonderer Qualität, in der die Erwachsene und das Kind mit einer Aufgabe beschäftigt sind, welche die Erwachsene initiiert hat (Wickeln, Füttern, Baden). Die Betreuerin schenkt dem Kind ihre Aufmerksamkeit und beteiligt es an der Aufgabe.

Zeit von besonderer Qualität, in der man nichts will: Zeit von besonderer Qualität, in der die Erwachsene dem Kind zur Verfügung steht und auf das Kind eingeht, die Interaktion, Aktivität oder das Spiel jedoch nicht dirigiert.

Zone der nächsten Entwicklung: Nach Lev Vygotskij der Abstand zwischen der momentanen Leistung eines Kindes und der Leistung, zu der es potenziell fähig ist, wenn ihm von einem kompetenteren Kind oder einem Erwachsenen geholfen wird.

Zweisprachigkeit: Die Fähigkeit, zwei Sprachen zu sprechen und zu verstehen.

Danksagungen

Wir möchten den Kritikern, die uns Feedback zur sechsten Auflage von *Infants, Toddlers, and Caregivers* gaben, unsere Anerkennung und unseren Dank aussprechen. Zu diesen Dozenten gehören:

Nancy H. Beaver, *Eastfield College*
Corinne Greenberg, *Santa Fe Community College*
Donna Greene, *Mt. San Jacinto College*
Kere P. Huges, *Iowa State University*
Tamra Keim, *Hesston College*
Michelle Meadows, *Eastern Illinois University*
Michelle B. Morris, *Wor-Wic Community College*
Cheryl Plonka, *U.S. Army Training Program*
Joan Ports, *Towson University*
Teri Rossman, *Illinois Valley Community College*
Debbie Stoll, *Cameron University*
Terri Jo Swim, *Indiana University, Purdue*
Cheryl Williams-Jackson, *Modesto Junior College*
Wayne L. Wolf, *South Suburban College*
Susann Wyatt, *Eastfield College*

Verzeichnis der Text- und Bildquellen

Texte und Abbildungen

Kapitel 2 S. 86: Aus: Abraham H. Maslow, *Toward a Psychology of Being* (2. Aufl.) Copyright © 1968 Litton Education Publishing. Inc. Nutzung des Materials genehmigt durch John Wiley & Sons, Inc.

Kapitel 3 S. 106: Aus: Anne Morrow Lindbergh, *The Gift from the Sea*, Copyright © 1955, 1975, erneuert 1983 durch Anne Morrow Lindbergh. Nachdruck mit Genehmigung durch Pantheon Books, Tochtergesellschaft von Random House, Inc.

Kapitel 5 S. 169: Aus: Rima Shore, *Rethinking the Brain: New Insights into Early Development*, S. 18. Copyright © 1977 Families and Work Institute. www.familiesandwork.org. Genehmigter Nachdruck.

Kapitel 7 S. 236 und S. 244: Aus: *Bayley Scales of Infant Development* (2. Aufl.). Copyright © 1993 The Psychological Corporation. Genehmigter Nachdruck.

Kapitel 9 S. 297: Nach: *How Does Your Child Hear and Talk?* American Speech-Language-Hearing Association. Copyright © 2002 American Speech-Language-Hearing. www.ASHA.org. Genehmigter Nachdruck.

Kapitel 10 S. 353: Aus: Abraham H. Maslow, *Motivation and Personality* (3. Aufl.), S. 72. Copyright © 1970 Harper & Row. Mit Genehmigung durch Pearson Education, Inc., Upper Saddle River, NJ.

Kapitel 11 S. 397: Aus: Khalil Gibran, *Der Prophet*. Copyright © 1973 Walter-Verlag AG, Olten.

Kapitel 12 S. 407: Aus: Program for Infant/Toddler Caregivers. Nachdruck mit Genehmigung durch WestEd Center for Child &

Family Studies, Sausalito, CA.; / S. 430: Aus: Doris Bergen, Rebecca Reid und Louis Torelli, *Educating and Caring for Very Young Children*, S. 173. Copyright © 2001 Teachers College Press. Genehmigter Nachdruck.

Fotos

S. 105, 142, 239, 241: Frank Gonzalez-Mena
S. 342: www.photocase.de © spacejunkie

Weitere Literatur aus dem Arbor Verlag

Janet Gonzalez-Mena / Dianne Widmeyer Eyer
Säuglinge, Kleinkinder und ihr Betreuung, Erziehung und Pflege – Arbeitsbuch zum Curriculum

Dieses Arbeitsbuch dient als Ergänzung zu dem Grundlagenwerk: „Säuglinge, Kleinkinder und ihre Betreuung, Erziehung und Pflege".
Die Beiträge und Reflexionen in diesem Buch ermöglichen es Krippenerzieherinnen oder Tagesmüttern, ihre Kenntnisse zu erweitern und ihr Verständnis von Säuglingen und Kleinkindern zu vertiefen. In jedem Beitrag wird auf ein Video im Internet verwiesen, das eine Begebenheit zeigt, die im Rahmen der Kinderbetreuung von Bedeutung ist. Fragen im Buch ermöglichen es, kritisch über diese Beobachtungen nachzudenken.

Magda Gerber & Allison Johnson
Ein guter Start ins Leben
Ein Leitfaden für die erste Zeit mit Ihrem Baby

Die Bedürfnisse von Babys und Eltern erfüllen – und dabei nicht ausgelaugt, sondern glücklich sein. Wer möchte das nicht? Magda Gerber beschreibt in Ihrem neuen Buch anschaulich den Schlüssel, der Eltern dabei helfen kann, ihre Kinder angemessen zu begleiten und in der Beziehung mit ihnen sich selbst besser kennenzulernen: Es ist der respektvolle Umgang mit dem Baby von Anfang an.
In vielen Beispielen, von den alltäglichen Pflegesituationen bis zum freien Spiel, zeigt Magda Gerber, wie Eltern liebevoll für ihre Kinder sorgen und ihnen gleichzeitig Raum für ihre eigenständige Entwicklung geben können. Sie schildert, wie Eltern die Zeichen ihrer Kinder verstehen lernen und in langsamer, respektvoller Zuwendung Kooperation und Austausch erleben können. Magda Gerber lernte in den 30er Jahren die Arbeit von Dr. Emmi Pikler kennen. Später wanderte sie nach Amerika aus und widmete sich auch dort weiterhin dem Gebiet der Kleinkindpädagogik. So half sie u.a. einem Kinderarzt bei der Etablierung eines Programmes für entwicklungsverzögerte Kinder. Gemeinsam mit ihm gründete sie schließlich die Organisation Resources for Infant Educarers (RIE), die eine in Amerika weithin bekannte Form von Mutter-Kind-Gruppen entwickelt hat, die weitestgehend auf der Arbeit von Dr. Emmi Pikler aufbaut.

ISBN 978-3-924195-45-8

Magda Gerber
Dein Baby zeigt Dir den Weg

Die Bedürfnisse von Babys und Eltern erfüllen – und dabei nicht ausgelaugt, sondern glücklich sein. Wer möchte das nicht? Magda Gerber beschreibt in ihrem neuen Buch Dein Baby zeigt Dir den Weg anschaulich den Schlüssel, der Eltern dabei helfen kann, ihre Kinder angemessen zu begleiten und in der Beziehung mit ihnen sich selbst besser kennenzulernen: Es ist der respektvolle Umgang mit dem Baby von Anfang an. In vielen Beispielen, von den alltäglichen Pflegesituationen bis zum freien Spiel, zeigt sie, wie Eltern liebevoll für ihre Kinder sorgen und ihnen gleichzeitig Raum für ihre eigenständige Entwicklung geben können.

Magda Gerber schildert, wie Eltern die Zeichen ihrer Kinder verstehen lernen und in langsamer, respektvoller Zuwendung Kooperation und Austausch erleben können.

„Dem Kind Sicherheit geben, es echte Zuwendung und wahrhaftiges Interesse an seiner Person spüren lassen: Diese Erziehungshaltung beschreibt Magda Gerber auf wunderbare Weise – für Eltern sehr gut verständlich und auch im Alltag umsetzbar."

Prof. Dr. Remo Largo

„Der Gehalt der mündlichen und schriftlichen Beratung mehrerer Jahrzehnte."

Anna Tardos

ISBN 978-3-936855-66-1

Stephanie Petrie & Sue Owen
Authentische Beziehungen in der Gruppenbetreuung von Säuglingen und Kleinkindern

Unter dem Titel „Resources for Infant Educarers" (RIE) ist ein sehr wirksamer Ansatz zur Pflege und Betreuung von Säuglingen und Kleinkindern entstanden, mit dessen Hilfe Neugier, Vertrauen und emotionale Sicherheit kleiner Kinder gefördert werden kann.
Getragen von neuen Forschungsergebnissen zu kindlichen Entwicklungs- und Bindungsbedürfnissen und deren optimaler Befriedigung, kann das RIE-Programm die Entwicklung und das Wohlbefinden von Kindern auch in der außerfamiliären Betreuung gewährleisten. Bereits heute wird dieser Ansatz, der auf der Arbeit von Dr. Emmi Pikler und Magda Gerber beruht, in vielen Einrichtungen im In- und Ausland umgesetzt.
Aufbauend auf einer Philosophie des Respekts und des einfühlenden Beobachtens kleiner Kinder, erklären die Autorinnen die Hauptelemente des Ansatzes und zeigen in Text und Bild auf, wie er in staatlichen wie privaten Kindertagesstätten, von Tagesmüttern und Tagespflegeeinrichtungen umgesetzt werden kann.
Diese Einführung mit zahlreichen praktischen Beispielen ist eine exzellente Informationsquelle für Erzieher und Eltern sowie für alle, die sich mit der Optimierung von Kinderbetreuungsangeboten beschäftigen.

Stephanie Petrie verfügt über mehr als 25 Jahre Berufserfahrung als Sozialarbeiterin und Leiterin sozialer Dienste für Kinder im privaten und öffentlichen Bereich. Heute lehrt sie Sozialarbeit an der Universität Liverpool.

Sue Owen ist Leiterin der Abteilung für frühe Kindheit (Early Childhood Unit) des National Children's Bureau in London.

ISBN 978-3-936855-36-4

Emmi Pikler u.a.
Miteinander vertraut werden
(ungekürzte großformatige Gesamtausgabe)

In „Miteinander vertraut werden" von der bekannten Kinderärztin Dr. Emmi Pikler und ihren Mitarbeiterinnen, geht es um den respektvollen Umgang mit Säuglingen und Kleinkindern – vor allem während der Pflege. In Artikeln und mit zahlreichen Fotos und Zeichnungen macht es deutlich, wie wir schon zum Neugeborenen und Säugling eine enge und vertraute Beziehung aufbauen und das Kind in seinem Entwicklungsprozeß unterstützen können.

ISBN 978-3-924195-33-5

4 x im Jahr
Mit Kindern wachsen
Die Zeitschrift für alle, die mit Kindern neue Wege gehen wollen!

Unsere Autoren
Frithjof Bergmann, O. Fred Donaldson, Magda Gerber, Mary Hartzell, Gerald Hüther, Jesper Juul, Myla und Jon Kabat-Zinn, Katharina Martin, Marie Martin, Michael Mendizza, Joseph Chilton Pearce, Marshall B. Rosenberg, Daniel Siegel, Anna Tardos, Lienhard Valentin, u. a.

Unsere Themen
- Ein guter Start mit Säuglingen und Kleinkindern
- Achtsamkeit im Leben mit Kindern
- Lernen/Intelligenzentwicklung
- Spiel und Kreativität
- Elternsein als Weg
- Alternative Schulmodelle
- Neue Horizonte für Jugendliche
- Neueste Entwicklungen der Gehirnforschung
+ Buchtipps und Veranstaltungen

Sie erhalten die Zeitschrift im Abonnement oder über eine Fördermitgliedschaft im Verein Mit Kindern wachsen. Der Preis für ein Jahresabo beträgt 25,- EUR (28,- EUR im Ausland) incl. Versandkosten. Zum Einstieg bieten wir ein Schnupperabo an: 3 Ausgaben zum Sonderpreis von 15,- EUR (17,- EUR Ausland) incl. Versandkosten. Umfangreiche Leseproben und weitergehende Informationen finden Sie im Internet unter www.mit-kindern-wachsen.de

Mit Kindern wachsen
Zechenweg 4 • D-79111 Freiburg
Tel. 0049(0)761/89 62 91 08 • Fax - 40 14 09 31
info@mit-kindern-wachsen.de

Mit Kindern wachsen e.V.

Neue Perspektiven und Wege im Leben mit Kindern

Im Verein *Mit Kindern wachsen* befassen wir uns nunmehr seit mehr als 20 Jahren mit neuen Wegen im Leben mit Kindern. Diesen Wegen ist gemeinsam, dass sie Kinder nicht nach unseren wohlmeinenden Vorstellungen „erziehen", sondern sie von Anfang an als fühlendes Subjekt respektieren, ihre Integrität bewahren und es ihnen erlauben wollen, sich nach ihrem eigenen inneren Gesetz zu entfalten – und dies sowohl in der Familie als auch in Kindergarten und Schule. In diesem Zusammenhang bieten wir in Deutschland, Österreich und der Schweiz verschiedene Seminare, Aus- und Fortbildungen an, über die Sie sich auf unserer Website informieren können.

In unserer Zeitschrift stellen wir verschiedene Ansätze und Autoren vor, deren Arbeit die innere und äußere Neuorientierung im Umgang mit Kindern unterstützen und begleiten kann. Wir hoffen, dass wir dazu beitragen können, Kinder und ihre Entwicklungsbedürfnisse besser zu verstehen, sie einfühlsam ins Leben zu begleiten und Wege zu finden, mit ihnen zu wachsen. In diesem Sinne hoffen wir, dass unser Angebot für Sie viele Anregungen enthalten wird.

Mit Kindern wachsen
Zechenweg 4 • D-79111 Freiburg
Tel. 0049(0)761/89 62 91 08 • Fax - 40 14 09 31
info@mit-kindern-wachsen.de
www.mit-kindern-wachsen.de

Gerne informieren wir Sie über unsere weiteren Veröffentlichungen. Schreiben Sie uns oder besuchen Sie uns im Internet unter:

www.arbor-verlag.de

Hier finden Sie umfangreiche Leseproben, aktuelle Informationen zu unseren Büchern und Veranstaltungen, Links und unseren Buchshop.

Arbor Verlag GmbH • D-79348 Freiamt
Tel: 0761. 401 409 30 • info@arbor-verlag.de